PHILIPPIKA

Altertumswissenschaftliche Abhandlungen
Contributions to the Study
of Ancient World Cultures

Herausgegeben von / Edited by
Joachim Hengstl, Elizabeth Irwin,
Andrea Jördens, Torsten Mattern,
Robert Rollinger, Kai Ruffing, Orell Witthuhn

130

2019
Harrassowitz Verlag · Wiesbaden

Nina Straub

Studien zur ionischen Architektur auf der Peloponnes

Von den Anfängen in archaischer Zeit
bis zum Ende der hellenistischen Epoche

2019

Harrassowitz Verlag · Wiesbaden

Bis Band 60: Philippika. Marburger altertumskundliche Abhandlungen.

Bibliografische Information der Deutschen Nationalbibliothek
Die Deutsche Nationalbibliothek verzeichnet diese Publikation in der Deutschen
Nationalbibliografie; detaillierte bibliografische Daten sind im Internet
über http://dnb.dnb.de abrufbar.

Bibliographic information published by the Deutsche Nationalbibliothek
The Deutsche Nationalbibliothek lists this publication in the Deutsche
Nationalbibliografie; detailed bibliographic data are available in the internet
at http://dnb.dnb.de.

Informationen zum Verlagsprogramm finden Sie unter
http://www.harrassowitz-verlag.de

© Otto Harrassowitz GmbH & Co. KG, Wiesbaden 2019
Das Werk einschließlich aller seiner Teile ist urheberrechtlich geschützt.
Jede Verwertung außerhalb der engen Grenzen des Urheberrechtsgesetzes ist ohne
Zustimmung des Verlages unzulässig und strafbar. Das gilt insbesondere
für Vervielfältigungen jeder Art, Übersetzungen, Mikroverfilmungen und
für die Einspeicherung in elektronische Systeme.
Gedruckt auf alterungsbeständigem Papier.
Druck und Verarbeitung: Hubert & Co., Göttingen
Printed in Germany
ISSN 1613-5628
ISBN 978-3-447-11249-9

Meiner Familie

Inhalt

Abbildungsverzeichnis und -nachweis IX
Abkürzungsverzeichnis XXIII

I Einleitung 1

II Einzelstudien 5
   II.1 Säulenbasen 5
      II.1.1 Attische Formen 6
      II.1.2 Peloponnesische Formen 8
      II.1.3 Scotia-Torus-Basis mit Plinthe 11
      II.1.4 Samische und ephesische Basis 12
      II.1.5 Wulstbasis mit Plinthe 13
   II.2 Säulenschäfte 14
      II.2.1 Kannelur 15
      II.2.2 Entasis 23
   II.3 Kapitelle 26
      II.3.1 Säulenkapitelle 26
      II.3.2 Antenkapitelle 43
   II.4 Gebälke 49
      II.4.1 Architrav 49
      II.4.2 Fries 52
      II.4.3 Zahnschnitt 53
      II.4.4 Geison 55
      II.4.5 Kopfprofile 56
   II.5 Ornamentik 60
      II.5.1 Lesbisches Kymation 61
      II.5.2 Ionisches Kymation 65
      II.5.3 Perlstab 67
      II.5.4 Akanthus 68
      II.5.5 Palmetten 69
      II.5.6 Bukranion 70
      II.5.7 Mäander 71
   II.6 Gesamtproportionen 73
      II.6.1 Peripteraltempel 76
      II.6.2 Stoai 85
      II.6.3 Weitere Bauwerke 91

III. Auswertung 97
   III.1 Beginn, Ursprung und weitere Entwicklung
      der ionischen Ordnung auf der Peloponnes 97
      III.1.1 Anfänge im 5. Jahrhundert 99
      III.1.2 Weitere Entwicklung im 4. Jahrhundert 102
      III.1.3 Exkurs: Stoa im Amphiaraion von Oropos 105

III.1.4 Zwischen spätklassischer und hellenistischer Zeit	106
III.1.5 Hellenistische Zeit	109
IV Zusammenfassende Schlussbetrachtung	113
Tabellen	115
Denkmäler-Überblick	151
Katalog	171
Teil I: Basen	171
Teil II: Säulenschäfte	183
Teil III: Kapitelle	195
Teil IV: Gebälke	213
Literaturverzeichnis	221
Abbildungen	243
Index	395

Abbildungsverzeichnis- und nachweis

Abb. 1   Aigeira, Tycheion, Grundriss (Hagn 2001, 298 Abb. 1).
Abb. 2   Aigeira, Tycheion, Ansicht von Norden (Hagn 2001, 302 Abb. 3).
Abb. 3   Argos, Hypostyler Saal (Bommelaer – Des Courtils 1994, 34 Abb. 16).
Abb. 4   Bassai, Apollontempel, Grundriss (Berve u. a. 1961, 152 Abb. 45).
Abb. 5   Bassai, Apollontempel, Ost-West-Schnitt, Blick nach Süden (Cooper 1992, Taf. 16).
Abb. 6   Epidauros, Abaton-Stoa, Grundriss OG (oben) und UG (unten) (Kabbadias 1905, Taf. E, 1. 2).
Abb. 7   Epidauros, Abaton-Stoa, Ansicht Südseite (Kabbadias 1905, 64 Abb. 12).
Abb. 8   Epidauros, Abaton-Stoa, Ansicht Südseite, Detail (Kabbadias 1905, 77 Abb. 21).
Abb. 9   Epidauros, Abaton-Stoa, Nord-Süd-Schnitt (Kabbadias 1905, Taf. Z, 5).
Abb. 10 Epidauros, Asklepiostempel, rekonstruierter Grundriss (Roux 1961, Taf. 28).
Abb. 11 Epidauros, Nord-Ost-Portikus, Teil des Grundrisses (siehe bei Nr. 2) (Roux 1961, 292 Abb. 88).
Abb. 12 Epidauros, Nordpropyläen, Grundriss (Roux 1961, Taf. 73).
Abb. 13 Epidauros, Stadion Startvorrichtung, Grundriss (Kabbadias 1903, Taf. 3c).
Abb. 14 Epidauros, Stadion Startvorrichtung, Aufriss (Kabbadias 1903, Taf. 3a).
Abb. 15 Epidauros, Tempel L, Isometrie (Roux 1961, Taf. 66).
Abb. 16 Epidauros, Tempel L, Grundriss (Roux 1961, Taf. 65).
Abb. 17 Epidauros, Theater (Proskenion und Paradostore), rekonstruierter Grundriss Skene (Gerkan – Müller-Wiener 1961, Taf. 27).
Abb. 18 Epidauros, Theater, Proskenion (Gerkan – Müller-Wiener 1961, Taf. 21).
Abb. 19 Epidauros, Theater, Paradostor (westlicher Pylon) (Gerkan – Müller-Wiener 1961, Taf. 26).
Abb. 20 Epidauros, Tholos, rekonstruierter Grundriss (Roux 1961, Taf. 38).
Abb. 21 Epidauros, Tholos, West-Ost-Schnitt, Blick nach Süden (Roux 1961, Taf. 39).
Abb. 22 Gortys, Therme (Propylon), rekonstruierte Ansicht (oben) und Grundriss(unten) (Ginouvès 1959, 17 Abb. 18).
Abb. 23 Kalaureia, Stoa A, rekonstruierter Grundriss (Welter 1941, Taf. 40a).
Abb. 24 Kalaureia, Stoa C, rekonstruierter Grundriss (Welter 1941, Taf. 40b).
Abb. 25 Keryneia, Grabmonument (Dekoulakou 1983, Taf. 68).
Abb. 26 Kleonai, Heraklestempel und Altarhof, Ansicht Südostseite und Grundriss (Mattern 2015, 81 Abb. 22).
Abb. 27 Kleonai, Heraklestempel, Altarhof, rekonstruierte Ansicht von Südwesten und Südosten (Mattern 2015, Taf. 28).
Abb. 28 Korinth, Asklepieion und Lernakomplex (Propylon und Brunnenhaus), Grundriss obere Ebene (Roebuck 1951, Plan B).
Abb. 29 Korinth, Asklepieion und Lernakomplex (Propylon und Brunnenhaus), Grundriss untere Ebene (Roebuck 1951, Plan C).
Abb. 30 Korinth, Asklepieion und Lernakomplex (Brunnenhaus), Grundriss (Roebuck 1951, 69 Abb. 20).
Abb. 31 Korinth, Agora, Südstoa, Grundriss (Zustand in spätrömischer Zeit) (Broneer 1954, Plan 21).
Abb. 32 Korinth, Agora, Südstoa, Isometrie (alter Rekonstruktionsvorschlag Broneer) (Broneer 1954, Umschlagseite vorne).

Abb. 33	Korinth, untere Peirene-Quelle, Ansicht von Südosten (Hill 1964, Taf. 9,1).
Abb. 34	Korinth, untere Peirene-Quelle, Grundriss (Hill 1964, Taf. 6,1).
Abb. 35	Lousoi, Artemistempel, Steinplan (Mitsopoulos-Leon – Glaser 1985, 13 Abb.).
Abb. 36	Lousoi, Artemistempel (Ladstätter 2001, 145 Abb. 2).
Abb. 37	Lousoi, Peristylhaus, Grundriss (Mitsopoulos-Leon – Glaser 1985, 13).
Abb. 38	Megalopolis, Philipp-Stoa, Grundriss und Ansicht von Süden (Lauter-Bufe 2014, Beil. 2b).
Abb. 39	Megalopolis, Philipp-Stoa, Ansicht Ost-Risalit von Westen aus und Schnitt durch Halle (Lauter-Bufe 2014, Beil. 6).
Abb. 40	Megalopolis, Zeus Soter-Heiligtum, rekonstruierter Grundriss (Lauter-Bufe 2009, Beil. 5).
Abb. 41	Megalopolis, Zeus Soter-Heiligtum, Inneres des Hofes mit Blick auf die prostyle Tempelfront (Lauter-Bufe 2009, Taf. 99).
Abb. 42	Messene, Asklepieion Oikos K, Blickrichtung Süden (Müth – Stümpel 2007, 161 Abb. 88).
Abb. 43	Messene, Asklepieion Oikos K, Grundriss (Müth – Stümpel 2007, 161 Abb. 89).
Abb. 44	Messene, Asklepieion Nordpropylon, rekonstruierter Grundriss (Hayashida u. a. 2013, Taf. 41).
Abb. 45	Messene, Asklepieion Nordpropylon, Süd-Nord-Schnitt Blick nach Westen (Hayashida u. a. 2013, Taf. 43).
Abb. 46	Messene, Asklepieion-Komplex (Birtachas 2008, Zeichnung 11).
Abb. 47	Messene, Asklepiostempel, rekonstruierter Grundriss (Sioumpara 2011, Taf Taf. 15).
Abb. 48	Messene, Asklepiostempel, perspektivische Ansicht des Kernbaus, Rekonstruktion (Sioumpara 2011, Taf. 31).
Abb. 49	Messene, Brunnenhaus der Arsinoë, axonometrische Rekonstruktion (Phase 1, Vorgängerbau) (Reinholdt 2009, Beil. 8).
Abb. 50	Messene, Agora, Nordstoa, Grundriss (Petrakou 2012, 22 Abb. 11).
Abb. 51	Messene, Agora, Norstoa, Ost-Risalit, Blick von oben Richtung Westen (Archibald u. a. 2012–2013, 17 Abb. 20).
Abb. 52	Nemea, Zeusheiligtum, Überblick (Birge u. a. 1992, 2 Abb. 1).
Abb. 53	Nemea, Oikos 9, rekonstruierte Frontansicht (Miller 1978, 77 Abb. 5).
Abb. 54	Nemea, Zeustempel, Grundriss (Hill 1966, Taf. 4).
Abb. 55	Nemea, Zeustempel, Grundriss OG (Hill 1966, Taf. 25).
Abb. 56	Nemea, Zeustempel, West-Ost-Schnitt, Blick nach Norden, Rekonstruktion (Hill 1966, Taf. 8).
Abb. 57	Olympia, Bouleuterion Vorhalle, Steinplan (Adler u. a. 1896/ 1966, Taf. 55).
Abb. 58	Olympia, Bouleuterion Vorhalle, Ost-West-Schnitt durch den Südbau (Adler u. a. 1896/ 1966, 58).
Abb. 59	Olympia, Gymnasion und Palestra (Adler u. a. 1892b/1966, 271 Abb. 76).
Abb. 60	Olympia, Gymnasion Tor (Adler u. a. 1892a/1966, Taf. 76).
Abb. 61	Olympia, Leonidaion (Mallwitz 1988, Taf. 43,1).
Abb. 62	Olympia, Palästra Exedra IV und XI (Adler u. a. 1892a/1966, Taf. 74,1–2).
Abb. 63	Olympia, Palästra Exedra VI, Aufriss (Adler u. a. 1892a/1966, Taf. 73).
Abb. 64	Olympia, Philippeion, Nordansicht (Kunze – Schleif 1944, Taf. 1).
Abb. 65	Olympia, Philippeion, Grundriss (Kunze – Schleif 1944, Taf. 2).
Abb. 66	Olympia, Ptolemaierweihgeschenk (Hoepfner 1971, Beil. 21).
Abb. 67	Orchomenos, Agora, Nordstoa (Lauter 1986, Abb. 12a).
Abb. 68	Perachora, Altar, Baldachin (Plommer – Salviat 1966, 211 Abb. 3).
Abb. 69	Perachora, Baldachin Altar, rekonstruierte Ansicht (Plommer – Salviat 1966, 215 Abb. 5).

Abb. 70	Perachora, Brunnenhaus, rekonstruierte Ansicht, Blick von Osten (Tomlinson 1969, 209 Abb. 22).
Abb. 71	Perachora, Brunnenhaus, Grundriss (Tomlinson 1969, 204 Abb. 19).
Abb. 72	Perachora, Brunnenhaus, Schnitt (Tomlinson 1969, 209 Abb. 23).
Abb. 73	Perachora, Stoa am Hafen, Isometrie (Coulton 1964, Taf. 27).
Abb. 74	Perachora, Stoa am Hafen, rekonstruierter Grundriss (Coulton 1964, Taf. 26).
Abb. 75	Sikyon, Agora, Überblick (Lauter 1986, Abb. 16a).
Abb. 76	Sikyon, Bouleuterion, Grundriss (Orlandos 1956, 186 Abb. 4).
Abb. 77	Sikyon, Gymnasion, mögliche Rekonstruktion (Lauter 1986, Abb. 41b).
Abb. 78	Sikyon, Südstoa Agora, Steinplan und schematischer Grundriss (Orlandos 1952, 388 Abb. 2. 3).
Abb. 79	Sikyon, Theater, Grundriss (Fossum 1905, Taf. 8).
Abb. 80	Sikyon, Theater Proskenion, Grund- und Aufriss (Fossum 1905, Taf. 8).
Abb. 81	Tegea, Athenatempel, rekonstruierter Grundriss (Norman 1984, 182).
Abb. 82	Tegea, Athenatempel, rekonstruierter Längsschnitt durch Cella (Norman 1984, 183).
Abb. 83	Theisoa, dorischer Bau (Mattern 2012, 104 Abb. 6).
Abb. 84	Thouria, Gebäude B (Petrakou 2012, 22 Abb. 10).
Abb. 85	Thouria, Gebäude B (Petrakou 2012, 25 Abb. 14).
Abb. 86	Aigeira – Tycheion (I.1) (Foto Verf. 2014).
Abb. 87	Alipheira (I.2) (Orlandos 1967–68, 185 Abb. 124,3).
Abb. 88	Argos – Hypostyler Saal (I.4) (Bommelaer – Des Courtils 1994, Taf. 8c).
Abb. 89	Argos – Hypostyler Saal (I.4). (Bommelaer – Des Courtils 1994, 33 Abb. 15).
Abb. 90	Argos – Heiligtum des Apollon Pytheus/ Deiratiotis (I.5). (Vollgraff 1956, 16 Abb. 10).
Abb. 91	Bassai – Apollontempel, Cella (I.7a) (nach Cooper 1992, Taf. 60).
Abb. 92	Bassai – Apollontempel, Cella (I.7a) (nach Cooper 1992, Taf. 43).
Abb. 93	Bassai – Apollontempel, Cella (I.7b) (nach Cooper 1992, Taf. 44).
Abb. 94	Epidauros – Abaton-Stoa (I.8) (Kabbadias 1891, Taf. 7,5β).
Abb. 95	Epidauros – Gymnasion, Propylon (I.9) (Lambrinoudakis 1988, 79 Plan 30).
Abb. 96	Epidauros – Nord-Ost-Portikus (I.10) (nach Roux 1961, 296 Abb. 90).
Abb. 97	Epidauros – Nordpropyläen (I.11) (Roux 1961, 258 Abb. 67).
Abb. 98	Epidauros – Stadion, Startvorrichtung (I.12) (nach Kabbadias 1903, Taf. G5).
Abb. 99	Epidauros – Theater, Proskenion, Rekonstruktion (I.13) (Gerkan – Müller-Wiener 1961, Taf. 18c).
Abb. 100	Epidauros – Theater, Proskenion (I.13) (Gerkan – Müller-Wiener 1961, Taf. 18a).
Abb. 101	Epidauros – Theater, Paradostor (I.14) (Gerkan – Müller-Wiener 1961, Taf. 24).
Abb. 102	Epidauros – Tholos (I.15) (Basiert auf Roux 1961, 141 Abb. 31).
Abb. 103	Epidauros – Tempel L (I.16) (Roux 1961, Taf. 68,2).
Abb. 104	Epidauros – Therme, Propylon (I.17a) (Ginouvès 1959, 108 Abb. 134).
Abb. 105	Epidauros – Therme, Propylon (I.17b) (Ginouvès 1959, 110 Abb. 136).
Abb. 106	Epidauros – Therme? (I.18) (Ginouvès 1959, 115 Abb. 142).
Abb. 107	Halieis (I.19) (McAllister u. a. 2005, 27 Abb. 5).
Abb. 108	Kalaureia – Stoa A, Zeichnung (I.20) (Welter 1941, Taf. 38 oben).
Abb. 109	Kalaureia – Stoa A, Fotografie (I.20) (Foto Verf. 2013).
Abb. 110	Kalaureia – Stoa C, Zeichnung (I.21) (Welter 1941, Taf. 42).
Abb. 111	Kalaureia – Stoa C, Fotografie (I.21) (Welter 1941, Taf. 41c).
Abb. 112	Kleonai – Heraklestempel, Altarhof, Fotografie (I.22) (Mattern 2015, Taf. 51).
Abb. 113	Kleonai – Heraklestempel, Altarhof, Zeichnung (I.22) (Mattern 2015, Taf. 27).
Abb. 114	Kleonai, Zeichnung (I.23) (Universität Trier, Projekt Kleonai).
Abb. 115	Kleonai, Profil (I.23) (Universität Trier, Projekt Kleonai).
Abb. 116	Korinth – Asklepieion und Lernakomplex, Propylon der Lerna (I.24) (Roebuck 1951, 76 Abb. 22).

Abb. 117	Korinth (I.25) (Roebuck 1951, 148 Abb. 28, 16).
Abb. 118	Korinth – Südstoa (I.26) (Broneer 1954, 47 Abb. 25).
Abb. 119	Korinth – Untere Peirene-Quelle (I.27) (nach Hill 1964, Taf. 8).
Abb. 120	Lousoi – Peristylhaus, Zeichnung (I.28) (Zeichnung Verf. 2014, Tusche Denis 2016).
Abb. 121	Lousoi – Peristylhaus, Profil (I.28) (Zeichnung Verf. 2014, Tusche Denis 2016).
Abb. 122	Megalopolis – Hieropoion (I.29) (Lauter-Bufe – Lauter 2011, Taf. 77b).
Abb. 123	Megalopolis – Philipp-Stoa, Ansicht-Zeichnung (I.30a) (nach Gardner 1892, Taf. 16).
Abb. 124	Megalopolis – Philipp-Stoa, Aufsicht-Zeichnung (I.30a) (nach Gardner 1892, Taf. 16).
Abb. 125	Megalopolis – Philipp-Stoa, Pfeilerhalbsäule, Schnitt und Profil (I.30b) (nach auf Lauter-Bufe 2014, Taf. 92).
Abb. 126	Megalopolis – Philipp-Stoa, Pfeilerhalbsäule, Ansicht (I.30b) (Lauter-Bufe 2014, Taf. 91).
Abb. 127	Megalopolis – Zeus Soter-Heiligtum? (I.31) (Gardner 1892, 57 Abb. 53).
Abb. 128	Megalopolis, Zeichnung (I.32) (nach Lauter-Bufe 2014, Taf. 90).
Abb. 129	Megalopolis, Fotografie (I.32) (Lauter-Bufe 2014, Taf. 58a).
Abb. 130	Messene – Asklepiostempel, Antenbasis- und Toichobatprofil (I.33) (Sioumpara 2011, 84 Abb. 42).
Abb. 131	Messene – Asklepieion, Stoai (I.34) (Hayashida u. a. 2013, Taf. 10a).
Abb. 132	Messene – Asklepieion, Bouleuterion (I.35) (Wannagat 1995, Abb. 112).
Abb. 133	Messene – Asklepieion, Nordpropylon, Zeichnung (I.36) (Hayashida u. a. 2013, Taf. 10b).
Abb. 134	Messene – Brunnenhaus der Arsinoe, Halbsäulenpfeiler (I.39a) (Themelis 1997, 71 Abb. 2).
Abb. 135	Messene – Brunnenhaus der Arsinoe, Vollsäule (I.39) (Reinholdt 2009, 78 Abb. 109 Detail).
Abb. 136	Messene – Brunnenhaus der Arsinoe, Vollsäule, Profil (I.39) (Reinholdt 2009, 73 Abb. 104 Detail).
Abb. 137	Nemea – Oikos 9, Profil (I.41) (Foto Verf. 2014).
Abb. 138	Nemea – Oikos 9, Fotografie (I.41) (nach Miller 1978, 74 Abb. 4).
Abb. 139	Nemea – Zeustempel, Zeichnung (I.42) (nach Hill 1966, Taf. 23).
Abb. 140	Nemea – Zeustempel, Fotografie (I.42) (Foto Verf. 2014).
Abb. 141	Olympia – Bouleuterion (I.43) (nach Adler u. a. 1896/ 1966, Taf. 57).
Abb. 142	Olympia – Gymnasion, Nordhalle (I.44) (Dörpfeld u. a. 1935/ 1966, 270 Abb. 75).
Abb. 143	Olympia – Gymnasion, Tor (I.45) (nach Adler u. a. 1892a/1966, Taf. 76,5).
Abb. 144	Olympia – Leonidaion (I.46) (Adler u. a. 1896/ 1966, Taf. 65,5).
Abb. 145	Olympia – Palästra, Exedra VI (I.47) (Adler u. a. 1892a/1966, Taf. 74 Detail).
Abb. 146	Olympia – Philippeion (I.48) (Adler u. a. 1892a/1966, Taf. 81,1).
Abb. 147	Olympia – Ptolemaierweihgeschenk (I.49) (Adler u. a. 1892a/1966, Taf. 89).
Abb. 148	Perachora – Baldachinarchitektur, Zeichnung (I.51) (Plommer – Salviat 1966, 213 Abb. 4).
Abb. 149	Perachora – Baldachinarchitektur, Fotografie (I.51) (Coulton 1964, Taf. 23e).
Abb. 150	Perachora – Brunnenhaus (I.52a) (nach Tomlinson 1969, 213 Abb. 4).
Abb. 151	Perachora – Brunnenhaus, Antenbasis (I.52b) (nach Tomlinson 1969, 213 Abb. 4).
Abb. 152	Pheneos – Asklepieion, Zeichnung (I.53) (Universität Trier, Projekt Pheneos).
Abb. 153	Pheneos – Asklepieion, Profil (I.53) (Universität Trier, Projekt Pheneos).
Abb. 154	Sikyon – Bouleuterion (I.54) (Orlandos 1947, 57 Abb. 1).
Abb. 155	Sikyon – Theater, Proskenion (I.56) (nach Fossum 1905, Taf. 9).
Abb. 156	Stymphalos, Profil (I.57) (Zeichnung Verf. 2014, Tusche Denis 2016).
Abb. 157	Stymphalos, Fotografie (I.57) (Foto Verf. 2014).
Abb. 158	Tegea – Athenatempel (I.58a) (Dugas – Berchmans 1924, 47 Abb. 17).
Abb. 159	Tegea – Athenatempel, Toichobat (I.58b) (Dugas – Berchmans 1924, Taf. 75).
Abb. 160	Theisoa – sog. Kunstbau (I.59) (Universität Trier, Projekt Theisoa (Inv. Nr. 75)).
Abb. 161	Bassai – Apollontempel, Cella, Kannelurprofil der Halbsäulen (II.3a) (nach Cooper 1992, Taf. 43, 22).

Abb. 162　Bassai – Apollontempel, Cella, Kannelurprofil der Vollsäule (II.3b) (nach Cooper 1992, Taf. 44 rechts).
Abb. 163　Epidauros – Abaton-Stoa, Fotografie (II.4a) (Kabbadias 1905, 80 Abb. 22).
Abb. 164　Epidauros – Abaton-Stoa, Vollsäule (II.4a) (Kabbadias 1905, 76 Abb. 20).
Abb. 165　Epidauros – Abaton-Stoa, Zeichnung (II.4a) (Kabbadias 1905, 76 Abb. 19).
Abb. 166　Epidauros – Theater, Proskenion, Dreiviertelsäule (II.10a) (Gerkan – Müller-Wiener 1961, Taf. 18e).
Abb. 167　Epidauros – Theater, Proskenion, Viertelsäule (II.10c) (Gerkan – Müller-Wiener 1961, Taf. 18b).
Abb. 168　Epidauros – Theater, Proskenion, Kannelur (II.10) (Gerkan – Müller-Wiener 1961, Taf. 19c).
Abb. 169　Gortys – Therme, Propylon (II.12) (nach Ginouvès 1959, 109 Abb. 135 und 110 Abb. 136).
Abb. 170　Korinth – Untere Peirene-Quelle (II.21) (Zeichnung Verf. 2014, Tusche Denis 2016).
Abb. 171　Megalopolis – Philipp-Stoa, Zeichnung (II.25a) (nach Lauter-Bufe 2014, Taf. 73a).
Abb. 172　Megalopolis – Philipp-Stoa, Fotografie (II.25a) (Lauter-Bufe 2014, Taf. 51b).
Abb. 173　Megalopolis – Philipp-Stoa, Zeichnung (links Inv. Nr. 203, rechts Inv. Nr. 201) (II.25b) (Zeichnung Verf. 2014, Tusche Denis 2016).
Abb. 174　Megalopolis – Philipp-Stoa, Profil (Inv. Nr. 203) (II.25b) (Zeichnung Verf. 2014, Tusche Denis 2016).
Abb. 175　Megalopolis – Philipp-Stoa, Profil (Inv. Nr. 201) (II.25b) (Zeichnung Verf. 2014, Tusche Denis 2016).
Abb. 176　Megalopolis – Zeus Soter-Heiligtum, Fotografie, oben BGK 144, unten BGK 143 (II.26a) (Lauter-Bufe 2014, Taf. 66).
Abb. 177　Megalopolis – Zeus Soter-Heiligtum, Detail Säule BGK 144 (II.26) (Lauter-Bufe 2009, Taf. 67a).
Abb. 178　Megalopolis – Zeus Soter-Heiligtum, Fotografie oberes Auflager Säule BGK144 (II.26) (Lauter-Bufe 2009, Taf. 67b).
Abb. 179　Messene – Brunnenhaus der Arsinoe, Halbsäule, Zeichnung (II.31a) (Themelis 1999, 71 Abb. 3).
Abb. 180　Messene – Brunnenhaus der Arsinoe, Halbsäule, Rekonstruktion (II.31a) (Reinholdt 2009, 70 Abb. 103).
Abb. 181　Messene – Brunnenhaus der Arsinoe, Vollsäule, Zeichnung (II.31b) (Reinholdt 2009, Taf. 17 Detail (original Maßstab ersetzt durch eigenen Maßstab)).
Abb. 182　Messene – Brunnenhaus der Arsinoe, Vollsäule, Rekonstruktion (II.31b) (nach Reinholdt 2009, 78 Abb. 109. 109a).
Abb. 183　Nemea – Oikos 9, Ecksäule, Profile (II.33a) (Zeichnung Verf. 2015, Tusche Denis 2016).
Abb. 184　Nemea – Oikos 9, Halbsäule, Profile (II.33b) (Zeichnung Verf. 2015, Tusche Denis 2016).
Abb. 185　Nemea – Zeustempel, Viertelsäule, Profil (II.34a) (Zeichnung Verf. 2015, Tusche Denis 2016).
Abb. 186　Nemea – Zeustempel, Viertelsäule, Fotografie (II.34a) (Hill 1966, Abb. 40).
Abb. 187　Nemea – Zeustempel, Halbsäule, Fotografie (II.34b) (Hill 1966, Abb. 41).
Abb. 188　Olympia – Philippeion, Vollsäule, Profile (II.41a) (Kunze – Schleif 1944, Atlas 3).
Abb. 189　Olympia – Philippeion, Vollsäule, Kannelurprofil oben (II.41a) (Kunze – Schleif 1944, Atlas 4).
Abb. 190　Olympia – Philippeion, Vollsäule, Kannelurprofil unten (II.41a) (Kunze – Schleif 1944, Atlas 5).
Abb. 191　Olympia – Philippeion, Halbsäule, Kannelurprofil oben (II.41b) (Adler u. a. 1892a/1966, Taf. 81).

Abb. 192	Olympia – Ptolemaierweihgeschenk, Kannelurprofile (II.42) (nach Hoepfner 1971, Beil. 12. 15).
Abb. 193	Perachora – Stoa am Hafen (II.46) (Coulton 1964, 113 Abb. 6).
Abb. 194	Pheneos – sog. Brunnenhaus, Zeichnung (II.47) (Universität Trier, Projekt Pheneos).
Abb. 195	Pheneos – sog. Brunnenhaus, Profile (II.47) (Universität Trier, Projekt Pheneos).
Abb. 196	Stymphalos, Doppelhalbsäulenschaft, Fotografie (II.51) (Foto Verf. 2014).
Abb. 197	Stymphalos, Doppelhalbsäulenschaft, Zeichnung (II.51) (Zeichnung Verf. 2014, Tusche Denis 2016).
Abb. 198	Stymphalos, Doppelhalbsäulenschaft, Profile (II.51) (Zeichnung Verf. 2014, Tusche Denis 2016).
Abb. 199	Stymphalos, Profil (II.52). Zeichnung Verf. 2014 (Tusche Denis 2016).
Abb. 200	Amyklai – Thronbau des Apollon, Zeichnung (III.1) (Fiechter 1918, Taf. 8, Werkstück 41).
Abb. 201	Amyklai – Thronbau des Apollon, Fotografie (III.1) (Ephorate of Antiquities of Lakonia – Regional Office © Copyright Hellenic Ministry of Culture and Sports/Archaeological Receipts Fund).
Abb. 202	Argos, Zeichnung (III.2) (Roux 1961, 79 Abb. 11).
Abb. 203	Argos, Profil (III.2) (Roux 1961, 80 Abb. 12).
Abb. 204	Argos, Fotografie (III.2) (Vollgraff 1956, 17 Abb. 11).
Abb. 205	Argos, Fotografie (III.3) (Aupert 1987, 600 Abb. 23).
Abb. 206	Argos, Sofakapitell, Zeichnung (III.4) (Roux 1961, 385 Abb. 104).
Abb. 207	Bassai – Apollontempel, Cella, Kalksteinkapitell, Fotografie (III.5a) (Roux 1961, Taf. 16,1a).
Abb. 208	Bassai – Apollontempel, Cella, Kalksteinkapitell, Zeichnung (III.5a) (Cooper 1992, Taf. 40c).
Abb. 209	Bassai – Apollontempel, Marmorkapitell, Zeichnung (III.5b) (Cooper 1992, Taf. 40a).
Abb. 210	Bassai – Apollontempel, Marmorkapitell, Fotografie (III.5b) (Gruben 2007, 269 Abb. 181).
Abb. 211	Bassai – Apollontempel, Antenkapitell, Profil (III.5c) (nach Cooper 1992, Taf. 43, 14).
Abb. 212	Epidauros, Abaton-Stoa, Halbsäulenkapitell, Zeichnung (III.8c) (nach Kabbadias 1891, Taf, 7,5).
Abb. 213	Epidauros – Abaton-Stoa, Vierseitiges Kapitell, Fotografie, von vorne (III.8b) (Roux 1961, Taf. 92,4a).
Abb. 214	Epidauros – Abaton-Stoa, Vierseitiges Kapitell, Fotografie, von der Seite (III.8b) (Roux 1961, Taf. 92,4b).
Abb. 215	Epidauros – Abaton-Stoa, Vierseitiges Kapitell, Fotografie, von unten (III.8b) (© Hellenic Ministry of Culture and Sports/Archaeological Receipts Fund).
Abb. 216	Epidauros – Abaton-Stoa, Halbsäulenkapitell, Fotografie (III.8c) (Roux 1961, Taf. 92,3).
Abb. 217	Epidauros – Abaton-Stoa, Antenkapitell, Zeichnung (III.8d) (Kabbadias 1891, Taf. 7,7).
Abb. 218	Epidauros (III.9) (© Hellenic Ministry of Culture and Sports/Archaeological Receipts Fund).
Abb. 219	Epidauros – Gymnasion, Propylon, Antenkapitell, Zeichnung (III.10b) (Lambrinoudakis 1988, 73 Plan 27).
Abb. 220	Epidauros – Gymnasion? Halbsäulenpilasterkapitell, Fotografie (III.11) (Roux 1961, Taf. 94,2).
Abb. 221	Epidauros – Nord-Ost-Portikus, Sofakapitell (III.12) (Roux 1961, Taf. 95,2).
Abb. 222	Epidauros – Nordpropyläen, zweiseitiges Kapitell, Fotografie (III.13a) (© Hellenic Ministry of Culture and Sports/Archaeological Receipts Fund).
Abb. 223	Epidauros – Nordpropyläen – vierseitiges Kapitell, Zeichnung (III.13b) (Roux 1961, 260–261 Abb. 69).

Abbildungsverzeichnis und -nachweis

Abb. 224 Epidauros – Nordpropyläen, zweiseitiges Kapitell, Fotografie (III.13a) (Roux 1961, Taf. 85,1).
Abb. 225 Epidauros – Nordpropyläen, Antenkapitell, Fotografie (III.13c) (© Hellenic Ministry of Culture and Sports/Archaeological Receipts Fund).
Abb. 226 Epidauros – Stadion, Startvorrichtung, Zeichnung (III.14) (Kabbadias 1903, Taf. 3,5 Detail (Maßstab nachträglich hinzugefügt, nach oberem Säulendurchmesser rekonstruiert, der angegeben ist bei Kabbadias 1903, Taf. 3a)).
Abb. 227 Epidauros – Tempel L, vierseitiges Kapitell, Zeichnung (III.15) (Roux 1961, 231 Abb. 54).
Abb. 228 Epidauros – Tempel L, vierseitiges Kapitell, Fotografie (III.15) (Roux 1961, Taf. 68, 1. 3).
Abb. 229 Epidauros – Theater, Paradostor, Antenkapitell, Zeichnung (III.16) (Gerkan – Müller-Wiener 1961, nach Gerkan 1961, Taf. 24).
Abb. 230 Epidauros – Theater, Proskenion, vierseitiges Kapitell, Rekonstruktion (III.17) (Gerkan – Müller-Wiener 1961, 55 Abb. 11).
Abb. 231 Epidauros – Theater, Proskenion, vierseitiges Kapitell, Zeichnung (III.17) (Gerkan – Müller-Wiener 1961, Taf. 19).
Abb. 232 Epidauros, Zweiseitiges Kapitell, Zeichnung (III.18) (Roux 1961, 297 Abb. 91).
Abb. 233 Epidauros, Zweiseitiges Kapitell, Fotografie (III.19) (© Hellenic Ministry of Culture and Sports/Archaeological Receipts Fund).
Abb. 234 Epidauros – Votivkapitell, Fotografie von vorne (III.20) (Roux 1961, Taf. 90,1).
Abb. 235 Epidauros – Votivkapitell, Fotografie von der Seite (III.20) (Kabbadias 1906, 62 Abb. 11).
Abb. 236 Gortys – Therme, Propylon, Kapitell, Zeichnung (III.21) (Ginouvès 1959, 110 Abb. 136).
Abb. 237 Gortys – Therme, Propylon, Kapitell, Fotografie (III.22) (Ginouvès 1959, 115 Abb. 141).
Abb. 238 Halieis, Kapitell, Fotografie (III.23) (McAllister u. a. 2005, Taf. 15a).
Abb. 239 Kalaureia – Stoa C, vierseitiges Kapitell, Fotografie von vorne (III.24) (Foto Verf. 2014).
Abb. 240 Kalaureia – Stoa C, vierseitiges Kapitell, Fotografie von unten (III.24) (Welter 1941, Taf. 41).
Abb. 241 Kalaureia – Stoa C, vierseitiges Kapitell, Zeichnung (III.24) (nach Welter 1941, 1941, Taf. 42).
Abb. 242 Kleonai, Volutenfragment, Zeichnung (III.26) (Universität Trier, Projekt Kleonai).
Abb. 243 Kleonai, Volutenfragment, Fotografie (III.26) (Universität Trier, Projekt Kleonai).
Abb. 244 Kleonai, Fragment ionisches Kyma, Fotografie (III.27) (Universität Trier, Projekt Kleonai).
Abb. 245 Korinth – Südstoa, Kapitell, Zeichnung (III.28a) (Broneer 1954, 45 Abb. 22. 23).
Abb. 246 Korinth – Südstoa, Kapitell, Zeichnung Unterseite (III.28a) (Broneer 1954, 46 Abb. 24).
Abb. 247 Korinth – Südstoa, Kapitellfragment, Fotografie (III.28a) (Scahill 2012, 125 Abb. 54).
Abb. 248 Korinth – Südstoa, Kapitellfragment, Fotografie, von unten (III.28a) (Scahill 2012, 126 Abb. 55).
Abb. 249 Korinth – Südstoa, Kapitell, digitale 3D Rekonstruktion (III.28a) (Scahill 2012, 128 Abb. 58).
Abb. 250 Korinth – Südstoa, Antenkapitell (III.28b) (Broneer 1954, 72 Abb. 44).
Abb. 251 Korinth – Südstoa, Antenkapitell (III.28c) (Broneer 1954, 78 Abb. 53).
Abb. 252 Korinth, Sofakapitell, Fotografie, von vorne (III.29) (Foto Verf. 2014).
Abb. 253 Korinth, Sofakapitell, Fotografie, von hinten (III.29) (Foto Verf. 2014).
Abb. 254 Korinth – Untere Peirene-Quelle, Pfeilerkapitell, Zeichnung (III.30a) (nach Hill 1964, Taf. 8).
Abb. 255 Korinth – Untere Peirene-Quelle, Pfeilerkapitell, Fotografie (III.30a) (Foto Verf. 2014).

Abb. 256	Korinth – Untere Peirene-Quelle, Antenkapitell, Zeichnung (III.30b) (nach Hill 1964, Taf. 8).
Abb. 257	Korinth – Untere Peirene-Quelle, Antenkapitell, Fotografie (III.30b) (Foto Verf. 2014).
Abb. 258	Korinth, Antenkapitell, Zeichnung (III.31) (Roebuck 1951, 148 Abb. 28, 20).
Abb. 259	Ligourio, Kapitell eines Doppelhalbsäulenpfeilers, hier als Spolie (III.32) (Foto Verf. 2014).
Abb. 260	Ligourio, Kapitell eines Doppelhalbsäulenpfeilers, hier als Spolie in einer Kirche verbaut (III.32) (Foto Verf. 2014).
Abb. 261	Lousoi – Artemistempel, Antenkapitell (III.33) (Ladstätter 2001, 151 Abb.3 Detail).
Abb. 262	Keryneia – Heroon, Kapitell, Fotografie (III.34) (Kolonas 1999, 24 Abb. 38).
Abb. 263	Megalopolis – Bouleuterion, Kapitell, Zeichnung (III.35) (Lauter-Bufe – Lauter 2011, Taf. 77).
Abb. 264	Megalopolis – Bouleuterion, Kapitell, Fotografie (III.35) (Lauter-Bufe – Lauter 2011, Taf. 66).
Abb. 265	Megalopolis – Philipp-Stoa, vierseitiges Kapitell, Zeichnung (III.36a) (Gardner 1892, Taf. 16).
Abb. 266	Megalopolis – Philipp-Stoa, vierseitiges Kapitell, Fotografie (III.36a) (Foto Verf. 2014).
Abb. 267	Megalopolis – Philipp-Stoa, Antenkapitell, Zeichnung (III.36b) (Lauter-Bufe 2014, Taf. 93a).
Abb. 268	Messene – Asklepiostempel, Antenkapitell, Zeichnung (III.37) (Sioumpara 2011, 158 Abb. 96).
Abb. 269	Messene – Asklepieion, Oikos K, Antenkapitell, Fotografie, von vorne (III.38a) (Foto Verf. 2014).
Abb. 270	Messene – Asklepieion, Oikos K, Antenkapitell, Fotografie, von der Seite (III.38a) (Foto Verf. 2014).
Abb. 271	Messene – Asklepieion, Oikos K, Kapitell, Fotografie, von vorne (III.38b) (Foto Verf. 2014).
Abb. 272	Messene – Asklepieion, Oikos K, Kapitell, Fotografie, von der Seite (III.38b) (Foto Verf. 2014).
Abb. 273	Messene – Brunnenhaus der Arsinoe, Kapitell der Halbsäulenpfeiler, Zeichnung (III.39a) (Themelis 1997, 72 Abb. 4).
Abb. 274	Messene – Brunnenhaus der Arsinoe, Kapitell, Zeichnung (III.39b) (nach Reinholdt 2009, 78 Abb. 109. 109a).
Abb. 275	Mistra, Sofakapitell, Zeichnung (III.41) (Fiechter 1918, 213 Abb. 57a).
Abb. 276	Nemea – Oikos 9, Eckkapitell, Profile (III.42a) (Zeichnung: Verf. 2015, Tusche: Denis 2016).
Abb. 277	Nemea – Oikos 9, Eckkapitell, Zeichnung (III.42a) (Zeichnung: Verf. 2015, Tusche: Denis 2016).
Abb. 278	Nemea – Oikos 9, Eckkapitell, Fotografie, von der Seite (III.42a) (Foto Verf. 2014).
Abb. 279	Nemea – Oikos 9, Eckkapitell, Fotografie, von vorne (III.42a) (Foto Verf. 2014).
Abb. 280	Nemea – Oikos 9, Kapitell der Halbsäulenpfeiler, Fotografie, von vorne (III.42b) (Foto Verf. 2014).
Abb. 281	Nemea – Oikos 9, Kapitell der Halbsäulenpfeiler, Fotografie, von oben (III.42b) (Foto Verf. 2014).
Abb. 282	Nemea – Oikos 9, Kapitell der Halbsäulenpfeiler, Fotografie, von unten (III.42b) (Foto Verf. 2014).
Abb. 283	Nemea – Zeustempel, Volutenfragment, Fotografie (III.43) (Hill 1966, Abb. 42).
Abb. 284	Nemea – Zeustempel, Kapitell der Halbsäulenpfeiler, Rekonstruktion (III.43) (Hill 1966, Taf. 26).
Abb. 285	Olympia – Gymnasion, Südhalle (III.44) (Maße nicht bekannt) (Mallwitz 1972, 286 Abb. 236).

Abb. 286	Olympia – „Kalksandstein-Architektur", Kapitellfragment, Zeichnung (III.45) (Herrmann 1996, 130 Abb. 9–10).
Abb. 287	Olympia – Leonidaion, Kapitell, Zeichnung (III.46a) (nach Adler u. a. 1896/ 1966, Taf. 65).
Abb. 288	Olympia – Leonidaion, Kapitell, Fotografie, von vorne (III.46a) (© Hellenic Ministry of Culture and Sports, Ephorate of Antiquities of Elia, Archaeological Receipts Fund).
Abb. 289	Olympia – Leonidaion, Kapitell, Fotografie, von der Seite (III.46a) (© Hellenic Ministry of Culture and Sports, Ephorate of Antiquities of Elia, Archaeological Receipts Fund).
Abb. 290	Olympia – Leonidaion, Kelchkapitell, Zeichnung (III.46b) (nach Adler u. a. 1896/ 1966, Taf. 64).
Abb. 291	Olympia – Leonidaion, Kelchkapitell, Fotografie (III.46b) (© Hellenic Ministry of Culture and Sports, Ephorate of Antiquities of Elia, Archaeological Receipts Fund).
Abb. 292	Olympia – Palästra, Raum VI, Kapitell, Zeichnung (III.47a) (Adler u. a. 1892a/1966, Taf. 74).
Abb. 293	Olympia – Palästra, Raum VI, Kapitell, Fotografie von vorne (III.47a) (© Hellenic Ministry of Culture and Sports, Ephorate of Antiquities of Elia, Archaeological Receipts Fund).
Abb. 294	Olympia – Palästra, Raum VI, Kapitell, Fotografie von der Seite (III.47a) (© Hellenic Ministry of Culture and Sports, Ephorate of Antiquities of Elia, Archaeological Receipts Fund).
Abb. 295	Olympia – Palästra, Raum IX, Kapitell, Zeichnung (III.47b) (nach Adler u. a. 1892a/1966, Taf. 74).
Abb. 296	Olympia – Palästra, Raum IX, Kapitell, Fotografie (III.47b) (Schleif – Eilmann 1944, 19 Abb. 6).
Abb. 297	Olympia – Palästra, Exedra VI, Antenkapitell, Zeichnung (III.47c) (Adler u. a. 1892a/1966, Taf. 74, 4. 5).
Abb. 298	Olympia – Philippeion, Kapitell, Zeichnung (III.48) (Mallwitz 1972, 12 Abb. 98; Maßstab nachträglich hinzugefügt, rekonstruiert nach der Originalzeichnung M1:1 bei Kunze – Schleif 1944, Atlas 4).
Abb. 299	Olympia – Philippeion, Kapitell, Fotografie von vorne (III.48) (© Hellenic Ministry of Culture and Sports, Ephorate of Antiquities of Elia, Archaeological Receipts Fund).
Abb. 300	Olympia – Philippeion, Kapitell, Fotografie von der Seite (III.48) (© Hellenic Ministry of Culture and Sports, Ephorate of Antiquities of Elia, Archaeological Receipts Fund).
Abb. 301	Olympia – Ptolemaierweihgeschenk, Kapitell, Zeichnung (III.49) (Hoepfner 1971, Beil. 18).
Abb. 302	Olympia – Ptolemaierweihgeschenk, Kapitell, Fotografie von vorne (III.49) (© Hellenic Ministry of Culture and Sports, Ephorate of Antiquities of Elia, Archaeological Receipts Fund).
Abb. 303	Olympia – Ptolemaierweihgeschenk, Kapitell, Fotografie von der Seite (III.49) (© Hellenic Ministry of Culture and Sports, Ephorate of Antiquities of Elia, Archaeological Receipts Fund).
Abb. 304	Olympia – Zweisäulendenkmal, Kapitell, Zeichnung (III.50) (nach Adler u. a. 1892a/1966, Taf. 89).
Abb. 305	Olympia – Zweisäulendenkmal, Kapitell, Fotografie von vorne (III.50) (© Hellenic Ministry of Culture and Sports, Ephorate of Antiquities of Elia, Archaeological Receipts Fund).
Abb. 306	Olympia – Zweisäulendenkmal, Kapitell, Fotografie von der Seite (III.50) (© Hellenic Ministry of Culture and Sports, Ephorate of Antiquities of Elia, Archaeological Receipts Fund).

Abb. 307	Olympia, Attisch-ionisches Eckkapitell, Fotografie (III.51) (Herrmann 1996, 131 Abb. 12).
Abb. 308	Olympia, Kapitell, Fotografie von vorne (III.52) (D-DAI-ATH-Olympia-2962).
Abb. 309	Olympia, Kapitell, Fotografie von der Seite (III.52) (D-DAI-ATH-Olympia-2963).
Abb. 310	Olympia – Votivkapitell, Zeichnung (III.53) (Kontoleon 1980, 364 Abb. 1).
Abb. 311	Olympia – Votivkapitell, Fotografie (III.53) (Roux 1961, Taf. 90,4).
Abb. 312	Olympia – Votivkapitell, Zeichnung (III.54) (Kontoleon 1980, 372 Abb. 3).
Abb. 313	Olympia – Votivkapitell, Fotografie (III.54) (© Hellenic Ministry of Culture and Sports, Ephorate of Antiquities of Elia, Archaeological Receipts Fund).
Abb. 314	Olympia – Pelopion-Tor, Antenkapitell, Zeichnung (III.55) (Adler u. a. 1896/ 1966, Taf. 42).
Abb. 315	Olympia – Südhalle, Antenkapitell, Zeichnung (III.56) (Adler u. a. 1896/ 1966, Taf. 61,2).
Abb. 316	Perachora – Brunnenhaus, Halbsäulenkapitell, Zeichnung (III.57a) (Tomlinson 1969, 211 Abb. 24).
Abb. 317	Perachora – Brunnenhaus, Antenkapitell, Zeichnung (III.57b) (nach Tomlinson 1969, 211 Abb. 24).
Abb. 318	Perachora – Stoa am Hafen, Eckkapitell, Zeichnung (III.58) (Coulton 1964, 211 Abb. 24).
Abb. 319	Pheneos – sog. Brunnenhaus, Kapitell, Zeichnung (III.59) (Projekt Pheneos, unveröffentlicht).
Abb. 320	Pheneos – sog. Brunnenhaus, Kapitell, Profilzeichnung (III.59) (Projekt Pheneos, unveröffentlicht).
Abb. 321	Pheneos – sog. Brunnenhaus, Kapitell, Fotografie (III.59) (Projekt Pheneos, unveröffentlicht).
Abb. 322	Pheneos– Asklepieion, Kapitell, Zeichnung (III.60) (Projekt Pheneos, unveröffentlicht).
Abb. 323	Pheneos – Asklepieion? Eckkapitell, Zeichnung (III.61) (Projekt Pheneos, unveröffentlicht).
Abb. 324	Pheneos – Asklepieion? Eckkapitell, Fotografie (III.61) (Projekt Pheneos, unveröffentlicht).
Abb. 325	Sikyon – Theater, Vierseitiges Kapitell (III.65) (Fiechter 1931, 29 Abb. 19).
Abb. 326	Sparta – Weihgeschenkträger, Zeichnung (III.66) (Fiechter 1918, 218 Abb. 70).
Abb. 327	Sparta – Weihgeschenkträger, Fotografie (III.66) (Foto Verf. 2014).
Abb. 328	Sparta, Sofakapitell, Zeichnung (III.67) (Schröder 1904, 33 Abb. 4).
Abb. 329	Sparta, Sofakapitell, Zeichnung, Seitenansicht (III.67) (Schröder 1904,32 Abb. 3).
Abb. 330	Sparta, Sofakapitell, Fotografie (III.67) (Schröder 1904, Taf. 2).
Abb. 331	Sparta, Sofakapitell, Zeichnung (III.68) (Fiechter 1918, 213 Abb. 56a).
Abb. 332	Sparta, Sofakapitell, Fotografie (III.68) (Ephorate of Antiquities of Lakonia – Regional Office © Copyright Hellenic Ministry of Culture and Sports/Archaeological Receipts Fund).
Abb. 333	Tegea – Athenatempel, Antenkapitell, Zeichnung (III.69) (Dugas – Berchmans 1924, Taf. 77).
Abb. 334	Tegea – Athenatempel, Antenkapitell, Fotografie (III.69) (Dugas – Berchmans 1924, Taf. 88).
Abb. 335	Tegea, Sofakapitell (III.70) (Mendel 1901, 266 Abb. 11).
Abb. 336	Tegea, Sofakapitell, Zeichnung (III.71) (Fiechter 1918, 213 Abb. 58a).
Abb. 337	Tegea, Sofakapitell, Fotografie (III.71) (Karágiōrga-Stathakopoúlou 2005, 137 Abb. 3).
Abb. 338	Tegea, Sofakapitell, Fotografie (III.74) (Karágiōrga-Stathakopoúlou 2005, 137 Abb. 2).
Abb. 339	Tegea, Sofakapitell, Fotografie (III.75) (Karágiōrga-Stathakopoúlou 2005, 137 Abb. 4).
Abb. 340	Tegea – Grabnaiskos, Antenkapitell, Fotografie (III.76) (Karágiōrga-Stathakopoúlou 2005, 138 Abb. 5).

Abbildungsverzeichnis und -nachweis XIX

Abb. 341	Tegea, Sofakapitell, Fotografie (III.77) (Karágiōrga-Stathakopoúlou 2005, 138 Abb. 6).
Abb. 342	Tegea, Cavettokapitell, Fotografie (III.78) (Karágiōrga-Stathakopoúlou 2005, Taf. 20a).
Abb. 343	Museum Pella, zweiseitiges Kapitell (Inv. Nr. T41), Fotografie von vorne (Foto Verf. 2014).
Abb. 344	Museum Pella, zweiseitiges Kapitell (Inv. Nr. T41) Fotografie, Seitenansicht (Foto Verf. 2014).
Abb. 345	Amyklai – Thronbau des Apollon, Zeichnung (IV.1) (Fiechter 1918, Taf. 14).
Abb. 346	Amyklai – Thronbau des Apollon, Fotografie (IV.1) (Massow 1927, Taf. 22).
Abb. 347	Bassai – Apollontempel, Cella, Gebälk, Zeichnung (IV.2) (Cooper 1992, Taf. 60 Detail).
Abb. 348	Bassai – Apollontempel, Cella, Architrav-Kopfprofil (IV.2a) (nach Cooper 1992, Taf. 43,13).
Abb. 349	Epidauros – Theater, Paradostor, Gebälk, Zeichnung (IV.3) (Gerkan – Müller-Wiener 1961, Taf. 25).
Abb. 350	Epidauros – Theater, Proskenion, Gebälk, Zeichnung (IV.4) (Gerkan – Müller-Wiener 1961, Taf. 20).
Abb. 351	Epidauros – Tholos, Gebälk der Innenordnung, Schnittzeichnung (IV.5) (Roux 1961, 141 Abb. 31).
Abb. 352	Epidauros – Tholos, Innenordnung, Zeichnung (IV.5) (Roux 1961, Taf. 47).
Abb. 353	Epidauros – Nordpropyläen, Außengebälk, Zeichnung (IV.6a) (nach Roux 1961, 266 Abb. 73).
Abb. 354	Epidauros – Nordpropyläen, Gebälk, Zeichnung (IV.6a) (Roux 1961, 273 Abb. 78).
Abb. 355	Epidauros – Nordpropyläen, Gebälk, Detailzeichnung (IV.6a) (Roux 1961, 264 Abb. 71).
Abb. 356	Epidauros – Nordpropyläen, Gebälk im Inneren, Ansichtzeichnung (IV.6b) (Roux 1961, 271 Abb. 77).
Abb. 357	Epidauros – Nordpropyläen, Gebälk im Inneren, Schnittzeichnung (IV.6b) (Roux 1961, 270 Abb. 76).
Abb. 358	Epidauros – Gymnasion, Propylon, Architrav-Fries-Block, Zeichnung und Fotografie (IV.7) (Lambrinoudakis 1988, 130 Abb. 60).
Abb. 359	Epidauros – Tempel L, Fragmente eines Architrav-Fries-Blockes, Zeichnung (IV.8a) (Roux 1961, 235 Abb. 56).
Abb. 360	Epidauros – Tempel L, Fragment eines Architrav-Fries-Blockes, Fotografie (IV.8a) (Roux 1961, Taf. 68,4).
Abb. 361	Epidauros – Tempel L, Gebälkfragmente der Innenordnung, Zeichnung (IV.8b) (Roux 1961, 237 Abb. 57).
Abb. 362	Kleonai, Hängeplattengeison, Zeichnung (IV.9) (Universität Trier, Projekt Kleonai).
Abb. 363	Kleonai, ionisches Geison, Zeichnung (IV.10) (Universität Trier, Projekt Kleonai).
Abb. 364	Kleonai, ionisches Geison, Profilzeichnung (IV.10) (Universität Trier, Projekt Kleonai).
Abb. 365	Korinth – Untere Peirene-Quelle, Gebälk, Zeichnung (IV.11) (nach Hill 1964, Taf. 8).
Abb. 366	Korinth – Untere Peirene-Quelle, Gebälk, Profilzeichnung (IV.11) (nach Hill 1964, Taf. 8).
Abb. 367	Korinth – Asklepieion und Lernakomplex, Propylon der Lerna, Gebälkblock, Zeichnung (IV.12) (Roebuck 1951, 68 Abb. 19).
Abb. 368	Korinth – Asklepieion und Lernakomplex, Propylon der Lerna, Gebälkblock, Fotografie (IV.12) (Roebuck 1951, Taf. 6,5).
Abb. 369	Korinth, Gebälkblock, Zeichnung (IV.13) (Roebuck 1951, 149 Abb. 29).
Abb. 370	Korinth, Gebälkblock, Fotografie (IV.13) (Roebuck 1951, Taf. 64,17).
Abb. 371	Megalopolis – Philipp-Stoa, Architrav der Innenordnung, Zeichnung (IV.14) (Lauter-Bufe 2014, Taf. 86a).

Abb. 372　Megalopolis – Philipp-Stoa, Architrav der Innenordnung, Kopfprofil (IV.14) (nach Lauter-Bufe 2014, Taf. 85c).
Abb. 373　Megalopolis – Philipp-Stoa, Architrav der Innenordnung, Fotografie (IV.14) (Lauter-Bufe 2014, Taf. 40a).
Abb. 374　Messene – Asklepieion, Stoai, Innenordnung, Zeichnung (IV.15) (Themelis 2003, 62 Abb. 43).
Abb. 375　Messene – Brunnenhaus der Arsinoe, Gebälkblock der Halbsäulenpfeiler-Stellung, Zeichnung (IV.16) (Reinholdt 2009, 75 Abb. 107).
Abb. 376　Messene – Brunnenhaus der Arsinoe, Gebälkblock der Halbsäulenpfeiler-Stellung, Profilzeichnungen (IV.16) (Reinholdt 2009, 74 Abb. 106).
Abb. 377　Messene – Tholosartiger Bau, monolither Gebälkblock, Fotografie (IV.17) (Themelis 2010, 242 Abb.).
Abb. 378　Nemea – Zeustempel, Architrav, Zeichnung (IV.18) (Hill 1966, Taf. 24, b Detail).
Abb. 379　Nemea – Zeustempel, Architrav, Zeichnung Kopfprofil (IV.18) (Hill 1966, Taf. 24, 1b Detail).
Abb. 380　Olympia – Gymnasion, Tor, Gebälk, Zeichnung (IV.19) (nach Adler u. a. 1892a/1966, Taf. 76).
Abb. 381　Olympia – Leonidaion, Gebälk, Zeichnung (IV.20) (nach Adler u. a. 1896/1966, Taf. 65).
Abb. 382　Olympia – Palästra, Geisonblock mit Zahnschnitt, Zeichnung (IV.21) (Adler u. a. 1892b/1966, 120 Abb. 13).
Abb. 383　Olympia – Philippeion, Gebälk, Zeichnung (IV.22 a–e und IV.22 f–h) 234 (Adler u. a. 1892a/1966, Taf. 81).
Abb. 384　Perachora – Brunnenhaus, Gebälk, Zeichnung (IV.23) (nach Tomlinson 1969, 211 Abb. 24).
Abb. 385　Pheneos – Geisonblock eines Rundmonuments, Zeichnung (IV.24) (Universität Trier, Projekt Pheneos).
Abb. 386　Pheneos – Geisonblock eines Rundmonuments, Profilzeichnung (IV.24) (Universität Trier, Projekt Pheneos).
Abb. 387　Pheneos – Geisonblock eines Rundmonuments, Fotografie (IV.24) (Universität Trier, Projekt Pheneos).
Abb. 388　Sikyon – Stoa? Gebälkblock, Zeichnung (IV.25) (Maße nicht bekannt) (Orlandos 1955, 390 Abb. 5).
Abb. 389　Sikyon – Theater, Gebälk, Zeichnung (IV.26) (Fossum 1905, Taf. 9).
Abb. 390　Tegea – Athenatempel, Epikranitis, Zeichnung (IV.27) (Dugas – Berchmans 1924, Taf. 79).
Abb. 391　Tegea – Athenatempel, Epikranitis, Fotografie (IV.27) (Foto Verf. 2014).
Abb. 392　Basisformen (Zeichnung Verf., nach Dirschedl 2013, Beil. 1. 3).
Abb. 393　Kannelurabschluss-Formen (Zeichnung Verf.).
Abb. 394　Apophygen-Formen (Zeichnung Verf.).
Abb. 395　Kapitell-Motive (Zeichnung Verf.).
Abb. 396　Antenkapitelle, Profilform (Zeichnung Verf.).
Abb. 397　Gebälk, Kopfprofile (Zeichnung Verf.).
Abb. 398　Attische Basis – Normalform (nach Talbert – Bagnall 2000, Karte 58).
Abb. 399　Attische Basis – Variante A (nach Talbert – Bagnall 2000, Karte 58).
Abb. 400　Attische Basis – Variante B (nach Talbert – Bagnall 2000, Karte 58).
Abb. 401　Attische Basis – Abwandlung (nach Talbert – Bagnall 2000, Karte 58).
Abb. 402　Peloponnesischer Typus A (nach Talbert – Bagnall 2000, Karte 58).
Abb. 403　Peloponnesischer Typus B und Abwandlung (nur Korinth) (nach Talbert – Bagnall 2000, Karte 58).
Abb. 404　Scotia-Torus Basis mit Plinthe (nach Talbert – Bagnall 2000, Karte 58).

Abb. 405   Samische Basis (nach Talbert – Bagnall 2000, Karte 58).
Abb. 406   Ephesische Basis und Wulstbasis mit Plinthe (nach Talbert – Bagnall 2000, Karte 58).
Abb. 407   Sonderform „Markttempel" (nach Talbert – Bagnall 2000, Karte 58).
Abb. 408   Kapitelle – gerade Voluten (nach Talbert – Bagnall 2000, Karte 58).
Abb. 409   Kapitelle – gebogene Voluten (nach Talbert – Bagnall 2000, Karte 58).
Abb. 410   Ionische Bauglieder – zweite Hälfte 5. Jh. (nach Talbert – Bagnall 2000, Karte 58).
Abb. 411   Ionische Bauglieder – ca. erste Hälfte 4. Jh. (nach Talbert – Bagnall 2000, Karte 58).
Abb. 412   Ionische Bauglieder – ca. 2. Hälfte 4. bis 2. Jh. (nach Talbert – Bagnall 2000, Karte 58).

Abkürzungsverzeichnis

Zusätzlich zu den Abkürzungen in den Richtlinien für Publikationen des Deutschen Archäologischen Instituts werden hier folgende Abkürzungen verwendet:

a	außen
Abs.	Absatz
abgesch.	abgeschrägt
Apoph.	Apophyge
ASKL	Asklepieion
Bukr.	Bukranien
eingeb.	eingebunden
einspr.	einspringend
f	facettiert
gekr.	gekrümmt
HS	Halbsäule
in	innen
iK	ionisches Kyma
K	Kalkstein
konk.	konkav
k	korinthisch
KR	Kyma reversa
M	Marmor
mF	mittlere Faszie
Mu	Muschelkalk
oF	obere Faszie
OG	Obergeschoss
P	Poros
Perlst.	Perlstab
Rundst.	Rundstab
pl.	plastisch
Trav.	Travertinit
t.p.q.	Terminus post quem
Ü	Übergang
ud	unterer Säulendurchmesser (gemessen oberhalb der Apophyge)
DU	unterer Säulendurchmesser (gemessen auf Plättchen unterhalb der Apophyge)
uF	untere Faszie
V	Via
vorspr.	vorspringend
VS	Vollsäule
Z	Zahn
ZS	Zahnschnitt

Vorwort

Die vorliegende Studie ist eine geringfügig überarbeitete Fassung meiner Dissertation, die Mitte 2017 am Fachbereich III der Universität Trier unter dem Titel „Die ionische Ordnung auf der Peloponnes. Von den Anfängen in archaischer Zeit bis zum Ende der hellenistischen Epoche" eingereicht wurde. Seitdem erschienene Literatur ist nicht mehr berücksichtigt.

Bei der Bearbeitung und Fertigstellung meiner Arbeit wurde ich von vielen Personen unterstützt, denen ich an dieser Stelle meinen Dank aussprechen möchte. An erster Stelle ist mein Doktorvater T. Mattern zu nennen, von dem die Anregung zur Beschäftigung mit diesem Thema kam und der die Arbeit während der gesamten Bearbeitungsphase mit großem Interesse begleitet, unterstützt und gefördert hat. M. Trunk, der das Korreferat übernommen hat, danke ich für manch nützlichen Hinweis. Weitere fachliche Unterstützung habe ich erfahren von G. Ladstätter, H. Lauter-Bufe, K.-P. Goethert und insbesondere von V. Grieb.

Dem Deutschen Archäologischen Institut in Athen, namentlich K. Sporn und D. Grigoropoulos, danke ich für die hervorragende Hilfe bei der Vorbereitung und Durchführung eines mehrwöchigen Forschungsaufenthaltes auf der Peloponnes, J. Heiden und E. Laufer für die unkomplizierte Bereitstellung von publikationsfähigem Bildmaterial und K. Herrmann † für die fachliche Diskussion zu ionischen Befunden aus Olympia. Weiterhin bin ich den griechischen Behörden in Achaia, Arkadien, Korinth, Elis, Lakonien, Messenien, Pella und Piräus zu Dank verpflichtet, die mir freundlicherweise den Zugang zu den Monumenten in Museen und Depots ermöglichten. Das Lektorat übernahm dankenswerterweise V. Grieb, Korrekturgelesen wurde die Arbeit von R. Scholz.

Finanziell gefördert wurde das Promotionsvorhaben vom Evangelischen Studienwerk Villigst, das das Projekt mit einem dreijährigen Promotionsstipendium unterstützt und einen Großteil des Forschungsaufenthalts finanziert hat. Dafür möchte ich mich in aller Form bedanken.

Mein Dank gebührt außerdem den Mitarbeiterinnen und Mitarbeitern der Klassischen Archäologie an der Universität Trier, die mir bei der Fertigstellung der Arbeit auf vielfältige Weise behilflich waren. Mein besonderer Dank gilt S. Berke für den motivierenden Austausch und S. Denis, die mit Freude und geübter Hand meine Bleistiftzeichnungen in publikationsfähige Tuschezeichnungen verwandelt hat.

Den Herausgebern danke ich für die Aufnahme in die Schriftenreihe „Philippika – Altertumswissenschaftliche Abhandlungen" und die stets angenehme Zusammenarbeit.

Schließlich danke ich meiner Familie und meinen Freunden für die großartige und bedingungslose Unterstützung über lange Jahre hinweg. Ihnen ist diese Arbeit gewidmet.

Darmstadt, Februar 2019
Nina Straub

I Einleitung

Gegenstand der vorliegenden Untersuchung ist die ionische Ordnung auf der architektonisch stark dorisch geprägten Peloponnes. Die Anfänge und die weitere Entwicklung dieses Phänomens sind bislang nicht umfassend untersucht worden, wenngleich die damit verbundenen wissenschaftlichen Fragen von besonderem Interesse für die archäologische Forschung sind, wie etwa die Abhängigkeit bzw. Unabhängigkeit der ionisch-peloponnesischen Stilentwicklung, aber auch die möglichen politischen oder historischen Aussagen dieser Architektur.

Die Erforschung griechischer Architektur ist stark geprägt von den Beschreibungen Vitruvs, der im dritten und vierten Buch seiner Architekturgeschichte etablierte Regeln für die stilistische Zuordnung der Architektursysteme beschreibt und zugleich deren Entwicklung skizziert. Dabei führt Vitruv den Ursprung einer jeden Ordnung auf eine bestimmte griechische Region zurück, von der aus diese ihre weitere Verbreitung fand. Demnach tritt die dorische Ordnung im griechischen Mutterland, besonders aber auf der Peloponnes auf, während die ionische Ordnung vor allem in Kleinasien und den Ägäischen Inseln vertreten ist. Die archäologische Überlieferung zeigt, dass in einem gewissen Umfang auch ionische Architektur und Architekturelemente im dorisch dominierten Bereich sowie dorische im ionischen Bereich verwendet wurden. In früharchaischer Zeit lassen sich beispielsweise auf dem dorisch dominierten Festland sporadische Übernahmen des Ionischen in Form von kleinen Details an einzelnen Baugliedern nachweisen.[1] Zahlreiche Beispiele auf der Peloponnes (s. Katalog) belegen, dass gerade in diesem stark dorisch dominierten Bereich ein Prozess ionischer Infiltration stattfand.

In der vorliegenden Arbeit wird die Verbreitung, Entwicklung und regionale Bedeutung der ionischen Ordnung auf der Peloponnes vom ersten Auftreten ionischer Architekturelemente in archaischer Zeit bis zum Ende der hellenistischen Epoche untersucht. Zudem ist mit dieser Studie die Hoffnung verbunden, einen Beitrag zur Erforschung der ionischen Ordnung im Mittelmeerraum leisten zu können, wie Miller dies fordert:

> „The capital is undoubtedly the most elusive element within the Ionic order and a general study of this order throughout the Mediterranean world, both regionally and chronologically, is urgently needed."[2]

Seit über einem Jahrhundert beschäftigt sich die archäologische Forschung bereits mit der Frage, wann erste ionische Elemente auf der Peloponnes eigentlich fassbar sind.[3] Die Verbreitung und weitere Entwicklung der ionischen Ordnung auf der Peloponnes ist jedoch bis jetzt nicht Gegenstand einer eingehenden Untersuchung gewesen. Einen kurzen Einblick in die ionischen Baudenkmäler und Architekturbauglieder der Peloponnes liefert lediglich K. Herrmann in einem Beitrag, der im Rahmen des Bauforschungskolloquiums in Berlin

---

1 Siehe bspw. Dinsmoor 1985, 73.
2 Miller 1973, 197–198.
3 Siehe hierzu: Fiechter 1918; Bakalakis 1969; Courtils 1983; Mallwitz 1980a; Mallwitz 1980c; Puchstein 1887.

entstanden ist.⁴ Er versucht den allgemein verbreiteten Eindruck der ionischen Architektur auf der Peloponnes „als etwas Sporadisches und zumeist auch Spätes"⁵ zu relativieren und verweist auf erste Ionismen bereits im 6. Jahrhundert.⁶ Die Untersuchungen Herrmanns bringen das Thema der ionisch-peloponnesischen Architektur wieder in den Fokus der Forschung. Er verweist auf einige interessante Aspekte eines möglichen eigenständigen Stils der peloponnesischen Architektur und betrachtet vereinzelte bis dahin unbeachtete Fundstücke in einem neuen Kontext. Auf Grund der Kürze des Textes, durch die Rahmenbedingungen des Bandes bedingt, geht er jedoch nicht ausführlicher auf das Thema ein.

Eingehender mit der Thematik beschäftigt sich G. Roux in einem Unterkapitel seiner Dissertation zur Architektur der Argolis im 4. und 3. Jahrhundert.⁷ Im ersten Teil seiner Arbeit setzt er sich zunächst kritisch mit den Monumenten der Argolis selbst auseinander, um dann im zweiten Teil die charakteristischen Elemente argivischer und peloponnesischer Architektur im 4. und 3. Jahrhundert zu diskutieren. Hierbei widmet er jeder der drei Ordnungen ein eigenes Kapitel. Die ionische Ordnung behandelt er unter der Fragestellung, ob es auf der Peloponnes, insbesondere der Argolis, einen besonderen ionischen Stil gibt und wenn ja, welche Einflüsse zu seiner Entstehung beigetragen haben und welchen Einfluss dieser Stil auf seiner Wanderung durch die griechische Welt ausgeübt hat.⁸ Es ist Roux' Verdienst, das Material, welches vorher nur in kurzen Beschreibungen in Handbüchern, in älteren Supplementbänden und verstreuten Artikeln zu finden war, zusammengetragen und mit neuen Funden angereichert zu haben. Seine Untersuchungen liefern einen guten Überblick über die ionische Architektur in der Argolis im 4. und 3. Jahrhundert. Sein Werk ist die einzige grundlegende Arbeit zum Thema „Ionische Architektur auf der Peloponnes", sodass es selbst bei aktuellen Publikationen noch als Referenzwerk genannt wird.⁹ Dies zeigt einerseits die Bedeutung des Themas für die moderne archäologische Forschung und andererseits, dass eine neue, umfassendere Studie zu diesem Thema dringend notwendig ist. Denn zu Roux' Zeit war im Gegensatz zu heute die Materialgrundlage wesentlich geringer, sodass er seine Thesen exemplarisch an nur wenigen Bauten entwickeln musste. Dabei spielte insbesondere die bis dahin publizierten Bauwerke in Tegea und Epidauros eine wichtige Rolle. Seit Roux' Arbeit sind jedoch mehrere Bauwerke verschiedener peloponnesischer Orte¹⁰ wissenschaftlich publiziert worden und bieten heute, im Gegensatz zu Roux' punktuellem Untersuchungsansatz, die Möglichkeit eines Peloponnes übergreifenden Ansatzes. Der heutige For-

---

4 Herrmann 1996, 124–132.
5 Herrmann 1996, 124 Anm. 1.
6 Bspw. am Thron des Apollon in Amyklai oder in Form einer fragmentarisch erhaltene Volute aus Bronzeblech aus Olympia. Herrmann bezweifelt allerdings selbst, dass es sich bei letzterem Objekt, aus einem Brunnen am Nordwall des olympischen Stadions, um einen Beschlag für ein tatsächliches Bauglied handelt. Wahrscheinlicher ist die Anbringung an einer hölzernen Votivsäule des 6. Jahrhunderts.
7 Roux 1961, 334–357.
8 Roux 1961, 333 Anm. 13.
9 Bspw. bei Mattern 2015, 79 Anm. 432; Lauter-Bufe 2014, 41 Anm. 172; Cooper 1996b, 297–298. Spyropoulos u. a. 1996, 79.
10 Bspw.: Korinth, untere Peirene-Quelle (Hill 1964); Perachora, Stoa am Hafen (Coulton 1964); Perachora, Baldachinarchitektur (Plommer – Salviat 1966); Nemea, Zeustempel (Hill 1966); Perachora, Brunnenhaus (Tomlinson 1969); Keryneia, Grabbau (Dekoulakou 1983a, Dekoulakou 1983b); Epidauros, Gymnasion Propylon (Lambrinoudakis 1988); Nemea, Oikos 9 (Birge u. a. 1992); Argos, hypostyle Halle (Bommelaer – Courtils 1994); Bassai, Apollontempel (Cooper 1996a); Messene, Brunnenhaus (Felten – Reinholdt 2001); Megalopolis, Zeus Soter-Heiligtum (Lauter-Bufe 2009); Megalopolis, Philipp Stoa (Lauter-Bufe 2014); Orchomenos, Stoa (Karapanagiōtou – Phritzilas 2014).

schungsstand macht es außerdem möglich, die ionische Architektur auf der Peloponnes auf regional unterschiedliche Entwicklungen und Verbreitungen innerhalb eines dorisch dominierten Umfeldes zu untersuchen. Trotz dieser neuen, breiteren Forschungsgrundlage gibt es immer noch keine systematische, die gesamte Peloponnes umfassende Untersuchung zu diesem Thema.

Die vorliegende Studie zur Entwicklung und Bedeutung der ionischen Architektur auf der Peloponnes widmet sich somit einem wesentlichen Forschungsdesiderat. Mit einem breiteren, die gesamte Halbinsel umfassenden Ansatz soll die ionische Architektur in diesem Gebiet als archäologisches und damit historisches Phänomen besser verständlich werden. Dieser Ansatz bietet auch eine neue Grundlage für die in den letzten Jahrzehnten kontrovers diskutierten Fragen zu einem eigenständigen peloponnesischen Stil, die noch zu keinem allgemein anerkannten Abschluss gekommen sind. Zugleich soll mit der Untersuchung auch eine Grundlage geschaffen werden, um Fragen zur inhaltlichen oder politischen Bedeutung der verwendeten Ordnungen im jeweiligen regionalen und lokalen Kontext zu beantworten. So sollen in der Dissertation vor allem zwei zentrale Themenkomplexe für die Zeit von der Archaik bis zum Ende der hellenistischen Epoche eingehend untersucht werden:

Beginn, Ursprung und weitere Entwicklung der ionischen Ordnung auf der Peloponnes

Ziel der Untersuchungen ist es, die Entwicklung der ionische Ordnung auf der Peloponnes von den Anfängen bis zum Ende der hellenistischen Zeit nachzuzeichnen. Zunächst soll geklärt werden, ab wann und wo die ionische Architektur bzw. Bauglieder archäologisch fassbar sind und wie und wo sie sich weiter entwickelt haben.

Regionale Formvarianten, eigenes Formengut und ionisch-peloponnesischer Stil

Als zweites wird geprüft, inwieweit sich regionale Formvarianten herausgebildet haben, wie diese aussehen und ob sich dafür bestimmte Gründe abzeichnen. Außerdem soll untersucht werden, inwieweit sich ein eigenes peloponnesisches „Formengut" feststellen lässt. Eng damit verknüpft ist auch die Frage nach einem eigenen ionisch-peloponnesischen Stil. Es wird untersucht, in welchem Maße die ionisch-peloponnesischen Architekturformen in Abhängigkeit zu den ionisch dominierten Gebieten geschaffen wurden.

Die vorliegende Arbeit konzentriert sich geographisch gesehen auf das Gebiet der Peloponnes. Die im südlichen Griechenland gelegene Halbinsel ist über eine schmale Landenge mit dem Festland verbunden, wobei dieser Isthmos an seiner schmalsten Stelle gerade einmal 6,4 km breit ist, sodass sich eine natürliche Abgrenzung zum griechischen Festland ergibt.[11] Diese räumliche Trennung spiegelt sich auch sprachlich in den antiken Quellen wider, wo deutlich zwischen „ἐνὸτς" und „ἐκτὸς Ἰσθμοῦ" oder auch „ἔξω Πελοποννήσου" unterschieden wird.[12] Mit einer Gesamtfläche von 21.439 km² ist die Peloponnes nur wenig größer als das Bundesland Hessen, wobei es jedoch vorwiegend gebirgiges Geländer aufweist und daher stark in sich untergliedert ist. Die Form der Halbinsel erinnerte bereits in der Antike an ein Platanen- oder Weinblatt.[13] Zum peloponnesischen Gebiet zählen außerdem die Insel Kalaureia (heute Poros), die sich nördlich der Küste im Osten der Argolis befindet

---

11 RE XIX, 1 (1964) 380–391 s. v. Peloponnesos (E. Meyer).
12 Hdt. 8, 44; Thuk. 2, 91f. V 77, 6f; Isokr. VI 43. XIV 57. Strab. 8, 1,3, 334. Paus. II 5, 7.
13 Strab. 8,2,1; Agathemeros 24; Plin. Nat. 4,9; RE XIX, 1 (1964) 380–391 s. v. Peloponnesos (E. Meyer).

sowie die nördlich der Korinthia gelegene Halbinsel von Perachora. Ursprünglich gehörte dieser Bereich zu Megara, später zur Korinthia. Geographisch gesehen liegt dieses Areal zwar außerhalb des eigentlich „peloponnesischen Gebietes", da es sich hierbei jedoch um eine sog. Peraia (ἡ περαία) handelt, also um ein Territorium das „gegenüber" einem Gemeinwesen liegt[14], gehört auch dieser Bereich zur Peloponnes.

In chronologischer Hinsicht beginnt der Untersuchungszeitraum mit den frühesten auftretenden Beispielen der ionischen Ordnung in archaischer Zeit. Um den Umfang des Materials einzugrenzen, wird ein Einschnitt am Ende der hellenistischen Epoche vorgenommen. Während aus politischer Perspektive die Zerstörung Korinths (Zerschlagung des Archaischen Bundes und Einrichtung einer römischen Provinz) im Jahr 146 v. Chr. maßgeblich ist, lässt sich kulturell hierfür keine scharfe Grenze ziehen. So muss in jedem Fall einzeln geprüft werden, inwieweit ein „hellenistischer Charakter" in den Bauwerken noch zu erkennen ist.[15]

Zudem werden ionische Votivkapitelle sowie Bauglieder, die in Zusammenhang mit korinthischen Ordnungen stehen, mit in die Untersuchung einbezogen. Letztlich ist die ‚korinthische Ordnung' nur eine Variante der ionischen Ordnung, bei der das Kapitell variiert während die sonstige formale Gestaltung gleich bleibt.[16]

Grundlage der Untersuchung ist ein systematisch erstellter Katalog, der Beispiele von ca. 50 verschiedenen Fundorten auf der Peloponnes, von archaischer Zeit bis zum Ende der hellenistischen Epoche enthält. Während mehreren Forschungsaufenthalten vor Ort war es der Autorin möglich einen Großteil der Denkmäler und Bauglieder im Feld, in den Museen sowie Archiven selbst in Augenschein zu nehmen, zu dokumentieren und noch offene Fragen direkt an den Stücken zu untersuchen.

Die vorliegende Arbeit besteht aus einem Text-, Katalog- sowie Abbildungsteil. Alle im Text vorkommenden Jahrhundertangaben beziehen sich auf die vorchristliche Zeit. Die Katalognummern bestehen aus römischen sowie arabischen Zahlen (bspw. **III.25**). Die römischen Zahlen verweisen auf den jeweiligen Baugliedtypus, wobei römisch Eins (**I**) für die Basen verwendet wird, römisch Zwei (**II**) für die Säulenschäfte, römisch Drei (**III**) für die Kapitelle und römisch Vier (**IV**) für die Gebälkteile. Die arabischen Zahlen dahinter sind fortlaufend und stehen für ein bestimmtes Gebäude. Verschiedene Formen innerhalb eines Baugliedtypus werden durch zusätzliche Kleinbuchstaben (**a, b, c**…) gekennzeichnet. Die jeweiligen Abbildungsverweise zu den einzelnen Baugliedern sind den Katalogeinträgen zu entnehmen.

---

14 Xen. Hell. 4,5,1 ff.; Xen. Ag. 2,18f.; Strab. 8,6,22; 4.
15 Siehe Lauter 1986, 1–2.
16 Zu Herkunft und Entstehung der Säulenformen: Vitr. IV 12–10; Wilson Jones 2014; Scahill 2009, 40–53; Barletta 2001; Wesenberg 1996; Wesenberg 1983; Wesenberg 1971.

II Einzelstudien

Im Folgenden werden die ionisch-peloponnesischen Bauglieder getrennt nach Architekturformen (Basis, Schaft, Kapitell, Gebälk) in jeweils eigenen Kapiteln vorgestellt. Im Anschluss folgt ein eigener Abschnitt zu den entsprechenden Ornamenten.

II.1 Säulenbasen

Eine erste Untersuchung der peloponnesischen Säulenbasen erfolgte durch Roux, der den Bestand in zwei Hauptformen unterscheidet: Basen des „style libre" sowie „kanonischen Basen".[1] Erstere bestehen aus einer Viertelkehle sowie darüber liegendem Torus und sind in der Cella des Tempels von Bassai erstmals belegt (Abb. 91–93).[2] Die Basen der „kanonischen Form" sind vom attischen Typus abgeleitet und setzten sich daher aus einem Trochilus zwischen zwei Tori bzw. aus einem Trochilus zwischen einer Plinthe unten, und einem Torus oben zusammen.[3] Dieser Typus ist erstmals mit der korinthischen Ordnung in der Tholos von Epidauros nachgewiesen (Abb. 102).[4] Demgegenüber hat jüngst Dirschedl eine umfangreiche Untersuchung der griechischen Säulenbasen insgesamt von der protogeometrischen bis zur späthellenistischen Epoche vorgelegt.[5] Sie unterscheidet in der griechischen Welt[6] nunmehr insgesamt zwölf Basistypen, von denen sieben sowie eine Sonderform auf der Peloponnes nachgewiesen werden können.[7] Damit erfolgt eine detailliertere Unterscheidung der von Roux als „kanonische Basis" bezeichneten Form in verschiedene Unterformen (Normalform, Varianten A und B sowie eine Abwandlung davon).[8] Auch die Basen des „style libre" sind von Dirschedl weiter unterschieden worden in die Peloponnesischen Typen A und B. Im Gegensatz zu Roux sieht Dirschedl in der Basis am Philippeion in Olympia (**I.48** Abb. 146) jedoch keine einfache Ableitung einer attischen Basis, sondern vielmehr eine

---

1 Roux 1961, 336–339.
2 Außerdem in der Abaton-Stoa in Epidauros, im Athenatempel in Tegea sowie im Bouleuterion in Sikyon (Roux 1961, 338).
3 Roux 1961, 338.
4 Weitere Beispiele finden sich in der Stoa IV von Kalaureia, am Propylon des Asklepieions von Korinth und in den Exedren der Philipps-Stoa in Megalopolis (Roux 1961, 338).
5 Dirschedl 2013.
6 Gemeint sind das griechische Stammland, die Peloponnes, die griechischen Inseln sowie Kleinasien.
7 Hierzu zählen der attische Typus (als Normalform, Variante A, Variante B und als Abwandlung), ephesischer Typus, peloponnesischer Typus A und B sowie eine Variante davon, die Sonderform des pergamenischen Markttempels, samischer Typus, Scotia-Torus-Basis mit Plinthe, sowie die Wulstbasis mit Plinthe, die hier als Variante vorliegt (Abb. 392). Siehe Dirschedl 2013, 129–232. 301–385. 397–420. 424–437. Beil. 1. 3. Nicht auf der Peloponnes nachweisbar sind die Zylinderbasis, Quaderbasis, pilzförmige Basis sowie die Tarentiner Basis (s. Dirschedl 2013, 55–123. 247–255. 439–445).
8 Dirschedl 2013, 285–286. Beil. 3.

Neuschöpfung, die sich mehrere bereits bekannter Elemente bedient und daher eine eigene Bezeichnung erhalten müsse (Scotia-Torus-Basis mit Plinthe).[9]

Als Materialgrundlage[10] für die folgenden Ausführungen dient Dirschedls Katalog. Darüber hinaus werden die dort vorgeschlagenen typologischen Zuordnungen[11] sowie Typen-Bezeichnungen[12], soweit überzeugend, übernommen, um so auch eine Vergleichbarkeit zu den übrigen Regionen der griechischen Welt zu gewährleisten.

II.1.1 Attische Formen

Die attische Basis, in der Regel bestehend aus einem Trochilus zwischen zwei Tori, ist auf der Peloponnes mit drei verschiedenen Formen vertreten. Neben der Normalform kommen hier auch die Varianten A und B vor, wobei ihr Hauptunterscheidungsmerkmal die proportionale Gestaltung des oberen Torus-Gliedes ist. Den kleinsten Durchmesser im Verhältnis zum restlichen Teil des Baugliedes weist der Torus der Normalform auf. Er ist so klein, dass er mit dem darunter liegenden Plättchen des Trochilus bündig abschließt. Bei Exemplaren der Variante A ist der Torus hingegen größer, sodass er ein Stück weit über das untere Plättchen hinausragt. Bei Variante B ist das obere Glied bereits so weit über das Plättchen hinausgeschoben, dass der sonst dort bestehende Zwickel komplett entfällt (Abb. 392).[13]

Die *attische Basis in der Normalform* ist auf der Peloponnes bisher nur einmal, am Brunnenhaus von Perachora (**I.52**) während der 1. Hälfte des 2. Jahrhunderts belegt (s. Tabelle 1).[14] In der übrigen griechischen Welt ist sie hingegen die am weitesten und zahlenmäßig am häufigsten vertretene Basisform.[15] Ihr Ursprung liegt in Athen, wo die bisher frühesten Beispiele auftreten (Kallithea, Oropos, Eleusis). Daneben lassen sich weitere Exemplare in der Phokis (Delphi), Thessalien (Demetrias), Epeiros (Kassope) sowie Makedonien (Aigai, Pella, Dion) anführen. Ab hellenistischer Zeit ist die Form dann auch außerhalb des griechischen Mutterlandes auf den Kykladen (Delos, Rheneia), Kos, Rhodos, Zypern (Salamis) und sogar an der Schwarzmeer-Küste, Palaestina, Baktrien und Ägypten vertreten.[16] Die attische Basis in der Normalform wird also mehr als vier Jahrhunderte lang im gesamten griechisch-hellenistischen Kulturgebiet verwendet und erlebt dabei ihre Blütezeit im 2. und 1. Jahrhundert.[17] Es muss also in besonderer Weise als kennzeichnend verstanden werden, wenn dieser Typus erst in dieser Zeit auf der Peloponnes erscheint. Die vorhe-

---

9 Bei Dirschedl 2013, 422 findet sich eine Zusammenfassung des aktuellen Forschungsstandes, auf Grund dessen auch hier die neutrale Bezeichnung bevorzugt wird. Nach derzeitigem Forschungsstand kann nämlich keine bestimmte Region als eindeutiger Ursprungsort für die Scotia-Torus-Basis benannt werden.

10 Siehe Tabelle 1 (die Tabellen befinden sich im Anschluss an den Text). Wegen unzureichender Publikationslage oder schlechtem Erhaltungszustand nicht mit in die Untersuchung einbezogen: **I.3** Argos; **I.5** Argos, Heiligtum des Apollon Pytheus/ Deiratiotis; **I.4** Argos, Hypostyler Saal; **I.23** Kleonai; **I.27** Korinth, untere Peirene-Quelle; **I.60** Thouria, Gebäude B.

11 Die Pfeilerhalbsäule aus der Philipps-Stoa in Megalopolis (**I.30 b**) darf nicht mehr als Variante des Peloponnesischen Typus B angesprochen werden (s. Kapitel II.1.2).

12 Es hat sich als sinnvoll erwiesen, die „pergamenische Sonderform Markttempel" in „peloponnesische Sonderform Philippeion" umzubenennen, da die Hinweise auf einen peloponnesischen Ursprung dieser Basisform weiter verdichtet werden konnten (s. Kapitel II.1.2).

13 Dirschedl 2013, 285–393, insbesondere 287. 380.

14 Hier Abb. 150–151. Datierung 175–164 v. Chr. nach Dirschedl 2013, 335.

15 Dirschedl 2013, 321.

16 Dirschedl 2013, 321–322.

17 Dirschedl 2013, 322.

rige weite Verbreitung an anderen Orten legt es mehr als nahe, dass ihre Übernahme auf der Peloponnes bewusst vermieden wurde.

Die *attische Basis als Variante A* ist auf der peloponnesischen Halbinsel hingegen häufiger vertreten[18] und kann von der Mitte des 4. bis zum Anfang des 2. Jahrhunderts dort nachgewiesen werden. Hierbei lässt sich vor allem für Epidauros und Messene ein verstärktes Auftreten feststellen (s. Tabelle 1). Erstmals belegt ist sie dabei an der Tholos von Epidauros (**I.15**). Ursprünglich aus Athen stammend, wo sie erstmals an den Propyläen vorkommt, findet sie allerdings keine weitere Verbreitung in Attika.[19] Dafür treten vereinzelte Beispiele auf in Boiotien (Thespeia), der Phokis (Delphi), Makedonien (Pella), auf den Inseln Euboia (Eretria), Delos und Samothrake, in Mysien (Pergamon), der Chersones (Schwarzmeer-Küste), Nordafrika (Karthago) sowie im Vorderen Orient.[20] Überblickt man die aufgeführten Beispiele wird deutlich, dass die Blütezeit der attischen Basis in der Variante A chronologisch in spätklassisch-hellenistischer Zeit liegt und sich geographisch auf die Peloponnes konzentriert, wo zu dieser Zeit die meisten Exemplare auftreten.[21]

Am häufigsten auf der Peloponnes vertreten ist allerdings die *attische Basis in der Variante B*.[22] Sie ist hier von der 2. Hälfte des 4. Jahrhunderts bis in späthellenistische Zeit belegt, wobei ihr frühester Vertreter aus der Philipps-Stoa in Megalopolis (**I.30 a** um 340 v. Chr.) stammt. Besonders häufig wurde sie während des 3. und 2. Jahrhunderts auf der Halbinsel verwendet. Eine lokale Konzentration zeichnet sich hierbei nicht ab. Die Variante B hat sich auf der Peloponnes wahrscheinlich deshalb so zahlreich durchsetzen können, da sich ihre im Gegensatz zu Variante A einfachere Form besser in dem lokal vorhandenen Kalkstein ausarbeiten ließ (s. auch Kapitel II.2).[23] Im Gegensatz zu den anderen attischen Formen kann sogar der Ursprung dieser Variante B insgesamt auf der Peloponnes vermutet werden. Hierfür sprechen gleich mehrere Hinweise. Zum einen deuten die lange Laufzeit sowie die Tatsache, dass die ältesten Exemplare von hier stammen darauf hin.[24] Zum anderen zeigen die außerpeloponnesischen Exemplare der Variante mehrheitlich den für die Peloponnes charakteristischen Steinschnitt, bei dem die Basis zusammen mit dem unteren Teil des Säulenschafts aus einem Block gearbeitet ist. Auch weisen gerade die Schäfte der außerpeloponnesischen Basen dieser Variante die für die Peloponnes sonst so charakteristische Anzahl von zwanzig Kanneluren auf.[25] Dies alles deutet darauf hin, dass die Verbreitung der Variante B von der Peloponnes aus in die übrige griechische Welt durch Handwerker erfolgte, die gleichzeitig mit der Form auch ihre Arbeitsweise exportierten.

Außerhalb der Halbinsel findet diese Form jedenfalls Verbreitung auf der Insel Aigina, auf dem Festland in Epeiros sowie in Makedonien. Außerdem sind vereinzelte Beispiele an

---

18 **I.10** Epidauros, Nord-Ost-Portikus; **I.13** Epidauros, Theater, Proskenion; **I.15** Epidauros, Tholos; **I.16** Epidauros, Tempel L; **I.22** Kleonai, Heraklestempel Altarhof; **I.26** Korinth, Südstoa; **I.37** Messene Propylon; **I.36** Messene, Stoa; **I.34** Messene, ASKL Stoa; **I.35** Messene, ASKL, Eingang Bouleuterion; **I.38** Messene, ASKL, Oikos K; **I.45** Olympia, Tor zum Gymnasion.
19 Dirschedl 2013, 347.
20 Dirschedl 2013, 347.
21 Dirschedl 2013, 347.
22 **I.1** Aigeira, Tycheion; **I.11** Epidauros, Nordpropylon; **I.9** Epidauros, Gymnasion Eingangsbau; **I.17** Gortys, Thermalbau; **I.18** Gortys, Thermalbau; **I.28** Lousoi, Peristylhaus; **I.30 a** Megalopolis, Philipps-Stoa; **I.32** Megalopolis, Pfeilerhalbsäule; **I.31** Megalopolis, Soterion; **I.40 a und b** Messene, Nordstoa; **I.39 a und b** Messene, Brunnenhaus; **I.55** Sikyon, Gymnasion; **I.57** Stymphalos, Streufund.
23 Dirschedl 2013, 379.
24 Dirschedl 2013, 378.
25 Dirschedl 2013, 369. 378.

8　　　　　　　　　　　　　　　Einzelstudien

der Küste Kleinasiens (Aiolis, Mysien, Ionien) sowie an der Schwarzmeer-Küste (Chersonesos, Olbia) belegt. Im Gegensatz zur Variante A ist Variante B zu Beginn des 2. Jahrhunderts auch in Sizilien sowie Mittel- und Unteritalien anzutreffen. Und zusätzlich sind vereinzelte Beispiele aus Nordafrika, dem Vorderen Orient sowie dem Westufer des Toten Meeres bekannt. Nach ihrer Blütezeit auf der Peloponnes weitet sich die attische Variante B ab dem 2. Jahrhundert dann zudem bis nach Rom und Pompeji aus.[26] Der überregionale Vergleich macht deutlich, dass die attische Variante B, ähnlich der Variante A, während des 4. und 3. Jahrhunderts vor allem auf der Peloponnes auftritt, in Attika jedoch nicht verbreitet ist.[27]

Darüber hinaus kommen auf der Peloponnes, wenn auch nur selten, *Abwandlungen der attischen Basis* vor. Hierbei kann entweder der mittlere[28] oder der untere[29] Torus durch eine Viertelkehle ersetzt sein. Entsprechende Exemplare sind auf der Halbinsel von der Mitte des 4. Jahrhunderts bis mindestens in das 2. Jahrhundert belegt, wobei das älteste Beispiel aus dem Hieropoion in Megalopolis stammt (**I.29**). Auch außerhalb kommt die abgewandelte Form der attischen Basis ebenfalls nur selten vor, wobei das insgesamt älteste Exemplar aus der Stoa A des Amphiareions von Oropos stammt und somit zeitnah zum ersten peloponnesischen Stück datiert.[30] Spätere Beispiele sind aus Thessalien und Thera bekannt.[31] Der Ursprung der abgewandelten attischen Basisform ist mit hoher Wahrscheinlichkeit ebenfalls auf der Peloponnes zu lokalisieren.[32] Zwar stammt das älteste Exemplar aus Oropos, dieses weist jedoch gleich zwei für die Peloponnes charakteristische Merkmale auf: den Steinschnitt, bei dem Basis und Schaft aus einem Block gearbeitet sind sowie die Anzahl von zwanzig Kanneluren am Schaft (s. Kapitel III.1.3). Die Annahme liegt nahe, dass es ein älteres peloponnesisches Vorbild gegeben hat.[33]

II.1.2 Peloponnesische Formen

Neben den vorangehenden Typen können auf der Halbinsel auch zwei peloponnesische Basis-Typen unterschieden werden. Typus A ist im Aufbau zweiteilig und setzt sich aus einer Viertelkehle sowie einem Torus zusammen, während Typus B dreiteilig ist und zwischen der Viertelkehle und dem Torus zusätzlich ein Kyma reversa aufweist (Abb. 392).[34] Der *peloponnesische Basistypus A* ist erstmals im letzten Viertel des 5. Jahrhunderts in der Cella des Apollontempels von Bassai (**I.7 a**) belegt, tritt danach vor allem an Bauten des 4. Jahrhunderts auf und ist nach der frühhellenistischen Zeit bisher nicht mehr nachweisbar.[35] Außerhalb der Peloponnes ist der Typus erst ab dem Ende des 4. Jahrhunderts belegt und

---

26　Dirschedl 2013, 367.
27　Dirschedl 2013, 358–366.
28　**I.2** Alipheira; **I.12** Epidauros, Stadion; **I.29** Megalopolis, Hieropoion; **I.47** Olympia Palästra, Raum VI; **I.53** Pheneos, ASKL.
29　**I.12** Epidauros, Stadion Startschwelle.
30　Datierung: zweites Drittel 4. Jh. bzw. wenig später (Dirschedl 2013, 379. 385).
31　Demetrias, Anaktoron um M. 2. Jh. und sog. ptolemaische Kommandatur Mitte/ Ende 3. Jh. (Dirschedl 2013, 381).
32　Dirschedl 2013, 385.
33　Dirschedl 2013, 385.
34　Dirschedl 2013, 396. 484.
35　**I.7 a** Bassai, Apollontempel; **I.14** Epidauros, Paradostor; **I.19** Halieis, Streufund; **I.41** Nemea, Oikos 9; **I.42** Nemea, Zeustempel; **I.51** Perachora, Baldachinarchitektur; **I.54** Sikyon, Hypostyler Saal; **I.58** Tegea, Athenatempel.

somit später als auf der Halbinsel. Er ist nachgewiesen in Makedonien,[36] etwas später auf den Kykladen,[37] in Nordafrika[38] sowie am Schwarzen Meer.[39] Da die frühesten Beispiele von der Peloponnes stammen wird der Ursprung des Typus A auch in diesem Bereich lokalisiert.[40]

Der *Peloponnesischen Typus B* ist seltener nachgewiesen als Typus A, kommt aber auf der Peloponnes ebenfalls erstmals am Ende des 5. Jahrhunderts in der Cella des Apollontempels von Bassai (**I.7 b**) vor. Für das 4. Jahrhundert ist er dann häufig nachweisbar, wohingegen er im 3. und 2. Jahrhundert nur noch vereinzelt verwendet wird.[41] Verschiedene Exemplare zeigen, dass auch die Form leicht modifiziert wurde. So ist bei der Basis von der Stoa an der Agora von Orchomenos (**I.50**) der mittlere Teil, wo üblicherweise das Kyma reversa sitzt, durch eine Viertelkehle ersetzt worden. Zudem zeigt sich am sog. Kunstbau in Theisoa (**I.59**), der ionische Basen mit dorischen Säulen verbindet, dass die Abfolge der Profile auch in anderer Reihenfolge auftreten kann. Hier findet sich das Kyma reversa unten, der Wulst in der Mitte und die Viertelkehle bildet das obere Glied. Außerhalb der Peloponnes kommt Typus B – wie bereits auch Typus A – erst zu einem späteren Zeitpunkt vor. Im frühen 4. Jahrhundert ist er in Delphi[42] und auf Sizilien[43] verbreitet. Da auch bei Typus B die frühesten Beispiele von der Peloponnes stammen, darf hier erneut von einem peloponnesischen Ursprung ausgegangen werden.

Im späten 4. Jahrhundert lässt sich darüber hinaus auch eine *Variante des Peloponnesischen Typus B* in der Lerna-Quelle des Asklepieions von Korinth (**I.24**) beobachten. Die Basis setzt sich aus einem Kyma reversa sowie einem Wulst zusammen. Ab frühhellenistischer Zeit ist diese Variante auch in Epeiros und Kleinasien nachgewiesen.[44] Ein ganz ähnliches Profil ist zudem auf Delos belegt, nahe der dortigen Philipps-Stoa an einer Exedra, die eine Statue der Laodike, Schwester des pontischen Königs Pharnakes, trug und die wohl vor 169 v. Chr. datiert.[45]

Die Pfeilerhalbsäule aus der Philipps-Stoa in Megalopolis (**I.30 b**) kann hingegen nicht mehr als Variante des Peloponnesischen Typus B angeführt werden. Nach neueren Erkennt-

---

36 Pella: P A 6, Ende 4. Jh. v. Chr. Pella, Palast: P A 8, um 300 v. Chr. Lefakadi Grab: P A 9 um 300 v. Chr. (Dirschedl 2013, 398–399).
37 Paros, Marmara: P A 10, frühhellenistisch? (Dirschedl 2013, 399).
38 Kyrene, Colonna di Pratomede im Apollon-Heiligtum: P A 11 frühhellenistisch (Dirschedl 2013, 399).
39 Chersones (Dirschedl 2013, 401).
40 Siehe Dirschedl 2013, 420-421 mit Anm. 1121. Die Herleitung des Typus ist umstritten, wobei sowohl die attische als auch die zweigliedrigen samischen Basis als Vorbilder diskutiert werden (Zusammenfassung bei Dirschedl 2013, 421). Eine Suche nach weiteren möglichen Vorbildern bleibt weitestgehend ergebnislos. Zwar lassen sich am ionischen Tempel in Metapont Basen finden, die aus ähnlichen Elementen (Wulst und Viertelkehle) zusammengesetzt sind, jedoch zeigen diese eine völlig andere proportionale Gewichtung (s. Mertens 1979, Abb. 2). Während bei den Beispielen des Peloponnesischen Typus A der Durchmesser des Wulstes deutlich kleiner als der der Kehle ist, zeigen die pilzförmigen Basen aus Metapont genau umgekehrte proportionale Verhältnisse. Dort ist der Wulst-Durchmesser wesentlich größer als der der Viertelkehle, wodurch auch die optische Betonung auf dem oberen statt dem unteren Element liegt.
41 **I.7 b** Bassai, Apollontempel; **I.8** Epidauros, Abaton-Stoa; **I.21** Kalaureia, Stoa C; **I.50** Orchomenos, Agora, Nordstoa; **I.6** Argos, Theater; **I.59** Theisoa, sog. Kunstbau.
42 Delphi, Cella der Tholos in der Marmaria (Dirschedl 2013, 410).
43 Iaitas (Dirschedl 2013, 412 Anm. 1087).
44 Dodona, Theater Proskenion 3./2. Jh. und in Karien an frühhellenistischen Felsgräbern bei Kaunos und Octapolis (Dirschedl 2013, 417).
45 Vallois 1923, 136–137 mit Abb. 204.

nissen⁴⁶ schließt der Schaft des erhaltenen Halbsäulenpfeilers unten mit einem Torus ab, während die eigentliche Basis aus einem Kyma recta-Profil über einer hohen Plinthe besteht. Das Basisprofil ist trotz leichter Verwitterungsspuren gut erhalten und lässt die beschriebene Profilabfolge deutlich erkennen. Es handelt sich um ein ungewöhnliches Profil, das zunächst an die ionischen Basen aus Bassai (**I.7a**) erinnert, allerdings weisen die Beispiele aus Bassai statt des Kyma rectas eine Kehle auf, sodass sie nicht als Vergleichsbeispiele herangezogen werden können. Auf der Suche nach geeigneten Vergleichsbeispielen, lassen sich auf Delos zwei ganz ähnliche Profilformen finden. Sie stammen von zwei Exedren, die der dortigen Philipps-Stoa⁴⁷ im Osten und Süden vorgelagert sind. Ihre Fußprofile laufen jeweils entlang der Π-förmigen Grundform der Exedren und bestehen aus einem hohen Absatz mit darüber befindlichem Kyma recta und Wulst. Die Proportionen der Profile auf Delos lassen sich zudem gut mit den Exemplaren in Megalopolis vergleichen. Die Exedra an der Südseite der Stoa auf Delos datiert um 130 v. Chr.⁴⁸ und ist somit jünger als das Beispiel aus Megalopolis. Folglich handelt es sich bei dem Basisprofil aus der Philipp-Stoa in Megalopolis um eine Sonderform, die bei der Ausgestaltung der beiden Exedren in der Philipp-Stoa auf Delos als Vorbild gedient haben dürfte.

Eine ungewöhnliche Profilform lässt sich am dorischen Asklepiostempel im Heiligtum von Messene (1. H. 2. Jh.) beobachten (**I.33**). Über einer Plinthe erheben sich dort ein Torus mit Absatz sowie ein Kyma reversa. Dieses Profil läuft sowohl um den Fuß der ionischen Anten als auch entlang der Cellawand.⁴⁹ Eine Vergleichbare Form, ebenfalls aus dem frühen 2. Jahrhundert, findet sich in Pergamon am Markttempel der oberen Agora.⁵⁰ Die dortige Basisform zeigt die übliche Profilabfolge bestehend aus Plinthe, Torus mit Absatz sowie einem Kyma reversa. Die beiden Beispiele unterscheiden sich lediglich in der Form der Plinthe, die in Pergamon zylindrisch, in Messene quadratisch ist, was jeweils auf die Form der Stütze zurückzuführen ist. Ein weiteres Exemplar dieser seltenen Form kann auf Delos, an einer Exedra bei der Philipps-Stoa, beobachtet werden. Über einer Plinthe erhebt sich dort das bereits bekannte Profil bestehend aus Torus, Absatz sowie Kyma recta und ist noch zusätzlich mit einem Perlstab verziert. Auch dieses Beispiel datiert in das 2. Jahrhundert.⁵¹ Weitere Vertreter dieser ungewöhnlichen Profilform sind bisher nicht bekannt.⁵² Da sie zeitlich sehr nahe beieinander liegen, fällt es schwer zu entscheiden, welche der Formen die ältere ist. Es deuten allerdings mehrere Details darauf hin, dass sie ursprünglich von der Peloponnes stammt. Beispielsweise zeigen die Säulen am Markttempel sowohl die für die Pe-

---

46 Dirschedl (s. P B/Va 1 bei Dirschedl 2013, 416) spricht das Stück als Variante des Peloponnesischen Typus B an, wobei ihre Zuordnung auf der alten Zeichnung von Gardener basiert (Gardner 1892, 61 Abb. 56; s. auch Dirschedl 2013, Taf. 72, 1. 2.). Mittlerweile ist diese Abbildung jedoch als fehlerhaft erkannt und von H. Lauter-Bufe berichtigt worden (Lauter-Bufe 2014, Taf. 91. 92).
47 Vallois 1923, 128–129, Exedra Nr. 76 (Abb. 193. 208); Exedra Nr. 93 (121 Abb. 179. Abb. 209).
48 Die Exedra trug demnach eine Statue von Μυρώ Λύκωνος ἐγ Μυρρινούττης und wurde gestiftet von seiner Frau (Θεόδωρος Φίλωνος ἐγ Μυρρινούττης) und seiner Tochter, über die nichts weiter bekannt ist (Vallois 1923, 129. 136).
49 Zum Profil am Toichobat s. Sioumpara 2011, 228 Anm. 774–777, dort auch Zusammenstellung der relevanten Literatur.
50 Siehe Dirschedl 2013, 451 SonMarkt 1. Taf. 77, 1; Schrammen u. a. 1906, 115.
51 Vallois 1923, 126–128 mit Abb. 190.
52 Die bei Sioumpara (Sioumpara 2011, 229) genannten Beispiele eignen sich nicht gut für einen direkten Vergleich, da diese statt des in Messene und Pergamon vorkommenden Kyma reversas ein Kyma recta aufweisen und damit eine Form mit einem gänzlich anderen Ursprung (siehe hierzu Shoe 1936, 54).

loponnes typische Kannelurenzahl[53] als auch den entsprechenden Steinschnitt, bei dem Schaft und Basis aus einem Stück gearbeitet sind. Außerdem kommen die einzelnen Bestandteile der Basis (zylindrische Platte, Kyma reversa, Torus) auch bei der dreigliedrigen Form des peloponnesischen Typus B, nur in anderer Reihenfolge, vor. Die Annahme liegt nahe, dass die Form ursprünglich von der peloponnesischen Architektur abgeleitet ist,[54] was zusätzlich durch ein weiteres ein weiteres Beispiel bestätigt wird. Es handelt sich um das Fußprofil von der Statuenbasis aus dem Philippeion in Olympia.[55] Über einer Plinthe erheben sich der Wulst sowie das Kyma reversa gefolgt von einem Perlstab. Lediglich der kleine Absatz zwischen den unteren beiden Gliedern fehlt. Somit sind alle bekannten Bestandteile der Sonderform bereits um 336 v. Chr. in Olympia vertreten. Es dürfte auch genau dieser Bau sein, an dem die neue ungewöhnliche Profilform erstmals verwendet wird.[56]

II.1.3 Scotia-Torus-Basis mit Plinthe

Der Name dieser Form ergibt sich aus den einzelnen Bestandteilen der Basis, die von unten nach oben aus einer zylindrischen bzw. quadratischen Plinthe, einer Scotia und einem Torus darüber zusammengesetzt ist. Erstmals 338 v. Chr. am Philippeion in Olympia belegt, tritt sie bis in späthellenistische Zeit nur selten auf der Peloponnes auf.[57] Hierbei zeichnet sich eine lokale Konzentration auf das Heiligtum von Olympia ab. Außerhalb der Halbinsel tritt die Scotia-Torus-Basis etwa zeitgleich mit dem Philippeion in Olympia auf und ist zu finden in Delphi,[58] Pella, auf der Halbinsel Pallene (Aphyktis/Chalkidike) sowie auf Samothrake. In späthellenistischer Zeit respektive in der römischen Kaiserzeit sind weitere Vertreter auch in Attika (Athen) anzutreffen. Darüber hinaus findet der Typus Verbreitung bis nach Kleinasien, beispielsweise in Karien (Kaunos, Kyra), der Aiolis (Aigai), aber auch in den Kolonien am Schwarzen Meer (Chersonesos, Olbia).[59] Da die frühesten Vertreter dieser Basisform etwa zeitgleich auf der Peloponnes und in Makedonien auftreten, kann der Ursprungsort bisher nicht mit letzter Sicherheit bestimmt werden.[60] Es spricht jedoch einiges dafür, dass die Scotia-Torus-Basis mit Plinthe, erstmals am Philippeion in Olympia auftritt. Handelt es sich bei der Basisform doch um eine Neuschöpfung, entstanden aus der Kombination bzw. der Abwandlung bereits bekannter Formen und somit um ein Charakteristikum, das sich bei zahlreichen weiteren Formen am Philippeion beobachten lassen kann (s. Kapitel II.3.1, Kapitel II.4 und Kapitel II.5.1).

---

53 Als typisch gelten zwanzig Kanneluren (s. Kapitel II.2.1).
54 Auch Dirschedl vermutet, dass die Form, die bei ihr als „Pergamenische Sonderform Markttempel" bezeichnet wird, ursprünglich von der Peloponnes stammt (Dirschedl 2013, 453).
55 Kunze – Schleif 1944.
56 Das Philippeion zeigt sich mehrfach auch an anderer Stelle als innovativer Bau mit neu geschaffenen Formen (zu den Basen s. Kapitel II.1.3, zu den Kapitellen s. Kapitel II.3.2, zum Gebälk s. Kapitel II.4, zur Ornamentik s. Kapitel II.5.1).
57 Olympia: **I.48** Philippeion; **I.46** Leonidaion; **I.44** Gymnasions, Nordhalle; Sikyon, **I.56** Theater, Proskenion.
58 Gymnasion, Palästraperistyl (Dirschedl 2013, 424 ST 2).
59 Dirschedl 2013, 427.
60 Für einen peloponnesischen Ursprung: Shoe 1936, 180; Roux 1961, 338 f.; Roux 1992, 122 ff.; Mallwitz 1972, 285, Wesenberg 1994, 608. Für einen makedonischen Ursprung: Miller 1972, 18 f.; Miller 1973, 196 f.

II.1.4 Samische und ephesische Basis

Sowohl die ephesische als auch die samische Basis bestehen jeweils aus einem Torus sowie einer Spira, wobei sich beide lediglich durch eine verschiedenartige Profilausbildung der Spira unterscheiden. Während die ephesische Spira aus drei Doppelastragalen besteht, die durch zwei Trochili voneinander getrennt werden, setzt sich die samische Spira aus mehreren Trochili, die durch Plättchen voneinander getrennt werden, zusammen.

Die *Samische Basis* ist auf der Peloponnes bisher lediglich in der Stoa A des Poseidon-Heiligtums von Kalaureia (**I.20**) am Ende des 5. Jahrhunderts belegt.[61] Das schlichte Profil besteht aus einer zylindrischen Plinthe sowie einem einfachen Torus ohne eine weitere Verzierung. Hierbei handelt es sich um die Variante A, die sich von den anderen drei bekannten Varianten durch die Schlichtheit ihres Profils, das ohne die sonst üblichen horizontalen Kanneluren auskommt, absetzt. Die ursprünglich wohl kykladische Form ist die am häufigsten auftretende Variante, die vorwiegend in archaischer Zeit vertreten ist, darüber hinaus aber vereinzelt auch noch in klassischer und römischer Zeit vorkommen kann.[62] Außerhalb der Peloponnes tritt die samische Basis vor allem während archaischer Zeit auf den Kykladen, den ostionischen Inseln, auf Lesbos sowie an der kleinasiatischen Küste auf.[63] Ab spätarchaischer Zeit ist sie zudem in Attika und auf Salamis vertreten[64] und seit dem Ende des 6. Jahrhunderts auch in der Magna Graecia.[65] In spätklassisch-hellenistischer Zeit tritt der Typus vor allem auf Sizilien und Motye auf, während er in römischer Zeit nur noch auf Samos anzutreffen ist.[66] Die samische Basis im Heiligtum von Kalaureia fällt daher am Ende des 5. Jahrhunderts als ein seltenes Beispiel besonders auf und bedarf insofern einer kurzen Erläuterung. Auffällig ist, dass die Spiraform in der Variante A, die erstmals in Yria auf Naxos an der Vorhalle des archaischen Tempels IV nachgewiesen ist und später vereinzelt auf der Agora von Athen vorkommt, besonders häufig auf der Insel Delos auftritt.[67] Nun ist das delische mit dem kalaureischen Heiligtum durch einen Mythos verbunden, der bei Strabo überliefert ist (VIII 6, 14). Dort wird erwähnt, dass der Gott Poseidon die Insel Delos gegen die Insel Kalaureia bei der Titanin Leto eingetauscht habe.[68] Weiter schreibt Strabo, dass das Heiligtum von Kalaureia, für das auch ein Asylrecht bestand (ἄσυλον),[69] für die Griechen (Ἕλλησιν) eine sehr hohe Bedeutung hatte.[70] Vor diesem Hintergrund ist es naheliegend

---

61 Dirschedl 2013, 128.
62 Dirschedl 2013, 150–155.
63 Die samische Basis ist zu finden auf Naxos (Yria, Naxos, Sangri), Delos, Samos (Heraion), Chios (Phanai, Emporio), Lesbos (Pyrrha), Paros (Paros), in der Phokaia (Aiolis) und ab spätarchaischer Zeit auch in Karien (Halikarnassos, Aphrodisias, Knidos). Weitere Exemplare finden sich im Nildelta (Naukratis), in Pantikapaion und in Istros am Schwarzen Meer. (Dirschedl 2013, 148).
64 Aus Athen stammen mehrere Streufunde im Bereich der Agora sowie auf der Akropolis, auf Salamis wurde ein Torus-Glied in Kakivigla gefunden (Dirschedl 2013, 137. 170–171 S 29–32. S 34–35).
65 Bspw. in Poseidonia, Elea, Lokroi Epizephyrioi, Hipponion, Kaulonia, Syrakousai (Dirschedl 2013, 148).
66 Dirschedl 2013, 148.
67 Delos: Apollon-Temenos Südostecke; Athena-Polias-Säule; Südhalle; Heiliger See; Naxier-Oikos östliches Prostoon (Dirschedl 2013, 170–171).
68 Zudem habe es eine Amphiktyonie mit den Städten Hermione, Epidauros, Aegina, Athen, Parsiai, Nauplion und Orchomenos (Böotien) gegeben. Über welchen Zeitraum dieser kultische Verband Bestand hatte, ist in der Forschung nicht geklärt. Einen kurze Überblick der Diskussion ist zu finden bei Wells 2003, 30.
69 Zum antiken Asylwesen und zu Kalaureia siehe Sinn 2003, 106–125.
70 Nämlich so heilig, dass auch die Makedonen es nicht wagten in das Heiligtum einzudringen, als dort der geflohene Demosthenes Asyl suchte (VIII 6, 14).

anzunehmen, dass die Verwendung der für die Peloponnes ungewöhnliche Basisform an den mythologischen Bezug beider Heiligtümer zueinander anknüpfte.

Auch die *Ephesische Basis* ist mit einem Beispiel am Ptolemaierweihgeschenk in Olympia (**I.49** 278-270 v. Chr.) nur einmal auf der Peloponnes vertreten. Außerhalb der Halbinsel kommt die ephesische Basis in archaischer Zeit vor allem an der kleinasiatischen Küste, vereinzelt aber auch im griechischen Mutterland vor.[71] Die eigentliche Blütephase des Typus setzt erst im frühen 4. Jahrhundert ein und konzentriert sich vorwiegend auf den kleinasiatischen Bereich.[72] In dieser Phase ist der Basistypus auch erstmals auf der Peloponnes, am Ptolemaierweihgeschenk in Olympia belegt und verweist mit diesem innerhalb des Heiligtums von Olympia fremden Basistyp auf die kleinasiatisch-ionisch Herkunft des Stifters. So stammt laut Stifterinschrift der Auftraggeber (Kallikrates Boiskou) des an Ptolemaios II. Philadelphos (285–246 v. Chr.) adressierten Weihgeschenkes von der Insel Samos.[73]

II.1.5 Wulstbasis mit Plinthe

Die aus einem unverzierten Wulst sowie einer quaderförmigen Plinthe zusammengesetzte Basisform[74] findet sich auf der Peloponnes bisher nur in der Vorhalle des Bouleuterions von Olympia (**I.43**), das ins 3. Viertel des 5. Jahrhunderts datiert. Auch in der übrigen griechischen Welt kommt diese Form nur selten vor. Ihr Ursprung wird im Bereich der kleinasiatischen Küste Ioniens lokalisiert,[75] wo sie erstmals in archaischer Zeit im Heraion von Samos an den Weihgeschenksäulen im Hof des Nordtores vorkommt. Entsprechende weitere Beispiele sind erst wieder ab hellenistischer Zeit auf Delos, Zypern (Alt-Paphos), in Ionien (Priene), Karien (Stratonikeia) sowie Mysien (Pergamon) belegt. In späthellenistischer Zeit findet sich auch in Rom ein vereinzeltes Exemplar.[76]

Fazit (Basen). Auf der Peloponnes lassen sich acht verschiedene Basisformen unterscheiden, wobei der attische Typus (als Normalform, Variante A, Variante B, Abwandlung) am häufigsten auftritt. Seltener sind hingegen die peloponnesischen Typen A und B (sowie eine Variante). Nur vereinzelt kommen die Scotia-Torus-Basis mit Plinthe, die ephesische und samische Basis, die Wulstbasis sowie eine Sonderform (Messene, Olympia) vor. Mit den ersten ionischen Ordnungen in Olympia, Bassai und Kalaureia treten ab der 2. Hälfte des 5. Jahrhunderts somit vier verschiedene Basentypen auf der Halbinsel auf: die samische Basis, die Wulstbasis mit Plinthe sowie die peloponnesischen Typen A und B. Während die ersten beiden in der Folgezeit keine weitere Verbreitung auf der Peloponnes finden, bilden die beiden Formen aus der Cella des Tempels von Bassai den Ausgangspunkt für die weitere Entwicklung der peloponnesischen Basistypen A und B, die bis zur Mitte des 4. Jahrhunderts weitere Verbreitung fanden. Mit dem Beginn der 2. Hälfte des 4. Jahrhunderts treten jedoch auch weitere Formen auf. Dabei laufen die peloponnesischen Typen zwar zunächst weiter

---

71 Die Ephesische Basis findet sich in Ionien (Myus, Ephesos und Didyma), in Karien (Magnesia am Mäander), der Aiolis (Larissa am Hermos) der Phokis (Delphi) sowie in Makedonien (Therme). Darüber hinaus gibt es einzelne Vertreter des Typus in den milesischen Kolonien Olbia und Pantikapaion sowie am Schwarzen Meer (Nymphaion) (Dirschedl 2013, 199–201).

72 Thrakien (Abdera), Paros (Paros), Sizilien (Akragas). Darüber hinaus finden sich einzelne Beispiele in Thrakien (Abdera), auf Paros (Paros) sowie Sizilien (Akragas) (Dirschedl 2013, 200).

73 Dittenberger – Purgold 1966/1896, 431 Nr. 306. 307; Hoepfner 1971, Beil. 20–21; Dirschedl 2013, 200. 201.

74 Dirschedl 2013, 257.

75 Dirschedl 2013, 271.

76 Dirschedl 2013, 268.

und aus Typus B wird zusätzlich sogar noch eine Variante entwickelt, doch kommt Konkurrenz in Form der attischen Basis hinzu. Erste Beispiele der attischen Varianten A und B sowie eine Abwandlung finden ihren Weg auf die Peloponnes. Außerdem wird in Olympia erstmals die Scotia-Torus-Basis mit Plinthe eingeführt. Mit dem Ende des 4. Jahrhunderts wird deutlich, dass die peloponnesischen Typen von den attischen Basisformen abgelöst werden, nachdem beide Gruppen etwa ein halbes Jahrhundert parallel verwendet wurden. Im Verlauf des 3. Jahrhunderts werden kaum noch Exemplare des peloponnesischen Typus A oder B verwendet, auch nicht als Variante. Bevorzugt werden nun die attischen Säulenbasen als Variante A und B sowie als Abwandlung. Besonders auffällig ist, dass die attische Normalform auf der Peloponnes nur einmal (s. Abb. 423) und zudem auch erst spät, nämlich in der 1. Hälfte des 2. Jahrhunderts belegt ist, während sie in der restlichen griechischen Welt weite Verbreitung fand. Während des 2. Jahrhunderts taucht außerdem eine Basisform in Messene auf, die bisher nur am Markttempel in Pergamon belegt war.

Die Betrachtung hat außerdem ergeben, dass mindestens drei der auf der Peloponnes verbreiteten Basisformen auch ihren Ursprung dort haben. Hierzu zählen die peloponnesischen Typen A und B sowie die attische Basis in der Variante B. Außerdem ist bei zwei weiteren Formen, der Scotia-Torus-Basis mit Plinthe sowie der Sonderform „Philippeion", ein peloponnesischer Ursprung wahrscheinlich.

Darüber hinaus wird deutlich, dass sich in Olympia der panhellenische Charakter des Heiligtums auch in den verschiedenen Basisformen widerspiegelt. Neben der Wulstbasis mit Plinthe, der attischen Basis als Variante A und B sowie einer Abwandlung davon und der ephesischen Basis kommt dort auch die Scotia-Torus-Basis mit Plinthe vor. Bei letzterer Form liegt zudem eine lokale Konzentration im Bereich des Heiligtums vor (s. Verbreitungskarten Abb. 398–406). Bei dieser Vielfalt an Basistypen fällt umso deutlicher auf, dass keiner der peloponnesischen Typen dort vertreten ist. Im Heiligtum von Epidauros zeichnet sich hingegen, dem dortigen Stifterkreis entsprechend, ein anderes Bild ab. Es sind hier nur die attischen und peloponnesischen Typen (jeweils A, B und als Abwandlung) belegt.

II.2 Säulenschäfte

Die Gestaltung ionisch-peloponnesischer Säulenschäfte stand bisher nicht im Fokus der Forschung. Dabei können die, in der Regel mit einer Kannelur versehenen Schäfte verschiedene Formen der Gestaltung aufweisen. Neben der Anzahl der Kanneluren variieren ihre Positionierung, die Form des Kannelur-Abschlusses sowie ihre proportionale Gestaltung. Zudem können die Säulenschäfte auch verschiedene Formen von Teilkannelierung sowie eine Entasis aufweisen. Eine chronologische Relevanz lässt sich aus diesen Gestaltungsmerkmalen jedoch nur bedingt ablesen. Dennoch ist eine Betrachtung der Säulenschäfte sinnvoll, da sie einige charakterisierende Elemente der ionisch-peloponnesischen Architektur erkennen lassen.

Auf der Peloponnes lassen sich sowohl freistehende als auch eingebundene bzw. vorgelagerte Säulen beobachten. Während freistehende Säulen recht häufig belegt sind, kommen Säulen, die einer Wand, einem Pfeiler oder einem Mauerende vorgelagert sind, seltener vor.

Sie treten in Form von Dreiviertel-, Halb- als auch Viertelsäulen auf (s. Tabelle 2).[77] Hierbei ist die früheste ionische Halbsäule bereits am Ende des 5. Jahrhunderts im Apollontempel von Bassai belegt (**II.3 a**), die früheste Dreiviertelsäule erst im letzten Viertel des 4. Jahrhunderts im Oikos 9 von Nemea (**II.33 a**) und die früheste Viertelsäule um die Mitte des 4. Jahrhunderts am Bouleuterion in Megalopolis (**II.24**). Der Anschluss der Säule an die Wand kann dabei auf verschiedene Weise erfolgen.[78] Bei Halbsäulen ist zum einen exakt die Hälfte einer Vollsäule in die Wand bzw. den Pfeiler eingebunden, wobei diese jeweils mit einem Kannelurtal auf die Wand trifft.[79] Entsprechende Beispiele sind ab 340 v. Chr. bis in das 2. Jahrhundert nachweisbar (s. Tabelle 2). Zum anderen ist mehr als die Hälfte einer Vollsäule mit der Wand bzw. dem Pfeiler verbunden. Meist sind hierbei elf Kanneluren ausgeführt und die Säule trifft mit dem Kannelursteg auf die Wand.[80] Diese Form ist bereits am Ende des 5. Jahrhunderts nachgewiesen und kann ebenfalls bis in das 2. Jahrhundert beobachtet werden (s. Tabelle 2). Ähnlich ist auch die Gestaltung bei Säulen an vor- und einspringenden Ecken.[81] Bei vorspringenden Ecken wird entweder exakt ein Viertel der Vollsäule ausgespart, wie in Nemea (**II.33 a**) und Gortys (**II.12**) oder die Säule ist etwas weiter vorgerückt, sodass weniger als ein Viertel ausgespart wird, wie beispielsweise in Epidauros am Theater (**II.10 a**) und am Tempel L (**II.9 b**). Eine chronologische Relevanz dieser Gestaltungsweise lässt sich aufgrund der wenigen Beispiele daran jedoch nicht ablesen; ebenso wenig bei Säulen in Verbindung mit einspringenden Ecken. Auch hier ist entweder exakt ein Viertel einer Vollsäule in die Ecke gesetzt, wie beispielsweise in Nemea (**II.34 a**) und Messene (**II.32**), oder etwas mehr als ein Viertel wie in Epidauros (**II.10 c**).

II.2.1 Kannelur

In der Regel weisen ionisch-peloponnesische Säulenschäfte zwanzig Kanneluren auf.[82] Diese wurde bereits von Roux als für die Peloponnes charakteristische Anzahl erkannt.[83] Die

---

[77] Die Halbsäule ist nach Büsing ein von der Vollsäule abgeleitetes Bauglied (s. Büsing 1970, 2). Dieses Verständnis wird hier auch auf die eingebundenen Ecksäulen übertragen.

[78] Siehe hierzu auch Büsing 1970, Abb. 1–2.

[79] **II.41 b** Olympia, Philippeion; **II.46** Perachora, Stoa am Hafen; **II.12 b** Gortys, Thermalbau; **I.24** Korinth, Propylon der Lerna; **II.25 c** Megalopolis, Philipps-Stoa; **II.34 b** Nemea, Zeustempel; **II.33b** Nemea, Oikos 9; **II.37 b** Olympia, Tor zum Gymnasion; **II.31** Messene, Brunnenhaus der Arsinoe.

[80] **II.3 a** Bassai, Apollontempel Cella; **II.10 b** Epidauros, Theater Proskenion; **II.8** Epidauros, Stadion Startvorrichtung; **I.32** Megalopolis, Streufund; **II.53** Tegea, Athenatempel; **II.21** Korinth, Peirene-Quelle.

[81] Vorspringende Ecken: **II.33 a** Nemea, Oikos 9; **II.10 a** Epidauros, Theater Proskenion; **II.9 b** Epidauros, Tempel L; **II.12** Gortys, Thermalbau. Einspringende Ecken: **II.34 a** Nemea, Zeustempel; **II.10 c** Epidauros, Theater Proskenion; **II.24** Megalopolis, Bouleuterion I; **II.32** Messene, Nordstoa.

[82] Vollsäulen mit zwanzig Kanneluren: Argos, Hypostyler Saal (**II.1**)?; Argos, Streufund (**II.2**); Bassai, Apollontempel (**II.3 b**); Epidauros, Abaton-Stoa (**II.4 a**); Epidauros, Nordpropyläen (**II.7**); Epidauros, Tempel L (**II.9 c**); Epidauros, Nord-Ost-Portikus (**II.6**); Epidauros, Gymnasion, Propylon (**II.5**); Kalaureia, Stoa C (**II.15**); Kalaureia, Stoa A (**II.14**); Korinth, Südstoa (**II.22**); Megalopolis, Zeus Soter Heiligtum? (**II.26**); Megalopolis, Philipps-Stoa (**II.25 a**); Messene, Stoai ASKL (**II.28**); Messene, Oikos K (**II.30**); Nemea, Zeustempel (**II.34 c**); Olympia, Leonidaion (**II.38**); Olympia, Bouleuterion, Vorhalle (**II.35**); Olympia, Kelchkapitell (**III.46 b**); Olympia, Tor zum Gymnasion (**II.37a**); Orchomenos, Stoa (**II.43**); Perachora, Baldachinarchitektur (**II.44**); Perachora, Brunnenhaus (**II.45**); Pheneos, Asklepieieon? (**II.48**); Sikyon, Bouleuterion (**II.49**); Sikyon, Gymnasion (**II.50**).
Weitere Beispiele, die, ergänzt zu einer Vollsäule, ebenfalls zwanzig Kanneluren aufweisen würden (s. hierzu Anm. 1): Bassai, Apollontempel (**III.5 b. I.7 a**); Epidauros, Startvorrichtung (**II.8**); Epidaurpos, Theater, Proskenion (**II.10**); Epidauros, Tempel L (**II.9 a**); Gortys, Therme, Propylon (**I.17 a**); Korinth, Propylon der Lerna. (**I.24**); Megalopolis, Philipps-Stoa (**I.30 b. II.25 b**), Streufund (**I.32?**); Messene, Nordstoa (**II.32 b. c**);

frühesten Exemplare finden sich ab dem späten 5. Jahrhundert und lassen sich darüber hinaus bei der Mehrzahl der Bauten des 4. – 1. Jahrhunderts beobachten (s. Tabelle 3). Das häufige Auftreten dieser Gestaltungsart auf der peloponnesischen Halbinsel scheint einerseits technisch bedingt zu sein und hängt mit dem verwendeten Baumaterial zusammen. So eignet sich der lokal zur Verfügung stehenden Kalkstein auf Grund seiner Brüchigkeit entsprechend weniger gut für eine Ausarbeitung mit einer höheren Kanneluranzahl. Diese Annahme wird zusätzlich durch einen überregionalen Vergleich bestätigt, der zeigt, dass Säulenschäfte mit zwanzig Kanneluren besonders häufig in marmorarmen Gegenden wie Makedonien vorkommen,[84] während sie in Attika, dem griechischen Westen und Kleinasien nur selten bzw. gar nicht anzutreffen sind.[85] Andererseits kann die Anzahl an zwanzig Kanneluren aber auch ästhetische Gründe haben, wie Roux beispielsweise bei den korinthischen Säulen der Tholos von Delphi vermutet, die in Marmor ausgeführt wurden, aber nur zwanzig Kanneluren aufweisen.[86] Eine reduzierte Anzahl von zwanzig Kanneluren wirkt im Vergleich zu vierundzwanzig Kanneluren weniger filigran und erzeugt vielmehr den Eindruck einer gesteigerten Robustheit der Säule. Ein Effekt, der auf der Peloponnes den Sehgewohnheiten aus der dorischen Architektur entsprach.[87] Die Annahme liegt daher nahe, dass dieses charakteristische Gestaltungsmerkmal auch auf die ionisch-peloponnesische Architektur übertragen wurde. Neben den Säulenschäften mit zwanzig Kanneluren, kommen vereinzelt auch Schäfte mit vierundzwanzig Kanneluren vor.[88] Sie verweisen auf fremde Einflüsse von außerhalb, wie beispielweise das Philippeion in Olympia, die Tholos in Epidauros oder mehreren Votivsäulen zeigen.[89]

Zudem kann das obere bzw. das untere Ende der Kannelur unterschiedlich ausgeformt sein, wobei hier sowohl die Ansicht als auch der vertikale Schnitt betrachtet werden sollen (Abb. 393–394). Es wird deutlich, dass auf der Peloponnes vor allem zwei Arten von Kannelurabschlüssen auftreten. Zum einen endet die Rille in der Frontalansicht in einer rechteckigen (Form 1) zum anderen in einer deutlich runden Form (Form 2), wobei beide Gestaltungsarten zusätzlich noch feinere Abstufungen aufweisen (Abb. 393). So verlaufen bei Form 1a sowohl die Stege als auch die Kanneluren am oberen Säulenhals geradlinig und bilden dadurch einen signifikanten rechtwinkligen Abschluss. Entsprechende Beispiele lassen sich seit der 2. Hälfte des 4. Jahrhunderts bis mindestens in die Mitte des 2. Jahrhunderts

---

    Nemea, Zeustempel (**II.34 a. b**), Oikos 9 (**II.33 a. II.33 b**); Olympia, Palästra, (**II.40**), Tor zum Gymnasion (**II.37b**), Philippeion (**II.41 b**); Perachora, Stoa am Hafen, (**II.46**); Pheneos, Brunnenhaus? (**II.47**), Asklepieion? (**II.48**); Stymphalos,? (**II.52**); Tegea, Athenatempel (**II.53**).

83 Roux 1961, 334.

84 Beispielsweise in Lefkadia am Palmetten- bzw. Anthemiengrab, 320–300 v. Chr. (Mangoldt 2012, Lefkadia VI, Grab B75, 183–186, Taf. 70. 71; Rhōmiopoulou u. a. 2010, mit Beil. 11, 1) und am Grab des Totengerichts, um oder kurz nach 300 v. Chr. (Mangoldt 2012, Lefkadia III Grab B72, 177–181, Taf. 67. 68. Petsas 1966, mit Taf. B1). Eine Ausnahme stellen lediglich die Säulen des Propylons auf der Akropolis von Pella dar, die mit vierundzwanzig Kanneluren ausgearbeitet sind (Miller 1972, 21). Es lassen sich weitere Beispiele anführen in Böotien, Phokis, Ätolien und Epirus (Roux 1961, 335).

85 Metapont, ionischer Tempel um 470 v. Chr. (Mertens – Schützenberger 2006, 296–302; Mertens 1979, 103–139. Taf. 16–22). Allgemein schwankt die Kannelur-Anzahl archaisch-kleinasiatischer sowie westgriechische Bauten zum Teil erheblich (s. Barletta 2001, 98).

86 Roux 1961, 335.

87 Roux 1961, 336.

88 **II.41 a** Olympia, Philippeion; **II.11** Epidauros, Tholos; **II.42** Olympia, Ptolemaierweihgeschenk; **II.21** Korinth, Peirene-Quelle.

89 Roux 1961, 334.

beobachten (Tabelle 5).[90] Lediglich die Beispiele aus dem Oikos 9 in Nemea (**II.33 a**) weisen hierbei eine für die Peloponnes ungewöhnliche Verzierung in Form von zungenförmigen Motiven am oberen Ende der Kannelur auf. Daneben kommen zahlreiche Beispiele mit abgefasten Kannelurenden vor (Form 1b, Abb. 419, Tabelle 5). Diese Gestaltungsform ist bereits seit dem späten 5. Jahrhundert belegt, tritt insbesondere während der 2. Hälfte des 4. Jahrhunderts häufig auf und kann bis in das 2. Jahrhundert auf der Halbinsel nachgewiesen werden.[91]

Außerhalb der Peloponnes scheint die rechtwinklige Form 1a bisher an keinem anderen Säulenhals beobachtet werden zu können. Anders verhält es sich mit der abgefasten Form 1b, die ab dem 4. Jahrhundert vereinzelt in Attika[92] und Makedonien[93] auftritt. Da beide Varianten der Form 1 besonders häufig auf der Peloponnes vertreten sind und zudem ihre frühesten Vertreter dort zu finden sind, darf davon ausgegangen werden, dass ihr Ursprung auf der Peloponnes liegt. Diese Annahme wird zusätzlich gestützt durch mehrere peloponnesische Vergleichsbeispiele aus der dorischen Architektur. Am Apollontempel von Bassai beispielsweise, dem ersten dorischen Tempelbau mit ionischer Innenordnung, kann die Kannelurform 1b sowohl an den dorischen Säulen der äußeren Ringhalle als auch an den ionischen Säulenschäften im Cellainneren beobachtet werden.[94] Demnach ist es vorstellbar, dass es sich bei dieser Ausgestaltungsart der Kannelurenden um eine handwerkliche Eigenart handelt. Diese wurde wohl einfach aus der dorischen Bautradition, wo sie bereits seit dem 6. Jahrhundert belegt ist[95], übernommen für die Gestaltung ionisch-peloponnesischer Säulen.

Ein anderes Bild zeichnet sich hingegen für die auf der Peloponnes seltener vertretenen Form 2 ab. Die bogenförmige Variante 2a, bei der das obere Ende der Kannelur in einem leicht gerundeten Bogen ausläuft (Abb. 394), ist auf der peloponnesischen Halbinsel ab dem Ende des 4. bis mindestens zum Ende des 2. Jahrhunderts, wenn auch nur selten, vertreten.[96] Daneben kommen mehrere Säulenschäfte vor, deren Kanneluren in einer halbkreisförmigen Schlaufe auslaufen (Form 2b, Abb. 419). Das früheste Beispiel stammt aus dem Philippeion

---

90   **II.25 a** Megalopolis, Philipps-Stoa; **II.33 a** und **b** Nemea, Oikos 9; **II.15** Kalaureia, Stoa IV; **II.32** Messene, Nordstoa; **II.30** Messene, Oikos K.

91   **II.3 a** und **b** Bassai, Apollontempel; **II.4 a** Epidauros, Abaton-Stoa; **II.53** Tegea, Athenatempel; **II.25 b** Megalopolis, Philipps-Stoa, Exedren? **II.41 b** Olympia, Philippeion; **II.22** Korinth, Agora Südstoa; **II.34** Nemea, Zeustempel; **II.39** Olympia, Leonidaion Ecksäule? **II.38** Olympia, Leonidaion; **II.2** Argos, Streufund; **II.7** Epidauros, Nordpropyläen; **II.46** Perachora, Stoa; **II.6** Epidauros, Nord-Ost-Portikus; **II.45** Perachora, Brunnenhaus; **II.40 a** Olympia, Palästra Raum VI; **II.40 b** Olympia, Palästra Raum IX.

92   Oropos, Stoa 359/8 v. Chr. (Friese 2010, 148–151; DNP IX (2000) 51–52 s.v. Oropos (H. Lohmann) 367–368; Roesch 1984, 173–184; Coulton 1968, 161–162 mit Abb. 11. 183; Petrakos 1968.

93   Pella, Museum hier Abb. 343–344 (Inv. Nr. T57 und T41. Bei beiden Ausstellungsstücken sind weder der genaue Fundort noch die Datierung angegeben. Nach eigener Einschätzung dürfte das Stück mit der Inv. Nr. T41 (Abb. 343–344) in die späte 2. H. des 4. Jahrhunderts datieren. Das Stück ist sehr sorgfältig gearbeitet und weist Reste einer feinen Stuckschicht auf. Direkt daneben ist ein weiteres ionisches Kapitell ausgestellt (T57), das dem eben beschriebenen bis in alle Details gleicht, weshalb beide Stücke wohl vom selben Gebäude stammen dürften); Lefkadia, Palmetten- bzw. Anthemiengrab, letzte Jahrzehnte 4. Jh. (s. Anm. 8); Vergina, Rhomaiosgrab ca. 325–300 v. Chr. (B127 Vergina III Rhomaiosgrab bei Mangoldt 2012, 270–273, Taf. 107. 108, 1. 2. 1; Rhōmaios 1951).

94   Cooper 1992, Taf. 40a.

95   Kannelurabschlüsse der Form 1a und 1b an dorischen Säulenschäfte: Olympia, Zeustempel ca. 470–456 v. Chr. (Adler u. a. 1892b/1966, 4–27. Taf. 8–17; Gruben 1976, 55–65); Korinth, Apollotempel um 540 v. Chr. (Gruben 1976, 99–102).

96   **II.8** Epidauros, Stadion; **II.10 a-c** Epidauros, Theater Proskenion; **II.36** Epidauros, Tempel L; **II.12 a** und **b** Gortys, Thermalanlage; **II.37 a** und **b** Olympia, Tor Gymnasion.

18 Einzelstudien

von Olympia (**II.41 a**), sodass die Form seit etwa 338 v. Chr. bis zum Anfang des 2. Jahrhunderts auf der Halbinsel vertreten ist (Tabelle 5).[97] Bei der Form 2b lässt sich ein Zusammenhang zur Kanneluranzahl erkennen, sie tritt nämlich in der Regel nur an Säulenschäften mit vierundzwanzig Kanneluren auf, nicht jedoch an Schäften mit nur zwanzig Kanneluren (s. Tabelle 5).[98]

Außerhalb der Peloponnes sind beide Varianten der Form 2 bereits zu einem früheren Zeitpunkt und zudem häufiger nachzuweisen als auf der Halbinsel. So ist Form 2a bereits seit dem 5. Jahrhundert aus Delphi und Athen bekannt[99] und lässt sich anhand weiterer zahlreicher Beispiele im 4. Jahrhundert in Kleinasien, Makedonien sowie der Phokis belegen.[100] Auch Form 2b ist bereits seit dem 5. Jahrhundert nachweisbar und findet sich in Westgriechenland[101], Attika[102], Kleinasien[103] und ab dem 4. Jahrhundert dann auch in der Phokis[104] und Makedonien.[105] Folglich handelt es sich bei beiden nicht um ursprünglich peloponnesische Formen sondern um von außerhalb übernommene Gestaltungsweisen.

Ein weiteres Gestaltungsdetail des Säulenschaftes bietet die Apophyge. Der Übergang vom Säulenschaft zur Basis respektive zum Kapitell kann unterschiedlich ausgeformt sein, wodurch sich verschiedene Schattenwürfe im Kannelurabschluss ergeben. Am besten lassen sich die Gestaltungsweisen anhand eines Vergleichs des senkrecht durch das Kanneluртal verlaufenden Profilschnittes betrachten. Dabei zeigt sich, dass auf der Peloponnes vor allem drei Profil-Formen vorkommen (Tabelle 6, Abb. 394). Zunächst kann eine gleichmäßig auslaufende Apophyge (Form 1) beobachtet werden, die erstmals in der Stoa von Perachora (**II.46**) belegt ist, dann insbesondere während der 2. Hälfte des 4. Jahrhunderts häufig vorkommt und bis zum Ende des 2. Jahrhunderts auf der Peloponnes auftritt (Tabelle 6).[106] Daneben kommen zahlenmäßig etwa gleich stark vertretene Apophygen vor, die statt der

---

97 Möglicherweise ist Form 2a bereits um die Mitte des 4. Jahrhunderts an einem Kapitellfragment aus Megalopolis (**II.24**), das dem Bouleuterion zugeordnet werden kann, nachweisbar. Da das Stück jedoch stark bestoßen ist, kann die Form nicht mit letzter Sicherheit bestimmt werden, auch wenn auf der Zeichnung (hier Abb. 273–274) ein halbrundes Kannelurende (Form 2b) angedeutet ist. Weitere Beispiele: **II.11** Epidauros, Tholos; **II.31** Messene, Brunnenhaus Arsinoe; **II.42** Olympia, Ptolemaierweihgeschenk; **II.21** Korinth, untere Peirene-Quelle; **II.28** Messene, Stoai ASKL.

98 Einzige Ausnahme mit nur sechzehn Kanneluren (s. Tabelle 5): **II.31** Messene, Brunnenhaus der Arsinoe.

99 Delphi, Halle der Athener 479 v. Chr. (Amandry u. a. 1953, 104–121. Taf. 30; Pouilloux 1960, 114. Taf. 27; Dinsmoor 1950, 142; Wesenberg 1971, 141; um 475 nach Coulton 1977, 101); Athen, Erechtheion 409–406 v. Chr. (die Schäfte der Ostportikus weisen Form 2a auf, die der West- und Nordportikus Form 2b; s. Anm. 50).

100 Delphi, Kalksteintempel 360 v. Chr. (Michaud 1977, 118. Taf. 27); Delphi, Apollotempel 373–330 v. Chr. (s. Anm. 50); Priene, Athenatempel 2. H. 4. Jh. v. Chr. (s. Anm. 49); Ephesos, Artemision Mitte 4. Jh. (s. Anm. 49); Vergina, Eurydikegrab um oder kurz vor 340 v. Chr. (B 135 Vergina X Eurydikegrab s. Mangoldt 2012, 291–294, Taf. 112, 5. 6); Vergina, Palast kleine Ordnung ca. 330–300 v. Chr. (Miller 1972, 98; Andronikos u. a. 1961, Taf. 21, 3); Lefkadia, Grab des Totengerichts um oder kurz nach 300 v. Chr. (s. Anm. 50).

101 Lokri, ionischen Tempel 470 v. Chr. (Gruben – Kienast 2014, Taf. 123; Mertens – Schützenberger 2006, 305–309).

102 Ionische Säulenschäfte der Propyläen, des Niketempels sowie des Erechtheions, wobei die Schäfte der Ostportikus hier Form 2a aufweisen, die der West- und Nordportikus Form 2b (s. Anm. 49).

103 Halikarnass, Maussolleion M. 4. Jh. (s. Anm. 49).

104 Delphi, Palästra (Jannoray – Ducoux 1953, 69–86, Taf. 10).

105 Lefkadia, Palmettengrab (unteres Schaftende, oberes weist die Form 1b auf; s. Anm. 8).

106 **II.41 a** Olympia, Philippeion; **II.39** Olympia, Leonidaion (Kelchkapitell); **II.15** Kalaureia, Stoa IV; **II.33 a** und **b** Nemea, Oikos 9; **II.10** Epidauros, Theater Proskenion; **II.42** Olympia, Ptolemaierweihgeschenk; **II.12** Gortys, Thermalanlage.

gleichmäßigen Rundung eine eher abgefaste Ecke als Profil aufweisen (Form 2; Abb. 394). Der Übergang von der Vertikalen in die Horizontale erfolgt hier abrupter, wobei die Apophyge erst ein Stück in der Horizontalen verläuft, bevor sie in einem Absatz endet. Auch diese Beispiele sind häufig während der 2. Hälfte des 4. Jahrhunderts anzutreffen und können bis zur Mitte des 2. Jahrhunderts nachvollzogen werden (Tabelle 6).[107] Eine weitere Form zeigt eine Apophyge, deren Rundung so weit nach oben gezogen ist, dass sie die horizontale Abschlussleiste hinterschneidet (Form 3; Abb. 394). Sie ist weniger häufig belegt wie die anderen beiden Gestaltungsformen, weist aber denselben zeitlichen Verbreitungsrahmen auf (Tabelle 6).[108] Bei den überlieferten Beispielen zeigt sich, dass die obere und untere Apophyge in der Regel dieselbe Profilform aufweisen (Tabelle 6). Einige wenige Säulen weichen jedoch von diesem Schema ab und geben verschiedene Gestaltungsweisen an der oberen und der unteren Apophyge zu erkennen, jedoch ohne erkennbaren Grund.[109] Da alle drei Formen, teilweise sogar innerhalb ein und desselben Gebäudes, parallel vorkommen, lassen sich aus ihrer Verwendung keine Datierungskriterien ableiten.[110] Hingegen zeichnet sich eine gewisse Tendenz im Hinblick auf den Anbringungsort ab. So tritt die Form 1 mit der geringsten Schattenwurf-Wirkung vorwiegend bei Säulenschäften an der Gebäudeaußenseite auf, Form 3 mit dem stärksten Schattenwurf insbesondere im Gebäudeinneren und Form 2 kann sowohl innen als auch außen vorkommen. Demnach kamen die einzelnen Gestaltungformen wohl je nach gewünschtem Licht-Schatten-Effekt zum Einsatz.

Neben den komplett kannelierten Säulenschäften kommen auf der Peloponnes auch mehrere teilkannelierte Beispiele vor[111], wobei hier zwischen verschiedenen Formen unterschieden werden kann. Bei Vollsäulen in Olympia und Messene ist der obere Schaftteil wie üblich kanneliert, während der untere Teil eine Rundstabfüllung in allen Kanneluren aufweist. Dadurch erfolgt eine Akzentuierung der Säule auf horizontaler Ebene.[112] Bei Pfeilern vorgelagerten Halbsäulen in Megalopolis[113] und Epidauros[114] ist ebenfalls eine Teilkannelierung zu beobachten, wobei in Epidauros keine Rundstabfüllung vorliegt, sondern die Säule in diesem Bereich rund belassen wurde. Dadurch erfolgt eine recht deutliche Trennung des Schaftes auf vertikaler Ebene. Teilkannelierungen sind auf der Halbinsel somit erstmals um 340 v. Chr. in Megalopolis belegt und kommen vereinzelt bis in das 2. Jahrhundert vor (Tabelle 7).

---

107 **II.4 a** Epidauros, Abaton-Stoa; **II.25 a** Megalopolis, Philipps-Stoa; **II.41 b** Olympia, Philippeion; **II.38** Olympia, Leonidaion; **II.21** Korinth, Peirene-Quelle; **II.40** Olympia, Palästra Raum IX; **II.30** Messene, Oikos K; **II.52** Stymphalos, Streufund.

108 **II.22** Korinth, Agora Südstoa; **II.53** Tegea, Athenatempel; **II.49** Sikyon, Bouleuterion; **II.2** Argos, Streufund; **II.7** Epidauros, Nordpropyläen; **II.40** Olympia, Palästra Raum VI.

109 Die Säulenschäfte am Proskenion im Theater von Epidauros (**II.10**) sowie jene vom Propylon der Thermenanlage in Gortys (**I.17 b.c.**) enden oben in einer flach auslaufenden Kannelur (Form 1) und unten in einer tief ausgehöhlten (Form 3). In umgekehrter Folge wurden die Kanneluren der Säulen an den Nordpropyläen von Epidauros (**II.7**) gestaltet. Dort ist das obere Ende in Form 3 ausgeführt, während die untere Apophyge als Form 1 ausläuft.

110 Beispielsweise am Philippeion in Olympia (**II.41 a** und **b**).

111 Zu Teilkannelierung s. Wannagat 1995. Er unterscheidet zwischen teilkannelierten, einseitig kannelierten sowie einseitig teilkannelierten Säulen (Wannagat 1995, 137–149).

112 **II.25 a** Megalopolis, Philipps-Stoa; **II.26** Megalopolis, Zeus Soter Heiligtum; **II.30** Messene, Oikos K; **II.28** Messene, Asklepieion Stoai.

113 **II.25 c** Megalopolis, Philipps-Stoa Exedra.

114 **II.8** Epidauros, Stadion Startvorrichtung.

Daneben kommt bei mehrere Vollsäulen eine einseitige Teilkannelierung vor, d.h. eine Seite des Schaftes ist auf der gesamten Höhe, die andere Seite nur im oberen Bereich kanneliert, während der untere Teil entweder mit Rundstäben gefüllte Kanneluren oder eine Gestaltung mit Faszien aufweist.[115] Somit erfolgt auch hierbei eine Akzentuierung der Säule auf horizontaler Ebene, allerdings nur auf einer Seite. Gleichzeitig wird der Schaft dadurch auch in eine Vorder- und eine Rückseite bzw. eine Innen- und eine Außenseite unterschieden.[116] Für Ecksituationen sind die Säulen dementsprechend jeweils mit nur sechs Kanneluren am Schaft ausgearbeitet während vierzehn mit Rundstäben gefüllt bzw. als Faszien gestaltet sind und somit den Bereich der Ecke besonders betonen.[117]

Außerhalb der Halbinsel lassen sich bisher keine früheren Beispiele teilkannelierter Säulen anführen. In dem von Wannagat zusammengestellten Katalog zählen verschiedene Exemplare aus Alexandria, Delos, Olympia und Megalopolis zu den ältesten Stücken, wobei diese frühestens an das Ende des 4. Jahrhunderts datiert sind.[118] Mit der Datierung der Philipps-Stoa in Megalopolis um 340 v. Chr.[119] stammen nun die frühesten belegten Teilkannelierungen eindeutig von der Peloponnes. Lauter-Bufe interpretiert dies sogar dahingehend, dass diese Gestaltungsform dem Baumeister der Philipps-Stoa selbst zuzuschreiben sei.[120] Diese Zuweisung überzeugt insofern, da zum einen auch weitere Bauten in und um Megalopolis dieses Verzierungsmotiv aufweisen[121] und zum anderen am selben Bauwerk die außergewöhnlichen Diagonalkapitelle bereits auf einen innovativ arbeitenden Baumeister hindeuten (s. hierzu Kapitel II.3.2).

Der peloponnesische Bestand eignet sich außerdem besonders gut für eine Betrachtung des Verhältnisses zwischen Kannelur und Mittelachse der Säule, da auf der Halbinsel sowohl die Basen als auch die Kapitelle üblicherweise mit dem unteren bzw. dem oberen Schaftansatz aus einem Block gearbeitet sind. Hierbei zeigt sich, dass die Kannelurtäler in der Regel auf der Mittelachse liegen.[122] Davon abweichend ist nur das Beispiel aus der Cella des Apollontempels von Bassai (**II.3**). Auf der bei Cooper[123] abgebildeten Rekonstruktionszeich-

---

115 **II.25 b** Megalopolis, Philipps-Stoa; **II.47** Pheneos, sog. Brunnenhaus; **I.47 a** Olympia, Palästra Raum VI; **II.48 b** Pheneos, Asklepieion Peristylhof; **II.52** Stymphalos, Streufund (s. a. Tabelle 7).

116 Dabei ist die einseitige Teilkannelierung nur selten symmetrisch ausgeführt. So ist lediglich bei den Säulenschäften aus dem Asklepieion von Pheneos (**II.48 b**) exakt die Hälfte des unteren Bereichs der Säule mit Kanneluren versehen, während die andere Hälfte mit Faszien gestaltet ist. Bei einem anderen Beispiel aus Pheneos (**II.42** sog. Brunnenhaus) sind hingegen jeweils elf Kanneluren und nur neun Faszien ausgeführt. Ähnlich gestaltet sind die Säulen aus der Palästra in Olympia (**II.40** Raum VI), d.h. im unteren Bereich sind elf Kanneluren ausgestaltet, während der übrige Bereich der Säule einfach rund belassen wurde.

117 **II.25 b** Megalopolis, Philipps-Stoa; **II.48 a** Pheneos, ASKL; **II.52** Stymphalos, Streufund.

118 Alexandria, Shiatbi Hypogaeum A, Ende 4. Jh. bis Mitte 3. Jh.; Delos, Monument des Taureaux Ende 4./3. Jh.; Olympia, Theokoleon 4./3. Jh.; Megalopolis, Philipps-Stoa, 4.-2. Jh. (Wannagat 1995, 137–138. 143).

119 Lauter-Bufe 2014, 66–67.

120 Lauter-Bufe 2014, 34. Lauter-Bufe 2009, 75.

121 Lauter-Bufe 2009, s. Taf. 66.

122 **II.2** Argos, Streufund; **III.5 b**, **I.7 a** Bassai, Apollontempel; **II.8** Epidauros, Stadion, Startvorrichtung; Epidauros, **II.4** Abaton-Stoa; **II.7** Epidauros, Nordpropyläen; **I.13** Epidauros, Theater, Proskenion; **II.9 c** Epidauros, Tempel L; **II.6** Epidauros, Nord-Ost-Portikus; **II.12 b** Gortys, Thermalbadanlage, Propylon; **I.21** Kalaureia, Stoa C; **II.21** Korinth, untere Peirene-Quelle, hintere Fassade; **II.22** Korinth, Südstoa; **II.25 a** und **b** Megalopolis, Philipps-Stoa; **II.24** Megalopolis, Bouleuterion I; **II.31** Messene, Brunnenhaus der Arsinoe; **II.32** Messene, Nordstoa; **II.30** Messene, Oikos K; **II.28** Messene, Stoai ASKL; **II.33 a** und **b** Nemea, Oikos 9; **II.34** Nemea, Zeustempel; **II.39**, **II.38** Olympia, Leonidaion; **II.41 a** und **b** Olympia, Philippeion; **II.40** Olympia, Palästra; **II.37a** und **b** Olympia, Tor zum Gymnasion; **II.46** Perachora, Stoa am Hafen; **II.47** Perachora, Brunnenhaus; **II.49** Sikyon, Bouleuterion; **II.51** Stymphalos?

123 Cooper 1992, Taf. 47.

nung ist zu sehen, dass auf der Mittelachse der Säule statt eines Kannelurtales ein Steg liegt. Es stellt sich daher die Frage, ob die erhaltenen Fragmente der Kalksteinkapitelle[124] nicht auch zu einer anderen Rekonstruktion führen können, bei der das Kannelurtal mittig liegt. Dies lässt zumindest der restliche Bestand auf der Peloponnes vermuten.

Außerdem zeigt sich, dass bei einigen Beispielen eine Korrelation zwischen Kannelur am Schaft und ionischem Kymation am Kapitell vorkommt. Hierbei fluchtet jeweils ein Hauptblatt des Kymations auf eine Kannelur am Schaft, während die Zwischenblätter des Kymations jeweils auf einen Stege am Säulenschaft ausgerichtet sind. Diese Gestaltungsart kann auf der Peloponnes nur an Säulenschäften mit vierundzwanzig Kanneluren, wie dem Zweisäulendenkmal (**III.50**) und dem Ptolemaierweihgeschenk in Olympia belegt werden (**III.49**). Außerhalb der Peloponnes ist sie insbesondere in Kleinasien sowie Attika verbreitet.[125] Es scheint sich hierbei jedoch nicht um ein obligatorisches Motiv zu handeln, wie die Beispiele am Erechtheion in Athen und am Apollontempel in Delphi[126] zeigen. Dort stehen vierundzwanzig Kanneluren zweiunddreißig bzw. sechsunddreißig Hauptblättern gegenüber, d.h. es gibt keine Korrelation zwischen den einzelnen Bestandteilen. Allerdings dürfte das bei diesen Beispielen optisch nicht so stark hervorgetreten sein, da der Säulenhals jeweils mit einem Anthemion verziert ist und Echinus sowie Kannelur also nicht direkt übereinander liegen.[127] Säulenschäfte mit nur zwanzig Kanneluren zeigen hingegen keine Korrelation der Ornamente am Kapitell mit den Kanneluren am Schaft.[128] Bei der Reduktion der Kanneluranzahl auf zwanzig hat man auf der Peloponnes folglich auf die Rhythmisierung des ionischen Kymation mit der Kannelur verzichtet.

Wird ein Schaft mit einer Kannelur versehen, erzeugen die horizontal verlaufenden Furchen einen Schattenwurf, der je nach proportionaler Gestaltung der Rillen mehr oder minder stark ausgeprägt ist. Diese Gestaltungsweisen lassen sich in einfachen proportionalen Zah-

---

124 Cooper 1992, Taf. 40c.
125 Halikarnassos, Maussolleion M. 4. Jh. (Drerup 1954, Abb. 6; Hoepfner 2013); Labraunda, Zeustempel letztes Viertel 4. Jh. (Hellström – Thieme 1982, 45–46. 72–80 mit Abb. 26–31) und Propyläen 351–344 v. Chr. (Jeppesen 1955, 12. 16f.); Priene, Athenatempel – mehrere Bauphasen, Planung wohl um die Mitte des 4. Jh., Weihinschrift des Königs Alexander III. von Makedonien auf Nordostante zwischen 334 und 324 v. Chr. belegt teilweise Fertigstellung in dieser Zeit, abschließende Arbeiten wohl erst unter Augustus (Koenigs 2015, 13. 227; zum genauen Bauablauf 144–150). Außerdem am Artemistempel in Magnesia (Bingöl 2012; Drerup 1964). Ohne Rhythmisierung: Ephesos Jüngeres Artemision (Bammer 1972, 20 Abb. 17–18. Datierung Basis: Mitte 4. Jh. nach Dirschedl 2013, 183 E22). Athen, Niketempel 427/26–418 v. Chr. (Schneider – Höcker 2001, 166–171; Mark 1993; Ross 1839, Taf. 2,1. 5a 8. 9); Athen, Ilissostempel 449/8 v. Chr. (Stuart – Revett 1968, 7–11. Taf. 7; Miles 1980, 309–325); Athen, Propyläen (Schneider – Höcker 2001, 160–166; Hoepfner 1997a, 160–177; Gruben 1976, 185 Abb. 158; Bohn 1882, 17–34; Penrose 1851, Taf. 32; Waele 1990; Wesenberg 1988, 9–57).
126 Am Erechtheion in Athen (Schneider – Höcker 2001, 171–181; Kockel 1991, 281–285; Büsing – Lehnhoff 1985, 106–119; Stern 1985, 405–426; Stevens u. a. 1927, Taf. 16. 22. 34, 6) kommen zweiunddreißig Hauptblätter am Echinus bei vierundzwanzig Kanneluren am Schaft vor. Ähnlich auch am Kapitell im Apollontempel von Delphi zu beobachten, wobei dort aus der Zeichnung nicht klar hervor geht, ob es sich um zweiunddreißig oder sogar sechsunddreißig Hauptblätter bei vierundzwanzig Kanneluren handelt (373–330 v. Chr. Datierung nach Bauabrechnungen, s. Amandry – Hansen 2010, 13–14. 145–155. 462–494. 435–440. 438 Abb. 18,7. 439 Abb. 18,8).
127 So auch in Delphi (s. Anm. 50).
128 Entsprechende außerpeloponnesische Vergleichsbeispiele (mit zwanzig Kanneluren und plastisch ausgearbeitetem ionischen Kymation) sind nicht bekannt. Einen Anhaltspunkt bieten lediglich zwei makedonische Beispiele aus Lefkadia, bei denen sich der gemalte Eierstab auf dem Echinus erhalten hat. Beide Male zeigt sich keine Rhythmisierung aus Eiern und Kanneluren (Palmettengrab und Grab des Totengerichts, s. Anm. 8).

lenverhältnissen ausdrücken, die in Tabelle 4 aufgelistet sind.[129] Daraus ist ersichtlich, dass die Proportionen der Kanneluren teilweise sehr deutlich voneinander abweichen. So kommen zum einen Kanneluren mit sehr schmalem[130] zum anderen mit sehr breitem Steg[131] im Verhältnis zur Kannelurbreite vor. Gleichzeitig kann die Rille recht flach[132] oder aber besonders tief[133] im Verhältnis zu ihrer Breite sein (s. Tabelle 4). Dabei ließ sich kein Zusammenhang zwischen der ausgeführten Kannelurform und dem verwendeten Material erkennen (s. Diagramm 1).[134] Weiterhin hat sich gezeigt, dass die Proportionen der Rillen nicht in Abhängigkeit zu der Anzahl der Kanneluren gestaltet wurden (Diagramm 2).[135] Hingegen zeichnen sich – wenn auch nur ansatzweise – auf chronologischer Ebene Gestaltungskriterien ab (Diagramm 1).[136] So lässt sich nachvollziehen, dass die Kanneluren vom Ende des 5. bis in das 2. Jahrhundert tendenziell tiefer und gleichzeitig schmaler werden. Parallel dazu werden die Stege im Verhältnis zur Kannelurbreite breiter. Die Werte unterliegen jedoch starken Schwankungen und können somit nicht als festes Datierungskriterium sonder nur als ungefährer Richtwert dienen.

Diagramm 1 Kannelurproportionen (BS=Breite des Schafts, BK=Breite der Kannelur, TK=Tiefe der Kannelur). Die proportionalen Verhältnisse der Kanneluren sind in chronologischer Abfolge dargestellt (s. auch Tabelle 4). Auf der x-Achse steht das älteste Beispiel links (**III.5 b**), das jüngste rechts (**II.45**). Auf der y-Achse können die Proportionsverhältnisse abgelesen werden. Bei Stück **III.5 b** beispielsweise, verhält sich die Tiefe der Kannelur zu Breite der Kannelur wie 1: 5,58. Die Beispiele in Marmor sind durch ausgesparte Kreise dargestellt.

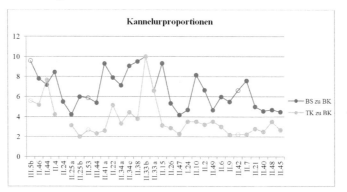

---

129 Untersucht wurde die Breite des Steges zur Breite der Kannelur (BS:BK) sowie das Verhältnis von Tiefe zur Breite der Kannelur (TK:BK) nach Anzahl der Kanneluren getrennt.
130 **II.33 b** Nemea, Oikos 9 (BS:BK = 1:10).
131 **II.48** Pheneos, Asklepieion Peristylhof (BS:BK = 1:3,84).
132 **II.33 b** Nemea, Oikos 9 (TK:BK = 1:10).
133 **II.25 b** Megalopolis, Philipps-Stoa (TK:BK = 1:2).
134 Die in Marmor ausgeführt Beispiele (**III.5 b** Bassai, Apollontempel, **II.42** Olympia, Ptolemaierweihgeschenk und **II.53** Tegea, Athenatempel) lassen keine Auffälligkeiten in der Proportionierung erkennen, s. Diagramm 1 (Beispiele aus Marmor sind mit ausgesparten Kreisen hervorgehoben).
135 Mit vierundzwanzig Kanneluren ausgeführt sind die Beispiele **II.21** Korinth, Peirene-Quelle, **II.41 a** Olympia, Philippeion und **II.42** Olympia, Ptolemaierweihgeschenk. In Diagramm 2 sind diese Beispiele mit ausgesparten Kreisen gekennzeichnet.
136 In Diagramm 1 und 2 sind die proportionalen Verhältnisse der Kanneluren in chronologischer Abfolge dargestellt, wobei das älteste Beispiel links (**II.3 a**), das jüngste rechts (**II.45**) steht.

Diagramm 2 Kannelurproportionen (BS=Breite des Schafts, BK=Breite der Kannelur, TK=Tiefe der Kannelur). Die proportionalen Verhältnisse der Kanneluren sind in chronologischer Abfolge dargestellt (s. auch Tabelle 4). Auf der x-Achse steht das älteste Beispiel links (**III.5 b**), das jüngste rechts (**II.45**). Auf der y-Achse können die Proportionsverhältnisse abgelesen werden. Bei Stück **III.5 b** beispielsweise, verhält sich die Tiefe der Kannelur zu Breite der Kannelur wie 1: 5,58. Die Beispiele mit vierundzwanzig Kanneluren sind durch ausgesparte Kreise dargestellt.

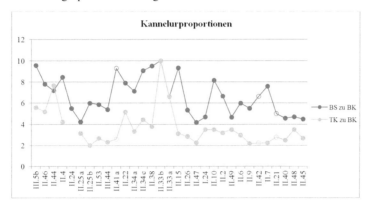

II.2.2 Entasis

Ein weiteres wesentliches Gestaltungsmerkmal der Säule stellt die bei Vitruv (3, 3, 13; 3, 5, 14) erwähnte Entasis[137] dar. Die konvexe Schwellung auf mittlerer Höhe des sich nach oben verjüngenden Säulenschaftes soll laut des Architekturtheoretikers so groß sein, wie die Kanneluren breit sind. Wie eine solche Verdickung der Säule konstruktiv erreicht werden konnte, lässt sich anhand einer überlieferten Werkzeichnung aus Didyma nachvollziehen.[138] Einen Grund für die Ausführung der Entasis nennt Vitruv allerdings nicht. In der Forschung wird sie zum Repertoire der sog. Verfeinerungen (*refinements*) in der griechischen Monumentalarchitektur gezählt, wobei nicht abschließend geklärt ist, welchen optischen Effekt sie möglicherweise ausgleichen sollte.[139] Vor allem in der dorischen Ordnung lässt sich eine kontinuierliche Entwicklung des Motivs erkennen. So ist die Entasis besonders deutlich bei

---

137 Haselberger 1999, 24–30. Zur Theorie: Wesenberg 1999. Zur Entstehung: Mertens 1988. Zur Entasis der Säulen am Parthenon: Penrose 1851; Salmon 2008; Grasshoff – Berndt 2011. Zur Entasis an dorischen Bauten des 4. Jahrhunderts: Pakkanen 1997.

138 Haselberger 1980; Haselberger 1983a. Die dort angerissene Werkzeichnung zeigt, dass die Entasis durch einen Zirkelschlag erreicht wird und daher gleichmäßig verläuft.

139 Hierzu zählen auch die Kurvatur des Stufenbaus und des Gebälks, die Neigung der Säulen, Ein- und Auswärtsneigung der Elemente im Gebälk sowie der Cellawände (Penrose 1851. Goodyear 1912. Mertens 1988, 307. Haselberger – Bankel 1999. Hueber 1999). Dadurch soll nach einer Forschungsmeinung der mögliche Eindruck des „Durchhängens" langer horizontaler Linien korrigiert werden (Müller-Wiener 1988, 135–137). Dementsprechend wird ein ähnlichen Effekt für eine geradlinige Kontur des Säulenschaftes angenommen, die dem Auge konkav erscheinen muss (Penrose 1851, 78. 80f.). Anders Wesenberg: Der Konturverlauf kannelierter Säulen (sowohl dorischer als auch ionischer) mit geradliniger Verjüngung erscheint nicht konkav sondern geknickt. Dieser Effekt entstehe aufgrund des begrenzten Auflösungsvermögens des menschlichen Auges und müsse durch eine Verstärkung des Schaftes ausgeglichen werden (Wesenberg 1999, 481–492). Eine andere Forschungsmeinung vertritt hingegen Mertens, der die Entasis, zumindest innerhalb der archaischen Architektur Westgriechenlands, als Stilmerkmal statt als „Verfeinerung" ansieht. Charakteristisch sei der organisch lebendige Eindruck des Anspannens und Tragens (Mertens 1988, 315–316; Mertens 1993, 104–105).

den archaischen Bauten im griechischen Westen (Paestum, Basilika) ausgeprägt, wird dann langsam reduziert und in hellenistischer Zeit schließlich aufgegeben.[140] Auch bei der ionischen Ordnung findet die Entasis Anwendung, allerdings in stark reduzierter Form, sodass sie mit bloßem Auge oftmals gar nicht wahrnehmbar ist. Trotzdem kann sie mittlerweile an Monumentalbauten in Athen, Kleinasien und im griechischen Wesen nachgewiesen werden.[141] Auf der Peloponnes erweist sich der Beleg ähnlich gestalteter Schwellungen, d.h. mit einer gleichmäßigen Verdickung (s. Anm. 62) jedoch als schwierig. Unter anderem wird eine solche Untersuchung durch den Überlieferungs- sowie den Erhaltungszustand des lokalen oftmals brüchigen Kalksteinmaterials erschwert.[142] Darüber hinaus stellt sich die Frage, inwieweit eine Entasis in Zusammenhang mit der ionisch-peloponnesischen Ordnung, die vorwiegend im Gebäudeinneren verwendet wird, überhaupt zu erwarten ist. Sollte diese tatsächlich zum Ausgleich einer optischen Täuschung dienen, ist fraglich, ob sie auch bei Säulen im Gebäudeinneren, wo der Abstand zum Betrachter in der Regel wesentlich kleiner ist als an der Außenseite des Gebäudes, zu erwarten wäre. Vitruvs Ausführungen liefern dahingehenden keine Anhaltspunkte. Er bespricht die Entasis und ihre Herstellung innerhalb seines dritten Buches unter Kapitel drei, das von den fünf Arten der Tempel handelt. Dementsprechend beziehen sich seine Ausführungen auch hauptsächlich auf Tempelbauten und deren Außengestaltung. Ob eine solche Schwellung auch für Säulen im Gebäudeinneren angewendet werden sollen, geht aus der Stelle nicht hervor.

Betrachtet man den peloponnesischen Säulenbestand, so wird deutlich, dass bisher noch keine gleichmäßige Entasis nachgewiesen wurde. Es lässt sich aber eine andere Art der Gestaltung beobachten. So zeigen die Säulen aus der Philipps-Stoa in Megalopolis (**II.25**) unterschiedliche Grade der Verjüngung. Während der untere Teil der 5,015 m hohen ionischen Säulen bis auf eine Höhe von 1,72 m eine Verjüngung von 0,58% aufweisen, wird diese auf einer Höhe von 2,55 m bis zu 1,176% gesteigert. Der obere Teil verjüngt sich dann um 1,79%.[143] In beiden Fällen wurden die Umbrüche in den Konturlinien der Säulen ein wenig abgerundet, waren für das menschliche Auge aber noch wahrnehmbar. Lauter-Bufe sieht darin die Absicht, die Säulen durch eine optische Täuschung höher wirken zu lassen, als sie tatsächlich sind.[144] Trifft diese Erklärung zu, sollte in Megalopolis mit der Entasis möglicherweise ein gänzlich anderer Effekt erzielt werden, als bisher üblich. Statt bei schlanken extrem hohen Säulen zu verhindern, dass sie in der Mitte zu schwach wirken, wurde bei vergleichsweise niedrigen Säulen versucht, den Effekt einer optischen Verlängerung zu erzielen.[145]

Möglicherweise kann diese Gestaltungsweise auch für das Philippeion von Olympia (**II.41**) in Betracht gezogen werden. Von den ionischen Außensäulen haben sich 39 der ursprünglich 108 Säulentrommeln erhalten, deren Höhe zwischen 0,835 und 1,022 m (im Schnitt 0,955 m) schwankt. Aufgrund des schlechten Erhaltungszustandes der Kanneluren ist

---

140 Müller-Wiener 1988, 114. 124.
141 Ab dem frühen 5. Jh. in Metapont (ionischer Tempel), ab der 2. H. des 5. Jh. in Athen (Erechtheion, Nordhalle; Propyläen), ab Mitte des 4. Jhs. in Labraunda (Zeustempel, Propyläen) und Priene (Athenatempel) nachweisbar (Haselberger 1999, 30–32).
142 So beispielsweise beim Tempel L in Epidauros (Roux 1961, 232).
143 Lauter-Bufe 2014, 30–33. 36. Eine solche Gestaltung zeigt sich im Übrigen auch an den dorischen Außensäulen. Hier beträgt die Verjüngung in der unteren Hälfte 2,25%, in der oberen 3,38% (Lauter-Bufe 2014, 31).
144 Lauter-Bufe 2014, 32.
145 Lauter-Bufe 2014, 32.

ihr Durchmesser selten exakt messbar. Dennoch meint Schleif unterschiedliche Grade der Verjüngung und damit eine Entasis feststellen zu können.[146] Ob es sich dabei allerdings um eine regelmäßig geschwungene Entasis-Kurve handelt, wie sie die Werkzeichnung aus Didyma[147] zeigt, geht aus dem erhaltenen Material nicht eindeutig hervor. Ebenso gut wäre eine stufenweise Steigerung der Verjüngung wie in Megalopolis vorstellbar. Darüber hinaus sind keine weiteren ionisch-peloponnesischen Säulenschäfte mit einer sicher nachweisbaren Entasis bekannt.[148] Somit sind die ersten und einzigen ionischen Beispiele in der 2. Hälfte des 4. Jahrhunderts in Megalopolis (340 v. Chr.) und kurz darauf in Olympia (338 v. Chr.) zu finden. Dabei ist die Entasis an sich kein unbekanntes Element auf der Halbinsel, sondern in der dorischen Architektur, wohl unter dem Eindruck der westgriechischen Bauten, bereits seit dem Heraion in Olympia bekannt.[149] Zudem gilt die Entasis, insbesondere während des 4. Jahrhunderts, als übliche Gestaltungsart dorisch-peloponnesischer Architektur und findet sich beispielsweise an den Außensäulen der Tholos von Epidauros, des Athenatempels von Tegea als auch des Zeustempels von Nemea.[150]

Außerhalb der Peloponnes ist die Entasis in Verbindung mit der ionischen Ordnung bereits seit archaischer Zeit in Kleinasien und Westgriechenland belegt.[151] Während der 2. Hälfte des 5. Jahrhunderts sind entsprechende Beispiele vor allem in Attika zu finden und tauchen erst mit der ionischen Renaissance auch wieder in Kleinasien auf.[152] Für die inselionische Architektur ist bisher noch keine Schwellung ionischer Säule nachgewiesen.[153]

Fazit (Säulenschäfte). Zusammenfassend lässt sich festhalten, dass ionisch-peloponnesische Säulenschäfte zwar vielfältige Gestaltungsmöglichkeiten aufweisen, diese jedoch nur selten als Datierungskriterien dienen. Lediglich die Proportionen der Kannelur zeigen chronologisch relevante Entwicklungstendenzen. So weisen die frühen Beispiele eher flache Rillen mit schmalen Stegen auf, während die späteren eher tiefe Rillen kombiniert mit breiten Stegen zeigen. Darüber hinaus ist deutlich geworden, dass wohl einige Gestaltungsweisen der Schäfte aus der dorischen Bauweise übernommen wurden, wie die Anzahl von zwan-

---

146 Sie belaufen sich im Schnitt auf etwa 14 mm pro 1 m Höhe, „Eine merkliche Entasis ist also gesichert." (Schleif 1944a, 8).
147 Siehe Anm. 62.
148 Dies liegt wohl daran, dass die Entasis allgemein während hellenistischer Zeit immer weniger verwendet wird. Auf der Peloponnes lässt sich eine Abwesenheit der Schwellung oftmals nur schwer bezeugen, was vor allem an dem meist schlechten Erhaltungs- bzw. Überlieferungszustand der Stücke liegt. Entweder sind zu wenige Säulentrommeln überliefert um eine fundierte Untersuchung durchführen zu können, oder die erhaltenen Exemplare sind zu stark bestoßen bzw. verwittert um verlässliche Maße zu bekommen. Ausgeschlossen werden konnte eine Entasis bisher lediglich für den Apollontempel in Bassai: Die von Dinsmoor (Dinsmoor 1950, 156 Anm. 1) beobachtete Schwellung konnte bei Nachuntersuchungen nicht bestätigt werden (Cooper 1996a, 149–150).
149 Haselberger 1999, 30 mit Anm. 107.
150 Pakkanen 1997. Siehe: Epidauros, Tholos; Tegea, Athenatempel; Nemea, Zeustempel; Korinth, Südstoa; Olympia, Palästra.
151 Ephesos, archaisches Artemision (Hogarth 1908, 272; Krischen 1938, Taf. 34; Riemann 1950, 12; Haselberger 1999, 31); Paestum, Heratempel (Mertens 1993; Krauss 1959; Krauss u. a. 1939/1978). Mertens vermutet auf Grund dieser frühen Beispiele, dass die Entasis ursprünglich aus der ionischen Architektur kommt (Mertens 1988, 316; Mertens 1993, 151–174; wird auch akzeptiert bei Haselberger 1999, 31).
152 Athen, Propyläen und Nordhalle des Erechtheions (s. Kapitel II.2, Anm. 50 und 51). Didyma, Apollotempel (Haselberger 1983a; Haselberger 1980, 210; Knackfuß – Wiegand 1941); Priene, Athenatempel (s. Kapitel II.2, Anm. 49); Labraunda, Zeustempel und Propyläen (s. Kapitel II.2, Anm. 49; Haselberger 1999, 30).
153 Haselberger 1999, 31.

26   Einzelstudien

zig Kanneluren und die eckigen Kannelurabschluss-Formen 1a und 1b. Außerdem scheint die später weit verbreitete Gestaltungsweise der Teilkannelierung erstmals auf der Peloponnes in der Philipps-Stoa von Megalopolis ausgeführt worden zu sein. Ferner sind keine gesicherten Schaft-Beispiele bekannt, die eine gleichmäßige Schwellung und somit eine Entasis aufweisen. Dafür lässt sich eine stufenweise Verjüngung bei einigen Beispielen beobachten, die möglicherweise speziell für kleinere Ordnungen entwickelt wurde, um diese etwas größer wirken zu lassen. Gleichzeitig lassen die überlieferten Stücke darauf schließen, dass die verschiedenen Profil-Formen der Apophyge je nach Anbringungsort und somit je nach Lichteinfall eingesetzt wurden.

II.3 Kapitelle

Das Kapitell ist das markanteste und in der Ausarbeitung oftmals aufwändigste Element der ionischen Ordnung und trägt somit einen nicht unwesentlichen Teil zum Erscheinungsbild des jeweiligen Architektursystems bei. Da ionisch-peloponnesische Kapitelle aus einer Vielzahl verschiedener Motive aufgebaut sind, sollen diese hier einzeln betrachtet werden, um so mögliche Einflüsse von außerhalb, die sich oftmals nur in Details festmachen lassen, besser nachvollziehen zu können. Im Folgenden werden neben den Säulenkapitellen auch die Antenkapitelle näher betrachtet.

II.3.1 Säulenkapitelle

Für die Peloponnes unterschied erstmals O. Puchstein[154] zwei Kapitell-Typen. Der eine leite sich seines Erachtens von den Kapitellen aus Bassai ab und sei peloponnesischen Ursprungs. Der andere sei im Kapitell des Philippeions von Olympia zu erkennen, wobei nicht eindeutig ist, ob dieser sich aus ersterem entwickelt hat oder von anderswo her abgeleitet wurde. Eine ausführlichere Untersuchung der Kapitelle legte Roux[155] vor. Darin folgt er weitestgehend Puchsteins Unterscheidung in zwei Kapitell-Kategorien.[156] Allerdings sieht er in den Beispielen der ersten Kategorie, anders als Puchstein, nicht nur peloponnesische, sondern auch attische Einflüsse. Demnach sind einige charakteristische Details der peloponnesischen Kapitelle, wie beispielsweise die Form des Echinus bestehend aus einem Kyma reversa-Profil mit darüber liegendem Absatz, ein nach oben gebogener Kanalisrand, der sich wie ein Bogen zu spannen scheint, Voluten, die sich auf horizontaler Ebene nach innen neigen sowie aneinanderstoßende Eckvoluten auch an attischen Kapitellen „archaischer und vorklassischer Zeit" zu finden.[157] Darüber hinaus zeige die in Bassai entwickelte Kapitellform aber auch einen eigenständigen ionisch-peloponnesischen Gestaltungswillen, indem sie das Problem der ionischen Ecke in anderer Weise löst als die attisch-ionische Form. In den Kapitellen der zweiten

---

154 Puchstein 1887, 31–34.
155 Roux 1961, 338–350.
156 Zu den Vertretern der ersten Kategorie zählt Roux neben den Vorläufern in Bassai die Kapitelle aus Perachora (Stoa am Hafen), Epidauros (Abaton-Stoa), Sikyon (Theater) und Megalopolis (Philipps-Stoa). Sie werden üblicherweise mit Basen des „*style libre*" (entspricht den peloponnesischen Typen A und B, s. Kapitel II.1.2) kombiniert. Darüber hinaus verweist er auf das Fehlen des Abakus, der Eckpalmetten sowie des Pulvinus – Elemente, die üblicherweise bei ionischen Kapitellen vorhanden sind (Roux 1961, 339–353).
157 Siehe Roux 1961, 343–348; Shoe Meritt 1993, 315–325.

Kategorie[158] sieht Roux, wie schon Puchstein vor ihm, sowohl peloponnesische als auch andersartige Züge. Diese schreibt Roux kleinasiatisch-hellenistischen Einflüssen zu, die sich vor allem in der Formenlehre wiederspiegeln.[159] Jüngstes Beispiel wäre demnach das ionische Kapitell der Südstoa in Korinth am Ende des 4. Jahrhunderts.

Betrachtet man die Exemplare der einzelnen Kategorien jedoch genauer, wird bald deutlich, dass es sich weniger um homogene als vielmehr um heterogene Gruppen handelt und damit ihre Unterteilung fraglich erscheint. Beispielsweise unterscheiden sich das Kapitell aus der Philipps-Stoa in Megalopolis (**III.36**) mit seinem überproportional betonten eingeknickten Kanalisrand und das Kapitell aus der Abaton-Stoa in Epidauros (**III.8**) mit seinem sichtlich zurückhaltenderem schnurartigem Kanalisrand so deutlich, dass ihre Zuordnung zu einer gemeinsamen Kapitell-Gruppe nicht überzeugen kann. Bei einem weiteren Kapitell, das aus Kalaureia stammt (**III.24 Stoa IV**), merkt Roux sogar selbst an, dass das Stück einen ambivalenten Charakter habe und neben den Merkmale der ersten Kategorie auch zahlreiche weitere Motive aufweise, die es eigentlich von dieser Gruppe trennt.[160] Bereits diese punktuellen Proben machen deutlich, dass die ionischen Kapitelle aus einer Vielzahl verschiedener Motive zusammengesetzt sind, die in unterschiedlicher Weise miteinander kombiniert und verschiedentlich wiederholt werden. Dementsprechend sollen diese Details zunächst auch einzeln untersucht werden, bevor beurteilt werden kann, inwieweit sich einzelne Kapitelle überhaupt zu Typengruppen zusammenschließen lassen. Als Materialgrundlage dienen hierbei die im Baugliedkatalog zusammengestellten Beispiele.[161]

Kapitell-Form

Die ionischen Kapitelle auf der Peloponnes weisen unterschiedliche Kapitellkörper-Formen auf. Es kann unterschieden werden zwischen zweiseitigen Kapitellen, Diagonal-Kapitellen, vereinzelten attisch-ionische Eckkapitelle sowie verschiedenen Sonderformen (s. Tabelle 11). Charakteristisch für *zweiseitige Kapitelle* ist der eindeutige Richtungsbezug, der

---

158 Kapitelle der zweiten Kategorie werden kombiniert mit „*bases de forme traditionnelle*" (gemeint ist die attische Basis, s. Kapitel II.1.1). Sie tauchen zu einem jüngeren Zeitpunkt auf als Beispiele der ersten Kategorie und übernehmen einige Merkmale von dieser. Charakteristisch für ihr Aussehen sind ein konkaver Kanalis, zusammengezogene Voluten, seltener eine Art Verbindungsleiste zwischen den Volute, meist herabhängend sowie ein flaches Auge, auf welches ein Objekt vielleicht aus anderem Material gesetzt war. Außerdem liegt das Zentrum der Augen auf dem Niveau des unteren Viertels des Echinus. Oftmals fehlen die Zwickelpalmetten, teilweise werden sie aber auch durch Akanthusblätter ersetzt. Bei Eckkapitellen oder Kapitellen der Achsialkolonnaden sind die Voluten symmetrisch an vier Seiten angeordnet und stoßen an den Diagonalen des Abakus aneinander. Handelt es sich um Kapitelle mit zwei oder drei Ansichtsseiten, krümmen sich die Voluten in Richtung der Ecken und neigen sich Richtung Boden (Roux 1961, 339–340).

159 Roux 1961, 348–350.

160 Roux 1961, 348. Mit der ersten Gruppe verbindet das Kapitell folgende Motive: flacher Kanalisgrund mit schnurartig gebildetem Kanalisrand, nach oben gebogener Kanalissaum, Krümmung der Voluten und des Abakus, einspringende Abakusecken. Unüblich für Kapitelle der ersten Kategorie sind hingegen folgende Motive: Echinus als ionisches Kymation-Profil mit horizontaler Leiste, Palmetten in den Volutenzwickeln.

161 Neben den von Roux genannten Exemplaren kommen noch folgende weitere Beispiele hinzu: **III.3** Argos; **II.10 a** Epidauros, Gymnasion Propylon; **III.14** Epidauros, Stadion Startvorrichtung **III.21**, **III.22** Gortys, Therme; **III.23** Halieis; **III.25** Kalaureia; **III.34** Keryneia; **III.38 b** Messene, Oikos K; **III.39 a**. **III.39 b** Brunnenhaus der Arsinoe; **III.40** Nordstoa; **III.42 a**. **III.42 b** Nemea, Oikos 9; **III.45** Olympia, Kalksandstein-Architektur; **III.47 a**, **III.47 b** Olympia, Palästra Exedra VI und IX; **III.49** Olympia, Ptolemaierweihgeschenk; **III.50** Olympia, Zweisäulendenkmal; **III.51** Olympia, Eckkapitell; **III.52** Olympia; **III.53**, **III.54** Olympia, Votivkapitelle; **III.57 a** Perachora, Brunnenhaus; **III.59** Pheneos, Brunnenhaus.

28 Einzelstudien

durch die Unterscheidung in Hauptansichtsseiten und Nebenansichtsseiten erzeugt wird. Die Hauptseiten werden durch Voluten definiert, während die Nebenseiten von Polstern gebildet werden. Entsprechende Beispiele sind auf der Peloponnes erstmals ab der Mitte des 5. Jahrhunderts belegt.[162] Die zweiseitige Kapitellform ist mit Abstand die am häufigsten vertretene Kapitellform sowohl auf der Halbinsel als auch in der griechischen Architektur allgemein.[163] Aufgrund ihrer Form eignet sie sich vor allem für Kolonnadensituationen, weniger für Ecksituationen.

Diagonalkapitelle sind hingegen an allen vier Seiten mit Voluten versehen, sodass es in der Regel[164] keine Unterscheidung in Haupt- und Nebenansichten gibt, vielmehr soll hier die Allansichtigkeit betont werden. Bei Diagonalkapitellen liegen sich jeweils zwei aneinanderstoßende Eckvoluten diagonal gegenüber, woraus sich auch ihre Bezeichnung ableitet. Auf der Peloponnes ist diese Kapitell-Form wesentlich seltener vertreten als die zweiseitige Variante. Entsprechende Beispiele lassen sich vom Ende des 5. Jahrhunderts bis mindestens in das 3. Jahrhundert nachweisen.[165] Die Allansichtigkeit der Diagonalkapitelle scheint sie für die Anbringung an der Ecke zu prädestinieren,[166] allerdings zeigt der Bestand auch andere

---

162 **III.52** Olympia; s. auch Herrmann 1996, 129.
163 **III.8 a** und **c** Epidauros, Abaton-Stoa; **III.13 a** Epidauros, Nordpropyläen; **III.14** Epidauros, Stadion; **III.18** Epidauros, Nord-Ost-Portikus; **III.23** Halieis; **III.25** Kalaureia, Streufund; **III.28 a** Korinth, Südstoa; **III.30 a** Korinth, unteren Peirene-Quelle; **III.34** Keryneia, Grabbau; **III.39 a** und **b** Messene, Brunnenhaus; **III.42 b** Nemea, Oikos 9; **III.47 a** und **b** Olympia, Palästra; **III.48** Olympia, Philippeion; **III.46 a** Olympia, Leonidaion; **III.49** Olympia, Ptolemaierweihgeschenk; **III.50** Olympia, Zweisäulendenkmal; **III.59** Pheneos, Brunnenhaus; **II.48** Pheneos, ASKL Peristylhof; **III.62 a** Sikyon, Gymnasion.
164 Anders: **III.8b** Epidauros, Abaton-Stoa. Das Stück weist lediglich an drei Seiten Voluten auf, während die vierte von einem Polster eingenommen wird. Das Stück diente als Eckkapitell und stellt eine Variante des Diagonalkapitells dar. **III.58** Perachora, Stoa am Hafen. Das Halbsäulen-Pfeiler-Kapitell, welches speziell für die Anbringung an einer Ecke konzipiert wurde, ist das einzig gut erhaltene Stück. Heute gilt es als verschollen und ist nur noch als Zeichnung erhalten (Coulton 1964, 113–114). Diese Tatsache ist insofern problematisch, da die Zeichnung von P. de Jong (bei Roux 1961, Taf. 91,1; hier: Abb. 333) zwei verschiedene Interpretationen zulässt, da sie die Frage nach dem seitlichen Anschluss des Pfeilers offen lässt. Somit ist nicht klar, ob das Stück hier zerstört ist oder ob sich dort ein weiteres Bauglied angeschlossen haben könnte, wie J. Coulton (Coulton 1964, 117). vorschlägt. Je nach Rekonstruktion ergäben sich zwei mögliche Anbringungsorte für das Stück innerhalb der L-förmigen, zweistöckigen Stoa. Zum einen könnte es als asymmetrisches Stück auf einem normalen Pfeiler gesessen haben, wobei das Kapitellprofil an der linken Seite durch das Feuer zerstört wurde. Im östlichen Flügel hätte dann ein spiegelbildlich gestaltetes Stück gesessen (Coulton 1964, 117). Diese Rekonstruktion geht davon aus, dass die Stoa optisch, mit Hilfe der Kapitelle, nach Westen hin ausgerichtet wurde, um den Bereich des Tempels miteinzubeziehen bzw. das Gebäude dahingehend auszurichten. Alternativ wäre, nach V. Megaw (Bei Coulton 1964, 117 Anm. 33), auch eine Anbringung an der westlichen Ecke der Nordhalle denkbar. An das Pfeilerkapitell hätte sich links, gewissermaßen spiegelbildlich, die zweite Hälfte des Eckpfeilers angeschlossen (s. auch Coulton 1966, 140 Abb. 6). Dementsprechend wären die normalen Pfeilerhalbsäulen mit einem halben Volutenkapitell bekrönt gewesen. Es wäre meines Erachtens aber auch denkbar, dass die gestrichelten Linien andeuten, dass der Pfeiler sich dort fortsetzt und exakt das gleiche Kapitell darauf sitzt, wie jenes, das de Jong gezeichnet hat (nur eben spiegelverkehrt und um 90° gegen den Uhrzeigersinn gedreht). Somit ergibt sich ein herzförmiger Pfeiler, der nur an der westlichen hervorspringenden Ecke der Nordhalle gesessen haben kann. Je nach Rekonstruktion ist diese Kapitellform entweder eine Variante des attisch-ionischen Eckkapitels oder des Diagonalkapitells. Ohne das Stück im Original untersuchen zu können wird in dieser Frage keine letzte Sicherheit erlangt werden.
165 **III.5 b** Bassai, Apollontempel; **III.8 b** Epidauros, Abaton-Stoa; **III.24** Kalaureia, Stoa C; **III.36 a** Megalopolis, Philipps-Stoa; **III.13 b** Epidauros, Nordpropyläen; **III.15** Epidauros, Tempel L; **III.17** Epidauros, Theaters Proskenion.
166 So bei Herrmann 1996, 125–127.

Anwendungsmöglichkeiten. Im Apollontempel von Bassai (**III.5 b**)[167] wurde das bislang älteste Exemplar dieser allansichtigen Form gefunden. Für die den Zungenmauern vorgelagerten Halbsäulen wurde eine spezielle Kapitellform benötigt. Hätte man hier wie üblich die zweiseitige Kapitellform gewählt, wäre der Blick des von Norden eintretenden Betrachters zunächst auf die Polsterseite und somit auf die Nebenansichtsseite gefallen. Die Hauptansichtsseite mit den charakteristischen Voluten wäre erst beim Durchschreiten des Raumes sichtbar geworden. Aus diesem Grund entschied man sich wohl, die Kapitelle so zu konzipieren, dass auch die Nebenseiten mit Voluten verziert waren (Abb. 5). Der neuartige Gedanke lag darin, die Voluten an mehr als nur einer Ecke (wie bei den attisch-ionischen Eckkapitellen üblich) zusammenstoßen zu lassen und auf die Polsterseiten gänzlich zu verzichten. Zudem wurde diese neu geschaffene Kapitell-Form in Bassai für die gesamte Säulenstellung verwendet werden – wohingegen das attisch-ionische Eckkapitell nur für die Anbringung an einer Ecke konzipiert war und an keiner anderen Stelle innerhalb einer Kolonnade sitzen konnte. Den ersten Diagonalkapitellen in Bassai folgen weitere Beispiele in der Stoa IV von Kalaureia (**III.24**) und der Philipps-Stoa in Megalopolis (**III.36 a**). Bei beiden Hallenbauten wurden für die ionische Säulenstellung im Inneren entsprechende Kapitelle benötigt. Da die Kolonnaden im inneren jeweils von Wänden begrenzt wurden, wäre eigentlich die Wahl einer zweiseitigen Kapitellform naheliegend gewesen. Trotzdem entschied man sich für die vierseitige Kapitellform. Tatsächlich ist das Diagonalkapitell in der Funktion als reines Eckkapitell erst relativ spät, in der 1. Hälfte des 3. Jahrhunderts, an den Nordpropyläen in Epidauros (**III.13 b**) belegt. Hier wurde es an den Frontseiten des Baus mit zweiseitigen Kapitellen kombiniert. Am Tempel L in Epidauros (**III.15**) ist eine weitere Verwendungsform des vierseitigen Kapitells zu erkennen. Hier wird das Diagonalkapitell im Zusammenhang mit einer Außenordnung wohl erstmals für die gesamte Säulenstellung und nicht nur für die Ecke eingesetzt.[168]

Außerhalb der Peloponnes ist die vierseitige Kapitellform vor allem im italischen Westen während hellenistischer Zeit verbreitet.[169] Das wohl älteste überlieferte Exemplar stammt allerdings vom Nereidenmonument in Xanthos (Ende 5./ Anf. 4. Jh.)[170] und datiert somit nahezu zeitgleich mit den ersten Beispielen auf der Peloponnes. Dass die Idee zur diagonalen Kapitellform dennoch auf der Halbinsel ihren Ursprung hatte, legen die konstruktiven Notwendigkeiten nahe. In der Cella des Apollontempels von Bassai war der Architekt gezwungen ein neuartiges Problem zu lösen. Durch die Verwendung einer ionischen Säulenstellung innerhalb einer Cella und zudem Π-förmig umlaufend ergab sich eine einspringende Ecke

---

167 Von den Kalkstein-Kapitelle (**III.5 a**) sind nur sehr wenige Fragmente überliefert, die meiner Meinung nach mehrere Rekonstruktionen zulassen. Die bei Cooper gegebene Rekonstruktion kann daher nicht als gesichert gelten (Cooper 1992, Taf. 40c).
168 Die Rekonstruktion (Roux 1961, 232) basiert auf nur einem Kapitell, das Roux in der Umgebung des Tempels gefunden hat. Er argumentiert deshalb, dass es sich auf Grund der Wahrscheinlichkeit der Überlieferung wohl bei der kompletten Säulenstellung um Diagonalkapitelle gehandelt haben könnte. Dass sich nur das vierseitige Eckkapitell erhalten hat, hält er für unwahrscheinlich.
169 Außer in Tarent, s. Lauter-Bufe 2014, 44. Messina, kurz nach 340 v. Chr. (Mus.Naz. Inv.Nr. 1. 224, aus Terrakotta. Lauter 1986, 55. Taf. 32a); Pompeji, Basilika VIII, 1 und Palestrina, östl. emiciclo (beide: Lauter-Bufe 2014, 44. Taf. 99); Ägina, Museum 4. Jh.; Tempel in Rhodotopi 3. Jh.? Delphi, Votivmonumente 3. Jh.; Cassope, Peristylgebäude 3. Jh. (Roux 1961, 347 mit Anm. 3; 420–421); Michalitsi (Epirus), Grabmonument (Herrmann 1996, 126 mit Anm. 18; Daux 1967, 675. 677 Abb. 7).
170 Herrmann 1996, 126 mit Anm. 19. Coupel – Demargne 1969, 77–78. 157 mit Anm. 1. Taf. 34–35. XXXII–XXXIII.

für die ein entsprechendes Kapitell entwickelt werden musste.[171] Während das ionische Eck-Problem für die Gebäudeaußenseite bereits durch das attisch-ionische Eckkapitell gelöst war, gab es für eine einspringende Ecke innerhalb eines Gebäudes jedoch bis dahin keine passende Lösung. Der Architekt des Apollontempels löste das Problem dadurch, dass er die Polsterseiten des attisch-ionischen Eckkapitells durch eine Wiederholung der Voluten ersetzte. Damit sich keine Diskrepanz zwischen dem Eckkapitell und den übrigen Kapitellen der Säulenstellung ergibt, wurden dort auf die Polsterseiten verzichtet. Aus dieser zweckmäßigen Umgestaltung entwickelte sich später das diagonale Vollsäulenkapitell.

Beispiele für *attisch-ionische Eckkapitelle* finden sich hingegen nur vereinzelt auf der Halbinsel. Bei einem wenig gut erhalten Stück aus Olympia (**III.51** Abb. 307) handelt es sich um einen stark verwitterten und bestoßenen Streufund, der bislang keinem bestimmten Gebäude zugeordnet werden konnte. Laut Herrmann handelt es sich hierbei um ein voll ausgebildetes attisch-ionisches Eckkapitell.[172] Der Erhaltungszustand des Stückes ist jedoch zu schlecht um als sicherer Belegt für ein attisch-ionischen Eckkapitells auf der Peloponnes gelten zu können. Hierfür eignet sich ein anderes Stück im Museum von Nemea besser. Das Kapitell wurde speziell für die Anbringung an einer äußeren Gebäudeecke entwickelt (**III.42 a**). Es sitzt auf einer Ecksäule, die zu einem Viertel mit einem Antenpfeiler verbunden ist, sodass drei Viertel der Säule vor der Ecke des Pfeilers herausragen. Demnach weist es zwei Seiten mit Voluten auf, die so angeordnet sind, dass sie an der Ecke zusammenstoßen. Die anderen beiden Seiten ziert jeweils ein Pulvinus, wobei dieser etwa in der Hälfte auf den Pfeiler trifft (Abb. 276–279). Das Stück kann in die 2. Hälfte des 4. Jahrhunderts[173] datiert werden. Damit ist die attische Form des ionischen Eckkapitells auf der Peloponnes sicher nachgewiesen.[174] Während diese Ecklösung auf der Halbinsel die Ausnahme blieb, war sie außerhalb die Regel und findet sich, neben einem spätarchaischen Exemplar von der Insel Delos[175], in Klassischer Zeit vor allem in Attika.[176]

---

171 Siehe hierzu auch Kapitel II.6.1.

172 Roux ist bei seinen Untersuchungen auf kein einziges Exemplar eines attisch-ionischen Eckkapitells gestoßen und ging daher davon aus, dass diese Form auf der Peloponnes keine Verbreitung fand (Roux 1961, 345; so auch noch Mallwitz 1988, 126). Herrmann tritt mit dem Stück aus Olympia erstmals den Versuch eines Gegenbeweises an (Herrmann 1996, 131–132 mit Abb.12).

173 Da die Stücke den Kapitellen aus Bassai sehr ähnlich sind (große engstehende Voluten, Echinus im Kyma reversa-Profil, nach oben gebogener Kanalis) datiert sie Miller in das 5. Jh. v. Chr. (Miller 1978, 75. Miller 1984, 188). Cooper und Birge sprechen sich hingegen für eine Datierung in makedonische Zeit aus (Cooper 1996b, 298–300; Birge u. a. 1992, 128). Die Autorin schließt sich letzterer Einordnung an. Betrachtet man die Stücke aus Nemea genauer, fällt ein feiner Absatz am schnurartigen Kanalisrand auf. Dieses spezielle Motiv kommt vorzugsweise an kleinasiatischen Bauten vor, jedoch erst ab dem 4. Jahrhundert. Frühere Beispiele sind hingegen mit einem konvexen Kanalis kombiniert und weisen keinen Absatz auf (s. hierzu Kapitel II.3.1). Auf der Peloponnes kann das Motiv erstmals am Philippeion 338 v. Chr. beobachtet werden. Darüber hinaus stellen die Basen in Nemea (peloponnesischer Typus A) eine Verkürzung der Basen aus Bassai dar und deuten somit ebenfalls in das 4. Jh. Eine Datierung in das letzte Viertel des 4. Jhs. ist daher am wahrscheinlichsten, auch wenn die Kapitelle zu dieser Zeit einen Anachronismus im Heiligtum von Nemea darstellen. Möglicherweise versuchte man damit, als die Aktivitäten im Heiligtum um 330 v. Chr. wieder aufgenommen wurden (zu den zwei Phasen des Heiligtums s. Birge u. a. 1992, xxx), dem Oikos einen „altehrwürdigen" Eindruck zu verleihen. Kapitelle, die jene in Bassai imitierten schienen hierfür besonders gut geeignet.

174 Zu einer weiteren, möglicherweise früheren Variante des attisch-ionischen Eckkapitells auf der Peloponnes s. **III.58** Perachora, Stoa am Hafen (s. Anm. 11).

175 Bakalakis 1946, 58.

Daneben lassen sich auf der Peloponnes auch einige *Sonder- bzw. Mischformen* beobachten, die ebenfalls der Anbringung an Gebäudeecken dienten. Um eine besondere Form handelt es sich bei dem Kelchkapitell aus Olympia. Das Stück weist einen kelchförmigen Körper im Kyma recta-Profil mit darüber liegendem Abakus auf (**III.46 b** Abb. 290–291). Durch seine runde Form ist das Stück allansichtig und eignet sich somit besonders gut für die Anbringung an der Gebäudeecke. Mallwitz schlägt als ursprünglichen Anbringungsort die Außenordnung des Leonidaions in Olympia vor.[177] Weitere Vertreter dieser Kapitell-Form sind auf der Halbinsel bislang nicht belegt. Allerdings findet sich das charakteristische hohe Kyma recta-Profil an den Antenkapitellen der Gruppe 2b (s. Kapitel II.3.2) und bei den Kyma recta-Friesen (s. Kapitel II.4.2) wieder.[178]

Außerdem sind mehrere gemischte Kapitellformen auf der peloponnesischen Halbinsel nachweisbar (s. Tabelle 11). So kann beispielsweise ein dorisches Kapitell mit verschiedenen Formen ionischer Antenkapitelle kombiniert werden, wie mehrere Funde aus Olympia, Sikyon und Lousoi bezeugen.[179] Das früheste Beispiel datiert an den Anfang des 4. Jahrhunderts, weitere Stücke in das 3. Jahrhundert. Eine besondere geographische oder chronologische Konzentration zeichnet sich für diese Mischform allerdings nicht ab. Eine weitere, ganz außergewöhnliche Kombination unterschiedlicher Bauglieder findet sich außerdem in der erst kürzlich komplett freigelegten und bis dato nur in Vorberichten publizierten Nordstoa in Messene (**III.40 a**, **b** und **c**).[180] Die Exedren an der Hallen-Rückwand sind hier mit mehreren ionische Säulen-Pfeiler-Stellungen versehen. Dabei werden doppelten Halbsäulenpfeiler von eine Mischung aus drei Kapitellformen bekrönt: einem Sofakapitell, dem Viertel eines ionischen Säulenkapitells sowie einem Antenkapitell der Form 2a (s. Kapitel II.3.2).

Nach Betrachtung der verschiedenen Kapitellformen und ihre Verbreitung sollen nun die einzelnen Motive, welche das Aussehen der Kapitelle maßgeblich bestimmen, näher untersucht werden.

---

176 Athen, Marmor-Kapitell um 480 v. Chr., gefunden unterhalb des Areopag (Bakalakis 1946, 57 Abb. 3. 58 Abb. 4); Außerdem: Athen, Erechtheion (s. Kapitel II.2, Anm. 50); Athen, Niketempel (s. Kapitel II.2, Anm. 49).

177 Mallwitz 1988, 124–128.

178 Sowohl das Antenkapitell vom Propylon des Gymnasion (**III.10 b** Abb. 219) als auch die Antenkapitelle der Paradostore im Theater von Epidauros (**III.16** Abb. 229) weisen ein solches Profil auf, auch wenn es sich dort um Pfeilerkapitelle handelt. Bei einem Vergleich des Parados-Kapitells mit dem Stück vom Leonidaion (**III.46 b** Abb. 290–291) konnte die Autorin folgende Beobachtung machen: In Epidauros endet der Pfeilerschaft ebenfalls in einem Rundstab. Darüber erhebt sich das Kyma recta-Profil, abgeschlossen durch einen weiteren Rundstab. Den oberen Abschluss des Antenkapitells bilden ein Viertelrundstab und eine Viertelkehle. Zunächst scheinen beide Stücke außer der markanten Profilform keine Gemeinsamkeiten aufzuweisen. Jedoch verbindet sie ein besonderes Gestaltungsmerkmal. Die beiden oberen Elemente des Kapitells in Epidauros (Viertelrundstab und Viertelkehle) scheinen Bezug auf die dazugehörige Basis zu nehmen, sie formen gewissermaßen ein Spiegelbild. Dieses Gestaltungsdetail lässt sich auch in Olympia am Kelchkapitell beobachten. Der Abakus ist, ähnlich wie die Plinthe der dazugehörigen Basis, am oberen und unteren Rand besonders gestaltet mit einem Absatz bzw. einem Profil. Der Abakus des Kapitells ist zu stark bestoßen, als dass sich diese Elemente komplett erhalten hätte, jedoch sind die Ansätze noch deutlich zu erkennen.

179 **III.55** Olympia, Pelopoion (mit Form 2a); **III.62 b** Sikyon, Gymnasion Brunnenhaus (mit Form 2a); **III.56** Olympia (mit Form 1); **III.33** Lousoi, Artemistempel (mit Form 1). Zu den unterschiedlichen Formen der Antenkapitelle s. Kapitel II.3.2.

180 Petrakou 2012b, 24–27.

Voluten

Die Gestaltung der Volutenpartien erfolgt auf zwei Arten (s. Tabelle 8). Zum einen kommen *gerade* Voluten vor, d.h. Voluten, die auf einer Ebene liegen (Abb. 395). Diese streng vertikale und horizontale Gestaltung der Stücke lässt sich meist bis in den Abakus nachvollziehen, der dementsprechend auch gerade verlaufende Kanten mit spitz zulaufenden Ecken aufweist. Das Motiv der geraden Voluten kommt auf der Peloponnes relativ selten vor und ist zudem nur in Kombination mit zweiseitigen Kapitellen überliefert. Abgesehen von wenigen Ausnahmen konzentriert sich die Verbreitung vor allem auf das Heiligtum von Olympia, wo entsprechende Beispiele seit Anfang des 5. bis in die 1. Hälfte des 3. Jahrhunderts beobachtet werden können.[181]

Zum anderen gibt es Kapitelle mit *gekrümmten*, d.h. aus der horizontalen Ebene hervortretenden Voluten (s. Tabelle 8). Hier sind die Außenseiten der Voluten nach vorne, vom Kapitellkörper weg, gebogen (Abb. 395). Oftmals kann die Volutenpartie zusätzlich noch leicht aus der vertikalen Ebene heraus gekippt sein, sodass der obere Kanalisrand leicht nach vorne steht während der untere Rand etwas nach hinten versetzt ist. Wie bereits bei den geraden Voluten lässt sich auch bei den gebogenen Voluten beobachten, dass die Gestaltungsweise in der Regel bis in den Abakus fortgesetzt wird.[182] Dieser weist dementsprechend konkav gebogene Kanten auf. Das Motiv kommt sowohl an zweiseitigen Kapitellen als auch an Diagonalkapitellen vor und ist auf der Peloponnes relativ häufig vertreten. Es kann vom Ende des 5. Jahrhunderts, wo es erstmals in der Cella des Apollontempels von Bassai (**III.5 a. III.5 b**) auftritt, bis in das 2. Jahrhundert beobachtet werden. Besonders häufig scheint das Motiv in der 2. Hälfte des 4. Jahrhunderts belegt zu sein. Eine lokale Konzentration kann nicht festgestellt werden.

Außerhalb der Peloponnes zeichnet sich ein umgekehrtes Bild ab. Dort ist vor allem das Motiv der *geraden* Voluten sowohl chronologisch als auch geographisch weit verbreitet und ist neben Attika auch auf den Inseln, in Kleinasien, Makedonien, der Phokis und in Westgriechenland belegt.[183] Den Weg auf die Peloponnes hat das Motiv der geraden Voluten in Form von einzelnen Stiftungen und Votiven gefunden, die lokal auf das Heiligtum von

---

181 **III.52** Olympia, Vorhalle Bouleuterion? **III.48** Olympia, Philippeion; **III.46 a** Olympia, Leonidaion; **III.42b** Nemea, Oikos 9; **III.50** Olympia, Zweisäulendenkmal; **III.49** Olympia, Ptolemaierweihgeschenk; **III.47 a** Olympia, Palästra Raum VI; **III.47b** Olympia, Palästra Raum IX.

182 Einzige Ausnahmen: **III.2** Argos, Streufund; **III.13 b** Epidauros, Nordpropyläen.

183 Kapitell-Beispiele mit geraden Voluten im 6. Jh.: Delos, Naxier-Oikos, 1. H. 6. Jh. (Ohnesorg 1996, 40 Abb. 1. 41. Courbin 1980, 106–111 mit Abb. 30–31. 135–136. Taf. 26. 74, 2–4); Paestum, Athenatempel, um 510/500 v. Chr. (Mertens – Schützenberger 2006, 244 Abb. 432 a; Krauss 1959, Taf. 33. 34. 35. Datierung Kapitell um 510/500 nach: Kirchhoff 1988, 39–41. Nr. 27). 1. H. 5. Jh.: Metapont, ionischer Tempel, Ende 1. V. 5. Jh. (s. Kapitel II.2, Anm. 9); Lokri, ionischer Tempel, 470 v. Chr. (s. Kapitel II.2, Anm. 25); Gela, Akropolis Prostylos (Mertens – Schützenberger 2006, 244. Abb. 433–436); Delphi, Athener Halle (s. Kapitel II.2, Anm. 23); Sounion, Athenatempel, ionisches Peristyl (Nationalmuseum Athen Nr. 4478 und Nr. 4479, Theodoropoulou-Polychroniadis 2015, 22; Orlandos 1917, 181–187. 183–184. Taf. E, Z, H; Salliōra-Oikonomaku 2006, 45 Abb. 53–54); Athen, attisch-ionischen Eckkapitell, Streufund unterhalb des Areopags, um 480 v. Chr. (s. Anm. 23). 2. H. 5. Jh.: Athen, Erechtheion (s. Kapitel II.2, Anm. 50); Athen, Propyläen (s. Kapitel II.2, Anm. 50); Athen, Tempel am Ilissos (s. Kapitel II.2, Anm. 49); Athen, Niketempel (s. Kapitel II.2, Anm. 49). 1. H. 4. Jh.: Oropos, Stoa, 359/8 v. Chr. (Coulton 1968, 161–162 mit Abb. 11 unten (Typ I) 183, s. Kapitel II.2, Anm. 16). 2. H. 4. Jh.: Ephesos, jüngeres Artemision, Mitte 4. Jh. (s. Kapitel II.2, Anm. 49); Delphi, Apollontempel, 373–330 v. Chr. (s. Kapitel II.2, Anm. 50); Delphi, Palästra, 334/3–327/6 v. Chr. (s. Kapitel II.2, Anm. 28); Lefkadia, Grab des Totengerichts (s. Kapitel II.2, Anm. 8); Vergina, Eurydikegrab (s. Kapitel II.2, Anm. 24); Vergina, Rhomaiosgrab (s. Kapitel II.2, Anm. 17).

Olympia begrenzt blieben. Hingegen scheint das Motiv der *bewegten* Voluten eine typisch peloponnesische Eigenart zu sein. Zwar handelt es sich bei gekippte Voluten (ohne Krümmung!) um ein ostionisches Motiv,[184] das vor allem im südwestlichen Anatolien und auf Samos seit archaischer Zeit vorkommt,[185] allerdings sind Beispiele mit gekrümmte Voluten (auf horizontaler Ebene) außerhalb der Peloponnes äußerst selten und zudem auch erst spät belegt. Neben den Kapitellen vom Athenatempel in Priene[186] zählen hierzu auch die Stücke aus dem Museum in Pella[187], dem Palast in Vergina[188] sowie vom Kalksteintempel in Delphi.[189] Da sowohl die frühesten Exemplare als auch die zahlenmäßig stärkste Verbreitung dieses Motivs auf der peloponnesischen Halbinsel liegen, darf von einem peloponnesischen Ursprung des Motivs ausgegangen werden.[190]

Abakus

In der Regel[191] weisen ionische Kapitelle auf der Peloponnes einen Abakus auf, der am Rand mit einem *Kyma reversa-Profil* und einem darüber liegenden Absatz gestaltet ist.[192] Die Abakusecken laufen bei zweiseitigen Kapitellen *spitz* zu, bei Diagonalkapitellen sind sie *abgeschrägt* und werden seit dem 4. Jahrhundert auch als *einspringende Ecken* gestaltet (s. Tabelle 8 und Abb. 395).[193] Zum Verhältnis zwischen Abakus und Kanalisverlauf siehe Kapitel II.3.1 Proportionen).

Außerhalb der Peloponnes bestehen die Randprofile der Abakus-Platten hingegen mehrheitlich aus ionischen Kyma-Profilen.[194] Einspringende sowie abgeschrägte Ecke lassen sich außerhalb der Peloponnes an attisch-ionischen Eckkapitellen finden. So weisen die Eckkapitelle der Hallen am Erechtheion über den zusammenstoßenden Voluten an der äußeren Ecke eine abgeschrägte Abakusecke auf.[195] Die gegenüberliegende Innenseite, wo die aneinanderstoßenden Eckvoluten eine einspringende Ecke bilden, ziert dementsprechend auch eine einspringende Abakusecke. Die Deckplatte vollzieht also die Form der Voluten nach. Diese Gestaltungsart scheint auf der Peloponnes aufgegriffen und zu einer neuartigen

---

184 Gruben – Kienast 2014, 90 Anm. 133.
185 Alzinger 1972, 181–182; Drerup 1954, 3; Gruben 1963, 121 Anm. 71.
186 Siehe Kapitel II.2.1, Anm. 49.
187 Siehe Kapitel II.2.1, Anm. 17.
188 Siehe Kapitel II.2.1, Anm. 24.
189 Siehe Kapitel II.2.1, Anm. 24.
190 Zum Zusammenhang zwischen gebogenen Voluten und der diagonalen Kapitellform siehe auch Kapitel II.3.1. Einen peloponnesischen Einfluss insbesondere bei den Kapitellen des Athenatempels in Priene sehen auch Drerup und Roux (Drerup 1954, insb. 9–13 und Roux 1961, 350).
191 Davon ausgenommen ist das Votivkapitell **III.54**.
192 Bei einem Beispiel aus Epidauros (**III.17** Theater, Proskenion) ist der Abakus mit einem ionischen Kymation-Profil versehen.
193 Abgeschrägte Abakusecken: **III.5a** Bassai, Apollontempel; **III.17** Epidauros, Theater, **III.13a** Nordpropyläen, **III.18** Streufund, Nord-Ost-Stoa? Einspringende Ecken: **III.58** Perachora, Stoa am Hafen; **III.8a** Epidauros, Abaton-Stoa; **III.36a** Megalopolis, Philipps-Stoa; **III.24** Kalaureia, Stoa C; **III.42a** Nemea, Oikos 9.
194 Bspw.: Paestum, Athenatempel (s. Kapitel II.2, Anm. 8); Metapont, ionischer Tempel (s. Kapitel II.2, Anm. 9); Athen, Propyläen (s. Kapitel II.2, Anm. 50); Athen, Erechtheion (s. Kapitel II.2, Anm. 50); Athen, Niketempel (s. Kapitel II.2, Anm. 50); Sounion, Athenatempel (s. Kapitel II.3, Anm. 30); Lefkadia, Palmettengrab (s. Kapitel II.2, Anm. 8); Vergina, Rhomaiosgrab (s. Kapitel II.3, Anm. 30); Halikarnassos, Maussolleion (Drerup 1954, Abb. 6). Ephesos, jüngeres Artemision (s. Kapitel II.2, Anm. 17). Delphi, Apollontempel (s. Kapitel II.3, Anm. 30).
195 Stevens u. a. 1927, Taf. 16. 22.

Verwendung geführt worden zu sein. Durch die Entwicklung des Diagonalkapitells ergeben sich aneinanderstoßende Voluten an allen vier Ecken. Damit ist das Kapitell allansichtig und weist, anders als beim attisch-ionischen Eckkapitell, keine klare Trennung in Vorder- und Rückseite auf. Folglich musste auch die Gestaltung der Abakusecken gleichmäßig ausgeführt werden, wobei entweder die abgeschrägte (s. **III.15** Epidauros, Tempel L) oder die einspringende Ecke (s. **III.36 a** Megalopolis, Philipps-Stoa) auf alle vier Ecken eingesetzt wurde. Die Gestaltungsarten des Abakus mit einspringenden bzw. abgeschrägten Ecken sind offensichtlich von den attisch-ionischen Eckkapitellen, die als Vorbilder gedient haben, übernommen und auf die Form des Diagonalkapitells übertragen worden.

Kanalis

Der Kanalisgrund kann im Profil entweder flach, konkav oder konvex ausgebildet sein. Darüber hinaus ist sein Rand entweder schnurartig, als flacher Steg oder als Steg mit spitzgrabenartiger Vertiefung ausgearbeitet (s. Tabelle 9; Abb. 395).

Der *konvexe* Kanalisgrund ist bisher nur einmal auf der Peloponnes nachweisbar(**III.54**). Es handelt sich um das Kapitell aus der Bucht bei Agios Andreas (Elis, nahe Pheia), das um die Wende vom 6. auf das 5. Jahrhundert datiert wird. Häufiger ist der flach gestaltete Kanalisgrund, der in der Regel[196] von einem *schnurartigen* Rand begleitet wird. Seit dem 5. Jahrhundert ist er auf der Halbinsel nachzuweisen[197] und findet während des 4. Jahrhunderts vor allem in der Argolis Verbreitung.[198] Die häufigste Gestaltungsart ist allerdings der *konkav* gearbeitete Kanalis, welcher erstmals in der Philipps-Stoa von Megalopolis (**III.36 a**) um 340 belegt ist. Er ist zudem mit allen drei genannten Gestaltungsarten des Randes nachgewiesen, wobei die geknickte sowie die schnurartige Variante etwas häufiger vorkommen als die stegartige Form (s. Tabelle 9). Alle drei Gestaltungsarten können von der 2. Hälfte des 4. Jahrhunderts bis ins 2. Jahrhundert nachgewiesen werden, ohne dass sich dabei ein chronologischer oder geographischer Schwerpunkt abzeichnet.

Außerhalb der Peloponnes zeigt sich hingegen ein anderes Verbreitungsbild. Während der konvexe Kanalis auf der Halbinsel eine Ausnahme darstellt ist er in Kleinasien und dem griechischen Westen vor allem im 6. und 5. Jahrhundert recht häufig belegt.[199] Hingegen lassen sich für das Motiv des *flachen* Kanalis, das auf der Peloponnes seit dem Ende des 5. Jahrhunderts vereinzelt vorkommt, keine früheren Vergleichsbeispiele außerhalb der Halbinsel anführen. Erst ab dem 4. Jahrhundert tauchen entsprechende Exemplare auch in Makedonien und Attika auf.[200] Mögliche Vorläufer sind folglich an anderer Stelle zu suchen. Zu den charakteristischen Merkmalen der peloponnesischen Gruppe zählt die auffallend geringe plastische Ausarbeitung der Volutenpartie, auf die ein dezenter schnurartiger Rand

---

196 Ausnahme: **III.25** Kalaureia.
197 Zu den gesicherten frühen Beispielen zählen die Stücke aus der Cella des Apollontempels von Bassai am Ende des 5. Jh. (**III.5a**. **III.5b**), zu den nicht sicher datierten Stücken ein Kapitell aus Olympia um die Mitte des 5. Jh. (**III.52**).
198 **III.8** Epidauros, Abaton-Stoa; **III.23** Halieis; **III.32** Ligourion; **III.24** Kalaureia, Stoa IV.
199 Ephesos, archaisches Artemision (s. Kapitel II.2, Anm. 75); archaisches Didymaion (40er Jahre 6. Jh. Gruben 1963, 78–177. 142–147 mit Abb. 34; Knackfuß – Wiegand 1941, 147. Taf. 83a, 210f. F.652); Gela, kleiner Prostylos (s. Kapitel II.3, Anm. 30); Paestum, Athenatempel (s. Kapitel II.3, Anm. 30); Lokri, ionischer Tempel (s. Kapitel II.3, Anm. 30); Metapont, ionischer Tempel (s. Kapitel II.2, Anm. 25).
200 Lefkadia, Palmettengrab (s. Anm. 41); Lefkadia, Grab des Totengerichts (s. Kapitel II.3, Anm. 30); Oropos, Stoa (Coulton 1968, 161–162 mit Abb. 11 Typ I und II. 183, s. Anm. 125).

wie aufgelegt wirkt. Diese Gestaltungsart erinnert an eine Gruppe ionischer Kapitelle von der Athener Akropolis. Hierbei handelt es sich um Votivkapitelle aus der 2. Hälfte des 6. Jahrhunderts, die statt einer plastischen eine polychrome Gestaltung aufweisen. Die Voluten sind hierbei auf einen flachen Grund aufgemalt.[201] Möglicherweise handelt es sich bei diesen Stücken, die bis in die 2. Hälfte des 5. Jahrhunderts dort beobachtet werden können,[202] um Vorläufer der peloponnesischen Kapitelle mit dem charakteristischen flachen Kanalis. Sie tauchen auf der Halbinsel erstmals am Ende des 5. Jahrhunderts im Apollotempel von Bassai auf, d.h. zu einem Zeitpunkt, als die prominenten perikleischen Bauten auf der Akropolis zum Teil bereits fertiggestellt waren. Die frühen ionisch-peloponnesischen Kapitelle mit flachem Kanalis scheinen jedoch weniger hiervon beeinflusst worden zu sein als vielmehr von den älteren Votivkapitellen.[203] Ein ähnliches Bild zeichnet sich bei dem *konkav* gestalteten Kanalis ab, der auf der Peloponnes erst ab 340 v. Chr. Verbreitung findet, während er in Attika bereits seit dem 5. Jahrhundert mit mehrere Beispielen vertreten ist.[204] Es handelt sich bei diesem Motiv nicht nur auf der Peloponnes um eine geläufige Gestaltungsart, sondern auch außerhalb. Sie wird während des 4. Jahrhunderts vor allem in Kleinasien, der Phokis und Makedonien verwendet.[205]

Die *schnurartige* Randgestaltung, wie sie auf der Peloponnes vom Ende des 5. Jahrhunderts bis zur 2. Hälfte des 4. Jahrhunderts vorkommt, ist in Kleinasien sowie im griechischen Westen bereits seit dem 6. Jahrhundert bekannt.[206] Allerdings sind diese frühen Exemplare nicht mit einem konkaven, sondern mit einem konvexen Kanalis kombiniert. Erst ab dem 4. Jahrhundert ist die für die Peloponnes charakteristische Kombination aus konkaver Kanalisbildung und schnurartigen Rand auch in Kleinasien zu beobachten.[207] Der *geknickte* Kanalisrand, welcher auf der Halbinsel erst ab 340 v. Chr. belegt ist, dann aber häufig auftritt, scheint vorwiegend in Attika seit der 2. Hälfte des 5. Jahrhunderts verbreitet zu sein.[208] Darüber hinaus sind auch vereinzelte Beispiele aus dem griechischen Westen[209] bekannt. Der *stegartige* Rand, der auf der Peloponnes erst ab dem späten 4. Jahrhundert und zudem nur selten Verbreitung findet, ist ebenfalls seit dem 5. Jahrhundert in Attika bekannt.[210] Neben einem Einzelfall in Makedonien[211] kann das Motiv vor allem in Delphi[212]

---

201 Shoe Meritt 1993, 315–325.
202 Shoe Meritt 1993, 317.
203 Shoe Meritt 1993.
204 Athen, Propyläen (s. Kapitel II.2, Anm. 50); Athen, Niketempel (s. Kapitel II.2, Anm. 50); Sounion, Athenatempel, Peristyl (s. Kapitel II.3, Anm. 30).
205 Priene, Athenatempel (s. Kapitel II.2, Anm. 49); Halikarnassos, Maussolleion (s. Kapitel II.2, Anm. 49); Vergina, Palast große Ordnung (s. Kapitel II.2, Anm. 24); Delphi, Apollotempel (s. Kapitel II.2, Anm. 50); Delphi, Palästra (s. Kapitel II.2, Anm. 28); Delphi, Kalksteintempel (s. Kapitel II.2, Anm. 24).
206 Archaisches Didymaion (s. Anm. 46); Ephesos, jüngeres Artemision (s. Kapitel II.2, Anm. 49); Paestum, Athenatempel (s. Anm. 30); Gela, kleiner Prostylos (Datierung Kapitell nach: Barletta 1985, 9–17. Taf. 1; s. Anm. 30); Lokri, ionischer Tempel (s. Kapitel II.2, Anm. 25).
207 Priene, Athenatempel (s. Kapitel II.2, Anm. 49); Halikarnassos, Maussolleion (s. Kapitel II.2, Anm. 49). Außerdem wird bei diesen Beispiele der schnurartige Rand zusätzlich mit einem fein gearbeiteten umlaufenden Absatz hervorgehoben (s. Datierung Kapitelle vom Oikos 9 aus Nemea, Kapitel II.3.1.
208 Propyläen, Erechtheion, Niketempel (s. Kapitel II.2, Anm. 50); Sounion, Athenatempel (s. Anm. 30).
209 Metapont, ionischer Tempel (s. Kapitel II.2, Anm. 9).
210 Sounion, Athenaheiligtum (s. Anm. 30); Athen, Kapitell-Streufund (s. Anm. 23); Oropos, Stoa (s. Kapitel II.2, Anm. 31).
211 Pella, Akropolis (s. Kapitel II.2, Anm. 8).
212 Kalksteintempel (s. Kapitel II.2, Anm. 24); Apollotempel (s. Kapitel II.2, Anm. 50); Palästra (s. Kapitel II.2, Anm. 28).

mehrfach während des 4. Jahrhunderts beobachtet werden. Insgesamt zeigt sich, dass lediglich auf der Peloponnes alle drei Gestaltungsarten des Kanalisrandes vorkommen, während in anderen griechischen Regionen nur eine oder zwei davon verwendet werden. So kommen in Attika und der Phokis nur der Knick- und der Steg-Rand vor, während in Kleinasien nur der schnurartige und der Steg-Rand verwendet werden. In Makedonien hingegen ist nur der Steg belegt und in Großgriechenland nur der Schnur- und der Knick-Rand. Diese Tatsache spiegelt die Bedeutung der Peloponnes als experimentelle Architekturlandschaft wider, in der einzelne bereits bekannte Motive aufgegriffen und neu kombiniert werden.

Außerdem zeigt der Kanalisrand verschiedene Arten des Verlaufs. In der Regel läuft er parallel unterhalb des Abakus entlang um dann in einer gleichmäßigen Rundung in die Einrollung der Volute überzugehen.[213] Daneben gibt es vereinzelte Exemplare, deren Kanalis einen deutlichen Knick aufweist, bevor er in die Volutenrundung übergeht. Es handelt sich um ein frühes abakusloses Kapitelle aus der Bucht von Agios Georgios (Elis, nahe Pheia, **III.54** um 500) sowie um ein spätes Kapitell mit Abakus von der Startvorrichtung aus dem Stadion von Epidauros (**III.14** 3./2. Jh.). Bei dieser auf der Peloponnes äußerst selten auftretenden Gestaltungsweise handelt es sich um ein Motiv, das vor allem in der inselionischen Architektur während des 6. und 5. Jahrhunderts verbreitet ist.[214] So handelt es sich bei dem älteren Beispiel um ein direktes Importstück, das wahrscheinlich dem kykladischen Kunstkreis entstammt[215] während das jüngere Exemplar lediglich späte Anklänge an diese Architektur wiedergibt.

Darüber hinaus lässt sich bei einigen Kapitellen ein bogenförmig gespannter, nach oben gewölbter Kanalisrand beobachten. Erstmals am Ende des 5. Jahrhunderts in Bassai belegt, tritt er insbesondere während des 4. Jahrhunderts vereinzelt in Olympia, Perachora, Nemea und Sikyon auf.[216] Außerhalb der Peloponnes lassen sich kaum ältere Beispiele dieses Motives finden, weshalb Cooper Beispiele aus anderen Gattungen anführt[217] und dadurch zu dem Schluss gelangt, das „arched Ionic capitel" habe eine eher symbolhafte Funktion. Überzeugender ist hingegen Roux' Erklärungsansatz, es handele sich bei dem gebogenen Kanalisrand um das Produkt einer systematischen Weiterentwicklung attischer Kapitelle archaischer und perikleischer Zeit, die in Bassai ihren Höhepunkt findet.[218] Die Autorin schließt sich Roux' Meinung insofern an, dass die ionischen Kapitelle in Bassai von früheren attischen Exemplaren beeinflusst sind. Allerdings werden in der vorliegenden Arbeit der

---

213 Zum proportionalen Verhältnis zwischen Abakus und Kanalis s. Kapitel II.3.1.
214 Didyma, spätarchaischer Weihgeschenkträger mit Abakus (Alzinger 1972, 170–172 mit Abb. 2; Knackfuß – Wiegand 1941, 147f. Taf. 83a. 210f. F 652); Samos, Tempel B? ohne Abakus (Gruben 1976, 327 Abb. 249); Samos Polykratestempel um 530 v. Chr. ohne Abakus (Gruben – Kienast 2014, Taf. 90); Delos, Naxier-Stoa ohne Abakus (Martin 1972, 314 Abb. 7); Delphi, Naxier-Säule 570 v. Chr. ohne Abakus (Pouilloux 1960, Taf. 11–12).
215 Mallwitz 1980c, 374–379.
216 **III.5b** Bassai, Apollontempel; **III.53** Olympia, Votivkapitell; **III.58** Perachora, Stoa am Hafen; **III.42 a, III.42 b** Nemea, Oikos 9; **III.65** Sikyon, Theater?.
217 Das Motiv des nach oben gebogenen Kanalis beobachtet Cooper bei einem Votivkapitell auf Delos (2. H. 5. Jh., Vallois 1966, 186–190. Ohne Abbildung. Auch bei Martin 1973, der Vallois 1966 ergänzt, nicht aufgeführt oder abgebildet), im Bereich des olympischen Heraions (Ende 5. Jh., Roux 1961, 43. Kontoleon 1980, 364 Abb. dort), in der rotfigurigen Vasenmalerei des späten 5. und frühen 4. Jh. in Süditalien, am Schild der Athena Parthenos am athenischen Amazonomachie-Fries des Phidias, auf einem neo-attischen Relief im Piräus Museum (Cooper 1996a, 298–300).
218 Roux 1961, 343–344.

nach oben gebogenen Kanalis nicht nur als Höhepunkt dieser Entwicklung[219] angesehen, sondern als technisch bedingte Form bei der Ausführung des ersten vierseitigen Kapitells verstanden. Ein solches Kapitell, das von der Idee her auf allen vier Seiten gleichartig gestaltet ist, muss zwangsläufig eine quadratische Grundform aufweisen, während ein zweiseitiges Kapitell auch eine rechteckige Grundform haben kann. Hätte man die geraden Volutenfronten (s. Kapitel II.3.1) einfach auf die Polsterseiten übertragen, wäre daraus ein starr wirkender kubischer Block entstanden. Um das zu vermeiden, wurde bei den Bassai-Kapitellen die Volutenfront sowohl in der horizontalen als auch in der vertikalen Ebene gekrümmt und der Kanalis nach oben gebogen. Dadurch ergab sich eine dynamischere Kapitellform. Der nach oben gebogene Kanalis darf folglich als ursprünglich peloponnesisches Motiv angesprochen werden.[220]

Pulvinus

Etwa die Hälfte der erhaltenen zweiseitigen Kapitelle auf der Peloponnes weist einen glatt belassenen Pulvinus auf. Inwieweit dieser möglicherweise farblich gefasst war lässt sich heute nicht mehr nachvollziehen, da dahingehende Spuren nicht erhalten geblieben sind. Die andere Hälfte der überlieferten Stücke weist eine plastisch ausgearbeitete Verzierung in Form ornamentaler Motive auf. Hierbei lassen sich unterschiedliche Gestaltungsarten beobachten. Neben der parataktischen Gliederung, welche den Pulvinus durch mehrere Kehlungen unterteilt, kommen auch Beispiele mit einem Balteus vor, der den Pulvinus gurtartig einschnürt. Außerdem kann der Pulvinus auch als Blütenkelch ausgearbeitet sein (s. Tabelle 10).

Mit nur zwei Exemplaren ist die *parataktische Gliederung* relativ selten vertreten. Am frühen Kapitell aus der Bucht von Agios Andreas (**III.54**) ist der Pulvinus durch vier Kehlungen gegliedert, die durch ein schnurartiges Element voneinander abgesetzt werden. Auch das Polster der Kapitelle am Zweisäulendenkmal in Olympia (**III.50**) weist vier Kehlungen auf, allerdings sind diese durch ein doppeltes Torus-Element voneinander getrennt. Somit ist dieses Motiv einmal um 500 v. Chr. und ein weiteres Mal um 300 v. Chr. belegt. Häufiger vertreten ist hingegen der Pulvinus mit *Balteus-Verzierung*. Das gurtartige Band, das mittig an der Polsterseite angebracht ist, weist bei den Kapitellen vom Philippeion in Olympia (**III.48**) vier gleichmäßig angeordneten Tori auf, während am Leonidaion (**III.46 a**) sowie in der Palästra (**III.47 a**) jeweils zweimal zwei Tori zusammengefasst und durch einen größeren Abstand in der Mitte voneinander getrennt sind. An den Kapitellen des Ptolemaierweihgeschenkes in Olympia (**III.49**) ist der Bereich zwischen den Tori zusätzlich mit einem Schuppen-Muster geschmückt. Das Balteus-Motiv ist folglich erstmals in der 2. Hälfte des 4. Jahrhunderts nachgewiesen und kann bis in die 1. Hälfte des 3. Jahrhunderts belegt werden. Dabei zeichnet sich eine lokale Konzentration auf das Heiligtum von Olympia ab.

Eine ungewöhnliche Einarbeitung weisen außerdem mehrere Kapitelle aus Olympia auf (**III.52**). Sie zeigen an der Polsterseite zwei eingetiefte Kanäle, die vermutlich für die Anbringung *toreutischen Schmucks* gedient haben.[221] Wie dieser im Detail ausgesehen haben mag, lässt sich anhand der Einlassungen allerdings nicht mehr rekonstruieren. Eine beson-

---

219 Roux 1961, 344.
220 Ähnlicher Meinung sind auch Drerup 1954, insb. 9–13 und Roux 1961, 350.
221 Herrmann 1996, 127–128.

ders schmuckhafte Form der Pulvinus-Gestaltung stellt zudem das *Kalyx-Motiv* dar.[222] Hierbei ist der Pulvinus in Form einer Kelchblüte ausgebildet. Diese Form der Verzierung kommt auf der Peloponnes vergleichsweise häufig vor. Das Motiv fand zudem auch Verwendung in Verbindung mit Halbsäulenkapitellen, wobei der Stiel der kelchartigen Blüte hier mit einer fließenden Biegung in den Perlstab unterhalb des Kapitells überleitet.[223] Eine ähnliche Gestaltung kann auch bei einigen Vollsäulen-Kapitellen beobachtet werden, wobei die Stiele der vorderen und hinteren Volute kunstvoll ineinander verschlungen sind.[224] Die aufwändigste Form dieser Verzierungsart ist wohl in Messene an den Kapitellen aus Oikos K (**III.38 b**) zu finden. Hier sind die Stiele mehrfach ineinander verschlungen und bilden einen komplizierten Knoten. Außerdem ist die Polsterseite mit reichen plastisch ausgearbeiteten Blattverzierungen geschmückt. Das Kalyx-Motiv ist auf der Peloponnes vom Ende des 4. Jahrhunderts bis zur Mitte des 2. Jahrhunderts nachweisbar.

Außerhalb der Peloponnes ist das Motiv der *parataktischen Pulvinus-Gliederung* ab der Mitte des 6. bis mindestens in das zweite Viertel des 5. Jahrhunderts insbesondere für Ionien charakteristisch und wird daher auch als „Ionischer Typus" bezeichnet.[225] Daher nimmt Mallwitz an, dass es sich bei dem Kapitellfund aus der Bucht bei Agios Andreas auf der Peloponnes um ein Importstück handelt.[226] Das zweite Stück, das in Olympia Teil eines Zweisäulendenkmales war (**III.50**), dürfte demnach wohl auf die Herkunft der verehrten Person bzw. des Stifters hindeuten, ähnlich wie dies für das Ptolemaierweihgeschenk angenommen wird (s. oben).[227] Auch der Balteus am Pulvinus ist keine ursprünglich peloponnesische Gestaltungsweise, sondern gelangte durch fremde Einflüsse auf die Halbinsel. So ist zum einen der aus mehreren Bändern bestehende Balteus vorwiegend von attischen Kapitellen des 5. Jahrhunderts bekannt.[228] Auf der Peloponnes wird der attische Einfluss in Form der Balteus-Gestaltung erstmals am Philippeion in Olympia deutlich. Zum anderen deutet das Schuppenmuster am Ptolemaierweihgeschenk in Olympia auf kleinasiatische Prägung hin. Das Motiv ist in Kleinasien bereits seit dem Ende des 5. Jahrhunderts bekannt und findet dort bis zum Ende des 3. bzw. zum Anfang des 2. Jahrhunderts Verbreitung.[229] Im Umfeld des olympischen Heiligtums hebt dieses Motiv somit die Herkunft des Stifters auf besondere Weise hervor (s. oben).[230]

Während es sich bei den ersten beiden Gestaltungsarten um außerpeloponnesische Motive handelt, zeichnet sich für das *Kalyx-Motiv* möglicherweise ein peloponnesischer Ursprung ab. Die entsprechenden Vergleichsbeispiele auf Ägina, in Attika, Böotien, Makedonien, Großgriechenland, Delos, Kreta und in Ägypten datieren in das 3. bzw. 2. Jahrhundert und

---

222 In der Forschungsliteratur werden verschiedene Bezeichnungen für diese Stücke verwendet: *chapiteaux à calices* (Roux 1961, 352); *capitals of the calyx type* (Miller 1972, 24); *Glocken-/ oder Kelchblüten-Kapitelle* (Wacker 1996, 43). Da meines Erachtens in der deutschen Sprache die Gefahr besteht, diese Kapitelle mit den „Blattkelchkapitellen" zu verwechseln, die völlig anders gestaltet sind, wird hier im Folgenden die Bezeichnung *Kalyx-Kapitell* verwendet.
223 **III.11** Epidauros, Gymnasion; **III.3** Argos, Streufund; **III.30 a** Korinth, Peirene-Quelle.
224 **III.47 b** Olympia, Palästra Raum IX; **III.39 b** Messene, Brunnenhaus Arsinoeion.
225 Bingöl 1980, 50–51; Alzinger 1972, 169–211. Bspw.: Ephesos, archaisches Artemision (s. Kapitel II.2, Anm. 75); archaisches Didymaion (s. Anm. 46); Didyma, Weihgeschenkträger (s. Anm. 61).
226 Mallwitz 1980c, 373–379.
227 Siehe Kapitel II.1.4 zur ephesischen Basis.
228 Siehe Beispiele a–i bei Bingöl 1980, 51–52 (bspw. Propyläen, Niketempel, Kapitell vom Areopag).
229 Xanthos, Nereidenmonument (s. Anm. 17); Priene, Athenatempel (s. Kapitel II.2, Anm. 49); Halikarnassos, Maussolleion (s. Kapitel II.2, Anm. 49); Bingöl 1980, 54–55.
230 Zu dieser Annahme s. auch Kapitel II.1.4 zur ephesischen Basis.

somit später als die frühesten peloponnesischen Exemplare, die bereits Ende des 4. Jahrhunderts belegt sind.[231] Darüber hinaus lässt sich noch ein weiteres Exemplar anführen, das den Kalyx-Kapitellen recht ähnlich ist. Es handelt sich um ein Kapitell vom Kalksteintempel in Delphi, das um 360 v. Chr. datiert wird.[232] Die Polster des Halbsäulen-Pilaster-Kapitells wurden hier an den Seiten nicht einfach senkrecht abgeschnitten, sondern als fließende Rundung ausgearbeitet. Dadurch ähnelt es bereits dem späteren, voll ausgebildeten Kalyx-Motiv. Der eigentliche Schritt hin zur Kelchblüte muss auf der Peloponnes stattgefunden haben, da die dortige Architekturlandschaft die entsprechenden Voraussetzungen bot. Denn während in Kleinasien und Attika die ionische Ordnung vor allem an den Gebäudeaußenseiten vorkommt, ist sie auf der Peloponnes vorwiegend im Inneren der Gebäuden zu finden (zur Verwendung s. auch Kapitel III.1). In diesem Zusammenhang kommen die ionischen Säulen auch häufiger als Halb- statt als Vollsäulen vor. Dabei ergibt sich zwangsläufig die Frage nach der Gestaltung des Pulvinus. Wollte man keinen „abgeschnittenen" Pulvinus in Kauf nehmen, musste eine andere Lösung entwickelt werden. Die Gestaltung in Form einer Kelchblüte war dabei naheliegend, insbesondere da bereits andere florale Motive zum Kaschieren von Übergangssituationen am ionischen Kapitell benutzt worden waren, wie beispielsweise die Zwickelpalmette.

Echinus

In der Regel ist der Echinus ionischer Kapitelle in Form eines *ionischen Kymations* gestaltet. Dies trifft auch auf die Architektur der Halbinsel zu. Darüber hinaus weisen einige peloponnesische Exemplare ein zusätzliches glattes, horizontal verlaufendes Band oberhalb des Kymations auf.[233] Daneben ist aber auch das Motiv bestehend aus *Kyma reversa* und *Cavetto* bekannt. Dieses Gestaltungsart ist erstmals Ende des 5. Jahrhunderts in Bassai belegt und wird in der Argolis sowie der Korinthia bis zum Ende des 4. Jahrhunderts mehrfach wiederhol (s. Tabelle 11).[234] Hingegen ist der Echinus in Form eines *ionischen Kymations* erst wesentlich später auf der Halbinsel vertreten. Das früheste Beispiel datiert um 340 v. Chr. und stammt aus Megalopolis (**III.36 a** Philipps-Stoa).[235] In der Folgezeit wird die ionische Kymation-Form immer häufiger verwendet und löst somit die ältere *Kyma reversa*-Form ab. Eine lokale Konzentration des neu eingeführten Motives zeichnet sich auf der Peloponnes nicht ab.

Auch außerhalb der Halbinsel ist der Echinus in Form eines *Kyma reversa*-Profils nur selten vertreten. Die ersten belegbaren Vertreter finden sich auf der Insel Delos zu Beginn des 6. Jahrhunderts und somit nahezu zweihundert Jahre vor den ersten peloponnesischen Exemplaren. Chronologisch als auch geographisch näherliegend, sind verschiedene Beispiele

---

231 Eine erste Zusammenstellung der Kalyx-Kapitelle nahm Dyggve vor (Dyggve u. a. 1934, 112ff.), die bereits 1944 durch Weickert erweitert wurde (Weickert 1944, 214–219). Miller kann mit einem Beispiel aus Pella von einem Gebäude auf der Akropolis, das Verbreitungsgebiet der Kalyx-Kapitelle auf Makedonien ausweiten (Miller 1972, 24). Siehe hierzu auch Wacker 1996, 43–44.
232 Roux 1961, 350–353 mit Abb. 103. Siehe auch Michaud 1977, 118. Taf. 27b.
233 **III.54** Agios Andreas, Votivkapitell; **III.24** Kalaureia, Stoa C; **III.44** Olympia, Gymnasion Südhalle; **III.47 b, III.47 a** Olympia, Palästra; **III.42 a** Nemea, Oikos 9.
234 **III.5 a und b** Bassai, Apollotempel; **III.8** Epidauros, **III.53** Olympia, **III.23** Halieis, **III.32** Ligourion, **III.42 a und b** Nemea, **III.58** Perachora.
235 **III.54** weist zwar auch ein ionisches Kymation, zudem plastisch ausgearbeitet, auf, jedoch wurde das Stück als Streufund in der Bucht von Agios Andreas bei Katakolon im Meer gefunden und dürfte nicht als Vorbild für die peloponnesische Architektur gedient haben, da es vorher mit der Schiffsladung im Meer versunken ist und somit seinen Bestimmungsort wohl nie erreicht hat, s. Mallwitz 1980c, 373–379).

auf der Akropolis von Athen. Es handelt sich um die bereits erwähnten Votivkapitelle, die vom Ende des 6. Jahrhunderts bis etwa 480 v. Chr. datieren (s. Kapitel II.3.1).[236] Es ist durchaus vorstellbar, dass auch diesmal die attischen Beispiele wieder als Vorbild für die Stücke in Bassai dienten. Neben dem Echinus-Profil wurde auch die flache Form des Kanalis übernommen (s. Kapitel II.3.1). Darüber hinaus entschied man sich in Bassai auf die horizontale Leiste zwischen den Voluten zu verzichtet und stattdessen ein Cavetto einzufügen, eine bisher nicht wiederholte Kombination.[237] Das zeigt, dass die attischen Votivkapitelle weniger als Kopiervorlage, sondern vielmehr als eine Quelle der Inspiration dienten. Darüber hinaus weisen die peloponnesischen Stücke noch weitere Details auf, die sie mit den attischen Kapitellen verbinden und wohl von diesen übernommen wurden. So ist das horizontal verlaufende Band oberhalb des Echinus, welches auf der Peloponnes seit der 2. Hälfte des 4. Jahrhunderts vorkommt, in Athen bereits um die Mitte des 5. Jahrhunderts nachweisbar. Es handelt sich um zwei sehr gut erhaltene, farblich ausgestaltete Kapitelle, die als Streufunde in einer römischen Mauer auf der Agora entdeckt wurden.[238] Ihr Echinus in Form eines ionischen Kymations weist auf dem horizontalen Band ein aufgemaltes Mäander-Muster auf. Eine ähnliche Gestaltungsweise findet sich an den Kapitellen vom Athenatempel am Kap Sounion, wobei das Mäanderband an der Stelle plastisch ausgearbeitet ist.[239]

Proportionen

Neben den Motiven trägt auch die proportionale Gestaltung maßgeblich zum Gesamterscheinungsbild der Kapitelle bei. Zunächst sind die Grundmaße des Kapitellkörpers formgebend. Bei den Diagonal-Kapitellen sind diese gleich groß, woraus eine quadratische Form resultiert. Zweiseitige Kapitelle weisen hingegen in der Regel eine rechteckige Grundform auf.[240] Darüber hinaus fällt bei einem Vergleich der Längen- und Tiefenmaße zweiseitiger peloponnesischer Kapitelle auf, dass einige Stücke ab der 2. Hälfte des 4. Jahrhunderts annähernd quadratische Formen annehmen.[241] Es ist denkbar, dass hier die quadratische Form des Diagonal-Kapitells auf die rechteckige Form zweiseitiger Kapitelle eingewirkt hat. Zu einem ähnlichen Schluss kommt auch H. Drerup, der den Einfluss des peloponnesischen Diagonal-Kapitells sogar in Kleinasien belegt sieht. In den Kapitellen des Athenatempels von Priene erkennt er sowohl die raumgreifende Konstruktion der Volutenfronten sowie die quadratische Grundform der peloponnesischen Stücke wieder und geht daher von einem peloponnesisch-ionischen Einfluss im griechischen Osten aus.[242] Dementsprechend hätte die Strahlkraft des peloponnesischen Diagonal-Kapitells nicht nur auf der Peloponnes selbst, sondern auch darüber hinaus gewirkt.

---

236 Roux 1961, 343.
237 Roux 1961, 343. Shoe Meritt 1993, 323.
238 Shoe Meritt 1993, 317. 318 Abb. 5. 6. 325 Anm. 44.
239 Shoe Meritt 1993, 322 Abb. 15–17.
240 So auch bei: **III.46a** Leonidaion; **III.54** Votivkapitell; **III.48** Philippeion; **III.50** Zweisäulendenkmal; **III.47 a** und **b** Palästra; **III.49** Ptolemaierweihgeschenk; davon abweichend ist nur das Weihgeschenkträgerkapitell **III.53**, das tiefer als breit ist, was wohl der Form des Weihgeschenkes darüber geschuldet sein dürfte.
241 **III.28a** Korinth, Südstoa; **III.60** Pheneos, Asklepieion; **III.59** Pheneos, sog. Brunnenhaus; **III.18** Epidauros, Nord-Ost-Portikus.
242 Drerup 1954, 1–31.

Neben der Grundform des Kapitell-Körpers bestimmt auch die Höhe der Voluten das Erscheinungsbild der einzelnen Stücke.[243] In der Regel liegen die Volutenaugen sowohl bei den zweiseitigen als auch bei den diagonalen Kapitellen höher als die Unterkante des Echinus.[244] Eine chronologische oder geographische Verdichtung kann hierbei nicht beobachtet werden. Allerdings zeigt sich eine unterschiedliche Gestaltugsarten in Abhängigkeit zur Kapitell-Form. Während bei den Diagonalkapitellen der Kanalisrand der ersten Umdrehung (vom Auge ausgehende) auf Höhe der Echinus-Unterkante liegt, ist dies bei den zweiseitigen Kapitellen die Unterkante des Auges. Die Augen diagonaler Kapitelle liegen somit höher als bei zweiseitigen Stücken und lassen wohl die unterschiedlichen konstruktionstechnischen Entwürfe sichtbar werden. Daneben kommen insbesondere während des späten 4. Jahrhunderts vereinzelt Kapitelle vor, bei denen der Augenmittelpunkt exakt auf Höhe der Echinus-Unterkante liegt.[245] Noch seltener und zudem nur in Verbindung mit Votivkapitellen belegt ist die Gestaltungsart, bei der die Voluten weit heruntergezogen sind, sodass ihr Mittelpunkt deutlich unterhalb der Echinus-Unterkante liegt.[246]

Außerdem lassen sich Unterschiede in den proportionalen Verhältnisse von Volutenpartie und Abakus beobachten. Üblicherweise ist die Volutenpartie breiter als der Abakus, was auf alle zweiseitigen Kapitelle auf der Peloponnes zutrifft. Hingegen ist diese Gestaltung bei den Diagonal-Kapitellen nicht durchgehend zu finden.[247] So weisen einige der Diagonal-Kapitelle einen Abakus auf, der exakt so breit ist wie die Volutenpartie darunter, so beispielsweise in Bassai und Epidauros. Damit ist das Motiv erstmals am Ende des 5. Jahrhunderts belegt, und tritt erneut in der 1. Hälfte des 3. Jahrhunderts auf.[248] Andere Exemplare belegen genau das andere Extrem, d.h. der Abakus ist so breit, dass er über die Voluten hinaus ragt. Entsprechende Kapitelle sind in Argos sowie Epidauros nachweisbar und datieren um die Wende vom 4. auf das 3. Jahrhundert bzw. in die ersten drei Jahrzehnte des 3. Jahrhunderts.[249] Bei diesen unterschiedlichen Gestaltungsweisen ist weder eine Regel für die Verwendung zu erkennen noch zeichnet sich eine bestimmte Entwicklungstendenz ab.

Zudem kann die Einrollung der Volute unterschiedlich stark ausgeprägt sein. Sie reicht von 1,5–3,25 Eindrehungen, gezählt ab dem Punkt der Einrollung oben bis zur Mündung in das Auge. Während bei zweiseitigen Kapitellen die gesamte Bandbreite auftritt, zeigt sich bei den Diagonal-Kapitellen, dass die Voluten hier lediglich 2–2,5 Drehungen aufweisen. Bei beiden Kapitellformen zeichnet sich keine chronologische Relevanz ab. Hingegen zeich-

---

243 Verglichen wird hier die Höhe vom Scheitelpunkt des Kanalis bis zum Augenmittelpunkt bis zur Unterkante des Echinus bzw. der Oberkante des Perlstabes.
244 **III.5 a** und **b** Bassai, Apollotempel; **III.8** Epidauros, Abaton-Stoa; **III.13 b** Epidauros, Nordpropyläen; **III.13 a** Epidauros, Nordpropyläen; **III.14** Epidauros, Stadion; **III.15** Epidauros, Tempel L; **III.17** Epidauros, Theater Proskenion; **III.18** Epidauros, Nord-Ost-Portikus; **III.20** Epidauros, Votivkapitell; **III.24** Kalaureia, Stoa C; **III.25** Kalaureia, Streufund; **III.28 a** Korinth, Südstoa; **III.30 a** Korinth, Peirene-Quelle; **III.36 a** Megalopolis, Philipps-Stoa; **III.38 b** Messene, Oikos K; **III.44** Olympia, Gymnasion Südhalle; **III.49** Olympia, Ptolemaierweihgeschenk; **III.50** Olympia, Zweisäulendenkmal; **III.58** Perachora, Stoa am Hafen; **III.59** Pheneos, sog.; **III.60** Pheneos, Asklepieion; **III.62 a** Sikyon, Gymnasion; **III.65** Sikyon, Theater.
245 **III.2** Argos, Streufund (Ende 4./ Anf. 3. Jh.); **III.42 a** und **b** Nemea, Oikos 9 (325–300); **III.46 a** Olympia, Leonidaion (330/20); **III.47 a** und **b** Olympia, Palästra (Raum IX und VI, 3./2. Jh.); **III.48** Olympia, Philippeion (338).
246 **III.53** Olympia, Votivkapitell; **III.54** Olympia, Votivkapitell.
247 Die Voluten sind breiter als der Abakus bei: **III.58** Perachora, Stoa; **III.36 a** Megalopolis, Philipps-Stoa; **III.24** Kalaureia, Stoa IV; **III.42 a** und **b** Nemea, Oikos 9; **III.17** Epidauros, ASKL Theater Proskenion.
248 **III.5 a** Bassai, Apollontempel; **III.13 b** Epidauros, ASKL Nordpropyläen.
249 **III.2** Argos, Streufund; **III.15** Epidauros, ASKL Tempel L.

42   Einzelstudien

net sich eine Tendenz hinsichtlich der Größe der jeweiligen Stücke ab, d.h. je größer die Kapitelle desto höher ist die Anzahl an Einrollungen.

Darüber hinaus ist der Abstand der Volutenaugen (gemessen am Mittelpunkt), unabhängig von der Kapitellform, bei der Mehrzahl der Kapitelle kleiner als der obere Durchmesser der Säule. Bei einigen zweiseitigen Kapitellen kommt es vor, dass der Volutenaugen-Abstand und der obere Säulendurchmesser exakt gleich groß sind. Erstmals nachweisbar ist dies an den Philippeion-Kapitellen aus Olympia (**III.48**) und kann darüber hinaus bis in späthellenistische Zeit vereinzelt beobachtet werden.[250] Daneben gibt es mehrere zweiseitige Stücke, bei denen statt des Augenmittelpunktes der äußere Augenrand exakt die Maße des oberen Säulendurchmessers aufweist.[251] Die Beispiele treten gehäuft am Ende des 4. Jahrhunderts auf und können vereinzelt bis in das 2. Jahrhundert beobachtet werden. Die unterschiedlichen proportionalen Gestaltungsweisen zeigen somit kaum chronologische Relevanz. Hingegen zeichnet sich eine Entwicklungstendenz bei dem Verhältnis von Kapitell-Höhe zu Kapitell-Breite ab. Während im 5. Jahrhundert die Voluten noch relativ groß sind und eng beieinander stehen, vergrößert sich im 4. Jahrhundert ihr Augenabstand während das Kapitell gleichzeitig flacher wird (s. Tabelle 11).[252]

Fazit (Säulenkapitelle). Die Untersuchung der ionisch-peloponnesischen Kapitelle macht deutlich, dass eine klare Unterteilung in Typen, wie Puchstein und Roux sie vorgeschlagen haben, nicht überzeugen kann. Hingegen zeigt sich, dass die Kapitelle aus einer Vielzahl verschiedener Motive zusammengesetzt sind, die oftmals verschiedenen Regionen und Jahrhunderten entlehnt sind. Vor allem scheinen die frühen attischen Votivkapitelle von der Akropolis in Athen eine Quelle der Inspiration gewesen zu sein, von denen neben der flachen Gestaltungsart des Kanalis auch der geknickte sowie der stegartige Rand übernommen wurden. Statt jedoch die Vorbilder einfach zu kopieren, lies man sich davon allenfalls inspirieren. Dass die Peloponnes sicherlich über eine eigene Schöpfungskraft und den entsprechenden Ideenreichtum verfügte, zeigt sich vor allem in der Entwicklung neuer Form wie dem Diagonal-Kapitell oder dem Kalyx-Motiv. Vor allem die vierseitige Kapitell-Form zog eine Reihe neuer Motive nach sich, die sogar die zweiseitigen Kapitelle in ihren Proportionen und ihrer Gestaltung sowohl auf der Peloponnes als auch außerhalb beeinflusste. Hingegen setzten sich Formen, die in der übrigen griechischen Welt durchaus weite Verbreitung fanden und im Heiligtum von Olympia auch auf der Halbinsel unmittelbar präsent waren, wie beispielsweise das attisch-ionische Eckkapitell, die parataktische Pulvinusgestaltung bzw. die Verzierung mit einem Balteus sowie die geraden Volutenpartien, auf der übrigen Peloponnes nicht durch.

---

250 **III.50** Olympia, Zweisäulendenkmal; **III.49** Olympia, Ptolemaierweihgeschenk; **III.17** Epidauros, Theater Proskenion; **III.62 a** Sikyon, Gymnasion?; **III.30 a** Korinth, untere Peirene-Quelle; **III.44** Olympia, Gymnasion.

251 **III.58** Perachora, Stoa am Hafen; **III.28 a** Korinth, Südstoa; **III.46 a** Olympia, Leonidaion; **III.42 a** und **b** Nemea, Oikos 9; **III.47 a** und **b** Olympia, Palästra; **III.38** Messene, Oikos K.

252 In Zahlen ausgedrückt heißt das, dass die frühen Beispiele ein Proportionsverhältnis (Höhe Kapitell:Abstand Volutenaugen) mit Werten von 1:1 bis 1:1,3 aufweisen, während die späteren Kapitelle bereits Verhältnisse von bis zu 1:1,74 zeigen.

II.3.2 Antenkapitelle

Die Ante ist ein „Architekturglied pfeilerförmiger Gestalt, das an Wandstirnen oder Wandflächen anschließt".[253] Anten sind vorwiegend an den Cella-Wänden der Tempel zu finden, aber auch an den kurzen Seitenwänden von Hallen- oder Propylon-Bauten. Im erweiterten Sinn können auch freistehenden Pfeiler, Türpfosten oder Wandpfeilern als Anten angesprochen werden.[254] Für die vorliegende Arbeit wird der Begriff der Ante im umfassenderen Sinne verstanden. Auf der Peloponnes können vier verschiedene Antenkapitell-Formen unterschieden werden (s. Tabelle 13).[255]

Form 1

Etwa ein Viertel der überlieferten Antenkapitelle (s. Tabelle 13) besteht aus einem Kyma reversa-Cavetto-Profil (Abb. 396). Die Form ist vom Ende des 5. Jahrhunderts bis mindestens in die 1. Hälfte des 2. Jahrhunderts auf der Peloponnes belegt.[256] Die Profile weisen keine Ornamente in plastisch ausgearbeiteter Form auf, sondern sind glatt belassen. Bei Exemplaren aus Raum VI der Palästra (**III.47 c**) in Olympia können noch Reste einer farblichen Fassung festgestellt werden.[257] Dies lässt bei den übrigen Stücken eine ähnliche Gestaltung vermuten, wenngleich keine dahingehenden Spuren erhalten geblieben sind. In der Regel sind die Proportionen der Antenkapitell-Form 1 so konzipiert, dass das Kyma reversa höher als das Cavetto darüber ausgebildet ist.[258] Der Anschluss an den Pfeiler bzw. die Antenwand ist im schlichtesten Fall durch einen einfachen Absatz gekennzeichnet.[259] Bei aufwändigeren Beispielen kann eine Apophyge, die zusätzlich noch durch eine Faszie besonders hervorgehoben ist, zum Kapitell überleiten.[260] Darüber hinaus zeigt sich, dass einige Beispiele mit den Elementen der übrigen Ordnung innerhalb des Gebäudes zu harmonisieren scheinen. Im Apollontempel von Bassai (**III.5 c**) beispielsweise spiegelt sich die Profilform der Antenkapitelle des nördlichen Zugangs in den ionischen vierseitigen Kapitellen der Cella wieder. Auch an der korinthischen Säulenbasis innerhalb der Cella (**I.7 b**) findet sich diese Profilabfolge wieder, wenn auch in umgekehrter Reihenfolge. Ein ähnliches Konzept lässt sich auch in der Abaton-Stoa von Epidauros beobachten. Hier wird die Kyma reversa-Form (**III.8 d**) sowohl an den Kapitellen im Untergeschoss (**III.8 a-c**) als auch an den Säulenbasen des Obergeschosses (**I.8**) wiederholt. Eine geographische oder chronologische Konzentration der Antenkapitell-Form 1 lässt sich auf der Peloponnes insgesamt aber nicht feststellen.

---

253 Brockmann 1968, 9.
254 Brockmann 1968, 6–8. Vitr. 3, 2, 1–2: 3, 3, 3; 4, 2, 1; 4, 4, 1. 4.
255 Brockmann unterscheidet in ihrer Untersuchung drei Typen: das archaisch-ionische, das attisch-ionische sowie das kleinasiatisch-ionische Antenkapitell. Auf der Peloponnes können nur zwei davon belegt werden: Form 3 (kleinasiatisch ionische Ante hybriden Charakters) und Form 4 (attisch-ionische Ante).
256 **III.5 c** Bassai, Apollotempel; **III.8 d** Epidauros, Abaton-Stoa; **III.28 b** Korinth, Südstoa Obergeschoss; **III.47 c** Olympia, Palästra Raum VI; **III.37** Messene, Asklepiostempel.
257 Adler u. a. 1892b/1966, 116. Beschreibung der Ornamente s. Kapitel II.5, Anm. 2.
258 Ausnahme: **III.37** Messene, Asklepiostempel. Hier sind beide Elemente gleich hoch. Das Stück datiert in die 1. H. des 2. Jh. und ist damit das bisher früheste Beispiel auf der Peloponnes. Möglicherweise änderten sich die proportionalen Verhältnisse zu dieser Zeit.
259 **III.5 c** Bassai, Apollotempel; **III.8 d** Epidauros, Abaton-Stoa; **III.28 b** Korinth, Südstoa Obergeschoss.
260 **III.47 c** Olympia, Palästra Raum VI.

Außerhalb der Halbinsel finden sich vor allem für die 1. Hälfte des 4. Jahrhunderts vergleichbare Antenkapitellformen in der Wohnhausarchitektur Olynths.[261] Zudem lassen sich entsprechende Beispiele auch im griechischen Westen beobachten, allerdings sind die Profile dort wesentlich steiler und weniger ausladend gestaltet.[262] Die ältesten Vertreter der Form 1 sind demnach auf der Peloponnes belegt.

Form 2

Zahlenmäßig am häufigsten vertreten sind Antenkapitelle, bestehend aus ionischem Kymation bzw. Viertelrund und Cavetto (Form 2a. Abb. 396). Zusätzlich kann diese Profilabfolge durch ein hohes Kyma recta-Profil unterhalb erweitert sein (Form 2b. Abb. 396). Während diese Antenkapitellform ohne Kymaform seit 340 v. Chr. bis mindestens in das 2. Jahrhundert auf der gesamten Peloponnes Verbreitung fand, konzentriert sich die um das Kyma recta erweiterte Form geographisch auf das Heiligtum von Epidauros und chronologisch um die Wende vom 4. zum 3. Jahrhundert (s. Tabelle 13).[263] In der Regel weisen auch die Profile der Form 2 keine plastisch ausgearbeiteten Ornamente auf. Einzige Ausnahme ist das Antenkapitell der Nordpropyläen in Epidauros (**III.13 c**), dessen ionisches Kymation mit einem plastischen Eierstab ausgearbeitet ist. Üblicherweise sind die proportionalen Höhenverhältnisse des ionischen Kymations sowie des Cavettos nach dem Prinzip 1:1 gestaltet. Das Exemplar der Nordpropyläen (**III.13 c**) weicht hiervon jedoch ab und zeigt im Vergleich zum Cavetto ein nahezu doppelt so hohes ionisches Kymation. Möglicherweise sollte bei diesem Stück der Fokus gerade auf dieses Detail gelegt werden, das zudem das bisher einzige Kymation mit plastisch ausgearbeitetem Ornamentband ist. Die proportionalen Verhältnisse der Form 2b unterscheiden sich bei den beiden Stücken aus Epidauros. Bei dem Kapitell vom Theater (**III.16**) verhalten sich die oberen beiden Elemente (ionisches Kymation und Cavetto) zueinander wie ca. 1:1. Zum Kyma recta-Profil darunter stehen sie in einem Verhältnis von ca. 1:2,5. Etwas anders sehen die Höhenverhältnisse am Antenkapitell vom Propylon des Gymnasions (**III.10 b**) aus. Hier verhalten sich die oberen beiden Elemente zum darunterliegenden Kyma recta wie 1:2,5. Das ionische Kymation weist einen plastisch ausgearbeiteten Eierstab auf, der im oberen Bereich jedoch stark bestoßen ist. Es ist daher nicht möglich, das genaue Verhältnis zur darüber liegenden Kehle zu bestimmen. Allerdings lässt sich erkennen, dass beide Elemente nicht gleich hoch gewesen sein können, sondern das ionische Kymation etwas höher ausgebildet war. Das wiederum spricht dafür (s. **III.13 c** Nordpropyläen), dass die Proportionen der Antenkapitelle zugunsten eines plastisch ausgearbeiteten Ornamentes leicht modifiziert worden sind.

Außerhalb der Halbinsel finden sich entsprechende Vergleichsbeispiele für das Antenkapitell ohne Kymaform (Form 2a) bisher nur in Kalydon (Heroon) am Ende des 2. Jahrhunderts.[264] Darüber hinaus lassen sich zwar zahlreiche weitere Stücke mit ionischem

---

261 Shoe 1936, 175–176. Taf. LXXVI, 26–31. Die Vergleichsbeispiele bestehen ebenfalls aus Kyma reversa und Cavetto, bei zwei Beispielen läuft das Profil nach oben hin in eine abgerundete Kante aus, statt durch einen vertikalen Absatz abgeschlossen zu werden, wie dies bei den peloponnesischen Beispielen der Fall ist.
262 Siehe Shoe 1952, Taf. XVIII, 10–12. XXVI, 5.
263 Form 2a): **III.36 b** Megalopolis, Philipps-Stoa; **III.30 b** Messene, unteren Peirene-Quelle; **III.28 c** Korinth, Südstoa; **III.57 b** Perachora, Brunnenhaus; **III.13 c** Epidauros, Nordpropyläen; **III.62a** Sikyon, Gymnasion; **III.31** Korinth, Streufund. Form 2b): **III.16** Epidauros, Theater Paradostor; **III.10 b** Epidauros, Gymnasions Propylon.
264 Shoe 1936, 176. Taf. XVII, 10.

Kymation und Cavetto anführen, jedoch weisen diese andere Proportionen als die peloponnesischen Beispiele auf und datieren zudem später.[265] Somit sind die bisher ältesten Exemplare auf der Peloponnes belegt und machen einen Ursprung der Kapitellform ohne Kyma-Erweiterung in diesem Bereich glaubhaft. Hinzu kommt, dass die Antenkapitelle, erweitert durch ein Kyma recta (Form 2b), ein lokales Charakteristikum der Architektur im Heiligtums von Epidauros darstellen. Außerhalb der Peloponnes lassen sich keine weiteren Beispiele dieser Antenkapitellform finden.

Form 3

Mit nur einem Beispiel zählt die kleinasiatisch-ionische Ante[266] auf der Peloponnes zu den sehr selten vorkommenden Architekturformen (s. auch Form 4). Das frühhellenistische Stück vom Oikos K in Messene (**III.38 a** Abb. 269–270) ist gekennzeichnet durch seinen hybriden Charakter. Während die Langseite mit einem Akanthusblatt-Fries geschmückt ist, zeigen die Schmalseiten ein ionisches und darüber ein lesbisches Kymation. Die Profile weisen Ornamente in plastisch ausgearbeiteter Form auf. Zudem ist der obere Schaft der Ante mit drei übereinander gesetzten und leicht vorspringenden Faszien gestaffelt, die zusätzlich mit Lotosblüten verziert sind.[267]

Die kleinasiatisch-ionische Ante entstand um die Mitte des 4. Jahrhunderts und fand insbesondere in der kleinasiatischen sowie der kykladischen Architektur Verbreitung.[268]

Form 4

Die attisch-ionische Ante[269] ist bisher ebenfalls nur einmal auf der Peloponnes nachgewiesen und zwar am Athenatempel von Tegea (**III.69** Abb. 333–334). Das Antenkapitell weist eine reiche plastisch ausgearbeitete Profilabfolge auf, bestehend aus lesbischem und ionischem Kymation – jeweils begleitet von einem Perlstab – sowie darüber liegendem Cavetto, das mit einem Lotos-Palmetten-Fries verziert ist. Zudem ist der obere Teil des Pfeilerschaftes mit einer Faszie betont. Das Profil des Antenkapitells wird an der Cellawand weitergeführt. Die proportionalen Höhenverhältnisse des Kapitells sind so gestaltet, dass ionisches und lesbisches Kymation sowie das Cavetto etwa gleich hoch sind.

Die attisch-ionische Ante stammt ursprünglich aus Athen, wo sie während der 2. Hälfte des 5. Jahrhunderts erstmals belegt ist. Am Ende desselben Jahrhunderts findet sie auch über den attischen Bereich hinaus auf dem übrigen griechischen Festland sowie dem kleinasiatisch-ionischen Raum Verbreitung.[270]

---

265 Vergleichsbeispiele aus dem 2. Jh. finden sich auf dem griechischen Festland, in Kleinasien und den meisten Häusern von Olynth (Shoe 1936, 174). Ihr Profil ist jedoch weniger auskragend, die Wölbung des Kymations weniger stark als bei den peloponnesischen Beispielen. Im griechischen Westen finden sich im 3. Jh. Beispiele in Selinunt und Syrakus und im 2. Jh. auch in Cefalu (Wohnhaus, Tür) und in Capua (Heiligtum der Damia) (Shoe 1952, 75–78. Taf. 18, 4. 5. 9. 13) Die Profile sind flacher, unregelmäßiger proportioniert und weisen teilweise starke Unterschneidungen unterhalb des ionischen Kymations auf.
266 Brockmann 1968, 79–83.
267 Daux 1963, 776 Abb. 14. Zu den Höhenverhältnissen der Profile kann keine Aussage getroffen werden, da die Stücke bisher nur im Bild und ohne Angaben von Maßen publiziert sind.
268 Brockmann 1968, 57. 79. 82–83.
269 Brockmann 1968, 76–77.
270 Brockmann 1968, 76.

Sofakapitell

In engem Zusammenhang mit Antenbekrönungen steht auch das nach seiner charakteristischen Form benannte Sofakapitell.[271] Es kann als Bekrönung von Stelen und Weihgeschenkträgern fungieren oder als architektonisches Bauglied für Wandpfeiler und Türpfosten. Darüber hinaus ersetzt es gelegentlich dorische und ab dem 4. Jahrhundert auch ionische Antenkapitelle.[272] Auf der Peloponnes ist eine ganze Reihe dieser Kapitelle erhalten, die zudem eine recht homogene Gruppe darstellen, obwohl sie in Verbindung mit unterschiedlichen Ordnungen verwendet werden und aus verschiedenen Epochen stammen (Tabelle 14). Charakteristisch für die peloponnesischen Sofakapitelle sind die rechteckige Grundform, ein hoher Abakus, der an den Schmalseiten von Voluten gestützt wird sowie eine einfache Profilleiste, die den Kapitell-Körper in einer umgedrehten Π–Form einrahmt.[273] Somit ergibt sich das Bild eines „Sofas". Das Feld in der Mitte ist entweder als glatte Fläche[274] belassen oder weist eine florale[275] bzw. figurale Verzierung[276] auf. Der Sofakapitelltypus ist auf der Peloponnes ab der Mitte des 6. bis in das 3. Jahrhundert belegt. Bei den ältesten erhaltenen Beispielen ist nicht klar, welcher Ordnung sie eventuell angehörten, da sie ohne Kontext aufgefunden wurden. Es dürfte sich jedoch größtenteils um Antenkapitelle einer dorischen Ordnung handeln, da das Sofakapitell in Verbindung mit der ionischen Ordnung erst ab dem 4. Jahrhundert sicher nachgewiesen ist, wie beispielsweise die Fassade des Grabnaiskos aus Tegea (**III.76**, 310 v. Chr.) zeigt. Die erhaltenen Stücke zeigen zum Teil recht deutliche Unterschiede in ihrer proportionalen Gestaltung. So sind einige der Beispiele recht breit, zugleich aber niedrig (**III.74** und **III.68**) während andere vergleichsweise gestauchte und hoch ausgebildet sind (**III.77** und **III.67**). Inwiefern es sich hierbei um ein chronologisch relevantes Merkmal handelt, kann nicht mit Sicherheit bestimmt werden, da die meisten Stücke ohne Kontext sind und daher eine Datierung unsicher bleiben muss.

Die Sofakapitelle auf der Peloponnes sowie die Frage nach ihrem Ursprung beschäftigen die Forschung bereits seit über einem Jahrhundert. Fiechter sah in der Gruppe der archaischen Sofakapitelle aus dem Raum Sparta einen Beleg für einen ionischen Einfluss noch vor dem Thronbau in Amyklai.[277] Diese Annahme konnte jedoch von Roux widerlegt werden, der 1961 alle bekannten Sofakapitelle zusammenstellte und auf dieser Grundlage zu dem Schluss kam, dass das Sofakapitell häufig in Lakonien und Arkadien vorkommt, in Ionien jedoch bis zum 4. Jahrhundert völlig unbekannt ist.[278] Bemerkenswert an der Untersuchung von Roux ist allerdings die Tatsache, dass er das Thema innerhalb eines Unterkapitels zur Verwendung der korinthischen Ordnung in der Argolis behandelt, ohne diesen Zusammenhang jedoch genauer zu erläutern. Dabei ist es keineswegs sicher, dass die Sofakapitelle überhaupt in Verbindung mit einer bestimmten Ordnung verwendet wurden. Roux jedenfalls schließt seine Untersuchung mit der Erkenntnis, dass das Sofakapitell kein Vorbild für das korinthische Kapitell gewesen sein kann.[279] Die Studie Roux' ist insofern von Bedeutung, da

---

271 Karagiōrga-Stathakopoulou 2005, 131. Wird vereinzelt auch als „proto-ionisches" Kapitell bezeichnet.
272 Brockmann 1968, 88–89.
273 Siehe hierzu auch Karagiōrga-Stathakopoulou 2005, 131.
274 **III.68** Slavochori, Streufund; **III.76** Tegea, Grabnaiskos; **III.74** Tegea.
275 **III.77** Tegea; **III.71** Tegea, Antenkapitell; **III.29** Korinth; **III.70** Tegea, Spolie; **III.41** Mistra, Spolie; **III.12** Epidauros, Pfeiler-/ Antenkapitell (Nord-Ost-Portikus?).
276 **III.67** Slavochori, Spolie; **III.75** Tegea.
277 Fiechter 1918, 209.
278 Roux 1961, 383–388.
279 Roux 1961, 386.

sie belegt, dass es sich bei dem Typus des Sofakapitells durchaus um eine ursprünglich peloponnesische Form handeln könnte.[280]

Die Tatsache, dass eine als ursprünglich ionisch erachtete Form – gemeint ist die Volute – so früh bereits auf der dorischen Peloponnes auftritt, hat die Forschung intensiv beschäftigt und zu einer Suche nach eventuellen Vorläufern geführt. Beispielsweise wurde ein 1957 veröffentlichtes Kapitell, das aus Argos stammt, an den Schmalseiten ausgeprägte Cavettoprofile aufweist und anstatt der üblichen Voluten zwei walzenförmige Elemente (Abb. 218) unterhalb des Abakus trägt, von Roux als Frühform des Sofakapitells interpretiert (**III.4**).[281] Es handelt sich nach Roux um einen Streufund aus dem Bereich des Theaters und wird um 570 v. Chr. datiert.[282] Weitere Beispiele dieser Art mit den charakteristischen Walzen sind vor allem aus Metapont (Apollotempel B II um 530 v. Chr.)[283] und Paestum (zwei ähnliche Stücke unbekannter Zugehörigkeit, um 530 v. Chr.; Antenkapitell vom Heratempel, um 520 v. Chr. bekannt.)[284] bekannt. Ein weiteres Beispiel lässt sich jedoch auch auf Aigina bereits um 600 v. Chr. (Apollotempel I)[285] beobachten. Es scheint sich um das bisher älteste bekannte Stück dieser Form zu handeln. Erkennt man mit Roux diese Kapitelle mit Walzen als Vorform der Sofakapitelle an, deuten die Belege jedoch auch weiterhin auf einen peloponnesischen Ursprung des Sofakapitells hin.

Brockmann versteht das Sofakapitell als Weiterentwicklung des Cavettokapitells, wie es in Attika und Westgriechenland als Stelenbekrönung im 6. Jahrhundert verwendet wurde. Durch die zusätzlich angebrachten Voluten werde das Cavettokapitell zum Sofakapitell.[286] Diesen Vorgang lokalisiert Brockmann auf der Peloponnes im Raum Sparta – Tegea – Argos, da dort die frühesten Beispiele entdeckt wurden. Als Voraussetzung für die Entwicklung zum Sofakapitell nennt aber auch sie die Antenkapitelle aus dem Heraion von Paestum mit den charakteristischen Walzen.[287]

Mertens sieht den Ursprung des Sofakapitells ebenfalls auf der Peloponnes verankert. Er führt als Beleg einen Fund aus Tiryns an.[288] Es handelt sich um ein Antenkapitell von rechteckiger Form mit hoher Abakusplatte, das auf der einen Seite gebrochen ist.[289] Auf der anderen Seite ist unterhalb der Deckplatte der Ansatz eines rundlichen Elements zu erkennen, das vom Kapitellkörper durch eine Art Zierblatt getrennt ist. Es könnte sich nach Aussage Schwandners möglicherweise um einen „missing link" zwischen den Cavettokapitellen und den kanonischen dorischen Antenkapitellen handeln. Hingegen führe das Kapitell aus Argos (**III.4**) in eine andere Richtung, aus der sich dann die späteren Sofakapitelle entwickelt hätten.[290] Diese Deutung wird in der Forschung jedoch nicht allgemein anerkannt.[291]

---

280 Roux 1961, 383.
281 Roux 1957, 644. Roux 1961, 383–386. 385 Abb. 104.
282 Karagiōrga-Stathakopoulou 2005, 132.
283 Mertens – Schützenberger 2006, 151; Adamesteanu 1975, 329ff.
284 Kapitelle unbekannter Zugehörigkeit: Mertens – Schützenberger 2006, 147 Abb. 252; Antenkapitell vom Heratempel: Mertens – Schützenberger 2006, 223 Abb. 380. 381.
285 Hoffelner 1999, 18–20. 31. 38–39. 43.
286 Brockmann 1968, 88–89.
287 Brockmann 1968, 88.
288 Mertens – Schützenberger 2006, 135.
289 Schwandner 1988, 276–284 mit Abb. 8–12.
290 Schwandner 1988, 280; so auch Mertens 1993, 114.
291 Hoffelner 1999, 38–39 glaubt nicht an den „missing link".

Dass die Voluten zu Walzen umgedeutet wurden, wovon Brockmann ausgeht (ihr folgt auch Mertens[292]), glauben jedoch weder C. Llinas noch E.-L. Schwandner[293] – zu Recht, denn das Kapitell aus Argos (**III.4**) unterscheidet sich in seinem Grundverständnis deutlich von der eigentlichen Gruppe der Sofakapitelle. Während die Voluten eine tektonisch stützende Funktion unterhalb des Abakus einnehmen, scheinen die am Abakus „hängenden" Walzen eher eine rein verzierende Aufgabe zu haben.[294] Auf diese Unterschiede wies bereits Llinas 1989 hin und konnte so verdeutlichen, dass das Kapitell aus Argos sowohl den Cavettokapitellen als auch den Sofakapitellen ähnelt. Llinas zeigte damit eine überzeugende Entwicklungsgeschichte auf, die, von den Cavettokapitelle der Stelen ausgehend[295], über das Stück aus Paestum (s. oben) zum argivischen Kapitell führt.[296] Dieses sei eine Zwischenstufe zur weiteren Entwicklung bis hin zur „Endform" des Sofakapitells, wie Karagiōrga-Stathakopoulou sie definiert hat.[297] Demnach läge der Ursprung des Sofakapitelltypus im Bereich der Nordostpeloponnes bzw. auf Ägina.[298]

Interessant ist in diesem Zusammenhang auch ein Antenkapitell aus der Contrada Stombi in Sybaris (600–550 v. Chr.).[299] Das Stück ist nur fragmentarisch erhalten, wobei der untere Teil komplett fehlt. Dennoch ist das seitliche, weit ausladende Cavettoprofil, das deutlich in einer Volute ausläuft sichtbar. Darüber verläuft horizontal ein Blattstab, der zum eigentlichen Abakus überleitet. Sowohl Mertens als auch Barletta sehen in diesem Fragment den möglichen Prototypen des Sofakapitells.[300] Gestützt sehen sie diese These durch weitere Funde in derselben Region, wie beispielsweise in Metapont und Paestum. Demnach sei dieser Typus kennzeichnend für den dortigen Architekturkreis.[301] Dennoch lokalisiert auch Mertens, aufgrund des Fundes aus Tiryns, dessen Bedeutung in der Genese der Kapitelle in der Forschung aber nicht allgemein akzeptiert wurde, den Ursprung des Sofakapitells auch auf der Peloponnes.

Der kurze Einblick in die Forschung zum Sofakapitell zeigt, dass die Ursprünge, aus denen sich das Sofakapitell entwickelt hat, nicht mit Sicherheit bestimmt werden können. Entsprechende Vorbilder liegen entweder im griechischen Westen oder auf der Peloponnes selbst. Als weitgehend sicher kann aufgrund der bisher bekannten Stücke hingegen gelten, dass der Sofakapitelltypus ursprünglich auf der Peloponnes entstanden ist und außerhalb auf dem griechischen Festland, Ionien und Sizilien erst ab dem 4. Jahrhundert vorkommt.[302]

---

292 Mertens 1993, 113. Mertens unterscheidet nicht zwischen der Vorstufe der Sofakapitelle und der eigentlichen Hauptstufe und akzeptiert auch den Fund aus Tiryns als „missing link" (s. Mertens 1993, 114).
293 Schwandner 1988, 280 Anm. 8.
294 Karagiōrga-Stathakopoulou 2005, 132.
295 Richter, G. M. A. 1961, 18–19.
296 Llinas 1989, 72–78.
297 Zu den charakteristischen Merkmalen zählen nach Karagiōrga-Stathakopoulou 2005, 131: eine Trapezform im Querschnitt, wobei die schmalere Seite nach unten zeigt sowie zwei dekorative Rollen (ταινίες), die den Umriss des Kerns betonen. Hinzu kommt außerdem die innere charakteristische Profilleiste („[…] μία εσωτερική, υπογραμμισμένη με ραβδία κυρτή ταιωία με όρθιες και γυριστές προς τα έξω αιχμηρές άκρες, και μία εξωτερική κοίλη, της οποίας οι ανορθωμένες άκρες τυλίγονται σε έλικες […]").
298 Hoffelner 1999, 38–39.
299 Mertens – Schützenberger 2006, 134 Abb. 227. 135.
300 Siehe auch Barletta 2001, 64–66. 80. Zu den frühesten Beispielen zählt sie neben dem Fragment aus Sybaris (kleiner Bau in der Contrada Stombi) auch ein Stück aus Metapont (Apollontempel B II um 530 v. Chr.) sowie Poseidonia (ohne Zuordnung um 530 v. Chr.; archaischer Heratempel 520er v. Chr.).
301 Mertens – Schützenberger 2006, 135.
302 Siehe auch Roux 1961, 386.

Diese späteren Verwendungen des Sofakapitells erfolgen größtenteils in dorisch dominierten Gebieten in Verbindung mit der ionischen Ordnung (Oropos, Pella, Vergina, Samothrake, Segesta).[303] Zudem kommen sie ausschließlich in Orten vor, an denen auch an anderer Stelle peloponnesischer Einfluss nachweisbar ist.[304]

Fazit (Antenkapitelle). Bei den Antenkapitellen zeichnet sich ein ähnliches Bild ab wie zuvor bei den Säulenkapitellen. Während außerhalb der Peloponnes vor allem die archaische[305], attische und kleinasiatische Ante[306] in Verbindung mit der ionischen Ordnung verbreitet ist, lassen sich diese auf der Halbinsel lediglich anhand vereinzelter Beispiele beobachten und zählen somit zu den seltenen Ausnahmen. Die Vielzahl der überlieferten Antenkapitelle besteht vielmehr aus den Formen 1 und 2, die, nach ihren frühesten Vertreter zu urteilen, auf der Peloponnes entwickelt worden sind. Gleiches darf auch für das Sofa-Kapitell angenommen werden.

II.4 Gebälke

Das ionisch-peloponnesische Gebälk besteht in der Regel aus Architrav, Fries sowie Zahnschnitt und kombiniert damit Elemente aus der kleinasiatischen sowie der griechisch-mutterländischen Architektur. Zudem ergeben sich für das ionische Gebälk, das auf der Halbinsel eben auch im Gebäudeinneren vorkommt, neue Anbringungsorte, die Auswirkungen auf den formalen Aufbau hatten. Dieser wird im Folgenden näher Betrachtet. Zur Einführung ionischer Innenordnungen sowie zur Analyse der Gesamtproportionen siehe Kapitel II.6.

II.4.1 Architrav

Der ionisch-peloponnesische Architrav ist in der Regel durch mehrere Faszien gegliedert, kann darüber hinaus aber auch faszienlos sein, wenn er im Gebäudeinneren vorkommt (Tabelle 15).[307] Am häufigsten belegt ist die Gestaltungsart mit drei Faszien.[308] Dabei sind die einzelnen Bänder übereinander und leicht nach vorne versetzt, wobei diese unterschiedliche Höhenverhältnisse aufweisen (s. Diagramm 3). Weit verbreitet ist die Gestaltungsweise, bei der die untere Faszie am höchsten ist, während die oberen graduell an Höhe abnehmen.[309] Sehr selten kommt hingegen die Gestaltungsweise vor, bei der die obere Faszie am höchsten

---

303 Brockmann 1968, 88–89. Katalog auf Seite 138 Anm. 1.
304 Roux 1961, 386.
305 Die archaische Ante weist einen hybriden Charakter auf: die Front zieren ein, zwei oder drei Kymatien, während die Schmalseiten übereinander gestaffelte Voluten aufweisen (Brockmann 1968, 63–66).
306 Brockmann 1968.
307 Zu den Kopfprofilen s. Kapitel II.4.5.
308 **IV.3** Epidauros, Theater Paradostor (außen); **IV.5** Epidauros, Tholos (innen); **IV.6 a** Epidauros, Nordpropyläen (außen); **IV.6 b** Epidauros, Nordpropyläen (innen); **IV.7** Epidauros, Gymnasion Propylon (innen); **IV.8 a** Epidauros, Tempel L (außen); **IV.11** Korinth, untere Peirene-Quelle (innen); **IV.14** Megalopolis, Philipps-Stoa (innen); **IV.17** Messene, Rundmonument (außen); **IV.15** Messene, Asklepieion Stoai (außen); **IV.18** Nemea, Zeustempel (innen); **IV.19** Olympia, Tor zum Gymnasion (außen/ innen).
309 **IV.3** Epidauros, Theater Paradostore; **IV.5** Epidauros, Tholos; **IV.6 a** und **b** Epidauros, Nordpropyläen; **IV.7** Epidauros, Gymnasion Propylon; **IV.15** Messene, ASKL Stoai; **IV.18** Nemea, Zeustempel; **IV.19** Olympia, Tor zum Gymnasion.

ist, während die unteren sukzessive an Höhe abnehmen.[310] Architrave mit drei Faszien sind auf der Peloponnes ab ca. 340 v. Chr. bis in die 1. Hälfte des 3. Jahrhunderts nachgewiesen (s. Tabelle 15). Die Gestaltungsweise auf der Peloponnes unterscheidet sich dabei im Wesentlichen nicht von derjenigen in Regionen außerhalb der Halbinsel, wo die Drei-Faszien-Gliederung die am häufigsten vorkommende Gestaltungsart ist.[311] Unterschiede sind lediglich in den proportionalen Höhenverhältnisse zu erkennen. So tritt die auf der Peloponnes sehr selten vorkommende Variante, bei der die obere Faszie am höchsten ausgebildet ist, außerhalb recht häufig auf. Sie kann vor allem während der 2. Hälfte des 4. Jahrhunderts in Delphi, Delos, Makedonien sowie Kleinasien beobachtet werden.[312] Die auf der Peloponnes häufig auftretende Variante, bei der die untere Faszie am höchste ist, kommt außerhalb der Halbinsel nicht vor. Es dürfte sich hierbei folglich um eine peloponnesische Eigenart handeln.

Diagramm 3 Proportionale Höhenverhältnisse an Drei-Faszien-Architraven im Vergleich zueinander (uF=untere Faszie, mF=mittlere Faszie, oF=obere Faszie). Auf der x-Achse sind die Beispiele in chronologischer Reihenfolge aufgeführt, wobei ganz links das älteste Beispiel (**IV.14**), ganz rechts das jüngste Beispiel (**IV.15**) steht (s. auch Anm. 2). Auf der y-Achse können die Proportionsverhältnisse abgelesen werden. Bei Exemplar **IV.14** beispielsweise, verhält sich die Höhe der unteren Faszie zur Höhe der oberen Faszie wie 1:1,35.

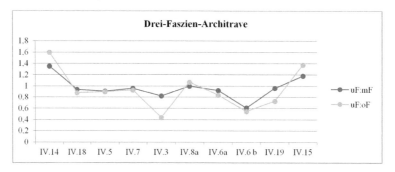

Weiterhin gibt es auf der Peloponnes einige Architrave mit nur zwei Faszien,[313] bei denen – bis auf wenige Ausnahmen – die beiden Faszien gleich hoch sind.[314] Diese Zwei-Faszien-Architrave datieren in die Zeit vom 3. Viertel des 4. Jahrhunderts bis in die 1. Hälfte des

---

310 **IV.14** Megalopolis, Philipps-Stoa; **IV.8 a** Epidauros, Tempel L.
311 Nur aus Westgriechenland sind keine entsprechenden Beispiele bekannt.
312 Delphi, Palästra Peristyl 334/3–327/6 v. Chr. (Jannoray – Ducoux 1953, 69–86. Taf. 10. 9,1); Delphi, Kalksteintempel um 360 v. Chr. (Michaud 1977, 118. Abb. 121–122. Taf. 96); Delos, Kynthos Oikos 4.–2. Jh. (Plassart 1928, 86–91 mit Abb. 64. 67); Lefkadia, Grab des Totengerichts um oder kurz nach 300 v. Chr. (B72 Lefkadia II Mangoldt 2012, 177–181, Taf. 67. 68; Petsas 1966, Taf. 40a. b; Rhōmiopoulou u. a. 2010, 25 Abb. 20); Priene, Athenatempel 2. H 4. Jh. (Mehrere Bauphasen, Planung wohl um die Mitte des 4. Jh., Weihinschrift des Königs Alexander III. von Makedonien auf Nordostante zwischen 334 und 324 v. Chr. belegt teilweise Fertigstellung in dieser Zeit, abschließende Arbeiten wohl erst unter Augustus (Koenigs 2015, 13. 227; zum genauen Bauablauf 144–150); Halikarnassos, Maussolleion M. 4. Jh. (Drerup 1954, Abb. 6; Artemisia lässt das Bauwerk für den 353 verstorbenen Maussolos errichten; Plin. nat. 36, 30; Diod. Sic. 16, 36. 2; 16, 45. 7).
313 **IV.12** Korinth, Propylon (außen); **IV.25** Sikyon, Stoa (innen); **IV.22** Olympia, Philippeion (außen); **IV.16 a** Messene, Brunnenhaus (innen); **IV.20** Olympia, Leonidaion (außen).
314 Die untere Faszie ist etwas höher bei: **IV.20** Olympia, Leonidaion; **IV.16 a** Messene, Brunnenhaus. Die untere Faszie ist etwas niedriger als die oberen bei: **IV.12** Korinth ASKL, Propylon.

2. Jahrhunderts (s. Tabelle 15).³¹⁵ Außerhalb der Peloponnes lassen sich solche Architrave bereits während des 5. Jahrhunderts im griechischen Westen nachweisen.³¹⁶ Vor allem während des 4. Jahrhunderts finden sich mehrere Beispiele in Kleinasien³¹⁷ und Makedonien.³¹⁸ Millers Vermutung, es handele sich hierbei um ein Gestaltungsmotiv makedonischen Ursprungs,³¹⁹ lässt sich auf dieser Materialgrundlage nicht länger halten.

Die schlichteste und zugleich seltenste Art der Architrav-Gestaltung zeigt eine glatt belassene Frontseite, die nach oben hin durch eine einfache horizontal verlaufende Leiste abgeschlossen ist.³²⁰ Zierleiste und planer Bereich stehen dabei in einem Höhenverhältnis von 1:6–6,5. In der Regel wird diese Gestaltungs-Form im Innenraum der Gebäude verwendet.³²¹ Dem frühesten Beispiel am Ende des 5. Jahrhunderts aus der Cella des Apollontempels von Bassai (**IV.2 a**) folgen weitere vereinzelte Exemplare im 4. Jahrhundert sowie in der 1. Hälfte des 3. Jahrhunderts (s. Tabelle 15). Außerhalb der Peloponnes sind entsprechende Vergleichsbeispiele vor allem während des 6. Jahrhunderts in der kykladischen und vereinzelt auch in der kleinasiatischen Architektur zu finden.³²² Aus dem 5. Jahrhundert sind weitere Beispiele insbesondere aus dem attischen Raum bekannt.³²³ In Makedonien oder dem griechischen Westen konnten bisher keine Beispiele solcher Architrave belegt werden. Die frühe Gestaltung faszienloser Architrave im Raum der Kykladen – dort allerdings ohne Zierleiste – hat bereits Gruben als ein charakteristisches Merkmal der inselionischen Architektur (im Gebäudeinneren) angesehen.³²⁴ Es liegt somit die Vermutung nahe, dass diese Art der Innenarchitrav-Gestaltung ursprünglich aus dem inselionischen Raum stammt und über Attika auf die Peloponnes vermittelt wurde.

---

315 Möglicherweise gibt es einen Zusammenhang zwischen der Einführung des Zahnschnitts auf der Peloponnes und Architraven mit zwei Faszien (s. Kapitel II.6.3).

316 Lokri, ionischer Tempel (s. Kapitel II.2, Anm. 25); Metapont, ionischer Tempel (s. Kapitel II.2, Anm. 9).

317 Labraunda, Süd- und Ostpropyläen sowie Zeustempel (s. Kapitel II.2, Anm. 49); lykisch- und karisch-ionischen Felsgräber 4. Jh. oder später (Miller 1972, 36 mit Anm. 82–83).

318 Lefkadia, Palmettengrab (s. Kapitel II.2, Anm. 8); Vergina, Rhomaiosgrab (s. Kapitel II.2, Anm. 17). Miller 1972, 199. Miller 1973, 202.

319 Miller 1972, 36. 189–190; Miller 1973, 202–203.

320 **IV.2 a** Bassai, Apollontempel Cella; **IV.13** Korinth, Streufund; **IV.22 f** Olympia, Philippeion (innen). Miller spricht die obere Zierleiste als Faszie an und ordnet den Architrav auch formal den „Zwei-Faszien-Architraven" zu (Miller 1973, 202). Gleichzeitig merkt sie aber auch an, dass die obere Faszie extrem schmal sei und daher die Benennung als „undivided single-fasciaed epistyle" bezeichnender wäre. Auf Grund der sich hier abzeichnenden Schwierigkeit bei der Abgrenzung zwischen der Identifikation als Faszie oder als Zierleiste wird bei der vorliegenden Arbeit Abstand zur Kategorisierung in „Ein- und Zwei-Faszien-Architrave" genommen.

321 Nicht sicher nachweisbar ist dies bei dem Beispiel aus Korinth (**IV.13**), da es sich hierbei um einen Streufund handelt.

322 Delos, Naxier-Oikos Osthalle (s. Kapitel II.3, Anm. 30); Archaisches Didymaion (s. Kapitel II.3, Anm. 46; Datierung Architrav nach: Gruben 1972, 35 Anm. 86). Delphi, Knidisches und Siphnisches Schatzhaus 560–550 v. Chr. und 524 v. Chr. (Bommelaer 1991, 141–142 mit Abb. 51; Daux – Hansen 1987, 15–16. 225 Abb. 133. Barletta 2001, 115 Anm. 71).

323 Sounion, Athenatempel (s. Kapitel II.3, Anm. 30): Faszie und Zierleiste stehen in einem Höhenverhältnis von 1:4 (0,415 m und 0,106 m nach Gruben 1976, 217); Tempel am Ilissos (s. Kapitel II.2 Anm. 49).

324 Gruben 1972, 35 Anm. 86 (leider nennt Gruben hier keine konkreten Beispiele); siehe auch Lambrinoudakis 1996, 59. Barletta gibt in diesem Zusammenhang jedoch zu bedenken, dass die Verbindung des knidischen Schatzhauses zur östlichen Architektur nicht unproblematisch sei, zumal der Bau Parallelen zu den anderen, späteren Schatzhäusern in Delphi aufweist und deshalb eigentlich einer eigene Kategorie angehöre und nicht als reiner Vertreter der inselionischen Architektur gelten kann (Barletta 2001, 115).

II.4.2 Fries

Auf der Peloponnes kann zwischen drei Friesformen unterschieden werden: im Wesentlichen sind das der Kyma recta-Fries, der Apophygen-Fries sowie der vertikalem Fries. Charakteristisch für den *Kyma recta-Fries* ist seine leicht S-förmig geschwungene Profilkurve, die eine weiche Überleitung zwischen Architrav, Fries und Zahnschnitt schafft. In der Regel ist der Fries nicht plastisch ausgestaltet, sondern zeigt eine glatt belassene Oberfläche.[325] Ein plastisch ausgearbeiteter Lotos-Palmetten-Fries ist lediglich am Rundbau in Messene (**IV.17**) zu beobachten. Erstmals belegt ist der Kyma recta-Fries an der Tholos in Epidauros (**IV.5**) und wird später bis zum Ende des 3. Jahrhunderts mehrfach wiederholt (Tabelle 16). Dabei zeichnet sich eine lokale Konzentration auf das Heiligtum von Epidauros ab. Außerhalb der Peloponnes lässt sich der Kyma recta-Fries hingegen erst ab römischer Zeit regelmäßig nachweisen.[326] Die Tatsache, dass die ersten Beispiele dieser Form aus dem Heiligtum von Epidauros stammen und dort zudem eine Konzentration dieser Form vorliegt, legen einen Ursprung des Kyma recta-Frieses in diesem Gebiet und somit auf der Peloponnes nahe.

Ähnlich häufig wie der Kyma recta-Fries tritt der *Apophygen-Fries*[327] auf der Halbinsel auf. Charakteristisches und daher namensgebendes Element ist der zum Kopfprofil sacht überleitende Ablauf – die Apophyge. Diese Gestaltungsform ist erstmals am Philippeion in Olympia belegt (**IV.22**) und findet während des späten 4. und 3. Jahrhunderts mehrfach Wiederholung (Tabelle 16).[328] Einzelne Exemplare weisen dabei eine plastische Verzierung in Form von Bukranien auf.[329] Außerhalb der Peloponnes tritt der Apophygen-Fries besonders häufig in Makedonien auf.[330] Die entsprechenden Beispiele datieren alle zeitgleich bzw. etwas später als das früheste peloponnesische Exemplar. Miller, die sich intensiv mit der makedonischen Architektur beschäftigt hat, geht davon aus, dass der Apophygen-Fries vom etwas älteren Kyma recta-Fries in der Argolis ableitet und somit peloponnesischen Ursprungs sei.[331] Der Apophygen-Fries kann jedoch bereits um 360 v. Chr. am Kalksteintempel in Delphi nachgewiesen werden[332] und datiert somit etwas früher bzw. nahezu zeitgleich mit dem ersten Kyma recta-Fries auf der Peloponnes. Folglich ist es denkbar, dass der Apophygenfries, der erstmals in Delphi belegt ist, auf die peloponnesische Architektur ausgestrahlt hat und dort am Philippeion in Olympia wiederholt wurde.

Die schlichteste und zugleich seltenste Form des Frieses ist der vertikale Fries. Er zeigt im Profil eine einfache vertikal verlaufende Linie und kann an der Frontseite zusätzlich mit einer einfachen Leiste am oberen Rand versehen sein. Er kommt vorwiegend im Gebäudein-

---

325 **IV.3** Epidauros, Theater Paradostor; **IV.5** Epidauros, Tholos; **IV.8 a** Epidauros, Tempel L; **IV.6 a** Epidauros, Nordpropyläen; **IV.11** Korinth, untere Peirene-Quelle; **IV.13** Korinth, Streufund; **IV.17** Messene, Rundmonument.
326 Shoe 1936, 96–97.
327 Siehe „apophyge frieze" bei Miller 1972, 51–52.
328 **IV.6** Epidauros, Nordpropyläen; **IV.12** Korinth, ASKL Tor Lerna; **IV.15** Messene, ASKL Stoai; **IV.16 a** Messene, Brunnenhaus **IV.22 b** Olympia, Philippeion (außen); **IV.22 g** Olympia, Philippeion (innen).
329 **IV.6** Epidauros, Nordpropyläen; **IV.15** Messene, Asklepieion Stoai.
330 Dion, Soteriades Grab Ende 4. Jh. (B42 Dion I, s. Mangoldt 2012, 121–124, Taf. 43; Miller 1972, 51. Miller 1973, 205); Lefkadia, Palmettengrab mit aufgemalter Anthemion-Verzierung (s. Kapitel II.2, Anm. 8); Vergina, Eurydikegrab (s. Kapitel II.2, Anm. 24); Langada, Grab um 300 v. Chr. (B 77 Liti I, s. Mangoldt 2012, 188–191, Taf. 73. 74).
331 Solche Vereinfachungen ursprünglich komplizierterer Formen sei typisch für die makedonische Architektur (Miller 1972, 52–56. Miller 1973, 205–206).
332 Michaud 1977, 118. Abb. 126 Taf. 76–77.

neren vor, kann, wie der Torbau zum Gymnasion von Olympia zeigt, aber auch an der Außenseite verwendet werden, wobei er dort eine zusätzliche plastische Verzierung aufweist. Diese besteht aus sich abwechselnden Bukrania und Lotosblüten zwischen denen eine lose Schnur mit aufgereihten Perlen herab hängt.[333] Die vertikale Fries-Form ist ab etwa 300 v. Chr. und somit etwas später als die anderen beiden Formen belegt (Tabelle 16).[334]

Ein für die Peloponnes singuläres Beispiel stellt der Fries in der Cella des Apollontempels von Bassai (**IV.2 b**) dar. Es handelt sich um einen plastisch ausgearbeiteten Relieffries mit figürlichen Darstellungen, die eine Amazonomachie sowie eine Kentauromachie zeigen.[335] Während es auf der Halbinsel das einzig belegte Exemplar dieser Art ist, gilt der skulptierte Fries vor allem in der ostionischen Architektur als charakteristisches Element und ist an allen größeren Tempelbauten archaischer Zeit belegt.[336] Neben vereinzelten Beispielen in der inselionischen und der westgriechischen Architektur ist er weiterhin auch häufig in der attischen Architektur vertreten. Dort kommt er während des 5. Jahrhunderts am Erechtheion, am Niketempel sowie am Ilissos-Tempel vor und gelangte wahrscheinlich über diesen Weg auf die Peloponnes.[337]

Der gänzliche Verzicht auf einen Fries innerhalb der Gebälk-Abfolge kann als zusätzliche Gestaltungsmöglichkeit verstanden werden und lässt sich in Olympia und Sikyon beobachten.[338] Da es sich in dem einen Fall um die Außen-, in dem anderen Fall um die Innenordnung handelt, scheint der Verzicht nicht mit der Position des Frieses am Gebäude zusammen zu hängen. Überregional ist das Gebälk ohne Fries jedenfalls vor allem für die ostionische bzw. die inselionische Architektur charakteristisch,[339] kommt darüber hinaus vereinzelt aber auch in Großgriechenland[340] und Makedonien vor.[341] Innerhalb der ionisch-peloponnesischen Architektur bleibt es jedoch eine seltene Ausnahme und könnte im Fall des Leonidaions in Olympia wohl mit der Herkunft des Stifters Leonidas zusammenhängen, der ursprünglich von der Insel Naxos stammte.[342]

II.4.3 Zahnschnitt

Der Zahnschnitt wird mit der ersten ionischen Außenordnung, die am Philippeion von Olympia um 338 v. Chr. auftritt, auf der Peloponnes eingeführt. In der Folgezeit wird er bei

---

333 Siehe auch Kapitel II.5.6 Bukranion.
334 **IV.7** Epidauros, Gymnasion Propylon; **IV.8** Epidauros, Tempel L; **IV.19** Olympia, Tor zum Gymnasion.
335 Zum Skulpturen-Fries s. Madigan 1992.
336 Barletta 2001, 117–118; s. auch Ridgway 1977, 377–415. 383.
337 Delphi, Schatzhaus der Siphnier (s. Anm. 16); Metapont, ionischer Tempel mit Lotos-Palmetten-Fries (s. Kapitel II.2, Anm. 9); Athen, Erechtheion und Niketempel (s. Kapitel II.2, Anm. 50) sowie Tempel am Ilissos (s. Kapitel II.2, Anm. 49).
338 **IV.20** Olympia, Leonidaion (Außenordnung); **IV.25** Sikyon, Stoa (Innenordnung).
339 Barletta 2001, 117–119.
340 Lokri, ionischer Tempel (s. Kapitel II.2, Anm. 25).
341 Palatitza Grab I; Lefkadia, Großes Grab; Amphipolis, ionischer Naiskos Grabrelief (Kavalla Museum Nr. 424; s. Miller 1972, 40–41).
342 Paus. V 15,2; VI 16,5; Bauinschrift auf Architrav V Nr. 651, s. Svenson-Evers 1996, 380–387. Wer allerdings die Stoa in Sikyon stiftete ist nicht bekannt. Orlandos identifizierte das Gebäude mit der sog. bemalten Stoa, die von Lamia, einer Mätresse Demetros Poliorketes' errichtet worden sein soll (Orlandos 1952, 187–191), während Roux diese Identifikation ablehnt und eine Zuordnung zu Attalos II. bevorzugt (Roux 1958, 147–148). Letzte Sicherheit in dieser Frage kann wohl nicht erlangt werden. Das Gebälk jedenfalls spricht dafür, dass der Architekt sich am Leonidaion oder direkt an ostionischen bzw. inselionischen Vorbildern orientiert hat.

allen ionisch-peloponnesischen Außengebälken eingesetzt,[343] während er in Verbindung mit ionischen Innenordnungen nur in Ausnahmefällen vorkommt.[344] Die sich abwechselnden Zahn- und Via-Elementen, welche nach oben durch ein Kopfprofil[345] abgeschlossen werden, sind teilweise durch eine zusätzliche Leiste im oberen Bereich miteinander verbunden[346], weisen darüber hinaus aber keine weiteren Verzierungen auf. Die proportionalen Verhältnisse der Zahnschnitte sind so gestaltet, dass die Breite des Zahnes immer größer als die Breite der Via ist (Tabelle 17 und Diagramm 4). Über diese allgemeingültige Regel hinaus weisen die Zähne im Hinblick auf ihr Breiten-Höhen-Verhältnis ein Spektrum von annähernd quadratisch bis hochrechteckig auf. Dabei werden die Zähne im Laufe der Zeit tendenziell schmaler und höher, wobei der schmalste Zahn mit einem Verhältnis von ca. 1:2 (BZ:HZ) am Proskenion des Theaters von Epidauros (**IV.4**) zu finden ist. Hingegen zeigen die Maße der Viae, dass diese immer von deutlich hochrechteckiger Form sind.

Diagramm 4 Proportionale Verhältnisse von Zahnschnitten im Vergleich zueinander (B=Breite, H=Höhe, Z=Zahn, V=Via).). Auf der x-Achse sind die Beispiele in chronologischer Reihenfolge aufgeführt, wobei ganz links das älteste Beispiel (**IV.22 f–h**), ganz rechts das jüngste Beispiel (**IV.4**) steht (s. auch Tabelle 17). Auf der y-Achse können die Proportionsverhältnisse abgelesen werden. Bei Exemplar **IV.22** beispielsweise, verhält sich die Breite der Via zur Höhe der Via wie 1:2,41.

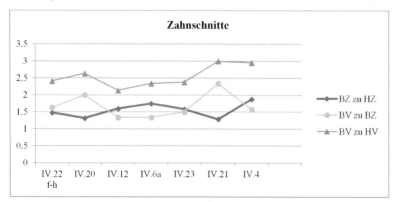

Der Zahnschnitt gilt als typisches Element der ostionischen Architektur, wobei sein genauer Ursprung umstritten ist.[347] Erstmals in Kombination mit einem Fries ist er an der ionischen Außenordnung des Tempels D in Metapont (Ende 1. V. 5. Jh.)[348] belegt. Auch in Attika wurde er bereits während des 5. Jahrhunderts verwendet, kommt jedoch in Kombination mit einem Fries nicht innerhalb einer Ordnung, sondern nur innerhalb ein und desselben Gebäudes vor, wie beispielsweise das Erechtheion zeigt. Dort weisen die West-, Nord- und Ostfassaden zwar einen Fries, aber keinen Zahnschnitt auf. In der Karyatidenhalle ist es hinge-

---

343 Siehe Tabelle 17 und Roux 1961, 355. **IV.22** Olympia, Philippeion; **IV.20** Olympia, Leonidaion; **IV.12** Korinth, Tor zur Lerna; **IV.3** Epidauros, Theater, Paradostor; **IV.6** Epidauros, Nordprolyläen; **IV.23** Perachora, Brunnenhaus; **IV.11** Korinth, untere Peirene-Quelle; **IV.21** Olympia, Palästra; **IV.25** Sikyon, Stoa; **IV.16 a** Messene, Brunnenhaus; **IV.13** Korinth, Streufund; **IV.4** Epidauros, Theater Proskenion; **IV.17** Messene, Rundmonument; **IV.15** Messene, ASKL Stoai; **IV.19** Olympia, Tor zum Gymnasion.
344 **IV.25** Sikyon, Stoa; **IV.16 a** Messene, Brunnenhaus der Arsinoe.
345 Zu den Kopfprofilen siehe Kapitel II.4.5.
346 **IV.13** Korinth; **IV.10** Kleonai.
347 Sowohl der griechische Osten als auch der kykladische Raum werden hierbei diskutiert. Eine knappe Zusammenfassung der entsprechenden Literatur ist zu finden bei Barletta 2001, 119 und 193 Anm. 95.
348 Barletta 2001, 120; Mertens 1979, 120. Abb. 2; Mertens – Schützenberger 2006, 296–299.

gen umgekehrt: Dort kommt ein Zahnschnitt vor, aber kein Fries.[349] Die nächsten außerpeloponnesischen Vergleichsbeispiele treten erst weit über ein Jahrhundert später in Samothrake auf.[350] Der dortige Propylon-Bau wird anhand seiner architektonischen Merkmale in die Zeit um 350–330 v. Chr. datiert[351] und somit nahezu zeitgleich mit dem Philippeion in Olympia. Das Gebälk, das Zahnschnitt und Fries miteinander kombiniert, ist also insgesamt ein bereits zuvor verbreitetes Architekturelement, das ausgehend vom Philippeion erst in hellenistischer Zeit zur charakteristischen Gebälkform auf der Peloponnes wird.

II.4.4 Geison

Wie der Zahnschnitt ist auch das Geison ein typisches Element der Außenordnung. Es trägt die darüber befindliche Sima und ragt weit über den darunter befindlichen Fries, um diesen vor herabtropfendem Regenwasser zu schützen. In der Regel weisen die Geisa ionisch-peloponnesischer Außenordnungen eine plan gestaltete Frontseite auf, enden unten in einer Traufnase und werden oben von einem Kopfprofil abgeschlossen.[352] Auf der Halbinsel lassen sich zudem mehrere Beispiele finden, bei denen ein Geison innerhalb des Gebäudes auftritt (s. Tabelle 18).[353] An diesem Anbringungsort ist die eigentliche Funktion eines Geisons jedoch hinfällig, da das Gebälk vom darüber befindlichen Dach geschützt wird. Dennoch ist ein Geison in der Cella des Apollontempels von Bassai, dem frühesten peloponnesischen Beispiel, vorhanden (s. Tabelle 18). Schließt man eine hypäthrale Cella[354] aus, muss es eine andere Erklärung für das Geison im Inneren geben. Seine Verwendung bietet vor allem zwei Vorteile: Zum einen schließt es den skulptierte Fries optisch wirksam gegen die Decke ab und zum anderen ist dadurch ein Element gewonnen, dass zu einer gesteigerten Höhe der Ordnung innerhalb der Cella beiträgt. Dass dies ein erstrebenswertes Ziel war, wird durch eine Untersuchung der proportionalen Verhältnisse der ionischen Ordnung deutlich (s. Kapitel II.6). Es handelt sich in Bassai nämlich um den frühesten dorischen Peripteraltempel mit ionischen Ordnung im Inneren der Cella. Die sich daraus ergebenden neuen Rahmenbedingungen für die proportionalen Verhältnisse der Innenordnung werden in Kapitel II.6.1 näher erläutert. Nachdem das Geison im Gebäudeinneren also erstmals Ende des 5. Jahrhunderts in Bassai verwendet worden ist, tritt es vor allem während des 4. Jahrhunderts und vereinzelt noch im 3. Jahrhundert auf der Peloponnes auf (s. Tabelle 18). Hierbei dürfte sich eine (handwerkliche?) Eigenart für das Heiligtum von Epidauros abzeich-

---

349 Stevens u. a. 1927, Taf. 16. 18–20. 22. 23; Gruben 1976, 205 Abb. 168.
350 „Propylon zum Temenos" bzw. der „Hall of the Choral dancers" (Barletta 2001, 193–194 Anm.97).
351 Lehmann u. a. 1982, 273–278.
352 **IV.22 e** Olympia, Philippeion; **IV.20** Olympia, Leonidaion; **IV.6 a** Epidauros, Nordpropyläen; **IV.23** Perachora, Brunnenhaus; **IV.11** Korinth, Peirene-Quelle; **IV.3** Epidauros, Theater, Paradostor; **IV.4** Epidauros, Theater, Proskenion; **IV.15** Messene, ASKL Stoai; **IV.12** Korinth, ASKL, Propylon der Lerna. Zu den Kopfprofilen s. Kapitel II.4.5.
353 **IV.2 c** Bassai, Apollontempel; **IV.5** Epidauros, Tholos; **IV.22 h** Olympia, Philippeion; **IV.6** Epidauros, Nordpropyläen; **IV.8** Epidauros, Tempel L; **IV.25** Sikyon, Stoa; **IV.16 a** Messene, Brunnenhaus Arsinoe.
354 Aufgrund des Geisons wurde zunächst eine hypäthrale Lösung für den Tempel in Bassai vorgeschlagen (in allen Publikationen seit 1820 zu finden, s. Mallwitz 1975, 30 Anm. 45). Diese Möglichkeit wurde jedoch wieder verworfen, da es zum einen keine Möglichkeit gibt das Regenwasser innerhalb des Tempels abzuleiten (so Kenner 1946, 37–38) und zum anderen da ein marmorner Flachziegel mit angearbeitetem Kalypter durch Haller von Hallerstein entdeckt wurde, der darauf schließen lässt, dass es ein Opeion und somit auch eine Überdachung gegeben hat (abgebildet bei: Roux 1961, 54. Taf. 20. Siehe auch Dinsmoor 1950, 158 Anm. 3).

56   Einzelstudien

nen. Dort fehlt nämlich die Traufnase konsequent unterhalb des Geisons, während sie bei den anderen Beispielen innerhalb der Gebäude durchgehend ausgeführt ist.[355]

II.4.5 Kopfprofile

Die einzelnen Bestandteile des Gebälks (Architrav, Fries, Zahnschnitt, Geison) werden oben in der Regel durch ein Kopfprofil abgeschlossen. Auf der Peloponnes lassen sich hierbei verschiedene Profilformen unterscheiden (Tabelle 19 und Abb. 397).

Form 1 (Kyma reversa)

Hauptbestandteil der Form 1 ist das Kyma reversa. Es kann durch eine Viertelkehle (Form 1a) oder einen Absatz (Form 1b) erweitert sein. In seiner reduzierten Form ist das einfache Kyma reversa relativ selten belegt. Es kommt im Gebäudeinneren an einem Architrav und an einem Geison in Epidauros[356] vor sowie in Verbindung mit mehreren Geisa an der Gebäudeaußenseite.[357] Das einfache Kyma reversa als Kopfprofil tritt auf der Peloponnes erstmals am Philippeion in Olympia auf und wird dann vor allem während der 2. Hälfte des 4. Jahrhundert häufig verwendet (s. Tabelle 19). Außerhalb der Halbinsel ist die Form als Kopfprofil am Gebälk bisher nur vom ionischen Tempel in Lokri (470 v. Chr.)[358] bekannt.

Die mit einer Viertelkehle erweiterte Form 1a tritt häufiger auf als die einfache Variante. Sie ist bisher ausschließlich in Verbindung mit Architraven (sowohl innerhalb als auch außerhalb der Gebäude) belegt, wo sie erstmals am Ende des 5. Jahrhunderts im Tempel von Bassai nachgewiesen ist. Weitere Exemplare können bis zum Ende des 3. Jahrhunderts beobachtet werden (s. Tabelle 19).[359] Teilweise ist die Profilabfolge durch einen zusätzlichen Rundstab unterhalb verziert.[360] In der Regel weist das Profil keine Ornamente in plastisch ausgearbeiteter Form auf.[361] Außerhalb der Peloponnes tritt die Form 1a erstmals in Athen am Erechtheion auf und somit etwas früher als in Bassai. Neben weiteren attischen Beispielen findet sich die Form außerdem in Delphi, Delos sowie im griechischen Westen an Wohnhäusern des 3. und 2. Jahrhunderts in Selinos und Cefalu.[362]

---

355   Geisa innen ohne Traufnase: **IV.5** Epidauros, Tholos; **IV.6** Epidauros, Nordpropyläen; **IV.8** Epidauros, Tempel L. Geisa innen mit Traufnase: **IV.2 c** Bassai, Apollontempel; **IV.22 h** Olympia, Philippeion; **IV.25** Sikyon, Stoa; **IV.16 a** Messene, Brunnenhaus Arsinoe.
356   **IV.5** Tholos (Architrav korinthische Innenordnung); **IV.8** Tempel L (Geison korinthische Innenordnung).
357   **IV.6 a** Epidauros, Nordpropyläen; **IV.4** Epidauros, Theater Proskenion; **IV.3** Epidauros, Theater Paradostor; **IV.22 e** Olympia, Philippeion (außen); **IV.22 h** Olympia, Philippeion (innen); **IV.20** Olympia, Leonidaion.
358   Dort am Architrav belegt: Gruben – Kienast 2014, Taf. 123; Mertens – Schützenberger 2006, 305–309.
359   **IV.2 a** Bassai, Apollontempel; **IV.13** Korinth, Streufund; **IV.7** Epidauros, Gymnasion Propylon; **IV.3** Epidauros, Theater Paradostor; **IV.8 a** Epidauros, Tempel L; **IV.6 a** und **IV.6** Epidauros, Nordpropyläen; **IV.11** Korinth, untere Peirene-Quelle; **IV.17** Messene, Rundmonument; **IV.22** Olympia, Philippeion; **IV.5** Epidauros, Tholos.
360   **IV.5** Epidauros, Tholos; **IV.22** Olympia, Philippeion.
361   Ausnahme: **IV.17** Messene, Rundarchitrav (hier ist das Kyma reversa mit einem lesbischen Kymation ausgearbeitet).
362   Shoe 1936, 58–60. Taf. XXVII, 5. 7. 9. 27. 28. 29. 30. Athen (Erechtheion Osthalle; Agora Tempel des Apollo Patroos), Delphi (Fragment aus Gymnasion), Delos (Oikos Kynthion; Gymnasion, Nische in Adyterion Raum G, Sarapeion C). Shoe 1952, 150–153. Taf. XXVI, 8. 9. Selinos (Akropolis, Haus). Cefalu (Haus).

Die mit einem Absatz erweiterte Form 1b kann, wenn auch nur selten belegt, an allen Gebälk-Elementen vorkommen (s. Tabelle 19).[363] Erstmals um 338 v. Chr. am Außenarchitrav des Philippeions in Olympia nachweisbar ist diese Variante an Innengebälken bis in die erste Hälfte des 2. Jahrhunderts belegt. Eine Erweiterung durch einen Rundstab wie bei Form 1a ist nicht bekannt. Darüber hinaus kann diese Kopfprofil-Form in umgekehrter Reihenfolge, d.h. mit dem Absatz unterhalb statt oberhalb des Kyma reversas (Form b1), besonders häufig in Verbindung mit Zahnschnitten und somit an Gebäudeaußenseiten nachgewiesen werden. Auch diese Variante tritt erstmals am Philippeion in Olympia auf und lässt sich darüber hinaus bis in die erste Hälfte des 2. Jahrhunderts verfolgen.[364] Außerhalb ist die Profilform bestehend aus Kyma reversa und Absatz schon seit der Mitte des 5. Jahrhunderts bekannt und somit wesentlich früher als auf der Peloponnes. Entsprechende Beispiele in Athen, Sounion, Pergamon, Delos sowie Priene belegen eine Verbreitung bis zum Ende des 2. Jahrhunderts.[365] Hingegen ist sie im griechischen Westen[366] sowie in Makedonien[367] nur selten anzutreffen.

Form 2 (ionisches Kymation)

Hauptbestandteil der Form 2 ist das ionische Kymation. Es kann durch eine Viertelkehle (Form 2a) oder einen Absatz (Form 2b) erweitert sein. In seiner reduzierten Form ist das einfache ionische Kymation relativ häufig sowohl innerhalb als auch außerhalb der Gebäude belegt.[368] Hierbei kommt es vor allem in Verbindung mit dem Kyma recta-Fries[369] vor, daneben auch an einzelnen Zahnschnitten, nicht jedoch an Architraven. Somit ist die einfache Form 2 erstmals an der Tholos in Epidauros belegt und dann vor allem an Bauten des 3. Jahrhunderts (s. Tabelle 19). In der Regel wird das ionische Kymation durch einen Rundstab erweitert, nur bei den Beispielen aus Messene fehlt dieser.[370] Plastisch ausgearbeitete Ornamente sind bei keinem der Beispiele zu beobachten. Außerhalb der Peloponnes tritt das ionische Kymation als Kopfprofil am Gebälk vor allem im griechischen Mutterland sowie im Osten auf. Neben Beispielen in Athen, Xanthos, Halikarnassos, Samothrake, Delos, Perga-

---

363 **IV.22** Olympia, Philippeion; **IV.16 a** Messene, Brunnenhaus; **IV.19** Olympia, Tor zum Gymnasion (innen und außen); **IV.11** Korinth, Peirene-Quelle.

364 **IV.12** Korinth, ASKL Tor zur Lerna; **IV.3** Epidauros, ASKL Theater, Paradostor; **IV.6 a** Epidauros, Nordpropyläen; **IV.23** Perachora, Brunnenhaus; **IV.11** Korinth, untere Peirene-Quelle; **IV.13** Korinth, Streufund; **IV.4** Epidauros, Theater, Proskenion; **IV.22 c** Olympia, Philippeion; **IV.20** Olympia, Leonidaion.

365 Shoe 1936, 58–60. Taf. XVII, 2. 3. 17. 18. 21. 22. 24–26. Athen (Hephaistos Tempel), Sounion (Poseidon Tempel, Pronaos), Pergamon (Demeter Tempel, Zeus-Altar, Stoa obere Agora, untere Gymnasion-Terrasse, Theater-Terrasse südl. Ende), Delos (Philipp Stoa), Priene (bei Prytaneion).

366 Selinos, östl. Tempel B, Heiligtum der Demeter Malophoros, 3. Jh. (Shoe 1952, 150–153, Taf. XXV, 35, Taf. XXVI, 7).

367 Vergina, Rhomaiosgrab um 325–300 v. Chr. (B127 Vergina III, s. Mangoldt 2012, 270–273, Taf. 107. 108, 1. 2. 1; Rhōmaios 1951).

368 **IV.3** Epidauros, Theater Paradostor; **IV.5 b** Epidauros, Tholos; **IV.6 a** Epidauros, Nordpropyläen; **IV.6 b** Epidauros, Nordpropyläen; **IV.11** Korinth, untere Peirene-Quelle; **IV.13** Korinth, ASKL Streufund; **IV.15** Messene, ASKL Stoai; **IV.16 a** Messene, Brunnenhaus; **IV.23** Perachora, Brunnenhaus.

369 Siehe Kapitel II.4.2.

370 **IV.15 a** Messene, ASKL Stoai; **IV.16 a** Messene, Brunnenhaus.

58 Einzelstudien

mon und Magnesia[371] kommt es beispielsweise auch am Siphnier Schatzhaus in Delphi (524 v. Chr.)[372] vor.

Die durch einen Perlstab unten sowie eine Viertelkehle oben erweiterte Profilform 2a ist bisher nur einmal auf der Halbinsel belegt und zwar am Ende des 4. Jahrhunderts an der Außenordnung des Leonidaions von Olympia (**IV.20** Abb. 381). Während diese erweiterte Form auf der Peloponnes sehr selten vertreten ist, kommt sie außerhalb recht häufig vor und kann in Athen, Pagasae, Pergamon und Magnesia vom 5. bis in das 2. Jahrhundert belegt werden.[373] Darüber hinaus sind vereinzelte Beispiele im griechischen Westen[374] sowie in Makedonien[375] zu beobachten.

Die mit einem Absatz erweiterte Form 2b ist nur selten auf der Halbinsel zu finden.[376] Sie kann zusätzlich mit einem Perlstab versehen sein und ist in Verbindung mit einem Innenarchitrav sowie Außengeisa belegt. In umgekehrter Profilabfolge, d.h. mit Absatz unterhalb statt oberhalb des ionischen Kymations (Form b2) kommt die Form vor allem an Zahnschnitten vor.[377] Demnach ist dieses Kopfprofil erstmals um 330 v. Chr. im Zeustempel von Nemea auf der Peloponnes belegt und kann bis in das 2. Jahrhunderts nachvollzogen werden. Außerhalb der Halbinsel wurde sie im ionischen Tempel von Metapont bereits wesentlich früher verwendet (Ende 1. V. 5. Jh.).[378] Darüber hinaus kann sie im 4. Jahrhundert auch in Delphi (Kalksteintempel, um 360 v. Chr.)[379] beobachtet werden und im 3. Jahrhundert auch auf Lesbos und in Pergamon.[380]

Weitere Formen

Neben Kyma reversa und ionischem Kymation wurden Kopfprofilformen vereinzelt auch in anderer Weise gestaltet (Tabelle 19). Für keine der im Folgenden aufgeführten Beispiele ließen sich jedoch entsprechende Vergleichsbeispiele an ionischen Gebälken außerhalb der Peloponnes finden, sodass es sich um lokale Formen handeln muss. Der Architrav der ionischen Ordnung innerhalb der Philipps-Stoa von Megalopolis (**IV.14** Abb. 371–373) wird von einer Kombination aus Viertelrund, Kehle sowie einem hohen Absatz bekrönt (Form 3).[381] Außerhalb der Peloponnes ließen sich für diese Profilform zwar vereinzelte Vergleichsbei-

---

371 Shoe 1936, 170. Taf. XXIII, 12; XII, 5. 9; XIII, 4. 12. 15; XIV, 8. Athen (Hephaistostempel), Xanthos (Nereidenmonumnet), Halikarnassos (Maussolleion), Samothrake (Ptolemaion), Delos (Philipps-Stoa, ionische Kolonnade), Pergamon (obere Gymnasion-Terrasse, Tempel), Magnesia (Artemistempel).
372 Daux – Hansen 1987, 225 Abb. 133.
373 Shoe 1936, 21–22. 170–171. Taf. XII, 3. 4. 14; XIII, 13. 14; XV, 6. Athen (Niketempel, Erechtheion), Pagasae (untere Akropolis, heiliger Bezirk); Pergamon (obere Gymnasion Terrasse, Tempel); Magnesia (Artemistempel).
374 Syracus (Shoe 1952, 73–74. Taf. XXII, 2).
375 Lefkadia, Palmettengrab (s. Kapitel II.2, Anm. 8).
376 **IV.18** Nemea, Zeustempel; **IV.12** Korinth, ASKL, Propylon der Lerna; **IV.17** Messene, Rundmonument.
377 **IV.25** Sikyon, Stoa; **IV.20** Olympia, Leonidaion.
378 Der Perlstab fehlt hier am Kopfprofil, ist dafür aber zwischen die beiden Faszien des Architravs gerückt (Mertens 1979, 120. Abb. 2; Mertens – Schützenberger 2006, 296–299).
379 Michaud 1977, 118. Taf. 80.
380 Shoe 1936, 21–22. 170–171. Taf. XII, 12. 17; XIII, 2. 3(?). 9. Lesbos um 280 (Messa, Aphrodite Tempel), Pergamon 197–159 v. Chr. (Tempel, Theater Terrasse).
381 Ein ähnliches Profil lässt sich auch an einem Antenkapitell aus Megalopolis, das hinter der West-Exedra der Philipps-Stoa gefunden wurde (**III.36 b**) und nach Lauter mit hoher Wahrscheinlichkeit einer Fensterarchitektur in einer der Exedren zugeordnet werden kann beobachten (s. Kapitel II.3.2; Lauter-Bufe 2014, 47–48 Kat. Nr. 124. Taf. 59, 93a).

spiele in Verbindung mit Antenkapitellen oder Türstürzen anführen[382], nicht aber in Verbindung mit einem Gebälk. Somit kommt der Philipps-Stoa auch im Hinblick auf den ionischen Architrav eine besondere Stellung innerhalb der peloponnesischen Architektur zu.[383]

Ein weiteres ungewöhnliches Kopfprofil findet sich an einem Architrav im Asklepieion von Korinth (**IV.12** Abb. 367–368). Es setzt sich zusammen aus einer Apophyge, die zu einem kleinen Absatz überleitet, der wiederum ein wulstartiges Element stützt, welches kein ionisches Kymation zu sein scheint und für einen Rundstab zu groß wirkt.[384] Eine weitere Kopfprofilform zeigt sich an einem Gebälkfragment aus Sikyon (**IV.25** Abb. 388), bestehend aus zwei übereinander angeordneten Rundstäben (Form 5). In Kombination mit verschiedenen Apophygenfriesen ist ein Kopfprofil bestehen aus einem einfachen Absatz in Olympia, Messene sowie Korinth zu beobachten (Form 6).[385]

Fazit (Gebälk). Mit der Einführung der ersten ionischen Ordnung auf der Peloponnes im Inneren der Cella des Apollontempels von Bassai, wird gleichzeitig ein Bauglied übernommen, das eigentlich ein ausgewiesenes Element von Außenordnungen ist: das Geison. Seine ursprüngliche Funktion als Wasserabweiser im überdachten Gebäudeinneren ist somit obsolet und dürfte folglich entweder eine optische oder proportionale Funktion besessen haben (s. hierzu auch Kapitel II.6). Mit der Einführung der ersten ionischen Außenordnung auf der Peloponnes am Philippeion von Olympia werden zudem zwei neuartige Elemente in der ionisch-peloponnesischen Architektur präsentiert: der Zahnschnitt sowie der Zwei-Faszien-Architrav. Gleichzeitig wird mit diesem Bauwerk das früheste Gebälk bestehend aus Architrav, Fries und Zahnschnitt auf der Halbinsel und im griechischen Mutterland insgesamt vorgestellt. Damit geht die Philippeion-Architektur noch einen Schritt weiter als das Erechtheion in Athen, wo beide Elemente lediglich innerhalb desselben Gebäudes verwendet werden, nicht jedoch innerhalb einer Ordnung. Tatsächlich neu ist dieser Gebälkaufbau an sich zwar nicht, da bereits im 5. Jahrhundert ein vergleichbares Beispiel im griechischen Westen belegt ist, jedoch wird er für die ionisch-peloponnesische Architektur fortan zum charakterisierenden Merkmal. Diese Tatsache begünstigte wahrscheinlich auch die Entwicklung einer neuen Friesform, dem Kyma-recta-Fries. Diese in Epidauros entwickelte Form schafft mit ihren vor- und zurückspringenden Kurven einen geschickten Übergang vom Architrav zum Zahnschnitt und zeigt, dass der Fries innerhalb des dreiteiligen Gebälks nun als verbindendes Glied aufgefasst wurde. Die Untersuchung der Kopfprofile hat demgegenüber gezeigt, dass an Gebälken mit Drei-Faszien-Architraven bevorzugt eine Kombination aus Profilform 1 für den Architrav und Form 2 für den Fries verwendet wurden. Zudem lässt sich herausstellen, dass sich innerhalb des jeweiligen Gebälkaufbaus die Kopfprofilformen fast nie wiederholen, sondern sich vom Architrav bis zum Fries und meist sogar weiter bis zum Zahnschnitt voneinander unterscheiden.

---

382 Pergamon (untere Agora 197–159); Delos (verschiedene Häuser, „Agora oft he Italians" Ende 2. Jh. v. Chr., Gymnasion Nische im Apodyterion 94–93); Thera; Kalydon (Heroon, Ende 2. Jh. v. Chr.). Die Antenkapitelle weisen ebenfalls ein Viertelrund mit darüber befindlichem Cavetto sowie der charakteristisch hohen Faszie auf. Sie datieren in das 2. und 1. Jh. und sind damit wesentlich später als das Stück aus Megalopolis. Shoe 1936, 174–176. Taf. XVII, 1–4. 10. 13–14. 15–19. 21–22. 26. 32. 34; XXIV, 19 (Miscellaneous). Griechischer Westen: Cefalu, „Spring House" Nordtür, Türsturz 2. Jh. v. Chr. (Shoe 1952, 120 Taf. XX, 5); Kaulonia, Votiv-Stele (Shoe 1952, 125. Taf. XXII, 4).

383 Siehe auch die ungewöhnliche Gestaltung der Kapitelle sowie der Säulenschäfte (Kapitel II.2 und II.3.1).

384 Nach der Zeichnung bei: Roebuck 1951, 68 Abb. 19.

385 **IV.22** Olympia, Philippeion (Abb. 401), **IV.15** Messene, Asklepieion Stoai (Abb. 391–392); zusätzlich mit ionischem Kymation: **IV.12** Korinth, ASKL Tor zur Lerna (Abb. 384–385).

II.5 Ornamentik

Im Gegensatz zur schlichten dorischen Bauweise zeichnen sich ionische Denkmäler insbesondere durch ihre schmuckhafte Verzierung aus. Florale und figürliche Motive, Reihen aus Perlen sowie Flechtbänder können nahezu alle Bauglieder von der Basis bis zum Gesims verzieren. Diese plastisch ausgearbeiteten oder aufgemalten Ornamente bedeuten einen erheblichen Mehraufwand bei der Fertigstellung eines Bauwerkes, verleihen ihm dadurch aber auch eine gesteigerte Bedeutung. Beispiele einer besonders reichen Ornamentik lassen sich unter anderem in Athen am Erechtheion oder an den großen Tempelbauten in Kleinasien beobachten. Auf der Peloponnes aber scheinen solche schmuckhaften Verzierungen wesentlich seltener vorzukommen. Hier zeigen die Bauglieder ionischer Ordnung in der Regel glatte Profile und nur wenige Beispiele weisen überhaupt plastisch ausgearbeiteten Dekor auf. Der dadurch entstehende schlichte Eindruck der ionisch-peloponnesischen Ordnung ist möglicherweise bedingt durch eine ungünstige Überlieferungssituation. Da farbliche Gestaltungen im Laufe der Zeit oftmals bis zur Unkenntlichkeit verblassen, lassen sie sich heute nur noch selten nachweisen.[386] Diese Tatsache wiegt insbesondere dann schwer, wenn die Ornamente ursprünglich nicht plastisch ausgearbeitet, sondern lediglich aufgemalt waren. Dass eine solche Verzierungsmöglichkeit auf der Peloponnes grundsätzlich bestand, belegen einige Beispiele aus Olympia.[387] Demnach ist es vorstellbar, dass wenigstens ein Teil der zahlreich erhaltenen glatten Profile ionisch-peloponnesischer Bauglieder ursprünglich bemalt war und somit eben nicht schlicht, sondern reich verziert erschien. Ein wesentlicher Grund dafür, Verzierungen malerisch anzubringen, könnte darin gelegen haben, dass der lokal zur Verfügung stehende Stein auf der Peloponnes meist brüchig ist und sich im Gegensatz zum feinkörnigen Marmor nicht sonderlich gut zur Bearbeitung für detailreiche Ornamente eignet. Eine Ausführung des Dekors in Form von Malerei erschiene vor diesem Hintergrund also als eine naheliegende Alternative.[388] Weitergehende konkrete Aussagen zu Form und Verbreitung sind in dieser Hinsicht aber nicht möglich.

---

386 Beispielsweise konnten am aufwändig ornamentierten Fußprofil der Cellawand im Athenatempel von Tegea (**I.58 b**) entsprechende Farbspuren festgestellt werden (Autopsie Verf. 2014).

387 Sowohl an den Säulen- (**III.47 a**) als auch an den Antenkapitellen (**III.47 c**) der Exedren im Inneren der Palästra von Olympia sind Hinweise erhalten, aus denen die ursprünglich aufgemalte Ornamentik weitestgehend rekonstruiert werden kann. Die aus feinkörnigem Poros gearbeiteten Bauglieder sind sehr sorgfältig gemeißelt und zusätzlich mit eine ca. 1–2 mm starken Stuckmarmorschicht überzogen worden (Curtius u. a. 1880, 116). Darauf haben sich Spuren der ehemaligen Verzierung in Form von Ritzlinien erhalten, die als Vorzeichnung der späteren farblichen Fassung dienten (Curtius u. a. 1880, 120). Somit lässt sich für die Antenkapitelle ein Lotos-Palmetten-Fries am oberen Ende des Schaftes rekonstruieren über dem durch einen Perlstab abgesetzt ein ionisches sowie ein lesbisches Kymation folgen. Außerdem haben sich einzelne Farbspuren erhalten, die zwar nicht der Rekonstruktion der exakten farblichen Fassung dienen können, zumindest aber einen gute Vorstellung der ursprünglichen Farbigkeit liefern (s. Curtius u. a. 1880, Taf. 74, 5. 6. 13). Für den Grund der Blattreihen, die verbindende Leiste oberhalb des Echinus der Säulenkapitellen, den Bereich oberhalb des Pulvinus sowie die Ringe des Balteus scheint ein roter Farbton verwendet worden zu sein. Den Grund des Anthemions an den Antenkapitellen zierte ein tiefes Blau. Die Ranke zeigen grüne und die Blüten gelbe Farbspuren. (Curtius u. a. 1880, 120–121). Zur Farbigkeit griechischer Architektur: Quatremère de Quincy 1815. Wagner – Schelling 1817. Cockerell 1860. Semper 1834. Kugler 1835. Durm 1880. Furtwängler u. a. 1906. Prater 2004. Außerdem entsteht an der Universität Tübingen derzeit im Rahmen eines Promotionsprojektes eine Arbeit von A. D. Teuscher zum Thema „Die Polychromie der antiken Architektur" (Hinweis von M. Trunk).

388 Ein vergleichbares Vorgehen lässt sich beispielsweise in der ebenfalls marmorarmen Region Makedoniens beobachten, wo zahlreiche Grabarchitekturen aus Kalkstein mit Stucküberzug erhalten sind. Aufgrund des

Im Folgenden stehen somit diejenigen Beispiele im Mittelpunkt, die plastisch ausgearbeiteten Dekor überliefern. Sie werden gemäß ihrer jeweiligen Ornamentform, ihrer chronologischen und geographischen Verbreitung sowie möglicher charakteristischer Merkmale, die für eine nähere Datierung dienen sowie Aussagen zu möglichen Einflüssen von außerhalb zulassen eingeordnet.

II.5.1 Lesbisches Kymation

Das lesbische Kymation bestehend aus Blättern und Zwischenblättern kommt als plastisch ausgearbeitetes Bauornament auf der Peloponnes relativ selten vor. In zwei Fällen ist es auch als aufgemaltes Ornament überliefert.[389] Von der 2. Hälfte des 4. Jahrhunderts bis zur Mitte des 2. Jahrhunderts an Säulen- sowie Antenkapitellen belegt, kommt das lesbische Kymation als Kopfprofil am Architrav vor und ziert in einem Fall ein Toichobatprofil (s. Tabelle 22). Die proportionalen Verhältnisse der jeweiligen Profilkurve – sowohl der plastisch ausgearbeiteten als auch der aufgemalten Ornamente – sind mit entsprechenden außerpeloponnesischen Beispielen vergleichbar und zeigen keine nennenswerten Abweichungen.[390]

Die frühesten Beispiele des lesbischen Kymations finden sich auf der Peloponnes in Tegea und Epidauros während der 2. Hälfte des 4. Jahrhunderts. Im Athenatempel von Tegea kommt es sowohl am Toichobatprofil (**I.58 b**) als auch an den Antenkapitellen (**III.69**) vor. Das Ornament weist dort Blätter mit konvex gewölbtem Blattfleisch sowie einer gespaltenen Mittelrippe auf. Die doppel-S-förmig geschwungenen Blätter werden von einem gefurchten Rand begleitet, der ohne Unterbrechung von einem zum anderen Blatt überleitet wodurch zwischen den einzelnen Blättern ein ösenförmiges Gebilde entsteht. In der Tholos von Epidauros (**IV.5**) lässt sich am Kopfprofil des Architravs ein ganz ähnlich ausgearbeitetes Kymation beobachten. Auch hier ist der Blattrand doppelt geschwungen, das Blattfleisch konvex gewölbt, die Mittelrippe gespalten und die Öse deutlich ausgebildet. Für das Motiv des konvex ausgebildeten Blattfleisches lassen sich außerhalb der Peloponnes als unmittelbare Vorläufer die Kymationformen am Erechtheion in Athen anführen.[391] Diese zeigen, im Gegensatz zu früheren Beispielen, erstmals ein deutlich konvex statt konkav ausgebildetes Blatt. Es handelt sich hierbei um eine offensichtliche Neuerung innerhalb der Entwicklung des lesbischen Kymations, die zum Vorbild späterer Bauten in und außerhalb Griechenlands

---

teilweise sehr guten Erhaltungszustands der Gräber kann in vielen Fällen die auf glatte Profile aufgemalte Ornamentik noch deutlich beobachtet werden. Siehe bspw. Vergina, Eurydikegrab und Rhomaiosgrab oder Lefkadia, Palmettengrab und Grab des Totengerichts (Mangoldt 2012, 70. 71. 177–181. 183–186. 270–273. 291–294, Taf. 67. 68. 107. 108, 1. 2. 1. 112, 5. 6).

389 **III.47 b** und **III.47 c** Olympia, Exedra.
390 Die Kopfprofilform am Architrav der Tholos in Epidauros (**IV.5**) beispielsweise zeigt die für das 4. Jahrhundert üblichen Proportionen, d.h. die Tiefe des Ornaments ist etwa so groß wie die Höhe während die obere Kurve etwas tiefer als die untere ist (s. Shoe 1936, 58–60). Auch das Kyma reversa-Profil am Antenkapitell in Olympia (**III.47 c**), welches mit einem lesbischen Kymation bemalt ist zeigt die für seine Zeit üblichen proportionalen Verhältnisse. Es weist die noch für das 4. Jahrhundert üblichen Verhältnisse der Höhe zur Tiefe auf, die nahezu gleich groß sind und zeigt gleichzeitig bereits die für das 3. Jahrhunderts üblich werdenden Verhältnisse der oberen zur unteren Kurve, d.h. die obere Kurve ist kleiner als die untere (s. Shoe 1936, 63–66 und 81).
391 Ganzert 1983, 147–149 mit Abb. 60–61. Vorläufer dieses Elements, jedoch mit wesentlich schwächerer Ausprägung, können Anfang des 5. Jahrhunderts in Unteritalien nachvollzogen werden. Entsprechende Vergleichsbeispiele finden sich in Kroton, Lokri und Metapont (Ganzert 1983, 139 mit Abb. 40–42. Anm. 75–77).

wird. Nur in Kleinasien findet das konvexe Blattfleisch keine Verbreitung. Dementsprechend kann zwischen einem mutterländischen Typus mit konvexem Blattfleisch und einem kleinasiatischen Typus mit konkavem Blattfleisch unterschieden werden.[392] Keine attischen Vorläufer lassen sich hingegen für die doppelt geschwungene Blattrandform, wie sie in Tegea und Epidauros vorkommt, finden. Diese orientieren sich vielmehr an früheren kleinasiatischen Formen.[393] Das Motiv hat sich bereits während der 2. Hälfte des 6. Jahrhunderts herausgebildet, wird dann zum wichtigsten Detail der klassischen Kyma-Normalform[394] und ist vor allem in Kleinasien verbreitet.[395] In Tegea und Epidauros werden demzufolge attische und kleinasiatische Kymation-Elemente frei miteinander kombiniert und dadurch eine neue, eigene Form geschaffen. Diese scheint sogar Anklang bei späteren Bauwerken auf und außerhalb der Peloponnes gefunden zu haben. Verwiesen sei hier zunächst auf die Kymationform an der Statuenbasis im Philippeion von Olympia.[396] Auch dort findet sich eine Mischung attischer und kleinasiatischer Elemente wieder, wobei letztere eindeutig das Aussehen des Ornamentbandes dominieren. Als attisch kann hier noch das schwach konvex ausgeprägte Blattfleisch sowie der breiter werdende Rand über der Öse gedeutet werden.[397] Darüber hinaus reicht die Ausstrahlungskraft der peloponnesischen Mischform wenigstens bis nach Sidon, wo die Fußprofile des Alexander- sowie des Klagefrauensarkophages[398] deutlich an die Beispiele aus Tegea und Epidauros erinnern.

Ferner lässt sich an den beiden peloponnesischen Beispielen ein weiterer Aspekt verdeutlichen. Einerseits ähneln sich die Kymation-Formen in Tegea und Epidauros stark, anderseits weichen sie in der Gestaltung ihrer Blattspitze leicht voneinander ab. Während diese in Tegea noch als geschlossene Einheit erscheint, ist sie in Epidauros bereits dreigeteilt. Dadurch erscheint der Blattrand stärker vom Blattfleisch getrennt. In diesem Detail zeichnet sich eine Entwicklungstendenz ab, die etwa vom letzten Viertel des 5. Jahrhunderts bis zur Wende vom 3. auf das 2. Jahrhundert allgemein bei lesbischen Kymatien nachvollzogen werden kann.[399] Hierbei löst sich der Blattrand immer deutlicher vom Blattfleisch und beginnt sich zu verselbständigen, sodass diejenigen Elemente, die zuvor getrennt waren, nun stärker zusammengezogen werden und Details, die ‚zusammengehörten' nun getrennt sind. Dies zeigt, dass die Peloponnes in spätklassischer Zeit im Hinblick auf das lesbische Kymation durchaus den allgemeinen Entwicklungstendenzen folgt, gleichzeitig aber auch offen ist für Impulse aus verschiedenen anderen Landschaften wie Attika oder Kleinasien.

Während in spätklassischer Zeit nur einzelne Elemente der kleinasiatischen Ornamentik auf der Peloponnes übernommen werden, finden sich in hellenistischer Zeit vorwiegend rein kleinasiatische Kymation-Formen wieder.[400] Eine Einordnung dieser Beispiele fällt aller-

---

392 Ganzert 1983, 139. Rumscheid 1994, 258–259.
393 Gruben sieht darin den Einfluss von Skopas (Gruben 1976, 129).
394 Kyma-Normalform meint den doppelt geschwungenen Blattrand, die gespaltene Mittelrippe sowie die ausgebildete Öse (s. Ganzert 1983, 142 Anm. 90).
395 Ganzert 1983, 135–150 mit Anm. 90. Die einfach geschwungene Blattform am Erechtheion setzt sich bei späteren Beispielen nicht durch (Ganzert 1983, 160).
396 Kunze – Schleif 1944, Taf. 10.
397 Ganzert 1983, 154–155.
398 Graeve 1970, 22–24. 31 Abb. 3b. Taf. 9, 1. Hamdy Bey – Reinach 1892, 238–271. Taf. 5. 7; Ganzert 1983, 52–53.
399 Ganzert 1983, 142–161.
400 Die aufgemalten lesbischen Kymation-Formen aus Olympia (**III.47 b** und **III.47 c**) sind zu schlecht erhalten um sich in dieser Hinsicht für eine nähergehende Betrachtung zu eignen. Beide Beispiele sind sich recht ähnlich und lassen noch folgende Merkmale erkennen: die Blätter weisen einen doppel-S-förmigen Blatt-

dings wesentlich schwerer. Das liegt darin begründet, dass in dieser Epoche Entwicklungstendenzen nicht auf typologischer, sondern auf stilistischer Ebene stattfinden, wobei die Detailformen sich geographisch und chronologisch nicht gleich verändern.[401] Der Fokus ist in dieser Hinsicht also stärker auf einzelne Kymation-Elemente zu richten. Als Grundlage zum Vergleich dient eine Zusammenstellung entsprechender kleinasiatischer Beispiele bei Ganzert.[402]

Eine rein kleinasiatische Kyma-Form ist am Abakus der Kapitelle des Ptolemaierweigeschenkes in Olympia (**III.49**) belegt. Das Blattfleisch zeigt hier die typisch kleinasiatisch-konkave Ausformung, eine Mittelrippe, die blütenähnlich aufgespalten ist sowie gefurchte Blattränder, die in einer gemeinsamen Spitze enden. Der Ösenknopf ist abgebohrt und zeigt mittig ein Bohrloch. Die Blätter an sich erscheinen bei diesem Beispiel sehr weit hochgezogen. Dabei handelt es sich um ein Merkmal, dass der hellenistischen Kyma-Normalform im kleinasiatischen Typus eigen ist und auch bei entsprechenden außerpeloponnesischen Beispielen in Labraunda, Priene, Didyma oder Samothrake beobachtet werden kann.[403] Auch dort ist das Kymationblatt so weit hochgezogen, dass nur noch die obere Hälfte des Ornamentbandes ausgefüllt wird. Eine dahingehende Verschiebung des Blattes ist seit Beginn des 3. Jahrhunderts belegt.[404] Auch die blütenähnliche Spaltung der Mittelrippe, wie sie am Ptolemaierweihgeschenk in Olympia vorkommt, findet sich in Kleinasien am Naiskos in Didyma, am Arsinoeion von Samothrake, am Mausoleum von Belevi sowie an einem Fragment aus Priene wieder.[405] Keine Vorläufer lassen sich hingegen für die Gestaltung der Blattspitzen am Ptolemaierweihgeschenk finden. Die Blattränder des dortigen Kymations laufen in einer gemeinsamen Blattspitze zusammen und stellen eine seltene Ausformung dar, die erst zu einem späteren Zeitpunkt erneut beobachtet werden kann, am neuen Tempel auf Samothrake. Ansonsten tragen die übrigen kleinasiatischen Beispiele seit der Mitte des 4. Jahrhunderts mehrheitlich eine doppelt gefurchte Blattspitze bzw. seit dem zweiten Drittel des 2. Jahrhunderts auch häufig eine dreiteilige Spitze. Bei der Kymation-Form am Ptolemaierweihgeschenk in Olympia handelt es sich demnach um eine äußerst seltene Ausformung der Blattspitze, die dieses Beispiel besonders hervortreten lässt.[406] Hingegen stellt der abgebohrte und damit als selbständiges Element auftretende Ösenknopf etwa seit Mitte des 4. Jahrhunderts ein geläufiges Motiv lesbischer Kymatien dar. Er kommt an nahezu allen Beispielen, außer dem Arsinoeion auf Samothrake vor und tritt erst ab dem 2. Jahrhundert in den Hintergrund. Auch die Kymation-Blätter am Ptolemaierweihgeschenk entsprechen dem allgemein gültigen Erscheinungsbild. Sie sind etwas breiter als hoch und folgen damit den seit dem letzten Viertel des 4. Jahrhunderts etablierten Blattproportionen, die sich außerdem an Beispielen aus Lesbos (Messa), Kos (Charmyteion), Didyma (Naiskos), Samothrake (Arsinoeion), Belevi (Mausoleum) sowie Priene (Fragment) nachvollziehen lassen.[407] Zusammenfassend lässt sich das Kymation am Ptolemaierweihgeschenk

---

       rand sowie eine gespaltene Mittelrippe auf während die Blattspitzen geschlossen erscheinen. Ob das Blattfleisch konvex oder konkav ausgebildet ist, lässt sich nicht eindeutig bestimmen.

401 Ganzert 1983, 168–171.
402 Ganzert 1983, 169–171 mit Beil. 1.
403 Ganzert 1983, 142–146. 159–164; Hoepfner 1971, 40–41. Zu Kyma-Normalform s. Anm. 9.
404 Siehe Anm. 17.
405 Siehe Anm. 17. Ab dem zweiten Drittel des 3. Jahrhunderts wird die Mittelrippe zunehmend größer und dominiert optischen immer stärker den Bereich des Blattfleisches.
406 Siehe Anm. 17.
407 Siehe Anm. 17. Erst ab dem 2. Jahrhundert erreichen die Blattformen Verhältnisse von nahezu 1:2.

in Olympia somit als Ornamentform beschreiben, die sich – sofern man nicht an eine zufällige Neuschöpfung denken will – an einem vielfältigen Repertoire verschiedener kleinasiatischer Elemente bedient hat. Als Weihgeschenk im Umfeld des olympischen Heiligtums hebt es dadurch das Denkmal offensichtlich hervor und verweist zugleich auf den herrschaftlichen Einflussbereich des Adressaten.[408]

Schwieriger einzuordnen sind die Kymatien der Anten- und Säulenkapitelle aus dem Oikos K in Messene (**III.38 a** und **III.38 b** Ende 3./ Mitte 2. Jh.). Die Oberfläche der aus Sandstein gearbeiteten Stücke ist stark zerrieben und lässt kaum noch Details der Ornamente erkennen. Das Blattfleisch erscheint leicht konvex mit eingesenkter Mittelrippe, die sich oben V-förmig weit öffnet. Die Blattspitze ist getrennt und das Blattfleisch so weit in die untere Hälfte des Kymations gezogen, dass das Blatt als solches nicht mehr verständlich ist. Optisch wesentlich stärker dominiert hierfür das bügelförmige Element zwischen den Blättern, welches von Blattspitze zu Blattspitze führt und dabei die Öse umläuft. Ungewöhnlich erscheint der Füllbereich der Bügelform. Neben dem eigentlichen Zwischenblatt wölben sich rechts und links zwei blütenähnliche Blätter hervor, ein Detail für das keine unmittelbaren Vergleichsbeispiele bekannt sind.[409] Am ehesten lässt sich das lesbische Kymation aus Messene mit Beispielen aus dem makedonischen Naoussa vergleichen (zwischen 250 und 140 v. Chr.).[410] Dabei handelt es sich um eine kleinasiatisch-attische Mischform mit gefurchtem Blattrand, konvexem Blattfleisch, eingesenkter Mittelrippe sowie getrennten Blattspitzen, zumindest bei einem der drei Beispiele. Auch dort zeigt sich die Tendenz der sich langsam auflösenden Einheit des Blattes und der immer stärker hervortretenden Bügelform.

Eine weitere Kymationform aus Messene ist am Gebälk eines Rundmonuments belegt (**IV.17**), wo diese als Kopfprofil den Architrav abschließt. Das Blattfleisch ist deutlich konkav ausgebildet und weist eine leicht erhabene Mittelrippe auf, die nicht gespalten ist. Der Blattrand ist zweifach geschwungen, läuft in einer doppelten Spitze zusammen und hebt das Blatt durch eine deutliche Einkerbung hervor. Die Öse ist nur zaghaft ausgebildet und leitet zum Zwischenblatt über. Das Kymation wirkt, nach diesen formalen Details zu urteilen, recht früh. Jedoch fällt auf, dass weder das Blatt, noch die dazwischen liegende Bügelform das Kymation eindeutig dominieren. Stattdessen scheinen beide Elemente gleichberechtigt aufzutreten. Zudem entspricht die Höhe des Blattes in etwa seiner Breite. Demzufolge ist eine Datierung des Kymations in frühhellenistische Zeit denkbar.

Insgesamt zeigt die Betrachtung des lesbischen Kymations auf der Halbinsel, dass der Impuls zur Einführung des Ornaments in die peloponnesisch-ionische Architektur wohl von Athen ausging. Hierbei folgen die ersten Beispiele den allgemeinen Entwicklungstendenzen spätklassischer Zeit, bezeugen gleichzeitig aber auch einen eigenständigen Gestaltungswillen auf der Peloponnes, der durch die Kombination attischer und kleinasiatischer Elemente neue Formen hervor brachte. In hellenistischer Zeit kommen auf der Halbinsel dann vor allem kleinasiatische Formen vor, die dem allgemein verbreiteten Formenrepertoire dieser Zeit entsprechen.

---

408 Siehe Kapitel II.1.4 zur Basis und 0 zum Kapitell des Ptolemaierweihgeschenkes, mit ähnlichen Ergebnissen.
409 Siehe Anm. 17.
410 Ganzert 1983, 169 Abb. 109. 171 mit Anm. 171.

II.5.2 Ionisches Kymation

Wesentlich häufiger als das lesbische Kymation ist das ionische Kymation belegt.[411] Während ein Votivkapitell um 500 v. Chr. (**III.54**) datiert und damit in der frühen Zeit singulär steht, stammen die meisten Beispiele aus der 2. Hälfte des 4. Jahrhunderts. Ab der 1. Hälfte des 3. Jahrhunderts kommen immer weniger Exemplare vor und können im 2. Jahrhundert nur noch vereinzelt beobachtet werden. Mit Abstand am häufigsten findet sich das ionische Kymation am Echinus von Säulenkapitellen, wo es in der Regel mit einem Rundstab kombiniert ist.[412] Die Profilform der entsprechenden Beispiele – sowohl der plastisch ausgearbeiteten als auch der aufgemalten – zeigt sich vom 4. bis in das 2. Jahrhundert hinein als weit vorkragend und relativ stark gerundet. Der Punkt der weitesten Profilausdehnung liegt dabei deutlich im oberen Fünftel der Höhe.[413] Hierin folgen die peloponnesischen Exemplare gleichzeitigen Beispielen außerhalb der Halbinsel.[414] Abweichend davon verhält sich lediglich das frühere Beispiel aus der Bucht bei Agios Andreas (**III.54**). Dieses Profil ist mäßig tief und zeigt nur eine leichte Rundung wobei der Punkt der weitesten Ausdehnung mit dem oberen Profilabschluss zusammenfällt. Eine Erklärung für diese ungewöhnliche Profilform liefert das Stück möglicherweise selbst: der Echinus ist zusätzlich mit einem horizontal verlaufenden Band versehen, welches das Profil oben begrenzt. Zwei weitere Beispiele scheinen diese Annahme zu bestätigen. Es handelt sich zum einen um das vierseitige Kapitell aus Kalaureia (**III.24**), zum anderen um das zweiseitige Kapitell aus der Palästra in Olympia (**III.47 b**). Beide Beispiele weisen einen glatten Echinus aus, der im Fall von Olympia auch mit einem Eierstab bemalt war. Beide Exemplare zeigen, genau wie das Beispiel aus Agios Andreas, eine Profillinie, die im Bereich der weitesten Ausdehnung nicht wie sonst üblich in einer mehr oder weniger gebogenen Rundung ausläuft, sondern genau an dieser Stelle hart abknickt, sodass eine vergleichsweise scharfe Umbruchkante entsteht, über der sich dann ein horizontal verlaufendes Band erstreckt. Bei allen drei Beispielen ist also die Leiste im Profil betrachtet stets das am weitesten vorstehende Element und scheint den Verlauf des Echinus-Profils zu beeinflussen.

Während das ionische Kymation am Echinus relativ häufig vorkommt, ist es in Zusammenhang mit Antenkapitellen wesentlich seltener belegt.[415] Auch hier zeigen die proportionalen Verhältnisse seiner Profilform keine Auffälligkeiten im Vergleich mit außerpeloponnesischen Beispielen sondern folgen den allgemeinen Entwicklungstendenzen.[416] Nur selten ist das Ornament auch am Abakus von Säulenkapitellen[417] oder als Kopfprofil am

---

411 Siehe Tabelle 21.
412 Bei einem Beispiel, dem Ptolemaierweihgeschenk in Olympia (**III.49**), ist der Rundstab zum Astragal ausgearbeitet worden.
413 Siehe Tabelle 21.
414 Shoe 1936, 46-48.
415 **III.10 b** Epidauros, Gymnasion Propylon; **III.13 c** Epidauros, Nordpropylon; **III.38 a** Messene, Oikos K; **III.69** Tegea, Athenatempel.
416 Beispielsweise das Antenkapitell aus dem Athenatempel in Tegea (**III.69**), welches sich aus einem lesbischen sowie ionischen Kymation und einem Cavetto zusammensetzt, zeigt ein ausgewogenes Profil. Die einzelnen Ornamentreihen weisen vergleichbare Höhen auf und wirken somit gleichberechtigt. Das Stück folgt darin entsprechenden Beispielen des 5. Jahrhunderts in Athen, wie beispielsweise am Athenatempel oder Erechtheion nachvollzogen werden kann. Auch die Profilform des Antenkapitells aus dem Nordpropylon in Epidauros (**III.13 c**) zeigt die für das 4. Jahrhundert üblichen Proportionen (Shoe 1936, 29–32).
417 **III.50** Olympia, Zweisäulendenkmal. **III.20** Epidauros, Votivkapitell.

Gebälk⁴¹⁸ zu beobachten. Auch diese Profilformen weisen in der Regel keine abweichenden Proportionen zu Vergleichsbeispielen außerhalb der Peloponnes auf.⁴¹⁹ Auffällig ist nur das ungewöhnlich tiefe ionische Kymation der Epikranitis im Athenatempel von Tegea (**IV.27 a**). Es ist fast so tief wie hoch und erinnert daher eher an ein Geison-Profil. Shoe merkte bereits an, dass dieses Epikranitis-Stück auch genau solch eine Funktion (als Geison) erfüllen sollte, nur eben im Inneren des Gebäudes.⁴²⁰

Während beim lesbischen Kymation bestimmte Entwicklungstendenzen nachvollzogen werden können⁴²¹, ist dies beim ionischen Kymation nur schwer möglich. Verschiedene Formen existieren zeitgleich nebeneinander, ihre Laufzeiten überschneiden sich und teilweise können auch Rückgriffe auf alte Detailformen stattfinden. Es ist daher sinnvoll die einzelnen Elemente des ionischen Kymation genauer zu betrachten. In der Regel sind am Echinus der Säulenkapitelle fünf Hauptblätter zwischen den Voluten sichtbar.⁴²² Hiervon weicht lediglich ein Beispiel aus Argos (**III.2** Streufund) ab, das statt der fünf nur vier Hauptblätter aufweist. Bisher lässt sich außerhalb der Peloponnes dafür nur ein zeitgleiches Vergleichsbeispiel anführen. Es gehört zum Nereidenmonument in Xanthos (Ende 5./ Anf. 4. Jh.).⁴²³ Auch dort sind nur vier Hauptblätter am Echinus ausgebildet. Neben der Anzahl der Blätter, kann auch ihre Ausformung variieren. Der Großteil der peloponnesischen Beispiele zeigt unten eine leicht rundliche Form⁴²⁴, die von der 2. Hälfte des 4. Jahrhunderts bis in das 2. Jahrhundert belegt ist. Im Gegensatz dazu haben nur wenige Beispiele⁴²⁵ deutlich spitz zulaufende Blätter und sogar nur ein Exemplar⁴²⁶ zeigt eine sichtlich kreisrunde Form. Eine chronologische Relevanz dieser unterschiedlichen Gestaltungsmöglichkeiten zeichnet sich jedoch nicht ab.⁴²⁷ Außerhalb der Halbinsel lassen sich die eher rundlich geformte Eier vor allem an den attischen Bauten beobachten, aber auch in Kleinasien. Zusätzlich werden dort auch die deutlich spitz zulaufenden Ei-Formen verwendet. Allerdings kommen diese von der Mitte des 4. Jahrhunderts bis zum mittleren 1. Jahrhundert n. Chr. weitestgehend gleichberechtigt vor und lassen daher keine nähere chronologische Eingrenzung zu.⁴²⁸

---

418 **IV.5** Epidauros, Tholos, Fries; **IV.27** Tegea, Athenatempel.
419 Während im 5. Jahrhundert noch ovale Formen vorkommen, die halb so tief wie hoch sind, entwickelt sich das ionische Kymation als Kopfprofil am Architrav im 4. Jahrhundert dahingehend, dass die Tiefe des Ornaments etwa zwei Drittel bzw. drei Viertel der Höhe beträgt. Das Beispiel aus Tegea (**IV.27 b**) zeigt ganz ähnliche Proportionen, die nur leicht gesteigert sind (Shoe 1936, 22–26).
420 Shoe 1936, 28. Ein weiteres Beispiel, nur ohne plastisch ausgearbeitete Ornamente, findet sich übrigens innerhalb der Cella des Apollontempels von Bassai (**IV.2 c**). Auch dort ragt ein Geison weit über den umlaufenden Cellafries. Zum Geison im Gebäudeinneren s. Kapitel II.4.2.
421 Siehe Kapitel II.5.1.
422 **III.54** Olympia/ Agios Andreas, Votivkapitell; **III.2** Argos, Streufund; **III.38 b** Messene, Oikos K, Säulenkapitell; **III.34** Museum Aigio; **III.60** Pheneos, Asklepieion Peristyl; **III.47 a** und **III.47 b** Olympia, Palästra (beide aufgemalt).
423 Siehe Kapitel II.3.1, Anm. 17.
424 **III.2** Argos, Streufund; **III13 b** und **III13 c** Epidauros, Nordpropylon; **III.15** Epidauros, Tempel L; **III.18** Epidauros, Nord-Ost-Portikus; **III.28 a** Korinth, Südstoa; **III.38 b** Messene, Oikos K; **III.47 a** und **III.47 b** Olympia, Palästra (beide aufgemalt); **III.49** Olympia, Ptolemaierweihgeschenk; **III.50** Olympia, Zweisäulendenkmal; **III.60** Pheneos, Asklepieion, Peristyl; **III.69** und **IV.5** Tegea, Athenatempel.
425 **III.54** Olympia, Agios Andreas, Votivkapitell; **III.27** Kleonai.
426 **III.25** Kalaureia, Museum.
427 Auch die Gestaltung der Schalen, welche das Ei umgeben, lässt keine Rückschlüsse auf ihre Entstehungszeit zu.
428 Rumscheid 1994, 254–255.

Neben den Hauptblättern selbst weisen auch die Zwischenspitzen der peloponnesischen Beispiele verschiedene Formen auf. Diese können als einfache schmale Grate geformt sein, wobei dies nur relativ selten in der 2. Hälfte des 4. und der 1. Hälfte des 3. Jahrhunderts vorkommen.[429] Daneben gibt es Exemplare mit mehr oder weniger stark einschwingenden Seiten. Diese rautenförmigen Spitzen können ab der 2. Hälfte des 4. Jahrhunderts bis mindestens zur Mitte des 2. Jahrhunderts beobachtet werden.[430] Parallel dazu sind auch Zwischenspitzen mit einem kleinen Häutchen, welches die Spitzen mit den Schalen verbindet, auf der Peloponnes verbreitet.[431] Sie sind ebenfalls ab der 2. Hälfte des 4. Jahrhunderts bis mindestens zur Mitte des 2. Jahrhunderts nachgewiesen. Erstmals belegt ist Spitze mit Häutchen am Athenatempel in Tegea (**III.69**) und an der Tholos in Epidauros (**IV.5 b**). Später kommen im Heiligtum von Epidauros noch zwei weitere Beispiele an den Kapitellen der Nord-Ost-Portikus (**III.18**) sowie des Nordpropylons (**III.13**) hinzu, sodass im Heiligtum von Epidauros eine lokale Konzentration des Motives festgestellt werden kann.

Von diesen Formen lassen sich außerhalb der Peloponnes vor allem die rautenförmige Zwischenspitze sowie die Zwischenspitze mit Häutchen wiederfinden. Erstere sind insbesondere an attischen Bauten verbreitet, kommen aber auch in Kleinasien vor, wobei ihre Laufzeiten in beiden Fällen kürzer als auf der Halbinsel sind und anscheinend bereits im ersten Drittel des 3. Jahrhunderts enden.[432] Zweitere konnten bisher nur in Kleinasien festgestellt werden, wobei diese Beispiele etwa einhundert Jahre nach den ersten peloponnesischen Beispielen auftauchen.[433] Folglich wäre denkbar, dass die Zwischenspitze mit Verbindungshäutchen ein ursprünglich peloponnesisches Motiv ist, das später auch in Kleinasien Verbreitung findet.

Insgesamt kommt die Betrachtung des plastisch ausgearbeiteten ionischen Kymations zu ähnlichen allerdings nicht ganz so deutlichen Ergebnissen, wie die Studie der lesbischen Kymatien. Auch für das ionische Kymation dienten der Peloponnes sowohl attische als auch kleinasiatische Denkmäler als Impulsgeber, wobei darüber hinaus auch eigene Formen auf der Peloponnes geschaffen wurden, wie die Zwischenspitzen mit Verbidungshäutchen zeigen.

II.5.3 Perlstab

Der Perlstab, bestehend aus Perlen mit je zwei schmalen Zwischengliedern, ist auf der Peloponnes an Denkmälern ionischer Ordnung nur selten zu finden. Bisher kann dieses Ornament in plastisch ausgearbeiteter Form ausschließlich an Baugliedern aus Marmor nachgewiesen werden. Darüber hinaus ist auch ein aufgemalter Perlstab erhalten, der sich in seiner formalen Erscheinung nicht von den plastischen Beispielen unterscheidet. Erstmals belegt ist das Ornament an einem Sofakapitell aus Sparta um die Mitte des 6. Jahrhunderts, kommt dann vor allem während der 2. Hälfte des 4. Jahrhunderts vor und ist nach der 1. Hälfte des 3. Jahrhunderts nicht mehr nachweisbar (s. Tabelle 23). Für den Perlstab sind auf der Pelo-

---

429 **III.25** Kalaureia, Museum; **III.27** Kleonai; **III.60** Pheneos, Asklepieion, Peristyl.
430 **III.15** Epidauros, Tempel L; **III.28 a** Korinth, Südstoa; **III.38 b** Messene, Oikos K; **III.47 a** und **III.47 b** Olympia, Palästra (beide aufgemalt); **III.49** Olympia, Ptolemaierweihgeschenk; **III.50** Olympia, Zweisäulendenkmal; **III.54** Olympia, Agios Andreas, Votivkapitell.
431 **III.2** Argos, Streufund; **III13 b** und **III13 c** Epidauros, Nordpropylon; **III.18** Epidauros, Nord-Ost-Portikus; **III.69** und **IV.5** Tegea, Athenatempel.
432 Rumscheid 1994, 255.
433 **III.69** Tholos Epidauros; Rumscheid 1994, 255.

ponnes verschiedene Verwendungsmöglichkeiten belegt. Neben der Anbringung unterhalb eines Sofakapitells[434] dient er in einem Fall als oberer Abschluss eines reich ornamentierten Toichobatprofils.[435] Darüber hinaus kann er das obere Ende des Säulenschaftes zieren[436] oder als begleitendes Element der Kymatien an mehreren Antenkapitellen[437] sowie einer Epikranitis[438] eingesetzt werden. Am Gebälk leitet er in der Regel zum abschließenden Kopfprofil über.[439] Der Perlstab tritt folglich, abgesehen von dem Beispiel aus Sparta (**III.67**), nie als selbständiges Element auf sondern ist immer mit einem ionischen oder lesbischen Kymation kombiniert. Zu diesem weist er eine Achsenkonkordanz auf.

Es lassen sich, wenn auch nur in Ansätzen, formale Entwicklungstendenzen der Perlstab-Form erkennen. Während der archaische Perlstab am Sofakapitell aus Sparta noch stark gedrungene, fast kugelrunde Perlen aufweist, zeigen die späteren Beispiele bereits weit auseinandergezogene Perlen mit eher länglicher Form. Dieser Entwicklung folgen auch die aufgemalten Perlstäbe aus Olympia (**III.47**). Darüber hinaus zeigen sich keine signifikanten Charakteristika, die der chronologischen Eingrenzung dienen könnten bzw. Rückschlüsse auf eventuelle außerpeloponnesische Vorbilder zulassen würden.[440]

II.5.4 Akanthus

Akanthusblätter werden hauptsächlich mit der Verwendung an korinthischen Kapitellen assoziiert. Auf der Peloponnes kommen sie aber auch in Verbindung mit ionischen Kapitellen vor, wenn auch nur äußerst selten. Bisher sind zwei Beispiele bekannt, die beide aus dem Heiligtum von Epidauros stammen und an den Anfang des 3. Jahrhunderts datieren. Es handelt sich um ein verstreut gefundenes zweiseitiges Kapitell (**III.18**) sowie das vierseitige Kapitell des Tempel L (**III.15**). Bei ersterem sitzt ein Akanthusblatt in den Volutenzwickeln, wo sonst üblicherweise ein Palmettenblatt verwendet wird. Bei Zweiterem ist es an der Unterseite der zusammenstoßenden Eckvoluten sowie der Abakusecken angebracht. Beide Beispiele zeigen Akanthusblätter mit mehrfach gezackten Lappen und tiefen Faltenwülsten, wobei die Lappen teilweise so nah beieinander stehen, dass sie sich berühren und somit kleine rundliche Ösen mit inneren Zacken bilden. Diese Gestaltungsmerkmale sind auch für einige Akanthusblätter an korinthischen Kapitellen in Epidauros charakteristisch. Es handelt sich um die Kapitelle der Tholos, der Nordpropyläen sowie des Tempels L[441], die nach H. Bauer zum epidaurischen Kapitell-Typus zählen.[442] Dieser Gruppe geht das etwas ältere Musterkapitell[443] der Tholos voraus, welches Ähnlichkeiten mit Kapitellfragmenten vom

---

434 **III.67** Sparta.
435 **I.58 b** Tegea, Athenatempel.
436 **II.42** Olympia, Ptolemaierweihgeschenk; **III.47 a** Olympia, Palästra (aufgemalt).
437 **III.69** Epidauros, Tholos; **III.47 c** Olympia, Palästra (aufgemalt).
438 **IV.27 a** Tegea, Athenatempel.
439 **IV.5 a** (Architrav), **IV.5 b** (Fries) Epidauros, Tholos.
440 Zu einem vergleichbaren Ergebnis ist Rumscheid in Bezug auf die kleinasiatisch-hellenistischen Perlstäbe gekommen (Rumscheid 1994, 252–253).
441 Ab hochhellenistischer Zeit ist diese Gestaltungsform vor allem in Kleinasien mehrfach nachgewiesen (Rumscheid 1994, 266).
442 Siehe Bauer 1973, 91.
443 Defrasse – Lechat 1895, 115. Taf. 7; Roux 1961, 154-156. Taf. 49,1; Zu den stilistischen unterschieden der Akanthusblätter s. Bauer 1973, 87-93 mit Anm. 126. 105.

Asklepieion in Athen oder attischen Grabstelen aufweist.[444] Demzufolge lässt sich auch in diesem Fall ein attischer Einfluss auf die peloponnesische Ornamentik beobachten.

Zugleich lässt sich auch wieder eine gewisse Experimentierfreudigkeit an den Beispielen auf der peloponnesischen Halbinsel ablesen. So werden in Epidauros verschiedene Anbringungsmöglichkeiten für das Akanthusblatt am ionischen Kapitell genutzt, die hauptsächlich eine kaschierende Funktion gehabt zu haben scheinen. Denn damit werden – möglicherweise als unschön empfundene – Übergangssituationen verdeckt. Beim ersten Beispiel kaschiert das Akanthusblatt die Volutenzwickel, wo der Echinus mit dem Voluten-Element zusammentrifft. Beim zweiten Beispiel überdecken sie die Unterseiten der zusammenstoßenden Eckvoluten sowie der Abakusecken am vierseitigen Kapitell.[445] Außerhalb der Peloponnes lassen sich lediglich für den Anbringungsort unterhalb des Abakus Vergleichsbeispiele finden. Es handelt sich um Kapitelle aus Didyma und Sardis (Artemistempel).[446] Für die Akanthusblätter unterhalb der Eckvoluten lassen sich hingegen keine weiteren Beispiele anführen.

Diese ‚Experimentierphase' mit Akanthusblättern als Ornamente an ionischen Kapitellen beschränkt sich chronologisch auf einen relativ kurzen Zeitraum am Anfang des 3. Jahrhunderts und regional auf das Heiligtum von Epidauros. Dort wurde – so ließen sich diese Variationen sinnvoll erklären – unter dem Eindruck des immer häufiger auftretenden korinthischen Kapitells versucht, die optisch-ästhetischen Defizite des ionischen Kapitells[447] mit Hilfe des Akanthusblattes zu kaschieren.[448] Durchgesetzt haben sich diese Vorschläge dann allerdings nicht.

II.5.5 Palmetten

Im Gegensatz zu den vorherigen Ornamenten kommt die Palmette relativ häufig vor (s. Tabelle 24). Sie dient als Einzelmotiv hauptsächlich als füllendes bzw. kaschierendes Element ionischer Kapitelle. So verbirgt sie beispielsweise die komplizierten Ecksituationen lesbischer und ionischer Kymatien am Abakus mehrerer Säulenkapitelle[449] und in einem Fall auch an einem Antenkapitell.[450] Darüber hinaus ziert sie den Zwickel zwischen Echinus und Volute am Kapitell[451] und füllt die Frontseite mehrerer Sofakapitelle.[452] An den ungewöhnlichen Kapitellen aus Amyklai sitzt sie unterhalb der konsolenartig geformten Voluten und füllt damit den dortigen Zwickel (**III.1**). Bei einem weiteren Beispiel schmückt ein Palmet-

---

444 Bauer 1973, 91.
445 Die Akanthusblätter überdecken zwei der vier Unterseiten der Eckvoluten. Die anderen beiden stellen werden von Palmetten verdeckt und zwar so, dass jeweils zwei gegenüberliegende Eckvoluten dieselbe Verzierung aufweisen (**III.15**) s. Kapitel II.5.5.
446 Roux 1961, 233–234. Möglicherweise sind auch an den ionischen Kapitellen der Nordpropyläen (**III.13 a** und **III.13 b**) Akanthusblätter an Stelle der Zwickelpalmetten sowie unterhalb der Eckvoluten ausgearbeitet worden. Da die Oberfläche der erhaltenen Stücke in diesem Fall jedoch zu stark bestoßen und verwittert sind, können sie nicht mit in die Untersuchung einbezogen werden.
447 Siehe Kapitel II.3.1.
448 Siehe auch Roux 1961, 234.
449 **III.13 c** Epidauros, Nordpropyläen, Antenkapitell; **III.49** Olympia, Ptolemaierweihgeschenk; **III.50** Olympia, Zweisäulendenkmal.
450 **III.69** Tegea, Athenatempel, Antenkapitell.
451 **III.2** Argos, Streufund; **III.14** Epidauros, Stadion; **III.15** Epidauros, Tempel L; **III.25** Kalaureia; **III.34** Mamousia, Heroon; **III.38 b** Messene, Oikos K; **III.49** Olympia, Ptolemaierweihgeschenk; **III.50** Olympia, Zweisäulendenkmal; **III.54** Olympia, Agios Andreas Bucht.
452 **III.29** Korinth, Sofakapitell (hier im Wechsel mit Lotusblüten); **III.71** Tegea, Museum, Sofakapitell; **III.70** Tegea, Sofakapitell; **III.77** Tegea, Museum, Sofakapitell.

tenblatt die Unterseite der Abakus- sowie der Eckvoluten eines vierseitigen Kapitells (**III.15** Epidauros, Tempel L).[453] Darüber hinaus kommt sie in Form eines Ornamentbandes auch am Gebälkfries vor.[454]

Die frühesten Palmetten-Beispiele auf der Peloponnes sind um die Wende vom 6. auf das 5. Jahrhundert belegt. Neben den bereits erwähnten Konsolkapitellen (**III.1**) zählen hierzu auch der Lotos-Palmetten-Fries (**IV.1**) aus Amyklai, die Sofakapitelle aus Tegea (**III.70** und **III.71**) und Korinth (**III.41**), ein Weihgeschenkträger im Museum in Sparta (**III.66**) sowie das Kapitell aus der Bucht bei Agios Andreas (**III.54**). Diese frühen Palmetten setzten sich in ihrer formalen Gestaltung deutlich von späteren Beispielen ab. Charakteristisch sind hierbei die geraden, fast starr wirkenden Blätter, die zudem sehr eng stehen, sodass der Eindruck eines geschlossenen Fächers entsteht.[455] Sie gehören zu einem Typus, der vor allem in Kleinasien während archaischer und klassischer Zeit verbreitet ist. Mit Beginn des 3. Jahrhunderts wird er dort jedoch weitestgehend aufgegeben, auch wenn es vereinzelt noch zu Rückgriffen kommt. Für den kleinasiatischen Bereich ist dies der einzige greifbare Typus der chronologisch näher eingegrenzt werden kann. Andere Palmettentypen sind hingegen durchlaufend belegt und lassen somit keine nähere zeitliche Bestimmung zu.[456] Auf der Peloponnes zeichnet sich ein ganz ähnliches Bild ab. Neben dem erwähnten frühen Typus kommen zahlreiche weitere Beispiele vor, bei denen die einzelnen Blätter wesentlich weiter auseinander stehen und die Spitzen leicht umgebogen sind. Sie sind ab der 2. Hälfte des 4. Jahrhunderts nachgewiesen, lassen sich aber nicht näher datieren, da auch sie durchlaufend belegt sind und keine Entwicklungstendenzen erkennen lassen.

II.5.6 Bukranion

Vereinzelt kann das Gebälk ionisch-korinthischer Ordnungen auch mit Rinderkopf-Friesen verziert sein. Auf der Peloponnes sind entsprechende Beispiele nur äußerst selten belegt. Von den drei Rinderkopf-Typen, die A. E. Napp insgesamt unterscheidet (den mit Fleisch und Fell gezeigten Vollkopf, den nur mit Haut und Fell gestalteten Hautschädel und den Nacktschädel, welcher lediglich das Skelett zeigt)[457] sind auf der Peloponnes nur zwei nachgewiesen, namentlich der Haut- sowie der Nacktschädel. Nicht belegt ist hingegen der Vollschädel. Die Beispiele erstrecken sich über die 1. Hälfte des 3. bis in die 1. Hälfte des 2. Jahrhunderts (s. Tabelle 25), wobei als frühestes Exemplar das Bukranion am Nordpropylon in Epidauros (**IV.6**) angeführt werden kann. Dort wechseln sich im Gebäudeinneren am Fries über der korinthischen Säulenstellung Darstellungen von Bukranien[458] und Phialen ab. Die Gefäßformen sind besonders aufwändig gearbeitet und erscheinen als zwölfblättrige Rosetten.[459] Sie lassen sich am ehesten mit den Beispielen an den Metopen der Tholos in Epidauros vergleichen. Diese dienten den späteren Rosetten am Nordpropylon wohl als in-

---

453 Siehe Kapitel II.5.4, Anm. 60.
454 **IV.17** Messene, Rundmonument (hier wechseln sich offene und geschlossene Palmetten ab); **IV.1** Amyklai, Thronbau (hier wechseln sich Lotos- und Palmetten ab, zu Anthemien siehe Holtfester 2001).
455 Siehe hierzu auch Holtfester 2001, 120–155. 330 Abb. 3. 331 Abb. 4.
456 Rumscheid 1994, 269-270.
457 Napp 1933, 1–2.
458 Nach Börker (Börker 1975, 244–250) zu unterscheiden sind die Bezeichnungen der Tierköpfe als ‚Bukranion' (Teil des Rinderkopf-Skelettes) und als ‚Bukephalion' (ganzer Rinderkopf mit Augen, Ohren und Fell). Für die Peloponnes sind bisher nur Bukranien-Friese belegt.
459 Roux 1961, 272.

spirierendes Vorbild.⁴⁶⁰ Die Rinderkopf-Skelette im Torbau weisen zwischen den Hörnern in Stein ausgearbeitete Haarbüschel auf, zeigen jedoch keine Augen oder Maulbildung und können daher als Hauttypus angesprochen werden. Außerhalb der Peloponnes steht diesem Beispiel der Fries vom Rundbau der Arsinoe auf Samothrake aus der 1. Hälfte des 3. Jahrhunderts nahe.⁴⁶¹ Auch dort weisen die Köpfe das angedeutete Stirnhaar auf. Darüber hinaus lässt sich für diesen Typus nur noch ein weiteres Beispiel im hellenistischen Kleinasien anführen: eine Reliefplatte aus Kyme.⁴⁶² Folglich handelt es sich bei dem Exemplar aus Epidauros um das in der griechischen Architektur bisher früheste bekannte Beispiel des Rinderkopf-Typus und damit um den ältesten bekannten Bukranien-Fries überhaupt.⁴⁶³

In Olympia am Torbau zum Gymnasion (**IV.19**) sowie in Messene an den Stoai beim Asklepiostempel (**IV.15**) lässt sich der sog. Nacktschädel beobachten. Dort ist der Bukranien-Fries nicht innen sondern außen am Gebäude angebracht und zeigt abwechselnd Rinderkopf-Skelette und Rosetten, über die zusätzlich eine Infula gehängt ist. Diese Wollbinde läuft von Bukranion zu Bukranion, ist über die Rosetten gelegt und hängt dazwischen bis zum unteren Rand des Frieses herunter. Einschnürungen in regelmäßigen Abständen formen länglich-runde Segmente. An den Skelettköpfen endet die Infula in Quasten (vittae), die lose zu beiden Seiten des Schädels herabhängen. Die Tierköpfe weisen Augenhöhlen auf, die nicht wie in Epidauros leer, sondern mit vorwölbenden Augäpfeln gefüllt sind.⁴⁶⁴ Die Rosetten sind achtblättrig. In Messene zeigt der Fries an den Hallen um den Asklepiostempel Bukranien und Phialen die sich in enger Staffelung abwechseln. Hier sind sie durch eine Girlande verbunden, welche über die Phialen gelegt ist und unterhalb der Bukranien bis zum unteren Friesrand herab reicht. Zusätzlich ist der nackte Tierschädel mit einer Infula geschmückt, die über der Stirn liegt und rechts und links des Kopfes in Quasten herab hängt. Der Fries vom Anfang des 2. Jahrhunderts ist plastisch so reich ausgestattet und die einzelnen Elemente derart eng gestaffelt, dass der Reliefgrund im Vergleich zu den vorherigen Exemplaren kaum mehr sichtbar ist. Alle drei peloponnesischen Bukranienfries kommen an Gebälken, die aus Kalkstein gearbeitet sind vor und sind zudem mit einer korinthischen Säulenstellung kombiniert.

II.5.7 Mäander

Dieses fortlaufende, rechtwinklig umbrechende Ornamentband ist auf der Peloponnes bisher nur einmal im letzten Viertel des 4. Jahrhunderts in Verbindung mit einer ionisch-korinthischen Ordnung nachweisbar. Es handelt sich um das in Marmor ausgearbeitete Beispiel an der Tholos von Epidauros (**IV.5**). Der Hakenkreuzmäander mit eingefügten quadratischen Zwischenfeldern sitzt oberhalb des Frieses und wird von einem lesbischen Kymation-Kopfprofil bekrönt. Außerhalb der Peloponnes lassen sich zwar zahlreiche Vergleichsbeispiele für den Mäander anführen, nicht jedoch in der Funktion als Ornamentband am Ge-

---

460 Roux 1961, 272. Taf. 52,1.
461 Frazer 1990, 198–207; Rumscheid 1994, 277.
462 Rumscheid 1994, 277 (Kat.-Nr. 113.1.1).
463 Siehe auch Frazer 1990, 198. Als eigenes Motiv ist der Rinderkopf bereits auf früheren Vasenbilden oder Tonaltären archaischer Zeit zu finden (Napp 1933, 1–2).
464 Ohne weiter auf dieses eigentlich für den Vollschädel charakteristische Detail einzugehen, bezeichnet Napp den Kopf als Hautschädel mit Tendenz zum Nacktschädel, was sich in Form der gespaltenen Mittellinie erkennen lässt (Napp 1933, 15).

bälk.⁴⁶⁵ Beispielsweise findet sich am Artemistempel in Magnesia ein Mäander, der im oberen Bereich der Naos-Wand sitzt. Es wurde ihm eine über die rein ornamentale Funktion hinausreichende Bedeutung zugedacht. Bei der dortigen Verwendung liegt die Vermutung nahe, dass das Mäander-Band als symbolische Darstellung des gleichnamigen Flusses dienen soll. Dementsprechend stünde das Ornament für die Fruchtbarkeit, welche die Tempelgottheit Artemis dem Flusstal zukommen lassen soll.⁴⁶⁶ Akzeptiert man die Möglichkeit einer inhaltlichen Bedeutung für die Verwendung des Mäanderbandes, lässt sich auch für das Beispiel in Epidauros eine vergleichbare Deutung anführen. Allerdings dürfte das Ornament hier nicht auf einen Fluss verweisen, sondern auf etwas anderes, wie ein Vergleichsbeispiel aus Didyma vermuten lässt. Dort ziert nämlich ein Mäander die Treppenhausdecke des Apollontempels und scheint damit auf die labyrinthische Anlage dieser Einbauten verweisen zu wollen.⁴⁶⁷ Tatsächlich findet sich auch in der Tholos von Epidauros eine solch labyrinthische Anlage: die unübersichtlichen Gänge unterhalb der Cella. Eine ähnliche symbolische Bedeutung des Ornaments kann somit auch hier angenommen werden.⁴⁶⁸

Fazit (Ornamente). Erste Ornamentformen tauchen auf der Peloponnes ab der 2. Hälfte des 6. Jahrhunderts mit den frühesten ionischen Denkmälern auf. Diese sind, wie beispielsweise der Thronbau von Amyklai zeigt, unter archaisch-kleinasiatischem Einfluss entstanden. Zunächst sind nur der Perlstab und die Palmette verbreitet. In spätklassischer Zeit wird das Repertoire erweitert um das lesbische sowie das ionische Kymation, das Akanthusblatt und den Mäander. Der Impuls für eine intensivere Verzierung ionischer Denkmäler kommt dabei wohl aus Attika, wo die Bauten ionischer Ordnung eine besonders reiche Ornamentik aufweisen. Neben attischen Beispielen dienen auch kleinasiatische Formen als Vorbild für die peloponnesische Ornamentik, die nun Elemente aus beiden Regionen miteinander kombiniert und dadurch ein eigenes Formengut schafft. Insbesondere Epidauros übernimmt eine führende Rolle in der Entwicklung der peloponnesischen Ornamentik. Während der 2. Hälfte des 4. sowie der 1. Hälfte des 3. Jahrhunderts bildet sich dort eine vergleichsweise rege Fülle an Ornamenten heraus. Einzelne dieser Formen haben sogar Denkmäler über die Halbinsel hinaus bis nach Kleinasien beeinflusst. Zudem lässt sich im Heiligtum von Epidauros ein Einfluss des neu entwickelten korinthischen Kapitells auf die ionischen Bauglieder vor Ort beobachten. Dies wird insbesondere durch die vielfältige Verwendung des Akanthusblattes auch an ionischen Kapitellen sichtbar. In hellenistischer Zeit ist das Spektrum der Ornamentformen dann weitestgehend ausgebildet und wird nur noch um den Bukranien-Fries erweitert. Auf der Peloponnes sind in dieser Epoche nun vorwiegend kleinasiatische Formen verbreitet. Ein einzelnes Zentrum ist nicht mehr feststellbar, stattdessen bedient man sich der zahlreichen kleinasiatischen Beispiele und kombiniert einzelne Elemente untereinander.

---

465 Zwei frühe Beispiele stammen aus Sounion und Metapont. Der Mäander kommt am Tempel von Sounion (1. H. 5. Jh.) an den ionischen Kapitellen vor. Er sitzt dort oberhalb des Echinus, ist allerdings nicht plastisch ausgearbeitet sondern aufgemalt (s. Kapitel II.3, Anm. 30). In Metapont rahmt er ein Wellenband ein, das den oberen Säulenhals der ionischen Säulen des Tempels ziert (s. Kapitel II.2, Anm. 9). In Kleinasien dient der Mäander in hellenistischer Zeit mehreren Bauten als Geisonschmuck und ist in Terrakotta ausgeführt (Rumscheid 1994, 284–285). Daneben sind mehrere Beispiele aus der Hausarchitektur belegt, bei der ein Mäander aufgemalt ist oder als Stuckrelief vorkommt. Außerdem ist die Anbringung an der Naos-Wand, der Decke sowie der Soffite belegt.
466 Rumscheid 1994, 285.
467 Rumscheid 1994, 285.
468 Himmelmann 1968, 269; Rumscheid 1994, 210. 285.

Zeitlich genauer eingrenzbare Entwicklungstendenzen lassen sich bisher nicht weiter ausmachen.

Abschließend sei allerdings noch einmal darauf verwiesen, dass materialbedingt möglicherweise ein größerer Teil der ionisch-peloponnesischen Bauglieder statt plastisch ausgearbeiteten Verzierungen aufgemalte Ornamente trugen. Hierfür sprechen nicht zuletzt die untersuchten Profillinien beim lesbischen sowie ionischen Kymation, die zeigen, dass glatte und plastisch ausgearbeitete Profile denselben Entwicklungstendenzen zu unterliegen scheinen und sich nicht unterscheiden.

II.6 Gesamtproportionen

Nachdem oben (Kapitel II.1–II.5) die einzelnen ionischen Bauglieder auf ihre formale Gestaltung hin untersucht wurden, erfolgt nun die Betrachtung der ionischen Ordnung im Gesamten. Im Zentrum steht dabei die Frage nach dem jeweiligen Entwurf, der einem Bauwerk zugrunde liegt und damit das Erscheinungsbild der Ordnung als Ganzes bestimmt. Auf das Aussehen eines Bauentwurfes haben mehrere Faktoren Einfluss. Neben den finanziellen Rahmenbedingungen spielen beispielsweise auch politische Ziele eine Rolle, indem etwa politische Systeme (Tyrannis, Königsherrschaft, Demokratie) einen verschiedenartigen Einfluss auf Bauentwürfe haben konnten. Vergleichsweise gut bekannt ist das Bauwesen klassischer Zeit. Hier wurde ein Bauvorhaben zunächst in der Ekklesia diskutiert bevor es per Volksbeschluss des Demos als Gesetz verabschiedet wurde. Nachdem der Beschluss unter Berücksichtigung der verschiedenen Interessen gefasst worden war, wurde für die Durchführung des Bauvorhabens eine Baukommission[469] gewählt und für die technische Planung ein Architekt. Wann dabei genau mit der bewussten Planung des Bauwerkes begonnen wurde, lässt sich nicht nachvollziehen. Es zeigt sich aber, dass die Entwürfe mehrere Bedingungen zu erfüllen hatten. Neben den Vorgaben aus der Ekklesia, musste teilweise wohl auch auf örtliche Bautraditionen, Vorgängerbauten oder die Bindung an einen festen Formenkanon Rücksicht genommen werden.[470]

Für die Planung eines solchen Bauentwurfes kamen für den antiken Architekten theoretisch drei mögliche Systeme in Frage: der freie, der geometrischer sowie der proportionale Entwurf. Der ersten Möglichkeit, bei der nach Augenmaß entworfen wird, ist in der Forschung keine Aufmerksamkeit geschenkt worden, da es in der überlieferten griechischen Architektur keine Hinweise in dieser Richtung gibt. Denkbar wäre, dass dieses Schema auf kleinere Details innerhalb eines Gebäudes angewendet wurde.[471] Für die zweite Möglichkeit, einen Entwurf aus geometrischen Formen zu erstellen, bei dem ein Plan in verkleinertem Maßstab konstruiert wird, gibt es zumindest vereinzelte Anhaltspunkte.[472] In Priene beispielsweise wurde auf der Unterseite eines Wandbinders eine Ritzzeichnung aus dem 4. Jahrhundert entdeckt, welche ein ionisches Gebälk zeigt. Es handelt sich um eine Erläuterungsskizze, die einen Teil des Bauwerkes maßstäblich wiedergibt und somit als Hilfsmittel

---

469 Zu griechischen Baukommissionen des 5. und 4. Jahrhunderts siehe: Irmscher 2001; Wittenburg 1978.
470 Heisel 1993, 155–183; Müller-Wiener 1988, 26-32.
471 Coulton 1975, 63–64; Koenigs 1979, 217–218; Mattern 2001, 84.
472 Heisel 1993; Haselberger 1991, 99–113; Haselberger 1988–89, 31–33; Haselberger 1983b, 13–26; Petronōtēs 1972.

zur Illustration eines Entwurfsstadiums dient.[473] Außerdem wurde mit Werkzeichnungen einzelner Bauglieder gearbeitet, wie entsprechende Beispiele aus Didyma belegen.[474] Für peloponnesische Bauwerke konnte bisher jedoch noch kein vergleichbares Vorgehen nachgewiesen werden. Daher muss vor allem die dritte Möglichkeit in Betracht gezogen werden: der proportionale Entwurf. Inschriftlich überlieferte Baubeschlüsse des 5. und 4. Jahrhunderts aus Attika[475] verweisen auf sog. *Syngraphai*. Dabei handelt es sich um Beschreibungen technischer sowie finanzieller Details, welche die Durchführung des Bauvorhabens im Einzelnen regeln.[476] Da hierbei weder auf Zeichnungen noch auf Grund- oder Aufrisspläne verwiesen, sondern lediglich mit Maßangaben und technischen Begriffen gearbeitet wird[477], ist es vorstellbar, dass der Entwurf in dieser Phase allein mit Beschreibungen proportionaler Verhältnisse der einzelnen Elemente zueinander auskam. Dies lassen zudem auch die Ausführungen bei Vitruv vermuten. Im ersten Kapitel des dritten Buches berichtet er von der Symmetrie der Tempel, welche Formgebend für die Bauwerke ist und von jedem Architekten peinlichst genau beachtet werden müsse. Die Symmetrie werde erreicht, indem einem Bau ein Grundmaß (*modulus*) zu Grunde gelegt wird, zu dem alle Glieder in einem Verhältnis stehen (Vitr. III, 1, 1). Am genauesten beschreibt der Architekturtheoretiker die Symmetrie des *Eustylos*, eines Tempelbaus, der seiner Meinung nach das schönste Aussehen hat. Dieses sei durch klar geordnete Verhältnisse entstanden (Vitr. III, 3, 6). Demnach soll beispielsweise der Raum zwischen den Säulen 2 ¼ Säulendicken betragen. Die Breite der Tempelfront soll bei sechs Säulen in achtzehn Teile geteilt werden, von denen wiederum ein Teil genommen wird, welches das Grundmaß bildet. Der Säulendurchmesser soll ein Grundmaß betragen, während der Zwischenraum der Säulen mit 2 ¼ Grundmaßen ausgeführt sein soll. Die Säulenhöhe errechnet sich aus 9 ½ Grundmaßen (Vitr. III, 3, 7). Solche klaren proportionalen Verhältnisse lassen sich auch tatsächlich an einigen Bauwerken nachvollziehen, wie beispielsweise am Parthenon in Athen oder am Tempel von Segesta.[478] Regional zeichnen sich in den Bauentwürfen Unterschiede ab. Im griechischen Westen beispielsweise wurde zunächst der Grundriss und erst dann der Aufriss der Front- und Langseiten geplant. Dementsprechend spiegelt der Tempel von Segesta in den Maßen der Euthynterie sowie der Anzahl der Säulen das Verhältnis von 6:14 wider, während die Säulenstellung der Frontseite nach den Proportionen 4:9 und das Gebälk nach 2:3 konzipiert ist.[479] Hingegen zeigt sich im Mutterland ein anderes Vorgehen. Hier wurde bei der Planung der Proportionen gleichzeitig Grund- und Aufriss miteinbezogen und somit eine stärkere Verschränkung der Lang- und Schmalseiten beim Tempelbau erreicht. Besonders stark ausgeprägt ist dieses Vorgehen an den attischen Bauten des 5. Jahrhunderts. Vor allem beim Parthenon lassen sich klare Zahlenverhältnisse nachvollziehen.[480] Diesem sehr schematischen Planen dorischer Bauten stehen im ionischen Raum individuell geprägte Entwürfe gegenüber. Erst ab dem 4. Jahrhundert lässt sich auch dort ein systemgebundenes

---

473 Koenigs 2015, 45-50.
474 Haselberger 1980, 191–215; Haselberger 1983a, 90–123; Haselberger 1984, 111–119.
475 Coulton 1975, 54–55 nennt als Beispiele die Marmorstele, welche den Bau des Marinearsenals im Piräus um 340 v. Chr. betrifft (IG II² 1668), sowie die etwas frühere Prostoon-Inschrift aus Eleusis.
476 Coulton 1975, 54–55.
477 Coulton 1975, 54–55; s. IG II² 1668.
478 Parthenon in Athen (Bankel 1984a; Mertens 1984b; Berger 1984); Tempel von Segesta (Mertens 1984a).
479 Mertens 1984c, 138.
480 Siehe Anm. 10.

Gesamtproportionen

Entwerfen fassen, eingeführt in Priene durch den Architekten Pytheos.[481] Allerdings basiert dieses System weniger auf komplexen proportionalen Zusammenhängen als vielmehr auf additiven Modulen.

Bei dem von Vitruv geforderten Grundmaß für den Entwurf eines Tempels kann es sich entweder um ein Fußmaß[482] oder um einen Modulus handeln, also ein Streckenmaß, das dem Gebäude selbst entnommen ist.[483] Teilweise kann es auch vorkommen, dass der Grundriss in einem Fußmaß, der Aufriss aber in einem eigens entwickelten Modulsystem gestaltet wurde.[484] Auf der Suche nach dem Grundmaß, das einem Bauwerk zugrunde liegt ergeben sich Schwierigkeiten, die dazu führen, dass ein Fuß- oder Modulmaß, wenn überhaupt, meist nur ungefähr bestimmt werden kann. Im Idealfall ergäben sich durch Teilung der ausgeführten Maße bei einem proportionalen Entwurf glatte Zahlen. Dies ist jedoch nur bei wenigen Beispielen der Fall.[485] Oftmals hängt dies von der Qualität der Maße ab, welche durch mehrere Faktoren negativ beeinflusst wird. Zum einen können der Erhaltungszustand sowie die Qualität der Bauausführung zu Schwankungen des Grundmaßes führen, zum anderen können sich zusätzliche Abweichungen sowohl durch den antiken als auch den modernen Messvorgang ergeben.[486]

Daher wird der Fokus der folgenden Untersuchung weniger auf die Suche nach dem Grundmaß gerichtet als vielmehr auf die grundsätzlichen Prinzipien, nach denen die einzelnen Bauwerke entworfen worden sind. Denn gerade die dorisch geprägte Architekturlandschaft der Peloponnes stellt hierfür einen vielversprechenden Untersuchungsraum dar. Dass die ionische Ordnung nämlich, wie oben angesprochen, im Vergleich zur dorischen wesentlich freier in der Gestaltung ihrer proportionalen Verhältnisse ist, liegt vor allem an der andersartigen Friesgestaltung. Für die dorische Ordnung hat sich ein festes Entwurfsschema entwickelt, da letztendlich der Metopen-Triglyphen-Friese direkten Bezug auf die Säulenachsen nehmen sollte, um so ein möglichst hohes Maß an Symmetrie zu erreichen. Die ionische Ordnung mit ihrem kontinuierlichen Friesband war hingegen in ihren Gestaltungsmöglichkeiten wesentlich freier. Auf der Peloponnes werden nun beide Ordnungen relativ häufig innerhalb ein und desselben Gebäudes miteinander kombiniert. Zudem kommt die ionische Ordnung hier im Gegensatz zu Kleinasien oder den ionischen Inseln in eher unkonventionellen Zusammenhängen vor, d.h. sie wird statt an der Gebäudeaußenseite häufig im Gebäudeinneren eingesetzt. Dadurch ergeben sich für die proportionalen Verhältnisse der ionischen Ordnung fest vorgegebene Rahmenbedingungen, wie zahlreiche Beispiele belegen.

---

481 Koenigs 2015, 199–206; Svenson-Evers 1996, 116–150.
482 Der sog. Erechtheion-Fuß (ca. 32,7 cm) ist die einzige, durch Bauurkunden sowie das Bauwerk selbst, exakt belegte Maßeinheit (IG I² 372ff.). Darüber hinaus wurden unterschiedlich große Fußmaße verwendet, über deren Größe im Einzelnen kontrovers diskutiert wird. Methoden zur Bestimmung des Fußmaßes finden sich bei: Bankel 1984b, 159–166; Bankel 1984c; Bankel 1984b; Pakkanen 2005, 167–183.
483 Coulton 1977, 66; bspw. die Breite der Triglyphe: s. Kapitel II.6.2.
484 Müller-Wiener 1988, 26-32.
485 Siehe Anm. 10.
486 Eine Zusammenstellung dieser Faktoren, welche die Qualität der Maße beeinflusst ist zu finden bei: Bankel 1984c, 421–425.

II.6.1 Peripteraltempel

Bassai, Apollotempel

Der Apollontempel von Bassai ist architekturgeschichtlich von besonderer Bedeutung, da er der erste dorische Peripteros ist, der im Inneren der Cella eine ionische Säulenordnung aufweist.[487] Ihr Entwurf ist auf das Engste mit dem der dorischen Außenordnung verknüpft, welche die proportionalen Rahmenbedingungen maßgeblich bestimmt.[488] Der nach Norden orientierte Tempelbau weist eine 14,48x38,24 m große Peristasis mit 6x15 statt der sonst üblichen 6x13 dorischen Außensäulen auf (Abb. 4 und 5).[489] Die Grundrissproportionen dieses Entwurfs basieren auf den Seitenverhältnissen der Euthynterie und verhalten sich wie 2:5. Folglich musste in Bassai das Normaljoch an die vorgegebenen Verhältnisse angepasst werden und nicht umgekehrt.[490] Für die dorische Säulenstellung ergeben sich somit folgende Verhältnisse: Der unteren Säulendurchmesser verhält sich zur Säulenhöhe wie 1:5,4 (bzw. 5 2/5), während sich der untere Säulendurchmesser zur Breite des Joches wie 1: 2,4 (bzw. 5:2) verhält. Gebälkhöhe und Jochweite stehen hierbei in einem festen Verhältnis von 3:2.

Gleichzeitig bestimmt das Längen-Breitenverhältnis des Entwurfes auch die Proportionen des Innenraums. Pronaos, Cella und Opisthodom erstrecken sich insgesamt über zehn Jochweiten, sodass die Ptera an den Schmalseiten jeweils zwei Joche tief sind.[491] Hierbei schließt die Antenstirn bündig mit der Außenseite der Säulen an der Langseite ab, während die Außenseite der Ante auf der Säulenachse der zweiten Frontsäule liegt. Auch im Inneren der Cella findet sich das Verhältnis der Euthynterie von 2:5 wieder. Hier sind die Cellawände der beiden Langseiten mit jeweils fünf sog. Zungenwänden versehen, die in den Innenraum rage und vorgelagerte ionische Halbsäulen aufweisen (Abb. 4). An der südlichen Schmalseite der Cella ist zusätzlich eine korinthische Säule aufgestellt, sodass die Kolonnade Π-förmig umlaufend erscheint. Die Idee einer an drei Seiten umlaufenden Kolonnade im Cellainneren ist an sich nicht neu, denn sie kommt in Athen bereits am Parthenon und am Hephaisteion vor, wo sie als Rahmung für das kolossale Kultbild dient. Neu ist in Bassai allerdings die Verwendung ionischer Säulen im Innenraum eines dorischen Tempels. Gleichzeitig handelt es sich bei den vorgelagerte Halbsäulen um ein Merkmal, das der dorisch-peloponnesischen Architektur eigen ist und beispielsweise am Heratempel in Olympia, am Tempel in Sikyon und in Halieis auftritt.[492] Somit werden im Innenraum des Apollontempels von Bassai attische und peloponnesische Gestaltungsmerkmale zu einer innovativen Kombination vereint.

---

487 Zur ionischen Cella siehe Norman 1984; zur Innenraumgestaltung griechischer Tempel: Scranton 1946. Zum Entwurf sowie der Bauplanänderung des Tempels siehe: Hoepfner 1997b, 178–183; Mallwitz 1975, 30–36; Hahland 1948/49, 14–39.

488 Zur Planänderung für die beiden südlichen, schräg gestellten Zungenmauern siehe: Hoepfner 1997b, 178–183; Mallwitz 1975, 7–42; Hofkes-Brukker – Mallwitz 1975. Hier spielt diese Änderung im Plan nur eine untergeordnete Rolle, da lediglich die Mauer, nicht die vorgelagerten Halbsäulen selbst verändert wurden.

489 Es wurde vermutet, dass der Entwurf hier Rücksicht auf einen archaischen Vorgängerbau nimmt (Cooper 1978, 168; Gruben 1976, 122; ablehnend: Kalpaxēs 1986, 95 Anm. 707); vielleicht handelt es sich aber auch um eine peloponnesische Architekturtradition, die beispielsweise auch Tegea, Nemea oder Lousoi beobachtet werden kann (Svenson-Evers 1996, 203).

490 Hahland 1948/49, 17.

491 Es handelt sich um ein Motiv, das auch an attisch-ionischen Bauten, wie dem Hephaisteion in Athen oder dem Tempel in Sounion begegnet (Gruben 1976, 122).

492 Norman 1980, 8–11.

Die proportionalen Verhältnisse der ionischen Ordnung werden im Apollotempel von Bassai also maßgeblich durch die Vorgabe der dorischen Außenordnung bestimmt. Zum einen müssen beide Ordnungen auf derselben Höhe abschließen, um das darüber liegende Gebälk tragen zu können.[493] Dies wurde erreicht, indem der Boden im Inneren der Cella um etwa 0,50 m gegenüber dem Stylobat außen erhöht liegt. Gleichzeitig sind die ionischen Halbsäulen in einem Höhenverhältnis von 1:8,8 (uSdm:SH) gestaltet und somit wesentlich schlanker als die dorischen Außensäulen (Tabelle 26). Hierbei verhält sich die Höhe des ionischen Gebälks zur Breite des Joches wie 1:2. Der untere Säulendurchmesser steht zum Joch in einem Proportionsverhältnis von 1:4. Die Säulenstellung wirkt folglich sehr schlank und licht. Zum anderen wurde der Jochabstand der ionischen Säulen so gewählt, dass er exakt dem der dorischen Außenordnung entspricht. Betrachtet man den Grundrissplan des Tempels (Abb. 4) fällt auf, dass die ionischen Innensäulen so platziert sind, dass sie jeweils exakt mittig zwischen zwei dorischen Außensäulen der Langseiten liegen. Der Achsabstand der ionischen Innenordnung entspricht also genau dem der dorischen Außenordnung (2,68 m[494]). Diese Anordnung der Säulen rührt wohl von dem rasterartigen Entwurfsystem ionischer Tempelbauten her und bezeugt die intensive Auseinandersetzung des Architekten mit dem ionischen Tempelbau.[495] Wesentlich ist in diesem Zusammenhang die Tatsache, dass bei der Kombination aus dorischen und ionischen Elemente im Grundriss beide Ordnungen nach demselben Grundmaß entworfen wurden. Cooper hat für den Apollotempel einen Modulus von 0,335 m berechnet, der sich in den Blocklängen (1,338–1,339 m), den Jochbreiten (2,676 m) sowie den Ziegelbreiten (0,66–0,67 m) widerspiegelt.[496] Dieses Grundmaß lässt sich auch bei der ionischen Ordnung nachvollziehen. Neben der bereits erwähnten Jochkonkordanz findet es sich beispielsweise auch im unteren Säulendurchmesser der ionischen (0,66 m) bzw. der korinthischen (0,67 m) Säule wieder.

In Bassai werden beide Ordnungen erstmals innerhalb eines peripteralen Tempelbaus miteinander vereint. Die Vorteile dieses Vorgehens lassen sich deutlich machen, vergleicht man die Konzepte entsprechender Vorgängerbauten. Im Parthenon von Athen oder beispielsweise im Aphaiatempel von Ägina wurden im Inneren der Cella ebenfalls Kolonnaden eingesetzt. Hier jedoch wurden dorische Säulen verwendet, die generell gestauchtere Proportionen (1:5 bis 1:8)[497] als die schlanken ionischen Säulen (1:8 bis 1:13)[498] aufweisen. Um die von den dorischen Außensäulen vorgegebene Cellahöhe erreichen zu können, mussten daher im Cellainneren doppelstöckige Kolonnaden verwendet werden. Hätte man hier wie außen einfache dorische Säulen verwendet, wäre aufgrund des entsprechenden unteren Säu-

---

493 Nach Cooper 1992, Taf. 9, 10–11.
494 Cooper 1996b, 131–132.
495 Das System findet allerdings keine Wiederholung auf der Peloponnes (s. Kapitel II.6.1).
496 Cooper 1996a, 130–131. Das Bauwerk zeichnet sich durch eine mehrheitlich exakte Bauausführung aus: Bei der Ausführung des Toichobats kommt es zu einer Abweichung von nur 1 mm, beim Peristyl von bis zu 15 mm, bei den Jochen von 6 mm und bei den Säulenhöhen von bis zu 3 mm (Cooper 1996a, 133–134). Für die Euthynterie ergeben sich allerdings keine klaren Zahlenverhältnisse (16,164 m zu 39,828 m verhalten sich wie 1:2,46399), weshalb Cooper annimmt, dass die Maße der Euthynterie, des Stylobates, des Toichobates sowie des Peristyl-Rechteckes angepasst wurden, sodass sie eine Mischung aus verschiedenen Komponenten darstellten, welche zumindest eine visuelle Verhältnismäßigkeit schaffen sollten (Cooper 1996a, 131: "Thus, the architect at Bassai adjusted the dimensions of the euthynteria, stylobat, toichobat, and peristyle rectangles to fit a scheme where a wide mixture of components was meant to achieve visual commensurability.").
497 Gerkan – Müller-Wiener 1961, 113–114.
498 Siehe Gruben 1996, 74 Abb. 1.

lendurchmessers entweder kaum noch Platz im Innenraum gewesen oder die Säulen hätten zerbrechlich schlank gewirkt. Durch die Verwendung einer doppelstöckigen Kolonnade war es aber möglich die gewohnten Säulenproportionen beizubehalten, gleichzeitig aber die benötigte Höhe zu erreichen. In Bassai wurde diese Schwierigkeit der Innenraumgestaltung auf eine neuartige Weise gelöst, für die sich die schlanken Proportionen ionischer Säulen optimal zu eignen scheinen.[499]

Insgesamt zeigt sich am Apollontempel von Bassai also, dass sowohl die Gesamthöhe als auch der Achsabstand der ionischen Innenordnung durch die dorische Ordnung vorgegeben wurden. Frei gestaltbar waren lediglich die Binnenproportionen, d.h. die Höhe sowie die Breite der einzelnen Bestandteile. Bei der Wahl dieser frei gestaltbaren Proportionsverhältnisse betrat der Architekt, dessen Name hier offen bleiben muss,[500] Neuland, denn ein dorischer Peripteros mit ionischer Innenordnung war bis dahin noch nicht bekannt. Offensichtlich orientierte er sich an ionischen Außenordnungen attischer Bauten. So gleicht das Verhältnis von unterem Säulendurchmesser zu Säulenhöhe in Bassai (1:8,84) jenem am Niketempel in Athen (1:8,82) und das Verhältnis von Gebälkhöhe zu Säulenhöhe (Bassai 1:4,52) jenem der Nordhalle des Erechtheions (1:4,54).

Epidauros, Asklepiostempel

Ein weiterer Peripteral-Tempel findet sich etwas später in Epidauros. Es handelt sich um den Haupttempel des Heiligtums und ist dem Gott Asklepios geweiht. Der Bau wurde um 370 v. Chr. begonnen. Bei Pausanias (Paus. II, 27, 2) findet der Tempel keine direkte Erwähnung, dort wird lediglich das Kultbild beschrieben, nicht aber die Architektur, in der es platziert gewesen sein muss. Heute befinden sind vom Tempelbau nur noch die Fundamente in situ, während die erhaltenen Bauglieder der aufgehenden Architektur verstreut gefunden wurden. Da zu diesem Bauwerk allerdings auch eine Bauabrechnung überliefert ist (IG IV², 102), kann der Tempelbau recht sicher rekonstruiert werden.[501] Auf einem 23,28x12,03 m großen Stylobat, der nach den Proportionen 1:2 entworfen ist, standen 6x11 dorische Säulen (Abb. 10). Mit einer Höhe von insgesamt 5,70 m entsprechen sie etwa 6-mal ihrem unteren Durchmesser (0,92 m). Auf den Säulen, die im Abstand von 2,26 m zueinander standen (Achsabstand), ruht das Gebälk mit einer Gesamthöhe von 1,51 m (Verhältnis zur Säulenhöhe wie 1:1,63).[502] Die Gesamthöhe der Ordnung (7,21 m) verhält sich demnach zur Breite an der Gebäudefront (von Achse zu Achse 11,29 m) wie 5:3. Damit weist die dorische Ordnung im Vergleich zu Bassai etwas schlankere Proportionen auf (s. Tabelle 26).

Die verkürzte Säulenstellung bedingt auch einen verkürzten Innenraum, der lediglich aus Pronaos (5,65xca. 3,50 m, *distyl in antis*) und Cella (5,65x11,32 m) besteht während ein

---

499 Problematisch schien hierbei nur die Gestaltung der ionischen Kapitelle an den Ecken (s. hierzu Kapitel II.4). Wahrscheinlich wurden aus diesem Grund bei späteren Bauwerken auch vorzugsweise korinthische Kapitelle eingesetzt.

500 Als Architekt wird in der antiken Überlieferung Iktinos genannt, der gleichzeitig auch den Parthenon in Athen errichtet haben soll (Paus. VIII, 41, 7–9). Die Zuweisung wird kontrovers diskutiert: Svenson-Evers 1996, 157–193; Cooper 1996a, 369–379; Winter 1980; Knell 1968; Eckstein 1960; Riemann 1954, 299–340; Weickert 1950, 16; Hahland 1948/49, 15; Puchstein 1887, 32.

501 Prignitz 2014, 18–85; Riethmüller 2005, 295ff.; Burford 1969; Burford 1966, 254–334; Roux 1961, 84–130. Taf. 27. 28; Defrasse – Lechat 1895, 49–63; Kabbadias 1885, 55–58. Taf. 1–2; Kabbadias 1883, 81–82.

502 Architravhöhe 0,61 m, Frieshöhe 0,688 m, Geisonhöhe 0,21 m, Metopenbreite 0,688 m, Triglyphenbreite 0,441 m (Roux 1961, 84–130).

Opisthodom, wie es in Bassai belegt ist, fehlt. In der Cella spiegeln sich die klaren Proportionen des Stylobats (1:2) wieder. Zusätzlich ist das Pteron an der Front auf zwei Joche erweitert sowie eine Rampe an der Frontseite angebracht, sodass der Tempel eine deutliche Ausrichtung nach Osten erhält. Während die Außenordnung recht genau rekonstruiert werden kann, ist über die Gestaltung innerhalb der Cella nur wenig bekannt. Außer einigen Orthostaten und Wandquadern haben sich keine Bauglieder der aufgehenden Architektur erhalten. Dennoch lässt sich eine Säulenstellung in der Cella mit hoher Wahrscheinlichkeit nachweisen. Zum einen zeigen zwei fragmentarisch erhaltenen Blöcke der Cellawand Aussparungen, die auf eine vorgelagerte Wandgliederung deuten,[503] zum anderen beobachtet Roux eine Verbreiterung der Fundamente im Bereich der Cella, die ebenfalls auf eine Säulenstellung hindeutet.[504] Darüber hinaus wird dies auch durch die bereits erwähnte Bauinschrift bestätigt. In den Zeilen 64–65 steht, dass ein Marsyas für 1336 Drachmen die Glättung der Säulen außen und innen übernahm (στύλων […] τᾶν ἔχθοι καὶ τᾶν ἔνδοι).[505] Da es sich hierbei weder um die Säulen im Pronaos noch um eine Glättung der Außen- und Innenseite einer Säule handeln kann, bezieht sich diese Aussage auf eine Säulenstellung im Cellainneren.[506] Wie diese im Detail ausgesehen hat, lässt sich daraus allerdings nicht schließen. Zieht man die geringe Höhe der Außensäulen mit in Betracht, ist am wahrscheinlichsten eine einstöckige ionische oder korinthische Säulenstellung im Inneren, die Π-förmig in der Cella umläuft.[507]

Der schlechte Erhaltungszustand erlaubt also lediglich einige grundsätzliche Aussagen zur Gestaltung. Zum einen wird das Motiv der einstöckigen, Π-förmig umlaufenden ionischen Ordnung, welches im Apollotempel von Bassai eingeführt wurde, am Asklepiostempel in Epidauros wiederholt. Zum anderen zeigt sich, dass auch hier, wie bereits in Bassai, die proportionale Gestaltung der Innenordnung von den festen Vorgaben der dorischen Außenordnung abhängig war. So musste diese sowohl im Grundriss als auch im Aufriss den Höhen- sowie Breitenmaßen des Cellainnenraumes angepasst werden. Ob die Säulen hierbei nach einem Rasterplan platziert wurden, wie in Bassai, lässt sich jedoch nicht mehr nachvollziehen.

Tegea, Athenatempel

Vom Athenatempel in Tegea sind ebenfalls nur die Fundamente noch in situ. Die zahlreichen erhaltenen Bauglieder der aufgehenden Architektur[508] lassen die Rekonstruktion einer 47,52x19,16 m große Peristasis mit 6x14 dorischen Außensäulen zu (Abb. 81–82). Der Grundriss verhält sich demnach, vergleichbar mit Bassai, wie 5:2. Möglicherweise gehen auch in Tegea die etwas überlangen Grundrissproportionen auf einen archaischen Vorgängerbau zurück.[509] Die dorischen Säulen werden bei einem unteren Durchmesser von ca. 1,55 m auf eine Höhe von 9,47 m rekonstruiert (rund 6-mal der untere Durchmesser) und

---

503 Roux 1961, 113 Abb. 25. Taf. 35, 3.
504 Roux 1961, 112–113.
505 IG IV², 102; Prignitz 2014, 23.
506 Prignitz 2014, 54.
507 Siehe auch Rekonstruktion bei Roux 1961, 125 Abb. 28.
508 Mendel 1901. Dugas – Berchmans 1924. Norman 1980, 19–125. Norman 1984, 169–194.
509 Norman 1980, 31.

weisen somit etwas schlankere Proportionen auf als in Bassai. Die Höhe der dorische Außenordnung (ohne Horizontalgeison) insgesamt wird mit 11,53 m angegeben.[510]

Der Innenraum ist dreigeteilt, wobei Pronaos und Opisthodom je zwei dorische Säulen in antis aufweisen. Die erhaltenen Bauglieder aus der Cella lassen weder die Höhe noch die Platzierung der Säulen mit Sicherheit bestimmen. Es ergeben sich daher verschiedene Rekonstruktionsmöglichkeiten, wobei der Vorschlag von N. J. Norman der überzeugendste ist.[511] Demnach ist der Raum rund 9,60 m breit und 18,95 m lang. An den Langwänden werden je sieben, an der schmalen Westwand drei Halbsäulen und in den Ecken je ein Pilaster rekonstruiert. Die korinthische Kolonnade ist somit, ähnlich wie in Bassai, Π-förmig umlaufend. In Tegea sind die Halbsäulen jedoch direkt der Wand vorgelagert, wodurch der Eindruck eines äußerst breiten Innenraumes entsteht. Die Säulenhöhe wird hier auf 6,94 m rekonstruiert (1:9) bei einem unteren Durchmesser von 0,77 m (halb so groß wie die dorische Säulen). Wie hoch das Gebälk der korinthischen Ordnung war, lässt sich nicht mehr bestimmen, da entsprechende Fragmente nicht sicher zugeordnet werden können.[512] Hinzu kommt die Erhöhung des Cellabodens im Vergleich zum Stylobat um 0,77 m, sodass oberhalb der korinthischen Kolonnade noch etwa 3,75 m bis zur Celladecke überbrückt werden müssen.[513] Einige Forscher rekonstruieren daher ein zweites Stockwerk, in dem eine ionische Kolonnade gestanden haben könnte.[514] Ihre Annahme gründet zum einen auf der Aussage Pausanias'[515] es seien alle drei Ordnungen (dorisch, ionisch und korinthisch) am Tempelbau vertreten und zum anderen auf den Höhenvorgaben der Außenordnung. Die Idee, zwei Kolonnade übereinander zu setzen ist bereits vom Parthenon bekannt, neu wäre allerdings die Idee eine ionische auf eine korinthische Kolonnade zu stellen, ähnlich wie im späteren Zeustempel von Nemea. Da hierfür in Tegea jedoch die entsprechenden archäologischen Belege fehlen, ist diese Praxis erst zu einem späteren Zeitpunkt, am Tempel in Nemea sicher nachgewiesen.

Insgesamt ist der Erhaltungszustand der Innenordnung des Athenatempels in Tegea zwar besser als in Epidauros, dennoch lässt er keine gesicherten Aussagen zur Binnengestaltung der Ordnung zu. Prinzipiell zeichnet sich in Tegea aber ein ähnliches Bild ab wie bei den vorherigen Tempelbauten, dass nämlich die Rahmenbedingungen der Innenordnung von den Maßvorgaben der dorischen Außenordnung bestimmt wurden. In Tegea gibt es allerdings Hinweise darauf, dass eine Loslösung von diesen Vorgaben angestrebt wurde. So erlaubt die Verwendung einer zweistöckigen Kolonnade im Cellainneren eine freiere Gestaltung der Säulenproportionen – eine Tatsache, die sich auch in den verschiedenen modernen Rekonstruktionsvorschlägen widerspiegelt.

---

510 Dugas – Berchmans 1924, 18–19; Norman 1980, 33.
511 Norman 1980, 26–100.
512 siehe hierzu Norman 1980, 51–53.
513 Zu einem ähnlichen Ergebnis kommen auch Dugas und Clemmens (Dugas – Berchmans 1924), wobei dort die Säulen mit 7,438 m etwas höher rekonstruiert werden. Gleichzeitig ist dort die Erhöhung des Cellabondens im Vergleich zum Stylobat mit nur 0,372 m etwas geringer veranschlagt. Somit bleiben lediglich 2,2 m zwischen korinthischer Kolonnade und Celladecke.
514 Norman 1980, 55–56; Gruben 1976, 131–132; Roux 1961, 366.
515 Paus. VIII, 45,3–47,3. Aus der Passage geht nicht eindeutig hervor, in welchem Zusammenhang die ionische Ordnung am Athenatempel eingesetzt wird. Pausanias Information kann folglich lediglich als Hinweis nicht als Beleg angesehen werden. Eine Rekonstruktion mit zweistöckiger Kolonnade, unten mit korinthischen oben mit ionischen Säulen, scheint dennoch glaubwürdig, vergleicht man diese mit zeitnahen Tempelbauten wie bspw. dem Zeustempel in Nemea.

Nemea, Zeustempel

Wesentlich besser erhalten als der Athenatempel in Tegea ist der Zeustempel in Nemea. Sowohl das Plattenpflaster als auch die Orthostaten sind in situ und die weitere aufgehende Architektur kann durch zahlreiche erhaltene Bauglieder weitestgehend sicher rekonstruiert werden.[516] Der nach Osten orientierte Peripteraltempel weist einen 20,99x42,06 m großen Stylobat auf, dessen Verhältnis (1:2) sich auch in der Säulenstellung wiederspiegelt, die 6x12 (=1:2) statt 6x13 dorische Säulen aufweist (Abb. 54–55). Dieser verkürzte Peristasis entspricht ein reduzierter Innenraum, der lediglich aus Cella und Pronaos (*distyl in antis*) besteht, während der Opisthodom wegfällt. Dadurch ergibt sich eine verstärkte Ausrichtung auf die Frontseite des Tempels, die zusätzlich durch einen Rampenaufgang an der Ostseite unterstrichen wird. Das Verhältnis 1:2 findet sich darüber hinaus auch in der aufgehenden Außenarchitektur des Tempels. Die dorischen Säulen erreichen bei einem unteren Durchmesser von 1,63 m eine Höhe von 10,33 m (verhält sich wie ca. 1:6), die sich zur Breite des Stylobats an der Front (20,99 m) wie 1:2 verhält. Die Säulen stehen in einem Jochabstand von 3,75 m zueinander. Dabei verhält sich die Gebälkhöhe zur Höhe der Säulen wie etwa 1:4 (H Architrav 1,03 m; H Fries 1,15 m; H Geison 0,32 m).

Auch die Cella ist nach klaren Verhältnissen gegliedert. Im Inneren läuft eine Π-förmige Kolonnade aus freistehenden korinthischen Säulen um, die den Cellaraum vom dahinter liegenden Adyton abtrennt (ca. 5,60 m tiefer Bereich). Der Innenraum ist 21,12x9,32 m groß, d.h. die Lang- und die Schmalseite verhalten sich wie 8:3. Exakt dasselbe Verhältnis zeigen Jochbreite (2,81 m) und Säulenhöhe (7,49 m) der korinthischen Ordnung, die sich zueinander wie 8:3 verhalten. Über der korinthischen Säulenstellung erhob sich ein zweites Stockwerk, bestehend aus ionischen Halbsäulenpfeilern. Diese sind in Nemea, anders als in Tegea, sicher nachgewiesen. Die doppelstöckige Kolonnade zur Überbrückung der Innenraumhöhe des Zeustempels in Nemea war nötig, da die Proportionen der dorischen Außenordnung etwas schlanker als jene in Tegea sind. Durch die Außenordnung war für die Cella eine Höhe von 11,44 m vorgegeben.[517] Die korinthische Kolonnade nahm insgesamt etwa 7,92 m[518] davon ein, wobei die Säulen 7,49 m hoch waren, d.h. rund 9-mal so hoch wie ihr unterer Durchmesser (0,84 m). Somit blieben für die ionische Ordnung im oberen Geschoss etwa 3,43 m übrig. Von den Baugliedern der aufgehenden Architektur haben sich lediglich ein Pfeilerfragment mit einer Viertelsäule an der Ecke (**II.34 a**), ein Halbsäulenpfeiler (**II.34 b**) sowie ein Fragment einer Kapitellvolute (**III.43**) erhalten.[519] Der untere Säulendurchmesser betrug etwa 0,30 m (in den Kannelurtälern gemessen), sodass die Proportionierung der ionischen Säulen bei ca. 1:10 gelegen haben dürfte.

Insgesamt zeigt sich, dass der Entwurf der Innenraumgestaltung in Nemea etwas freier als jener in Bassai war. Zwar wird auch hier die Gesamthöhe der Innenordnung von der dorischen Außenordnung vorgegeben, nicht jedoch die Wahl des Jochabstandes für die Ordnung

---

516 Hill 1966; Norman 1980, 129–184.
517 Auf der Rekonstruktionszeichnung bei Hill (Hill 1966, Taf. 8), welche den Längsschnitt durch den Tempel wiedergibt, wird deutlich, dass die Höhe der Cella der Höhe der rückwärtigen Seite der dorischen Ordnung entspricht (Säulenhöhe 10,325 m plus Architravhöhe 1,0335 m plus Höhe des rückwärtigen Friesblockes 0,507 m ergibt 11,8655 m; da der Cellabonden 0,427 m höher als der Stylobat liegt ergibt sich eine Höhe von 11,4385 m für den Cellainnenraum).
518 Architravhöhe 0,435; Fries ist nicht erhalten (Hill 1966).
519 Auf die ungewöhnliche spiralenförmige Volute ist bereits Norman eingegangen, die bezweifelt, dass das Fragment tatsächlich der ursprünglichen ionischen Ordnung im Zeustempel zugeordnet werden kann (Norman 1980, 144–145).

82   Einzelstudien

im Untergeschoss. In Nemea entschied man sich für ein Verhältnis von unterem Säulendurchmesser zu Jochbreite von 1:3,34, d.h. die Säulen standen ein wenig dichter als in Bassai. Zeitnahe Vergleichsbeispiele dorischer Peripteroi mit ionischer Innenordnung sind aber auch etwa ein Jahrhundert nach Bassai noch immer selten.[520] Ein Vergleich mit der kleinasiatisch-ionischen Außenarchitektur zeigt, dass insbesondere die Proportionsverhältnisse des Zeustempels in Labraunda (1:3,33)[521] mit jenen in Nemea vergleichbar sind.[522] Wenn man hierbei nicht von einem Zufall ausgehen möchte, dürfte dies von der guten Kenntnis hekatomnidischer Architektur der 2. Hälfte des 4. Jahrhunderts zeugen.

Epidauros, Tempel L

Auf dem Weg vom Asklepiosheiligtum zur Talsenke des Kynortion, etwa 600 m nordwestlich des Theaters und damit in isolierter Lage, finden sich die 1902 von Cavvadias ausgegrabenen Überreste eines ungewöhnlichen Tempelbaus.[523] In situ sind lediglich die Fundamente, aus denen hervorgeht, dass der Bau geostet war (an der Ostseite konnten Substruktionen für einen Rampenaufgang beobachtet werden). Vor allem Roux hat sich mit der Rekonstruktion des Bauwerkes, anhand verstreut gefundener Bauglieder in der Nähe des Bauwerkes, beschäftigt.[524] Demnach handelt es sich um einen Tempel mit vierstufiger Krepis und einer pseudoperipteralen Außenordnung mit 4x7 Säulen (Abb. 15–16).[525] Die Fundamente sind ca. 13,53x7,96 m groß und stehen somit in einem ungefähren Verhältnis von 5:3. Die Fronthalle ist zwei Joche tief. Die gefundenen Bauglieder der aufgehenden Architektur lassen auf eine ionische Außenordnung sowie eine vermutlich korinthische Innenordnung schließen.[526] Der untere Säulendurchmesser der Außenordnung beträgt 0,47 m und verhält sich zum Normaljoch (1,86 m)[527] wie ca. 1:4. Damit hatte der Tempel eine besonders lichte Säulenstellung. Die Höhe der Säulen des Tempels L ist nicht erhalten, wird bei Roux aber auf etwa 4 m geschätzt. Das entspräche einem gängigen Höhenverhältnis von 1:8,5. Vom Außengebälk sind vier Fragmente erhalten, die eine gesicherte Höhe von 0,49 m wiedergeben (Architrav und Fries waren aus einem Block gearbeitet, die Höhe des Horizontalgeisons ist nicht bekannt). Von der vermuteten korinthischen Innenordnung sind lediglich Stylobatblöcke sowie Teile des Gebälks erhalten. Die Gebälkblöcke weisen dieselbe Höhe auf wie außen (0,49 m) und lasse darauf schließen, dass beide Ordnungen gleich hoch ausgebildet waren.

---

520 Die zweistöckige ionische Innenordnung im Apollontempel von Delphi ist nicht eindeutig nachweisbar (s. Amandry – Hansen 2010).
521 Siehe Zusammenstellung bei Hellström – Thieme 1982, 50.
522 Priene Athenatempel 1:2,73; Halikarnassos, Maussolleion 1:2,72; Ephesos, Artemision 1:2,84; Didyma, jüngeres Didymaion 1:2,66.
523 Kabbadias 1907, 104–115. Abb. 15–17. Taf. 2,1.
524 Roux 1961, 223–252.
525 Die Rekonstruktion der in die Cellawand eingebundenen Außensäulen ist zum einen belegt durch die Standspuren und zum anderen durch die entsprechenden Bauglieder, die auf einem Feld in der Nähe des Bauwerkes gefunden wurden. (Roux 1961, 233 Abb. 55). Die von Büsing (Büsing 1970, 29–30. Büsing 2000, 61) geäußerten Bedenken, können durch Hennemeyer ausgeräumt werden (Hennemeyer 2012, 237).
526 Basisfragmente (**I.16**), Trommelfragmente von Voll- (**II.9c**) und eingebundenen Säulen (**II.9 a und b**), ein Diagonalkapitell (**III.15**), vier Gebälkfragmente einer Außen- (**IV.8 a** Architrav und Fries) sowie einer Innenordnung (**IV.8 b**), einzelne Simafragmente.
527 Rekonstruiert aus den erhaltenen Stylobatblöcken mit entsprechenden Einlassspuren. Die Eckjoche waren auf 1,765 m kontrahiert (Roux 1961, 229).

Dieser ungewöhnliche, in der 1. Hälfte des 3. Jahrhunderts errichtete Tempel mit seinen in die äußere Cellawand eingebundenen Säulen erinnert an einen Pseudoperipteros.[528] Diese Tempelform ist eigentlich vorwiegend aus der römischen Architektur bekannt, wobei ihr wohl prominentester Vertreter, da am besten erhalten, die Maison Carré in Nîmes ist.[529] Auf einem Podium mit Treppe erhebt sich dort der Cellaraum, an drei Seiten von eingebundenen korinthischen Säulen umgeben. An der Frontseite erstreckt sich über drei Jochtiefen die Vorhalle, welche von freistehenden Säulen eingerahmt wird. Daneben gibt es noch zahlreichen weiteren Beispielen[530] wobei der bisher früheste bekannte römische Pseudoperipteros der sog. Tempel der Sibylle in Tivoli (3. V. 2. Jh. v. Chr.) ist.[531] Aufgrund der Ähnlichkeiten zwischen den römischen Pseudoperipteroi mit dem Tempel L in Epidauros liegt die Vermutung nahe, dass der Impuls für diese Tempelform ursprünglich aus der griechischen Architektur kam.[532] Hennemeyer nennt neben dem Tempel L mehrere Bauwerke mit ebenfalls außen umlaufender Halbsäulenordnung, wie das Olympieion von Akragas (nach 480 v. Chr.), vereinzelte Grabmonumente, das Bouleuterion von Milet, den Altar im Athenaheiligtum von Priene sowie das Grab Ta Marmara bei Didyma, die als Anregung zur Entwicklung des römischen Pseudoperipteros gedient haben könnten.[533]

Die ionische Außenordnung des pseudoperipteralen Tempels L in Epidauros ist das erste Beispiel, das gänzlich frei in der Gestaltung seiner proportionalen Verhältnisse ist. Zwar ist die Säulenhöhe nicht erhalten, anhand des unteren Durchmessers sowie des Jochabstandes kann jedoch noch eine vergleichsweise lichte Säulenstellung für die ionische Außenordnung festgestellt werden (~1:4). Die Außenordnungen an den bisher betrachteten dorischen Peripteraltempeln weisen lediglich Werte von 1:2,25–2,45 auf, d.h. die Säulen stehen deutlich dichter. Auch ein Vergleicht mit zeitnahen kleinasiatisch-ionischen Bauwerken mit ionischer Außenordnung[534] zeigt, dass es sich um eine vergleichsweise lichte Stellung handelt. Mögli-

---

528 In der moderne Forschung wird diese Bezeichnung für italisch-römischer Tempelbauten verwendet, deren Cella an drei Seiten von vorgelagerten Halbsäulen umgeben ist, die an der Frontseite durch freistehende Säulen fortgesetzt werden und somit die Vorhalle bilden (s. Gros 1992, 212. Ginouvès 1998, 47.). Überliefert ist der Begriff durch Vitruv (Vitr. 4, 8, 6). Demnach erreiche der Pseudoperipteros sein Aussehen dadurch, dass die Cella so erweitert wurde, sodass ihre Wände die Interkolumnien der ursprünglich freistehenden Säulen füllen und sie somit zu Halbsäulen machen. Aus dieser Textstelle könnte man schließen, dass es sich von der Genese der Form her um eine griechische Tempelform handelt, die aus einer Reduktion des Peripteros entstanden ist. Tatsächlich zeigt der überlieferte Bestand römischer Pseudoperipteroi aber, dass die Bauten weniger einem Peripteros als viel eher einem Prostylos ähneln, der eine schmuckhafte Blendordnung erhält. Demzufolge scheint Vitruv hier keine Genese der Tempelform sondern lediglich eine Beschreibung des Aussehens zu liefern (s. Gros 1976, 120. Gros 1992, 212. Trunk 1991, 37; Hennemeyer 2012, 248 etwas anders Büsing 1970, 72. Büsing 2000).
529 Gros – Amy 1979.
530 Eine entsprechende überblickshafte Zusammenstellung findet sich bei Hennemeyer 2012, 243–237.
531 Delbrück 1912, 11–16. Taf. 7–9. Direkt neben dem Vestatempel gelegen erhebt sich auf einem Podium mit vorgelagerter Treppe ein prostyler Bau mit vier Säulen an der Front. Dahinter schließt sich, ähnlich einem Prostylos, die Cella an, wobei hier die Säulen zwischen den Antenwänden fehlen. Außerdem ist die äußere Mauer der Cella durch Halbsäulen an allen drei Seiten versehen, wodurch der Eindruck einer umlaufenden Säulenstellung entsteht.
532 Siehe bspw. Lauter 1986, 190. Zuletzt Hennemeyer 2012, 233. Büsing hingegen akzeptiert den Tempel L nicht als direkten griechischen Vorläufer der römischen Pseudoperipteroi, da er die Rekonstruktion Roux' anzweifelt, allerdings vertritt auch er die Meinung, dass die griechische Architektur zahlreiche Anregungen für die Entwicklung der römischen Peripteroi geboten habe (Büsing 2000, 65).
533 Hennemeyer 2012, 237.
534 Eine Zusammenstellung der Beispiele ist zu finden bei: Hennemeyer 2013, 58–59 Tab. 1. Dort werden folgende Werte für das Verhältnis von unterem Säulendurchmesser zu Jochweite angeführt: Halikarnassos,

che Vorbilder müssen daher wohl an anderer Stelle gesucht werden. Zunächst soll aber die Entwurfsidee genauer betrachtet werden.

Nicht dargelegt wurde bisher, unter welchen Einflüssen der ungewöhnliche Tempel L in Epidauros entwickelt wurde und welchen Vorbildern er möglicherweise folgt. Was zunächst wie ein revolutionärer Sprung aussieht, zeigt sich bei genauerer Betrachtung als folgerichtige Weiterentwicklung. Zunächst zeigt sich Tempel L als eindeutig richtungsbezogenes Bauwerk. Zum einen erfolgt die Ausrichtung durch eine Rampe im Osten, zum anderen durch die nach Osten geöffnete Cella. Der Rampenaufgang lässt sich bereits seit dem Asklepiostempel in Epidauros bei peloponnesischen Tempelbauten beobachten. Darüber hinaus weisen der Asklepiostempel in Epidauros sowie der Zeustempel in Nemea durch den Wegfall eines Opisthodoms eine zusätzliche Richtungsbezogenheit auf. Auch die Verwendung der ionischen Ordnung an der Gebäudeaußenseite ist bereits früher belegt (Abaton-Stoa in Epidauros, Philippeion und Leonidaion in Olympia) und stellt daher kein wirklich neues Motiv dar. Dasselbe gilt übrigens auch für die Verwendung von in eine Wand eingebundenen Halbsäulen. Diese treten bereits während der 2. Hälfte des 4. Jahrhunderts innerhalb des Philippeions in Olympia oder dem Athenatempel in Tegea auf. Neu ist allerdings die innovative Kombination dieser Elemente, welche letztlich zu einer dem Pseudoperipteros vergleichbaren Tempelform geführt hat. Dieser Schritt erscheint insofern als folgerichtig, da sich der Fokus, der während des 4. Jahrhunderts auf der immer aufwändigeren Ausgestaltung des Cellainnenraumes gelegen hat (s. Kapitel II.6.1), Anfang des 3. Jahrhunderts langsam auf die Gebäudeaußenseite verschiebt. Das Innere wird nun nach außen gekehrt. Zuvor dienten die korinthisch-ionische Innensäulen als schmuckhafte und vor allem angemessene Rahmung und damit als Aufwertung für das Kultbild in der Cella.[535] Nun wird die schmuckhafte Seite nach außen transferiert und so die Umgebung des Tempels aufgewertet; eine Funktion, die man bei dem etwas außerhalb bzw. abseits des Heiligtums gelegenen Tempel L wohl als nicht unangebracht empfunden haben mag. Das pseudoperipterale Bauwerk bildet somit die logische Weiterentwicklung der hier betrachteten Peripteraltempel. Dementsprechend ist es denkbar, dass man sich bei dem Entwurf der Proportionen am Tempel L auch an ionisch-peloponnesischen Innenordnungen aus dem Tempelbau orientiert hat. Hierfür käme vor allem der Apollontempel in Bassai in Frage, der für seine innere Säulenstellung einen vergleichbaren Wert von 1:4 aufweist und womöglich dem Bau in Epidauros einen Orientierungswert geliefert hat.

Insgesamt zeigt sich, dass der Tempel L in Epidauros (1. H. 3. Jh.) in einer Zeit errichtet wurde, in der die ionische Ordnung auf der Halbinsel immer häufiger an der Gebäudeaußenseite auftritt und somit stärker sichtbar ist als zuvor. Als erster Tempel mit ionischer Außenordnung auf der Peloponnes orientiert er sich jedoch nicht etwa an Bauten im kleinasiatisch-ionischen oder attischen Bereich, sondern vielmehr auf Bauwerke der peloponnesischen Halbinsel selbst. So wird durch die Kombination verschiedener bereits bekannter Motive eine innovative Komposition geschaffen, ein Vorgehen das bereits mehrfach auf der Peloponnes beobachtet wurde und als charakteristisch für die Region gelten darf.[536]

Maussolleion 2,64/ 2,77; Priene, Athenatempel 2,74; Belevi, Mausoleum 3,58; Magnesia, Artemistempel 2,81; Magnesia, Artemisaltar 3,58; Magnesia, Zeustempel 3,23. Nur der Athenaaltar in Priene kommt mit 1:4 auf ein ähnliches Verhältnis wie Tempel L in Epidauros.
535 Norman 1980, 246.
536 Siehe Kapitel II.61 Bassai, Apollotempel; Kapitel II.5 Lesbisches Kymation.

II.6.2 Stoai

Kalaureia, Stoa A

Die im Poseidon-Heiligtum von Kalaureia gelegene Halle A erstreckt sich von Norden nach Süden auf einer Länge von etwa 30 m und ist nach Osten auf einen Platz hin geöffnet.[537] Der 28,68x9,43 m große Innenraum der Halle wurde nach dem einfachen Prinzip 1:3 entworfen, d.h. die Stoa ist dreimal so lang wie tief (Abb. 23). Die im Inneren erhaltene Punktfundamente sowie eine ionische Säulenbasis (**I.20**)[538] in situ lassen auf eine ionische Kolonnade mit vier Säulen im Halleninnenraum im Achsabstand von 5,87 m schließen (der Abstand der beiden äußeren Joche zur Mauer hin beträgt jeweils 5,50 m). Der erhaltene untere Säulendurchmesser der ionischen Ordnung von 0,69 m[539] verhält sich demnach zum Joch wie ca. 1:8,5. Die innere Kolonnade ist innerhalb des 9,43 m tiefen Hallenraumes etwa mittig platziert, d.h. im Abstand von 4,78 m zur Rückwand und 4,65 m bis zum Stylobat der Front. An der Frontseite der Stoa werden neun dorische Säulen rekonstruiert, sodass jede zweite Außensäule auf eine ionische Innensäule fluchtet. Die dorischen Joche (2,96 m) sind somit halb so breit wie die ionischen und stehen zum erhaltenen unteren Durchmesser der dorischen Säulen (0,74 m) wie 1:4. Im Vergleich zu den oben besprochenen Ordnungen der Tempelbauten stehen die Säulen hier also nahezu doppelt so weit auseinander (s. Tabelle 26). Darüber hinaus ist von der weiteren aufgehenden Architektur fast nichts erhalten[540], sodass kaum weitere Rückschlüsse auf die Proportionierung der Ordnungen gezogen werden können. Die ungewöhnlich weiten Achsabstände in Kombination mit den relativ schmalen unteren Durchmessern der dorischen Säulen lassen jedenfalls darauf schließen, dass sie auch ein entsprechend leichtes Gebälk getragen haben.[541]

Trotz des schlechten Erhaltungszustandes ist die wohl Ende des 5. Jahrhunderts errichtete Stoa architekturgeschichtlich von hoher Bedeutung, denn sie zählt zu den frühesten belegten Hallenbauten, die zwei unterschiedliche Architekturordnungen aufweisen. Sie steht damit am Anfang einer langen Reihe von Hallen mit dorischer Außen- und ionischer Innenordnung, einem Konzept, das in der gesamten griechischen Welt verbreitet war und erst in der römischen Kaiserzeit abgelöst werden sollte. Bevor dieser Entwurf Anfang des 4. Jahrhunderts zur Konvention wurde, war es üblich, sowohl für die äußere als auch die innere Kolonnade dieselbe Ordnung zu verwenden, wobei je nach regionaler Präferenz ionische bzw. dorische Säulen eingesetzt wurden. Die ersten Hallen mit unterschiedlichen Kolonnaden sind wohl in Athen zu finden. Neben der Zeus-Stoa, die etwa zeitgleich mit dem Beispiel in Kalaureia datiert, gibt es entsprechende Hinweise, die vermuten lassen, dass bereits um 460 v. Chr. die Stoa Poikile eine dorische Außen- und eine ionische Innenordnung aufwies.[542] Spätestens ab dem frühen 4. Jahrhundert kommen immer häufiger zweischiffige Stoen mit unterschiedlichen Säulenordnungen vor. Dass dieser Entwurf so beliebt wurde lag laut Coulton vor allem

---

537 Welter 1941, 46–47.
538 Zur Basis **I.20** (Samischer Typus) s. Kapitel II.1.4.
539 Welter 1941, Taf. 38.
540 Von der ionischen Ordnung gibt es keine weiteren Belege, von der dorischen Ordnung sind, neben der Säulentrommel mit dem unteren Säulendurchmesser, ein Kapitell sowie ein Geisonfragment erhalten, wobei letzteres seit 1941 verschollen ist (Welter 1941, 46).
541 Ein solches hätte wohl nur unter Anwendung des Drei-Metopen-Systems ausgeführt werden können. Zu Mehr-Metopen-Schemata s. Kapitel II.6.2 mit Anm. 101.
542 Coulton 1976, 99–100. Der Stoa Poikile werden in einer Mauer nahe der Attalos-Stoa verbaute Spolienfunde zugeordnet (Shoe Meritt 1970, 233–264).

86 Einzelstudien

an den sich daraus ergebenden proportionalen Vorzügen.[543] Als die dorische Ordnung schlanker wird und diese Vorteile damit überflüssig werden, wurde die Verwendung unterschiedlicher Ordnungen aber auch weiterhin geschätzt, aufgrund des abwechslungsreichen Charakters, der dem Gebäude damit verliehen wird. Insbesondere für peloponnesische Hallenbauten scheint diese Begründung zuzutreffen, da hier oftmals Gebälke mit horizontal verlaufenden Balken anzutreffen sind, die gleichhohe Säulenstellungen fordern.[544]

Insgesamt zeigt sich, dass der proportionale Entwurf der ionischen Ordnung in diesem Zusammenhang den festen vorgegebenen Rahmenbedingungen der dorischen Außenordnung flexibel angepasst werden kann. Zum einen wird die Höhe, zum anderen der Achsabstand vorgegeben.

Epidauros, Abaton-Stoa

Im Heiligtum von Epidauros liegt nördlich der Tholos eine nach Süden geöffnete Stoa.[545] Der 75 m lange und 9,42 m tiefe Bau untergliedert sich in zwei Abschnitte. Während der östliche Gebäudeteil zweistöckig ist, weist der westliche Teil nur ein Stockwerk auf (Abb. 6–9). Bei Letzterem handelt es sich um eine zweischiffige Stoa mit ionischen Innen- sowie ionischen Außensäulen. Während die Außenseite mit sechzehn[546] Säulen versehen ist, stehen im Inneren nur sieben. Somit entsprechen jeweils zwei Joche an der Front (je 2,35 m) einem Jochen im Inneren (4,70 m).[547] Die Säulen der Außen- und der Innenordnung scheinen denselben untere Säulendurchmesser aufzuweisen (0,60 m),[548] der sich zum äußeren Joch (1,75 m) wie 1:3 und zum inneren Joch (4,10 m) wie 1:6,8 verhält. Darüber hinaus ist weder die Säulen- noch die Gebälkhöhe erhalten.

Bei dem Bau handelt es sich um eines der seltenen Beispiele, die sowohl für die äußere als auch die innere Kolonnade dieselbe Säulenordnung verwendet. Sie kommen vorwiegend in hellenistischer und römischer Zeit vor, während die Halle in Epidauros im 4. Jahrhundert ohne Vergleichsbeispiele bleibt. Bereits Coulton wusste hier für die Verwendung der ionischen Ordnung keine strukturellen Gründe anzuführen und begründet, sicherlich zu Recht, die Gestaltung der Stoa mit einer gewissen Experimentierfreudigkeit auf der Peloponnes im Hinblick auf die Verwendung der ionischen Ordnung.[549] Tatsächlich zeigt die Abaton-Stoa in Epidauros die offensichtliche Flexibilität der ionischen Ordnung, die, bei gleichem unterem Säulendurchmesser, im Inneren doppelt so große Jochabstände aufweist. Welchen Kriterien die Gestaltung der proportionalen Verhältnisse der ionischen Außenordnung unterliegt, lässt sich jedoch nicht einfach nachvollziehen. Das Verhältnis des unteren Säulendurchmessers

---

543 Die Innenordnung zweischiffiger Hallen war in der Regel etwas höher als die Außenordnung um das Gebälk tragen zu können. Bei Hallenbauten mit einheitlichen Ordnungen konnte dies nur erreicht werden, wenn die Proportionen der inneren Säulen dementsprechend angepasst wurden, d.h. entweder behielt man den unteren Durchmesser der Frontsäulen bei und verlängerte den Schaft oder man wählte einen größeren Durchmesser als außen und konnte somit das Verhältnis des unteren Säulendurchmessers zur Höhe beibehalten (Coulton 1976, 100).
544 Megalopolis, Philipps-Stoa; Epidauros, Abaton-Stoa.
545 Burford 1969, Taf. 5. 29–31;Coulton 1976, 237–238; Defrasse – Lechat 1895 129–162; Kabbadias 1905, 63–89; Kabbadias 1906, 43–89; Kabbadias 1891b, 17–18. Taf. 7; Lambrinoudakis – Bouras o. J.; Lauter 1986, 123–124; Tomlinson 1983, 42 Abb. 5.
546 Tomlinson 1983, 68.
547 Coulton 1976, 237–238.
548 Defrasse – Lechat 1895, 132 mit Abb.
549 Coulton 1976, 102.

zum Jochabstand hat weder in zeitnahen anderen Hallenbauten noch bei den Tempelbauten oder anderen Bauwerken Entsprechungen. Denkbar wäre für die Abaton-Halle in Epidauros daher eine individuelle Gestaltung, die sich möglicherweise nach Platzvorgaben innerhalb des Heiligtums richtete.

Megalopolis, Philipps-Stoa

Die Philipps-Stoa von Megalopolis ist eine dreischiffige, im Bereich der Risalite sogar vierschiffige Halle mit dorischer Außen- und ionischer Innenordnung (Abb. 38–39), die sich über eine Länge von 156 m erstreckt. Dabei entfallen je drei dorische Joche außen auf ein ionisches Joch im Inneren, sodass sich ein vergleichsweiser starker Kontrast zwischen einer dichten äußeren und einer lichten inneren Säulenstellung ergibt.[550] Von den ursprünglich 83 dorischen Säulen sind lediglich 43 Trommeln erhalten, fünf davon in situ. Da kein einziges dorisches Kapitell gefunden wurde kann die Höhe der Säule nur annähernd ermittelt werden und wird mit 5,60 m rekonstruiert.[551] Dies entspräche bei einem gesicherten unteren Säulendurchmesser von 0,86 m einem Verhältnis von 1:6,5. Zum Jochabstand von 2,05 m verhält sich der untere Säulendurchmesser wie 1:2,4 und lässt sich folglich besser mit dem Apollontempel in Bassai (1:2,4) als mit anderen Hallenbauten vergleichen, die Werte von 1:3 bis 1:4 zeigen (Tabelle 26). Im Gegensatz zur Säulenhöhe ist die Höhe des Gebälks (H 1,52 m) anhand von zwölf Architravblöcken (H 0,64 m), achtzehn Friesblöcken (H 0,70 m), sowie mehreren Geisonblöcken (H 0,18 m) gesichert.[552] Sie verhielte sich zur angenommenen Säulenhöhe wie 1:3,7.

Die ionische Ordnung ist im Gegensatz zur dorischen komplett rekonstruierbar. Der untere Säulendurchmesser von 0,70 m verhält sich zum Joch von 6,15 m wie 1:8,8 und weist somit die bisher lichteste Säulenstellung auf. Zur Höhe (5,56 m[553]) verhält sich der untere Säulendurchmesser wie 1:8, d.h. die Säulen sind nicht ganz so schlank wie beispielsweise im Apollontempel von Bassai oder im Zeustempel von Nemea (Tabelle 26). Das ionische Gebälk der Philipps-Stoa in Megalopolis besteht lediglich aus einem Architrav (H 0,48 m) und lässt sich daher nicht mit den anderen Gebälkbeispielen vergleichen, die außerdem dem Architrav auch über einen Fries und teilweise über einen Zahnschnitt verfügen und daher andere proportionale Verhältnisse aufweisen. Die beiden ionischen Kolonnaden im Inneren der Halle stehen in einem Abstand von 6,20 m zueinander und somit etwas weiter als die Säulen innerhalb der jeweiligen Säulenreihe, die Jochabstände von 6,15 m aufweisen.

Das Entwurfsystem der Stoa hat H. Lauter-Bufe[554] jüngst ausführlich dargelegt. Es basiert zum einen auf dem Breitenmaß der Triglyphe, die Träger des Modulus ist und zum anderen auf einem Fußmaß von 0,326 m. Der Modulus bestimmt sowohl die Länge (156,53 m=383 Moduli; ein dorisches Joch=5 Moduli; ein ionisches Joch=15 Moduli) als auch die Tiefe der Halle (ges. 20,40 m=50 Moduli, Jochquadrat im Mittelschiff=15x15 Moduli), nicht jedoch ihre Höhenverhältnisse. Diese sind mithilfe des Fußmaßes und in Relation

---

550 In Kalaureia waren es lediglich zwei dorische auf ein ionisches Joch (s. Kapitel II.6.2).
551 Lauter-Bufe 2014, 30–31.
552 Lauter-Bufe 2014, 21–28.
553 Die dorischen sowie die ionischen Säulen sind gleich hoch, wobei letzterer auf einer Plinthe steht, die 0,04 m höher als der Stylobat ist (Lauter-Bufe 2014, 31. 36).
554 Dasselbe Fußmaß findet sich außerdem beim Zeus Soter-Heiligtum in Megalopolis (Lauter-Bufe 2014, 59–60).

zueinander entworfen, wobei sich beispielsweise die Höhe des Frieses zur angenommenen Höhe der Säule wie 1:8 verhält.

Insgesamt wird auch bei der Stoa in Megalopolis deutlich, dass die dorische Außenordnung der ionischen Innenordnung einen festen Rahmen für die proportionale Gestaltung vorgab. Wie bereits bei der Halle in Kalaureia werden auch hier die Höhe der Innenordnung als auch ihr Achsabstand durch die dorische Säulenstellung bestimmt. Jedoch entsprechen in Megalopolis jeweils drei äußere Joche einem inneren, eine Gestaltungsmöglichkeit, die vergleichsweise selten auftritt und bisher nur in Athen an der Stoa Basileios (6.Jh.) und der Zeus-Stoa (425–410 v. Chr.) vorkommt.[555]

Korinth, Südstoa

Die Südstoa von Korinth, welche die Agora nach Süden hin abschließt, zählt zu den größten Stoai der griechischen Welt. Die 165x25 m große Halle ist im vorderen Bereich zweischiffig während sich im hinteren Bereich einer zweireihigen, über den hinteren Räumen zweistöckige, Raumflucht anschließt (Abb. 31–32).[556] Die Frontseite zieren 71 dorische Säulen hinter denen sich 34 ionische Säulen im Inneren anschließen, sodass je zwei äußere Joche auf ein inneres Joch entfallen.[557] Von der dorischen Ordnung haben sich etwa fünfzig Säulentrommeln, eine davon in situ sowie vier Kapitelle erhalten. Der untere Durchmesser der dorischen Säulen (0,96 m) verhält sich zum Joch (2,34 m) wie 1:2,3 und lässt sich somit recht gut mit der Philipps-Stoa in Megalopolis vergleichen (1:2,4). Die Säulentrommeln sind unterschiedlich hoch, weshalb die Höhe der Säule nicht sicher rekonstruiert werden kann.[558] Hingegen ist die Gebälkhöhe mit 1,61 m gesichert.[559] Der untere Durchmesser der ionischen Säulen ist mit 0,66 m ein gutes Stück kleiner als bei den dorischen Säulen und verhält sich zum Joch (4,68 m[560]) wie 1:7. Demnach stehen die ionischen Säulen relativ licht, erreichen aber nicht so extreme Werte wie beispielsweise in der Stoa A von Kalaureia (1:8,6) oder in der Philipps-Stoa in Megalopolis (1:8,8). Auch die Höhe der ionischen Säule ist nicht erhalten und wird unterschiedlich rekonstruiert. Da die ionische Säule bis zum Auflager des Architravs der dorischen Ordnung reichen musste, um das gemeinsame Gebälk tragen zu können, rekonstruiert Broneer[561] eine etwa 6,24 m hohe Säule (entsprich 9,45-mal dem untere Durchmesser), während Scahill[562] von 6,93 m (9,5 untere Durchmesser) ausgeht. Beide Proportionen sind, wenn auch durchaus möglich, doch ungewöhnlich schlank und veran-

---

555 Coulton 1976, 77–76.
556 Nach der neuen Rekonstruktion bei Scahill 2012 (Abbildungen siehe dort), basierend auf den Grabungsergebnissen von Williams 1980.
557 Broneer 1954, 5–6; Scahill 2012, 262-286.
558 Laut O. T. Broneer betrug die Säulenhöhe 5,705 m und verhielte sich somit zum unteren Säulendurchmesser wie 1:6. Er orientiert sich an der Höhe der erhaltenen Wandblöcke (Broneer 1954, 32). Nach D. Scahill sei die Höhe der dorischen Säulen etwas höher als bei Broneer anzusetzen und zwar zwischen 6 und 6,50 m. Er legt seinen Berechnungen die Höhe der mittleren Mauer, welche zwischen dem eigentlichen Hallenbereich und den Räumen im hinteren Bereich liegt, sowie der Neigung des Daches zugrunde. Allerdings sind auch diese Maße nicht gesichert und liefern daher keine exaktere bzw. wahrscheinlicheren Ergebnisse als bei Broneer (Scahill 2012, 85–99).
559 Architrav-Höhe: 0,635 m; Fries-Höhe: 0,745 m; Geison-Höhe: 0,232 m (Broneer 1954, 30–39. Scahill 2012, 148–180).
560 Errechnet durch die Verdopplung des dorischen Jochs von 2,34 m bei Broneer 1954,85.
561 Broneer 1954, 46. Plan XIIIb. XIVb.
562 Scahill 2012, 136–139.

lassten Scahill daher in Kombination mit der Treppenanlage die innere Ordnung als unteren Teil eines zweistöckigen Systems zu rekonstruieren, sodass sie eine Art Balkon tragen konnten der den Zugang zum zweiten Stockwerk gewährte. Dementsprechend dürfe die ionische Kolonnade nur 4,50–5 m hoch sein, womit sich ein Verhältnis von unterem Säulendurchmesser zu Säulenhöhe von 1:7,5 ergebe.[563] Solche kräftigeren Proportionen finden sich beispielsweise auch bei der zeitnahen Philipps-Stoa in Megalopolis (1:8).

Es zeigt sich erneut, dass die proportionalen Verhältnisse der ionischen Ordnung innerhalb eines, hauptsächlich von der dorischen Ordnung, vorgegebenen Rahmens bestimmt worden sind. Neben dem vorgegebenen Achsabstand, musste sie auch eine bestimmte Höhe erreichen um das Gebälk aufnehmen zu können.

Perachora, Stoa am Hafen

Die L-förmige Stoa am Hafen von Perachora war zweistöckig und wies unten eine dorische, oben eine ionische Säulenstellung auf. Der Stylobat im nördlichen Hallenflügel misst 11,67 m Länge sowie 4,66 m Breite (im Bereich des Anschlusses an den Ostflügel nur 4,57 m) und trug sechs dorische Säulen (Abb. 77–78). Der 4,89 m breite Ostflügel ist schlechter erhalten, sodass hier keine belastbaren Aussagen zur exakten Stylobatlänge oder zur Platzierung der Säulen gemacht werden können.[564] Von der dorischen Ordnung sind vier Trommelfragmente erhalten, wobei eine Trommel in situ gefunden wurde, die einen unteren Säulendurchmesser von 0,625 m aufweist. Die auf den Stylobatplatten erhaltenen Standspuren belegen für den Nordflügel Achsabstände von West nach Ost mit 2,18 m, 2,30 m, 2,30 m, 2,30 m und 2,59 m.[565] Demnach steht der untere Säulendurchmesser zum Normaljoch in einem Verhältnis von 1:3,7. Die Höhe der Säulen ist nicht erhalten, kann aber über die Höhe der Wandblöcke auf 4,13 m rekonstruiert werden. Die Höhe der Säulen entspräche somit der Höhe von sieben Steinreihen an der Wand und verhielte sich zum unteren Säulendurchmesser wie 1:6,6.[566] Die Höhe des Gebälks (1,12 m), dessen Maße sicher rekonstruiert werden können[567], verhält sich dementsprechend zur angenommenen Säulenhöhe wie 1:3,7. Darüber erhob sich ein oberes Stockwerk bestehend aus einer ionischen Halbsäulen-Pfeiler-Stellung, von der lediglich Fragmente der Säulenschäfte bzw. der Pfeiler (**II.46**) sowie ein Kapitell (**III.58**) erhalten sind. Demnach betrugt der untere Säulendurchmesser ca. 0,30 m und war somit etwa halb so groß, wie jener der dorischen Ordnung. Er steht zum Jochabstand der ionischen Säulen, die in Konkordanz zu den dorischen Säulen darunter ebenfalls 2,30 m auseinander standen, wie 1:7,5. Geht man davon aus, dass die ionischen Säulen etwa neun- bis zehnmal so hoch wie ihr unterer Durchmesser waren, kann ihre Höhe auf 2,75–3,05 m rekonstruiert werden. Vom Gebälk sind keinerlei Fragmente erhalten.[568]

---

563 Scahill 2012, 136.
564 Coulton 1964. 100–101.
565 Coulton 1964, 106.
566 Coulton 1964, 107.
567 Coulton 1964, 107. 120 Abb. 10. Coulton gibt die Gesamthöhe des dorischen Gebälk mit 1,185 m an (Coulton 1964, 111. 112 Abb. 5 A), wobei er die Gesamthöhe des erhaltenen Geisonblockes miteinrechnet. Allerdings schließt sich oberhalb des Geisons ein 0,066 m hohes Element an, das nachweislich der ionischen Halbsäulenstellung des Obergeschosses als Stylobat diente und somit meines Erachtens nicht als Bestandteil der dorischen Ordnung angesehen werden kann. Daher wird hier für die Proportionsrechnungen die Höhe des Gebälks mit nur 1,122 m angegeben.
568 Coulton 1964, 115.

Die betrachteten Proportionen verdeutlichen, dass es sich in Perachora um eine äußerst schlanke dorische Ordnung mit lichter Säulenstellung und leichtem Gebälk handelt. Dementsprechend weist auch die ionische Ordnung eine lichte sowie schlanke Säulenstellung auf. Betrachtet man die Maße des dorischen Frieses näher, wird deutlich, wie solche proportionalen Verhältnisse erreicht werden konnten. Die Breite der Metopen, die mit 0,46 m annähernd der Höhe des Frieses von 0,49 m entspricht sowie die Breite der Triglyphen (0,30 m) ergeben zusammen lediglich einen Wert von 0,77 m Breite und entsprechen somit nur einem Drittel des Normaljoches. D.h. pro Joch waren drei Triglyphen-Metopen-Einheiten untergebracht statt nur zwei, wie es bei den zuvor besprochenen Gebäuden der Fall war. Solche Mehr-Metopensysteme sind als durchgehendes Schema bereits seit dem 5. Jahrhundert bei Hallenbauten bekannt[569] und haben den Vorteil, weitere Jochabstände bei gleichbleibenden Säulen- sowie Gebälkproportionen zuzulassen. Dies erklärt sich zum einen aus der Tendenz der dorischen Ordnung zu schlanker und leichter werdenden Proportionsverhältnissen, zum anderen aus einer Notwendigkeit heraus, die sich durch die Doppelstöckigkeit ergeben hat. Eine der ersten zweistöckigen Hallenbauten ist die Stoa im Asklepieion von Athen aus dem dritten Viertel des 4. Jahrhunderts. Sie weist sowohl im unteren als auch im oberen Geschoss eine dorische Ordnung auf, die zudem mit einem Fries ausgestattet war.[570] Da die Säulen bei zweistöckigen Hallen immer in Achsenkonkordanz aufgestellt wurden, gleichzeitig die obere Ordnung aber maßstäblich etwas kleiner als die untere gestaltet werden sollte, ergaben sich Probleme beim proportionalen Entwurf, die durch eine Veränderung des gewohnten Metopen-Triglyphen-Rhythmus gelöst wurden. Indem mehr als nur zwei Metopen pro Joch eingesetzt wurden, konnte der Säulenabstand bei gleichbleibenden Säulen- sowie Gebälkproportionen vergrößert werden. Hierbei wurde bei dem Beispiel aus Athen im Untergeschoss je drei, im Obergeschoss je fünf Metopen pro Joch eingesetzt.[571]

Während in Perachora die Gestaltung des unteren Geschosses sich in die allgemeinen Entwicklungstendenzen der dorischen Ordnung einreihen lässt, zeigt sich im oberen Geschoss ein Novum in der Gestaltung doppelstöckiger Hallenbauten: die Verwendung der ionischen Ordnung. Bei der am Ende des 4. Jahrhunderts errichteten Stoa in Perachora handelt es sich um das bislang früheste Beispiel einer Halle, in der sowohl die dorische als auch die ionische Ordnung an der Gebäudeaußenseite vertreten sind.[572] Somit konnten beide Ordnungen unmittelbar ‚nebeneinander' wahrgenommen werden, eine Möglichkeit, die bei den bisher betrachteten Bauwerken nicht der Fall war, da sie auf die Innen- bzw. die Außenseite der Gebäude verteilt waren. Der Vorteil dieser Kombination lag wohl nicht zuletzt an dem kontinuierlichen ionischen Friesband, das eine nahezu freie Wahl des Jochabstandes ermöglichte und somit ohne Schwierigkeiten an die dorische Ordnung im unteren Geschoss angepasst werden konnte. Die proportionalen Verhältnisse der ionischen Ordnung werden somit vor allem durch zwei Faktoren bestimmt: den Jochabstand der dorischen Säulen sowie eine angemessene Reduktion[573] der Höhe im Vergleich zur Ordnung im Untergeschoss. Es

---

569 Davon zu unterscheiden und bereits etwas früher bekannt sind partielle Drei-Metopen-Schemata, die in Zusammenhang mit Mitteljocherweiterungen bei Torbauten stehen (Athen, Propyläen). Für einen kurzen Überblick zum Thema ‚Mehr-Metopenschema' siehe: Mattern 2015, 115–118.
570 Coulton 1976, 105. Martin – Metzger 1949, 316–350).
571 Coulton 1976, 105.
572 Coulton 1964, 111. Coulton 1976, 106.
573 Coulton erwähnt, ohne dies allerdings weiter zu belegen, dass bei Hallenbauten die später als das Beispiel in Perachora datieren sich die obere zur unteren Ordnung in der Regel wie 2:3 bzw. wie 3:4 verhalten (Coulton 1964, 115).

wird erneut deutlich, dass auf der Peloponnes, durch die Kombination bereits bekannter Motive (Doppelstöckigkeit, ionische Ordnung im Obergeschoss gesichert bekannt seit Zeustempel in Nemea) etwas Neues geschaffen wird (s. Kapitel II.6.1 Epidauros, Tempel L mit Anm. 68). Zweigeschossige Halle mit dorischer Ordnung im Untergeschoss und ionischer Ordnung im Obergeschoss werden dann vor allem bei den hellenistischen Herrschern während des 2. Jahrhunderts beliebt und finden sich in Form von Stiftungen in Athen (Attalos-Stoa, Eumenes-Stoa, Stoa Pergamenischen Typs?), Aigai (Nordwest-Stoa) aber auch in Pergamon (Nordost-Stoa im Athena Heiligtum).[574]

II.6.3 Weitere Bauwerke

Epidauros, Tholos

Im Heiligtum von Epidauros wurde zwischen 360 und 320 v. Chr. südwestlich des Asklepiostempels ein Rundbau errichtet, der über einer Rampe von Osten her betreten werden konnte (Abb. 20–21).[575] Der äußere Säulenkranz des ca. 12 m hohen und 21 m breiten Bauwerkes bestand aus sechsundzwanzig dorischen Säulen, welche die Cella umgaben, in der eine korinthische Rundkolonnade bestehend aus vierzehn Säulen den Innenraum gliederte. Von den ursprünglich 286 Säulentrommeln der dorischen Ordnung sind vierzehn erhalten, aus denen sowohl der unteren Säulendurchmesser (1 m) als auch die Säulenhöhe (6,88 m inklusive Kapitell) relativ sicher rekonstruiert werden können; sie stehen in einem Verhältnis von etwa 1:7 und sind damit unter den betrachteten Beispielen die bisher schlankesten dorischen Säulen. Hingegen kann die Gebälkhöhe nur mit einer gewissen Unsicherheit angegeben werden, da zwar Fries und Geison gesichert sind, vom Architrav jedoch keinerlei Blöcke erhalten sind. Roux geht in Anlehnung an die Proportionen des Asklepiostempels von 0,70 m Höhe aus.[576] Inklusive des 0,79 m hohen Frieses sowie des 0,24 m hohen Geisons ergäbe sich somit eine Gesamthöhe des Gebälks von etwa 1,73 m. Es stünde zur Säulenhöhe in einem Verhältnis von 1:4. Gleichzeitig sind die Säulen so platziert, dass sich ihr unterer Säulendurchmesser zum Joch wie etwa 1:2,4 verhält. Demnach ist die Cella der Tholos von recht schlanken, vergleichsweise nah beieinander stehenden Säulen umgeben gewesen, die gleichzeitig ein leichtes Gebälk trugen.

Von der freistehenden korinthischen Kolonnade im Inneren sind sowohl die Basis und das Kapitell als auch das Gebälk erhalten. Von den Säulentrommeln sind lediglich 150 Fragmente übrig, die zudem in einem schlechten Erhaltungszustand sind. Dennoch lassen sich die Proportionen der korinthischen Kolonnade, mit Hilfe der Höhenvorgaben der Cellawand sowie der dorischen Außenordnung, relativ sicher rekonstruieren. Der Stylobat der korinthischen Säulen lag 0,21 m höher als der Boden der Cella bzw. der äußere Stylobat, sodass sich daraus eine Höhenvorgabe von 7,74 m für die innere Ordnung ergibt. Zieht man hiervon die 0,20 m Höhe der Basis, 0,64 m für das Kapitell, 0,72 m für Architrav und Fries sowie 0,29 m für das Geison ab, bleiben für den Säulenschaft rund 5,91 m übrig. Die Höhe der Säule beträgt demnach 6,74 m und verhält sich zum unteren Säulendurchmesser (0,66 m)

---

574 Siehe Katalog bei Coulton 1976.
575 Ausführliche Rekonstruktion zuletzt bei Roux 1961, 131–170. Taf. 47. 50, 2. Siehe außerdem: Kabbadias 1891b, 13–16. Taf. 5, 3. Zur Baugeschichte zuletzt: Prignitz 2014, 219–223. Zum Bautypus: Seiler 1986, 72–89.
576 Roux 1961, 140.

92   Einzelstudien

wie etwa 1:10. Die Säulen stehen in einem Jochabstand von ca. 2,15 m zu dem sich der untere Säulendurchmesser etwa wie 1:3,3 verhält. Gleichzeitig steht die Säulenhöhe zur Gebälkhöhe in einem Verhältnis von 1:6,7. Es handelt sich folglich unter den bisher betrachteten Bauwerken um die schlankeste und leichteste ionisch-korinthische Ordnung. Dies überrascht, da die Säulenstellung wohl nicht nur eine raumgliedernde sondern auch eine technische Funktion übernahm. Der von der Cellamauer umschlossene Innenraum mit einer Spannweite von 13,25 m wäre wohl zu groß gewesen um ihn zu überdachen,[577] weshalb diese durch eine innere Kolonnade auf 9,11 m verringert wurde.

Zu ihrer Entstehungszeit war die Tholos innerhalb der Peloponnes das erste Bauwerk seiner Art. Als unmittelbares spätklassisches Vorbild konnte lediglich die ältere Tholos in der Marmaria in Delphi dienen.[578] Tatsächlich lassen sich auch gemeinsame Elemente bei beiden Bauten beobachten, wie beispielsweise die Verwendung einer dorischen Außen- sowie einer korinthischen Innenordnung. Darüber hinaus werden jedoch auch mehrere Unterschiede deutlich. So verfügte der Bau in Epidauros über eine Zugangsrampe, ein charakteristisches Motiv, das bereits mehrfach an peloponnesischen Peripteraltempel aufgetreten ist. Darüber hinaus war der Bau in Epidauros auch wesentlich breiter als in Delphi, was zur Folge hatte, dass die dorischen Außensäulen bei etwa gleichbleibenden Schlankheitsgrad (~1:7) etwas lichter standen als dort. Zudem ermöglichte die gesteigerte Breite einen größeren Cellainnenraum, sodass die Säulen in Epidauros frei im Raum stehen konnten und nicht wie in Delphi an die Wand gerückt werden mussten.[579] Die proportionale Gestaltung der korinthischen Säulen in Delphi können auf Grund des schlechten Erhaltungszustandes nicht als Vergleichsbeispiel herangezogen werden. Unter den hier betrachteten Bauwerken weisen die korinthischen Säulen in der Tholos von Epidauros jedenfalls die bisher schlankesten Proportionen auf und lassen sich recht genau mit weiteren Bauten des 4. Jahrhunderts vergleichen, wie dem Athenatempel in Priene, dem Jüngeren Artemision in Ephesos und dem Jüngeren Didymaion. Die Platzierung der korinthischen Säulen (uSdm:Joch=1:3,27) lässt sich hingegen am ehesten mit jenen aus dem Zeustempel in Nemea vergleichen (1:3,34). Insgesamt zeigt sich also auch bei der Tholos in Epidauros, dass die dorische Außenordnung die Maße des Cellainnenraumes vorgab und sich die korinthische Innenordnung in diesem Rahmen anpassen musste. Frei gestaltbar waren auch hier lediglich ihre Binnenproportionen, die zeitgleichen Beispielen folgten.

Olympia, Philippeion

Ein weiterer peripteraler Rundbau wird nach 338 v. Chr. im Nordwesten der Altis im Heiligtum von Olympia errichtet. Ihn ziert außen eine ionische, innen eine korinthische Ordnung (Abb. 64–65). Die Kolonnade an der Außenseite steht auf einem rund 14 m breiten Stylobat und setzt sich aus 18 Säulen zusammen. Während von den Basen die Mehrzahl erhalten ist, sind von den ursprünglich 108 Säulentrommeln nur 39 wiederentdeckt worden. Ihre Höhe schwankt zwischen 0,84 und 1,02 m, weshalb die Säulenhöhe keineswegs „ziemlich sicher",

---

577   Zwar sind Spannweiten von bis zu 13,30 m bekannt, die ohne zusätzliche Stützen auskamen, wie im Bouleuterion von Megalopolis (Lauter-Bufe – Lauter 2011, 50), jedoch vermutet Bankel, dass diese durch eine zusätzliche Unterstützung der Firstpfetten erreicht wurden – eine Lösung, die bei einem Rundbau wohl nicht möglich gewesen wäre (Bankel, Antike Bautechnik, 14-16, s. a. IstMitt 39, 1989).
578   Hoepfner 2000, 99–107; Seiler 1986, 56–71; Roux 1961, 131–170; Charbonneaux – Gottlob 1925.
579   Seiler 1986.

wie Schleif meint, sondern nur ungefähr rekonstruiert werden kann.[580] Geht man pro Trommel von einem Mittelwert von 0,96 m aus, käme eine Säule bestehend aus fünf Trommeln plus Basis (H 0,47 m gesicherte) und Kapitell (H 0,33 m gesicherte) auf eine Höhe von 5,58 m, bei sechs Trommeln auf 6,54 m. Dies entspräche einem Verhältnis zum unteren Säulendurchmesser (uSdm 0,64 m gesichert) von 1:8,8 bzw. 1:10,2. Die Säulen weisen einen Jochabstand von 2,23 m[581] zueinander auf, sodass sie zu ihrem unteren Säulendurchmesser in einem Verhältnis von etwa 1:3,5 standen. Die Gebälkhöhe von 1,16 m ist gesichert, da sich sieben Architrav-Fries-Blöcke (H 0,81 m) sowie zahlreiche Zahnschnitt-Geison-Blöcke (H 0,35 m) erhalten haben. Das Gebälk verhält sich zur rekonstruierten Säulenhöhe somit wie etwa 1:4,8 bzw. 1:5,7 (je nach Säulenhöhe). Beide Werte überraschen, da das Philippeion im Gegensatz zu den bisher betrachteten Bauwerken neben Architrav und Fries zusätzlich noch einen Zahnschnitt aufweist.[582] Durch das zusätzliche Element wäre eigentlich ein schwereres Gebälk zu erwarten gewesen, allerdings zeigt sich hier genau das Gegenteil. Das Gebälk erscheint im Vergleich zur angenommenen Säulenhöhe sogar noch etwas leichter als bisher. Möglicherweise ist in diesem Zusammenhang auch die Gestaltung des Architravs mit nur zwei statt der bisher üblichen drei üblichen Faszien zu verstehen.[583]

Die Rekonstruktion der inneren Ordnung steht in engster Verbindung zur Rekonstruktion der Cellamauer selbst. Diese umschließt einen Raum mit einer lichten Weite von 6,98 m und sitzt auf den Platten der Ringhalle auf, beginnend mit einem Profilstein, der den unteren Abschluss des Wandsockels bildet (H 0,24 m). Von der Hinterfütterung in Plattenform ist nichts erhalten, weshalb nur vermutet werden kann, dass das Niveau der Cella im Inneren auf derselben Ebene lag. Darüber folgte eine zweischalige Orthostaten-Schicht (H 0,99 m), die von einer Deckschicht (H 0,67 m) abgeschlossen wird. An der Innenseite weisen diese Blöcke einen Lisenen-artigen Vorsprung auf, der wohl auf die Platzierung der korinthischen Halbsäulen im darüber folgenden Wandabschnitt verweist. Von der eigentlichen Cellamauer haben sich zweiundzwanzig Blöcke erhalten, die vereinzelt einen Teil des Halbsäulenschaftes der korinthischen Ordnung aufweisen. Mithilfe der erhaltenen Wand-Architrav-Blöcke (H 0,56 m) kann eine Rekonstruktion von neun Halbsäulen innerhalb der Cella glaubhaft gemacht werden. Diese erheben sich oberhalb des Wandsockels und somit in eine Höhe von 1,65 m. Von den neun korinthischen Kapitellen wurden zwei wiederentdeckt (H 0,49 m), während von der Basis keinerlei Reste erhalten sind und somit auch der untere Säulendurchmesser unbekannt bleibt.

Neben der Stoa am Hafen von Perachora ist das Philippeion eines der frühesten peloponnesischen Bauwerke mit ionischer Außenordnung. Während in Perachora die proportionalen Verhältnisse der ionischen Säulenstellung durch die Kombination mit den dorischen Säulen vorgegeben waren (s. Kapitel II.6.2), ist dies in Olympia nicht der Fall. Stattdessen stand hier die ionische Ordnung allein an der Gebäudeaußenseite und konnte daher weitestgehend frei gestaltet werden. Bei einem Vergleich mit zeitnahen ionischen Bauten, die sich alle außerhalb der Peloponnes finden, wird deutlich, dass sowohl die Gebälkproportionen[584] als auch die rekonstruierte Säulenhöhe im Vergleich zum unteren Durch-

---

580 Kunze – Schleif 1944, 9.
581 Errechnet aus dem erhaltenen, bei Schleif abgebildeten Architravblock (Kunze – Schleif 1944, Taf. 8).
582 Zur Gebälkform s. Kapitel II.4.
583 Siehe Kapitel II.4.1.
584 Olympia, Philippeion 1:4,82/ 5,65. Zusammenstellung der Verhältnisse der Gebälkhöhe zur Säulenhöhe bei: Hellström – Thieme 1982, 50 Tabelle 4: Ephesos, Artemision 1:5,11-5,13; Halikarnassos, Maussolleion

messer innerhalb der üblichen Werte liegen,[585] während die Säulenstellung etwas lichter gestaltet ist.[586] Der somit durchlässiger erscheinende Säulenkranz ist möglicherweise der Türöffnung, die Zugang zur Cella gewährt sowie den Fensteröffnungen geschuldet, welche Licht in den Innenraum dringen lassen und eine optimale Ausleuchtung der chryselephantinen Statuengruppe im Inneren ermöglichten.[587] Das Philippeion in Olympia, die einzig bekannte griechische Tholos mit ionischer Außenordnung, zeigt sich in der Gestaltung ihrer proportionalen Verhältnisse also recht konventionell, während die Kombination der einzelnen Architekturelemente (s. Kapitel II.1–II.5) einen deutlich innovativen Charakter aufweisen. Zudem verleiht der Gebrauch der ionischen Ordnung an der Gebäudeaußenseite dem Philippeion eine herausragende Stellung innerhalb der vorwiegend dorisch geprägten Architektur des olympischen Heiligtums.

Olympia, Leonidaion

Leonidas aus Naxos ließ 330/320 v. Chr. im Heiligtum von Olympia ein annähernd quadratisches (80,18x74 m[588]) Peristylgebäude errichtet. Die Außenseite war von ionischen Säulen umstanden, während der Innenhof dorische Säulen aufwies (Abb. 61).[589] Von den ionischen Basen sind bis auf die Südseite sowie einzelne Stücke der Nordseite alle in situ erhalten, einige davon sogar mit den unteren Säulentrommeln, sodass sowohl der Jochabstand (2,23 m) als auch der untere Säulendurchmesser (0,63 m) als gesichert gelten können. Sie stehen in einem Verhältnis von 1:3,5. Die Höhe der Säulen im Leonidaion ist, da die Trommeln unterschiedliche Höhen aufweisen, hingegen nicht mit Sicherheit zu rekonstruieren.[590] Das Gebälk ist demgegenüber vollständig erhalten (H 0,78 m) und setzt sich zusammen aus dem Architrav (H 0,47 m), der die Inschrift mit dem Namen Leonidas trägt, einem Zahn-

---

1:5,97/ 5,45; Labraunda, Zeustempel 1:5,59/ 6,57; Priene, Athenatempel 1:6,2/ 5,57; Labraunda, Südpropyläen 1:6,27; Jüngeres Didymaion 1:6,02; Didyma, Naiskos 1:5,37/ 6,00/ 5,73.

585 Olympia, Philippeion 1:8,75/ 10,24. Zusammenstellung der Verhältnisse der Gebälkhöhe zur Säulenhöhe bei: Hellström – Thieme 1982, 50 Tabelle 4: Ephesos, Artemision 1:9,94-10; Halikarnassos, Maussolleion 1:9,34/ 8,52; Labraunda, Zeustempel 1:8,85/ 10,4; Priene, Athenatempel 1:10/ 8,99; Labraunda, Südpropyläen 1:9; Jüngeres Didymaion 1:9,91; Didyma, Naiskos 1:9/ 9,99/ 9,67.

586 Olympia, Philippeion 1:3,48. Zusammenstellung der Verhältnisse des unteren Säulendurchmessers zum Jochmaß bei: Hellström – Thieme 1982, 49 Tabelle 3: Xanthos, Nereidenmonument 1:5,32; Ephesos, Artemision 1:2,84; Halikarnassos, Maussolleion 1:2,73; Labraunda, Zeustempel 1:3,34; Priene, Athenatempel 1:2,74; Jüngeres Didymaion 1:2,67; Didyma, Naiskos 1:2,81; Sardis, Artemision 1: 2,51; Magnesia, Artemision 1:2,84.

Da jedoch weder die genaue Höhen der Außen- bzw. Innenordnung noch der Cellamauer bekannt sind, erfolgt eine Betrachtung zwangsläufig auf einer hypothetischen Grundlage. Dies ist insofern problematisch, da auch entsprechende Vergleichsbeispiele oft auf einer ähnlich unsicheren Rekonstruktion basieren und daher keine verlässlichen Ergebnisse liefern können. Die von Schleif zur Unterstützung seiner Rekonstruktion bemühte „stilistische Regel", nach der sich der untere Säulendurchmesser zur Säulenhöhe wie 1:10 verhält, kann folglich nur als ungefährer Richtwert dienen.

587 Zur Innenraumgestaltung sowie den Lichtverhältnissen siehe Seiler 1986, 96–98. Schleif 1944a, 44–47.

588 Adler u. a. 1892b/1966, 84 – gemessen von den Achsen der Ecksäulen.

589 Umfassendste Darstellung noch immer: Adler u. a. 1892b/1966, 83–88. Taf. 65. Einziger bisher ausgearbeiteter Grabungsbericht: Fuchs 2013, 278–338. Seit 2014 umfassende Bauaufnahme im Rahmen eines Dissertationsprojektes durch C. Mächler (s. Mächler 2015, 42–46).

590 Borrmann (in: Adler u. a. 1892b/1966, 86) nimmt eine ungefähren Höhe von 5,55 m an (verhielte sich zum unteren Säulendurchmesser wie 1:9), ohne die Höhen der erhaltenen Säulentrommeln anzuführen. Da die angenommene Höhe somit nicht eindeutig nachvollziehbar ist, muss auf die Miteinbeziehung dieses Maßes in der vorliegenden Betrachtung verzichtet werden.

schnitt (H 0,10 m) sowie einem Geison (H 0,31 m). Ein Fries war nachweislich nicht vorhanden.

Der 29,67 m große quadratische Innenhof ist von einer dorischen Säulenstellung umgeben, von der noch eine untere Säulentrommel in situ steht. Weder der untere Säulendurchmesser noch die Säulenhöhe werden bei R. Borrmann genannt und müssen daher wohl als nicht erhalten gelten.[591] Hingegen ist das Gebälk rekonstruierbar und setzt sich zusammen aus einem 0,52 m hohen Architrav, einem 0,59 m hohen Fries sowie einem 0,12 m hohen Geison. Die erhaltenen Bauglieder belegen ein Drei-Metopen-Schema für den Fries sowie ein Jochmaß, das mit 2,69 m (2,73 m an den Ecken) größer als das ionische Joch an der Außenseite ist. Da weder die Säulenhöhe der Innen- noch der Außenordnung sicher rekonstruierbar sind und zudem die Form des Daches nicht geklärt ist, können letztlich keine Aussagen zu möglichen gegenseitigen Abhängigkeiten der proportionalen Gestaltung der Ordnungen gemacht werden. Architekturgeschichtlich von Bedeutung ist das Gebäude jedoch insofern, als es neben der Stoa in Perachora (s. Kapitel II.6.2) sowie dem Philippeion (s. Kapitel II.6.3) eines der wenigen Beispiele mit einer ionischen Außenordnung auf der Peloponnes ist. Die Wahl der ionischen Ordnung für die Säulenstellung an der Gebäudeaußenseite kann zum einen auf die kykladische Herkunft des Stifters zurückgeführt werden, die sich übrigens auch im frieslosen Gebälk widerspiegelt. Zum anderen hebt sie das Bauwerk innerhalb des olympischen Heiligtums von der restlichen, vorwiegend dorischen Architektur deutlich ab und verleiht ihm einen besonderen Status.[592] Darüber hinaus wird in der Architektur des Leonidaion auch ein gewisser Einfluss durch das in unmittelbarer Nähe stehende Philippeion sichtbar, mit dem es gleich mehrere Motive vereint. Dies zeigt sich, neben der Verwendung der ionischen Außenordnung, beispielsweise auch im Gebrauch desselben Basistypus (Scotia-Torus-Basis s. Kapitel II.1.3) sowie der Gestaltung des Architravs mit nur zwei statt der sonst üblichen drei Faszien (s. Kapitel II.4.1). Zudem scheint sich die ionischen Außenordnung des Leonidaions an der Gestaltung der proportionalen Verhältnisse des Philippeions zu orientieren, denn beide weisen ein Verhältnis von unterem Säulendurchmesser zum Joch von 1:3,5 auf.

Fazit (Gesamtproportionen). Insgesamt wird deutlich, dass die Gesamtproportionen der ionischen Ordnung auf der Peloponnes nur selten frei gestaltet werden konnten, sondern vorwiegend in Abhängigkeit zu den fest vorgegebenen Gesetzmäßigkeiten der dorischen Ordnung standen, mit der sie häufig innerhalb desselben Bauwerkes vorkommt. Bei den hier betrachteten Peripteraltempeln wurde deutlich, dass der ionischen Innenordnung von der dorischen Außenordnung vor allem die Gesamthöhe vorgegeben wurde und im Fall von Bassai zusätzlich auch der Jochabstand. Frei gestaltbar waren meist nur die Binnenproportionen. Dabei orientierte man sich im Falle des Apollontempels von Bassai offensichtlich an attischen Vorbildern.

Die Betrachtung der Hallenbauten verdeutlicht, dass der ionischen Innenordnung hier sowohl Gesamthöhe als auch Jochabstand von der dorische Außenordnung vorgegeben werden. Das einzige Beispiel bei dem die proportionalen Verhältnisse unabhängig von der dorischen Ordnung gestaltet werden konnten ist die Abaton-Halle in Epidauros. Welchen Gestaltungskriterien die Ordnung hierbei folgt ist in Ermangelung an Vergleichsbeispielen nicht nachvollziehbar.

---

591 Borrmann in: Adler u. a. 1892b/1966, 86. Auf Taf. 66 ist die Höhe der dorischen Säule in Klammern mit 4,99 m angegeben – hierbei handelt es sich wohl lediglich um die vermutete Höhe.
592 Siehe Leypold 2008, 198; Emme 2013, 82.

Ebenfalls unabhängig von der dorischen Ordnung und somit frei gestaltbar hat sich die ionische Außenordnung des Philippeions in Olympia gezeigt. Die gewählte, vergleichsweise lichte Säulenstellung ist hierbei wohl zurückzuführen auf die Intention des Rundbaus selbst, nämlich die Beherbergung und Gewährleistung einer guten Sichtbarkeit der königlichen Statuengruppe im Inneren der Cella.

Insgesamt wird deutlich, dass sich für die proportionalen Verhältnisse der ionischen Ordnung keine geradlinigen Entwicklungstendenzen abzeichnen, wie das etwa bei der dorischen Ordnung der Fall ist. Es handelt sich vielmehr um individuelle Entwürfe, die vorwiegend durch die Rahmenbedingungen der dorischen Ordnung bestimmt sind bzw. in einzelnen Fällen speziell für ein Bauwerk gestaltet wurden. In diesem Zusammenhang wird die Flexibilität der ionischen Ordnung besonders offensichtlich und zeigt sich als Architektursystem, das problemlos an verschiedene Anbringungsorte angepasst werden kann und sich daher nicht zuletzt besonders für Kombination mit der dorischen Ordnung eignet. Zudem zeichnet sich ab der 2. Hälfte des 4. Jahrhunderts einer gehäuften Verwendung der ionischen Ordnung an der Gebäudeaußenseite ab, die den entsprechenden Gebäuden, gerade in einer dorisch geprägten Architekturlandschaft, einen herausragenden Charakter verleiht.

III. Auswertung

III.1 Beginn, Ursprung und weitere Entwicklung der ionischen Ordnung auf der Peloponnes

Erste ionische Architektur-Elemente finden sich auf der Peloponnes in archaischer Zeit. Eines der bekanntesten und zugleich ungewöhnlichsten Beispiele stellt in diesem Zusammenhang das Amyklaion dar.[1] Hierbei handelt es sich um ein von Pausanias als Thronbau (θρόνος) beschriebenes Bauwerk (Paus. III, 18, 9–19, 6), das auf einem Hügel in der Nähe von Sparta stand. Erhalten geblieben sind von dem ehemals berühmtesten Heiligtum Lakoniens (Polybios V, 19) lediglich einige wenige Bauglieder, die heute im Museum von Sparta ausgestellt sind.[2] Der Perieget berichtet, die Spartaner haben für die Errichtung des Bauwerkes den ostgriechischen Architekten Bathykles aus dem kleinasiatischen Magnesia beauftragt. Dieser kam tatsächlich aus der Stadt am Mäander in das Eurotastal und brachte mehrere eigene Handwerker mit, wie die ostgriechischen Einflüsse an den ungewöhnlichen Konsolkapitellen (Abb. 200–201) sowie der Gesimsbekrönung (Abb. 345–346) widerspiegeln. Bei dem Gebäude, das sowohl dorische als auch ionische Elemente miteinander vereint,[3] handelt es sich wohl um eine Neuschöpfung, für das bisher keine Vergleichsbeispiele gefunden wurden. Am ehesten lässt sich das Bauwerk in die 1. Hälfte des 6. Jahrhunderts datieren,[4] als die Spartaner noch in regem kulturellen Austausch bis weit über den eigenen Einflussbereich hinaus standen, bevor sie sich ab der Mitte des Jahrhunderts dann immer mehr abschotteten und auf ihre militärischen Fähigkeiten konzentrierten.[5] In der kulturellen Hochphase zwischen 650–550 v. Chr. arbeiteten in Sparta Architekten, Bildhauer, Elfenbeinschnitzer, Bronzegießer, Töpfer sowie Vasenmaler und exportierten ihre Erzeugnisse in den gesamten Mittelmeerbereich. Im Gegenzug wurden auswärtige Künstler mit verschiedenen Aufträgen betraut.[6] So war Bathykles aus Magnesia nicht der einzige ostgriechische Architekt, der für ein größeres Bauvorhaben von den Spartanern engagiert wurde. Das lässt zumindest eine Stelle bei Pausanias vermuten, in der er schreibt, dass die sog. Skias, eine riesige, schattenreiche Halle für die Volksversammlung, am Rande der Agora, von

---

1 Delivorrias 2012, 540–543; Vlizos 2009, 11–23; Delivorrias 2009, 133–135; Stibbe – Post 1996, 49–58; Faustoferri 1993, 159–166; Prückner 1992, 123–130; Mertens 1993, 159–160; Buschor – Massow 1927, 1–85; Fiechter 1918, 107–245. Taf. 19. 20; Skias 1908, 104–107; Tsountas 1893, 36–37; Tsountas 1890, 22.
2 **IV.1.** Palmettenfries Abb. 362–363. **III.1.** Konsolkapitelle Abb. 209–210 (Die ungewöhnlichen Mischkapitelle kombinieren einen dorischen Echinus mit einer ionischen Volute). Die überlieferten Bauglieder und die teilweise verwirrende Beschreibung bei Pausanias lassen mehrere Rekonstruktionsmöglichkeiten zu. Eine Zusammenfassung der bisher erfolgten Rekonstruktionsversuche findet sich bei Prückner 1992, 123 Anm. 1.
3 Die ungewöhnlichen Mischkapitelle (**III.1**) beispielsweise kombinieren einen dorischen Echinus mit einer ionischen Volute.
4 Stibbe – Post 1996, 54; anders Fiechter 1918, 223–244, der die Bauglieder stilistisch an das Ende des 6. Jahrhunderts datiert.
5 Kulturelle Blüte Spartas in archaischer Zeit: Stibbe – Post 1996.
6 Stibbe – Post 1996, 22–23.

Theodoros von Samos errichtet wurde.⁷ Vor diesem Hintergrund lässt sich wohl auch der marmorne Weihgeschenkträger im Museum von Sparta erklären, dessen aufwändige Verzierung mit Lotusblüten, Voluten, Zungenblattfries und mehreren Palmetten ebenfalls deutliche archaisch-ionische Einflüsse zeigt.⁸

Neben Sparta lassen sich möglicherweise auch andernorts erste ionische Einflüsse fassen. Im Museum von Argos ist eine Zierleiste aus parischem Marmor ausgestellt, die nach kykladischer Art mit einem Lotus-Palmettenfries verziert ist und an das Ende des 6. bzw. an den Anfang des 5. Jahrhunderts datiert.⁹ Sowohl das verwendete Material als auch die Art der Verzierung sprechen dafür, dass das Stück ursprünglich von den ägäischen Inseln stammt. Zudem wird diese Annahme durch den Fund eines nahezu identischen Exemplars auf der Insel Thasos gestützt.¹⁰ Problematisch ist jedoch die Tatsache, dass das argivische Stück bisher keinem bestimmten Gebäude zugeordnet werden kann und somit nicht klar ist, wann es auf die Peloponnes gelangte. Courtils hält ein Export-Stück aus Thasos am Ende des 5. Jahrhunderts jedenfalls für unmöglich, da ein direkter Kontakt zwischen der Argolis und Thasos zu dieser Zeit historisch nicht belegt ist.¹¹ Denkbar ist jedoch, dass die Zierleiste über Lakonien nach Argos gelangte.

Vergleichbares lässt sich auch in Tegea beobachten. So finden sich dort erste ionische Architektur-Elemente in Form mehrere langrechteckiger Kapitelle, die an den Seiten kleine ionische Voluten aufweisen und daher als Sofakapitelle bezeichnet werden.¹² Dieser Kapitell-Typus, welcher seit der Mitte des 6. Jahrhunderts auf der Peloponnes belegt ist, diente als Bekrönung von Stelen und Weihgeschenkträgern oder in architektonischen Zusammenhängen auch als Bekrönung von Wandpfeilern bzw. Türpfosten und ist neben Tegea vor allem im Raum Sparta nachgewiesen.¹³ In Kapitel II.3.2 wurde der Sofakapitell-Typus als ursprünglich peloponnesische Antenkapitellform diskutiert, wofür die Tatsache spricht, dass die ältesten Exemplare von der Halbinsel aus dem Raum Sparta stammen und die weitere Verbreitung dieses Typus über den Bereich der Halbinsel hinaus vorwiegend in dorisch dominiertem Gebiet erfolgte. Der deutlich ionische Einfluss dieses Kapitell-Typus, der sich in den Voluten offenbart, begünstigte später möglicherweise die Übernahme in Ionien, wo Sofakapitelle ab dem 4. Jahrhundert zahlreich belegt sind.

Ionische Einflüsse im Heiligtum von Olympia sind während archaischer Zeit in der Architektur hingegen nur schwer fassbar.¹⁴ Zwar wurde nahe dem Heiligtum, in der Bucht von Agios Andreas bei Katakolon, wo der antike Hafen Pheia lag, im Meer ein Kapitell gefunden, das eindeutig kykladischen Ursprungs ist, jedoch ist nicht klar, zu welchem Zeit-

---

7 Diese Architekt habe auch gemeinsam mit Rhoikos den Heratempel auf Samos erbaut (Paus. III, 12, 10). Stibbe 1989, 71; Stibbe – Post 1996, 22–23.
8 **III.66** Kapitell (Weihgeschenkträger).
9 Bakalakis 1969, 211–219; Courtils 1983, 133–148.
10 Hierbei handelt es sich um insgesamt acht Marmorfragmente sowie weitere kleine Stücke, von denen einige aus dem Bereich der Agora stammen. Das Anthemion setzt sich aus abwechselnden Lotos- und Palmettenblüten sowie ionischen Voluten mit konkavem Kanal zusammen (s. Courtils 1983, 136-137).
11 Courtils 1983, 145–146.
12 Siehe Kapitel II.3.2 und Tabelle 14. Tegea: **III.75** Sofakapitell (520-510), **III.71** Sofakapitell (510-500), nicht sicher datiert: **III. 72** Sofakapitell, **III.73** Sofakapitell, **III.74** Sofakapitell.
13 Slavochori **III.67** Sofakapitell (M. 6. Jh.), **III.68** Sofakapitell (archaisch?), nicht sicher datiert: Mistra **III.41** Sofakapitell.
14 Auch wenn sich ostgriechische Einflüsse in Siegerlisten, Inschriften, Kleinfunden und bei Bronzeblechen abzeichnen (s. Herrmann 1996, 124 Anm. 4; Mallwitz 1980a, 361; Herrmann 1972, 88 Anm. 343; Gerkan – Kunze 1958, 164–165).

punkt es dorthin gelangte.[15] Da in unmittelbarer Nähe zwei dorische Kapitele, wohl von der Halle Philipp des V. auf Delos gefunden wurden, ist es gut möglich, dass das Stück erst im Mittelalter nach Pheia kam.[16] Unsicher ist auch die Deutung einer in Bronzeblech getriebenen Volute aus Olympia, die in einem Brunnen des Stadion-Nordwalls gefunden wurde.[17] Das dünne Blech weist am Rand kleine Löcher auf, die darauf schließen lassen, dass es als Beschlag gedient hat. Ob es sich hierbei jedoch um ein hölzernes Votivkapitell, Möbelstück, Akroter, Altaraufsatz oder eine Stele gehandelt hat lässt sich nicht mit Sicherheit sagen.

Zusammenfassend lassen die bislang für die Peloponnes bekannten ionischen Architektur-Elemente archaischer Zeit jedenfalls den Schluss zu, dass allenfalls über Lakonien ein gewisser äußerer Einfluss feststellbar ist.

III.1.1 Anfänge im 5. Jahrhundert

Während in archaischer Zeit Einflüsse aus der ionischen Architektur nur sporadisch in Form einzelner ionisierender Architekturelemente ihren Weg auf die dorisch dominierten Peloponnes fanden, lässt sich vor allem ab der 2. Hälfte des 5. Jahrhunderts eine vermehrte Berücksichtigung der ionischen Ordnung auf der Halbinsel nachweisen und wird als Phänomen somit erstmals umfangreicher fassbar. Zu den frühesten Beispielen zählen hierbei in Argos der hypostyle Saalbau, in Olympia ein Votivkapitell sowie die Vorhalle des dortigen Bouleuterions, weiterhin vor allem in Bassai die Innenordnung des dorischen Apollontempels sowie in Kalaureia die innere Kolonnade der zweischiffigen dorischen Stoa A. Im Vergleich zur archaischen Zeit sind diese überlieferten Beispiele ein signifikanter Zuwachs an ionischer Architektur, zumal sie sich alle an prominenten Orten oder Bauwerken finden. Zugleich verdeutlichen diese Beispiele aber auch, dass die ionische Ordnung in den architektonischen Zusammenhängen nicht als eigenständiges Architektursystem auftritt, sondern hauptsächlich in Kombination mit der dorischen Ordnung und dementsprechend auch vorwiegend im Gebäudeinneren verwendet wurde. Der Impuls zur Adaption ionischer Architektur auf der dorisch dominierten Peloponnes ging dabei insgesamt – so kann man mit einiger Sicherheit voraussetzen – von Athen aus, das sich bald nach den Perserkriegen nicht nur zu dem zeitgenössischen griechischen Machtzentrum mit umfangreicher wirtschaftlicher Potenz entwickelt hatte, sondern eben auch in Kunst und Kultur eine zentrale Stellung erlangte. Die in dieser Zeit fertiggestellten Großbauwerke auf der Akropolis haben eine überregionale Strahlkraft gehabt und dürften in weiten Bereichen der griechischen Welt bekannt gewesen sein. Bei diesen Bauwerken handelte es sich mit dem Niketempel und dem Erechtheion einerseits um rein ionische Bauwerke, mit dem Parthenon – ab der Jahrhundertmitte das sinnbildliche Bauwerk für den delisch-attischen Seebund schlechthin – sowie den Propyläen, dem Hephaistostempel und dem Tempel von Sounion andererseits um Mischarchitekturen aus dorischen und ionischen Elementen.

Unter dem Eindruck dieser perikleischen Bauten ist während der 2. Hälfte des 5. Jahrhunderts in Bassai ein Tempel für Apollo von der arkadischen Stadt Phigalia errichtet worden, der für die weitere Entwicklung der ionisch-peloponnesischen Architektur prägend

---

15 **III.54** Votivkapitell, s. Kapitel II.3.1 Mallwitz 1981a, 36–37 mit Abb. 37; Mallwitz 1980b, 373–379. 372 Abb. 2; Michaud 1974, 618. 620 Abb. 96.
16 Mallwitz 1980c, 377.
17 Das Stück (Inv. Nr. B 201) wurde in einem Brunnen (1 StN) des Stadion-Nordwalles (1. V. 5. Jh. nach Gauer 1975, 229) gefunden (Herrmann 1996, 124 mit Abb. 1 und Anm. 6).

wurde. Architekt des außergewöhnlichen Bauwerkes auf dem Berg Kotilion ist laut Pausanias (VIII 41, 7–9) Iktinos, der auch den Parthenon entworfen hat.[18] Weshalb Iktinos gerade für das westpeloponnesische Phigalia tätig geworden sein soll, kann letztlich nicht sicher bestimmt werden, direkte Bezüge zur attischen Architektur sind jedoch evident. Sie zeigen sich in der Kombination dorischer mit ionischen Elementen, der Π-förmig umlaufende Säulenstellung in der Cella, dem faszienlosen Architraven, dem skulptierte Friesband sowie in der Bildung des Echinus und des Abakus der ionischen Kapitele. Zudem weist der Tempel in Bassai aber auch mehrere neue Elemente auf, die in dieser Form nicht aus Attika stammen und peloponnesischen Ursprungs sein dürften. Hierzu zählt vor allem die ionische Kolonnade innerhalb der Cella, ein Baumotiv, das bei späteren peloponnesischen Peripteraltempeln wiederholt wird. Die Π-förmige Säulenstellung in Bassai ist nun, im Gegensatz zu ihrem attischen Vorbild, in der ionischen statt der dorischen Ordnung ausgeführt und zudem ein- statt zweistöckig. Die somit entstandene einspringende Ecke erzwang die Entwicklung einer neuartigen Kapitellform, welche für diesen Anbringungsort geeignet war. In Ermangelung an entsprechenden Vorläufern orientierte man sich offensichtlich an attisch-ionischen Eckkapitellen und gestaltete diese so um, dass in Bassai nun Voluten an beiden Außenecken des Halbsäulen-Kapitells zusammenstoßen. Hieraus entstand später das für die Peloponnes charakteristische Diagonalkapitell (Kapitel II.3). Hierbei sind die Voluten, ähnlich wie bei den attisch-ionische Eckkapitellen aus der Ebene heraus gebogen, möglicherweise um den Eindruck einer starren kubischen Kapitellform zu vermeiden. Der Entwurf der ionischen Kapitele für den Apollontempel in Bassai orientiert sich auch noch in anderer Hinsicht an attischen Beispielen. So findet sich die ungewöhnliche Profilabfolge des Echinus (Kyma reversa mit Cavetto) sowie der auffallend flache Kanalisgrund bei einer Gruppe von Votiv-Kapitellen von der Athener Akropolis (ca. Ende 6. Jh. bis 480 v. Chr.) wieder. In Bassai wird die Profilabfolge von Kyma reversa und Cavetto auch erstmals für ionische Antenkapitelle verwendet und somit eine neuartige Form geschaffen, die auf der Halbinsel bis in das 2. Jahrhundert Verbreitung fand (Kapitel II.3.2 Form 1). Bei den in Bassai auftretenden Basisformen handelt es sich, nach den ältesten Exemplaren sowie der Häufigkeit ihrer Verbreitung zu urteilen, um genuin peloponnesische Formen (Kapitel II.1.2). Hingegen offenbart sich bei der rasterartigen Platzierung der ionischen sowie der dorischen Säulen ein Entwurfsmotiv, das aus dem ionischen Tempelbau bekannt ist (Kapitel II.6.1).

Bereits früher als in Bassai ist die ionische Ordnung in Argos fassbar, wo bereits um die Mitte des 5. Jahrhunderts ein quadratischer Bau errichtet wurde, der über eine Portikus von der Agora aus zugänglich war. Dieser hypostyle Saalbau war im Inneren durch vier mal vier Reihen mit – nach einer wenig gut erhaltenen Basis zu urteilen – ionischen Säulen im gleichen Abstand versehen (Abb. 3), sodass er für größere Versammlungen geeignet war und wohl als Bouleuterion gedient hat.[19]

Besser erhalten als das Beispiel in Argos, sind die frühen ionischen Bauglieder im Heiligtum von Olympia, die ebenfalls um die Mitte bzw. in die zweite Hälfte des 5. Jahrhunderts

---

18 Mallwitz 1980c, 377.
19 Da bei der Freilegung des Gebäudes keine Funde gemacht werden konnte, die Rückschlusse auf die Funktion des Gebäudes zulassen, ist nicht klar, ob es für religiöse oder politische Versammlungen genutzt wurde – nach dem Gebäudetypus zu urteilen wäre beides möglich – wobei ein Vergleich mit dem späteren Bouleuterion in Sikyon eher für letzteres spräche (Courtils 1992, 249). Siehe auch Feller 2007.

datieren. Darunter ist ein ionisches Votivkapitell (**III.53**),[20] das in seiner Formgebung den Kapitellen aus Bassai sehr ähnlich ist und daher etwa in die gleiche Zeit datieren dürfte wie der Apollotempel. Das Stück kombiniert, wie auch diejenigen in Bassai, attische mit peloponnesischen Motiven. So ist wiederum der Kanalisrand bogenförmig nach oben gespannt, ein ursprünglich peloponnesisches Element (Kapitel II.3.1), während der aus Kyma reversa und Cavetto zusammengesetzte Echinus, ein von attischen Votiven abgeleitetes Motiv ist, ebenso der flache Kanalisgrund und der schnurförmige appliziert wirkende Kanalisrand (Kapitel II.3.1).

Möglicherweise noch etwas früher als diese Votivsäule und der Tempel von Bassai ist die in ionischer Ordnung gestaltete Vorhalle des Bouleuterions im Heiligtum von Olympia.[21] Der Baukomplex des Bouleuterions, bestehend aus zwei langrechteckigen Bauten mit anschließenden Apsiden sowie einem quadratischen Mittelbau, erhielt erst durch diese später hinzugefügte ionische Vorhalle eine einheitliche Front, die alle drei Räume miteinander verband. Von der ionischen Säulenstellung haben sich nur wenige Reste erhalten, darunter eine Wulstbasis mit Plinthe (**I.43**), ein Basistypus, der erstmals in der kleinasiatisch-ionischen Region während archaischer Zeit belegt ist (Kapitel II.1.5). Die Verwendung ionischer Säulen an der Gebäudeaußenseite bereits während des 5. Jahrhunderts ist ungewöhnlich, da das Beispiel bisher isoliert auf der Halbinsel steht. Zwar treten bereits während der 1. Hälfte des 4. Jahrhunderts vereinzelte Denkmäler mit ionischen Außenordnungen auf, üblich werden sie auf der Peloponnes allerdings erst ab hellenistischer Zeit. Man ist daher zunächst geneigt, die früher vorgeschlagene Datierung der Bouleuterion-Vorhalle in das 4. Jahrhundert zu bevorzugen,[22] allerdings machen neuere Untersuchungen eine Datierung um die Mitte des 5. Jahrhunderts glaubhaft.[23] Für das stark dorisch geprägte Erscheinungsbild des olympischen Heiligtums war eine solche Säulenhalle jedenfalls ein Novum, das sich deutlich von der restlichen Architektur abhob.

Die starke Ausstrahlungskraft attischer Architektur während der 2. Hälfte des 5. Jahrhunderts macht sich weiterhin im Poseidon-Heiligtum von Kalaureia bemerkbar. Dort wurde wohl gegen Ende des 5. Jahrhunderts die zweischiffige Stoa A errichtet, deren architekturgeschichtliche Bedeutung darin liegt, dass sie als eine der ersten Hallenbauten die dorische Außenordnung mit einer ionischen Innenordnung kombiniert (Kapitel II.6.2). Dieses Konzept, das mit Beginn des 4. Jahrhunderts zur Konvention im Hallenbau wird und in der gesamten griechischen Welt bis in römische Zeit verbreitet ist, stammt ursprünglich aus Athen, wo die frühesten Beispiele zu finden sind (Stoa Poikile und Zeus-Stoa). Möglicher-

---

20 Cooper 1996a, 298; Kontoleon 1980, 364 Abb.1; Mallwitz 1972, 103–104 mit Abb. 83; Roux 1961, 42. 43 Abb. 5. Taf. 90,4; Riemann 1954, 313–314, 342; Puchstein 1887, 31 mit Abb. 22.
21 van de Löcht 2013, 232–233. 265–266. 272–273; Herrmann 1996, 128; Heiden 1995, 115–120; Mallwitz 1972, 239; Adler u. a. 1892b/1966, 76–79.
22 Ein im Fundament verbautes Geison vom Zeustempel u. a. Spolien deuten auf eine Errichtung der Halle bald nach dem Erdbeben von 374 v. Chr. hin (Mallwitz 1972, 239); Einen terminus ante quem liefern die Verteidigungsgräben von 364 (Mallwitz 1981b, 111–113 mit Abb. 4); Errichtet zwischen dem Erdbeben 373 v. Chr. und Schlacht der Elier gegen Arkadier 364 v. Chr. (s. auch ArchRep 30, 1983–1984,30).
23 van de Löcht datiert die Halle auf Grund der Keramikfunde aus den Sondagen (terminus ante quem 480/460 v. Chr.) um die Mitte des 5. Jh. (van de Löcht 2013). Auffüllung innerhalb der Halle enthält nur Keramik des 5. Jhs., Zeustempel-Spolie könne auch älter sein, Datierung daher in das 2. oder 3. V. des 5. Jhs. möglich (Herrmann 1996, 128); Heiden ordnet der Vorhalle eine frühe Tonsima zu und geht davon aus, dass die Zeustempel-Spolie vom Erdbeben 464 v. Chr. stammt. Zudem ist der jüngster Keramikfund aus der Füllung unterhalb der Vorhalle ein attisch gestempelter Kantharos, der um 470/60 v. Chr. datiert. Demnach ist die Vorhalle kurz vor der Mitte des 5. Jhs. errichtet worden (Heiden 1995, 115–120 mit Anm. 284).

weise ist auch die samische Basisform (Variante A), die im Inneren der Stoa A von Kalaureia verwendet wurde, über Attika auf die Peloponnes gelangt. Ursprünglich jedenfalls wurde sie wohl auf den Kykladen verwendet, wo sie vor allem während archaischer Zeit verbreitet war (Kapitel II.1.4), bevor sie in spätarchaischer Zeit auch in Attika vereinzelt nachzuweisen ist. Während des letzten Viertels des 5. Jahrhunderts sticht sie jedenfalls als seltenes Beispiel einer samischen Basis auf der Peloponnes offenkundig hervor. Dennoch handelt es sich bei diesem Exemplar um ein lokal hergestelltes Stück, zumindest deuten das verwendete Material (aiginetischer Poros) und die Gestaltung des Säulenschaftes (mit zwanzig Kanneluren ausgearbeitet) darauf hin.

Überblickt man die Verwendung der ionischen Ordnung in der dorisch geprägten Architekturlandschaft der Peloponnes ab der 2. Hälfte des 5. Jahrhunderts, scheint deren allmählich zahlreichere Verwendung durch die starke Ausstrahlungskraft der perikleischen Bauwerke in Attika angeregt worden zu sein. Eine führende Rolle in der Entwicklung nimmt vor allem der Apollotempel in Bassai ein, der neben den attischen Elementen auch einen peloponnesischen Gestaltungswillen erkennen lässt.

III.1.2 Weitere Entwicklung im 4. Jahrhundert

Bleibt die Verwendung der ionische Ordnung auf der Peloponnes im 5. Jahrhundert aber weiterhin ein sehr vereinzelte auftretendes Phänomen, ändert sich dies nach dem Ende des Peloponnesischen Krieges im 4. Jahrhundert deutlich. Vor allem in Epidauros, das mit seinem Hafen am Saronsichen Golf und damit in direkter Nachbarschaft von Athen liegt, wird mehrfach auf sie zurückgegriffen. Aber auch das Beispiel Bassai scheint bis hierher ausgestrahlt zu haben.

So wiederholt die ionische Ordnung im Asklepiostempel von Epidauros (Baubeginn um 370 v. Chr.) als Π-förmig umlaufende Säulenstellung in der Cella genau das Motiv, das erstmals im Tempel von Bassai fassbar ist (Kapitel II.6.1). In der zweischiffigen Abaton-Stoa von Epidauros, die in etwa zeitgleich mit dem dortigen Asklepiostempel datiert, bilden die ionischen Säulen die innere als auch die äußere Kolonnade und zeigen damit eine selten vorkommende Gestaltungsart griechischer Hallenbauten, die in hellenistischer und römischer Zeit verbreitet ist, für das 4. Jahrhundert jedoch singulär bleibt (Kapitel II.6). Während die Konzeption der ionischen Ordnung an der Abaton-Stoa bereits neuartig ist, zeichnet sich aber auch bei den einzelnen Baugliedern ein deutlicher Einfluss aus Bassai ab. So wurden in der Abaton-Halle der peloponnesische Basistypus sowie die Antenkapitellform aus Bassai wiederholt und auch bei den Kapitellen lassen sich zahlreiche verwandte Elemente feststellen, wie beispielsweise die gekrümmten Voluten, der flache Kanalis mit schnurartigem Rand oder der als Kyma reversa-Profil geformte Echinus (Kapitel II.3.1). Zudem wurde die bereits in Bassai zu erkennende Idee des allansichtigen Diagonalkapitells weiter entwickelt und an der Abaton-Stoa ein Kapitell geschaffen, das an drei Seiten Voluten aufweist und nur an einer Seite ein Polster hat (**III.8 b**). Insgesamt zeigen diese Kapitelle aber veränderte Proportionen im Vergleich zu den Stücken aus Bassai. Sie sind zum einen flacher, zum anderen stärker in die Breite gezogen. Hier wird eine proportionale Entwicklungstendenz sichtbar, die sich auch im weiteren Verlauf des 4. Jahrhunderts verfolgen lässt (Kapitel II.3.1).

Als drittes Bauwerk mit ionischer Ordnung in Epidauros ist für das 4. Jahrhundert die Tholos von Epidauros anzuführen. Hier sind es allerdings weniger Einflüsse aus Bassai als viel eher aus Attika und Kleinasien, die sich abzeichnen.[24] Der zwischen 360 und 320 v. Chr. errichtete Rundbau zeigt außen einen dorischen Säulenkranz, während im Cellainneren ionische Säulen verwendet wurden, die korinthische Kapitelle trugen. Das Rundbau-Motiv war bereits seit der 1. Hälfte des 6. Jahrhunderts aus Delphi bekannt, wo die Idee einer Peripteraltholos erstmals mit der alten Tholos auftritt und in spätklassischer Zeit mit der Tholos in der Marmaria wiederholt wurde.[25] In Epidauros erhält diese Bauform noch einen Rampenaufgang und somit ein Element, das charakteristisch für die peloponnesische Architekturlandschaft werden sollte (Kapitel II.6). Die Innenordnung der Tholos lässt verschiedene Einflüsse erkennen. So wird hier erstmals die ursprünglich aus Athen stammende, eben attische Basisform verwendet, die dort erstmals an den Propyläen verwendet wurde. Der Kyma recta-Fries tritt demgegenüber hier überhaupt erstmals auf, hat also mit der Tholos in Epidauros seinen Ursprung und wird später zur charakteristischen Gestaltungsform für die Architektur des Heiligtums (Kapitel II.4.2). Und in den Ornamenten wiederum spiegeln sich weitere Einflüsse wider, indem attische und kleinasiatische Motive miteinander kombiniert und somit eine eigene Form geschaffen wird, wie insbesondere die lesbischen Kymationformen am Rundbau verdeutlichen (Kapitel II.5.1).

Insgesamt zeigt sich an den Bauten im Heiligtum von Epidauros, dass die ionische Ordnung hier im 4. Jahrhundert neben einem starken eigenen Gestaltungswillen auch von den Bauten in Attika und Bassai geprägt war. Dass dies gerade in einer Zeit der Fall war, nachdem Athen im Peloponnesischen Krieg eine umfangreiche Niederlage erlitten hatte, lässt einen überwiegend künstlerischen Einfluss der Bauten in Athen vermuten, weniger aber einen politischen Einfluss, der von Athen auf das Heiligtum und die Architekturgestaltung ausgeübt worden wäre. Diese Interpretation wird letztlich auch dadurch gestützt, dass im Einzelnen auch Bassai einen prägenden Charakter für die Bauten in Epidauros besaß und sich in mehreren Details sogar ein eigenständiger peloponnesischer Gestaltungswille ablesen lässt. Das Heiligtum von Epidauros zeichnet sich insgesamt jedenfalls als ein wichtiges Zentrum spätklassischer Architektur aus, das einen nicht geringen Einfluss auf die Entwicklung der ionisch-peloponnesischen Ordnung genommen hat.

Auch an anderen Orten der Peloponnes findet die ionische Ordnung im 4. Jahrhundert Verwendung, wobei weiterhin attischer Einfluss sichtbar ist. So wird im Hafen von Perachora, das zwar geographisch nicht mehr auf der Peloponnes liegt, ihr aber über Korinth staatlich zugehört (Kapitel I), erstmals auf der Halbinsel eine zweistöckige Halle errichtet, die im Untergeschoss eine dorische, im Obergeschoss eine ionische Säulenstellung aufweist. Das Motiv tritt bereits während des 3. Viertels des 4. Jahrhunderts im Asklepieion von Athen auf, wo eine der ersten zweistöckigen Hallen dieser Art belegt ist und kann die starke Ausstrahlungskraft der attischen Architektur auch während des 4. Jahrhunderts bezeugen. Neben dem eigentlichen Gebäudetypus zeigen die einzelnen Architekturformen allerdings wiederum peloponnesischen Charakter, wie der Basistypus oder die ionischen Kapitelle, die jenen aus Bassai nicht unähnlich sind. Zudem tritt die ionische Ordnung nun häufiger auch an der Gebäudeaußenseite auf, wie nicht nur die Hafen-Stoa verdeutlicht, sondern auch die Baldachin-Architektur beim Triglyphen-Altar in Perachora.

Ein attischer Einfluss ist weiterhin am Athenatempel von Tegea festzumachen, wo das bereits aus Athen bekannte Motiv der Π-förmigen, doppelstöckigen Kolonnade im

---

24 Prignitz 2014; Svenson-Evers 1996, 415–424; Seiler 1986, 72–89. Abb. 80, 9; Burford 1969, 63–68; Roux 1961, 131–200. Taf. 47. 50, 2; Kabbadias 1891b, 13–16. Taf. 5, 3.
25 Seiler 1986.

Cellainneren nun insofern gesteigert wird, dass eine korinthische wohl mit einer ionischen Ordnung kombiniert wird (Kapitel II.6.1). Außerdem tritt in Tegea erstmals die attisch-ionische Ante auf, die ursprünglich aus Athen stammt, wo sie bereits seit der 2. Hälfte des 5. Jahrhunderts bekannt ist (Kapitel II.3.2). Weiterhin erfährt der Innenraum des Tempels durch eine reiche ornamentale Ausstattung eine Aufwertung. Daneben werden aber auch bestimmte peloponnesische Elemente weitergeführt, wie beispielsweise der Rampenaufgang oder die peloponnesische Basisform. Die Ornamente zeigen außerdem sowohl einen attischen als auch einen kleinasiatischen Einfluss (Kapitel II.5.1).

Im Zeustempel von Nemea wird die Gestaltung der inneren Kolonnade aus Tegea wiederholt. Hierbei zeigen die einzelnen ionischen Formen, soweit erhalten, keine Neuerungen. Es lassen sich aber an anderer Stelle nunmehr Einflüsse aus Kleinasien feststellen. So gleicht die Gestaltung der proportionalen Verhältnisse der korinthischen Säulenstellung, denen der hekatomnidischen Architektur der 2. Hälfte des 4. Jahrhunderts (Kapitel II.6.1). Zudem sind im Heiligtum von Nemea weitere Beispiele mit kleinasiatischem Einfluss zu beobachten. Die Kapitelle vom Oikos 9 etwa zeigen im Bereich der Kanalis einen feinen Absatz, der den Übergang zum Kanalisrand akzentuiert. Dieses Motiv wurde zuvor auf der Peloponnes nicht verwendet, lässt sich außerhalb aber mehrfach seit dem 4. Jahrhundert in kleinasiatischer Architektur beobachten, so z. B. am Athenatempel in Priene, am Artemistempel in Magnesia oder am Maussolleion in Halikarnassos.

Die kleinasiatischen Einflüsse in der ionisch-peloponnesischen Architektur insbesondere während der 2. Hälfte des 4. Jahrhunderts lassen sich vor dem Hintergrund der vor allem im karischen Raum Kleinasiens sich ausprägenden Kunst zu dieser Zeit erklären. Nach dem Niedergang der athenischen Seeherrschaft am Ende des Peloponnesischen Krieges bildeten sich in der Ägäis neue Machtbereiche heraus, zu denen auch der des persischen Satrapen in Karien gehörte. Unter Maussollos, der die einstige karische Satrapie in ein „proto-hellenistisches" Königreich umformte, begann ein monumentaler Ausbau von Halikarnassos als neues Machtzentrum und einem Bauprogramm, das auch umliegende Heiligtümer und Städte umfasste. In seiner Größenordnung übertraf es wohl alles seit perikleischer Zeit dagewesene und besaß daher eine dementsprechend überregionale Ausstrahlungskraft. Diese sog. Ionische[26] Renaissance erreichte wenige Dekaden später auch Städte wie Priene und Ephesos und wurde durch Künstler und Architekten, die nach der Fertigstellung ihrer Aufträge in Halikarnassos in diesen und anderen Orten tätig waren, weiter verbreitet.[27] Einige von ihnen kamen auch auf die Peloponnes. So arbeitete beispielsweise Skopas, der zuvor in Ephesos und Samothrake war, in Tegea am Athenatempel mit, oder Leochares, der die Skulpturen am Maussolleion geschaffen hatte, bekam den Auftrag für die Statuengruppe im Philippeion von Olympia. Die vor allem in der ionischen Architektur innerhalb der Tempel von Tegea und Nemea zu beobachten kleinasiatischen Einflüsse lassen sich vor diesem Hintergrund recht sicher erklären.

Insgesamt wird deutlich, dass der bereits im 5. Jahrhundert in Bassai zu erkennende peloponnesische Gestaltungswille auch während des 4. Jahrhunderts weiter verfolgt werden kann, wobei nun vor allem Epidauros als prägendes Zentrum auftritt. Während auch attische Einflüsse weiterhin zu beobachten sind, werden insbesondere ab der 2. Hälfte des 4. Jahrhunderts im Zuge der sog. Ionischen Renaissance dann in Details auch kleinasiatische Einflüsse in der ionisch-peloponnesischen Architektur sichtbar.

---

26 Pedersen 1994; Hornblower 1982.
27 Pedersen 1994, 12.

III.1.3 Exkurs: Stoa im Amphiaraion von Oropos

Neben den betrachteten peloponnesischen Exemplaren soll an dieser Stelle ein weiteres Bauwerk Beachtung finden, das in der Landschaft Oropia und damit außerhalb der Halbinsel liegt, dessen ionische Bauglieder aber offensichtlich Bezüge zu ionisch-peloponnesischen Stücken aufweisen. Es handelt sich um die Stoa im Amphiaraion von Oropos.[28] Die Halle wurde wohl um die Mitte des 4. Jahrhunderts in der Orakelstätte des Amphiaros errichtet, etwa 6 km südöstlich des Ortes Oropos und weist eine dorische Außen- sowie eine ionische Innenordnung auf. Zusätzlich sind an den Enden der Halle jeweils zwei separate Räume durch eine ionische Säulenstellung abgetrennt, die mit jeweils zwei ionischen Anten an der Wand korrespondieren. Die verwendeten ionischen Säulenbasen[29] entsprechen der abgewandelten Form des attischen Typs, wie er auf der Peloponnes seit etwa der Mitte des 4. Jahrhunderts belegt ist (s. Kapitel II.1.1), wobei das früheste Exemplar auf der Halbinsel etwa zeitgleich mit demjenigen in Oropos datiert. Auch die ionischen Kapitelle aus der Stoa im Amphiaraion, von denen dreizehn Stück erhalten sind, zeigen peloponnesische Züge. Sie lassen sich anhand ihrer wesentlichen Gestaltungsmerkmale zunächst in zwei Gruppen unterscheiden,[30] wobei Kapitelle der ersten Gruppe ein Echinusprofil, bestehend aus Kyma reversa und Cavetto sowie eine gerade Volutenpartie aufweisen, während die Exemplare der zweiten Gruppe einen Echinus in Form eines ionischen Kymation-Profils und leicht aus der Ebene herausgekippte Voluten zeigen.[31] Die Stücke beider Gruppen weisen somit große Ähnlichkeiten zu den Kapitellen in Perachora (**III.58** Hafenstoa) und Kalaureia (**III.24** Stoa C) auf, die in die zweite Hälfte des 4. Jahrhunderts und damit etwas später als diejenigen in Oropos datieren. Weiterhin wurden die Anten der Nebenräume im Amphiaraion von einem Sofakapitell bekrönt,[32] einer ursprünglich peloponnesischen Antenkapitellform (Kapitel II.3.2), die sich problemlos an peloponnesische Beispiele aus Tegea oder Sparta anschließen lässt.[33] Zudem lassen sich bei der ionischen Ordnung in Oropos mehrere handwerkliche Besonderheiten beobachten, die eindeutig peloponnesischen Charakter zeigen. Hierzu zählen die Ausarbeitung des Säulenschaftes mit zwanzig Kanneluren, die Art des abgefasten Kannelurabschlusses (Kapitel II.2.1) und der Steinschnitt, bei dem sowohl das Kapitell als auch die Basis mit dem Säulenschaft aus einem Block gearbeitet sind.

Nun liegt das Amphiareion von Oropos außerhalb der Peloponnes in einer Landschaft, die zeitweise sowohl von Athen als auch von Böotien beansprucht wurde. So erlangte Oropos 411 v. Chr. zunächst die Unabhängigkeit von Athen, gehörte nach 402 v. Chr. dann zeitweise zu Böotien, war kurzzeitig wieder unabhängig und wurde 386 v. Chr. erneut von Athen eingenommen. Von 366 bis 338 v. Chr. steht der Ort dann auf der Seite von Theben, bis Philipp II. ihn an Athen zurückgibt.[34] Vor dem Hintergrund dieser wechselvollen Geschichte wurde sowohl eine Errichtung der Halle unter böotischer Besatzung diskutiert, als auch eine Er-

---

28 Friese 2010, 148–151; DNP IX (2000) 51–52 s.v. Oropos (H. Lohmann) 367–368; Roesch 1984, 173–184; Coulton 1968, 180; Petrakos 1968.
29 Coulton 1968, 161 Abb. 10.
30 Coulton 1968, 162 mit Abb. 11. Zur Diskussion der Zuordnung siehe Coulton 1968, 163. Er geht davon aus, dass Gruppe I der Cella des nahegelegenen Tempels des Amphiaraios zugewiesen werden können, während Gruppe II zur Stoa gehört.
31 Coulton 1968, 163.
32 Coulton 1968, 163–164 mit Abb. 12.
33 Tegea: **III.70, III.71, III.74.** Slavochori: **III.68.**
34 Coulton 1968, 180.

richtung durch die Thebaner.³⁵ Wenngleich in dieser Frage letztlich keine endgültige Klarheit erlangt werden kann, zeigt die ionische Ordnung der Stoa jedenfalls sowohl in der Formensprache als auch in der handwerklichen Umsetzung deutlich peloponnesische Merkmale und lässt daher die Arbeit einer peloponnesischen Bauhütte, zumindest für diesen Teilbereich des Bauwerkes, vermuten. Dass dies auch aus historischer Perspektive durchaus naheliegend ist, lässt indirekt das peloponnesische Megalopolis erkennen. Die Stadt wurde kurz nach 371 v. Chr. gegründet und war erst durch den thebanischen Sieg bei Leuktra und die thebanische Protektion als ‚Bollwerk' gegen Sparta möglich geworden. Wenn also nur kurze Zeit später ionisch-peloponnesische Stilmerkmale im entfernten Oropos anzutreffen sind, das ab 366 v. Chr. auf der Seite des in dieser Zeit mächtigen Theben stand, spricht einiges dafür, dass der thebanische Einfluss auf der Peloponnes im Weiteren dazu führte, dass auch Handwerker bzw. wohlmöglich sogar Architekten der Halbinsel im entfernten Amphiaraion tätig wurden. Die architektonischen Merkmale bieten hierfür jedenfalls ein gewichtiges Argument.

III.1.4 Zwischen spätklassischer und hellenistischer Zeit

Auf der Peloponnes wird dann bald nach der Mitte des 4. Jahrhunderts ein neuer Einfluss nachdrücklich erkennbar, der auf das Engste mit den überregionalen politisch-historischen Verhältnissen verknüpft ist. In der Schlacht von Chaironeia 338 v. Chr. besiegt Philipp II. von Makedonien die griechische Allianz um Athen und Theben und erlangt damit die Hegemonie über weite Bereiche von Griechenland. Dieses Ereignis nahm der Makedonenkönig zum Anlass, im Heiligtum von Olympia einen nach ihm benannten ionischen Rundbau innerhalb der Altis zu stiften (Paus. V, 20, 9–10). Zwar erlebte Philipp die Fertigstellung nicht mehr, jedoch wurde der Bau bald nach seinem Tod unter seinem Sohn Alexander dem Großen vollendet. Das Philippeion ist aufgrund seiner sicheren Datierung (Fertigstellung bald nach 336 v. Chr.) und seiner Architektur von herausragender baugeschichtlicher Bedeutung. Bauformen aus unterschiedlichen Zeiten und unterschiedlichen griechischen Regionen sind in ihm miteinander vereint und zeigen eine bisher nicht dagewesene innovative Architektur-Komposition. So handelt es sich bei der verwendeten Scotia-Torus-Basis um eine Form, die hier am Philippeion erstmals auftritt (Kapitel II.1.3). Die Kapitelle hingegen zeigen am Pulvinus attischen Einfluss in Form des Balteus-Motivs, das in Athen bereits seit dem 5. Jahrhundert belegt ist (Kapitel II.3.1). Das Gebälk wiederum kombiniert den Zahnschnitt, ein typisches Element ostionischer Architektur mit einem Fries, der vor allem im Mutterland und dem griechischen Westen verbreitet ist und folgt darin dem ionischen Tempel in Metapont, wo diese Kombination bereits am Ende des 1. Viertels des 5. Jahrhunderts erstmals nachweisbar ist (Kapitel II.4). Westgriechischer Einfluss lässt sich aber auch in der Gestaltung des Architravs feststellen, der mit zwei statt der sonst üblichen drei Faszien gegliedert ist und auch darin dem Tempel in Metapont sowie dem ionischen Tempel in Lokri folgt. Hingegen ist beim verwendeten Apophygenfries nicht klar, ob er makedonischen oder peloponnesischen Ursprungs ist, da solche Friese in beiden Regionen verbreitet sind und die jeweils frühesten Beispiele etwa zeitgleich datieren (Kapitel II.4.2). Möglicherweise kann der Kalksteintempel in Delphi, der außerhalb der beiden Regionen den bisher frühesten Beleg eines Apophygenfrieses darstellt, einen Anhaltspunkt liefern. Neben der Friesgestaltung

---

35 Coulton 1968, 180–183 hält sowohl einen makedonischen als auch einen einheimischen Architekten für möglich.

zeichnen sich auch in der Gestaltung der Voluten Ähnlichkeiten zwischen beiden Bauwerken ab, wobei insbesondere die charakteristische Bildung der großen Volutenaugen vergleichbar ist. Der Bau in Delphi wird anhand stilistischer Kriterien um 360 v. Chr. datiert und somit in die Zeit, in der Philipp II. seine Macht auf das delphische Heiligtum ausweiten konnte. Im Zuge des Dritten Heiligen Krieges, bei dem es um die Kontrolle des Heiligtums von Delphi sowie der damit verbundenen Amphiktyonie ging, errang Philipp 352 v. Chr. einen entscheidenden Sieg gegen die Phoker, die zuvor das Heiligtums geplündert hatten. Die erlangte Hegemonie über Delphi und die Amphiktyonie stellt einen ersten Höhepunkt der Machtentfaltung Philipps dar. Inwiefern diese Ereignisse mit der Errichtung des Kalksteintempels in Delphi zusammenhängen, lässt sich nicht sicher sagen, da weder der Stifter noch die Gottheit, der der Bau geweiht war, bekannt sind. Die Verwendung des charakteristischen Apophygenfrieses sowohl an diesem Tempel in Delphi als auch am Philippeion, dessen Bauanlass ja gerade ein wichtiger Sieg des Makedonenkönigs war, legen die Vermutung nahe, dass es sich bei beiden Bauten um dieselbe Bauhütte gehandelt haben dürfte.

In Olympia wurde der Rundbau Philipps im Nordwesten der Altis und damit innerhalb des heiligen Hains errichtet. In der Cella beherbergte das Philippeion Statuen der makedonischen Königsfamilie, die von Leochares gefertigt wurden, jenem Bildhauer, der laut Pausanias auch die Skulpturen am Maussolleion von Halikarnassos geschaffen hatte (Paus. V, 17, 3–4). Die Statuen waren gearbeitet in der Goldelfenbeintechnik,[36] die bis dahin den Götterbildern vorbehalten war. Diese Tatsache, sowie die gezielte Platzierung des Denkmals im heiligen Zentrum von Olympia verliehen dem Denkmal und damit seinem Stifter einen göttlichen Aspekt. Dazu trägt auch die sakrale Bedeutung der gewählten Gebäudeform des peripteralen Rundtempels bei. Dieser seltene Gebäudetypus war bis dahin nur aus den Heiligtümern von Delphi und Epidauros bekannt. Während die Vorgängerbauten eine dorische Außenordnung aufweisen, wird am Philippeion in Olympia nun erstmals eine ionische Ordnung für den äußeren Säulenkranz verwendet. Dadurch hebt sich das Gebäude nicht nur deutlich von seinen Vorläufern ab, sondern erhält zugleich auch innerhalb der von dorischen Bauten geprägten Altis eine exponierte Stellung. Die ionische Ordnung dürfte hier also ganz bewusst im Sinne eines architektonischen Kontrastes gewählt worden sein, nicht um die Besonderheit des Gebäudes, sondern das Gebäude besonders hervorzuheben.

Trotz der herausragenden architekturgeschichtlichen Stellung des Philippeions lassen sich von dieser Architektur ausgehende Einflüsse vor allem im Heiligtum von Olympia selbst feststellen, weniger jedoch auf der übrigen Peloponnes. Hier erwies sich ein anderes Bauwerk als prägender. Es handelt sich um die zeitnahe Philipps-Stoa in Megalopolis, die gleich mehrere neue ionische Architektur-Motive einführt. Der Bauplatz, auf dem die Halle um 340 v. Chr. errichtet wurde, lag direkt an der Agora und somit an exponierter, höchster Stelle. Seit der Stadtgründung, die um 370 v. Chr. als politisches Gegengewicht zum verfeindeten Sparta erfolgt war, wurde dieser Platz für das Bauvorhaben freigehalten.[37] Gewidmet wurde die Stoa dem makedonischen König Philipp II. (Paus. VIII 30,6) und diente wohl als Danksagung für die erfolgte Rückgabe von Land, das die Stadt zuvor an die Spartanern verloren hatte.[38] Die Stoa ist neben den Beispielen in Messene und Korinth eine der längsten

---

36 Schultz 2009.
37 Lauter-Bufe 2014, 9; Grieb 2012, 107–126; Gründungsdatum: Paus. VIII, 27, 8 (371/0). Marmor Parium (370/69 oder 369/8). Diod. XV, 73, 2 (368/7). Zur Diskussion um das genaue Gründungsdatum (zwischen 371 und 386/7), s. Beloch 1922, 186; Braunert – Petersen 1972, 61–63; Hornblower 1990, 71–77.
38 Lauter-Bufe 2014, 9.

griechischen Hallenbauten überhaupt. Zusätzlich wird ihre herausragende architekturgeschichtliche Stellung dadurch unterstrichen, dass sie eine drei- statt der sonst üblichen zweischiffigen Innenraumgestaltung besitzt. Bisher sind nur zwei Beispiele dreischiffiger Hallen bekannt, nämlich die Nordstoa in Messene (2. H. 4. Jh.)[39] und die Weststoa in Elis (5./4. Jh.).[40] Da sich alle drei Exemplare auf der Halbinsel befinden, scheint es sich hierbei um eine für die Peloponnes charakteristische Bauvariante zu handeln. Von attischen Beispielen abgeleitet ist hingegen die selten vorkommende Platzierung der Säulen, bei der jeweils drei ionische Innenjoche einem dorischen Außenjoch entsprechen (Kapitel II.6.2) und die bereits gegen Ende des 5. Jahrhunderts in Athen an der Stoa Basileios sowie der Zeus-Stoa auf der Agora belegt ist.[41] Weiterhin zeichnet sich attischer Einfluss bei den Risaliten ab, die die Stoa in Megalopolis an beiden Enden abschließen und als Bauform ebenfalls erstmals an der Zeus-Stoa in Athen belegt sind.[42] Die ionische Säulenstellung im inneren der dorischen Halle zeigen gleich mehrere neue ionische Architekturformen und Motive auf, die einen innovativen Architekten dahinter vermuten lassen. So sind die Kanneluren am Säulenschaft erstmals mit Rundstabfüllungen versehen und stellen nunmehr das bisher früheste Beispiel einer Teilkannelierung in der griechischen Architektur dar (Kapitel II.2.1). Zudem wurde für die Halbsäulenpfeiler in den Exedren ein bisher unbekanntes Basisprofil verwendet (Kapitel II.1.2) und für die freistehenden Säulen eine vereinfachte Variante der attischen Basis, die wohl besser im lokal zur Verfügung stehenden brüchigen Kalkstein ausgearbeitet werden konnte, verwendet (Kapitel II.2.1). Darüber hinaus trat auch die Profilabfolge aus ionischem Kymation und Cavetto erstmals als Antenkapitellform in der Philipps-Stoa auf (Kapitel II.3.2). Neben diesen Neuschöpfungen führte der Architekt auch den bereits bekannten Drei-Fazien-Architrav auf der Peloponnes ein und kombiniert diesen mit einem bisher nicht bekannten Kopfprofil (Kapitel II.4.1). Eigenwillig war zudem auch die Gestaltung der ionischen Diagonalkapitelle, die eine extrem tiefe Ausarbeitung der Kanalis, einen vergleichsweise überproportional großen geknickten Kanalisrand sowie kegelförmige Voluten-augen aufweisen. Während sich das Motiv des geknickten Kanalisrandes auf attische Vorbilder zurückführen lässt, verweist die diagonale Form des Kapitells auf den peloponnesischen Charakter der Stücke (Kapitel II.3.1). Daneben lässt sich auch eine handwerkliche Eigenart an der Ausführung der Kannelurenden feststellen, die wohl aus der dorischen Architektur übernommen wurde und auf peloponnesischen Einfluss hindeutet (Kapitel II.2.1). Insgesamt zeigt die ionische Ordnung in der Philipps-Stoa von Megalopolis also neben offensichtlich attischen sowie peloponnesischen Elementen klassischer Zeit auch einen deutlich innovativen Charakter.

Als dritter Bau, der am Übergang von spätklassischer zu hellenistischer Zeit steht, ist die an der Agora von Korinth errichtete Südstoa. Wie oben bereits erwähnt, ist sie eine der größten griechischen Hallenbauten insgesamt. Architekturgeschichtliche Bedeutung erlangt sie nicht nur wegen ihrer Länge sondern vor allem auch wegen ihrer enormen Tiefe. Während der vordere Bereich innerhalb der Halle durch eine ionischen Säulenstellung in zwei Schiffe

---

39 ArchRep 2012–2013, 17 Abb. 20; Ergon 2013, 24–27 mit Abb. 14; 2012, 24–27. 22 Abb. 11. 23 Abb. 12–12; 2011, 22–24 mit Abb. 11–13; Prakt 2011, 35–39 mit Abb. 1. Taf. 27α; 1958, 183 Abb.3. Taf. 141f.; 1989, 93 Abb. 2.

40 Siehe Katalog Coulton 1976, 211–294.

41 Coulton 1976, 77. Coulton führt als weiteres Beispiel die Stoa A in Kalaureia an, ohne jedoch näher zu erläutern, wie er auf eine andere Rekonstruktion als Welter kommt, der die Stoa mit zwei dorischen Jochen je ionischem Joch rekonstruiert (Welter 1941, Taf. 40).

42 Coulton 1976, 81–82.

unterteilt war, erstreckte sich im hinteren Bereich auf der gesamten Länge der Stoa eine doppelte Raumflucht, d.h. es lagen jeweils zwei Räume hintereinander. Zusätzlich waren die hintersten Räume doppelstöckig ausgebaut (Kapitel II.6.2). Die ersten Stoai mit anschließenden Räumen im hinteren Teil sind am Ende des 5. Jahrhunderts in Attika nachgewiesen.[43] Neu und zudem einzigartig unter den bisher bekannten Stoai ist in Korinth jedenfalls die doppelte statt der einfachen Reihung von Räumen. Während die Bauform an sich die Steigerung eines bereits bekannten Motives darstellt, zeigen sich bei der ionischen Ordnung, formal keine Neuerungen. Hingegen wird auf bereits bekannte Formen zurückgegriffen und diese auf neuartige Weise miteinander kombiniert. So wird die verwendete attische Basis in der Variante A (Kapitel II.1.1), die erstmals an der Tholos in Epidauros auf der Peloponnes eingeführt worden war, mit ionischen Kapitellen verwendet, die eindeutig peloponnesische Charakterzüge zeigen (Kapitel II.3.1).

Betrachtet man die drei Bauwerke in Olympia, Megalopolis und Korinth insgesamt, so ist offensichtlich, dass sie sich in ihren Bauformen deutlich voneinander unterscheiden. In einer nur kurzen Zeitspanne entstehen mit ihnen zugleich drei Bauwerke, die sich einerseits durch Rückgriffe auf ein bekanntes Formenrepertoire auszeichnen, andererseits aber aus Altbekanntem eben auch neue Formen entwickelten, die dann während hellenistischer Zeit Gültigkeit behalten sollten. Ein sowohl konservativer wie auch innovativer Charakter ist allen diesen drei Bauwerken eigen, weshalb sie sich am Übergang von der spätklassischen zur hellenistischen Zeit am besten als „protohellenistische" Architekturen beschreiben lassen. Da mit dem Philipppeion in Olympia außerdem die ionische Ordnung als wirkungsvolles und umfangreich kontrastierendes Gestaltungselement in einem von dorischer Architektur umgebenen Raum, nämlich der Altis des Zeusheiligtums, eingesetzt wird, nimmt dieses Bauwerk ebenfalls die kommende Epoche vorweg.

III.1.5 Hellenistische Zeit

Zu Beginn des 3. Jahrhunderts ist die Verwendung der ionischen Ordnung auf der Peloponnes insgesamt so weit etabliert, dass sich zahlreiche Beispiele, über nahezu die gesamte Halbinsel verteilt, anführen lassen. Im Gegensatz zu dieser Vielzahl an Neubauten kommen allerdings relativ wenige neue ionische Formen oder Motive hinzu. Es erfolgen häufig Rückgriffe auf bereits bekannte Formen aus unterschiedlichen Zeiten, die miteinander kombiniert werden. Zudem rückt die ionische Ordnung nun immer stärker aus dem Gebäudeinneren an die Außenseite und damit in den direkt wahrnehmbaren und gut sichtbaren Bereich der Architektur.

Im Heiligtum von Epidauros wird die ionische Ordnung am Propylon zum Gymnasion noch innerhalb des Durchgangs und somit an wenig auffälliger Stelle verwendet, während sie an den Nordpropyläen, dem Tempel L sowie dem Theaterkomplex an der Gebäudeaußenseite und somit an prominenter und gut sichtbarer Stelle platziert ist. Zudem zeigt sich bei einigen der im Heiligtum verwendeten ionischen Formen, dass es sich um lokale Besonderheiten handelt, die dort auch ihren Ursprung haben, wie beispielsweise der Kyma recta-Fries (Kapitel II.4.2), die Antekapitellform 2b mit dem charakteristischen hohen Kyma recta (Kapitel II.3.2) oder das Kalyx-Motiv, eine besonders aufwändige Verzierungsart ionischer Kapitelle am Pulvinus in Form von Kelchblüten (Kapitel II.3.1). Zudem tritt mit dem Tempel L

---

43 Hierzu zählen die Stoa in Brauron, die Südstoa I in Athen sowie die Stoa am Hafen von Piräus (Coulton 1976, 85–88).

in Epidauros erstmals ein Tempelbau mit ionischer Außenordnung auf der Peloponnes auf. Hierbei sind Säulen und Cellawand so nah aneinander gerückt, dass sie miteinander zu verschmelzen scheinen und somit einen pseudoperipteralen Grundrissentwurf zeigen, eine Idee, die vor allem während römischer Zeit besonders häufig auftritt (Kapitel II.6.3). Überblickt man die ionische Architektur im Heiligtum von Epidauros in dieser Zeit, so sind insgesamt nur wenige Einflüsse von außerhalb zu erkennen. Vielmehr zeichnen sich die entsprechenden Bauwerke durch eine starke eigene Schaffenskraft aus und nehmen insofern für die Entwicklung der ionisch-peloponnesische Ordnung insgesamt eine zentrale Rolle ein.

Im panhellenischen Heiligtum von Olympia hingegen lassen sich deutlich Einflüsse aus unterschiedlichen außerpeloponnesischen Regionen feststellen. So zeigt das, vor der Echo-Halle errichtete Ptolemaierweihgeschenk, das laut der Dedikationsinschrift für Ptolemaios II. (285–246 v. Chr.) und Arsinoe errichtet wurde, rein kleinasiatische Architektur-Formen und verweist dadurch auf die Herkunft des Stifters, eines Kallikrates Boiskou, der von der Insel Samos stammt (Kapitel II.1.4). Weiterhin stiftete ein Leonidas aus Naxos im olympischen Heiligtum einen großen Peristylbau, der nach ihm benannt ist und neben kykladischen Elementen auch eine Beeinflussung von Seiten des Philippeions in Olympia erkennen lässt. Außerdem zeigt sich auch hier, dass die ionische Ordnung nun immer häufiger auch an Gebäudeaußenseiten verwendet wird. Weiterhin scheint die Architektur in Olympia während hellenistischer Zeit auch für peloponnesische Einflüsse offen gewesen zu sein, wie die Übernahme des Kalyx-Motives am Pulvinus der Kapitelle in der Palästra zeigt. Dies ist insofern bemerkenswert, weil die auf der Halbinsel verbreiteten peloponnesischen Basisformen, sowie Kapitelle mit gebogenen Voluten, einem typisch peloponnesischen Motiv, im Heiligtum von Olympia nicht vertreten sind und damit eine generelle Ablehnung ionisch-peloponnesischer Architekturformen suggeriert wird.

Eines der späteren Beispiele für die Verbreitung der ionischen Ordnung auf der Peloponnes stellt Messene dar. Die Stadtgründung, die ebenfalls gegen die Vorherrschaft der Spartaner gerichtet war, erfolgte zwar nahezu zeitgleich (um 369 v. Chr.) mit der von Megalopolis, der monumentale Ausbau des dortigen Asklepios-Heiligtum fand allerdings erst ab dem späten 3. bzw. dem frühen 2. Jahrhundert statt. Im Zentrum des dortigen Heiligtums wurde für Asklepios ein dorischer Peripteros errichtet, der mit seiner schlichten Außenordnung in auffälligem Kontrast zu den korinthischen Säulenhallen steht, die ihn an vier Seiten umgeben. Der Bau ist architekturgeschichtlich insofern von herausragender Bedeutung, weil er ein seltenes Beispiel eines späten Peripteros ist, einer Bauform, die während hellenistischer Zeit eigentlich kaum noch Verbreitung fand. Ionische Architekturelemente zeigen sich an dem Tempel in Form der Anten, die von ionischen Antenkapitellen und einem entsprechenden Basisprofil begleitet werden. Während die gewählte Kapitellform auf den Apollontempel in Bassai zurückgeht (Kapitel II.3.2), wo diese erstmals auftritt, ist das Basisprofil erstmals am Philippeion in Olympia nachweisbar (Kapitel II.1.2). Es finden hier also zwei wahrscheinlich gezielte Rückgriffe auf Formen an bedeutenden Bauwerken aus verschiedenen Zeiten statt und weisen den messenischen Asklepiostempel als typisch eklektisches Bauwerk hellenistischer Zeit aus.

Insgesamt zeichnen sich mit den Heiligtümern in Olympia, Epidauros und Messene drei ganz unterschiedliche Zentren für die weitere Verbreitung der ionischen Ordnung ab. In Olympia tritt ionische Architektur vor allem in Form fremder Weihungen auf, die den jeweiligen Charakter der Region, aus der die stiftende Person stammt widerspiegelt. In Epidauros hingegen werden eigenen lokalen Formen, die ihren Ursprung im Heiligtum selbst haben, verwendet und stellen somit ein wichtiges Zeugnis für den peloponnesischen Gestaltungswillen dar. In Messene wiederum erfolgen ebenfalls Rückgriffe, diesmal jedoch nicht auf lokale sonder auf verschiedene andere peloponnesische Orte. So lässt sich in allen drei Orten ein eklektischer Charakter der ionischen Ordnung feststellen, der typisch für die hellenistische Zeit ist.

IV Zusammenfassende Schlussbetrachtung

Die ionische Ordnung in der dorisch geprägten Architekturlandschaft der Peloponnes hat sich als disparates Phänomen erwiesen. Statt einer stringenten Entwicklung zeichnen sich für die Verbreitung der ionischen Ordnung viel eher verschiedenen Zentren zu unterschiedlichen Zeiten ab. Neben dem Tempel in Bassai lassen sich hier insbesondere die Heiligtümer von Olympia und Epidauros sowie die neu gegründeten Städte Megalopolis und Messene nennen, wobei diese eine unterschiedlich starke Ausstrahlungskraft hatten. So übte die ionische Architektur, die im panhellenischen Heiligtum von Olympia gemäß der unterschiedlichen Herkunft ihrer Stifter einen heterogenen Charakter aufweist, nur wenig Einfluss auf die ionisch-peloponnesische Architektur aus. Hingegen erwies sich das Bauprogramm im Heiligtum von Epidauros, in dem durchgehend ein eigenständiger schöpferischer Gestaltungswille beobachtet werden kann, als besonders prägend. Ähnlich stark war auch die Ausstrahlungskraft, die vom Tempel in Bassai ausging. Weiterhin lässt dieses Beispiel erkennen, dass auch die dorische Ordnung das Aussehen der ionisch-peloponnesischen Architektur beeinflusst hat.

Zudem war die ionisch-peloponnesische Architektur durch alle Zeiten offen für Anregungen von außen, wobei diese nicht einfach kopiert, sondern nach eigenen Vorstellungen angepasst, verändert und weiterentwickelt wurden. Der Einfluss aus den ionischen Zentren im attischen, kleinasiatischen sowie inselionischen Bereich war also relativ gering, während der Peloponnes eine eigene Schöpfungskraft zugestanden werden darf. So wurden auf der Halbinsel auch eigene ionische Formen entwickelt, die sogar außerhalb der Peloponnes Anklang gefunden haben.

Zusätzlich wurden mit der Verwendung der ionischen Ordnung innerhalb der dorisch geprägten Architekturlandschaft der Peloponnes spannungsreiche Kontraste geschaffen und somit bereits früh eine Idee verwendet, die später eines der Leitmotive hellenistischer Architektur werden sollte. Eine politische Motivation für die Verwendung der ionischen Ordnung ist dabei nur selten belegt.

Tabellen

Tabellen

Die folgenden Tabellen basieren inhaltlich auf dem Baugliederkatalog. Wenn nicht anders angegeben sind die Beispiele chronologisch gelistet soweit möglich.

Tabelle 1	Basis. Verschiedene Formen der Säulenbasis	118
Tabelle 2	Schaft. Säulenform und Kanneluranzahl	120
Tabelle 3	Schaft. Kanneluranzahl	121
Tabelle 4	Schaft. Proportionsverhältnisse der Kannelur	122
Tabelle 5	Schaft. Formen der Kanneluransicht	124
Tabelle 6	Schaft. Formen der Apophyge im vertikalen Schnitt.	126
Tabelle 7	Schaft. Teilkannelierung	127
Tabelle 8	Kapitell. Gestaltung der Voluten und der Abakusplatte	128
Tabelle 9	Kapitell. Gestaltungsarten des Kanalis	130
Tabelle 10	Kapitell. Verschiedene Gestaltungsarten des Pulvinus	131
Tabelle 11	Kapitell. Formen	132
Tabelle 12	Kapitell. Votivkapitelle und proportionale Verhältnisse	134
Tabelle 13	Kapitell. Antenkapitelle	135
Tabelle 14	Kapitell. Sofakapitelle	136
Tabelle 15	Gebälk. Architrave	137
Tabelle 16	Gebälk. Friese	138
Tabelle 17	Gebälk. Zahnschnitte	139
Tabelle 18	Gebälk. Geisa	140
Tabelle 19	Gebälk. Kopfprofile	141
Tabelle 20	Gebälk. Komplett erhaltene ionisch-peloponnesische Gebälke	143
Tabelle 21	Ornament. Ionisches Kymation	144
Tabelle 22	Ornament. Lesbisches Kymation	145
Tabelle 23	Ornament. Perlstab	146
Tabelle 24	Ornament. Anthemien und Lotos- bzw. Palmettenmotive	147
Tabelle 25	Ornament. Bukranien	148
Tabelle 26	Gesamtproportionen	149
Tabelle 27	Übersicht Laufzeiten einzelner Formen	150

Tabelle 1: Basis. Verschiedene Formen der Säulenbasis
Hinter der Katalognummer ist jeweils ein Vermerk zur Ordnung, aus der die Basen stammen, aufgeführt. (d=dorisch, i=ionisch, k=korinthisch, ?=nicht bekannt)

Kat.-Nr.		Fundort	Zeitstellung (v. Chr.)	Typus[1]
I.52		Perachora, Brunnenhaus	1. H. 2. Jh.	A 40
I.15	k	Epidauros, Tholos	360–320	A/A 2
I.26		Korinth, Südstoa	338–323	A/A 4
I.16	i+k	Epidauros, Tempel L	300–270	A/A 5
I.10		Epidauros, Nord-Ost-Portikus	Frühes 3. Jh.	A/A 7
I.13		Epidauros, Theater, Proskenion	Ende 3./Anf. 2. Jh.	A/A 13
I.45	k	Olympia, Tor zum Gymnasion	3./2. Jh.	A/A 14
I.37	k	Messene, Propylon	?	A/A 18
I.36		Messene, Stoa	2. Jh.	A/A 19
I.34	k	Messene, Asklepieion Stoai	1. H. 2. Jh.	A/A 20
I.35		Messene, Asklepieion, Eingang Bouleuterion	1. H. 2. Jh.	A/A 21
I.38		Messene, Asklepieion, Oikos K	1. H. 2. Jh.	A/A 22
I.22		Kleonai, Heraklestempel Altarhof	2. Jh.	A/A Straub
I.30 a		Megalopolis, Philipps-Stoa	340	A/B 1
I.32		Megalopolis, Pfeilerhalbsäule	340	A/B Straub
I.31		Megalopolis, Soterion	2. H. 4. Jh.?	A/B Straub
I.39		Messene, Agora, Brunnenhaus	4. Jh.?	A/B Straub
I.11	i+k	Epidauros, Nordpropyläen	1. H. 3. Jh.	A/B 3
I.55		Sikyon, Gymnasion	3. Jh.	A/B 4
I.17/I.18		Gortys, Thermalbau	3.–1. V. 2. Jh.	A/B 16. 17
I.28		Lousoi, Peristylhaus	Späthellen.	A/B Straub
I.9		Epidauros, Gymnasion/Propylon	4./3. Jh.	A/B Straub
I.57		Stymphalos, Streufund?	nicht vor I.30a	A/B Straub
I.40 a		Messene, Nordtoa	hellenistisch	A/B Straub
I.40 b	k	Messene, Nordstoa	hellenistisch	A/B Straub
I.25		Korinth, Streufund	?	A/B Straub
I.1		Aigeira, Tycheion	?	A/B Straub
I.29		Megalopolis, Hieropoion	M. 4./Anf. 3. Jh.	A/Abw Straub
I.12		Epidauros, Stadion	Ende 3./Anf. 2. Jh.	A/Abw 3
I.47		Olympia, Palästra, Raum VI	3./2. Jh.	A/Abw 4
I.53		Pheneos, Asklepieion	hellenistisch	A/Abw Straub
I.2		Alipheira	?	A/Abw Straub
I.49		Olympia, Ptol. Weihgeschenk	278–270	E 31
I.7 a		Bassai, Apollontempel	429–401	P A 1
I.51		Perachora, Baldachinarchitektur	Frühes 4. Jh.	P A 2
I.19		Halieis, Streufund	1. H. 4. Jh.	P A Straub
I.58	k	Tegea, Athenatempel	3. V. 4. Jh.	P A 4
I.42	k	Nemea, Zeustempel	Mittlere 2.H. 4. Jh.	P A 5
I.41		Nemea, Oikos 9	325–300	P A 3

---

1 Die Typenbezeichnungen sowie deren Sigel sind übernommen von Dirschedl 2013, 477–491: A=Attisch Normalform, A/A= Attische Basis Variante A, A/B=Attische Basis Variante B, A/ Abw=Attische Basis als Abwandlung, E=Ephesische Basis, SonMarkt=Pergamenische Sonderform „Markttempel", P A= Peloponnesischer Typus A, P B= Peloponnesischer Typus B, S=Samische Basis, ST=Scotia-Torus-Basis mit Plinthe, Va=Variante, W/ PL=Wulstbasis mit Plinthe. Beispiele mit dem Zusatz „Straub" hat die Autorin während Forschungsaufenthalten vor Ort beobachtet – auch für die neuen Beispiele werden die Abkürzungen von Dirschedl verwendet.

Kat.-Nr.		Fundort	Zeitstellung (v. Chr.)	Typus[1]
I.54		Sikyon, Hypostyler Saal	Anf. 3. Jh.	P A 7
I.14		Epidauros, Paradostor	Ende 3./Anf. 2. Jh.?	P A 12
I.7 b	k	Bassai, Apollontempel	429–401	P B 1
I.8		Epidauros, Abaton-Stoa	Mitte 4. Jh.	P B 3
I.21		Kalaureia, Stoa C	2. H. 4. Jh.	P B 4
I.50		Orchomenos, Agora, Stoa	2. H. 4. Jh.	P B Straub
I.6		Argos, Theater	hellen.	P B 5
I.59	d	Theisoa, sog. Kunstbau	hellen.	P B Straub
I.24		Korinth, Asklepieion Lerna	Spätes 4. Jh.	P B/Va 2
I.33		Messene, Asklepiostempel	1. H. 2. Jh.?	SonMarkt Straub
I.20		Kalaureia, Stoa A	Ende 5. Jh.	S 42
I.48		Olympia, Philippeion	338	ST 1
I.46		Olympia, Leonidaion	3. D. 4. Jh.	ST 4
I.56		Sikyon, Theater, Proskenion	303–251	ST 8
I.44		Olympia, Gymnasion, Nordhalle	Späthellen.	ST 10
I.43		Olympia, Bouleuterion	um M. 5. Jh.	W/PL Straub
I.30 b		Megalopolis, Philipp Stoa Pfeilerhalbsäule	340	?[2]

---

2 Zum Typus von **I.30 b** s. Kapitel II.1.2 Peloponnesischer Typus B, als Variante (P B/Va).

Tabelle 2: Schaft. Säulenform und Kanneluranzahl
(¼=Viertelsäule, ¾=Dreiviertelsäule, einspr.=einspringende, eingeb.=eingebunden, HS=Halbsäule, i=ionisch, k=korinthisch vorspr.=vorspringende, ?=nicht bekannt)

Kat.-Nr.		Fundort	Zeitstellung (v. Chr.)	Säulen	Kategorie	Kannelierung Kategorie/ ausgeführte K.	
II.41 b	k	Olympia, Philippeion	338	eingeb. (HS)	½	20	9+2x0,5
II.46		Perachora, Stoa am Hafen	1. H. 4. Jh.	eingeb. (HS)	½	20	9+2x0,5
II.12 b		Gortys, Thermalbau	Spätes 4. Jh.	eingeb. (HS)	½	20	9+2x0,5
II.16		Korinth, Asklepieion Propylon Lerna	340	eingeb. (HS)	½	20	9+2x0,5
II.25 c		Megalopolis, Philipps-Stoa	330	eingeb. (HS)	½	20	9+2x0,5
II.34 b		Nemea, Zeustempel	325–300	eingeb. (HS)	½	20	9+2x0,5
II.33 b		Nemea, Oikos 9	hellenistisch	eingeb. (HS)	½	20	9+2x0,5
II.37 b		Olympia, Tor Gymnasion	spätes 3. bzw. 1. H. 2. Jh.	eingeb. (HS)	½	16	7+2x0,5
II.31		Messene, Brunnenhaus (hintere Säulenstellung)					
II.3 a		Bassai, Apollontempel	429–401	eingeb.	½	20	11
II.10 b		Epidauros, Theater, Proskenion	um 300	eingeb.	½	20	11
II.8		Epidauros, Stadion	Ende 3./2. Anf.2 Jh.	eingeb.	½	20	11
II.27		Megalopolis, Streufund	?	eingeb.	½	20	11
II.53	k	Tegea, Athenatempel	2. H. 4. Jh.	eingeb.	½	20	11
II.9a		Epidauros, Tempel L	300–270	eingeb.	½	20	13+2x0,5
II.21		Korinth, Peirene-Quelle	Ende 3. Jh.	eingeb.	½	24?	13
II.33 a		Nemea, Oikos 9	325–300	vorspr. Ecke. (¾)	¾	20	14+2x0,5
II.10 a		Epidauros, Theater Proskenion	um 300	vorspr. Ecke.	¾	20	16
II.9 b		Epidauros, Tempel L	300–270	vorspr. Ecke.	¾	?	?
II.12		Gortys, Thermalbau	Ende 2. Jh.	vorspr. Ecke. (¾)	¾	20	14+2x0,5
II.34 a		Nemea, Zeustempel	330	einspr. Ecke (¼)	¼	20	5
II.10 c		Epidauros, Theater Proskenion	um 300	einspr. Ecke	¼	20	6
II.24		Megalopolis, Bouleuterion I	M. 4. Jh.	einspr. Ecke	¼	?	?
II.32		Messene, Nordstoa	hellenistisch	Sonderfall (¼)	¼	20	4+2x0,5

Tabelle 3: Schaft. Kanneluranzahl
(i=ionisch, k=korinthisch, ?=nicht bekannt)

Kat.-Nr.		Fundort	Zeitstellung (v. Chr.)	Anzahl der Kanneluren Kategorie/ ausgeführte Kanneluren	
II.41 a		Olympia, Philippeion	338	24/	24
II.11	k	Epidauros, Tholos	320	24/	24
II.42		Olympia, Ptolemaierweihgeschenk	278–270	24/	24
II.21		Korinth, Peirene-Quelle	Ende 3. Jh.	24?/	13
II.31		Messene, Brunnenhaus	4. Jh.	16/	7+2x0,5
II.23		Lousoi, Peristylhaus	späthellenistisch	0/	0
II.20		Korinth, Asklepieion Streufund	?	0/	0
II.36		Olympia, Gymnasion Nordhalle	späthellenistisch	0/	0

Tabelle 4: Schaft. Proportionsverhältnisse der Kannelur
Alphabetisch nach Fundorten gelistet (i=ionisch, K=Kalkstein, k=korinthisch, M=Marmor, Mu=Muschelkalk, P=Poros, T=Travertinit, ?=nicht bekannt)

Kat.-Nr.[3]		Fundort	Zeitstellung (v. Chr.)	Kanneluranzahl	BS:BK	TK:BK	Material
II.2		Argos, Streufund	Ende 4./Anf. 3. Jh.	20	1:6,67	1:3,2	P
III.5 b		Bassai, Apollontempel	429–401	20	1:9,57	1:5,58	M
II.4 a		Epidauros, Abaton-Stoa	Mitte 4. Jh.	20	1:8,45	1:4,23	P
II.7		Epidauros, Nordpropylon	1. H. 3. Jh.	20	1:7,6	1:2,24	P
II.10		Epidauros, Theater Proskenion	um 300	20	1:8,2	1:3,73	P
II.9		Epidauros, Tempel L	300–270	20	1:5	1:2	P
II.6		Epidauros, Nord-Ost-Portikus	300–270	20	1:6	1:3	P
II.15		Kalaureia, Stoa C	2. H. 4. Jh. (320?)	20	1:9,34	1:3,12	P
II.16		Korinth, Propylon Lerna	Spätes 4. Jh.	20	~ 4,69	~ 3,51	P
II.21		Korinth, untere Peirene	Ende 3. Jh.	20	~ 1:5	~ 1:2,78	P
II.22		Korinth, Südstoa	338–323	20	1:7,9	1:5,16	P
II.26		Megalopolis, Zeus Soter Hlgt.	2. H. 4. Jh.	20	1:5,34	1:2,86	K
II.25 a		Megalopolis, Philipps-Stoa	340	20	1:4,24	1:2,57	K
II.25 b		Megalopolis, Philipps-Stoa, Exedren	340	20	1:6	1:2	Trav.
II.24		Megalopolis, Streufund	M. 4. Jh.?	20	1:5,5	?	?
II.33a		Nemea, Oikos K	325–300	20	1:6,6	1:6,6	P
II.33b		Nemea, Oikos K	325–300	20	1:10	1:10	K
II.34		Nemea, Zeustempel	um 330	20	1:7,14	1:3,34	K
II.34 c	k	Nemea, Zeustempel	um 330	20	1:9,08	1:4,54	K
II.41 b	k	Olympia, Philippeion	338	20	1:5,4	~ 1:2,33	Mu
II.38		Olympia, Leonidaion	330/320?	20	~ 1:9,5	~ 1:3,8	P
II.40 a		Olympia, Palästra, Raum 6	3./2. Jh.?	20	1:4,58	1:2,5	P
II.40a		Olympia, Palästra, Raum 9	3./2. Jh.?	20	1:4,17	1:8,34	P
II.46		Perachora, Stoa am Hafen	1. H. 4. Jh.	20	1:7,8	1:5,2	P

---

3 Es werden hier nur diejenigen Beispiele aufgeführt, für die Maße der Kanneluren verfügbar sind.

Tabellen

Kat.-Nr.[3]		Fundort	Zeitstellung (v. Chr.)	Kanneluranzahl	BS:BK	TK:BK	Material
II.44		Perachora, Baldachinarchitektur	frühes 4. Jh.	20	~ 1:7,19	~ 1:7,67	P
II.45		Perachora, Brunnenhaus	Ende 4.–1.H.2.Jh.	20	~ 1:4,5	~ 1:2,69	K
II.42		Pheneos, sog. Brunnenhaus	4.–2.Jh.	20	1:4,17	1:2,27	K?
II.48		Pheneos, Asklepieion	4.–2.Jh.	20	1:3,84	1:2,88	K?
II.49		Sikyon, Bouleuterion	nach 303?	20	~ 1:4,68	~ 1:3,52	K
II.51		Stymphalos, Streufund?	hellenistisch?	20	~ 1:5	~ 1:2,5	?
II.52		Stymphalos, Streufund?	?	20	~ 1:5,5	~ 1:3,93	?
II.53	k	Tegea, Athenatempel	2. H. 4. Jh.	20	1:5,87	1:2,67	M
II.41 a		Olympia, Philippeion	338	24	1:9,29	1:2,6	K
II.42		Olympia, Ptolemaierweihgeschenk	278–270	24	1:6,62	1:2,23	M
II.21		Korinth, Peirene-Quelle	Ende 3. Jh.	24? (13)	~ 1:5	~ 1:2,78	P
II.31		Messene, Arsinoe Quelle	3. Jh.–1. H. 2. Jh.	16 (7+2x0,5)	1:6,43	1:4,5	?

Tabelle 5: Schaft. Formen der Kanneluransicht
(i=ionisch; k=korinthisch; ?=nicht bekannt)

Kat.-Nr.		Fundort	Zeitstellung (v. Chr.)	Form	Kanneluranzahl Typus
II.25 a		Megalopolis, Philipps-Stoa	340	1a	20
II.33 a		Nemea, Oikos 9 (Zsh. A 244)	325–300	1a	20 (14+2x0,5)
II.33 b		Nemea, Oikos 9	325–300	1a	20 (9+2x0,5)
II.15		Kalaureia, Stoa C	320	1a	20
II.32		Messene, Nordstoa	hellenistisch	1a	20 (4+2x0,5)
II.30		Messene, Oikos K	Ende 3. Jh.–M 2. Jh.	1a	20 (?)
II.3 a		Bassai, Apollontempel	429–401	1b	20 (11)
II.3 b	k	Bassai, Apollontempel	429–401	1b	20?
II.4 a		Epidauros, Abaton-Stoa	400–350	1b	20
II.53	k	Tegea, Athenatempel	2. H. 4. Jh.	1b	20 (11)
II.25 b	k	Megalopolis, Philipps-Stoa, Exedren?	340	1b	20 (14 k./6 konkav)
II.41 b	k	Olympia, Philippeion	338	1b	20 (9+2x0,5)
II.22		Korinth, Agora Südstoa	338–323	1b	20
II.34		Nemea, Zeustempel	um 330	1b	20 (5)
II.39		Olympia, Leonidaion Ecksäule?	330/320?	1b	20
II.38		Olympia, Leonidaion	330/320?	1b	20
II.2		Argos, Streufund	Ende 4./Anf. 3. Jh.	1b	20
II.7		Epidauros, Nordpropyläen	1. H. 3. Jh.	1b	20
II.46		Perachora, Stoa	1. H. 4. Jh.	1b	20 (9+2x0,5)
II.6		Epidauros, Nord-Ost-Portikus	300–270	1b	20
II.45		Perachora, Brunnenhaus	Ende 4. bis 1. H. 2. Jh.	1b	20
II.40 a		Olympia, Palästra Raum VI	3./2. Jh.?	1b	20 (9 rund/11 kan.)
II.40 b		Olympia, Palästra Raum IX	3./2. Jh.?	1b	20 (9 rund/11 kan.)
II.10 a		Epidauros, Theater Proskenion	300	2	20 (16)
II.10 b		Epidauros, Theater Proskenion	300	2	20 (11)
II.10 c		Epidauros, Theater Proskenion	300	2	20 (6)
II.36		Epidauros, Tempel L	300–270	2	20
II.12 a		Gortys, Thermalanlage	Ende 2. Jh.	2?	20 (14+2x0,5)
II.12 b		Gortys, Thermalanlage	Ende 2. Jh.	2	20 (9+2x0,5)
II.8		Epidauros, Stadion	Ende 3./ Anf. 2. Jh.	2	20 (11)
II.37 a	k	Olympia, Tor Gymnasion	hellenistisch	2	20
II.37 b	k	Olympia, Tor Gymnasion	hellenistisch	2	20 (9+2x0,5)
II.24		Megalopolis, Bouleuterion I	4. Jh. Mitte?	2b?	?
II.41 a		Olympia, Philippeion	Baubeginn: 338	2b	24
II.11	k	Epidauros, Tholos	3.V. 4.Jh. (um 330)	2b	24
II.31		Messene, Brunnenhaus Arsinoe	4. Jh.	2b	16 (7+2x0,5)

Kat.-Nr.		Fundort	Zeitstellung (v. Chr.)	Form	Kanneluranzahl Typus
II.42		Olympia, Ptolemaierweihgeschenk	278–270	2b	24
II.21		Korinth, untere Peirene-Quelle	Ende 3. Jh.?	2b	24? (13)
II.28	k	Messene, Asklepieion Stoai		2b	24?

Tabelle 6: Schaft. Formen der Apophyge im vertikalen Schnitt
(i=ionisch, k=korinthisch, ?=nicht bekannt)

Kat.-Nr.		Fundort	Zeitstellung (v. Chr.)	Form der Apophyge *oben/ unten*
II.46		Perachora, Stoa	t.p.q. 400	1? / ?
II.41 a		Olympia, Philippeion	338	1 / 1
II.39		Olympia, Leonidaion (Kelchkapitell)	330/ 320	1 / ?
II.15		Kalaureia, Stoa C	320	1 / ?
II.33 a/II.33 b		Nemea, Oikos 9	325–300	1 / 1
II.10		Epidauros, Theater Proskenion	um 300	1 / 3
II.42		Olympia, Ptolemaierweihgeschenk	278–270	1 / 1
II.12		Gortys, Thermalanlage	Ende 2. Jh.	1 / 3
II.4 a		Epidauros, Abaton-Stoa	400–350	2 / 2
II.25 a	k	Megalopolis, Philipps-Stoa	340	2 / ?
II.41 b		Olympia, Philippeion	338	2 / ?
II.38		Olympia, Leonidaion	330/320?	2 / ?
II.21		Korinth, Peirene-Quelle	Ende 3. Jh.?	2 / 2
II.40		Olympia, Palästra Raum IX	3./2. Jh.?	2 / ?
II.30		Messene, Oikos K	Ende 3. Jh.– M. 2. Jh.	2?/ ?
II.52		Stymphalos, Streufund	?	2 / ?
II.22		Korinth, Agora Südstoa	338–323	3 / 3
II.53	k	Tegea, Athenatempel	2. H. 4. Jh.	3 / 3
II.49		Sikyon, Bouleuterion	nach 303	? / 3
II.2		Argos, Streufund	Ende 4./ Anf. 3. Jh.	3 / ?
II.7		Epidauros, Nordpropyläen	1. H. 3. Jh.	3 / 1
II.40		Olympia, Palästra Raum VI	3./2. Jh.?	3 / ?

Tabelle 7: Schaft. Teilkannelierung
(i=ionisch, konk.=konkav, k=korinthisch, f=facettiert, VS=Vollsäule, ?=nicht bekannt)

Kat.-Nr.		Fundort	Zeitstellung (v. Chr.)	Säulenform	Kannelierung oben	unten	
II.25 a		Megalopolis, Philipps-Stoa	340	VS	konk.	20 gefüllt	
II.26		Megalopolis, Zeus Soter Hlgt.	2. H. 4. Jh.	VS	konk.	20 gefüllt	
II.30		Messene, Oikos K	hellenistisch	VS	konk.	20? gefüllt	
II.28	k	Messene, Asklepieion Stoai		VS	konk?	24 gefüllt?	
II.25 b	k	Megalopolis, Philipps-Stoa	340	VS	konk.	6 konk.	14 gefüllt
II.42		Pheneos, Brunnenhaus?		VS	konk.	11 konk.	9 f
II.40		Olympia, Palästra Raum VI	3./2. Jh.	VS	konk.	11 konk.	9 rund
II.48 a		Pheneos, Asklepieion		VS	konk.	6 konk.	14 f
II.48 b		Pheneos, Asklepieion		VS	konk.	10 konk.	10 f
II.52		Stymphalos, Streufund	?	VS	?	6 konk.	14 gefüllt
II.25 c		Megalopolis, Philipps-Stoa Exedra	340	½	?	9+2x0,5 gefüllt	
II.8		Epidauros, Stadion	Ende 3./Anf. 2. Jh.	½	konk.	11 rund	

Tabelle 8: Kapitell. Gestaltung der Voluten und der Abakusplatte
(2=zweiseitig, 4=vierseitig, abgesch.=abgeschrägt, Abs.=Absatz, einspr.=einspringend, gekr.=gekrümmt, KR=Kyma reversa, iK=ionisches Kymation, t.p.q.=terminus post quem)

Kat.-Nr.	Fundort	Zeitstellung (v. Chr.)	Voluten-form	Kapitell-form	Abakus-kanten	Abakusprofil	Abakus-ecken
III.52	Olympia, Vorhalle Bouleuterion?	um M. 5. Jh.	gerade	2	?	?	?
III.48	Olympia, Philippeion	338	gerade	2	gerade	KR + Abs. (schräg)	spitz
III.46 a	Olympia, Leonidaion	330/320	gerade	2	gerade	KR + Abs.	spitz
III.42 b	Nemea, Oikos 9	325–300	gerade	2	nicht erhalten	nicht erhalten	nicht erhalten
III.50	Olympia, Zweisäulendenkmal	4./3. Jh.	gerade	2	gerade	KR	spitz
III.49	Olympia, Ptolemaierweihgeschenk	278–270	gerade	2	gerade	KR + Absatz	spitz
III.47 a	Olympia, Palästra Raum VI	1. H. 3. Jh.?	gerade	2	gerade	KR + Abs.	spitz
III.47 b	Olympia, Palästra Raum IX	1. H. 3. Jh.?	gerade	2	gerade	KR + Abs.	spitz
III.5 a	Bassai, Apollontempel	429–401	gekr.	(4)	gebogen	Kehle + Wulst + Kehle	abgesch.
III.5 b	Bassai, Apollontempel	429–401	gekr.	(4)	?	–	–
III.58	Perachora, Stoa	t.p.q. 400	gekr.	Sonderf.	gebogen	KR	einspr. + spitz
III.8 a	Epidauros, Abaton	1. H. 4. Jh.	gekr.	2	gebogen[4]	KR + Abs.	spitz
III.8 b	Epidauros, Abaton	1. H. 4. Jh.	gekr.	4	gebogen	KR + Abs.	einspr.
III.23	Halieis (Halike)	nach III.8 vor III.24 2. H. 4. Jh.	gekr.	2	gebogen	?	spitz?
III.32	Ligourion nahe Epidauros	nach III.8 vor III.24	gekr.	2	gebogen	?	spitz
III.36 a	Megalopolis, Philipps-Stoa	340	gekr.	4	gebogen	KR + Abs.	einspr.
III.24	Kalaureia, Stoa C	320	gekr.	4	gebogen	KR	einspr.
III.28 a	Korinth, Agora Südstoa	338–323	gekr.	2	gebogen	KR + Abs.	spitz
III.13 b	Epidauros, Nordpropyläen	1. H. 3. Jh.	gekr.	4	gerade?	KR + Abs.?	spitz
III.42 a	Nemea, Oikos 9	325–300	gekr.	Sonderf.	gebogen	KR + Abs.	einspr.+ spitz?

---

4 An den Volutenseiten, an den Pulvinus-Seiten gerade.

Kat.-Nr.	Fundort	Zeitstellung (v. Chr.)	Voluten-form	Kapitell-form	Abakus-kanten	Abakusprofil	Abakus-ecken
III.2	Argos, Streufund	Ende 4./Anf. 3. Jh.	gekr.	4	gerade	KR + Abs.	spitz
III.17	Epidauros, Theater Proskenion	um 300	gekr.	(4)	gebogen	iK	abgesch.?
III.15	Epidauros, Tempel L	300–270?	gekr.	4	gebogen	KR + Abs.	abgesch.?
III.18	Epidauros, Streufund	300–270	gekr.	2	gebogen	KR	abgesch.?
III.13 a	Epidauros, Nordpropyläen	1. H. 3. Jh.	gekr.	2	gebogen?	KR + Abs.	spitz
III.62 a	Sikyon, Gymnasion	3. Jh.?	gekr.	2	gebogen	KR + Abs.	spitz
III.40	Messene, Nordstoa	hellenistisch	gekr.	2	gebogen	KR + Abs.?	spitz?
III.34	Keryneia, Heroon?	2. Jh.?	gekr.?	2	gebogen	?	spitz
III.60	Pheneos, ASKL Peristylhof	?	gekr.	2	gebogen	KR + Abs.	spitz
III.59	Pheneos, Brunnenhaus	Ende 4. Jh.	gekr.	2	gebogen	KR + Abs.	spitz

Tabelle 9: Kapitell. Gestaltungsarten des Kanalis

Kat.-Nr.	Fundort	Zeitstellung (v Chr.)	Kanalis	Kanalisrand
III.36 a	Megalopolis, Philipps-Stoa	340	konkav	Knick
III.48	Olympia, Philippeion	338	konkav (leicht)	Schnur
III.28 a	Korinth, Agora Südstoa	338–323	konkav	Knick
III.46 a	Olympia, Leonidaion	330/320?	konkav	Knick
III.45	Olympia, Kalksandstein-Architektur	zw. 338 und 330/320	konkav?	Schnur?
III.42 a	Nemea, Oikos 9	500–475/330–300	konkav	Schnur
III.42b	Nemea, Oikos 9	500–475/330–300	konkav	Schnur
III.43	Nemea, Zeus Tempel	330	konkav	(Knick?)
III.13 a/III.13 b	Epidauros, Nordpropyläen	1. H. 3. Jh.	konkav?	Knick
III.2	Argos, Streufund	Ende 4./Anf. 3. Jh.	konkav	Steg
III.50	Olympia, Zweisäulendenkmal	4./3. Jh.	konkav	Schnur
III.17	Epidauros, Theater Proskenion	um 300	konkav	Knick
III.49	Olympia, Ptolemaierweihgeschenk	278–270	konkav	Schnur
III.15	Epidauros, Tempel L	300–270?	konkav	Knick
III.18	Epidauros, Streufund	300–270	konkav	Knick
III.62 a	Sikyon, Gymnasion	3. Jh.?	konkav	Steg
III.47 b	Olympia, Palästra, Raum IX	3./2. Jh.?	konkav	Knick
III.47 a	Olympia, Palästra, Raum VI	3./2. Jh.?	konkav	Steg
III.38 b	Messene, Oikos K	Ende 3. Jh.–M. 2. Jh.	konkav	Schnur
III.59	Pheneos, Brunnenhaus	Ende 4. Jh.	konkav	Steg
III.34	Mamousia, Heroon	2. Jh.?	konkav	Knick
III.40	Messene, Nordstoa	Offen	konkav	Steg
III.19	Ligourion nahe Epidauros (Nord-Ost-Portikus)		konkav	Knick

Tabelle 10: Kapitell. Verschiedene Gestaltungsarten des Pulvinus

Kat.-Nr.	Fundort	Zeitstellung (v. Chr.)	Motiv
III.54	Olympia, Agios Andreas	um 500	parataktische Gliederung (doppelte Einschnürungen, 4 Kehlungen)
III.50	Olympia, Zweisäulenmonument	4./3. Jh.	parataktische Gliederung (doppelte Einschnürungen, 4 Kehlungen)
III.52	Olympia, Bouleuterion?	um M. 5. Jh.	2 Einschnitte[5]
III.48	Olympia, Philippeion	338	Balteus (4 Tori)
III.46 a	Olympia, Leonidaion	330/320?	Balteus (2x2 Tori)
III.20	Epidauros, nördl. Gebäude E	Ende 4./Anf. 3. Jh.	Balteus?
III.47 a	Olympia, Palästra Raum VI	1. H. 3. Jh.	Balteus (2x2 Tori)
III.49	Olympia, Ptolemaierweihgeschenk	278–270	Balteus/Schuppenmuster
III.13 a	Epidauros, Nordpropyläen	1. H. 3. Jh.	Balteus
III.39 a/III.39 b	Messene, Brunnenhaus Arsinoe	Spolien: 4.Jh. Bau: 3.Jh./1.H. 2.Jh.?	Kalyx
III.11	Epidauros, Gymnasion	Ende 4. Anf. 3. Jh.	Kalyx
III.3	Argos, Streufund	?	Kalyx
III.47 b	Olympia, Palästra Raum IX	1. H. 3. Jh.	Kalyx
III.30 a	Korinth, Peirene-Quelle	Ende 3. Jh.	Kalyx
III.38 b	Messene, Oikos K	Ende 3. Jh.–M. 2. Jh.	Kalyx
III.40	Messene, Nordstoa	hellenistisch	Kalyx

---

5 Vertiefung für die Anbringung toreutischen Schmucks?

132 Tabellen

Tabelle 11: Kapitell. Formen
(KR=Kyma reversa Gruppe)

Kat.-Nr.	Fundort	Zeitstellung (v. Chr.)	HE:HKan	AVA:oSdm	HK:AVA	Kapitellgruppe	Kapitellform	Basis
III.5 a	Bassai, Apollontempel	429–401	1:2,3	1:1,3	1:1	KR	(4)	P A I.7 a
III.5 b	Bassai, Apollontempel	429–401	1:2,5	1:1,1	~ 1:1,75	KR	(4)	P A I.7 a
III.58	Perachora, Stoa am Hafen	1.H. 4.Jh.?	1:2,4	1:1,2	1:1,7	KR	Sonderf.	?
III.8 a. b	Epidauros, Abaton-Stoa	1.H. 4.Jh.				KR	2 + (4)	P B I.8
III.23	Halieis, Streufund	2.H. 4.Jh.?				KR	?	?
III.32	Ligourion, Streufund	2.H. 4.Jh.?				KR	?	?
III.24	Kalaureia, Stoa C	320	1:2,6	~ 1:1,22	~ 1:2,27	(KR)	4	P B I.21
III.42 b	Nemea, Oikos 9?	325–300	-	-	-	KR	2	P A (II.33b)
III.42 a	Nemea, Oikos 9	325–300	-	-	-	KR	att.-ion. Eck	P A
III.36 a	Megalopolis, Philipp Stoa	340	~ 1:1	1:1,33	~ 1:1,63	Megal./Kor.	4	A/B I.30a
III.28 a	Korinth, Südstoa	337–323	1:1,03	1:1,09	1:1,74	Korinth	2	A/A I.26
-	Epidauros, Tholos	360–320				-	Korinth.	A/A I.15
III.59	Pheneos, Brunnenhaus	Ende 4.Jh.				Korinth?	2	?
III.13 b	Epidauros, Nordpropyläen	1.H. 3.Jh.				Korinth	4	A/B I.11
III.13 a	Epidauros, Nordpropyläen	1.H. 3.Jh.				Korinth	2	A/B?
III.15	Epidauros, Tempel L	1.H. 3.Jh.?				Korinth	4	A/A I.16
III.18	Epidauros, NO-Portikus?	3.Jh.?				Korinth	2	A/A I.10
III.62 a	Sikyon, Gymnasion	(2.V.) 3.Jh.				Korinth?	2	A/B I.55
III.25	Kalaureia, Streufund	1.H. 3.Jh.?				Korinth	2	?
III.34	Mamousia/Kyrenaia?	3./2.Jh.?				Korinth	2	?
III.17	Epidauros, Theater, Proskenion	1.H. 2.Jh.				Korinth	(4)	A/A I.13
III.30 a	Korinth, Peirene-Quelle	Nach 2.H. 4.Jh./ vor 146				Korinth?	2/Halb.	A/B?
III.39 b	Messene, Brunnenhaus (HS)	Spolien: 4.Jh. Bau: 3.Jh./1.H. 2.Jh.?				Korinth?	2	A/B
III.39 a	Messene, Brunnenhaus (VS)	Spolien: 4.Jh. Bau: 3.Jh./1.H. 2.Jh.?				Korinth?	2/Halb.	A/B I.39

Kat.-Nr.	Fundort	Zeitstellung (v. Chr.)	HE:HKan	AVA:oSdm	HK:AVA	Kapitellgruppe	Kapitellform	Basis
III.14	Epidauros, Stadion	3./2.Jh.?				Korinth?	2/Halb.	A/Abw I.12
III.48	Olympia, Philippeion	338	1:0,95	1:1,05	1:1,84	Ol.Ph.	2	ST I.48
III.45	Olympia, Kalksandstein-Architektur	~338–330/320				Ol.Ph.	?	?
III.46 a	Olympia, Leonidaion	330/320				(Ol.Ph./Kor.)	2	ST I.46
III.47 b	Olympia, Palästra Raum IX	3./2.Jh.?	1:1,04	1:1,05	1:1,83	(Ol.Ph./Kor.)	2	A/ Abw?
III.47 a	Olympia, Palästra Raum VI	3./2.Jh.?	1:1,52	1:1,04	1:1,85	(Ol.Ph./Kor.)	2	A/Abw I.47

Tabelle 12: Kapitell. Votivkapitelle und proportionale Verhältnisse

Kat.-Nr.	Basis	Fundort	Zeitstellung (v. Chr.)	HE:HKan	AVA:oSdm	HK:AVA
III.54		Olympia, Agios Andreas	um 500	1:1	1:0,74	~ 1:1,27
III.53		Olympia, bei Heraion	5./4. Jh.	1:4,5	1:1,06–1,03	1:0,87–0,85
III.50		Olympia, Zweisäulenmonument	4./3. Jh.	1:1,57	1:0,93	~ 1:2,2
III.20		Epidauros, nördl. Gebäude E	Ende 4./Anf. 3. Jh.	-	-	-
III.49	**I.49**	Olympia, Ptolemaierweihgeschenk	278–270	~ 1:1,6	~ 1:0,94	1:1,95
III.2		Argos, Streufund	Ende 4./Anf. 3. Jh.	-	-	-

Tabelle 13: Kapitell. Antenkapitelle
(ASKL= Asklepieion, OG=Obergeschoss, Form 1=Kyma reversa-Cavetto, Form 2=Ionisches Kyma-Cavetto, Form 2b=Kyma recta-Perlstab – ionisches Kymation – cavetto, Form 3= Kleinasiatisch-ionische Ante, Form 4=Attisch-ionische Ante)

Kat.-Nr.	Fundort	Zeitstellung (v. Chr.)	Form[6]	Basis
III.5 c	Bassai, Cella	429–401	1	-
III.8 d	Epidauros, Abaton-Stoa?	Mitte 4. Jh.	1	-
III.28 b	Korinth, Südstoa OG	2. H. 4. Jh.	1	?
III.47 c	Olympia, Palästra, Raum VI	3./2. Jh.	1	- (A/Abw4?)
III.37	Messene, Asklepiostempel	1. H. 2. Jh.?	1	**I.33** (SonMarkt)
III.36 b	Megalopolis, Philipp Stoa	340	2a	?
III.30 b[7]	Korinth, untere Peirene-Quelle	2. H. 4. Jh.	2a	**I.27** (attisch)
III.28 c	Korinth, Südstoa OG?	2. H. 4. Jh.	2a	?
III.57 b	Perachora, Brunnenhaus	Ende 4.–1. H. 2. Jh.?	2a?[8]	**I.52 b** (A40)
III.13 c	Epidauros, Nordpropyläen	1. H. 3. Jh.	2a	? (A/ B3?)
III.62a	Sikyon, Gymnasion	3. Jh.	2a	-
III.31	Korinth, Streufund	2. Jh.?	2a	-
III.16	Epidauros, Theater, Paradostore	4./3. Jh.	2b	**I.13** (A/A13)
III.10 b	Epidauros, Gymnasion, Propylon	um 300	2b	**I.9**? (A/B0)
III.38 a	Messene, Oikos K	nach 369/frühhellen.?	3	? (attisch?)
III.69	Tegea, Tempel	2. H. 4. Jh.	4	

---

[6] Form 1: Kyma reversa – Kehle; Form 2a: Ionisches Kymation – Kehle; 2b: Erweitert durch ein hohes Kyma recta; Form 3: kleinasiatisch ionische Ante hybriden Charakters; Form 4: attisch-ionische Ante.

[7] Die Antenkapitelle der hinteren Fassade der unteren Peirene-Quelle sind stark verwittert. Die Bestimmung der Profilform ist deshalb nur mit einer gewissen Unsicherheit möglich.

[8] **III.57 b** ist fragmentarisch erhalten und weißt nur ein ionisches Kymation-Profil auf. Die Zuordnung zu dieser Gruppe ist deshalb nicht gesichert.

Tabelle 14: Kapitell. Sofakapitelle

Kat.-Nr.	Fundort	Funktion	Zeitstellung (v. Chr.)	Inventarnummer
III.67	Slavochori	unbekannt (Spolie)	M. 6. Jh.	Sparta Nr. 655
III.75	Tegea	unbekannt	520–510	Tegea Nr. 284
III.71	Tegea	Antenkapitell	510–500	Tegea Nr. 283
III.68	Slavochori?	unbekannt (Streufund)	archaisch?	Sparta Nr. 763
(III.76)	Tegea	(Grabnaiskos)	um 310	Tegea Nr. 2295
III.77	Tegea	unbekannt	Anf. 3. Jh.	Tegea
III.40 c	Messene	Pfeilerkapitell (Mischform)	3. Jh.?	*in situ*
III.12	Epidauros	Pfeiler-/ Antenkapitell (Nord-Ost-Portikus?)	3. Jh.	-
(III.66)	Lakonien	Weihgeschenkträger	?	Sparta Nr. 737
III.29	Korinth	unbekannt	?	
III.41	Mistra	unbekannt (Spolie)	?	-
III.70	Tegea	unbekannt (Spolie)	?	-
III.72	Tegea	unbekannt (Spolie)	?	-
III.73	Tegea	unbekannt (Spolie)	?	-
III.74	Tegea	unbekannt	?	Tegea Nr. 2962

Tabelle 15: Gebälk. Architrave
(a=außen, i=ionisch, in=innen, k=korinthisch, Ü=Übergang, oF=obere Faszie, mF=mittlere Faszie, uF=untere Faszie, Perlst.=Perlstab, pl.=plastisch, KR=Kyma reversa, ?= nicht bekannt)

	Kat.-Nr.		Bauwerk und Anbringungsort		Zeitstellung (v. Chr.)	oF (in cm)	mF (in cm)	uF (in cm)	oF:mF:uF	Kopfprofil
plan	IV.2 a		Bassai, Apollontempel	in	429–401	5,8	-	48,3	1:8,3	1
	IV.13		Korinth, Streufund	?	?	?	-	?	?	1
	IV.22 f	k	Olympia, Philippeion	in	338	2,8	-	18,45	1:6,59	1 + Perls.
zwei Faszien	IV.22 a		Olympia, Philippeion	a	338	22	-	22	1:1	1a
	IV.20		Olympia, Leonidaion	a	330/320	16,1	17,9	4,5	1:1,11:0,28	2
	IV.12		Korinth Asklepieion, Propylon	a	spätes 4. Jh.	~5	-	~4,5	~1:0,9	4
	IV.16 a		Messene, Brunnenhaus	in	Spolien: 4.Jh. Bau: 3.Jh./1.H. 2.Jh.?	5	-	6,5	1:1,3	1a
	IV.25		Sikyon, Stoa	in	3. – 2. Jh.?	?	-	?	?	5
drei Faszien	IV.14		Megalopolis, Philipps-Stoa	in	340	10	13,5	16	1:1,35:1,6	3
	IV.18	k	Nemea, Zeus Tempel	in	330	11,6	10,9	10,2	1:0,94:0,88	2a
	IV.5	k	Epidauros, Tholos	in	ca. 320 fertiggestellt?	11,5	10,5	10,3	1:0,91:0,9	1 + Perls.[9]
	IV.7		Epidauros, Gymnasion, Propylon	in	Ende 4. Jh.	13,8	13,2	12,8	1:0,96:0,93	1
	IV.3		Epidauros, Theater, Paradostor	Ü	um 300	8,5	10,2	11,4	1:0,82:0,44	1
	IV.8 a		Epidauros, Tempel L	a	300–270?	6,5	6,5	7	1:1:1,07	1
	IV.6 a		Epidauros, Nordpropyläen	a	1. H. 3. Jh.	13,1	12	11	1:0,92:0,84	1
	IV.6 b	k	Epidauros, Nordpropyläen	in	1. H. 3. Jh.	16,48	9,97	9,11	1:0,61:0,55	1?
	IV.11		Korinth, untere Peirene-Quelle[10]	in	Ende 3. Jh.	?	?	?	?	1
	IV.17		Messene, Rundmonument	a		?	?	?	?	1 pl.KR
	IV.15	k	Messene, ASKL Stoai	a		13,8	11,8	10	1:0,86:0,73	1a
	IV.19	k	Olympia, Tor zum Gymnasion	a/in	hellenistisch	11	10,5	8	1:0,96:0,73	1a

[9] Angaben beziehen sich auf die Architravinnenseite, zur Mitte der Rundcella orientiert. Die Architravseite zur Cellawand hin weist ein Kopfprofil Form 1a auf.
[10] Die Epistyle in den sechs Kammern weisen jeweils unterschiedliche Höhen auf, da sie in den natürlichen Felsen hinein gesetzt sind. Die Beispiele aus Korinth eignen sich deshalb nicht zu einem Vergleich der Proportionen.

Tabelle 16: Gebälk. Friese
(Apoph.=Apophyge, iK=ionisches Kymation, KRec=Kyma recta, Perl.=Perlstab, plast.= plastisch ausgearbeitet)

	Bauwerk und Anbringungsort		Zeitstellung (v. Chr.)	Friesprofil	Kopfprofil	Bukranien
IV.2 b	Bassai, Apollotempel	innen	429–401	plast.	-	
IV.19 a	Olympia, Gymnasion Tor	außen	hellenistisch	vertikal (plast.)	Leiste + 1a	x
IV.19 b	Olympia, Gymnasion Tor	innen	hellenistisch	vertikal	Leiste + 1a	
IV.7	Epidauros, Gymnasion Propylon	innen	um 300	vertikal	nicht erhalten	
IV.8	Epidauros, Tempel L	innen	300–270	vertikal	Leiste + 1b	
IV.22 b	Olympia, Philippeion	außen	338	Apophygenfries	Form 6	
IV.22 g	Olympia, Philippeion	innen	338	Apophygenfries	Form 6	
IV.6	Epidauros, Nordpropyläen	innen	1. H. 3. Jh.	Apophygenfries[11]	Form 2b)	x
IV.15	Messene, ASKL Stoai	außen	?	Apophygenfries	Form 6	x
IV.12	Korinth, Asklepieion Tor Lerna	außen	spätes 4. Jh.	Apophygenfries	Form 6 + Cavetto/iK	
IV.16 a	Messene, Brunnenhaus	innen	Spolien: 4.Jh. Bau: 3.Jh./1.H. 2.Jh.?	Apophygenfries	?	
IV.5	Epidauros, Tholos	innen	360–320	KRec[12]	2b)	-
IV.3	Epidauros, Theater Paradostor	außen	um 300	KRec[13]	2b)	-
IV.8 a	Epidauros, Tempel L	außen	300–270?	KRec	?	-
IV.6 a	Epidauros, Nordpropyläen	außen	1. H. 3. Jh.	KRec	2b)	-
IV.11	Korinth, untere Peirene-Quelle	innen	Ende 3. Jh.	KRec[14]	2b)	-
IV.13	Korinth, Asklepieion Streufund	?	?	KRec	2b)	
IV.17	Messene, Rundmonument	außen	?	KRec? plast.	?	-

---

11 Siehe Shoe 1936, Taf. XIV, 3.
12 Siehe Shoe 1936, Taf. XIV, 1.
13 Siehe Shoe 1936, Taf. XIV, 5.
14 Siehe Shoe 1936, Taf. XIV, 7.

Tabelle 17: Gebälk. Zahnschnitte
(H=Höhe, B=Breite, Z=Zahn, V=Via)

Kat.-Nr.	Bauwerk und Anbringungsort		Zeitstellung (v. Chr.)	BZ:HZ	BV:BZ	BV:HV	Kopfprofil
IV.22 f-h	Olympia, Philippeion	außen	338	~ 1:1,48	~ 1:1,63	1:2,41	b1)
IV.20	Olympia, Leonidaion	außen	330/320	1:1,32	1:2	1:2,64	b1) + b2)
IV.12	Korinth, Tor zur Lerna	außen	spätes 4. Jh.	1:1,6	1:1,33	1:2,14	b1)
IV.3	Epidauros, Theater, Paradostor	außen	um 300	1:1,68	1:1,5	1:2,53	b1)
IV.6 a	Epidauros, Nordprolyläen	außen	Ende 4. Jh.–M 3. Jh.	1:1,75	1:2,33	1:2,33	b1)
IV.23	Perachora, Brunnenhaus	außen	Ende 4. Bis 1. H. 2. Jh.?	~ 1:1,58	~ 1:1,5	1:2,38	b1)
IV.11	Korinth, u. Peirene-Quelle	außen	3. Jh.	?	?	?	b1)
IV.21	Olympia, Palästra	Übergang	1.H. 3. Jh.?	1:1,29	1:2,34	1:3	?
IV.25	Sikyon, Stoa	innen	3.–2. Jh.?	?	?	?	b2)
IV.16 a	Messene, Brunnenhaus	innen	Spolien: 4.Jh. Bau: 3.Jh./1.H. 2.Jh.?	~ 1:1,04	~ 1:1,69	1:1,75	2b) ohne Perlstab
IV.13	Korinth, Streufund	?	-	~ 1:1,29	~ 1:1,55	~ 1:2	b1)?
IV.4	Epidauros, Theater, Proskenion	außen	1. H. 2. Jh.	1:1,88	1:1,58	1:2,96	b1)
IV.17	Messene, Rundmonument	außen		?	?	?	?
IV.15	Messene, Asklepieion Stoai (k)	außen		~ 1:1,5	~ 1:2,2	~ 1:3,2	1b
IV.19	Olympia, Tor zum Gymnasion (k)	außen	hellenistisch	~ 1:1,4	~ 1:2,4	~ 1:3,2	

Tabelle 18: Gebälk. Geisa
(a=außen; i=innen; iK=ionisches Kymation; KR=Kyma reversa)

Kat.-Nr.		Bauwerk		Zeitstellung (v. Chr.)	Traufnase unterhalb	Kopfprofil
IV.2 c		Bassai, Apollontempel	innen	429–401	ja	Traufnase/iK Cavetto
IV.5	(k)	Epidauros, Tholos	innen	360–320	nein	KR+Absatz
IV.22 e		Olympia, Philippeion	außen	338	ja	Traufnase/KR
IV.22 h	(k)	Olympia, Philippeion	innen	338	ja	Traufnase/KR+Absatz
IV.20		Olympia, Leonidaion	außen	330/20	ja	„Traufnase"[15]/KR
IV.6 a		Epidauros, Nordpropyläen	außen	1. H. 3. Jh.	ja	Traufnase/KR
IV.6	(k)	Epidauros, Nordpropyläen	innen	1. H. 3. Jh.	nein	KR+Absatz
IV.8	(k)	Epidauros, Tempel L	innen	300–270	nein	KR
IV.25		Sikyon, Stoa	innen	300 oder 230? nach Coulton	ja	schräger Absatz
IV.23		Perachora, Brunnenhaus	außen	Ende 4. Jh.?	ja	Traufnase/iK
IV.11		Korinth, Peirene-Quelle	außen	Nach 2. H. 4. Jh./vor 146	ja	KR + Absatz
IV.3		Epidauros, Theater, Paradostor	außen	Ende 3./Anf. 2. Jh.	ja	Traufnase/KR
IV.4		Epidauros, Theater, Proskenion	außen	Ende 3./Anf. 2. Jh.	ja	Traufnase/KR
IV.16 a		Messene, Brunnenhaus Arsinoe	innen	spätes 3. bzw. 1. H. 2. Jh.	ja	nicht erhalten
IV.15	(k)	Messene, Asklepieion Stoai	außen	1. H. 2. Jh.	ja	iK
IV.12		Korinth, Asklepieion, Propylon der Lerna	außen	?	ja	iK+Absatz
IV.13		Korinth, Streufund	?	?	nein	Traufnase/nicht erhalten
IV.17		Messene, Rundmonument	außen	?	nicht bekannt	iK+Absatz?

---

15 Die Traufnase zeigt in diesem Fall jedoch nicht wie sonst üblich senkrecht nach unten, sondern ist um 90° gedreht, sodass sie vom Gebäude weg zeigt.

Tabelle 19: Gebälk. Kopfprofile

(a=außen. Apoph.=Apophyge. i=innen. iK=ionisches Kymation. KRec=Kyma recta. KR=Kyma reversa. pl.=plastisch. Rundst.=Rundstab. Zahnschn.=Zahnschnitt)

Kat.-Nr.	Bauwerk		Zeitstellung (v. Chr.)	Bauglied		Kopfprofil
IV.5 c	Epidauros, Tholos	innen	320	Geison	3 Faszien	1
IV.6 b	Epidauros, Nordpropyläen	innen	1. H. 3. Jh.	Architrav	0 Faszien	1?
IV.2 a	Bassai, Apollontempel	innen	429–401	Architrav	0 Faszien	1
IV.13	Korinth, Streufund	?	?	Architrav	3 Faszien	1
IV.7	Epidauros, Gymnasion, Propylon	innen	Ende 4. Jh.	Architrav	3 Faszien	1
IV.3	Epidauros, Theater, Paradostor	außen	um 300	Architrav	3 Faszien	1
IV.8 a	Epidauros, Tempel L	außen	300–270?	Architrav	3 Faszien	1
IV.6 a	Epidauros, Nordpropyläen	außen	1. H. 3. Jh.	Architrav	3 Faszien	1
IV.11	Korinth, untere Peirene-Quelle[16]	außen	Ende 3. Jh.	Architrav	3 Faszien	1
IV.17	Messene, Rundmonument	außen	338	Architrav	3 Faszien	1 pl.KR
IV.22 f	Olympia, Philippeion	innen	ca. 320 fertiggestellt?	Architrav	0 Faszien	1 + Rundst.
IV.5 a	Epidauros, Tholos	innen	338	Architrav	2 Faszien	1 + Rundst.
IV.22 a	Olympia, Philippeion	außen	Spolien: 4.Jh. Bau: 3.Jh./1.H. 2.Jh.?	Architrav	2 Faszien	1a
IV.16 a	Messene, Brunnenhaus	innen	hellenistisch	Architrav	2 Faszien	1a
IV.19	Olympia, Tor zum Gymnasion	außen/ innen	hellenistisch	Architrav	3 Faszien	1a
IV.19	Olympia, Gymnasion Tor	innen	Ende	Fries	vertikal	1a
IV.11	Korinth, Peirene-Quelle		spätes 4. Jh.	Geison		1a
IV.12	Korinth, Asklepieion Tor zur Lerna	außen	um 300	ZS		b1)
IV.3	Epidauros, Theater, Paradostor	außen	Ende 4. Jh.–M 3. Jh.	ZS		b1)
IV.6 a	Epidauros, Nordpropyläen	außen	Ende 4. Jh. Bis 1. H. 2. Jh.?	ZS		b1)
IV.23	Perachora, Brunnenhaus	außen	3. Jh.	ZS		b1)
IV.11	Korinth, untere Peirene-Quelle		-	ZS		b1)
IV.13	Korinth, Streufund	?		ZS		b1)?
IV.4	Epidauros, Theater, Proskenion	außen	1. H. 2. Jh.	ZS		b1)
IV.22 c	Olympia, Philippeion	außen	338	ZS		b1)

16 Die Epistyle in den sechs Kammern weisen jeweils unterschiedliche Höhen auf, da sie in den natürlichen Felsen hinein gesetzt sind. Die Beispiele aus Korinth eignen sich deshalb nicht zu einem Vergleich der Proportionen.

Kat.-Nr.	Bauwerk		Zeitstellung (v. Chr.)	Bauglied		Kopfprofil
IV.20	Olympia, Leonidaion	außen	330/320	Architrav	2	2
IV.18	Nemea, Zeus Tempel	innen	330	Architrav	2	2a
IV.12	Korinth, Asklepieion, Propylon der Lerna	außen	?	Geison		2a ohne Rundst.
IV.17	Messene, Rundmonument	außen	?	Geison		2a ohne Rundst.
IV.25	Sikyon, Stoa	innen	3.–2. Jh.?	ZS		b2)
IV.5 b	Epidauros, Tholos	Innen	360–320	Fries	KRec	2
IV.3	Epidauros, Theater Paradostor	außen	um 300	Fries	KRec	2
IV.6 a	Epidauros, Nordpropyläen	außen	1. H. 3. Jh.	Fries	KRec	2
IV.6 b	Epidauros, Nordpropyläen	innen	1. H. 3. Jh.	Fries	Apoph.	2
IV.11	Korinth, untere Peirene-Quelle		Ende 3. Jh.	Fries	KRec	2
IV.13	Korinth, Asklepieion Streufund	?	?	Fries	KRec	2
IV.15	Messene, Asklepieion Stoai	außen	Spolien: 4.Jh. Bau: 3.Jh./1.H. 2.Jh.?	Geison		2 ohne Rundst.
IV.16 a	Messene, Brunnenhaus	innen		ZS		2 ohne Rundst.
IV.14	Megalopolis, Philipps-Stoa	innen	340	Architrav	2	3
IV.12	Korinth Asklepieion, Propylon	außen	spätes 4. Jh.	Architrav	2	4
IV.25	Sikyon, Stoa	innen	3.– 2. Jh.?	Architrav	2	5
IV.22 b	Olympia, Philippeion	außen	338	Fries	Apoph.	6
IV.22 g	Olympia, Philippeion	innen	338	Fries	Apoph.	6
IV.15	Messene, Asklepieion Stoai	außen	?	Fries	Apoph.	6
IV.12	Korinth, Asklepieion Tor zur Lerna	außen	spätes 4. Jh.	Fries	Apoph.	6 + iK
IV.20	Olympia, Leonidaion	außen	330/320	ZS		b1) + b2)
IV.6 a	Epidauros, Nordpropyläen	außen	1. H. 3. Jh.	Geison	Traufnase + 1	
IV.22 e	Olympia, Philippeion	außen	338	Geison	Traufnase + 1	
IV.22 h	Olympia, Philippeion	innen	338	Geison	Traufnase + 1	
IV.20	Olympia, Leonidaion	außen	330/20	Geison	Traufnase + 1	
IV.4	Epidauros, Theater, Proskenion	außen	1. H. 2. Jh.	Geison	Traufnase + 1, Absatz, KRec	
IV.3	Epidauros, Theater, Paradostor	außen	1. H. 2. Jh.	Geison	Traufnase + 1, Absatz	
IV.23	Perachora, Brunnenhaus	außen	Ende 4.–1. H. 2. Jh.?	Geison	Traufnase 2	

Tabelle 20: Gebälk. Komplett erhaltene ionisch-peloponnesische Gebälke

Kat.-Nr.		Fundort	Zeitstellung (v. Chr.)	Anbringungsort
IV.2		Bassai, Apollotempel	429–401	innen
IV.22	k	Olympia, Philippeion	338	innen
IV.5	k	Epidauros, Tholos	320	innen
IV.6	k	Epidauros, Nordpropyläen	1. H. 3. Jh.	innen
IV.25		Sikyon, Stoa	3.–2. Jh.?	innen
IV.20		Olympia, Leonidaion	330/320	innen und außen
IV.19	k	Olympia, Tor zum Gymnasion	hellenistisch	innen und außen
IV.16 a		Messene, Brunnenhaus	Spolien: 4.Jh. Bau: 3.Jh./1.H. 2.Jh.?	innen und außen
IV.22		Olympia, Philippeion	338	außen
IV.23		Perachora, Brunnenhaus	Ende 4. Jh.	außen
IV.6a		Epidauros, Nordpropylon	300–250	außen
IV.17		Messene, Rundmonument	?	außen
IV.15	k	Messene, Asklepieion Stoai		außen
IV.12		Korinth Asklepieion, Tor zur Lerna	spätes 4. Jh.	Durchgang
IV.3		Epidauros, Theater, Paradostor	um 300	Durchgang
IV.11		Korinth, untere Peirene-Quelle	Ende 3. Jh.	Prospekt
IV.13		Korinth, Streufund	?	?

Tabelle 21: Ornament. Ionisches Kymation

Kat.-Nr.	Fundort	Proportionen[17]			Zeitstellung (v. Chr.)	Bauglied	Material
		I	II	III			
III.54	Olympia, Agios Andreas	1:7,2	-	-	um 500	Kapitell – Echinus	Marmor
III.69	Tegea, Athenatempel	1:1,68	1:4	1:10	2. H. 4. Jh.	Antenkapitell (Form 4)	Marmor
IV.27 a	Tegea, Athenatempel	1:1,17	1:3,56	1:7		Epikranitis	Marmor
IV.27 b	Tegea, Athenatempel	1:1,37	1:6	1:18		Architrav-Kopfprofil	
III.28 a	Korinth, Südstoa	1:1,43	-	-	338–323	Kapitell – Echinus	Poros
IV.5 b	Epidauros, Tholos	1:1,84	1:6	-	320	Fries-Kopfprofil	Marmor
III.2	Argos, Streufund	1:1,23	-	-	Ende 4./Anf. 3. Jh.	Kapitell – Echinus	Poros
III.50	Olympia, Zweisäulendenkmal	1:2,47	1:7,45	1:5,13	Ende 4./Anf. 3. Jh.	Kapitell – Echinus und Abakus	Marmor
III.20	Epidauros, Votivkapitell				Ende 4./Anf. 3. Jh.	Kapitell – Abakus	Marmor
III.10 b	Epidauros, Gymnasion Propylon				um 300	Antenkapitell (Form 2b)	Kalkstein
III.15	Epidauros, Tempel L	1:1,32	-	-	300–270?	Kapitell – Echinus	Poros
III.18	Epidauros, Nord-Ost-Portikus?	1:1,45	1:8,2	1:9,29	300–270?	Kapitell – Echinus	Poros
III.49	Olympia, Polemaierweihgeschenk				278–270	Kapitell – Echinus	Marmor
III.13 a	Epidauros, Nordpropylon				1. H. 3. Jh.	Kapitell – Echinus	Poros
III.13 b	Epidauros, Nordpropylon				-	Kapitell – Echinus	Poros
III.13 c	Epidauros, Nordpropylon	1:1,59	1:3,88	1:11	1. H. 3. Jh.	Antenkapitell (Form 2a)	Poros
III.47 a	Olympia, Palästra Raum VI	1:1,49	1:7,18	1:11,6	1. H. 3. Jh.	Kapitell – Echinus (aufgemalt)	Muschelkalk
III.47 b	Olympia, Palästra Raum IX	1:1,26	1:4,4	1:8,38	1. H. 3. Jh.	Kapitell – Echinus (aufgemalt)	Muschelkalk
III.25	Kalaureia, Museum				1. H. 3. Jh.?	Kapitell – Echinus	Poros
III.38 b	Messene, Oikos K				Ende 3.–M. 2. Jh.	Kapitell – Echinus	Poros
III.38 a	Messene, Oikos K				Ende 3.–M. 2. Jh.	Antenkapitell (Form 3)	Poros?
III.34	Museum Aigio				2. Jh.?	Kapitell	Poros
III.21	Gortys, Thermalanlage	1:1,295	1:5,56	1:5,22	Ende 2. Jh.	Kapitell – Echinus	Poros
III.60	Pheneos, Asklepieion Peristyl				?	Kapitell – Echinus	Kalkstein
III.27	Kleonai, Fläche 3C, Abhub 1				?	Kapitell – Echinus	Marmor

---

17 Es werden die proportionalen Verhältnisse der Tiefe zur Höhe (I), der Höhe des Punktes der Weitesten Ausdehnung zur Gesamthöhe (II) sowie die obere zur unteren Tiefe (III) des Ornaments angegeben (vgl. Shoe 1936, Taf. 79). Folgende Maßangaben sind von Shoe übernommen: **III.69, IV.27, IV.5 b, III.13 c** (Shoe 1936, 23. 28. 30).

Tabelle 22: Ornament. Lesbisches Kymation
(M=Marmor, MK=Muschelkalk, S=Sandstein)

Kat.-Nr.	Fundort	Proportionen[18]			Zeitstellung (v. Chr.)	Bauglied	Material
		I	II, III	IV, V			
III.69	Tegea, Athenatempel	1:1,25	1:1 1:0,69	1:4,15 1:6	2. H. 4. Jh.	Antenkapitell	M
I.58 b	Tegea, Athenatempel	1:0,85	1:0,96 1:1,04	1:4,41 1:4,08	2. H. 4. Jh.	Toichobatprofil	M
IV.5	Epidauros, Tholos Innenordnung	1:1,28	1:0,8 1:0,3	1:5 1:12	320	Architrav – Kopfprofil	M
III.47 b	Olympia, Palästra, Raum IX	1:1,26	1:0,71 1:0,31	1:4,36 1:10	1. H. 3. Jh.	Kapitell, Abakus	MK
III.47 c	Olympia, Palästra Raum VI	1:1,05	1:0,87 1:0,34	1:4,05 1:10,6	1. H. 3. Jh.	Antenkapitell, Kyma reversa (aufgemalt)	MK
III.49	Olympia, Ptolemaierweihgeschenk	1:1,36	1:1,14 1:0,88	1:4,76 1:6,13	278-270	Kapitell – Abakus (aufgemalt)	M
III.38 a	Messene, Oikos K				Ende 3.–M. 2. Jh.	Antenkapitell	S
III.38 b	Messene, Oikos K				Ende 3.–M. 2. Jh.	Kapitell – Abakus	S
IV.17	Messene, Rundmonumen				?	Architrav – Kopfprofil	M

18 Es werden die proportionalen Verhältnisse der Tiefe zur Höhe (I), der Länge der oberen zur unteren Kurve (II), der Tiefe der oberen zur unteren Kurve (III), der Tiefe zur Länge der oberen Kurve (IV) sowie der unteren Kurve (V) angegeben (vgl. Shoe 1936, Taf. 79). Folgende Maßangaben sind von Shoe übernommen: **III.69, I.58 b, IV.5** (Shoe 1936, 59. 64. 81).

Tabelle 23: Ornament. Perlstab

Kat.-Nr.	Fundort	Zeitstellung (v. Chr.)	Bauglied	Material
III.67	Sparta	M. 6. Jh.	Sofakapitell	Marmor
I.58 b	Tegea, Athenatempel	2. H. 4. Jh.	Toichobat	Marmor
III.69	Tegea, Athenatempel	2. H. 4. Jh.	Antenkapitell	Marmor
IV.27 a	Tegea, Athenatempel	2. H. 4. Jh.	Epikranitis	Marmor
IV.5 a	Epidauros, Tholos Innenordnung	320	Architrav – Kopfprofil	Marmor
IV.5 b	Epidauros, Tholos Innenordnung	320	Fries – Kopfprofil	Marmor
III.47 b	Olympia, Palästra, Raum IX	1. H. 3. Jh.	Kapitell – Rundstab (aufgemalt)	Muschelkalk
III.47 c	Olympia, Palästra, Raum VI	1. H. 3. Jh.	Antenkapitell – Rundstab (aufgemalt)	Muschelkalk
II.42	Olympia, Ptolemaierweihgeschenk	278–270	Abschluss Säulenschaft oben	Marmor

Tabellen

Tabelle 24: Ornament. Anthemien und Lotos- bzw. Palmettenmotive

Kat.-Nr.	Fundort	Zeitstellung (v. Chr.)	Bauglied	Ornament	Material
III.15	Epidauros, Asklepieion Tempel L	300–270	Kapitell (4) Zwickelblätter an der Unterseite der Abakusecken sowie unterhalb der Eckvoluten	Akanthus + Palmetten	Poros
III.18	Epidauros, Asklepieion Streufund	300–270	Kapitell (2)	Akanthus	Poros
III.13 a/ III.13 b	Epidauros, Asklepieion Nordpropyläen	1. H. 3. Jh.	Kapitell (2 und 4)	Akanthus	Poros
III.1	Amyklai, Thronbau	Mitte/Ende 6. Jh.	Konsolkapitelle	Palmette	Marmor
III.71	Tegea, Museum	510–500	Sofakapitell	Palmette	Marmor
III.70	Tegea	?	Sofakapitell	Palmette	Marmor
III.66	Sparta, Museum, Weihgeschenkträger			Palmette	Marmor
III.54	Olympia, Agios Andreas Bucht	um 500	Kapitell (2)	Palmetten	Marmor
III.69	Tegea, Athenatempel	2. H. 4. Jh.	Antenkapitell	Palmette	Marmor
III.2	Argos, Streufund	Ende 4./Anf. 3. Jh.	Kapitell (4)	Palmette	Poros
III.50	Olympia, Zweisäulendenkmal	4./3. Jh.	Kapitell (2)	Palmetten + kleine Blumen	Marmor
III.49	Olympia, Ptolemaierweihgeschenk	1. H. 3. Jh.	Kapitell (2)	Palmette	Marmor
III.13 c	Epidauros, Nordpropylon	1. H. 3. Jh.	Antenkapitell	Palmette	Poros
III.25	Kalaureia	1. H. 3. Jh.?	Kapitell (2)	Palmette	Poros
III.38 b	Messene, Oikos K	Ende 3. Jh.–M. 2. Jh.	Kapitell (2)	Palmette	Poros
III.14	Epidauros, Stadion	Ende 3./Anf. 2. Jh.	Kapitell (2)	Palmette	Poros
III.34	Mamousia, Heroon	2. Jh. v. Chr.?	Kapitell (2)	Palmette	Poros
III.77	Museum Tegea	Anf. 3. Jh.	Sofakapitell	Palmetten-Fries	Marmor
IV.17	Messene, Rundmonument		Fries	Palmetten-Fries	Marmor
IV.1	Amyklai, Thronbau	Mitte/Ende 6. Jh.	Fries	Anthemion	Marmor
III.47 c	Olympia, Palästra, Raum VI	1. H. 3. Jh.	Antenkapitell, Kyma reversa	Anthemion (aufgemalt)	
III.65	Sikyon, Theater?	?	Kapitell		
III.29	Korinth	?	Sofakapitell	Anthemion	Marmor
III.41	Mistra	?	Sofakapitell	Anthemion	Marmor
III.66	Sparta, Weihgeschenkträger				Marmor

Tabelle 25: Ornament. Bukranien

Kat.-Nr.	Fundort	Zeitstellung (v. Chr.)	Bauglied	Material
IV.6	Epidauros, Nordpropylon	1. H. 3. Jh.	Fries	Kalkstein?
IV.19	Olympia, Tor zum Gymnasion	Ende 3./Anf. 2.	Fries	Kalkstein/ Muschelkalk
IV.15	Messene, Asklepieion Stoai	1. H. 2. Jh.	Fries	Poros

Tabelle 26: Gesamtproportionen

	Bauwerk	Datierung	Ordnung	uSdm:SH	uSdm:Joch	GH:SH
Peripteraltempel	**Bassai** Apollotempel	429-401	außen (dorisch) innen (ionisch)	1:5,35 1:8,84	1:2,40 1:4,05	1:3,56 1:4,52
	Epidauros Asklepiostempel	1. H. 4. Jh.	außen (dorisch) innen?	1:6,20 ?	1:2,45 ?	1:3,78 ?
	Tegea Athenatempel	2. H. 4. Jh.	außen (dorisch) innen (korinthisch) innen (ionisch?)	1:6,09 ? ?	1:2,25 1:3,10 ?	1:4,60 ? ?
	Nemea Zeustempel	330-320	außen (dorisch) innen (korinthisch) innen (ionisch)	1:6,34 1:8,91 ?	1:2,30 1:3,34 ?	1:4,72 ? ?
	Epidauros Tempel L	1. H. 3. Jh.	außen (ionisch) innen (korinthisch)	? ?	1:3,95 ?	? ?
Stoai	**Kalaureia** Stoa A	Ende 5. Jh.	außen (dorisch) innen (ionisch)	? ?	1:4,00 1:8,56	? ?
	Epidauros Abaton-Stoa	1. H. 4. Jh.	außen (ionisch) innen (ionisch)	? ?	1:2,91 1:6,82	? ?
	Megalopolis Philipps-Stoa	340	außen (dorisch) innen (ionisch)	? 1:7,94	1:2,38 1:8,79	?
	Korinth Südstoa	338-323	außen (dorisch) innen (ionisch)	?	1:2,32 1:7,09	?
	Perachora Stoa am Hafen	2. H. 4. Jh.	außen/ unten (dorisch) außen/ oben (ionisch)	rekonstr. 1:6,60 ?	1:3,68 1:7,54	1:3,68 ?
Weitere Bauwerke	**Epidauros** Tholos	370-320	außen (dorisch) innen (korinthisch)	1:6,89 1:10,26	1:2,39 1:3,27	1:3,98 1:6,74
	Olympia Philippeion	338-336	außen (ionisch) innen (korinthisch)	(rekonstr. 1:8,75/10,24) ?	1:3,48 ?	(rekonstr. 1:4,82/5,65) ?
	Olympia Leonidaion	320	außen (ionisch) innen (dorisch)	? ?	1:3,53 ?	? ?

Tabelle 27: Übersicht Laufzeiten einzelner Formen
(basiert auf Tabelle 1. 11. 16–18). Die hellgrauen Bereiche dienen einer besseren Übersicht – es sind keine tatsächlich erhaltenen Funde aus diesen Zeitfenstern belegt.

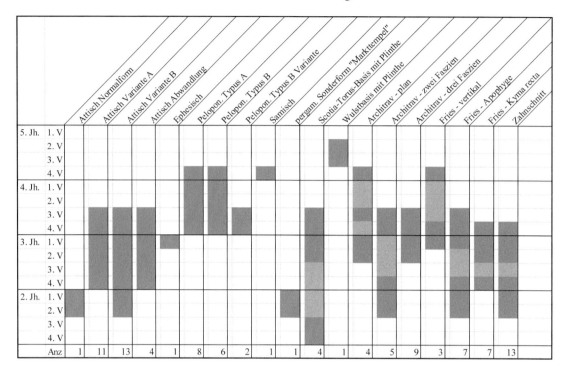

Denkmäler-Überblick

Im Folgenden werden die peloponnesischen Bauwerke, die eine ionische Ordnung aufweisen, einzelnen aufgelistet. Sie sind alphabetisch nach Fundorten sortiert. Neben einer knappen Beschreibung des jeweiligen Gebäudes werden die erhaltenen ionischen Bauglieder unter Angabe ihrer im Baugliederkatalog (s. unten) aufgeführten Inventarnummer (bspw. **III.10 a**) zusammengefasst. Zudem werden Angaben zur Datierung der Gebäude sowie der Verweis auf die grundlegende Literatur gegeben. Alle Maßangaben sind in Metern angegeben. Der kurze Überblick soll in knapper Form eine Orientierung zu den Bauten auf der Peloponnes mit ionischer Ordnung bieten.

Einzelne Bauglieder, die in Verbindung mit einer korinthischen Ordnung stehen, keinem bestimmten Gebäude zugeordnet werden können oder Votivdenkmäler sind, werden nicht im Denkmäler-Überblick erwähnt, sind aber im Baugliederkatalog aufgeführt.

Aigeira (Achaia) – Tycheion, Abb. 1–2
Rechteckiges, nach Norden geöffnetes Gebäude mit zwei Säulen *in antis* (ca. 8,38x4,90 m groß). Die äußeren Interkolumnien waren mit Schranken verschlossen.
Erhaltene ionische Bauglieder: Basen (**I.1**) mit Schaftansätzen.
Datierung: nicht gesichert, ca. 1. Jh. v.–1. Jh. n. Chr. (Hagn 2001, 308–310).
Literatur: Hagn 2001, 297–311. 298 Abb. 1. 302 Abb. 3.

Amyklai (Lakonien) – sog. Thronbau des Apollon
Der Bau wird in den antiken Quellen beschrieben und soll von Bathykles aus Magnesia am Mäander errichtet worden sein (Pausanias III, 18,6 bis 19,6; Polybios V 19,3). Der Perieget berichtet: „*Der Thron ist da, wo der Gott sitzen müßte, nicht ganz durchgehend, sondern hat mehrere Sitze, und neben jedem Sitz bleibt ein Zwischenraum; die Mitte ist besonders weiträumig, und dort steht die Statue drin.*[1]" Die Beschreibung des Thronbaus bei Pausanias ist schwer verständlich und hat in der Forschung zu verschiedenen Rekonstruktionsvorschlägen geführt (zusammenfassend Faustoferri 1993, 24–36 mit Abb. 2–4. 6. 9–16).
Erhaltene ionische Bauglieder: Gesimsfragmente (**IV.1**), Konsolkapitelle mit Volute (**III.1**).
Datierung: Ende 6. Jh. v. Chr. (Fiechter 1918, 223–244 – Stil); 2. V. 6. Jh. (Stibbe – Post 1996, 54 – historische Überlegungen).
Literatur: Delivorrias 2012, 540–543; Vlizos 2009, 11–23; Delivorrias 2009, 133–135; Stibbe – Post 1996, 49–58; Faustoferri 1993, 159–166; Mertens 1993, 159–160; Prückner 1992, 123–130; Buschor – Massow 1927, 1–85; Fiechter 1918, 107–245. Taf. 19. 20; Skias 1908, 104–107; Tsountas 1893, 36–37; Tsountas 1890, 22.

---

1 Übersetzung nach Pausanias – Meyer 1972, 173.

Argos (Argolis) – Hypostyler Saal, Abb. 3
Hypostyler Saal mit sechzehn ionischen Säulen im Inneren. Die Ostseite des quadratischen Baus (32,78 m) ist durch eine Kolonnade aus fünfzehn Säulen *in antis* zur Agora hin geöffnet.
Erhaltene ionische Bauglieder: Säulenbasis (**I.4**) mit Schaftansatz (**II.1**).
Datierung: 1. H. 5. Jh. oder später errichtet (Roux 1953); Ende 5. Jh. (Roux 1961); 460 v. Chr. (Bommelaer – Courtils 1994); 450 v. Chr. (Courtils 1992, 241–251).
Literatur: Pariente – Touchais 1998, 211–231. 229 Abb. 3; Courtils 1992, 241–251; Bommelaer – Courtils 1994; Roux 1953, 244–248. Taf. 35–36.

Bassai (Elis) – Apollontempel, Abb. 4–5
Peripteros mit 6x15 Säulen, Pronaos und Opisthodom mit je zwei Säulen in antis. Cella durch fünf Zungenmauern an jeder Langseite gegliedert, denen ionische Halbsäulen vorgelagert sind. Der südliche Teil der Cella wird durch eine korinthische Säule, die mittig zwischen den letzten beiden ionischen Säulen platziert ist, gegliedert.
Erhaltene ionische Bauglieder: Basis der ionischen und korinthischen Säule (**II.3 a. I.7 b**), Säulenschäfte der ionischen und korinthischen Säule (**II.3 a. II.3 b**), Kapitelle aus Kalkstein (**III.5 b**), Kapitelle aus Marmor (**III.5 a**), Antenkapitell (**III.5 c**), Architrav (**IV.2 a**) Fries (**IV.2 b**) Geison (**IV.2 c**).
Datierung: Fertigstellung um 400 v. Chr. (Roux 1961, 55; Mallwitz 1975, 38–41; Bauer 1973, 81; Shoe 1936, 109 Taf. 51, 1; 159 Taf. 73, 23 – stilistisch); Baubeginn zw. 450 und 430 (Svenson-Evers 1996, 209; Roux 1961, 55; Dinsmoor 1950, 154); 421 v. Chr. (Cooper 1996a, 66–68. Keramik und historische Notizen).
Literatur: Alevridis 2016; Arapogiannē 2002; Hoepfner 1997b, 178–183; Cooper 1996a; Winter 1980; Svenson-Evers 1996, 157–187; Karagiōrga 1995; Yalouris 1979, 89–104; Mallwitz 1975, 7–42; Liepmann 1970; Knell 1968; Mallwitz 1962; Roux 1961, 21–56; Eckstein 1960; Hahland 1948/49, 14–39.

Epidauros (Argolis) – Abaton-Stoa, Abb. 6–9
Zweischiffige, im westlichen Teil zweistöckige Stoa, nördlich der Tholos gelegen, nach Süden hin geöffnet (L 38,97 m. T ca. 9,42 m). Ionische Außen- und Innenkolonnade (Interkolumnium außen 2,35 m, innen 4,70 m). Die Interkolumnien waren teilweise durch niedrige Schranken verschlossen. Der östliche Teil gilt als Bauwerk des frühen 4. Jahrhunderts, während der doppelstöckige Westtrakt erst in späthellenistischer bzw. römischer Zeit angefügt worden sein soll (Coulton 1976, 237–238). Lauter hingegen hält es für möglich, dass beide Gebäudeteile gleichzeitig errichtet wurden (Lauter 1986, 123–124).
Erhaltene ionische Bauglieder: Basen (**I.8**), Säulenschaft (**II.4**), zwei- (**III.8 a**) und vierseitige (**III.8 b**) Säulenkapitelle, Antenkapitelle (**III.8 d**).
Datierung: 1. Bauphase im Heiligtum: 1. H 4. Jh. (Burford 1969, 62–63; Coulton 1976, 238), 4. Jh. (Lauter 1986, 123–124; Roux 1961, 404), gleichzeitig Asklepios-Tempel (IG IV² 102: um 370, s. Svenson-Evers 1996, 18–85).
Literatur: Burford 1969, 62–63; Coulton 1976, 237–238; Defrasse – Lechat 1895, 129–162; Kabbadias 1905, 63–89; Kabbadias 1906, 43–89; Kabbadias 1891b, 17–18. Taf. 7;

Lambrinoudakis – Bouras o. J.; Roux 1961, 336. 338. 302. 347–348. 353. 394. 404. 417. 422; Tomlinson 1983, 42 Abb. 5.

Epidauros (Argolis) – Asklepiostempel, Abb. 10
Peripteraltempel mit 6x11 dorischen Säulen, geostet, Innenraum verkürzt (nur Pronaos und Cella, kein Opisthodom). Im Cellainneren können ionische bzw. korinthische Säulen rekonstruiert werden aufgrund einer überlieferten Bauabrechnung (IG IV², 102, s. Prignitz 2014, 18–85).
Erhaltene ionische Bauglieder: keine.
Datierung: Baubeginn um 370 v. Chr. (s. Literaturangaben).
Literatur: Prignitz 2014, 18–85; Riethmüller 2005, 295ff.; Burford 1969; Burford 1966, 254–334; Roux 1961, 84–130. Taf. 27. 28; Defrasse – Lechat 1895, 49–63; Kabbadias 1885, 55–58. Taf. 1–2; Kabbadias 1883, 81–82.

Epidauros (Argolis) – Gymnasion, Propylon
Die Propylon-Anlage schließt nördlich an das Gymnasions an. Der Torbau weist nach außen hin eine hexastyle dorische Fron auf, mit zwei ionischen Säulen im Inneren, eingerahmt von zwei entsprechenden Anten sowie zwei ionischen Säulen zum Peristylhof hin.
Erhaltene ionische Bauglieder: Schaftfragmente der ionischen Säulen (**II.5**), Kapitellfragmente? (**III.10 a**), ein Antenkapitell (**III.10 b**), eine Antenbasis (**I.9**), ein Epistyl-Fries-Block (**IV.7**), drei Gebälkfragmente (Zugehörigkeit nicht gesichert).
Datierung: ca. 300. v. Chr. (Lambrinoudakis 1988, 22 – Keramik, Münzen)
Literatur: Lambrinoudakis 1988; Tomlinson 1983, 42 Abb. 5.

Epidauros (Argolis) – Nord-Ost-Portikus, Abb. 11.
Zweischiffige Stoa, im nördlichen Teil des Asklepieions gelegen, Teil eines peristylartigen Gebäudes. Äußere Säulenstellung dorisch, innere ionisch. Rekonstruktion im Detail unklar.
Erhaltene ionische Bauglieder: wenigstens zwei der urspr. zehn Basen (**I.10**), drei Säulentrommeln (**II.6**).
Datierung: offen, frühes 3. Jh. v. Chr. (stilistische Elemente), Identifizierung des Baus mit der Halle des Kotys bei Paus. 2, 27, 6? (Roux 1961, 300–302) – 4./3. Jh., 1. H. 3. Jh. (Roux 1961, 296) – Ende 3. Jh. (Martin 1951b, 435 Anm. 6) – Ende 4./ Beginn 3. Jh. (Tomlinson 1983, 38) – 2. Viertel 3. Jh. (Lauter 1986, 127).
Literatur: Coulton 1976; Faraklas 1972, 29; Kabbadias 1906, 108 Abb. 13; Martin 1951b, 435 mit Anm. 5; Roux 1961, 291–302. 292 Abb. 88; Tomlinson 1983, 42 Abb. 5.

Epidauros (Argolis) – Nordpropyläen, Abb. 12
Amphiprostylos, nördlich des Asklepios-Heiligtums gelegen. Außen zu beiden Seiten je sechs ionische prostyle Säulen, innen vierzehn korinthische Säulen.
Erhaltene ionische Bauglieder: komplette aufgehende Architektur kann rekonstruiert werden bis auf die Säulenhöhe. Fragmente der Basis (**I.11**), fünf Säulentrommeln (**II.7**) in kompletter Höher erhalten, zwei zweiseitige Kapitelle (**III.13 a**), zwei vierseitige Kapitell (**III.13 b**) bei einem Stück weicht Höhe ab, Zugehörigkeit deshalb fraglich, Antenkapitell (**III.13 c**),

Außengebälk (**IV.6 a** Architrav, Fries, Zahnschnitt, Geison), korinthisches Innengebälk (**IV.6 b** Architrav, Fries, Geison).
Datierung: Ende 4. Jh. oder später (Dinsmoor 1950, 286 Anm. 3) – vor 250, 300–270 (Roux 1961, 274. 417. 421) – vor 3. Jh. (Burford 1969, 69f.) – letztes Jahrzehnt 4. Jh. (Bauer 1973, 97) – Frühes 3. Jh. (Tomlinson 1983, 47) – Vor Propylon in Samothrake: vor 285–247 (Roux 1961, 274; Frazer 1990, 143–148).
Literatur: Roux 1961, 253–274. Taf. 73–79; Tomlinson 1983, 42 Abb. 5.

Epidauros (Argolis) – Stadion, Startvorrichtung, Abb. 13–14
Besteht aus fünf freistehenden Pfeilern mit vorgelagerten Halbsäulen.
Erhaltene ionische Bauglieder: alle fünf Basen (**I.12**) der ionischen Halbsäulen, Teile des Halbsäulenschaftes (**II.8**), Kapitell fragmentarisch erhalten (**III.14**).
Datierung: offen, 3. Jh. (Roux 1961) – 2. Jh. (Büsing 1970) – Basis: Ende 3./ Beginn 2. Jh. (Dirschedl 2013, 379–380).
Literatur: Kabbadias 1903, 90 Taf. G, 1–6; Roux 1961, 336; Büsing 1970, Abb. 54; Patrucco 1976; Tomlinson 1983, 42 Abb. 5.

Epidauros (Argolis) – Tempel L, Abb. 15–16
Die Fundamente (13,53x7,96 m) des geosteten Baus liegen außerhalb des Asklepios Heiligtums nahe dem Weg zur Talsenke des Kynortion, etwa 600 m nordwestlich des Theaters. Auf einer vierstufigen Krepis erhebt sich ein Pseudoperipteros mit 4x7 Säulen. Die Fronthalle ist auf zwei Joche erweitert. Der Zugang erfolgte über eine Rampe im Osten. Außen ionische Säulen, innen korinthische.
Erhaltene ionische Bauglieder: Fragmente der Basis (**I.16**), Trommelfragmente der ionischen Vollsäulen (**II.9c**), Teile der eingebundenen korinthischen Säule (**II.9 a** und **b**), Diagonalkapitell (**III.15**), vier Gebälkfragmente der ionischen Außen- (**IV.8 a** Architrav und Fries) und der korinthischen Innenordnung (**IV.8 b**), Sima nur fragmentarisch erhalten.
Datierung: Ende 4. Jh./1. H. 3. Jh. v. Chr. (Roux 1961, 240 – Ornamentik).
Literatur: Hennemeyer 2012; Roux 1961, 223–240. 240 Abb. 58.Taf. 64–66; Prakt. 1906, 109–115; 16–17. Taf. 11, 1.

Epidauros (Argolis) – Theater, Proskenion und Paradostore, Abb. 17–19
Griechisches Theater, im südöstlichen Bereich des Asklepios-Heiligtums gelegen. Das Proskenion setzt sich zusammen aus einer Pfeilerstellung mit vorgelagerten ionischen Halbsäulen, die durch Risalite an den Seiten abgeschlossen werden und von einem ionischen Gebälk bekrönt sind. Die beiden Paradostore bestehen aus je drei Pfeilern mit darauf liegendem Gebälk und bilden einen zweiteiligen Durchgang.

PROSKENION
Erhaltene ionische Bauglieder: alle vier Dreiviertelbasen (**I.13 a**) der Risalite, eine Viertelbasis (**I.13 b**) einer einspringenden Ecke, zwei Halbsäulenbasen der Front (**I.13 c**), mehrere Fragmente der Stützen mit angegliederten Säulenschäften (**II.10**), alle vier Kapitelle der äußeren Ecken (**III.17**), Gesimsblöcke der westlichen und östlichen einspringenden Ecke sowie sechs weitere Gesimsblöcke mit Zahnschnitt (**IV.4**) (nicht erhalten: Architrav und Fries).

PARADOSTORE

Erhaltene ionische Bauglieder: alle sechs Pfeilerbasen (**I.14**), mehrere Pfeilerblöcke, beide Torstürze des westlichen Pylons, vier Antenkapitelle (**III.16**), Architravblock mit darüber liegendem Fries, drei Gesimsblöcke (**IV.3**).

Datierung: erste Bauphase frühhellenistisch (um 300 v. Chr.); 2. Bauphase späthellenistisch (1. H. 2. Jh. v. Chr.) Umbau in Zsh. mit Verlegung des Spieles – Überbauung des Skenengebäudes (Gerkan 1961, 82). Dagegen: (Salvas 2011, 64) Verlegung des Spiels habe bereits im letzten Viertel des 4. Jh. v. Chr. stattgefunden – gebe nur eine Bauphase. Bauurkunde belegt Bauarbeiten an Säulen des Bühnengebäudes und an den Sitzreihen (um 330 oder etwas später, s. Svenson-Evers 1996, 296–300 Nr. XIV).

Literatur: Kabbadias 1891b, 10–13. Taf. 2. 3; Gerkan – Müller-Wiener 1961; Käppel 1989, 83–106; Gogos 2011; Tomlinson 1983, 42 Abb. 5; Svenson-Evers 1996, 424–428.

Epidauros (Argolis) – Tholos, Abb. 20–21

Im Heiligtum südwestlich des Asklepiostempels gelegener Rundbau mit 26 dorischen Vollsäulen außen sowie vierzehn korinthischen Vollsäulen innen. Der Zugang erfolgt über eine Rampe im Osten.

Erhaltene ionische Bauglieder: Basen (**I.15**), Säulenschäfte (**II.11**) und Gebälk (**IV.5**) der korinthischen Innenordnung.

Datierung: Architekt soll ein Polyklet gewesen sein (Paus. II 27,5; Svenson-Evers 1996, 415–424); Rechnungsinschrift ca. 360–320 (IG IV² 103; s. Kabbadias 1891a, 93–97 Nr. 242; Keil 1895, 20–115; Burford 1969, 63–66; Seiler 1986, 82–83) nach paralleler Abrechnung wohl ca. 380–340 (IG IV² 112 Prignitz 2014, 248); Arbeiten innerhalb der Cella: Bauinschrift des 17. Baujahrs wohl späte 40er Jahre des 4. Jh. (Burford 1966, 275–281); korinthische Kolonnade zw. 360 und 350 (IG IV² 103 Prignitz 2014, 121).

Literatur: Kabbadias 1891b, 13–16. Taf. 5, 3; Roux 1961, 131–200. Taf. 47. 50, 2; Prignitz 2014; Burford 1969, 63–68; Seiler 1986, 72–89. Abb. 80, 9; Svenson-Evers 1996, 415–424.

Gortys (Arkadien) – Therme, Propylon, Abb. 22

Propylon an Ostseite der Therme vorgelagert. Rechteckiger Vorbau (4,85x3,20 m), mit vier ionischen Halbsäulen an der Front sowie zwei Anten dahinter. Zugang durch Tür innerhalb des erweiterten Mitteljochs.

Erhaltene ionische Bauglieder: beide Pfeilerbasen (**I.17 a**), Basis der Ecksäule (**I.17 b**) sowie der beiden Halbsäulen (**I.17 c**), Säulentrommeln der Dreiviertel- (**II.12 a**) sowie der Halbsäulen (**II.12 b**), Halbsäulenkapitell (**III.21**), Kapitellfragment (**III.22** zugehörig?). Eine weitere, kleinere Basis einer Halbsäule (**I.18**).

Datierung: Thermalanlage aus 4. Jh., Propylon Ende 2. Jh. (Ginouvès 1959, 135. 145 – Stil)

Literatur: Ginouvès 1959, 6 Abb. 3. 9 Abb. 7. 17 Abb. 18. Taf. 1. 2; Riethmüller 2005.

Kalaureia (Argolis) – Stoa A, Abb. 23

Im Poseidonheiligtum gelegene zweischiffige Stoa (ehem. Halle 1), von ca. 30 m Länge. Liegt im Westen des freien Platzes südlich des Tempels und ist nach Osten geöffnet. Liegt gegenüber Stoa C. Dorische Außenordnung, ionische Innenordnung.

Erhaltene ionische Bauglieder: monolithische Fundamentplatten sowie eine von urspr. vier ionischen Basen in situ (**I.20**), Säulenschaft (**II.14**).
Datierung: offen, 5. Jh. (Wide – Kjellberg 1895), um 420 v. Chr. (Welter 1941, 46 – Stil dor. Kapitelle, Tonsima, Mauertechnik), Ende 5. Jh. (Roux 1961, 336).
Literatur: Wells 2003, 31 Abb. 1. 39; Welter 1941, 45–47. Taf. 30. 40, a; Wide – Kjellberg 1895, 274–281.

Kalaureia (Argolis) – Stoa C, Abb. 24
Im Poseidonheiligtum gelegene zweischiffige Stoa (ehem. Halle 4) von ca. 32 m Länge. Lieg im Osten des freien Platzes südlich des Tempels und ist nach Westen hin geöffnet. Liegt gegenüber Stoa A. Dorische Außenordnung, ionische Innenordnung.
Erhaltene ionische Bauglieder: eine von urspr. fünf Basen in situ (**I.21**), Säulenschaft (**II.15**), ein ionisches Diagonalkapitell in Sturzlage (**III.24**).
Datierung: um 320 v. Chr.? (Wells – Penttinen 2008, 99. 114 – Keramik, Bautechnik), Ende 4. Jh. (Wide – Kjellberg 1895, 278 – Stil).
Literatur: Wells 2003, 31 Abb. 1. 39–40; Wells 2005, 183–186. 198. 201–202; Welter 1941, 48–49. Taf. 30. 40, b; Wide – Kjellberg 1895, 274–281.

Keryneia (Achaia) – Grabmonument, Abb. 25
Π-förmiger Grabbau mit acht ionischen Halbsäulen an der Fassadenfront.
Erhaltene ionische Bauglieder: acht ionische Basen in situ, Gebälkteile in Sturzlage, Halbsäulentrommeln, Kapitelle, Schrankenplatten mit Relief-Schild (alle Bauglieder unveröffentlicht). Ein zweiseitiges Kapitell im Museum von Aigio – Zugehörigkeit nicht gesichert (**III.34**).
Datierung: 3. Jh. v. Chr. (Dekoulakou 1983b, 120 – Grabbeigaben)
Literatur: Dekoulakou 1983b, 120. Taf. 68. 69; Dekoulakou 1983a, 183; Kolia 2002–2005, 129 Anm. 6.

Kleonai (Korinthia) – Heraklestempel, Altarhof, Abb. 26–27
Der Altarhof (B 10,53 m, L 17,80 m) liegt im Abstand von 8,85 m dem dorischen, nach Nordosten orientierten Heraklestempel gegenüber. Der Zugang zu dem rechteckigen, von einer Mauer umgebenen Bezirk, erfolgte über ein Propylon mit zwei ionischen Säulen.
Erhaltene ionische Bauglieder: Basis (**I.22**).
Datierung: Tempel: 2. Jh. (stilistisch), zwischen 195 und 146 v. Chr. (als Kleonai eine Bundesstadt des Achaiischen Bundes war – nach Beendigung des Nabis-Krieges, vor dem Krieg gegen Rom 146), Altarhof: nach der Errichtung des Tempels wird der Altarhof neu angelegt (Mattern 2015, 94–95).
Literatur: Frickenhaus 1913, 114–116; Mattern 2015, 30. 32 Abb. 6. 79–81 mit Abb. 22. Taf. 1. 28. Beil.

Korinth (Korinthia) – Asklepieion und Lernakomplex (Propylon, Brunnenhaus), Abb. 28–30

Am Nordrand des Stadtplateaus, direkt an der Stadtmauer liegt der Komplex, der sich über zwei Terrassen auf unterschiedlichen Höhenniveaus erstreckt. Der Peristylhof auf der oberen Terrasse schließt mit Hallen an drei Seiten (im Norden, Westen und Süden) den Tempel in der Mitte ein. Westlich daran anschließend, jedoch eine Ebene tiefer liegt der zweite Peristylhof, an den im Süden das Quellhaus anschließt; im Osten befinden sich drei Bankettraüme. Der Zugang zur unteren Terrasse erfolgt über eine lange Rampe. Im östlichen Bereich schließt sich hier ein kleines Brunnenhaus an. Im Westen leitete eine Toranlage, bestehend aus einer ionischen Säulen- respektive Pfeilerordnung, auf die Rampe zur Lerna-Quelle bzw. zum Brunnenhaus über (Interkolumnium 2,20 m).

PROPYLON DER LERNA
Erhaltene ionische Bauglieder: Basis einer vorgelagerten Halbsäule (**I.24**), Säulenschäfte (**II.16**), Gebälkblock (**IV.12** Architrav, Fries, Zahnschnitt).
Datierung: Rampe datiert ins spätes 4. Jh. v. Chr. (Keramik- und Lampenfragmente), wobei das Tor auch später sein könnte, da die Fundamente nicht fortlaufend sind (Roebuck 1951, 68–69).

BRUNNENHAUS
Erhaltene ionische Bauglieder: erhalten sind nur die Einlassspuren auf dem Stylobat – daraus kann eine ionische Säulenstellung rekonstruiert werden.
Datierung: datiert nach dem Bau der Rampe, in römischer Zeit nicht mehr benutzbar gewesen, 3. Jh. v. Chr. (Roebuck 1951, 69 – über Bautypus, um 300 v. Chr.?).

SONSTIGES
Die Zugehörigkeit einer Basis (**I.25**) mit Säulenansatz (**II.20**), sowie von mehreren Säulentrommeln (**II.17. II.18. II.19**) die im Bereich des Asklepieions gefunden wurden, ist nicht gesichert.
Literatur: Roebuck 1951, 65–77. Plan A–D.

Korinth, Agora (Korinthia) – Südstoa, Abb. 31–32

Die Südstoa schließt die Agora im Süden ab. Die zweischiffige Halle ist 165 m lang und 25 m tief. Die Außenordnung besteht aus einundsiebzig dorischen Säulen, die Innenordnung aus vierunddreißig ionische Säulen. Der hintere Bereich der Stoa besteht aus dreiunddreißig zweistöckigen Räumen.
Erhaltene ionische Bauglieder: Basen (**I.26**), zahlreiche Kapitellfragmente (**III.28 a**), eine untere Trommel der Säulenschäfte (**II.22**), unterschiedliche Antenkapitelle aus 2.OG (**III.28 b. III.28 c**).
Datierung: 337–323 v. Chr. (Zsh. Entstehung Korinthischer Bund), 2. H. 4. Jh. v. Chr. (Münzen, Keramik – (Broneer 1954, 94–96), nach M. 4. Jh. v. Chr. (Shoe 1936, 64. 71. 113. 164 – Bautechnik, Ornamente), frühhellenistisch (Lauter 1986, 125).
Literatur: Scahill 2012; Winter 2006, 55; Lauter 1986, 125. 291; Coulton 1976; Williams – Fisher 1972; Broneer 1954, mit Taf. 10–14. 21.

Korinth (Korinthia) –Untere Peirene Quelle, Abb. 33–34
Im nordöstlichen Bereich der Agora gelegener quadratischer Hof mit einer Treppenanlagen im Norden, Apsiden an drei Seiten. An der Südseite befindet sich eine Fassade aus sechs Bögen, dahinter liegen die Wasserbecken. An Rückseite der sechs Kammern findet sich je ein schmaler ionischer Halbsäulenpfeiler zwischen zwei Anten, darüber liegt das Gebälk. Die Fassade ist direkt in den natürlichen Felsen gesetzt.
Erhaltene ionische Bauglieder: Basen (**I.27**), Säulenschaft (**II.21**) und Kapitelle der Halbsäulen (**III.30 a**) sowie Basen (**I.27**) und Kapitelle (**III.30 b**) der Anten. Gebälk bestehend aus Architrav, Fries, Zahnschnitt und Geison (**IV.11**).
Datierung: nach 2. H. 4. Jh. v. und vor 146 v. Chr. (Hill 1964, 39). Es gab mehrere Bau- bzw. Erneuerungsphasen. Die heute sichtbare Fassade stamme aus dem 2. Jh. v. Chr. (Robinson 2011, 148). 3. Jh. v. Chr. (Lauter 1986, 129 – Stil).
Literatur: Hill 1964, 1–115. 42 Abb. 20. Taf. 2. 9. 10; Robinson 2011.

Lousoi (Arkadien, heute Achaia) – Artemistempel, Abb. 35–36
Nordöstlich des antiken Stadtzentrums sowie des Wohnbereichs liegt oberhalb zweier Katavothren der dorische Tempel mit vier Säulen in antis. Der geostete Bau weist einen außergewöhnlichen Grundriss mit zwei Hallenbauten an den Langwänden auf. Die Cella wird durch fünf Zungenwänden auf jeder Seite, denen dorische Halbsäulen vorgelagert sind, gegliedert. Diese Stützenelemente wurden von hybriden Kapitellen bekrönt.
Erhaltene ionische Bauglieder: Antenkapitell (**III.33**), Fragmente des ionischen? Epistyls.
Datierung: um 300 v. Chr. (Ladstätter 2001, 143–152 – umgelagertes Votivmaterial aus Fundamentgrube unterhalb des Tempels)
Literatur: Ladstätter 2001, 143–152.

Lousoi (Arkadien, heute Achaia) – Peristylhaus, Abb. 37
Südwestlich des Artemistempels und nordöstlich des antiken Stadtzentrums von Lousoi liegen zwei hellenistische Wohnhäuser auf einer Terrasse (Flurbereich „Phournoi"). Die Qualität des Rauminventars (Klinen, Badewannen, Hestien) verweist auf das hohe Ausstattungsniveau dieser Stadthäuser hin, die zugleich jedoch auch als Gutshöfe fungierten. An den Peristylhof des sog. Hauses 1 mit dorischer Säulenstellung schließt sich im nordöstlichen Bereich eine 7x5 m große Exedra mit einer ionischen Säulenstellung an. Auf dem Stylobat des offenen Raumes wurden zwei Säulenbasen in situ entdeckt, wobei jedoch die westliche Basis heute verschollen ist.
Erhaltene ionische Bauglieder: eine von ursprünglich zwei Basen mit Schaftansatz (**I.28**) in situ. Zweite Basis ist kurz nach der Freilegung verschwunden.
Datierung: Gebäude: zwei Nutzphasen zwischen 3. Jh. v. bis 1. Jh. n. Chr. Der südliche Bereich des Gebäudes wurde im 1. Jh. v. Chr. mit einem Peristyl ausgestattet – wahrscheinlich datiert die ionische Säulenstellung in diese zweite Phase, vor 2. H. 1. Jh. v. Chr. (Zerstörungsphase).
Literatur: Ladstätter – Andrianou 2010, 49–55. 56 Abb. 1–3; Mitsopoulos-Leon – Glaser 1984, 133–154. 135–136 Abb. 1. 139–140 Abb. 3. 4; Mitsopoulos-Leon – Glaser 1985, 13–14 Abb. 1.

Megalopolis (Arkadien) – Philipps-Stoa, Abb. 38–39
Der nördliche Bereich der Agora wird durch eine dreischiffige, rund 156 m lange und 24 m tiefe Risalitstoa abgeschlossen. Die nach Süden geöffnete Halle weist eine dorische Außen- und eine ionische Innenordnung auf. Zwei ionische Kolonnaden unterteilen den Innenraum in drei, im Bereich der Risalite in vier Schiffe (insg. vierundfünfzig ionische Säulen). An die Rückwand schließen sich zwei Exedren mit je drei Vollsäulen, eingerahmt von je zwei Anten (insg. sechs Säulen, vier Anten) an.
Erhaltene ionische Bauglieder: Basis (**I.30 a**), Schaft (**II.25 a**), Kapitell (**III.36 a**) und Architrav (**IV.14**) der ionischen Säulen, Basis (**I.30 b**) und Schaft (**II.25 c**) einer Pfeilerhalbsäule, Schaft der korinthischen Säulen (**II.25 b**), Antenkapitell (**III.36 b**).
Datierung: 340 v. Chr. (Lauter-Bufe 2014, 9. 65–58 – Statuenstiftung im Inneren der Halle, Basis mit Inschrift "Philippon Amyntha", in situ. Danksagung an makedonischen König, lässt Schluss zu, dass eine Ehrung zu Lebzeiten war).
Literatur: Gardner 1892, 59–68; Lauter-Bufe 2014, 2014.

Megalopolis (Arkadien) – Zeus Soter Heiligtum, Abb. 40–41
Quadratische Peristylhofanlage, mit zwei Propyla an der Nord- und Ostseite. Um den quadratischen Innenhof schließen sich zweischiffige Hallen an allen vier Seiten an, wobei in die Westhalle der Tempel (mit ionischen Säulen im Naos) integriert ist. Zum Hof hin schließen die Stoai mit einer dorischen Säulenstellung hin ab, während im Inneren der Hallen sechsundzwanzig ionische Säulen standen (Jochweite 5,082–5,089 m). Nördlich des Temples schließt sich an den rückwärtigen Teil der Westhalle die Pastashalle an, die eine ionische Pfeilerstellung aufweist.
Erhaltene ionische Bauglieder: Basis (**I.31**) des Naos?, Säulenschaft der Stoai (**II.26**).
Datierung: steht werktechnisch und stilistisch der Philipps-Stoa nahe, Datierung über Kultbild, das laut Pausanias (Paus. VIII 30, 10) ein Werk des Kephisodot ist, in die 2. Hälfte des 4. Jh. – letztes Viertel 4. Jh. (Lauter-Bufe 2009, 69–78).
Literatur: Lauter-Bufe 2009, 61. 69–78. Beil. 5.

Messene (Messenien) – Asklepieion, Oikos K, Abb. 42–43
Im Asklepieion schließt hinter der Weststoa eine Raumflucht an, die im Norden durch den Oikos K begrenzt wird, der als Heiligtum der Artemis Orthia fungierte (bis zur Verlegung befand sich der Artemis-Kult seit dem 4. Jh. im Naiskos Σ7, wenige Meter nördlich des späteren Oikos K). Der Eingang erfolgt vom Peristyl aus über zwei doppelte Halbsäulenpfeiler in antis. Der rechteckige Kultraum wird durch je zwei ionische Säulen in antis in einen Hauptraum und zwei Nebenräume unterteilt. An den Wänden korrespondieren je zwei Anten mit der jeweiligen Säulenstellung.
Erhaltene ionische Bauglieder: Basen (**I.38**), Säulenschäfte (**II.30**), Kapitelle (**III.38 b**), Antenkapitell und Teil der Ante (**III.38 a**) (Bauglieder sind noch nicht ausführlich publiziert, konnten bei einer Autopsie 2014 durch die Autorin aber gesichtet werden).
Datierung: hellenistisch, letztes V. 3. Jh. bis M. 2. Jh. (Themelis 1999) – Zsh. Datierung Asklepiostempel; zwischen Ende 3. Jh. und M. 2. Jh. v. Chr. (Grabungsfunde und epigraphische Anhaltspunkte: terminus post quem ist Aufgabe des alten Asklepios-Komple-

xes, terminus ante quem ist die letzte Nutzungsphase des Naiskos Σ7, auf den der Neubau des Asklepioeions Rücksicht nimmt (Müth 2007, 178–192).
Literatur: Chlepa 2001, mit 56 Abb. 48–49. 58 Abb. 50; Daux 1963, mit 772 Abb. 6; Hayashida u. a. 2013, 6–7. 22; Sioumpara 2011, 15. Taf. 2,2; Müth – Stümpel 2007, 160–164. 161 Abb. 88. 89.

Messene (Messenien) – Asklepieion, Ostpropylon
Auf der Ostseite des Asklepieons, südlich des Odeions gelegen, gewährt das Propylon den Zugang zum Heiligtum von der Oststraße aus. Die östliche Front besteht aus vier hohen Sockeln, auf denen wohl Säulen standen. Dahinter folgt eine Quermauer mit drei Türen. Im Inneren des Asklepieions erfolgt der Zugang vom Propylon zum Peristyl über eine Rampe, die mit zwei Stufen sowie einer Säulenstellung in antis endet.
Erhaltene ionische Bauglieder: Basen (**I.37**) mit Schaftansätzen der korinthischen Säule.
Datierung: zeitgleich mit Asklepieion, Stoai? (s. unten).
Literatur: Müth – Stümpel 2007, mit Abb. 79.

Messene (Messenien) – Asklepieion, Nordpropylon, Abb. 44–45.
Nördlich der Nordstoa, zwischen den Räumen des Sebasteions, gewährt ein zweites Propylon den Zugang zum Asklepieion von Norden her. Der zweigeteilte Bau setzt sich aus einer Halle im nördlichen Teil (schlechter Erhaltungszustand) und einer Treppe im südlichen Bereich (besser erhalten) zusammen. Beide Bereiche sind distyl in antis, die Basen sind in situ. Axial 2,559 m.
Erhaltene ionische Bauglieder: Basen (**I.36**), Säulentrommeln (**II.29**).
Datierung: zeitgleich mit Asklepieion, Stoai (s. unten).
Literatur: Hayashida u. a. 2013, 1 Anm. 4. 59–61. Taf. 41–43. 60a–c; Orlandos 1959, 162–173; Orlandos 1963, 123–129; Orlandos 1964, 96–101; Orlandos 1969, 99–105.

Messene (Messenien) – Asklepieion, Stoai, Abb. 46.
Der Asklepiostempel Liegt zentral in einem rechteckigen Hof, der an vier Seiten von Hallen umgeben ist. Die zweischiffigen Stoai weisen sowohl außen als auch innen korinthische Säulen auf. An die Rückwände der Stoai im Westen, Norden und Osten schließt sich jeweils eine Raumflucht an. Der Zugang zum Asklepieionkomplex erfolgt über zwei Propyla, im Norden und Osten.
Erhaltene ionische Bauglieder: Basen (**I.34**), Schäfte (**II.28**), Architrav- und Friesblöcke (**IV.15 a–b**) sowie Geisonblöcke mit Zahnschnitt (**IV.15 c–d**) der korinthischen Ordnung, Sima.
Datierung: 1. H. 2. Jh. (Birtachas 2008, 67–74; Hayashida u. a. 2013, 73. 93–94; Müth – Stümpel 2007, 178–179; Sioumpara 2011, 211–218).
Literatur: Hayashida u. a. 2013, mit Taf. 1,c. 2; Müth – Stümpel 2007, 142–144; jährliche Grabungsberichte s. Zusammenstellung bei Hayashida u. a. 2013, 1 Anm. 4.

Messene (Messenien) – Asklepiostempel, Abb. 47–48
Im Asklepios-Heiligtum steht, an vier Seiten von Säulenhallen umgeben, ein dorischer Peripteros mit 6x12 Säulen. Der geostete Bau weist eine Cella im Inneren auf sowie einen Pronaos und eine Opisthodom mit jeweils zwei dorischen Säulen in antis. Die Anten sind von Grundriss her ionische, ebenso wie das Basis- und das Toichobatprofil, aber auch das Antenkapitell.
Erhaltene ionische Bauglieder: Antenbasen und Toichobatprofil (**I.33**), Antenkapitelle (**III.37**).
Datierung: Terminus ante quem non 369: Gründung Messenes (Diod. 19, 54, 4), spätestens 2. V. 2. Jh. (Lauter 1986, 112), 1. H. 2. Jh. (Sioumpara 2011, 211–216).
Literatur: Müth – Stümpel 2007, 148. Sioumpara 2011.

Messene (Messenien) – Brunnenhaus der Arsinoe, Abb. 49
Nordwestlich der Agora gelegen, westlich an die Nordstoa angrenzend. Zweischiffiger Hallenbau, im hinteren Bereich schließt das Wasserbecken an. Frontseite der Halle mit dorischen Säulen, Kolonnade im Inneren mit ionischen Säulen. Vor dem Langbecken ist eine Spalierarchitektur auf Langsockeln mit vorgelagerten ionischen Halbsäulen installiert.
Erhaltene ionische Bauglieder: Basen der Halb- (**I.39 a**) und Vollsäulen (**I.39 b**), Schaftfragmente der Halb-(**II.31 a**) und Vollsäulen (**II.31 b**), Kapitelle der Halb- (**III.39 a**) und Vollsäulen (**III.39 b**), Epistylblock mit Architrav, Zahnschnitt und Geison (**IV.16 a**).
Datierung: bei erster Bauphase (spätes 3. bzw. 1. H. 2. Jh. v. Chr.) wurde eine ionische Säulenstellung eines nicht identifizierten Baus des 4. Jh. v. Chr. verwendet (Reinholdt 2009), 128–130. 137(Felten – Reinholdt 2001, 312 – Münzen, Bauornamentik; (Müth – Stümpel 2007).
Literatur: Felten – Reinholdt 2001, 308 Abb. 1; Müth – Stümpel 2007, 53–58; Reinholdt 2009, 69–83. 161 Abb. 141. Beil. 8. Prakt 1994, 70–74 mit Abb. 1–7.

Messene (Messenien) – Nordstoa, Abb. 50–51
An der Nordseite der Agora gelegen, dreischiffige, zweistöckige? Risalit-Stoa, die nach Süden hin geöffnet ist. Die äußere Säulenreihe ist dorisch, während die beiden inneren korinthisch sind. Die in die rückwärtige Wand eingelassenen sieben Exedren sind zum Teil mit einer ionischen Architektur gestaltet (nicht klar, ob diese in situ sind oder ob es sich um eine moderne Anastylosis handelt – Material ist bisher noch nicht ausführlich publiziert). Die Exedren werden durch eine Kombination aus einer Anten-Pfeiler- sowie einer Säulenstellung in vier Joche unterteilt. In der Mitte stehen zwei Doppelhalbsäulenpfeiler, die von zwei Anten eingerahmt werden. Die vertikalen Kanten der Anten jedoch sind jeweils mit einer integrierten Viertelsäule verziert und nehmen somit Bezug auf die Halbsäulen. In den Interkolumnien konnten Stufen, Schranken oder ähnliches angebracht werden – einige dieser Einbauten scheinen erhalten geblieben zu sein.
Erhaltene ionische Bauglieder: Kolonnaden: Basen (**I.40 b**) und Schäfte (**II.32 a**) der korinthischen Säulen, Exedrae: Basis der Halb- und Viertelsäule (**I.40 a**), Schaft und Kapitell der Viertelsäulen (**II.32 b** und **III.40 a**) und der Doppelhalbsäulen (**II.32 c** und **III.40 b**), Sofakapitell (**III.40 c**), Antenkapitell (**III.40 d**). Miteinander kombiniert werden **III.40 a**.

III.40 c. III.40 d, die bilden zusammen eine Kapitell-Mischform (nicht publiziert, 2014 aber von Autorin gesichtet).
Datierung: offen, 2. H. 4. Jh. v. Chr. (Müth – Stümpel 2007, 45; Coulton 1976, 256–257).
Literatur: Weder die Stoa noch die Bauglieder sind bisher ausführlich publiziert worden. Vorberichte: ArchRep 2012–2013, 17 Abb. 20; Ergon 2013, 24–27 mit Abb. 14; 2012, 24–27. 22 Abb. 11. 23 Abb. 12–12; 2011, 22–24 mit Abb. 11–13; Prakt 2011, 35–39 mit Abb. 1. Taf. 27α; 1958, 183 Abb.3. Taf. 141f.; 1989, 93 Abb. 2.

Messene (Messenien) – Rundmonument
Bei Stadion bzw. Gymnasion stand wohl ein Rundmonument, von dem nur die quadratische, zweistufige Krepis sowie das ionische Gebälk erhalten sind.
Erhaltene ionische Bauglieder: monolithischer Gebälkblock (**IV.17**).
Datierung: keine Angabe.
Literatur: Müth – Stümpel 2007; Prakt 1997, 96. 97 Abb. 6. Taf. 53β.

Nemea (Korinthia) – Oikos 9, Abb. 52–53
In einem Schnitt vor der nördlichen Wand des Oikos 9 wurden mehrere Bauglieder entdeckt, die Miller (Miller 1978, 75) der Säulenstellung an der Front von Oikos 9 zuordnet.
Erhaltene ionische Bauglieder: Basis (**I.41**), Schaft (**II.33 a. II.33 b**), Halbsäulenkapitell (**III.42 b**), Eckkapitell (**III.42 a**). Mehrere Volutenfragmente, deren Zugehörigkeit zum Oikos 9 jedoch nicht gesichert ist.
Datierung: Errichtung zeitgleich mit anderen Oikoi 1. V. 5. Jh. v. Chr., Zerstörung im 3. V. 5. Jh. v. Chr. (Miller 1977); – 4.V. 4.Jh. v. Chr. (Cooper 1996a – Spolien und Inschriften). Eine stilistische Einordnung der Kapitelle in der vorliegenden Arbeit führt zu einer Datierung, die besser an das Ende des 4. Jh. v. Chr. passt (zwar weisen die Proportionen, der nach oben gebogene Kanalis, das Kyma reversa-Profil am Echinus auf eine Datierung in das 5. Jh., die Ausgestaltung der einzelnen Details jedoch eher in das 4. Jh. Der schnurartige Kanalisrand, begrenzt von einem feinen Absatz, ist ein Motiv, das vorzugsweise an kleinasiatischen Bauten ab dem 4. Jh. vorkommt. Frühere Beispiele sind hingegen mit einem konvexen Kanalis kombiniert und weisen keinen Absatz auf. Auch auf der Peloponnes wird das Motiv erst mit dem Philippeion 338 v. Chr. eingeführt, weshalb hier der jüngere Datierungsvorschlag bevorzugt wird.)
Literatur: Birge u. a. 1992, 125–128; Cooper 1996a; Miller 1984; Miller 1978, 77 Abb. 5; Miller 1977, 7, 1–26.

Nemea (Korinthia) – Zeustempel, Abb. 52. 54–56
Im Zeusheiligtum gelegener Peripteros mit 6x12 dorischen Säulen, distyl in antis. Die Cella weist im Inneren eine umlaufende korinthische Säulenstellung auf, über der sich im zweiten Stock eine ionische? Ordnung erhebt.
Erhaltene ionische Bauglieder: Basis (**I.42**), Schaft (**II.34 a–c**) und Eckarchitrav (**IV.18**) der korinthischen Ordnung, Pfeilerfragment mit Viertelsäule an Ecke (**II.34 a**), Halbsäulenpfeiler (**II.34 b**) und Volutenfragment (**III.43**) der ionischen Ordnung.

Datierung: 330–320 (Hill 1966, 44–46; s. Gruben 2001, 140; Shoe 1936, 71); Kapitelle um 330 (Bauer 1973, 98–100. 124).
Literatur: Hill 1966, Taf. 8. 10. 25.

Olympia (Elis) – Bouleuterion, Vorhalle, Abb. 57–58
Zwischen zwei langrechteckigen Bauten mit anschließenden Apsiden im Westen, liegt ein quadratischer Bau. Im Osten wird der Komplex durch eine gemeinsame Vorhalle verbunden. Der Mittelbau- sowie die Vorhalle wurden nachträglich hinzugefügt. Zunächst nahm man an die Halle hätte siebenundzwanzig Säulen an der Front mit einem Achsabstand von 1,60 m und werde seitlich von einer Säulen- oder Pfeilerstellung begrenzt, später wurden nur noch fünfundzwanzig Säulen rekonstruiert und seitlich ein Quadermauerwerk als Abschluss angenommen (Curtius u. a. 1880, 44; Adler u. a. 1892b/1966, 219–220).
Erhaltene ionische Bauglieder: Basis (**I.43**) und Schaft (**II.35**), Kapitell? (**III.52** Zugehörigkeit nicht gesichert).
Datierung: zeitgleich mit Mittelbau entstanden (Curtius u. a. 1880, 44); genauere Datierung nicht möglich, da außer der Säulenbasis kein Architekturbauglied mehr vorhanden ist und keine technischen Merkmale zur Bestimmung vorliegen: 3. oder 2. Jh. v. Chr. oder früher (Adler u. a. 1892b/1966, 79); im Fundament verbautes Geison vom Zeustempel u. a. Spolien deuten auf Errichtung der Halle bald nach Erdbeben von 374 v. Chr. hin (Mallwitz 1972, 239); zwischen Erdbeben 373 und Schlacht der Elier gegen Arkadier 364 (ArchRep 30, 1983–1984,30); terminus ante quem Verteidigungsgräbern von 364 (Mallwitz 1981b, 111–113 mit Abb. 4). Auffüllung innerhalb der Halle enthalte nur Keramik des 5. Jh., Zeustempel-Spolie könne auch älter sein, Datierung daher in 2. oder 3. V. 5. Jh. möglich (Herrmann 1996); Heiden ordnet eine frühe Tonsima der Vorhalle zu, geht davon aus, dass Zeustempel-Spolie von Erdbeben 464 stammt, außerdem bezieht er sich auf jüngsten Keramikfund aus der Füllung unterhalb der Vorhalle, einen attisch gestempelten Kantharos um 470/60 v. Chr., datiert Vorhalle kurz vor der Mitte des 5. Jh. (Heiden 1995, 115–120 mit Anm. 284). Van de Löcht datiert die Halle auf Grund der Keramikfunde aus den Sondagen (terminus ante quem 480/460 v. Chr.) um die Mitte des 5. Jh. (van de Löcht 2013).
Literatur: Adler u. a. 1892b/1966, 76–79; Heiden 1995, 115–120; Herrmann 1996, 128; Mallwitz 1972, 239; van de Löcht 2013, 232–233. 265–266. 272–273.

Olympia (Elis) – Gymnasion, Nord- und Südhalle, Abb. 59
Längsrechteckiger Platz, der an mindestens zwei, möglicherweise an allen vier Seiten von Säulenhallen umgeben war (der westliche Bereich sowie der Westteil der Südhalle wurden durch den Kladeos weggespült). An der Südostecke erfolgt der Eingang durch ein Propylon. Südlich schließt sich unmittelbar die Palästra an. Die einschiffige Südhalle wies eine ionische Ordnung auf, die vermutlich ebenfalls einschiffige Nordhalle ebenso.
Erhaltene ionische Bauglieder: eine Basis (**I.44**) mit Schaftansatz (**II.36**) der Nordhalle, ein Kapitell der Südhalle (**III.44**).
Datierung: offen, späthellenistisch (Dörpfeld u. a. 1935/1966) – Stil ionische Bauglieder (Mallwitz 1972).
Literatur: Adler u. a. 1892b/1966, 127–128; Dörpfeld u. a. 1935, 270f. mit Abb. 75; Mallwitz 1972, 285.

Olympia (Elis) – Gymnasion, Tor, Abb. 59–60
In der Südostecke des Gymnasions gewährt eine dreischiffige Tor- bzw. Durchgangshalle den Zugang auf den freien Platz. Die Frontseiten weisen je vier prostyle korinthische Säulen auf. Im Inneren teilen je zwei mal fünf korinthische Säulen den Raum in ein erweitertes Mittel- sowie zwei schmalere Seitenschiffe. Den Anten sind jeweils korinthische Halbsäulen vorgelagert, ebenso wie der Innenseite der Wand im mittleren Bereich. Unterbau, Fußbodenniveau sowie die ersten paar Lagen des aufgehenden Mauerwerks sind in situ erhalten.
Erhaltene ionische Bauglieder: Basen (**I.45**), Schäfte (**II.37**) und Gebälk (**IV.19** Architrav, Fries).
Datierung: hellenistisch, Ende 2. Jh. v. Chr. (Mallwitz 1972) – Stil, historische Überlegungen); 2. – 1. Jh. v. Chr. (Curtius-Adler 1966, 126); Augusteisch (Delorme 1960); 2. H. 2. Jh. (Rakob – Heilmeyer 1973); 1. H. 1. Jh. (Wacker 1996, 47–52) (s. Zsf. Dirschedl 2013, 343 A/A14).
Literatur: Adler u. a. 1892a/1966, 121–126. Taf. 76.

Olympia (Elis) – Leonidaion, Abb. 61
Annähern quadratischer Gebäudekomplex mit innerem dorischen Peristylhof und äußerer ionischer Halle. Normaljoch 2,23 m, Eckjoch 2,145 m. Verjüngung der Säulen ca. 0,63–0,54 m (Adler u. a. 1892b/1966, 86).
Erhaltene ionische Bauglieder: Basen teilweise in situ (**I.46**), Säulenschäfte (**II.38**), 40% der Kapitelle (**III.46 a**), Kelchkapitell (**III.46 b**) mit Schaftansatz (**II.39**), Epistylblöcke (**IV.20**).
Datierung: von Leonidas aus Naxos errichtet (Paus. V 15,2; VI 16,5; Bauinschrift auf Architrav V Nr. 651, s. Svenson-Evers 1996, 380–387); um M. 4. Jh. (Adler u. a. 1892b/1966, 92); 330/320 v. Chr. (Mallwitz 1972, 252; (Miller 1973, 196 Anm. 35); (Lauter 1986); (Herrmann 1996); 3. V. 4. Jh. (Fuchs 2013, 336).
Literatur: Adler u. a. 1892b/1966, Taf. 62–66; Mallwitz 1972, 246–254; Mallwitz 1988, 124–128. Taf. 42, 1. 43, 1. 44; Leypold 2008, 104–110; Emme 2013, 350–351; Fuchs 2013, 278–338.

Olympia (Elis) – Palästra, Exedra VI und IX, Abb. 62–63
Südlich des Gymnasion gelegener Peristylhof mit dorischer Säulenstellung. Die angrenzenden Räume sind durch ionische Säulenstellungen getrennt. Insgesamt öffnen sich acht Räume (V–VIII, XII, XV, XVII–XVIII) zum Peristyl hin mit 3-, 5-, 6-, 10- und 16-jochigen ionischen Säulenstellungen.
Erhaltene ionische Bauglieder: Raum VI: Basen (**I.47**), Säulenschaft (**II.40 a**), Kapitell (**III.47 a**) sowie Antenkapitell (**III.47 c**). Raum IX: Säulenschaft (**II.40 b**) und Kapitell (**III.47 b**). Geisonblock mit Zahnschnitt (**IV.21**, genaue Zuordnung nicht bekannt).
Datierung: Ende 3./2. Jh. v. Chr. (Adler u. a. 1892b/1966, 121); 3. Jh. (Mallwitz 1972); 1. H. 3. Jh. (Wacker 1996, 43 – Stil).
Literatur: Adler u. a. 1892a/1966, 113–121. Taf. 74; Mallwitz 1972, 282 Abb. 233; Wannagat 1995, 149. Abb. 153–161.

Olympia (Elis) – Philippeion, Abb. 64–65
Im Nordwesten der Altis gelegene Tholos mit 18 ionischen Außensäulen auf einer dreistufigen Krepis. Zugang zum Gebäudeinneren erfolgt über eine Tür im Osten, die von zwei Fenstern flankiert ist. Die Cella, welche Standbilder der königlichen Familie Alexander des Großen beherbergt haben soll, wird durch neun korinthische Halbsäulen gegliedert.
Erhaltene ionische Bauglieder: Basis (**I.48**), Säulenschaft (**II.41 a**), Kapitell (**III.48**) und Gebälk (**IV.22 f–h**) der ionischen Außenordnung; Säulenschaft (**II.41 b**) und Gebälk (**IV.22 a–e**) der korinthischen Innenordnung.
Datierung: gestiftet von Philipp II (359–336) nach der Schlacht von Chaironeia 338 v. Chr. (Paus. 5, 17, 4; 5, 20, 9 f.); nach 338 v. Chr. errichtet (Zsf. Literatur siehe Dirschedl 2013, 424. ST1)
Literatur: Adler u. a. 1892b/1966, 129–133. Taf. 81; Kunze – Schleif 1944, Taf. 1. 2; Miller 1973, 189–218; Rumscheid 1994, 51; Townsend 2003, 93–101.

Olympia (Elis) – Ptolemaierweihgeschenk, Abb. 66
Zweisäulendenkmal im Osten der Altis vor der Echohalle. Die beiden ionischen Säulen trugen Standbilder Ptolemaios II. Philadelphos und seiner Frau Arsinoe.
Erhaltene ionische Bauglieder: Basen (**I.49**), Säulenschäfte (**II.42**), Kapitelle (**III.49**).
Datierung: Dedikationsinschrift für Ptolemaios II. (285–246) und Arsinoe auf den Plinthen: 278–270 (Dittenberger – Purgold 1966/1896, 431 Nr. 306. 307; Hoepfner 1971, 7–9).
Literatur: Adler u. a. 1892b/1966, 141–142. Taf. 89, 6–11; Hoepfner 1971, Beil. 20–21; Rumscheid 1994, 92 Kat Nr. 372. Taf. 198, 1–6.

Orchomenos (Arkadien) – Nordstoa (Agora), Abb. 67
Im Norden der Agora gelegene, zweischiffige Halle, ca. 70 m lang, 11,40 m tief, nach Süden hin geöffnet. Dorische Außen-, ionische Innenkolonnade. Von den urspr. einundzwanzig ionischen Säulen sind teilw. die Punktfundamente erhalten sowie zwei Kalkstein-Plinthen.
Erhaltene ionische Bauglieder: Eine Basis (**I.50**) mit Säulenschaft (**II.43**).
Datierung: 4. Jh. v. Chr., zerstört im 3. Jh. v. Chr. (Karapanagiōtou – Phritzilas 2014, 62 – Münzen, Keramik im Fußboden, Stil der ionischen Bauglieder; Lauter 1986, 94).
Literatur: Coulton 1976, 77. 269 Abb. 97, 1; Blum – Plassart 1914, 72–73; Jost 1985; Winter 1987; Karapanagiōtou – Phritzilas 2014, 28 Abb. 32. 61–62.

Perachora (Korinthia) – Baldachinarchitektur, Abb. 68–69
Östlich vor dem Tempel der Hera Akraia und westlich von der Stoa liegt der Triglyphenaltar, der mit einer Baldachinarchitektur ionischer Ordnung umgeben ist. Drei der urspr. acht Basen stehen in situ an der nordöstlichen Ecke des Altares. Achsabstand zwischen den beiden Säulen im Norden: 3,795 m, zwischen den beiden Säulen im Osten: 3,335 m.
Erhaltene ionische Bauglieder: Basis (**I.51**) mit Säulenschaft (**II.44**).
Datierung: gleichzeitig mit Stoa, spätes 5. Jh./ frühes 4. Jh. (Payne – Bagenal 1940); frühes 4. Jh. (Hill 1966); 4. V. 4. Jh. (Coulton 1964).
Literatur: Payne – Bagenal 1940, 89–91, Taf. 6. 130; Plommer – Salviat 1966, 207–214. 208 Abb. 1. 210 Abb. 2. 211 Abb. 3. 215 Abb. 5.

Perachora (Korinthia) – Brunnenhaus, Abb. 70–72
Außerhalb des Heiligtums gelegenes Brunnenhaus mit hexastyler, prostyler Front (Euthynterie 11,37x5,63 m, Achsabstand 2,05 m). Hinter der ionischen Säulenstellung schließt sich zwischen zwei ionischen Anten der Bereich mit den drei Wasserbecken an.
Erhaltene ionische Bauglieder: Basis (**I.52 a**) mit Säulenschaft (**II.45**), Fragment des Kapitells (**III.57 a**), Fragmente des Gebälks mit Zahnschnitt (**IV.23**), Fragment der Antenbasis (**I.52 b**), Fragment des Antenkapitell (**III.57 b**).
Datierung: hellenistisch, Nutzungsphase zwischen Ende 4. Jh. und 1. H. 2. Jh. v. Chr. (Tomlinson 1969, 214–218 – Keramikfunde); Basis zeitgleich mit Olympieion: 175 – 164 (Dirschedl 2013).
Literatur: Glaser 1983, 75 Abb. 133. 134; Tomlinson 1969, 203–218 mit Abb. 19. 21–23.

Perachora (Korinthia) – Stoa am Hafen, Abb. 73–74
Östlich des Hera Akraia Tempels gelegene, L-förmige, doppelstöckige Stoa. Dorische Ordnung im unteren Stock, ionische im oberen, bestehend aus Halbsäulenpfeilern.
Erhaltene ionische Bauglieder: Fragmente der Halbsäulen- sowie Eckpfeiler (**II.46**) sowie ein Halbsäulenkapitell (**III.58**).
Datierung: 4. Jh. v. Chr. terminus post quem um 400 v. Chr. ergibt sich aus Fund eines Skyphos, Stil der dorischen und ionischen Bauglieder: 2. H. 4. Jh. (Coulton 1964); Kyma reversa-Profil am Gesims ist nicht früher als Ende 4. Jh. v. Chr. (Shoe 1936), die ionischen Kapitelle stehen zwischen Bassai, dem Abaton in Epidauros sowie der Stoa von Oropos, Dachziegel: Ende 4. Jh. (Coulton 1964, 127–128), zweifelt Datierung in das 4. Jh. an (Büsing 1970).
Literatur: Büsing 1970, 60–61. Coulton 1964. 121 Abb. 11. Taf. 18; Martin 1951a, 461. 465. 486 Taf. 4. 5; Payne – Bagenal 1940, 14–15; Roux 1961, 346. Taf. 91, 1.

Pheneos (Arkadien, heute Korinthia) – Asklepieion, Peristylhof
Südöstlich des modernen Dorfes „Archea Feneos" liegt in der Ebene von Pheneos ein steil emporragender Hügel, auf dem sich wahrscheinlich die antike Akropolis befand. An den Ausläufern der Erhebung, in südöstlicher Richtung, ist das Heiligtum des Asklepios in den Hang hinein gebaut. Das Π-förmige Peristyl öffnet sich nach Osten hin auf eine tiefer liegende Ebene. Einige der ionischen Basen des Peristyls sind noch in situ. Im Westen schließen sich dem Peristyl drei Kulträume an. Weitere ionische Bauglieder des Peristyls? fanden sich in Sturzlage bzw. als Spolien oder Streufunde im Bereich des Heiligtums.
Erhaltene ionische Bauglieder: Basen (**I.53**), Säulenschäfte (**II.48**), Kapitell (**III.60**).
Datierung: Hauptphase 2. Jh. v. Chr. (Kissas 2011)
Literatur: Kissas 2011, 155–166 mit Abb. 5–7; Kissas 2013a, 139–145; Kissas 2013b, 437–444; Vorbericht: Protonotariou-Deilaki 1961/62, 57–61; Protonotariou-Deilaki 1965 zu der möglichen Zerstörung des Asklepieions durch ein Erdbeben: Protonotariou-Deilaki 2001, 433–438.

Pheneos (Arkadien, heute Korinthia) – sog. Brunnenhaus
Etwa 50 m südlich des Asklepieions gelegene, zum Teil unterirdische Anlage. An der südwestlichen Seite des Gebäudes stehen noch zwei halbhohe Pfeiler in situ, die im oberen Be-

reich eine Rundung aufweisen. Diese diente möglicherweise zur Aufstellung der ionischer Säulen, die in Sturzlage im Bereich der Anlage gefunden wurden. Bei dem Gebäude könnte es sich entweder um das von Pausanias erwähnte Heiligtum der Demeter Eleusinia oder um ein Quellhaus handeln.
Erhaltene ionische Bauglieder: Säulenschäfte (**II.47**), Kapitelle (**III.59**).
Datierung: Ende 4. Jh. (nach ionischen Kapitellen, s. **III.59**).
Literatur: Kissas 2011, 155–166.

Sikyon (Korinthia) – Bouleuterion, Abb. 75–76
Östlich des Gymnasions und westlich der Südstoa gelegener, hypostyler Saal. Das Innere des annähernd quadratischen Baus (41,15x40,50 m) wird durch sechzehn ionische Säulen gegliedert, von denen noch zwei Basen mit Schaftansatz in situ sind. Wahrscheinlich handelt es sich um das nach 251 v. Chr. errichtete Bouleuterion des Achaiischen Bundes (Paus. II 9,6).
Erhaltene ionische Bauglieder: Basis (**I.54**) mit Schaftansatz (**II.49**).
Datierung: terminus post quem ist die Stadtverlegung durch Demetrios Poliorketes 303 v. Chr. (Diod. 1, 20, 102) bald nach 303 errichtet (Lauter 1986, 158; Gneisz 1990); Anfang bzw. 1. H. 3. Jh. (Orlandos 1947; Roux 1961).
Literatur: Griffin 1982, 11–12; Lauter 1986, Abb. 16a; Orlandos 1940; Orlandos 1947; Orlandos 1952; Orlandos 1956; Philadelpheus 1926.

Sikyon (Korinthia) – Gymnasion, Abb. 75. 77
Südwestlich des Theaters, nordöstlich des Bouleuterions gelegener Gymnasion-Komplex, der sich über zwei Terrassen auf unterschiedlichen Ebenen erstreckt. Mehrere Umbauphasen, exakte Rekonstruktion des ursprünglichen Zustands nicht klar. Auf der unteren Terrasse erstreckt sich ein Π-förmiges, ionisches Peristyl an dessen Rückseite sich mehrere Räume anschließen. Ein Raum im Osten ist durch zwei Säulen in antis geöffnet. Ein integrierter Propylon ionischer Ordnung findet sich im nördlichen Bereich. Im Westen trennt eine Wand die Terrasse von der oberhalb liegenden Terrasse ab, die über eine mittig liegende Treppe erreichbar ist. Rechts und links von diesem Aufgang befinden sich Brunnenhäuser in zwei Exedren, die mit Säulenstellungen ausgestaltet sind.
Erhaltene ionische Bauglieder: Basis (**I.55**) und Säulenschaft (**II.50**) der Säulen vom Stylobat, untere Terrasse, Kapitell (**III.62 a** genaue Zuordnung nicht klar), Pfeilerkapitell aus Brunnenhaus-Exedra (**III.62 b** und **c**)
Datierung: 3. Jh. v. Chr. – Münzfunde (Griffin 1982, 12–13); 2. V. 3. Jh. v. Chr. (Lauter 1986, 145 – Stil der Bauglieder, Verbindung mit Stiftung des Kleinias wahrscheinlich nicht haltbar – zwei radikale Umbauphasen, unteres Peristyl liegt weitestgehend im Zustand der ersten Bauphase).
Literatur: Griffin 1982, 12–13; Lauter 1986, Abb. 41b; Orlandos 1933; Orlandos 1935 Orlandos 1936; Orlandos 1937; Skalet – Charlautes 1975, mit Abb. 20.

Sikyon (Korinthia) – Südstoa (Agora), Abb. 75. 78
Südlich des Bouleuterions gelegene, 106x16 m große, zweischiffige Stoa mit siebenundvierzig dorischen? Außen- und vierundzwanzig ionischen Innensäulen, Interkolumnium innen 4,58 m breit. Im hinteren Teil der Halle befinden sich zwanzig gesonderte Räume. Die Stoa

erstreckt sich in westöstlicher Richtung und öffnet sich nach Norden. Fundamente in situ. Die Identifikation ist umstritten. Nach Orlandos wurde die Halle von Lamia, der Mätresse von Demetrios Poliorketes errichtet. Roux jedoch bevorzugt eine Zuordnung zu Attalos II. Coulton hingegen ist der Ansicht die Stoa ist jener in Korinth oder jener des Attalos in Athen ähnlich.
Erhaltene ionische Bauglieder: Kapitell (**III.63**), Gebälkblock mit Architrav, Zahnschnitt und Geison (**IV.25**) – gefunden im Bereich der Südstoa, bei beiden ist der ursprüngliche Anbringungsort jedoch nicht geklärt.
Datierung: 3. Jh. v. Chr. (Orlandos 1955), 300 oder 230? v. Chr. (Coulton 1976)
Literatur: Coulton 1976; Griffin 1982, 12; Lolos – Koskinas 2011, 280 Abb. 5, 4; Orlandos 1952, mit 188 Abb. 2; Orlandos 1955, 387–391. 383 Abb. 3; Roux 1958, 147–148.

Sikyon (Korinthia) – Theater, Abb. 79–80
Nordwestlich des Gymnasions liegt das in den Hang hinein gebaute Theater. Die Proskenion-Architektur bestand aus ionischen Halbsäulenpfeilern (Fossum 1905, Taf. 9). Den Paradostoren werden ebenfalls ionische Halbsäulen zugeordnet (Griffin 1982, 9).
Erhaltene ionische Bauglieder: Kapitell (**III.65**), Fragment eines ionischen Epistyls (**IV.26**). Proskenion: Basen (**I.56**), Kapitell (**III.64**).
Datierung: terminus post quem 303 Verlegung und Neugründung der Stadt durch Demetrios Poliorketes (Diod. 1, 20, 102); terminus ante quem 251/250 Versammlung der Einwohner von Sikyon im Theater anlässlich der Befreiung durch Aratos (Plut. Arat. 8; s. auch Fiechter 1931, 32); Fiechter unterscheidet vier Bauphasen, wobei der Rampenbau mit den ionischen Proskenien sowie den Paraskenien in die erste Phase nach 303 datieren; deren Zerstörung und Neubau erfolgen in der zweiten Phase, in römischer Zeit (Fiechter 1931, 32); 303 (Griffin 1982).
Literatur: Fiechter 1931; Fossum 1905, 263–276. Taf. 9; Griffin 1982, 9–10.

Tegea (Arkadien) – Athenatempel, Abb. 81–82
Dorischer Peripteros mit 6x14 Säulen sowie zwei Joch tiefen Fronthallen. Im Inneren der Cella läuft eine korinthische Säulenstellung an drei Seiten entlang. Sie besteht aus der Mauer vorgelagerten Halbsäulen, die auf einem umlaufenden Toichobatprofil lagern. Oberhalb der Säulen saß die mit plastisch ausgearbeiteten Ornamenten verzierte Epikranitis. Darüber erhob sich wahrscheinlich ein weiteres Stockwerk mit ionischen Halbsäulen.
Erhaltene ionische Bauglieder: Basis (**I.58 a**), Toichobatprofil (**I.58 b**), Säulenschaft (**II.53**), Antenkapitell (**III.69**), Epikranitis (**IV.27 a**), Architrav (**IV.27 b**).
Datierung: terminus post quem 395/394 Zerstörung des Vorgängerbaus durch einen Brand, anschließender Neubau unter Skopas von Paros (Paus. 8, 45, 5); Skopas ist ca. 375/70 bis 335/30 tätig und um 350 am Maussolleion beteiligt (Plin. nat. 36, 30f.; 60; Vitr. 7 praef. 13. – s. (Svenson-Evers 1996, 389–405); Ornamentik und Proportionen der Bauglieder datieren zwischen 357 und 350 (Shoe 1936, 28); Baubeginn im 2. V. und Vollendung im 3. V. des 4. Jh. (Dugas – Berchmans 1924); Baubeginn um 350, 3. V. 4. Jh. (Dinsmoor 1950; Berve u. a. 1961; Gruben 1986; Gruben 2001); 1. H. 4. Jh. – ca. 360 (Roux 1961); Kapitelle 345–340 (Bauer 1973); Bau wird von Skopas nach 350 vollendet (Svenson-Evers 1996); Basis 3. V. 4. Jh. (Dirschedl 2013).

Literatur: Mendel 1901, 241–281; Thiersch 1913, 266–272; Dugas – Berchmans 1924; Norman 1984; Norman 1980, 19–125; Østby 2014a; Østby 2014b

Theisoa (Arkadien) – dorischer Bau, Abb. 83
Mehrere verstreut liegende Bauglieder auf der Akropolis deuten auf einen stützenlosen Innenraum, möglicherweise eine Stoa oder einen verwandten Raumbau hin (Mattern 2012, 108). Es handelt sich nachweislich um eine dorische Ordnung, die wohl mit ionischen Säulenbasen kombiniert ist. Die Säulenschäfte scheinen sowohl spitze Grate als auch Stege zwischen den Kanneluren aufzuweisen. Entsprechende Fundamente wurden noch nicht entdeckt, weshalb der ursprüngliche Standort des Baus nicht bekannt ist.
Erhaltene ionische Bauglieder: Basen (**I.59**) und Säulenschäfte (**II.54**).
Datierung: 3. Jh. (Mattern 2012, 109).
Literatur: Mattern 2012, 103–109. 106 Abb. 6.

Thouria (Messenien) – Gebäude B, Abb. 84–85
Stylobat eines Gebäudes ist auf ca. 10 m Länge erhalten, mit drei Basen in situ. Interkolumnium 0,60 m, Interaxial 2,05 m.
Erhaltene ionische Bauglieder: mindestens drei Basen (**I.60**), Teile des Epistyls und weitere Elemente (Arapogianni 2009–2010).
Datierung: 4. Jh. (Arapogianni 2009–2010).
Literatur: Petrakou 2012a, 24–26. 25 Abb. 14; Petrakou 2011, 20–23; Petrakou 2010, 33–41. 37 Abb. 25. 38 Abb. 26; Arapogianni 2009–2010, 50 mit Abb. 53–55.

Katalog

Im Folgenden werden die einzelnen Bauglieder nach Formen getrennt aufgeführt. Die Basen finden sich unter Teil **I** des Kataloges, die Säulenschäfte unter Teil **II**, die Kapitelle unter **III** und die Gebälke unter **IV**. Die einzelnen Katalogeinträge sind nach Fundorten sortiert und alphabetisch geordnet. Soweit bekannt werden Informationen zu Typus, Fundort, Aufbewahrungsort, ggf. Inventarnummern, Material, Maßangaben, Datierung, Literatur gegeben sowie auf die Abbildungen im separaten Abbildungsteil dieser Arbeit verwiesen. Datierungen sind im Katalog jedoch nur dann explizit aufgeführt, wenn diese von den Angaben im Denkmäler-Überblick abweichen bzw. präzisiert werden können. Ist bei den Säulenschäften zur Art der Kannelierung keine weitere Angabe aufgeführt, sind diese komplett kanneliert.

Die Katalognummern setzen sich aus römischen sowie arabischen Zahlen zusammen (bspw. **III.5**). Die römische Zahl gibt an, um welche Art von Bauglied es sich handelt (**I**=Basis, **II**=Schaft, **III**=Kapitell, **IV**=Gebälk). Die arabische Zahl steht in der Regel für ein Gebäude. Kommen innerhalb eines Gebäudes bspw. verschiedene Kapitellformen vor, so werden diese durch einen zusätzlichen Kleinbuchstaben unterschieden (bspw. Epidauros, Abaton-Stoa **III.8 a** zweiseitiges Kapitell, **III.8 b** vierseitiges Kapitell mit einer Polsterseite, **III.8 c** halbes zweiseitiges Kapitell vor Pilaster vorgelagert).

Teil I: Basen

I.1 Basis, Aigeira (Achaia), Tycheion, Abb. 86
Attische Basis, Variante B. Zwei Basen in situ, teilweise stark verwittert und leicht beschädigt, Oolith? *AO*: in situ. (Autopsie Verf. 2014); *Datierung*: s. Denkmäler-Überblick; *Maße*: uSdm 0,48 (Hagn 2001, 302 Anm. 10); *Literatur*: Hagn 2001, 302 Abb. 3.

I.2 Basis, Alipheira (Arkadien), Abb. 87
Attische Basis, Abwandlung. Basis ohne Schaftansatz. Zuordnung zu einem Gebäude nicht gesichert. *AO*: nicht bekannt; *Datierung*: keine Angabe; *Maße*: uSdm 0,38. H Basis 0,12 (Orlandos 1968); *Literatur*: Orlandos 1968, 185.

I.3 Basis, Argos (Argolis)
Säulenbasis und Schaftfragmente bei Sondage in AD52 westlich der Nordstoa, zwischen Fundamenten gefunden (Inv. Nr. 688. 945); *AO*: keine Angabe; *Datierung*: aufgeschütteter Bereich datiert in hellenistische Epoche (Aupert 1990, 864) d. h. die Basis datiert wohl hellenistisch oder früher; *Maße*: keine Angabe; *Literatur*: Aupert 1990, 864.

I.4 Basis, Argos (Argolis), Hypostyler Saal, Abb. 88–89
Drei Basen mit Schaftansatz (**II.1**). Profil ist bei allen drei Stücken gebrochen, nur teilweise rekonstruierbar. Von unten nach oben: kleiner Torus/Astragal, Band, Wulst, Absatz. Typus nicht bestimmbar. Standfläche der Basen mit Dübeleinlassung, nicht aber auf den Sockeln? Als Spolien in spätantiken Bau in Nähe entdeckt, im Bereich der großen Portikus, östliche Ausdehnung. Poros. *AO*: keine Angabe; *Datierung*: s. Denkmäler-Überblick; *Maße*: orig. H 0,913. 0,923. H Torus 0,043. Band 0,094. Wulst H 0,083. H Absatz 0,01. Dm Auflager 1,06. Dm Torus 1,092. Dm Band 1,062. Wulst 1,062. Absatz 0,952 (Bommelaer – Courtils 1994, 33 Abb. 15); *Literatur*: Bommelaer – Courtils 1994, Taf. 8a, 33 Abb. 15; Roux 1953, 244–248.

I.5 Basis, Argos (Argolis), Heiligtum des Apollon Pytheus/Deiratiotis, Abb. 90
Basis mit Schaftansatz (sechzehn Kanneluren, teilweise gefüllt?). Unterer Torus nicht erhalten. Typus anhand der Abbildung nicht bestimmbar. Poros. *AO*: keine Angabe; *Datierung*: keine Angabe; *Maße*: keine Angabe; *Literatur*: Vollgraff 1956, 16 Abb. 10.

I.6 Basis, Argos (Argolis), Theater, Orchestra
Peloponnesisch Typus B. Zylindrische Platte, Kyma reversa (skulpiert), flache zylindrische Platte bzw. Plättchen, Torus: kanneliert (Beschreibung nach Wegener 1966 und Roux 1992). Marmor. *AO*: keine Angabe; *Datierung*: hellenistisch (Roux 1992, 125); frühhellenistisch (Dirschedl 2013, 411); *Literatur*: Dirschedl 2013, 411 P B 5; Roux 1992, 125; Wegner 1966, 23–24 (alle ohne Abbildung).

I.7 Basen, Bassai (Elis), Apollontempel, Cella, Abb. 91–93
I.7 a: Peloponnesischer Typus A. Alle zehn Basen der ionischen Halbsäulen mit Schaftansatz, in situ. Kalkstein *AO*: am Ort; *Datierung*: um 420 (Shoe 1936, 143. 180); um 450 (Dinsmoor 1932–1933, 208f. 225); gleichzeitig Nordhalle Erechtheion (Hahland 1948/49); 4. V. 5. Jh. (Hill 1966); um 420 Planänderung Entwurf Y (Mallwitz 1975,36. 38ff.); etwa gleichzeitig Vor- und Frühformen der attischen Basis, nach Ilissos-Tempel (Coulton 1977, 104 Abb. 10, 23. 24); letztes Drittel 5. Jh. (Dirschedl 2013); *Maße*: siehe (Dirschedl 2013), 397 PA 1; *Literatur*: Cooper 1996b; Cooper 1992, 23. Taf. 39. 44 links; 17; weitere Literaturangaben bei Dirschedl 2013, 397 PA 1.

I.7 b: Peloponnesischer Typus B. Einzelne Basis der korinthischen Säule, in situ. Kalkstein. *AO*: am Ort; *Datierung*: um 420 (Shoe 1936, 143. 180); 4. V. 5. Jh. (Hill 1966) Anm. 71); 430–400 (Coulton 1977, 101); nach Propyläen Athen, nach Erechtheion Athen? letztes Drittel 5. Jh. bzw. nach 421–415 (Dirschedl 2013); *Maße*: siehe (Dirschedl 2013), 410 PB 1; *Literatur*: Cooper 1996a, 293–294; Cooper 1992, 23. Taf. 44 rechts; Dirschedl 2013, 410 PB 1.

I.8 Basis, Epidauros (Argolis), Abaton-Stoa, Abb. 94
Peloponnesischer Typus B (dreigliedrig). Mehrere Säulenbasen der ionischen Kolonnaden. Poros. *AO*: am Ort? *Datierung*: um 350 (Coulton 1977; Dirschedl 2013); *Maße*: uSdm 0,601. größter Dm Basis 0,767 (Defrasse – Lechat 1895, 132 mit Abb.); *Literatur*: Burford 1969, 61 Abb. 4; Coulton 1976, 102. 237; Defrasse – Lechat 1895, 129–138; Dirschedl 2013, 410. P B 3; Kabbadias 1891b, 17–18. Taf. VII 5; Kabbadias 1905, 63–87; Roux 1961, 336. 338.

I.9 Antenbasis, Epidauros (Argolis), Gymnasion, Propylon, Abb. 99
Attischer Typus Variante B. Gefunden auf Boden in Südost-Ecke des Propylons, nicht in situ. Laut Lambrinoudakis gehört das Stück nach seinem Kymation-Profil in den Gymnasion-Propylon-Komplex. Einlassung für ein Gitter oder Schranke (Lambrinoudakis – Bouras o. J., 78). Profil ist beschädigt, untere Torus nicht erhalten. Kalkstein. *AO*: vor Ort? (Inv. Nr. 4330); *Datierung*: s. Denkmäler-Überblick; *Maße*: keine Angaben; *Literatur*: Lambrinoudakis – Bouras o. J., 78. 79, Abb. 30. 25.

I.10 Basis, Epidauros (Argolis), Nord-Ost-Portikus, Abb. 96
Attischer Typus Variante A. Zwei von urspr. zehn Basen erhalten. Poros. *AO*: vor Ort; *Datierung*: frühes 3. Jh. (Dirschedl 2013); *Maße*: H Basis ca. 0,145. Dm uT ca. 0,66 (weitere Maße s. Dirschedl 2013, 341 A/A7); *Literatur*: Dirschedl 2013, 341 A/A 7; Roux 1961, 244. 296 Abb. 90; Kabbadias 1906, 108 Abb. 13.

I.11 Basis, Epidauros (Argolis), Nordpropyläen, Abb. 97
Attisch Variante B. Fragmente der ursp. sechsundzwanzig Basen der ionischen und korinthischen Säulen. Poros. *AO*: Epidauros, Museum; *Datierung*: frühes 3. Jh. (Dirschedl 2013, 359 A/B 3); *Maße*: H Basis ca. 0,23 (abgegriffen aus Roux 1961, 258 Abb. 67); *Literatur*: Defrasse – Lechat 1895, 181–184; Dirschedl 2013, 358 A/B 3; Roux 1961, 285 Abb. 67. 271 Abb. 67. Taf. 77,2.

I.12 Basis, Epidauros (Argolis), Stadion, Startvorrichtung, Abb. 98
Attische Basis, Abwandlung. Alle fünf Basen der Halbsäulenpfeiler, in situ gefunden. Poros. *AO*: keine Angabe; *Datierung*: ca. Ende 3./ Beginn 2. Jh. (Dirschedl 2013, 380); *Maße*: H Basis 0,094. Dm uKehle 0,445 (Kabbadias 1903, Taf. G, 5); *Literatur*: Büsing 1970, 50. Abb. 54; Dirschedl 2013, 379–380 A/Abw 3; Kabbadias 1903, 78–92. Taf. 1–4. Taf. G, 5; Roux 1961, 336.

I.13 Basis, Epidauros (Argolis), Theater, Proskenion, Abb. 99–100
Attischer Typus Variante A. Sieben der ursprünglich achtzehn Basen erhalten:
    I.13 a: alle vier Dreiviertelbasen der Flügel
    I.13 b: eine Viertelbasis einer einspringenden Ecke
    I.13 c: zwei Halbbasen der Front.
Alle Poros. *AO*: am Ort; *Datierung*: Ende 3. oder Anfang 2. Jh. (Dirschedl 2013); *Maße*: H Basis 0,10. Dm UT 0,49 (Gerkan 1961, Taf. 18); *Literatur*: Defrasse – Lechat 1895, 205 mit Abb.; Dirschedl 2013, 342 A/A 13; Gerkan – Müller-Wiener 1961, 51–61; Taf 18a. c; Gogos 2011, 45. Kabbadias 1891b, Taf. 3, 7; Shoe 1936, 149 Taf. 67, 9.

I.14 Basis, Epidauros (Argolis), Theater, Paradostor, Abb. 101
Peloponnesischer Typus A. Alle sechs Pfeilerbasen erhalten, in situ. Teilweise stark bestoßen. Poros. *AO*: am Ort; *Datierung*: frühes 3. Jh. (Dirschedl 2013); *Maße*: H Basis 0,119. B Kehle unten ca. 0,60 (Gerkan 1961, Taf. 24 a. b); *Literatur*: Defrasse – Lechat 1895, 211 mit Abb.; Dirschedl 2013, 400 P A 12; Gerkan – Müller-Wiener 1961, 51–61. 66 Abb. 12a Taf. 18. 22. 24a. b. 26; Gogos 2011, 49; Shoe 1936, 143 Taf. 68, 6.

I.15 Basis, Epidauros (Argolis), Tholos, Abb. 102
Attische Basis, Variante A. Fragmente der urspr. 14 Basen der korinthischen Säulen, Basis stark ergänzt. Marmor, pentelisch. *AO*: Museum Epidauros; *Datierung*: 360–320, vermutlich 2. H. 40er Jahre des 4. Jh. ausgeführt, wohl früher entworfen (Dirschedl 2013); *Maße*: H Basis 0,195 (Roux 1961). Dm uT 0,795 (Dirschedl 2013); *Literatur*: Coulton 1977, Abb. 40, 22; Defrasse – Lechat 1895, 116 f. Taf. 7; Dirschedl 2013, 340–341 A/A2; Kabbadias 1891b, Taf. 5, 3; Roux 1961, 153 f. Taf. 47. 50, 2; Svenson-Evers 1996, 421 Abb. 40.

I.16 Basis, Epidauros (Argolis), Tempel L, Abb. 103
Attischer Typus Variante A. Fragmente der ursp. achtzehn Basen der Voll- und Halbsäulen. Basisprofil ist beschädigt, nur der obere Torus und der Ansatz der Scotia sind erhalten. Poros mit Stucküberzug. *AO*: keine Angabe; *Datierung*: s. Denkmäler-Überblick; *Maße*: H Basis (gebrochen) 0,12 (Roux 1961); *Literatur*: Roux 1961, 232. Taf. 68, 2.

I.17 Basis, Gortys (Arkadien), Therme, Propylon, Abb. 104-105
Alle Attischer Typus Variante B. Alle Poros. *AO*: am Ort

I.17 a: beide Pfeilerbasen mit Pfeilerschaft Basis α: Scheint spätere Umarbeitung aufzuweisen, Profil knickt an nördlicher Seite nach Westen hin ab, sieht anders aus als bei dem Gegenspieler, wo das Profil um den Block herum läuft. Inv.Nr. 247: Nicht in situ gefunden, kann aber sicher zugewiesen werden über Spuren auf Stylobat. (Inv.Nr. Basis α. 247); *Datierung*: siehe Denkmäler-Überblick; *Maße*: Inv.Nr. 247: H ges. 0,385. H Basis 0,165. B uT 0,474. B Schaft 0,34. Basis α: B uT 0,474. T uT 0,275 (Ginouvès 1959); *Literatur*: Ginouvès 1959, 11 Abb. 8. 9; 12 Abb.13; 108 Abb. 134; 112 Abb. 138.

I.17 b: Basis einer Ecksäule, in römischer Mauer verbaut in Nähe des Propylons gefunden, beschädigt. Wird auf der Südostecke des Stylobats rekonstruiert anhand von Spuren auf beiden Objekten. Profil ist vergleichbar mit den beiden Pfeilerbasen (**I.17 a**), allerdings fehlt der Scamillus. An Oberseite schwalbenschwanzförmige Verklammerungseinlassung, war aber nicht mit dem Stylobat verdübelt. Darauf kann eine der Säulentrommeln **II.12 a** rekonstruiert werden (Inv.Nr. 233); *Datierung*: Ende 3. bis 1. V. 2. Jh. (Dirschedl 2013, 361 A/B 17); *Maße*: H ges. 0,237. H Basis 0,166. uSDm 0,352 (im Kannelurtal gemessen) (Ginouvès 1959, 110 Abb. 136.); *Literatur*: Dirschedl 2013, 361 A/B 17; Ginouvès 1959, 110 Abb. 18. 136.

I.17 c: beide Halbsäulenbasen, waren wohl an der östlichen Wand angebracht, beschädigt. (Inv.Nr. 234, 235); *Datierung*: siehe **I.18 b**; *Maße*: keine Angabe; *Literatur*: siehe **I.18 b**).

I.18 Basis, Gortys (Arkadien), Therme? Abb. 106
Attischer Typus Variante B. Basis einer Halbsäule, beschädigt. Urspr. Ort der Anbringung nicht bekannt, passt von den Maßen her nicht zum Propylon. Poros. *AO*: am Ort (Inv.Nr. 259); *Datierung*: Ende 3. bis 1. V. 2. Jh. (Dirschedl 2013, 361 A/B 17); *Maße*: H ges. 0,1335. H Basis 0,059 (Ginouvès 1959, 115 Abb. 142.); *Litertaur*: Dirschedl 2013, 361 A/B 16; Ginouvès 1959, 115 Abb. 142.

I.19 Basis, Halieis (Argolis), Abb. 107
Peloponnesisch Typus A. Zwei anpassende Basisfragmente einer Halbsäule mit Schaftansatz (nicht kanneliert). Im östlichen Tor gefunden, McAllister geht jedoch davon aus, dass das Stück zu einer anderen öffentlichen Struktur gehört. Marmor. *AO*: Museum, Nafplio? (Inv.Nr. HS275); *Datierung*: 1. H. 4. Jh. (McAllister u. a. 2005); *Maße*: D Basis 0,267. max. erh. H 0,058. uSdm ca. 0,23. Halbrund mit Vorsprung (B 0,155. T 0,037. Zapfenloch 0,035x0,035, mittig diagonal gesetzt) (McAllister u. a. 2005); *Litertaur*: McAllister u. a. 2005, 68 Anm. 23; 27 Abb. 5. Anm. 26.

I.20 Basis, Kalaureia (Argolis), Stoa A, Abb. 108–109
Samischer Typus. Eine von urspr. vier Basen erhalten, in situ. Profil stark beschädigt und verwittert. Aiginetischer Poros. *AO*: am Ort; *Datierung*: um 420 (Coulton 1977), nacharchaisch (Dirschedl 2013); *Maße*: H Basis ges. ca. 0,20. H Plinthe ca. 0,106. H Torus 0,094. ud ca. 0,685/ UD ca. 0,84 (Welter 1941); *Literatur*: Dirschedl 2013, 140 S42; Roux 1961, 336; Welter 1941, 45–47. Taf. 36, b–c. 38, a; Wells 2003, 196–198.

I.21 Basis, Kalaureia (Argolis), Stoa C, Abb. 110–111
Peloponnesischer Typus B. Eine von urspr. fünf Basen in situ. Aiginetischer Poros. *AO*: am Ort; *Datierung*: spätes 4. Jh. (Coulton 1977); 2. H. 4. Jh. (Dirschedl 2013); *Maße*: H Basis mit Plinthe 0,39. uSDm 0,71 (Welter 1941,Taf. 42 b); *Literatur*: Dirschedl 2013, 411 P B 4; Roux 1961, 336; Shoe 1936, 87. 89. 147. 180. Taf. 66, 11; Wells 2005, 197 Abb.71. 201–202; Welter 1941, 48–49, Taf. 41, c–42, c.

I.22 Basis, Kleonai (Korinthia), Heraklestempel, Altarhof, Abb. 112–113
Attischer Typus, Variante A. Beide Basen der Vordachkonstruktion des Altarhofs. *AO* gleich *FO*: Archaies Kleones, im Hof vor der Hauptkirche (Inv. Nr. HT98. HT99); *Datierung*: s. Denkmäler-Überblick; *Maße*: Dm uT 0,545–0,555. Dm Lagerfläche 0,455–0,46. H 0,15 (Mattern 2015); *Literatur*: Mattern 2015, 132 HT 98. HT 99. Taf. 27 a. b. 51, a–d.

I.23 Basis, Kleonai (Korinthia), Abb. 114–115
Attischer Typus, Variante A. Fragment einer Basis mit Schaftansatz (keine Kannelur zu erkennen). Basis etwa mittig gebrochen, Dm nicht bestimmbar, Profil erhalten, besteht aus einem Trochilus zwischen zwei Tori. Oberlager weist einen Gusskanal auf. FO: Streufund, intramural bei S20. Kalkstein. *AO*: Museum Nemea (Inv. Nr. A1/S20); *Datierung*: keine Angabe; *Maße*: H ges. 14,23. HuT 3,51. HuPl 1,06. HTr 3,53. HoPl 1,14. HoT 3,28. H Säulenansatz 1,71 (Autopsie Verf. 2014; s. Zeichnung Abb. 115–116); *Literatur*: nicht publiziert.

I.24 Basis, Korinth (Korinthia), Asklepieion und Lernakomplex, Propylon der Lerna, Abb. 116
Peloponnesischer Typus B, Variante. Beide Halbsäulenbasen erhalten, eine in situ, eine als Spolie verbaut in der Nähe. Poros mit Stucküberzug. *AO*: im südlichen Bereich teilweise in situ, sonst keine Angabe; *Datierung*: spätes 4. Jh. (Dirschedl 2013); *Maße*: H Basis 0,11. uSdm ca. 0,47 (Dirschedl 2013, 416 P B/Va 2); *Literatur*: Dirschedl 2013, 416 P B/Va 2; Roebuck 1951, 76 Abb. 22. Taf. 16,3. 4; Roux 1961, 336. 338; Petsas 1966, 74 Anm. 2.

I.25 Basis, Korinth (Korinthia), Abb. 117
Basis mit Schaftansatz (s. **II.20**), die Standfläche der Basis wurde für ein Wasserbecken nachträglich ausgearbeitet. Im Bereich des Asklepieions gefunden, Zuordnung ist nicht gesichert. Attischer Typus Variante B. Poros mit Stucküberzug. *AO*: keine Angabe (Ask. Arch. 157); *Datierung*: ? *Maße*: H ges. 0,45. SDm 0,315. Dm uT 0,445 (Roebuck 1951, 148 Abb. 28); *Literatur*: Roebuck 1951, 148 Abb. 28, 16; Taf 64, 16.

I.26 Basis, Korinth (Korinthia), Südstoa, Abb. 118
Attischer Typus Variante A. Poros mit Stucküberzug. Eine von urspr. vierunddreißig Basen mit Schaftansatz (s. **II.22**) erhalten, Profil beschädigt. *AO*: keine Angabe; *Datierung*: 3. D. 4. Jh. (Dirschedl 2013, 341); *Maße*: H Basis 0,205. H UT 0,065. H Sc 0,085. H OT 0,055 rek. Dm UT ca. 0,90. Dm Sc ca. 0,74. rek. Dm uPl ca. 0,84. Dm oPl ca. 0,765. Dm OT ca. 0,77 (Dirschedl 2013); *Literatur*: Broneer 1954, 47 Abb. 25. Taf. 11,3. Dirschedl 2013, 341 A/A 4.

I.27 Basis, Korinth (Korinthia), Untere Peirene-Quelle, Abb. 119
Attischer Typus. Alle Basen der Halbsäulen sowie der Antenpfeiler erhalten, in situ. *Datierung*: (s. Denkmäler-Überblick); *Maße*: uSdm 0,20. oSdm 0,182. H Säulen Kammer 1–6: 1,65. 1,65. 1,60. 1,60. 1,60. 1,75 (Hill 1964, 40–44); *Literatur*: Hill 1964, 40 Abb. 18. Taf. 8. Robinson 2011, 149 Abb. 79. Taf. 7. Roux 1961, 354.417.

I.28 Basis, Lousoi (Arkadien, heute Achaia), Peristylhaus, Abb. 120–121
Attischer Typus Variante B. Eine der urspr. zwei Basen, in situ. Sehr guter Erhaltungszustand, kaum Verwitterungsspuren, teilweise leicht bestoßen. Feine Zahneisenspuren erhalten sowie feine horizontal verlaufende Linie an Scheitelpunkt des oberen Torus erkennbar. Kalkstein (sehr feinkörnig). *AO*: am Ort; *Datierung*: späthellenistisch, vor 2. H. 1. Jh. (Zerstörungsphase, Neubau); *Maße*: uTdm 0,515. H uT 0,045. Tr Dm 0,413. H Tr 0,045. oTdm 0,455. H oT 0,03. (Autopsie Verf. 2014); *Literatur*: Mitsopoulos-Leon – Glaser 1984, 139–140, Abb. 4; Mitsopoulos-Leon – Glaser 1985, 13 Abb. 1.

I.29 Basis, Megalopolis (Arkadien), Hieropoion, Abb. 122
Attischer Typus, Abwandlung. Als Spolie im Fundament des Eingangsraumes im Südtrakt des Staatsgebäudes gefunden. Travertinit. *AO*: Megalopolis, Depot (Inv. Nr. 179); *Datierung*: Mitte 4. Jh. bis frühes 3. Jh.; *Maße*: H ges. erh. 0,327. H uT 0,057. Dm uT 0,898. Dm Apophyge 0,75. uSdm 0,67; *Literatur*: Lauter-Bufe – Lauter 2011, 116. Taf. 77b.

I.30 Basis, Megalopolis (Arkadien), Philipps-Stoa, Abb. 123–126

I.30 a: Attischer Typus Variante B. Zehn der insg. vierundfünfzig ionischen Säulen erhalten, teilw. in situ. Kalkstein. *AO*: vor Ort, ein Exemplar seit 1995 im Depot in Megalopolis, (Inv. Nr. 100a. 133a. 134a. 135a. 110a. 168a. 136a. 137. 125. 155b.); *Datierung*: 359–336 oder kurz danach (Dirschedl 2013); *Maße*: siehe Lauter-Bufe 2014, 87–92; *Literatur*: Dirschedl 2013; Gardner 1892, Taf. 16; Lauter-Bufe 2014, 87–92. Taf. 45a. 49a. 50a. 74.

I.30 b: Basis einer Pfeilerhalbsäule. Typus unbekannt. Über Postament erhebt sich ein Kyma reversa-Profil. Guter Erhaltungszustand, leichte Verwitterungsspuren. Kalkstein; *AO*: am Ort, aufgesetzt auf das danebenstehende Postament Inv. Nr. 122. (Inv. Nr. 321); *Datierung*: um 340 (s. Datierung Philipps-Stoa); *Maße*: H Postament 0,198. H Basis 0,04; *Literatur*: Lauter-Bufe 2014, 45–46. 98–99. Taf. 57. 91. 92.

I.31 Basis, Megalopolis (Arkadien), Zeus Soter-Heiligtum? Abb. 127

Attischer Typus, Variante B. Zwei Basisfragmente, eines mit Schaftansatz (heute verschollen), das andere kann dem Soterion nicht mit Sicherheit zugeordnet werden. Travertin mit Stucküberzug. *AO*: am Ort (Inv. Nr. BGK 169. Nr.12 ist verschollen); *Datierung*: s. Denkmäler-Überblick; *Maße*: H 0,21. Dm T 0,838 (Lauter-Bufe 2009); *Literatur*: Lauter-Bufe 2009, 48 Nr.8. 49 Nr. 12. 55–57. Taf. 83b. Taf. 84b.

I.32 Basis, Megalopolis (Arkadien), Abb. 128–129

Attischer Typus Variante B. Basis einer Pfeilerhalbsäule (siehe auch **II.27** Schaft). Streufund im Feld, östlich der modernen Straße, auf der Höhe der Philippeios Stoa (Lauter-Bufe 2014, 99). Oberfläche verwittert. Kalkstein, feinporig, von Kalzitadern durchzogen. Eine Zugehörigkeit zur Philipps-Stoa ist nicht gesichert, könnte als Fensterarchitektur in einem oberen Geschoss der Exedren gesessen haben, oder auch Teil eines Wohnhaus gewesen sein (Lauter-Bufe 2014). *AO*: Lapidarium, Philippeios Stoa, östliches Ende der Halle (Inv. Nr. 322); *Datierung*: terminus post quem: ersten Beispiele des Basistypus A/B (**I.30 a** Megalopolis, Philipps-Stoa 340); *Maße*: erh. H 0,47. erh. T max. 0,613. T erh. 0,631. Dicke max. 0,21; u. Dm Halbsäule auf Apophyge 0,21, oberhalb 0,16; H Basis unterhalb Apophyge 0,09 (Lauter-Bufe 2014, 99); *Literatur*: Lauter-Bufe 2014, 46–47. 99. Taf. 58. 90.

I.33 Antenbasis und Toichobatprofil, Messene (Messenien), Asklepiostempel, Abb. 130

Pergamenische Sonderform Markttempel (s. Dirschedl 2013, 451 Son Markt 1). Alle vier Antenbasen der Cella des Asklepiostempels, sowie das umlaufende Toichobatprofil. Kalkstein. *AO*: Museum, Messene (Inv.Nr. Z. 10. 20. 51. 69); *Datierung*: frühes 2. Jh. (s. Denkmäler-Überblick), vergleichbar mit den Formen „Son Markt 1" und „Son Eum 1" bei Dirschedl 2013, 451; *Maße*: H Plinthe ca. 0,071. H T ca. 0,066. H Plättchen ca. 0,01. H KR ca. 0,095 (abgegriffen von Sioumpara 2011, 84 Abb. 42); *Literatur*: Sioumpara 2011, 84 Abb. 42.

I.34 Basis, Messene (Messenien), Asklepieion, Stoai, Abb. 131
Attisch Variante A. 20 Basen erhalten. Basis mit Schaftansatz (**II.28**) von der inneren (uSdm größer) und äußeren (uSdm kleiner) korinthischen Kolonnade erhalten. Poros mit Stucküberzug. *AO*: in situ (B04. 09); *Datierung*: siehe Gebäude-Überblick; *Maße*: H Basis 0,588 und 0,574. Dm uT 0,710 und 0,675 (Maße im Schnitt für die Innen- und Außenkolonnade, Hayashida u. a. 2013, 27); *Literatur*: Dirschedl 2013, 344 A/A 20. Taf.60,6; Hayashida u. a. 2013, 27. Taf. 10, a. 75, c. d. Orlandos 1958, 180. 179. 183 Abb. 2. Taf. 140 a; 142 a; Orlandos 1959, 162 Taf. 136 a; Orlandos 1960, 210 Taf. 162 a; Orlandos 1962, 99 Taf. 103 a; Orlandos 1963, Taf. 95 a; Kaltsas 1989, 22 Abb. 12. 14.

I.35 Basis, Messene (Messenien), Asklepieion, Bouleuterion (Eingang), Abb. 132
Attischer Typus, Variante A. Nach Dirschedl sind beide Basen der Halbsäulenpilaster im Eingang des Bouleuterions in situ (Dirschedl 2013, 344). Der Zugang zum Bouleuterion scheint jedoch über zweimal zwei Halbsäulenpilaster erfolgt zu sein (s. bspw. Hayashida u. a. 2013, Taf. 1c). Oberfläche der Basen ist stark verwittert. Kalkstein. *AO*: in situ; *Datierung*: ca. 1. H. 2. Jh. (Dirschedl 2013); *Maße*: keine Angaben; *Literatur*: Dirschedl 2013, 344 A/A21; Orlandos 1960, 220–223 mit Abb. 5. Taf. 166; Wannagat 1995, Abb. 112. 113.

I.36 Basis, Messene (Messenien), Asklepieion, Nordpropylon, Abb. 137
Attisch Variante A. Beide Säulenbasen mit Schaftansatz (s. **II.29**) sowie beide Antenbasen des südlichen Teils (Treppe), in situ. Poros mit Stucküberzug. *AO*: in situ; *Datierung*: 1. H. 2. Jh. (Dirschedl 2013); *Maße*: H Basis 0,22. Dm uT ca. 0,80. uSdm ca. 0,70 (Dirschedl 2013); *Literatur*: Dirschedl 2013, 344 A/A 19; Hayashida u. a. 2013, 59–64. Taf. 10, b. 60. 61. 62 a. c. Kaltsas 1989, Abb. 12; Müth – Stümpel 2007, 144; Orlandos 1959, 168 Abb. 10. 11. Taf. 141; Orlandos 1960, 220 Abb. 5. Taf. 166a.

I.37 Basis, Messene (Messenien), Asklepieion, Ostpropylon
Attisch Variante A. Beide Basen mit Schaftansätzen der korinthischen Säulen in situ. Kalkstein. *AO*: in situ; *Datierung*: zeitgleich mit Stoai (s. Denkmäler-Überblick); 1. H. 2. Jh. (Dirschedl 2013, 344 A/A 18); *Maße*: keine Angaben; *Literatur*: Dirschedl 2013, 344 A/A 18; Kaltsas 1989, 22; Orlandos 1957, 124 Taf. 55; Orlandos 1960, Taf. 162, a; Wannagat 1995, Abb. 110. 111.

I.38 Basis, Messene (Messenien), Asklepieion, Oikos K
Attisch Variante A. Beide Basen der ionischen Doppelhalbsäulenpilaster am Eingang sowie die je vier Säulen- und Antenbasen im Inneren, in situ. Kalkstein. *AO*: in situ; *Datierung*: ca. 1. H. 2. Jh. (Dirschedl 2013); *Maße*: Eingang: H Basis 0,18. Dm uT ca. 0,57. uSDm ca. 0,45 (Orlandos 1962, 104 mit Abb. 4); *Literatur*: Chlepa 2001, 36–39 mit Abb. 24–27. 43 Abb. 33. 46 Abb. 37; Dirschedl 2013, 344 A/A22; Orlandos 1962, 104 mit Abb. 4. 5. Taf. A'. 108 b. 109 a. b. Keine Detail-Abbildung vorhanden.

I.39 Basis, Messene (Messenien), Brunnenhaus der Arsinoe, Abb. 134–136
Alle: Attischer Typus Variante B.

I.39 a: Mehrere Basen der Halbsäulenpfeiler. Als Spolien aus Bau des 4. Jh. wieder verwendet. Poros, Stuckreste. *AO*: vor Ort (Autopsie Verf. 2014); *Datierung*: s. Denkmäler-Überblick; *Maße*: H Basis 0,125. (Reinholdt 2009, 70 Abb. 103). Dm uT 0,46 (Prakt 1994, 71 Abb. 2).

I.39 b: Mehrere Basen der Vollsäulen, als Spolien aus Bau des 4. Jh. wieder verwendet. Poros, Stuckreste *AO*: am Ort (Autopsie Verf. 2014); *Datierung*: s. Denkmäler-Überblick; *Maße*: H ges. 0,325. H Profil 0,125 (Reinholdt 2009, 77–78 mit Abb. 109); *Literatur*: Felten – Reinholdt 2001, 312 Abb. 3; Prakt 1994, 71 Abb. 2; Reinholdt 2009, 69–83 mit Abb. 101. 103–104. 109–110. 210–211 Kat.-Nr. 012–022. Taf. 3–4. 218–219 Kat.-Nr.067. 069.

I.40 Basis, Messene (Messenien), Nordstoa

I.40 a: Attischer Typus Variante B. Basisprofil der ionischen Halb- und Viertelsäulen sowie der Pfeiler in den Exedrae. Poros? mit Stucküberzug. *AO*: am Ort. (Autopsie Verf. 2014); *Datierung*: siehe Denkmäler-Überblick; *Maße*: keine Angaben; *Literatur*: siehe Denkmäler-Überblick.

I.40 b: Attischer Typus Variante B?. Mehrere Basen der inneren korinthischen Kolonnaden erhalten. Poros? mit Stucküberzug. *AO*: am Ort. (Autopsie Verf. 2014); *Datierung*: siehe Denkmäler-Überblick; *Maße*: keine Angaben; *Literatur*: siehe Denkmäler-Überblick.

I.41 Basis, Nemea (Korinthia), Oikos 9, Abb. 137–139
Peloponnesischer Typus A. Mehrere Basen mit Schaftansätzen (s. **II.33 a**. **II.33 b**) und Basisfragmente im Xenon gefunden, eine Säulenbasis in situ (in Zweitverwendung?). Poros mit Stucküberzug. *AO*: Museum Nemea (A128. 129. 219. 221. 222. 271); *Datierung*: 1. H. 4. Jh. (Dirschedl 2013), Basen in Bau am Anfang des 4. V. des 4. Jhs. "wiederverwendet" (Hill 1966, 33 mit Anm. 73), frühes 5. Jh. (Miller 1992); *Maße*: H erh.: 0,12. B erh. 0,23. H Kymation 0,024. H Torus 0,018 (Dirschedl 2013); *Literatur*: Dirschedl 2013; Hill 1966, 32–33 mit Abb. 6, Nemea 1–2; Miller 1992, 282 Abb. 439–441; 126 Abb. 135; 158 Abb.178.

I.42 Basis, Nemea (Korinthia), Zeustempel, Abb. 139–140
Peloponnesischer Typus A. Mehrere Fragmente der urspr. vierzehn Basen der korinthischen Säulen. (s. **II.34 b** Schaft). Kalkstein mit Stucküberzug. *AO*: keine Angabe; *Datierung*: stilistisch vergleichbar mit Basen aus dem Palast von Vergina, Raum F und den Basen der Paradoi im Theater von Epidauros (Hill 1966), mittlere 2. H. 4. Jh. (Dirschedl 2013); *Maße*: H Basis ca. 0,124. H u Plättchen ca. 0,017. H Kehle ca. 0,051. H Einkerbung ca. 0,003. H. Torus ca. 0,052. H o Plättchen ca. 0,014 (Hill 1966); *Literatur*: Dirschedl 2013, 398 P A 5; Shoe 1936, 71; Hill 1966, 30 ff. Abb. 6 Nemea 4 Taf. 8. 10. 23. 27 F.

I.43 Basis, Olympia (Elis), Bouleuterion, Vorhalle, Abb. 141
Wulstbasis (zweigliedrige Variante) mit Plinthe. Basis mit Schaftansatz (**II.35**) in situ (eine Basis nach Adler u. a. 1892b/1966, 79; drei nach Curtius u. a. 1880, 44). Poros; *Datierung*: s. Denkmäler-Überblick; *Maße*: H Basis ca. 0,07. Dm T ca. 0,52 (Adler u. a. 1892b/1966); *Literatur*: Adler u. a. 1892b/1966, Taf. 57. 58.

I.44 Basis, Olympia (Elis), Gymnasion, Nordhalle, Abb. 142
Scotia-Torus-Basis mit Plinthe. Aus einem Block gearbeitet, mit Säulenschaftansatz (**II.36**). Stück in zwei Teile gebrochen, Oberfläche stark verwittert, Ecken und Kanten sowie Ober- und Unterlager sind stark bestoßen. Muschelkalkstein mit Stucküberzug. Bis 1930 in situ. *AO*: Museum, Depot, Olympia (Autopsie Verf. 2014); *Datierung*: späthellenistisch (Dirschedl 2013); *Maße*: H Basis 0,29. B Plinthe 0,68. (Autopsie Verf. 2014); *Literatur*: Dirschedl 2013, 426 ST10; Mallwitz 1972, 286 Abb. 236. Dörpfeld u. a. 1935/ 1966, 270 Abb. 75. 271 Abb. 76.

I.45 Basis, Olympia (Elis), Gymnasion, Tor, Abb. 143
Attischer Typus, Variante A. Eine von urspr. vierundzwanzig Basen mit Schaftansatz (**II.37**) erhalten (korinthische Ordnung). Stark verwittert. Muschelkalk. *AO*: in situ; *Datierung*: Ende 3. Anfang 2. Jh. (Dirschedl 2013); *Maße*: H ges. 0,215. H Basis ca. 0,185. Dm uT ca. 0,91 (Adler u. a. 1892b/1966); *Literatur*: Adler u. a. 1892b/1966, Taf. 76; Dirschedl 2013, 343; Mallwitz 1972, 286 Abb. 273.

I.46 Basis, Olympia (Elis), Leonidaion, Abb. 144
Scotia-Torus-Basis mit Plinthe. Circa einhundert von einhundertdreiundachtzig Basen erhalten, teilw. in situ. Muschelkalk. *AO*: am Ort; *Datierung*: Mitte 4. Jh. (Shoe 1936); spätes 4. Jh. (Coulton 1977, Abb. 40, 30); 330–320 (Kästner 2012, 536 Kat. 13/23); 3. D. 4. Jh. (Dirschedl 2013); *Maße*: H Basis ges. 0,41. H Plinthe 0,18. H Trochilus 0,83. H Torus ca. 0,055 (Adler u. a. 1892b/1966); *Literatur*: Adler u. a. 1892b/1966, 86. Taf. 65,1. 9; Coulton 1977, 102 Abb. 40, 30; Dirschedl 2013, 424–425 ST4; Kästner 2012, 536 Kat. 13/23; Mallwitz 1972, 248 Abb. 197,5. Taf. 42,2; Miller 1973, 197; Shoe 1936, 147. 180 Taf. 66,9; Svenson-Evers 1996, 386 Abb. 36.

I.47 Basis, Olympia (Elis), Palästra, Exedra VI, Abb. 145
Attischer Typus, Abwandlung. Zahlreiche der urspr. achtundvierzig Basen erhalten. Poros mit Stucküberzug. *AO*: am Ort; *Datierung*: nicht vor 1. H. 2. Jh. (Dirschedl 2013); *Maße*: H Basis 0,098. Dm UT 0,602 (Adler u. a. 1892b/1966); *Literatur*: Adler u. a. 1892b/1966, 119 Abb. 9. 11 Taf. 75, 15; 76, 17; Coulton 1968, 175; Dirschedl 2013, 380 A/Abw 4; Mallwitz 1972, 282 Abb. 233; Wannagat 1995, Abb. 158. 160. 161; Wacker 1996, 16. Abb. 15. 16. 27.

I.48 Basis, Olympia (Elis), Philippeion, Abb. 146
Scotia-Torus-Basis mit Plinthe. Mehrere der urspr. achtzehn Basen der Ringhalle, mit Schaftansatz (**II.41 a**). Einige Basen sind stark beschädigt und verwittert. Poros mit Stucküberzug. *AO*: am Ort, wiederaufgestellt; *Datierung*: 336–335 (Shoe 1936); 330–320 (Coulton 1977); kurz nach 338 (Dirschedl 2013); *Maße*: H ges. 0,476. H Basis 0,31. B Plinthe 0,932 (Kunze – Schleif 1944); *Literatur*: Adler u. a. 1892b/1966, 130. Taf. 81,1; Shoe 1936, 147. 180 Taf. 66,10; Schleif 1944b, 8. 29. Taf. 7. Atlas Blatt 3; Dinsmoor 1950, 236 Abb. 86; Roux 1961, 338; Mallwitz 1972, 132 Abb. 97; Miller 1973, 194–197 mit Abb. 1 B. Taf. 85, 1; Miller 1972, 17. 185; Coulton 1977, 102 Abb. 40, 31; Seiler 1986, 95–96; McCredie u. a. 1992, 123 Abb. 87; Dirschedl 2013, 424 ST1.

I.49 Basis, Olympia (Elis), Ptolemaierweihgeschenk, Abb. 147
Ephesischer Typus. Beide Basen mit Schaftansatz (**II.42**) erhalten. Marmor (Paros). *AO*: vor Ort; *Datierung*: s. Weitere Denkmäler; *Maße*: H Basis 0,529. B Plinthe 1,21 (Hoepfner 1971); *Literatur*: Adler u. a. 1892b/1966, 141–142. Taf. 89, 9. 11; Dirschedl 2013, 186 E 31; Hoepfner 1971, 15 f. 27. 43. 44 Abb. 6 Taf. 6. 7 Beil. 7. 12. 18; Hoepfner 1984, 354. Beil 7. 12; Rumscheid 1994,92 Kat. Nr. 372, 1. Taf. 198, 5.

I.50 Basis, Orchomenos (Arkadien), Agora Nordstoa
Peloponnesischer Typus B (dreigliedrig). Basis mit Schaftansatz (s. **II.43**) Marmor, weiß. *AO*: wiederaufgestellt am Ort; *Datierung*: siehe Denkmäler-Überblick; *Maße*: keine Angaben; *Literatur*: siehe Denkmäler-Überblick.

I.51 Basis, Perachora (Korinthia), Baldachinarchitektur, Abb. 148–149
Peloponnesischer Typus A. 20 Kanneluren. Drei von acht Basen in situ. Poros mit Stucküberzug. *AO*: am Ort; *Datierung*: 420–410 (Shoe 1936); frühes 4. Jh. (Hill 1966); spätestens frühes 4. Jh., um 400 (Plommer – Salviat 1966); frühes 4. Jh. (Dirschedl 2013); *Maße*: H ges. 0,245, davon H Plinthe 0,095 H Basisprofil 0,15 (Plommer – Salviat 1966); für weitere Maße siehe (Dirschedl 2013), 397 P A 2; *Literatur*: Coulton 1964, 129–130. 118 Abb. 118. Taf. 23, e; Dirschedl 2013, 397 P A 2; Payne – Bagenal 1940; Plommer – Salviat 1966, 3 Abb. 4. Taf. 46,5. 47, 1. 4; Shoe 1936, 143. 147. 180 Taf. 66,6.

I.52 Säulenbasis, Perachora (Korinthia), Brunnenhaus, Abb. 150–151

    I.52 a: Attisch, Normalform. Eine von ursp. sechs Basen erhalten. Basis mit Schaftansatz, separates Torus-Fragment. Lokaler Kalkstein mit Stucküberzug. *AO*: vor Ort; *Datierung*: 175–164 (Dirschedl 2013); *Maße*: uSdm 0,43. HB. ca. 0,11 (Tomlinson 1969, 213 Abb. 24); *Literatur*: Dirschedl 2013; Tomlinson 1969, 213 Abb. 24. Taf. 56, c. d; Glaser 1983, 75 Abb. 133. 134.

    I.52 b: Attisch, Normalform. Beide Antenbasen in situ, das Profil ist teilweise stark beschädigt, entspricht jedoch **I.52 a**. Lokaler Kalkstein mit Stucküberzug. *AO*: am Ort; *Literatur*: Tomlinson 1969, 210. 211. Abb. 24. 212. 215.

I.53 Basis, Pheneos (Arkadien, heute Korinthia), Asklepieion, Abb. 152–153

Attischer Typus, Abwandlung. Fünf der urspr. acht Basen mit Schaftansatz (**II.48**) des Weststylobats in situ. Teilweise stark bestoßen, gebrochen und verwittert. Profil rekonstruierbar. Muschelkalk mit Stucküberzug. *AO*: in situ (Inv. Nr. A90. A91. A95. A122. A131); *Datierung*: s. Denkmäler-Überblick; *Maße*: H ges. 0,57. H Basis 0,19. H uT 0,06. H u Plättchen 0,01. H Kehle 0,06. H o T 0,06. Dm u T erh. 0,70. kleinster Dm Kehle 0,60. Dm o T erh. 0,65 (Autopsie Verf. 2014); *Literatur*: nicht publiziert.

I.54 Basis, Sikyon (Korinthia), Bouleuterion, Abb. 154

Peloponnesischer Typus A. Zwei von urspr. sechzehn Basen mit Schaftansatz (II.49) erhalten. Kalkstein. *AO*: in situ; *Datierung*: Beginn 3. Jh. (Dirschedl 2013); *Maße*: H ges. 0,675. H Basis ca. 0,14. Dm uKehle ca. 1,14 (Hill 1966; Orlandos 1941; Orlandos 1941); *Literatur*: Dirschedl 2013, 398–399 P A 7; Hill 1966, 33 Abb. 6; Orlandos 1947, 57–59; Orlandos 1953b, 184 Abb. 1. 2. 4.; Philadelpheus 1926, 177 Abb. 1. 3. 4; Roux 1961, 336. 338.

I.55 Basis, Sikyon (Korinthia), Gymnasion

Attischer Typus, Variante B. Mehrere Basen mit Schaftansatz (**II.50**) erhalten. Nach Dirschedl sind mindestens vier Basen der unteren Osthalle, sowie eine der urspr. zwei Basen des Propylons und beide Basen des Eingangs zum Ephebeion erhalten. (Dirschedl 2013). Poros. *AO*: am Ort; *Datierung*: s. Denkmäler-Überblick; *Maße*: keine Angabe; *Literatur*: Dirschedl 2013, 359 A/B 4; Orlandos 1933, 68–69 mit Abb. 7; Orlandos 1935, 118 mit Abb. 3; Orlandos 1937, 87–88 mit Abb. 1.

I.56 Basis, Sikyon (Korinthia), Theater, Proskenion, Abb. 155

Scotia-Torus-Basis mit Plinthe. Basis eines Halbsäulenpilasters. Poros mit Stucküberzug. *AO*: keine Angabe; *Datierung*: nach 303, vor 251/250 (Dirschedl 2013); *Maße*: uSdm 0,35 (Fossum 1905); *Literatur*: Dirschedl 2013, 425 ST 8; Fossum 1905, 268–269. Taf. 9; Fiechter 1931, 28 Abb. 4.

I.57 Basis, Stymphalos (Arkadien, heute Korinthia), Abb. 156–157
Attischer Typus, Variante B. Basis mit Schaftansatz (**II.52**). Kalkstein? *AO*: Environmental Museum, Stymphalos (Inv.Nr. 7573) (Autopsie Verf. 2014); *Datierung*: nicht vor M. 4. Jh. bzw. nicht vor **I.30 a** (nach Verbreitung des Typus A/B sowie der Verwendung gefüllter Kanneluren, Autopsie Verf. 2014, s. auch Kapitel II.1.1 und II.2.2); *Maße*: H erh. 0,30. H Basis 0,127. H uT 0,039. H Plättchen 0,007. H Tr ca. 0,04. H oT 0,037. H oberes Plättchen 0,007. Dm uT 0,50. Dm oT 0,47 (Autopsie Verf. 2014); *Literatur*: nicht publiziert.

I.58 Basis, Tegea (Arkadien), Athenatempel, Abb. 158–159

I.58 a: Peloponnesischer Typus A. Fragmente der urspr. 15 Basen der korinthischen Halbsäulen der Cella (Dirschedl 2013, 398) mit Schaftansatz (**II.53**). Marmor. *AO*: Stück nicht mehr auffindbar; *Datierung*: s. Denkmäler-Überblick. Basis einige Jahre vor oder nach 350, 3. V. 4. Jh. (Dirschedl 2013); *Maße*: H Basisprofil ges. 0,105. H u Plättchen 0,017. H Kehle 0,035. H Torus 0,049. uSdm 0,77 (Dugas – Berchmans 1924, Taf. 75); *Literatur*: Dirschedl 2013, 398 P A 4; Dugas – Berchmans 1924, 47–48 mit Abb. 17. Taf. 75. 87 C. 89 D; Shoe 1936, 143. 147. 180 Taf. 66,8; Roux 1961, 336. 338; Hill 1966, 33 Abb. 6 unten links; Coulton 1977, 102 Abb. 40, 26; Gruben 1986, 131; Gruben 2001, 138.

I.58 b: Toichobatblöcke. Im Inneren der Cella läuft unterhalb der Säulenbasen entlang des Toichobats ein Profilband, bestehend aus einem Torus (mit doppeltem Flechtband mit Augen), Trochilus, einem umgekehrten Kyma reversa (mit lesbischem Kymation) und Perlstab? Marmor, mit Farbresten (Autopsie Verf. 2014). *AO*: Museum Tegea und in Depot auf Fläche (Autopsie Verf. 2014); *Datierung*: siehe Denkmäler-Überblick; *Maße*: H ges. 0,27. H Profil 0,21. H u Torus 0,063. H u Plättchen 0,01. H Kehle 0,03. H o Plättchen 0,018. H KR 0,066. H Perlstab 0,025 (abgegriffen von Dugas – Berchmans 1924, Taf. 75); *Literatur*: Dugas – Berchmans 1924, 45–46. Taf. 75.

I.59 Basis, Theisoa (Arkadien), sog. Kunstbau, Abb. 160
Mindestens sieben Säulenbasen mit Schaftansätzen (**II.54**). Das Basisprofil besteht aus Kyma reversa, Wulst und Viertelkehle. Kalkstein (grau, lokal). *AO*: vor Ort (Inv. Nr. 73. 75. 93. 129. 167. 206. 208); *Datierung*: siehe Weitere Denkmäler; *Maße*: H Basis 0,09–0,102 (Mattern, Projekt-Theisoa, unveröffentlichte Daten); *Literatur*: Mattern 2012, 105 Abb. 5.

I.60 Basis, Thouria (Messenien), Paleokastro, Gebäude B
Attischer Typus, Variante B? Drei Basen in situ. Stein mit Stucküberzug. *AO*: keine Angabe; *Datierung*: s. Gebäude-Überblick; *Maße*: Sdm 0,38. max. erh. H 0,50; *Literatur*: s. Denkmäler-Überblick.

Teil II: Säulenschäfte

II.1 Säulenschaft, Argos (Argolis), Hypostyler Saal, Abb. 88–89
Vollsäule. 20 Kanneluren. Zu Basis **I.4** zugehörig. Poros. *AO*: keine Angabe; *Datierung*: siehe Denkmäler-Überblick; *Maße*: zu stark verwittert; *Literatur*: siehe Basis **I.4**.

II.2 Säulenschaft, Argos (Argolis), Abb. 202–204
Vollsäule mit 20 Kanneluren. Schaftansatz eines Kapitells (**III.2**), sowie sieben weitere Säulenfragmente. Apophygenansicht Form 3. Kannelurprofil Form 2. Apophygenprofil Form 3. Poros. *AO*: keine Angaben; *Datierung*: siehe Kapitell **III.2**; *Maße*: B Kannelur 0,04. T Kannelur 0,00125. B Steg 0,006 (abgegriffen aus: Roux 1961, 80 Abb. 12); *Literatur*: Roux 1961, 80 Abb. 12. 79 Abb. 1. Taf. 25.

II.3 Säulenschaft, Bassai (Elis) , Apollontempel, Cella, Abb. 161–162

II.3 a: Halbsäule. 20 (11) Kanneluren. Kannelurform 1b. Alle zehn ionischen Halbsäulen der Zungenmauern in situ. Kalkstein. *AO*: am Ort; *Datierung*: siehe Gebäude-Katalog; *Maße*: uSdm 0,660. oSdm 0,544 (Verjüngung um 1/5). B Kannelur unten 0,085/ oben 0,071. B Steg unten 0,009/ oben 0,007 (Cooper 1996a, 287). T Kannelur unten ca. 0,018/ oben ca. 0,15 (Cooper 1996b). uSdm 0,66. SH 4,418 (Cooper 1996b, 316, Tabelle 29–30). *Literatur*: (Cooper 1996b; Cooper 1992), Taf. 23 unten links. 23. 39. 44, 17.

II.3 b: Vollsäule. 20 Kanneluren. Der Schaft im Bereich der Apophyge oberhalb der Basis ist jedoch noch nicht kanneliert. Kannelurform 1b. Schaftansatz der einen korinthischen Säule, in situ. Kalkstein. *AO*: am Ort (CL1–2. 4. 5. 7. CC10); *Datierung*: siehe Gebäude-Katalog; *Maße*: H Kehle ca. 0,055. H KR ca. 0,055. H Torus ca. 0,054. H Plättchen ca. 0,01 (abgegriffen aus Cooper 1992, Taf. 44 rechts); *Literatur*: (Cooper 1992), Taf. 23 unten rechts. 44; 50. Cooper 1996a, 294–295; (Cooper 1996b), Taf. 69a.

II.4 Säulenschaft, Epidauros (Argolis), Abaton-Stoa, Abb. 162–165. 212

II.4 a: Vollsäule. 20 Kanneluren. Poros. Kanneluransicht Form 1b. Apophygenprofil Form 2. *AO*: am Ort.

II.4 b: Halbsäule vor Pfeiler vorgelagert, mit zugehörigem Kapitell (s. **III.8 a**). *AO*: vor Ort; *Datierung*: siehe Basis **I.8** und Denkmäler-Überblick; *Maße*: B Kannelur 0,0727. T Kannelur 0,0172. B Steg 0,0086 (Kabbadias 1891b); *Literatur*: Roux 1961, Taf. 92, 3; Kabbadias 1905, 63–89 mit Abb. 19–22.

II.5 Säulenschaft, Epidauros (Argolis), Gymnasion, Propylon
Einzige erhaltene (unterste) Trommel einer Vollsäule mit 20 Kanneluren. Kalkstein. *AO*: keine Angabe (Inv. Nr.4313); *Datierung*: s. Denkmäler-Überblick; *Maße*: B Kannelur 0,125. B Steg 0,017. uSdm 0,773 (im Kannelurtal gemessen). H 0,634 (Lambrinoudakis – Bouras o. J., 129); *Literatur*: Lambrinoudakis – Bouras o. J., 129.

II.6 Säulenschaft, Epidauros (Argolis), Nord-Ost-Portikus, Abb. 96
Vollsäule mit 20 Kanneluren. Kanneluransicht Form 1b. Kannelurprofil Form 2. *AO*: vor Ort; *Datierung*: s. **I.10** Basis; *Maße*: uSdm 0,52 (auf Stegen gemessen), 0,472 (in Tälern gemessen) (Roux 1961, 296); *Literatur*: Roux 1961, 296 Abb. 90; Kabbadias 1906, 108 Abb. 13; Martin 1951a, 435 mit Anm. 5.

II.7 Säulenschaft, Epidauros (Argolis), Nordpropyläen, Abb. 97. 222–223
Vollsäule mit 20 Kanneluren (der ionischen und korinthischen Ordnung). Kanneluransicht 1b. Apophygenschnitt Form 3 (oben), 1 (unten). Kannelurprofil Form 2. *AO*: Epidauros, Museum; *Datierung*: s. Denkmäler-Überblick; *Maße*: B Kannelur 0,095. T Kannelur 0,0425. B Steg 0,0125 (abgegriffen aus Roux 1961, 260 Abb. 69); *Literatur*: Roux 1961, 258 mit Abb. 67. 259 Abb. 68. 260 Abb. 69.

II.8 Säulenschaft, Epidauros (Argolis), Stadion, Startvorrichtung, Abb. 98. 226
Halbsäule (vor Pfeiler vorgelagert) mit 20 (11) Kanneluren. Kanneluransicht Form 2a. Im unteren Drittel ist der Schaft glatt, im oberen Teil kanneliert. Poros. *AO*: keine Angabe; *Datierung*: s. Denkmäler-Überblick; *Maße*: H glatter Schaft 1,24 (Kabbadias 1903); *Literatur*: Kabbadias 1903, Taf. G, 5–7.

II.9 Säulenschaft, Epidauros (Argolis), Tempel L, Abb. 103. 227–228
II.9 a: Halbsäule (vor Cellawand vorgelagert) mit 20 (13+2x0,5) Kanneluren. Ein Block und ein Fragment der eingebundenen Säulen erhalten. Poros. *AO*: keine Angabe.
II.9 b: Dreiviertelsäule (vor Cellaecken vorgelagert). Die Dreiviertelsäulen können nur anhand der Standspuren auf dem Stylobat rekonstruiert werden, entsprechende Schaftfragmente wurden nicht gefunden.
II.9 c: Vollsäule mit 20 Kanneluren. Zwei Trommelfragmente der sechs Vollsäulen erhalten. Kanneluransicht Form 2a. Kannelurprofil Form 2. Poros mit Stuck. *AO*: keine Angabe; *Datierung*: s. Denkmäler-Überblick; *Maße*: B Kannelur 0,055. T Kannelur 0,025. B Steg 0,01; *Literatur*: Roux 1961, 233 Abb. 55. 234.

II.10 Säulenschaft, Epidauros (Argolis), Theater, Proskenion, Abb. 99. 230–231
II.10 a: Dreiviertelsäule der vorspringenden Ecken mit 20 (16) Kanneluren. Kanneluransicht Form 2a. Kannelurprofil Form 1. Apophygenprofil Form 1. Poros. *AO*: vor Ort.
II.10 b: Halbsäule vor Pfeiler vorgelagert mit 20 (11) Kanneluren. Kanneluransicht Form 2a. Kannelurprofil Form 1. Apophygenprofil Form 1. Poros. *AO*: vor Ort.
II.10 c: Viertelsäule der einspringenden Ecke mit 20 (6) Kanneluren. Kanneluransicht Form 2a. Kannelurprofil Form 1. Apophygenprofil Form 1. Poros. *AO*: vor Ort; *Datierung*: s. Denkmäler-Überblick; *Maße*: B Kannelur 0,049. T Kannelur 0,014. B Steg 0,006 (Gerkan – Müller-Wiener 1961); *Literatur*: Gerkan – Müller-Wiener 1961, 55 Abb. 11; Taf. 18a. c.

II.11 Säulenschaft, Epidauros (Argolis), Tholos, Abb. 102. 351–352
Vollsäule mit 24 Kanneluren (korinthische Ordnung). Apophygenansicht Form 4. Kannelurprofil Form 3. Apophygenprofil Form 1 (oben und unten). Marmor. *AO*: Epidauros, Museum; *Datierung*: s. Denkmäler-Überblick; *Maße*: H Säule ges. (mit Basis und Kapitell) 0,674. uSdm 0,657. oSdm 0,559 (Roux 1961); *Literatur*: Defrasse – Lechat 1895, 113–114; Kabbadias 1891a, 13–14. Taf. 4–5; Roux 1961, 153–154. 141 Abb. 31.

II.12 Säulenschaft, Gortys (Arkadien), Therme, Propylon, Abb. 105. 169. 236

II.12 a: Dreiviertelsäule, vorgelagerte Trommeln in kompletter Höhe erhalten, mit Wandanschluss aus einem Block gearbeitet. 20 (14+2x0,5) Kanneluren. Kannelurabschluss Form 3? In römischer Mauer nahe des Propylons verbaut gefunden. Zugehörig zu Basis **I.17 b**. *AO*: vor Ort auf der Fläche (Inv.Nr. 201. 241).
Datierung: s. **I.17 b**; *Maße*: Inv. Nr. 241: H ges. 1,530; uSdm 0,340. oSdm 0,342 (beide im Kannelurtal gemessen); B Wandblock 0,215. T Wandblock 0,294. Inv. Nr. 201: H ges. 0,862; Sdm 0,320 (im Kannelurtal gemessen); B Wandblock 0,175; T Wandblock 0,245 (Ginouvès 1959, 109 Abb. 135); *Literatur*: Ginouvès 1959, 110 Abb. 136; 109 Abb. 135.

II.12 b: Halbsäule. In römischer Mauer nahe des Propylons verbaut gefunden. 20 (9+2x0,5) Kanneluren. Kannelurabschluss Form 3. Apophygenform oben 1 unten 3 (s. **I.17**. **III.21**). Poros. *AO*: am Ort (s. Schaftansätze unter **I.17**. **III.21**); *Datierung*: s. **I.17 b**; *Maße*: keine Angabe; *Literatur*: s. **I.17**. **III.21**.

II.13 Säulenschaft, Halieis (Argolis)
Doppelhalbsäule, Kannelur stuckiert („cannelures stuquées", wird dem Kapitell **III.23** zugeordnet (Michaud 1971, 875). Das Kapitell **III.23** scheint auf der Abbildung bei McAllister u. a. 2005, Taf. 15a einen glatten Schaftansatz aufzuweisen, weshalb die Zuordnung hier als nicht sicher angesehen wird). Kalkstein. *AO*: keine Angabe; *Datierung*: s. Kapitell **III.23**. *Maße*: keine Angabe; *Literatur*: Michaud 1971, 875.

II.14 Säulenschaft, Kalaureia (Argolis), Stoa A
Vollsäule. 20 Kanneluren. Kanneluransicht Form 2a? Maße: B Kannelur ca. 0,086. B Steg ca. 0,018 (Welter 1941); *Literatur*, *Datierung* und Abb.: s. Basis **I.20**.

II.15 Säulenschaft, Kalaureia (Argolis), Stoa C
Vollsäule mit 20 Kanneluren. Schaft eines Kapitell (**III.34**). Kanneluransicht Form 1a. Kannelurprofil Form 1. Apophygenprofil Form 1; *Datierung*: s. Denkmäler-Überblick; *Maße*: oSdm ca. 0,58. T Kannelur 0,027. B Kannelur 0,084. B Steg 0,009 (Autopsie Verf. 2014); *Literatur* und Abb.: s. **III.24** Kapitell und **I.21** Basis.

II.16 Säulenschaft, Korinth (Korinthia), Asklepieion und Lernakomplex, Propylon der Lerna, Abb. 116
Halbsäule vor Pfeiler vorgelagert. 20 (9+2x0,5) Kanneluren. Drei Schaftfragmente erhalten. Poros mit Stucküberzug. *AO*: keine Angaben; *Datierung*: siehe Denkmäler-Überblick; *Maße*: B Kannelur ca. 0,06. T Kannelur ca. 0,0171. B Steg ca. 0,0128 (Roebuck 1951); *Literatur*: Roebuck 1951, 75. 76 Abb. 22; Taf. 16, 3; 16, 4.

II.17 Säulenschaft, Korinth (Korinthia)
Trommelfragment einer Ecksäule. 14 Kanneluren. Streufund. Poros mit Stucküberzug. *AO*: keine Angaben (Ask. Arch 77); *Datierung*: ? *Maße*: H Schaft 0,66. B 0,165; *Literatur*: Roebuck 1951, 150. Taf. 64, 13.

II.18 Säulenschaft, Korinth (Korinthia)
Trommelfragment. Streufund. Kannelur ist stark beschädigt. Möglicherweise gehört die Trommel zu den Säulen des Propylons. Poros. *AO*: keine Angabe (Ask. Arch 43); *Datierung*: ? *Maße*: H ges. 0,42. Dm ca. 0,32 (Roebuck 1951, 150); *Literatur*: Roebuck 1951, 150. Taf. 64, 14.

II.19 Säulenschaft, Korinth (Korinthia)
Trommelfragment einer eingebundenen Säule. Streufund. Poros. *AO*: keine Angabe (Ask. Arch. 44); *Datierung*: ? *Maße*: H ges. 0,44. Dm ca. 0,29. B 0,24 (Roebuck 1951, 150); *Literatur*: Roebuck 1951, 150. Taf. 64, 15.

II.20 Säulenschaft, Korinth (Korinthia), Abb. 117
Schaft mit dazugehörender Basis (s. **I.25**). Vollsäule. Nicht kanneliert, glatter Schaft. Streufund. Poros mit Stucküberzug. *AO*: keine Angabe (Ask. Arch. 157); *Datierung*: ? *Maße*: SDm 0,315 (Roebuck 1951, 148 Abb. 28); *Literatur*: Roebuck 1951, 148 Abb. 28, 16; Taf 64, 16.

II.21 Säulenschaft, Korinth (Korinthia), untere Peirene-Quelle, Abb. 119. 170. 254–255
Halbsäule. 24? (13) Kanneluren. Alle Halbsäulen der sechs Kammern erhalten, in situ. Teilweise sehr stark verwittert. Poros mit Stucküberzug. Kanneluransicht Form 2b. Apophygenform 2; *Datierung*: (s. Denkmäler-Überblick); *Maße*: B Kannelur ca. 0,025. T Kannelur ca. 0,009. B Steg ca. 0,005 (Kammer II, Autopsie Verf. 2014); *Literatur*: Hill 1964, 40 Abb. 18. Taf. 8; Robinson 2011, 149 Abb. 79. Taf. 7; Roux 1961, 354. 417.

II.22 Säulenschaft, Korinth (Korinthia), Südstoa, Abb. 118. 246–246
Vollsäule. 20 Kanneluren. Säulenschaft zu **I.26** Basis zugehörig. Außerdem eine untere Säulentrommel gefunden. Poros mit Stucküberzug. Kannelurabschluss 1b. Apophygenform 3. *AO*: keine Angabe; *Datierung*: 3. D. 4. Jh. (Dirschedl 2013, 341); *Maße*: uSdm ca. 0,71 (Dirschedl 2013) T Kannelur 0,0153. B Kannelur 0,079. B Steg 0,01 (abgegriffen aus (Broneer 1954); (AO, Datierung, Literatur siehe **I.26**); *Literatur*: Broneer 1954, 47 Abb. 25. Taf. 11,3; Dirschedl 2013, 341 A/A 4.

II.23 Säulenschaft, Lousoi (Arkadien, heute Achaia), Peristylhaus, Abb. 124–125; Vollsäule ohne Kannelur, Schaft glatt. Schaftansatz einer Basis (**I.28**). *AO*: am Ort; *Datierung*: s. Basis **I.28**; *Maße*: uSdm 0,395 (Autopsie Verf. 2014); *Literatur*: Mitsopoulos-Leon – Glaser 1984, 139–140, Abb. 4; Mitsopoulos-Leon – Glaser 1985, 13 Abb. 1.

II.24 Säulenschaft, Megalopolis (Arkadien), Bouleuterion I, Abb. 263–264
Viertelsäule, kanneliert (zu Kapitell **III.35** gehörend). Stark bestoßen und verwittert. Kanneluransicht Form 2b? *FO*: im Inneren des Rathaussaales nahe Westwand, ungefähr 6 m südlich der Nordwand; Niveau ca. -2,40 m. Der stratigraphische Zusammenhang mit dem Neubau des Bouleuterion II ist wahrscheinlich, jedoch nicht gesichert. *AO*: Megalopoli, Archaiologike Sylloge (Inv. Nr. 323); *Datierung*: Mitte 4. Jh. (Lauter-Bufe – Lauter 2011); *Maße*: H ges. gebr. 0,232. oSdm ca. 0,12; *Literatur*: Lauter-Bufe – Lauter 2011, Taf. 77a. 66a. Lauter – Spyropoulos 1998, 435–436 Abb. 29. 30 mit Anm. 56.

II.25 Säulenschaft, Megalopolis (Arkadien), Philipps-Stoa, Abb. 124–126. 171–175
II.25 a: Vollsäule. 20 Kanneluren. Kanneluren mit Rundstabfüllung im kompletten unteren Schaftteil. Der obere Schaftteil von ca. 1 m Höhe, kann spitze Kannelurgrate aufweisen. Kannelurabschluss Form 1a. Apophygen-Form 2. Siebenundvierzig Schaftfragmente erhalten. Kalkstein. (*AO* und Inv. Nr. siehe Katalogeinträge 69–106 bei (Lauter-Bufe 2014), 88–96); *Maße*: H gefüllte Kannelur 1,72. H Säule 5,56. uSdm 0,7. oSdm 0,61 (Lauter-Bufe 2014, 34) T Kannelur 0,025. B Kannelur u. 0,08 o. 0,077. B Steg u. 0,0192 o. 0,018 61 (Lauter-Bufe 2014, 94 Kat.100); *Literatur*: Lauter-Bufe 2014, 88–96. Taf. 51. 73. 94b.

II.25 b: Vollsäule. 20 Kanneluren. Kanneluren mit Rundstabfüllung in Teilen des unteren Schaftteils (Inv. Nr. 200: vierzehn konvexe, sechs konkave Kanneluren). Kannelurabschluss Form 1b. Sechs Trommeln ionisch-korinthischer Säulen erhalten. Lauter-Bufe rekonstruiert diese in den Exedren (Lauter-Bufe 2014). Travertin. AO: im Museum von Megalopolis (Inv.Nr. 200), am Ort auf dem Frontfundament des West-Risaliten (Inv. Nr.201–204), auf dem Stylobat der Ost-Exedra (Inv.Nr. 207); *Datierung*: 340 (s. Datierung Philipps-Stoa); *Maße*: H Säule ges. 5,40 (Lauter-Bufe 2014).T Kannelur ca. 0,036. B Kannelur 0,072. B Steg 0,012 (Autopsie Verf. 2014); *Literatur*: Lauter-Bufe 2014, 38–40. 96–97. Taf. 88c.

II.25 c: Halbsäule. 20 (9+2x0,5) Kanneluren. Kalkstein. *AO*: auf **I.30 b** Basis aufgestellt (Inv.Nr. 320); *Maße*: B Kannelur 0,052. B Steg 0,016 (Lauter-Bufe 2014). H Schaft und Pfeiler 1,263. B Pfeiler hinten 0,445. vorne 0,45. Dm Halbsäule 0,45. Radius 0,21; T Pfeiler mit Schaft (und ergänztem Fußprofil, einem Torus) 0,76, davon T Pfeiler 0,53. (Lauter-Bufe 2014, 99); *Literatur*: Lauter-Bufe 2014, 98–99. Taf. 57. 91. 92.

II.26 Säulenschaft, Megalopolis (Arkadien), Zeus Soter-Heiligtum, Abb. 127. 176–178
II.26 a: Vollsäule mit 20 Kanneluren. Kanneluren im kompletten unteren Teil des Schaftes gefüllt. Drei Trommeln sind komplett erhalten. *FO*: Außerhalb des Soterions, bei Nordpropylon. Kalkstein. *AO*: am Ort (Inv. Nr. BGK 143. 144. 145); *Datierung*: s. Denkmäler-Überblick; *Maße*: BGK 143 (mittleres Schaftstück): L 1,185. uSdm 0,64. oSdm ca. 0,61. BGK 144 (unter BGK 143): L 1,83. L gefüllte Kannelur 1,60. oSdm 0,64. uSdm 0,703. BGK 145 (ein unteres Schaftstück): L Schaft 2,09. L gefüllte Kannelur 1,50. uSdm 0,695–0,70. oSdm 0,66 (Lauter-Bufe 2009); *Literatur*: Lauter-Bufe 2009, 49–50 Nr. 15–17. 55–65. Taf. 66–68.

II.26 b: Vollsäule? Schaftansatz einer Basis (**I.31**). Kanneluren gefüllt (nach Gardner 1892, 57 Abb. 53). Travertin mit Stucküberzug. *AO*: verschollen; *Datierung*: s. Denkmäler-Überblick; *Maße*: B Kannelur 0,01016. uSdm errechnet 0,65 (Lauter-Bufe 2009); *Literatur*: Gardner 1892, 57 Abb. 53; Lauter-Bufe 2009, 49 Nr. 12. 55–57. Taf. 84b.

II.27 Säulenschaft, Megalopolis (Arkadien), Abb. 128–129

Schaft der Pfeilerhalbsäule (siehe **I.32** Basis). Etwa zwei Drittel der Gesamthöhe sind weggebrochen. 20 (11) Kanneluren. Die mittig gelegene Kannelur ist am breitesten, während die anderen Kanneluren zu beiden Seiten gleichmäßig an Breite abnehmen; *Maße*: Kannelur mittig: B ca. 0,0312. T ca. 0,004. B Steg ca. 0,004. Kannelur außen: B ca. 0,012. T ca. 0,003. B Steg ca. 0,004 (Lauter-Bufe 2014); Zu *AO, Datierung, Literatur* siehe **I.32**.

II.28 Säulenschaft, Messene (Messenien), Asklepieion, Stoai, Abb. 130

Vollsäule mit 20 Kanneluren (korinthische Ordnung). Sechsunddreißig Trommeln sind komplett erhalten. Zugehörige Basen s. **I.34**. Die Schäfte weisen fünf verschiedene Kannelierungsarten auf: A-Typ: alle Kanneluren im Bossemantel, B-Typ: nur der untere Teil der Kannelur ist im Bossemantel, C-Typ: komplett kanneliert, D-Typ: elf von 20 Kanneluren sind kanneliert, neun im Bossemantel, E-Typ: untere Kannelur wie bei D-Typ. obere komplett kanneliert. Kanneluransicht Form 2b. Poros mit Stucküberzug. *AO*: vor Ort. (Inv. Nr.: A-Typ: D03. B-Typ: D20. C-Typ: D06. D48. D-Typ: D22. E-Typ: D31); *Datierung*: s. Denkmäler-Überblick; *Maße*: L Trommel A-Typ 1,118. B-Typ 1,050. C-Typ 0,970. D-Typ 1,038. E-Typ: 1,063. (Maße jeweils im Schnitt angegeben, Hayashida u. a. 2013, 26. 158 Tabelle 13). H Schaft äußere Kolonnade 4,240. innere Kolonnade 4,401 (Hayashida u. a. 2013, 31); *Literatur*: Hayashida u. a. 2013, 31 Anm. 5. zum A-Typ: Taf. 11a, 75e; B-Typ: Taf. 12a, 76a; C-Typ: Taf. 11b, 75f.; Taf. 12a, 76d; D-Typ: Taf. 11a, 76b; E-Typ: Taf. 11b, 76c. Taf. 78 b. Themelis 1999, 62 Abb. 43.

II.29 Säulenschaft, Messene (Messenien), Asklepieion, Nordpropylon

Vollsäule mit 20 Kanneluren im Bossemantel (die Stege sind angedeutet, die Kanneluren sind jedoch nicht vertieft, sondern in Bosse). Kannelurabschluss Form 1a; *Maße*: uSdm 0,698 (Hayashida u. a. 2013, 61); *Datierung*: zeitgleich Stoai (s. **I.36** und Denkmäler-Überblick Asklepieion, Stoai); *Literatur*: Hayashida u. a. 2013, 61.

II.30 Säulenschaft, Messene (Messenien), Asklepieion, Oikos K

Vollsäule mit 24 Kanneluren. Rundstabfüllung im unteren Drittel des Schaftes. Kanneluransicht Form 1a. Apophygen-Schnitt Form 2. Poros. *AO*: am Ort. (Autopsie Verf. 2014); *Datierung*: siehe Gebäudeüberblick; *Maße*: ud ca. 0,45 (abgegriffen aus Chlepa 2001, 43 Abb. 33), B Kannelur ca. 0,042. B Steg ca. 0,015 (abgegriffen aus Chlepa 2001, 51 Abb. 43); *Literatur*: Chlepa 2001, 43–51 mit Abb. 33–43; Daux 1963, 776 Abb. 12–13.

II.31 Säulenschaft, Messene (Messenien), Brunnenhaus der Arsinoe, Abb. 134–136. 197–182

II.31 a: Halbsäule (vor Pfeiler vorgelagert) mit 16 (7+2x0,5) Kanneluren. Kanneluransicht Form 2b. Poros, Stuckreste *AO*: vor Ort; *Datierung*: s. Denkmäler-Überblick; *Maße*: B Kannelur 0,045. T Kannelur 0,01. B Steg 0,007 (Reinholdt 2009, 215 Kat.Nr. 50); *Literatur*: Reinholdt 2009, 72. 212–214 Kat.Nr. 023–041; Taf. 3–11. Felten – Reinholdt 2001, 312 Abb. 3; Prakt 1994, 4.

II.31 b: Vollsäule, teilkanneliert mit 20 Kanneluren (wobei 5 davon nicht ausgearbeitet sind). Poros, Stuckreste. *AO*: vor Ort; *Maße*: Kannelurmaße entsprechen II.31 a (Reinholdt 2009, 77); *Datierung*: s. Denkmäler-Überblick; *Literatur*: Reinholdt 2009, 77–80 mit Abb. 109. 81 Abb. 110. 219–220 Kat.-Nr. 070–077.

II.32 Säulenschaft, Messene (Messenien), Nordstoa

II.32 a: Vollsäule mit 20 Kanneluren. Mehrere Säulentrommeln erhalten. Apophygen-Schnitt 3 (unten). Poros? mit Stucküberzug. *AO*: vor Ort. (Autopsie Verf. 2014); *Datierung*: siehe Denkmäler-Überblick; *Maße*: keine Angabe; *Literatur*: siehe Denkmäler-Überblick.

II.32 b: Exedra. Viertelsäule mit 20 (4+2x0,5) Kanneluren. Kanneluransicht Form 1a. Poros? mit Stucküberzug. *AO*: vor Ort. (Autopsie 2. Exedra von Westen, Verf. 2014); *Datierung*: siehe Denkmäler-Überblick; *Maße*: keine Angabe; *Literatur*: siehe Denkmäler-Überblick.

II.32 c: Exedra. Doppelhalbsäulenpfeiler mit 20 (10) Kanneluren. Kanneluransicht Form 1a. Poros? mit Stucküberzug. *AO*: vor Ort. (Autopsie 2. Exedra von Westen, Verf. 2014); *Datierung*: siehe Denkmäler-Überblick; *Maße*: keine Angabe; *Literatur*: siehe Denkmäler-Überblick.

II.33 Säulenschaft, Nemea (Korinthia), Oikos 9, Abb. 183–184. 276–281

II.33 a: Ecksäule, vor Ecke eines Pfeilers vorgelagert. Zugehörig zu Eckkapitell (**II.42 a**). 20 (14+2x0,5) Kanneluren. Kanneluransicht Form 1a, zusätzlich mit Zungen-Motiv im Kannelurtal verziert. Apophygenform 1. Kalkstein. *AO*: Museum Nemea (A244); *Datierung*: s. Denkmäler-Überblick; *Maße*: B Kannelur 0,033. T Kannelur 0,005. B Steg 0,005. oSdm 0,226 (Verf. Autopsie 2014); *Literatur*: Miller 1992, 281 Abb. 436; 127 Abb. 137a.

II.33 b: Halbsäule, vor Pfeiler vorgelagert. Seitliche Einlassungen für Gitter oder ähnliches. Zugehörig zu Kapitell (**III.42 b**) 20 (9+2x0,5) Kanneluren. Kanneluransicht 1a. Apophygenform 1. Kalkstein. *AO*: Museum Nemea (A128, 129, 131); *Datierung*: s. Denkmäler-Überblick; *Maße*: B Kannelur 0,04. T Kannelur 0,004. B Steg 0,004 (Verf. Autopsie 2014); *Literatur*: Miller 1978, 74 Abb. 4; Taf. 21,e.

II.34 Säulenschaft, Nemea (Korinthia), Zeustempel, Abb. 139–140. 185–187

II.34 a: Viertelsäule in Ecke eines Pfeilers integriert. Zwei Fragmente. 20 (5) Kanneluren. Kalkstein mit Stucküberzug. *AO*: Museum Nemea (A12, ?); *Datierung*: siehe Denkmäler-Überblick; *Maße*: Pfeiler B ges. 0,628. T ges. 0,446. (Hill 1966, Taf. 25 Mitte). B Kannelur 0,05. T Kannelur 0,015. B Steg 0,007 (Autopsie Verf. 2014); *Literatur*: Hill 1966, Abb. 40; Taf. 25 Mitte.

II.34 b: Halbsäulenpfeiler. Zwei Fragmente. 20 (9+2x0,5) Kanneluren. Kanneluransicht 1b. Kalkstein mit Stucküberzug. *AO*: Museum Nemea (A11. 249); *Datierung*: s. Denkmäler-Überblick; *Maße*: B Kannelur 0,039. B Steg 0,009. (Hill 1966, Taf. 25b); *Literatur*: Hill 1966, Abb. 41. Taf. 25b.

II.34 c: Vollsäule. Schäfte zu Basis **I.42** zugehörig. 20 Kanneluren. Kanneluransicht Form 2a. Apophygenform 3 (unten). *AO*: Museum Nemea; *Datierung*: siehe Denkmäler-Überblick; *Maße*: ud 0,84. UD 0,95. B Kannelur 0,119. B Steg 0,015. T Kannelur 0,024 (Hill 1966); *Literatur*: Hill 1966, 30–31 Taf. 23.

II.35 Säulenschaft, Olympia (Elis), Bouleuterion, Vorhalle, Abb. 141.

Vollsäule mit 20 Kanneluren. Schaftansatz einer Basis (**I.43**). Stark verwittert. Kanneluransicht unten Form 2a. Muschelkalk. *AO*: in situ; *Datierung*: s. Denkmäler-Überblick; *Maße*: uSdm 0,41 (Adler u. a. 1892b/1966, Taf. 57); *Literatur*: Adler u. a. 1892b/1966, Taf. 57. 58; Curtius u. a. 1880, 44.

II.36 Säulenschaft, Olympia (Elis), Gymnasion, Nordhalle, Abb. 142

Vollsäule mit glattem Schaft, ohne Kannelur. Muschelkalkstein mit Stucküberzug. *AO*: Museum, Depot, Olympia (Autopsie Verf. 2014); *Datierung*: s. zugehörige Basis **I.44**; *Maße*: uSdm 0,54 (Dörpfeld u. a. 1935/ 1966, 270 Abb. 75); *Literatur*: Dörpfeld u. a. 1935/ 1966, 270 Abb. 75; 271 Abb. 76.

II.37 Säulenschaft, Olympia (Elis), Gymnasion, Tor, Abb. 60

II.37 a: Vollsäule mit 20 Kanneluren.

II.37 b: Halbsäule mit 20 (9+2x0,5) Kanneluren.

Beide: Kanneluransicht Form 2a. Kannelurprofil Form 2. Muschelkalk. *AO*: vor Ort; *Datierung*: s. Denkmäler-Überblick; *Maße*: uSdm 0,67. oSdm 0,55. B Kannelur ca. 0,08. T Kannelur ca. 0,029. B Steg ca. 0,02 (abgegriffen aus (Adler u. a. 1892b/1966); *Literatur*: Adler u. a. 1892b/1966, Taf. 76.

II.38 Säulenschaft, Olympia (Elis), Leonidaion, Abb. 144. 287–288

Vollsäule mit 20 Kanneluren. Kanneluransicht Form 1b. Kannelurprofil Form 1. Apophygenprofil Form 2. Muschelkalk. *AO*: am Ort; *Datierung*: s. Denkmäler-Überblick; *Maße*: UD ca. 0,72. od 0,63. B Kannelur 0,09. B Steg 0,013 (Adler u. a. 1892b/1966); *Literatur*: s. Basis **I.46**.

II.39 Säulenschaft, Olympia (Elis), Leonidaion? Abb. 290–291

Vollsäule mit 20 Kanneluren. Schaftansatz des Kelchkapitells (**II.46 b**). Mallwitz ordnet das Stück als Eckkapitell der Außenordnung des Leonidaions zu (Mallwitz 1988; Herrmann 1996). Kanneluransicht Form 1b. Kannelurprofil Form 2. Apophygenprofil Form 1. *AO*: Museum Olympia, Vorhof (Inv. Nr.1585); *Datierung*: s. Denkmäler-Überblick; *Maße*: oSdm 0,538. B Kannelur ca. 0,7. T Kannelur ca. 0,02 B Steg ca. 0,01 (Adler u. a. 1892b/1966); *Literatur*: Adler u. a. 1892b/1966, 87. Taf. 64, 2. 3. 7. Mallwitz 1988, 124–128. Taf. 42,2.

II.40 Säulenschaft, Olympia (Elis), Palästra, Exedra VI und IX, Abb. 145. 292. 295–296.

II.40 a: Exedra VI: Vollsäule mit 20 (11) Kanneluren – der Bereich der übrigen neun Kanneluren ist glatt belassen. Kanneluransicht Form 2a. Kannelurprofil Form 1. Apophygenprofil Form 1. *AO*: am Ort; *Datierung*: s. Denkmäler-Überblick; *Maße*: S Höhe 3,532–3,535. uSdm 0,498.T Kannelur 0,122. B Steg 0,012. B Kannelur 0,055. H glatter Schaftteil 1,842 (Adler u. a. 1892b/1966); *Literatur*: Adler u. a. 1892b/1966, 119. Taf. 74, 1. 17. Wacker 1996, 43 Abb. 15. 16. 27.

II.40 b: Exedra IX: Vollsäule mit 20 (11) Kanneluren – der Bereich der übrigen 9 Kanneluren ist glatt belassen. Kanneluransicht Form 1b. Kannelurprofil Form 2. Apophygenprofil Form 3. *AO*: am Ort; *Datierung*: s. Denkmäler-Überblick; *Maße*: H Säule 3,84. uSdm 0,498. T Kannelur 0,007. B Steg 0,013. B Kannelur 0,05 (Adler u. a. 1892b/1966); *Literatur*: Adler u. a. 1892b/1966, 119 Taf. 74, 2. 8. 11; Wacker 1996, 43 Abb. 26.

II.41 Säulenschaft, Olympia (Elis), Philippeion, Abb. 188–191

II.41 a: Vollsäule mit 24 Kanneluren. Kanneluransicht Form 2b. Apophygenprofil Form 1. Kannelurprofil Form 2. Poros. *AO*: am Ort; *Datierung*: s. Denkmäler-Überblick; *Maße*: uSdm 0,638. oSdm 0,56. B Kannelur 0,065. T Kannelur 0,025. B Steg 0,07 (Kunze – Schleif 1944); *Literatur*: Kunze – Schleif 1944, Atlas Blatt 3–5.

II.41 b: Halbsäule mit 20 (9+ 2x0,5) Kanneluren. Kanneluransicht Form 2b. Kannelurprofil Form 2. Apophygenprofil Form 1. *AO*: am Ort; *Datierung*: s. Denkmäler-Überblick; *Maße*: B Kannelur ca. 0,05. T Kannelur ca. 0,021. B Steg ca. 0,009 (Adler u. a. 1892b/1966); *Literatur*: Adler u. a. 1892b/1966, 129–130; Adler u. a. 1892a/1966, Taf. 81; Schleif 1944a, 15–19 mit Abb. 3. Taf. 13. Atlas Blatt 2; Seiler 1986, 96–98.

II.42 Säulenschaft, Olympia (Elis), Ptolemaierweihgeschenk, Abb. 147. 192. 301–302

Vollsäule mit 24 Kanneluren. Alle Trommeln der beiden Säulen erhalten. Perlstab als oberer, Rundstab als unterer Abschluss. Kanneluransicht Form 2b. Kannelurprofil Form 2. Apophygenprofil Form 1. *AO*: vor Ort; *Datierung*: Dedikationsinschrift für Ptolemaios II. (285–246) und Arsinoe von Kallikrates Boiskou auf den Plinthen: 278–270 (Dittenberger – Purgold 1966/1896; Hoepfner 1971); *Maße*: uSdm 0,962. oSdm 0,84. B Kannelur unten 0,11. T Kannelur unten 0,056. B Steg unten 0,014 (Hoepfner 1971); *Literatur*: Hoepfner 1971, Beil. 12. 15. 18. 20.

II.43 Säulenschaft, Orchomenos (Arkadien), Agora Nordstoa

Vollsäule mit 20 Kanneluren. Marmor, weiß. Zugehörig zu Basis **I.50**. *AO*: wiederaufgestellt am Ort; *Datierung*: siehe Denkmäler-Überblick; *Maße*: keine Angabe; *Literatur*: siehe Denkmäler-Überblick.

II.44 Säulenschaft, Perachora (Korinthia), Baldachinarchitektur, Abb. 148–149

Vollsäule mit 20 Kanneluren. Poros mit Stucküberzug; *Maße*: uSdm 0,37. oSdm 0,315 (Plommer – Salviat 1966); K Breite 0,055–0,06. K Tiefe 0,007–0,008. B Steg 0,008 (Autopsie Verf. 2014); *Literatur*: (Coulton 1964), Taf. 23, e.

II.45 Säulenschaft, Perachora (Korinthia), Brunnenhaus, Abb. 150. 314
Vollsäule mit 20 Kanneluren. Kannelurform 2. Zwei Fragmente eines Säulenschafts. Lokaler Kalkstein mit Stucküberzug; *Maße*: oSdm 0,37; *Literatur*: Tomlinson 1969, 211 Abb. 24. 213.

II.46 Säulenschaft, Perachora (Korinthia), Stoa am Hafen, Abb. 193. 316
Fünf Fragmente der Halbsäulenpfeiler (1932 noch sechs). Fragment eines Eckpfeilers mit einspringender Ecke in der je zwei Viertelsäulen aneinander stoßen. 20 Kanneluren (9+2x0,5). Kannelurform 2. Apophygenform 1? Poros mit Stucküberzug; *AO*: keine Angabe; *Maße*: uSdm 0,34. Autopsie Verf. 2014: K Breite 0,04. K Tiefe 0,008. B Steg 0,005; *Literatur*: Coulton 1964, 113 Abb. 6; Taf. 23, c. d; Llinas 1965, 489 Abb. 3.

II.47 Säulenschaft, Pheneos (Korinthia), sog. Brunnenhaus, Abb. 194–195. 317. 319
Vollsäule mit 20 Kanneluren (im unteren Bereich: elf Kanneluren, neun Faszien, im oberen Bereich: komplett kanneliert). Drei Trommeln in kompletter Höhe erhalten, zwei weitere gebrochen. Kalkstein mit Stucküberzug. *AO*: Museum, Pheneos (Inv. Nr. A25. A26. A28. A30. A32); *Datierung*: siehe Denkmäler-Überblick; *Maße*: A28: H 0,763. A30: H 0,805. A32: H 0,835. oSdm 0,40 (nach Kapitell A29). uSdm 0,443? (A32). (oSdm 0,40 nach Kapitell A29). A25: T Kannelur 0,025. B Steg 0,013. A28 B Steg 0,012. T Kannelur 0,03. B Kannelur ca. 0,055.; *Literatur*: keine Angabe.

II.48 Vollsäule, Pheneos (Korinthia), Asklepieion, Peristyl, Abb. 152–153
Säulenschäfte der Basen (**I.53**) sowie weitere zahlreiche Säulentrommelfragmente im Bereich des Asklepieions erhalten, die wahrscheinlich ebenfalls zur Säulenstellung des Peristyls gehören. Kanneluransicht unten Form 1a. Kannelurprofil Form 3. Apophygenprofil Form 2.
   II.48 a: Vollsäule mit 20 Kanneluren. Im unteren Bereich des Schaftes sind 6 Kanneluren sowie 14 Faszien ausgeführt.
   II.48 b: Vollsäule mit 20 Kanneluren. Im unteren Bereich des Schaftes sind 10 Kanneluren sowie 10 Faszien ausgeführt.
Muschelkalk mit Stucküberzug. *AO*: vor Ort (Inv. Nr.: A15. A35. A36. A38–46. A63. A65. A81. A82. A121); *Datierung*: siehe Denkmäler-Überblick; *Maße*: ud ca. 0,53. DU ca. 0,58. B Kannelur 0,07. B Steg ca. 0,015. T Kannelur ca. 0,02 (Autopsie Verf. 2014); *Literatur*: siehe Denkmäler-Überblick.

II.49 Säulenschaft, Sikyon (Korinthia), Bouleuterion, Abb. 154
Vollsäule mit 20 Kanneluren. Säulenschäfte von zwei Basen (**I.54**). Kanneluransicht unten Form 2a. Kannelurprofil Form 2. Apophygenprofil Form 3 unten. *AO*: in situ.
Datierung: s. Denkmäler-Überblick; *Maße*: B Kannelur ca. 0,116. T Kannelur ca. 0,033. B Steg 0,0248 (abgegriffen aus (Orlandos 1947); *Literatur*: Orlandos 1947, 56–60 mit Abb. 1. 2.

II.50 Säulenschaft, Sikyon (Korinthia), Gymnasion
Vollsäule mit 20 Kanneluren. Säulenschaft der Basen **I.55**. Kanneluransicht unten Form 1b. Kannelurprofil Form 3. Apophygenprofil Form 2. (Autopsie Verf. 2014). Poros. *AO*: am Ort; *Datierung*: s. Denkmäler-Überblick; *Maße*: keine Angaben; *Literatur*: Dirschedl 2013, 359 A/B 4; Orlandos 1933, 68–69 mit Abb. 7; Orlandos 1935, 118 mit Abb. 3; Orlandos 1937, 87–88 mit Abb. 1.

II.51 Säulenschaft, Stymphalos (Arkadien, heute Korinthia), Abb. 196–198
Doppelhalbsäulenpfeiler. 18 (9) Kanneluren? Höhe und Tiefe sind erhalten, in Breite jedoch gebrochen, sodass nur jeweils sieben Kanneluren auf jeder Seite erhalten sind. Auf Lagerfläche sind Konstruktionslinien der Halbsäulen erhalten. Kalkstein mit Stucküberzug. *AO*: Environmental Museum Stymphalos (Inv. Nr. 4654); *Datierung*: (Tafel im Museum datiert Stück in hellenistische Zeit); *Maße*: H 0,30. T 0,44. B erh. 0,174. B Kannelur 0,025. T Kannelur ca. 0,01. B Steg 0,007 (Autopsie Verf. 2014); *Literatur*: Williams 1995, 20. 21 Abb. 6.

II.52 Säulenschaft, Stymphalos (Arkadien, heute Korinthia), Abb. 156–157. 199
Vollsäule mit 20 Kanneluren (vierzehn als Faszien, sechs als Kannelur). Schaft der Basis (**I.57**). Kanneluransicht unten Form 2a. Kannelurprofil Form 2. Apophygenprofil unten Form 2. Kalkstein? *AO*: Environmental Museum Stymphalos (7573); *Datierung*: ? *Maße*: uSdm 0,346. B Kannelur ca. 0,055. T Kannelur ca. 0,014. B Steg ca. 0,01 (Autopsie Verf. 2014); *Literatur*: keine Angabe.

II.53 Säulenschaft, Tegea (Arkadien), Athenatempel, Abb. 158–159
Halbsäule (korinthische Ordnung), 20 (11) Kanneluren. Kannelurabschluss Form 2. Apophygenform 3. Kannelur horizontales Profil Form 2. Marmor. *AO*: vor Ort? *Datierung*: siehe Denkmäler-Überblick; *Maße*: B Kannelur ca. 0,088. T Kannelur 0,033. B Steg ca. 0,015 (Hill 1966); *Literatur*: siehe Basis **I.58 a**.

II.54 Säulenschaft, Theisoa (Arkadien), dorischer Bau, Abb. 160
Zahlreiche Säulentrommeln mit 20 Kanneluren, teilweise mit Basis (**I.59**). Mehrere Schäfte weisen sowohl eine dorische als auch eine ionische Kannelur auf, die Anzahl der jeweiligen Ausführung kann jedoch nicht mehr bestimmt werden, da bei keinem der entsprechenden Beispiele alle Kanneluren erhalten sind (Mattern 2012, 105). *AO*: vor Ort; *Datierung*: siehe Weitere Denkmäler; *Maße*: B ion. Kannelur 0,067–0,095. T ion. Kannelur 0,07–0,01. (Mattern, Projekt-Theisoa); *Literatur*: Mattern 2012, 105.

Teil III: Kapitelle

III.1 Konsolkapitell, Amyklai (Lakonien), Thronbau des Apollon, Abb. 200–201
Drei Konsolkapitelle, Mischform (ionische und dorische Elemente). Stücke setzen sich aus: einer Art dorischem Kapitell mit Echinus, einer großen Volute, die sich fließend aus dem ‚Säulenschaft' entwickelt und die Abakusplatte stützt. Zusätzlich sind die Zwickel im Bereich der Volute mit Palmettenblättern ausgeschmückt. An einer Seite befindet sich eine Aussparung, wie für eine Einlassung einer Scherwand? Teilweise gebrochen und bestoßen, davon abgesehen sehr guter Erhaltungszustand. Marmor. *AO*: Museum Sparta (Inv. Nr. 929. 930. 5709) (Autopsie Verf. 2014); *Datierung*: siehe Denkmäler-Überblick; *Maße*: Inv. Nr. 930: Dm Schaft 0,315. H 0,394. H Abakus 0,081. L Abakus 0,551 (Fiechter 1918, 146). Inv. Nr. 929: Dm Schaft 0,315. H 0,393. H Abakus 0,081. L Abakus 0,551 (Fiechter 1918, 148); *Literatur*: Buschor – Massow 1927, Taf. 18; Fiechter 1918, 146–148. 147 Abb. 23–25. Taf. 8; Stibbe – Post 1996, 51 Abb. 23.

III.2 Kapitell, Argos (Argolis), Abb. 202–204
Vierseitiges Kapitell mit Schaftansatz (**II.2**). Streufund aus Aspis, Votivkapitell? Voluten gekrümmt, Abakus gerade, Abakusprofil Kyma reversa mit Absatz, Abakusecken spitz, Kanalis konkav mit stegartigem Rand. Poros. *AO*: keine Angabe; *Datierung*: Ende 4./Anf. 3. Jh. (Roux 1961, 80); zeitgleich mit **III.13 b**, vor **III.15**; *Maße*: H 0,178. L und B 0,395. D in Tälern 0,285, auf Stegen 0,30, B Abakus 0,415 (Roux 1961, 80); *Literatur*: Roux 1961, 79 Abb. 11. 80 mit Abb. 12. Taf. 25, 3; Vollgraff 1956, 17 Abb. 11–12.

III.3 Kapitell, Argos (Argolis), Abb. 205
Zweiseitiges Kapitell eines Halbsäulenpfeilers. Gefunden in Zerstörungsschicht der großen Rampe bei Therme A. Pulvinus mit Kalyx-Motiv. *AO*: keine Angabe (Inv. Nr. 86.14.22?); *Datierung*: nach 360 v. Chr. (s. Kapitel II.3.1); *Maße*: keine Angabe; *Literatur*: Aupert 1987, 600 Abb. 23, 601.

III.4 Sofakapitell, Argos (Argolis), Abb. 206
Als Spolie im römischen Theater verbaut gefunden. Rechteckiges Kapitell, dessen unterer Teil rechts und links cavettoförmig ausgeformt sind. Darüber sitz ein hoch ausgeprägter Abakus, unter dem an den Außenseiten zwei kleine walzenförmige Gebilde hängen. Poros. *AO*: keine Angabe; *Datierung*: um 570 v. Chr. (Karagiōrga-Stathakopoulou 2005, 132); *Maße*: H ges. 0,40. unterer Teil: H 0,295. B unten 0,488. B oben 0,87. Abakus: H 0,165. B 0,87. T 0,257–0,267 (Roux 1961); *Literatur*: Bakalakis 1969, 217. 218 Abb. 3, Taf. 4a?; Brockmann 1968, 138 Kat. Nr. I, 1 b; Karagiōrga-Stathakopoulou 2005, 132; Roux 1961, 384–385 mit Abb. 218.

III.5 Kapitelle, Bassai (Elis), Apollontempel, Cella, Abb. 207–211

III.5 a: Kalksteinkapitelle. Vorform Diagonalkapitell. Fünf Fragmente erhalten: eine schräg abgeschnittene Abakusecke mit aneinander stoßenden Eckvoluten darunter, Teile der Volute, des Kanalis sowie des Echinus, Säulenansatz erkennbar. Kalkstein. Nach Cooper könnten zwei dieser Kalkstein-Kapitelle auf den beiden um 45 Grad schräg gestellten Zungenwänden gesessen haben (Cooper 1996a, 291–292). *AO*: vor Ort in Lapidarium (Inv.Nr. bei Cooper 1996a: IL 1–4); *Datierung*: s. Denkmäler-Überblick; *Maße*: H Lagerfläche bis obere Kante 0,356. H Echinus 0,08. H Kanalis 0,182. H Volute 0,391. B Volute 0,308. L ges. 0,879. Abstand Augen 0,438. H Abakus 0,075 (Cooper 1996a); *Literatur*: Cooper 1996a, 290–291. 301–304. 303 Abb. 36; Cooper 1996b, Taf. 65, a–c; Cooper 1992, Taf. 40, c. 47; Roux 1961, 37–43. 342–348.

III.5 b: Marmorkapitelle. Vorform Diagonalkapitell. Mehrere Fragmente erhalten. Marmor. Acht solcher Marmor-Kapitelle saßen laut Cooper auf den Halbsäulen der Zungenwände im Inneren der Cella (Cooper 1996a, 291–292). *AO*: vor Ort in Lapidarium (Inv.Nr. bei (Cooper 1996a: IM 1–17); *Datierung*: s. Denkmäler-Überblick; *Maße*: H ges. 0,467. H Lagerfläche bis obere Kante 0,326. H Echinus 0,049. H Kanalis 0,233. H Volute 0,453. B Volute 0,326. L ges. 0,906. Abstand Augen 0,502. (Cooper 1996a); *Literatur*: Cooper 1996a, 296–300; Cooper 1996b, 37. 38. Taf. 64, a. b. d; Cooper 1992, Taf. 40, b; Drerup 1954, 12 Anm. 38; Mallwitz 1962, 161–164; Martin 1944, 368. 373; Puchstein 1887, 29–32 mit Abb. 22; Rhomaios 1914, 66 Abb. 9; Riemann 1954, 313. 325 Anm. 88; Roux 1961, 37–43. 342–348.

III.5 c: Antenkapitell. Form 1 (Kyma reversa – Cavetto). Antenkapitell, Cella Nordeingang. *AO*: vor Ort in Lapidarium? (Inv.-Nr. W 71 [N5 W21]. W 73–J [N5 W25]); *Datierung*: s. Denkmäler-Überblick; *Maße*: H KR ca. 0,05. H Kehle ca. 0,029 (abgegriffen aus Cooper 1992, Taf. 43, 14); *Literatur*: Cooper 1996b, 214–215. 211–212; Cooper 1992, Taf. 26. 43, 14.

III.6 Kapitell, Elis (Elis)

Zweiseitiges Kapitell. Voluten gebogen, Echinus mit plastisch ausgearbeitetem ionischen Kymation (vier Hauptblätter), Palmetten, Abakus, Schaftansatz (kanneliert). Ähnelt Kapitell II.24 (Kalaureia). Sandstein mit Stucküberzug. *AO*: Elis, Museum. (Autopsie Verf. 2014); *Datierung*: 5. Jh.? (s. **III.24**); *Maße*: keine Angabe; *Literatur*: nicht publiziert.

III.7 Kapitell, Elis (Elis)

Vierseitiges Kapitell. Voluten gebogen, Abakuskanten gebogen, Echinus stark bestoßen, glatte Palmetten, Augen separat eingesetzt, Kanalissaum stegartig. Ähnelt Kapitell **III.24** (Kalaureia). Sandstein mit Stucküberzug. *AO*: Elis, Museum, im Atrium. (Autopsie Verf. 2014); *Datierung*: 5./4. Jh. (Autopsie Verf. 2014, s. auch **III.24**); *Maße*: keine Angaben; *Literatur*: nicht publiziert.

III.8 Kapitell, Epidauros (Argolis), Abaton-Stoa, Abb. 212–217

III.8 a: Zweiseitiges Kapitell. Voluten gekrümmt, Kanalis flach mit schnurartigem Rand. Abakuskanten an Volutenseiten gebogen, an Pulvinusseiten gerade, Abakusecken spitz. Echinus als Kyma reversa-Profil. Kapitell der Voll- und Halbsäulen (s. Roux 1961, Taf. 92, 3). Poros. *AO*: am Ort?

III.8 b: Vierseitiges Kapitell mit einer Polsterseite. Voluten gekrümmt, Kanalis flach mit schnurartigem Rand. Abakuskanten gebogen, Abakusecken einspringend. Echinus als Kyma reversa-Profil. Poros. *AO*: am Ort?

III.8 c: Zweiseitiges Kapitell vor Pilaster vorgelagert. Voluten gekrümmt, Kanalis flach mit schnurartigem Rand. Abakuskanten gebogen, Abakusecken spitz. Echinus als Kyma reversa-Profil. Poros. *AO*: am Ort?
Vgl. auch **III.9**; *Datierung*: 1. H. 4. Jh. (Autopsie Verf. 2014; s. auch Denkmäler-Überblick); *Maße*: B 0,63. H Lagerfläche bis obere Kante 0,755. H Perlstab 0,02. H u Kehle 0,027. H o Kehle 0,044. H Kanalis 0,09. H Abakus 0,038. H Volute 0,20. Abstand Augen 0,44 (abgegriffen aus Kabbadias 1891a, Taf. 7,5); *Literatur*: Kabbadias 1891b, Taf. 7, 5; Kabbadias 1906, 82 Abb. 23. 24. 83 Abb. 25. 84 Abb. 26. 27; Roux 1961, Taf. 92.

III.8 d: Antenkapitell der Form 1 (Kyma reversa-Cavetto). Von den Pilastern der Außenseite des unteren Geschosses. AO: am Ort. (Autopsie Verf. 2014); *Datierung*: s. Kapitelle **I.27**; *Maße*: keine Angaben; *Literatur*: Kabbadias 1891b, Taf. 7, 3. 7. 8.

III.9 Kapitell, Epidauros (Argolis), Abb. 218

Zweiseitiges Kapitell. Voluten gekrümmt, Kanalis flach mit schnurartigem Rand, Abakuskanten gebogen, Abakusecken spitz, Echinus als Kyma reversa-Profil. *FO = AO*: Ligourio (ca. 3,6 km nordwestlich des Asklepios-Heiligtums von Epidauros), als Spolie verbaut in Agia Marina Kirche. Ist den Kapitellen **III.8** aus der Abaton-Stoa sehr ähnlich (Autopsie Verf. 2014); *Datierung*: zeitgleich mit **III.8**; *Maße*: keine Angabe; *Literatur*: erwähnt in Speich 1980, 184.

III.10 Kapitell, Epidauros (Argolis), Gymnasion, Propylon, Abb. 219

III.10 a: Zweiseitiges Kapitell. Augen extra gearbeitet und eingesetzt, Pulvinus glatt, Abakus als Kyma reversa-Profil. Kannelurabschluss oben ist nicht erhalten. Echinus ebenfalls nicht erhalten. Kalkstein. *AO*: keine Angaben; *Datierung*: s. Denkmäler-Überblick; *Maße*: H ca. 0,40. B 1,00. Augenabstand ca. 0,74 m (wenn sie mit oSdm zusammen fallen. Lambrinoudakis 1988, 131); *Literatur*: Lambrinoudakis 1988, 36–44. 86–158. Keine Abbildung.

III.10 b: Antenkapitell Form 2b (Kyma recta, Perlstab, ionisches Kymation, Cavetto). Kalkstein. *AO*: keine Angabe (Inv. Nr. 4553); *Datierung*: siehe Denkmäler-Überblick; *Maße*: keine Angaben; *Literatur*: Lambrinoudakis – Bouras o. J., 73 Plan 27. 44.

III.11 Kapitell, Epidauros (Argolis), Gymnasion? Abb. 220

Zweiseitiges Halbsäulenpilasterkapitell. Pulvinus mit Kalyx-Motiv. Roux spricht das Stück als Fensterarchitektur an und ordnet es dem Gymnasion zu (Roux 1961). *AO*: keine Angaben; *Datierung*: nach 360 v. Chr. (s. Kapitel II.3.1); *Maße*: keine Angaben; *Literatur*: Roux 1961, 351. 422. Taf. 94, 2; Wacker 1996, 35 B2.

III.12 Sofakapitell, Epidauros (Argolis), Nord-Ost-Portikus? Abb. 221
Zugehörigkeit nicht gesichert. Langrechteckige Kapitellform, an Rückseite Ansatz einer Ante oder eines Pfeilers. Seiten und Teil des Auflagers sind gebrochen. Die Vorderseite wird unten sowie links und rechts von einer Reliefleiste eingerahmt und oben von einem Abakus abgeschlossen. Das Feld in der Mitte wird an drei Seiten von einem floralen? Motiv eingerahmt, bestehend aus sich wiederholenden spitz aufragenden Elementen. *AO*: keine Angabe; *Datierung*: 3. Jh. v. Chr. (Roux 1961, 384.); *Maße*: keine Angabe; *Literatur*: Martin 1951a, 435 Anm. 5; Roux 1961, 383. 364. Taf. 95, 2.

III.13 Kapitell, Epidauros (Argolis), Nordpropyläen, Abb. 222–225
III.13 a: Zweiseitiges Kapitell. Zwei der urspr. acht ionischen, zweiseitigen Kapitelle. Voluten gekrümmt, Abakuskanten konkav gebogen, Kanalis konkav mit geknicktem Kanalisrand, Echinus mit ionischem Kyma-Profil, Akanthusblatt in Zwickel, spitze Abakusecken. Balteus am Pulvinus. Poros. *AO*: Museum, Epidauros; *Datierung*: s. Denkmäler-Überblick; *Maße*: H: 0,385 (Roux 1961, 258); *Literatur*: Roux 1961, 258–263. 421. Taf. 74,3.

III.13 b: Vierseitiges Kapitell. Zwei der urspr. vier ionischen, vierseitigen Kapitelle. Die Eckvoluten sowie die Abakusecken sind gebrochen, ansonsten guter Erhaltungszustand. Voluten gekrümmt, Abakuskanten konkav gebogen, Kanalis konkav mit geknicktem Kanalisrand, Echinus mit ionischem Kyma-Profil, Akanthusblatt in Zwickel, spitze Abakusecken? Poros. *AO*: Museum, Epidauros; *Datierung*: s. Denkmäler-Überblick; *Maße*: H: 0,385 (Roux 1961, 258); *Literatur*: Roux 1961, 258–263. 260–261 Abb. 69. 263 Abb. 70. 421. Taf. 75.

III.13 c: Antenkapitell Form 2a. Guter Erhaltungszustand. Poros. *AO*: Museum, Epidauros; *Datierung*: s. Denkmäler-Überblick; *Maße*: keine Angaben; *Literatur*: Roux 1961, 266–269. Taf. 87, 1.

III.14 Kapitell, Epdiauros (Argolis), Stadion, Startvorrichtung, Abb. 226
Zweiseitiges Kapitell. Kanalisrand stegartig, Echinus im ionischen Kyma-Profil, Palmetten, Abakuskanten gerade, Abakusecken spitz. Poros. *AO*: keine Angabe; *Datierung*: s. Denkmäler-Überblick; *Maße*: keine Angaben; *Literatur*: Kabbadias 1903, Taf. G, 5.

III.15 Kapitell, Epidauros (Argolis), Tempel L, Abb. 227–228
Diagonalkapitell. Poros (gelblich, sehr fein). *AO*: Museum Epidauros; *Datierung*: s. Denkmäler-Überblick; *Maße*: H 0,25 (Roux 1961, 232); *Literatur*: Kabbadias 1906, 112–113, Abb. 16–17; Roux 1961, 232. 231 Abb. 54. Taf. 68,3.

III.16 Kapitell, Epidauros (Argolis), Theater, Paradostor, Abb. 229
Pfeilerkapitell. Form 2b. Poros. *AO*: am Ort (im wieder errichteten Westpylon); *Datierung*: s. Denkmäler-Überblick; *Maße*: H Kapitell 0,218. H Kyma reversa mit Absatz 0,122. H ionisches Kymation 0,035. H Cavetto mit Absatz 0,047 (aus: Gerkan – Müller-Wiener 1961, Taf. 24c); *Literatur*: Gerkan – Müller-Wiener 1961, 64–67. 62 Abb. 14; Taf. 24. 26.

III.17 Kapitell, Epidauros (Argolis), Theater, Proskenion, Abb. 230–231

Zwei Dreiviertelkapitelle der vorspringenden Ecken. Vierseitiges Kapitell. Abakuskanten gebogen, Voluten gekrümmt, Abakus (ionisches Kymation) mit Abgeschrägten Ecken, Kanalis konkav mit geknicktem Rand. Poros. *AO*: vor Ort; *Datierung*: s. Denkmäler-Überblick; *Maße*: H ges. 0,213. H Voluten 0,166 B ges. 0,426. Abstand Volutenaugen 0,288. H Abakus 0,025. B Abakus 0,378. oSdm 0,294. H Kanalis 0,062. H Echinus 0,039. H Perlstab 0,014 (Gerkan – Müller-Wiener 1961, 55 Abb. 11); *Literatur*: Gerkan – Müller-Wiener 1961, 51–61. 55 Abb. 11. Taf. 19.

III.18 Kapitell, Epidauros (Argolis), Abb. 232

Zweiseitiges Kapitell. Voluten gekrümmt, Abakuskanten gebogen, Abakusprofil KR, Abakusecken abgeschrägt? Kanalis konkav mit geknicktem Kanalisrand. Wurde bei Tempel Λ (Artemistempel) gefunden, die Zugehörigkeit ist jedoch nicht geklärt (nach Kavvadias: Artemistempel, nach Roux: Nord-Ost-Portikus; nach Riethmüller: Gebäude E). *AO*: keine Angaben. (s. auch Kapitell **III.19**); *Datierung*: 300–270 (stilistische Elemente, Roux 1961, 421); nach **III.28 a** und vor **III.15**, zeitgleich **III.19**; *Maße*: H ges. ca. 0,27. H Voluten ca. 0,228. B ges. ca. 0,66. Abstand Volutenaugen ca. 0,45. H Perlstab ca. 0,018. H Echinus ca. 0,058. H Kanalis ca. 0,072. H Abakus ca. 0,039. B Abakus ca. 0,55 (abgegriffen aus Roux 1961, 297 Abb. 91); *Literatur*: Roux 1961, 297 Abb. 91. 299. 421. Taf. 85,1; Prakt 1906, 103 Abb. 10.

III.19 Kapitell, Epidauros (Argolis), Abb. 233

Zweiseitiges Kapitell mit Schaftansatz. Voluten gekrümmt, Abakuskanten gebogen, Abakusprofil nicht erkennbar, Abakusecken nicht erhalten, Kanalis konkav mit geknicktem Rand. Gleicht Kapitell **III.18**. *FO=AO*: Ligourio (ca. 3,6 km nordwestlich des Asklepios-Heiligtums von Epidauros), als Spolie verbaut in Agia Marina Kirche. (Autopsie Verf. 2014); *Datierung*: zeitgleich **III.18**; *Maße*: keine Angabe; *Literatur*: erwähnt in Speich 1980, 184.

III.20 Votivkapitell, Epidauros (Argolis), Abb. 234–235

Zweiseitiges Kapitell. Pulvinus mit Balteus? verziert. Nördlich Gebäude E entdeckt. Marmor. *AO*: vor Ort; *Datierung*: Ende 4./Anfang 3. Jh. (Roux 1961, 340); *Maße*: H ges. 0,50. L 1,20. H Voluten 0,321. Abakus: L 0,845. B 0,806, AVA 0,71. oSdm 0,805 (Roux 1961); *Literatur*: Roux 1961, 339–341. Taf. 90,1; Prakt 1905, 62–63 Abb. 11.

III.21 Kapitell, Gortys (Arkadien), Therme, Propylon, Abb. 236

Kapitell mit Schaftansatz einer der Halbsäulen, Ober- und Unterlager erhalten, Teil des Wandansatzes erhalten, ansonsten stark bestoßen, Voluten komplett gebrochen, Typus nicht mehr erkennbar, ionisches Kymation ist teilweise noch zu erkennen. Zugehörig zu **II.12 a**. Poros. *AO*: vor Ort (Inv. Nr. 232); *Datierung*: s. Denkmäler-Überblick; *Maße*: H ges. 0,275. H Kapitell 0,163. oSdm 0,320; *Literatur*: Ginouvès 1959, 110 Abb. 136.

200   Katalog

III.22 Kapitell, Gortys (Arkadien), Therme, Propylon? Abb. 237
Eckfragment mit zwei aneinanderstoßenden Voluten sowie mit Teilen des Abakus erhalten. Im Bereich der Therme entdeckt, Zugehörigkeit zu Propylon ist jedoch nicht gesichert (Kanalis ist anders geformt als bei Kapitell **III.21**). Poros. *AO*: verschollen; *Datierung*: keine Angaben; *Maße*: keine Angaben; *Literatur*: Ginouvès 1959, 115 Abb. 141.

III.23 Kapitell, Halieis (Argolis), Abb. 238
Zweiseitiges Kapitell einer Doppelhalbsäule? (s. Schaft **II.13**). *FO*: TR T (Tom) 1962, House Pi (Northeast Command Post). Leicht bestoßen, Pulvinus scheint mittig eine Aussparung oder Beschädigung aufzuweisen. Voluten gekrümmt, Abakuskanten gebogen, Abakusecken spitz, Kanalis flach mit schnurartigem Rand. Kalkstein (muschelartig, lokal). *AO*: Depot, Porto Cheli (Inv. Nr.HS6); *Datierung*: nach **III.8** (Epidauros, Abaton-Stoa) vor **III.24** (Kalaureia, Stoa C), wohl 2. H. 4. Jh.; *Maße*: keine Angabe; *Literatur*: Jameson 1969, 329; McAllister u. a. 2005, Taf. 15a.

III.24 Kapitell, Kalaureia (Argolis), Stoa C, Abb. 239–241
Vierseitiges Kapitell mit Schaftansatz (**II.15**). An Ecken und Kanten teilweise sehr stark bestoßen, eine Eckvolute ist gebrochen und wurde neuzeitlich wieder angefügt. Der Echinus (iK-Profil) wird oben durch eine schmale horizontal verlaufende Leiste begrenzt. Die Volutenaugen sind separat eingesetzt, nur eines ist erhalten. Auf Oberlager ist mittig eine feine Ritzlinie zu erkennen. Voluten gekrümmt, Abakuskanten gebogen, Abakusprofil Kyma reversa, Abakusecken einspringend, Kanalis flach mit schnurartigem Rand. Poros (Aigina) mit Stucküberzug. *AO*: Museum Poros (Inv. Nr.402); *Datierung*: nach **III.8** und **III.58** vor **III.15** wohl letztes Viertel 4. Jh. (s. auch Gebäude-Überblick); *Maße*: H gebr. 0,21. T gebr. 0,775. B gebr. 0,76. Abakus: H 0,045. B gebr. 0,72. T gebr. 0,72. AVA 0,475 und 0,48. H Rundstab 0,03. H Kanalis 0,13. H Echinus 0,49; *Literatur*: Roux 1961, 336; Wells 2005, 196. 197 Abb. 72; Welter 1941, 49, Taf. 41, a–c. 42, a. d–e; Wide – Kjellberg 1895, 278 (Die Zeichnung 278 Abb. 11 ist nicht korrekt, beispielsweise sind die Abakuskanten hier gerade eingezeichnet).

III.25 Kapitell, Kalaureia (Argolis)
Zweiseitiges Kapitell. Voluten gekrümmt, Abakuskanten gebogen, Ecken nicht erhalten, Echinus mit plastisch ausgearbeitetem ionischen Kymation, plastisch gestaltete Palmetten, Kanalis flach mit geknicktem Rand. Rückseite weist Echinus im ionischem Kymation-Profil auf, jedoch ohne plastisch ausgearbeiteten Eierstab. Kalksandstein? mit Stucküberzug. *AO*: Museum Poros. (Autopsie Verf. 2014); *Datierung*: nach **III.36 a**. **III,28 a**. **III.46 a**, vor **III.15**. Zeitgleich mit **III.13 b**. **III.18**? – 1. H. 3. Jh. (Autopsie Verf. 2014); *Maße*: keine Angabe; *Literatur*: keine Angabe.

III.26 Kapitell, Kleonai (Korinthia), Abb. 242–243
Volutenfragment. Auge sowie Teil des Kanalis erhalten. Zugehörigkeit nicht bekannt, möglicherweise Kapitell des Propylons? *FO*: S2 Schnitt E4. Kalkstein. *AO*: Museum Nemea (Inv. Nr. A3/S2); *Datierung*: keine Angabe; *Maße*: H 0,15. B 0,11. T 0,087 (s. Zeichnung Abb. 252); *Literatur*: nicht publiziert.

III.27 Kapitell, Kleonai (Korinthia), Abb. 244

Fragment des Echinus, mit plastisch ausgearbeitetem ionischen Kymation und Teil der Palmette. Erhalten sind zwei Blätter der linken Zwickelpalmette, sowie ein Ei mit Hüllblatt und Zwischenblatt sowie der Ansatz eines weiteren Hüllblatts daneben. Zugehörigkeit nicht bekannt. Marmor. *FO*: Grabung S4. *AO*: Museum Nemea (Inv. Nr. A232/S4); *Datierung*: keine Angabe; *Maße*: s. Abb. 254; *Literatur*: nicht publiziert.

III.28 Kapitell, Korinth (Korinthia), Südstoa, Abb. 245–251

III.28 a: Zweiseitig. Zahlreiche Kapitellfragmente der urspr. vierunddreißig Kapitelle erhalten. Volutenform und Abakuskanten gebogen. Abakusprofil Kyma reversa mit Faszie. Abakusecken spitz. Kanalis konkav mit Knick-Rand. Pulvinus glatt. Poros mit Stucküberzug. *AO*: keine Angabe; *Datierung*: s. Denkmäler-Überblick; *Maße*: H ges. 0,294. T ges. 0,685. B ges. 0,796. H Abakus 0,049. Abstand Volutenaugen 0,511. Abstand Volutenauge zu Unterkante Volute 0,122. H Kanalis 0,0949. H Echinus 0,092. oSdm 56,2 (abgegriffen aus Broneer 1954, 45 Abb. 22. 23. 46 Abb. 24); *Literatur*: Broneer 1954, 45. Abb. 22. 23. 46 Abb. 24. Taf. 11, 3–5; Roux 1961, 420; Scahill 2012, 125 Abb. 54. 126 Abb. 55. 128 Abb. 58.

III.28 b: Form 1 (Kyma reversa und Cavetto).Gehört zur Architektur des zweiten Obergeschosses im hinteren Bereich der Stoa. *AO*: keine Angabe; *Datierung*: s. Denkmäler-Überblick; *Maße*: uF 0,074. H KR 0,013. H Cavetto mit Faszie 0,015. Ausladung Profil 0,018 (Broneer 1954, 72 Abb. 44); *Literatur*: Broneer 1954, 70–73. 72 Abb. 44. Taf. 17,3.

III.28 c: Form 2 (Perlst.+iK+Cavetto). Gehört zur Architektur des zweiten Obergeschosses im hinteren Bereich der Stoa. *AO*: keine Angabe; *Datierung*: s. Denkmäler-Überblick; *Maße*: uF 0,57.H Absatz 0,004. H Perlstab 0,006. H iK 0,0125. H Cavetto mit Faszie 0,011 (Broneer 1954, 78 Abb. 53); *Literatur*: Broneer 1954,78 Abb. 53. 54. Taf. 18,4.

III.29 Sofakapitell, Korinth (Korinthia), Abb. 252–253.

Sofakapitell mit Anthemion. Sehr guter Erhaltungszustand, nur der Abakus ist an einer Seite stark bestoßen. Im Bereich vor Shop 6 in der Südstoa gefunden, Zugehörigkeit nicht geklärt. Marmor. *AO*: keine Angabe; *Datierung*: nicht später als 4. Jh. (Broneer 1935, 66); *Maße*: keine Angabe; *Literatur*: Broneer 1935, 66 Abb. 9; Karagiōrga-Stathakopoulou 2005, 134–135.

III.30 Kapitell, Korinth (Korinthia), untere Peirene Quelle, Abb. 254–257

III.30 a: Zweiseitig. Alle Kapitelle der Halbsäulen erhalten, in situ. Teilweise sehr stark verwittert. Kalyx. Poros; *Datierung*: s. Denkmäler-Überblick; *Maße*: B ges. ca. 0,255. H ges. 0,093. T ges. ca. 0,14 (Kammer II, Verf. Autopsie 2014); *Literatur*: Robinson 2011, 21 Abb. 23; Hill 1964, 42 Abb. 20. Taf. 8; Roux 1961, 354. 417.

III.30 b: Antenkapitellform 2a (ionisches Kymation, Cavetto). Alle Antenkapitelle der sechs Kammern erhalten, in situ. Poros; *Datierung*: siehe Denkmäler-Überblick; *Maße*: uF ca. 0,085. H Perlstab ca. 0,005. H iK ca. 0,01. H Cavetto mit Faszie ca. 0,019 (Kammer II, Autopsie Verf. 2014); *Literatur*: siehe **III.30 a**.

III.31 Antenkapitell, Korinth (Korinthia), Abb. 258

Antenkapitell Form 2a (ionisches Kymation, Cavetto). Guter Erhaltungszustand, Profil teilweise bestoßen. Auf Lagerfläche unten befinden sich zwei Einlassungen, Lagerfläche oben deutet darauf hin, dass Stück einen ca. 40 cm tiefen Architrav betragen hat. Im Asklepieion und Lernakomplex gefunden, im Bereich des Brunnenhauses, Zugehörigkeit ist jedoch nicht gesichert. Poros mit Stucküberzug. *AO*: keine Angaben (Ask. Arch. 18); *Datierung*: 2. Jh. (Roebuck 1951, 151; Shoe 1936, 32); *Maße*: H ges. 0,265. B ges. 0,335. T ges. 0,425. (Roebuck 1951); *Literatur*: Roebuck 1951, 148 Abb. 28, 20. 151 Nr. 20. Taf. 65, 6; Shoe 1936, 32. Taf. 17, 33.

III.32 Kapitell, Ligourio (Argolis), Abb. 259–260

Zweiseitiges Kapitell eines Doppelhalbsäulenpfeilers. Voluten gekrümmt, Abakus nicht erkennbar, Kanalis flach, Rand nicht erkennbar, möglicherweise verwittert, Echinus als Kyma reversa mit Cavetto darüber, Pulvinus glatt, Schaftansatz, scheint nicht kanneliert zu sein. *FO=AO*: als Spolie verbaut bei einer Kirche in Ligourio (Name nicht bekannt –bei 37°36'50.8"N 23°02'16.0"E, Autopsie Verf. 2014); *Datierung*: nach **III.8** vor **III.24** – Mitte 4. Jh. (Autopsie Verf. 2014); *Maße*: keine Angaben; *Literatur*: nicht publiziert.

III.33 Antenkapitell, Lousoi (Arkadien, heute Achaia), Artemistempel, Abb. 261

Halbsäulenpilasterkapitell. Mischform: dorisches Kapitell auf Halbsäule, ionisches Antenkapitell der Gruppe 1 (Kyma reversa, Cavetto) mit zweigliedriger Kehle darunter für Pilaster. Der Säulen- bzw. Pilasteransatz darunter ist stark bestoßen. Marmor. *AO*: Depot bei Lousoi; *Datierung*: nicht vor 4. Jh./ 1. H. 3. Jh. (Ladstätter 2001); *Literatur*: Ladstätter 2001, 143–153, 151 Abb. 3.

III.34 Kapitell, Keryneia (Achaia), Heroon, Abb. 262

Zweiseitiges Kapitell. Von Fassade eines hellenistischen Heroons in Mamousia. Voluten gekrümmt, Abakuskanten gebogen, Abakusecken spitz, Kanalis konkav mit geknicktem Rand, Echinus mit plastisch ausgearbeitetem ionischen Kymation, Palmetten plastisch ausgearbeitet. Poros. *AO*: Museum Aigio (Raum V, 17); *Datierung*: 2. Jh. (Kolonas 1999, 24); *Maße*: keine Angabe; *Literatur*: Kolonas 1999, 24 mit Abb. 38.

III.35 Kapitell, Megalopolis (Akardien), Bouleuterion I, Abb. 263–264

Stark bestoßen. Zu Schaft **II.24** gehörend. Echinus? und Abakus erhalten, Voluten komplett gebrochen. *AO, Datierung, Maße, Literatur:* s. Schaft **II.24**.

III.36 Kapitell, Megalopolis (Arkadien), Philipps-Stoa, Abb. 265–267

III.36 a: Vierzeitiges Kapitell. Vier von urspr. vierundfünfzig Kapitellen erhalten. Teilweise sehr guter Erhaltungszustand. Marmor. *AO*: Museum Megalopolis und St. Georg Kirche, Orestio (Inv. Nr. 129. 130. 131. 138); *Datierung*: s. Denkmäler-Überblick; *Maße*: H ges. 0,312 bis 0,325. Dm untere Lagerfläche 0,579 bis 0,61. H Abakus 0,05 bis 0,073 (Leiste 0,02 + lesbisches Kymation 0,04). Br Abakus 0,71. H Voluten Unterrand bis inkl. Abakus 0,29; H Säulenstück mit Apophyge 0,07; H Echinus oberhalb Astragal 0,062 bis 0,145 H Astragal 0,02 bis 0,023. Dm Volute 0,22 bis 0,23. äußere Spannbreite Voluten 0,702. innere Spannbreite Voluten (über Astragal) 0,251 bis 0,285. Volutenabstand über Oberkante Echinus 0,26. Abstand Augenmittelpunkte 0,429 bis 0,44. größte Ausdehnung zw. Voluten 0,685.H Canalis 0,03 bis 0,111 Scamillus: H 0,001 bis 0,002. B 0,65 bis 0,74x0,65 bis 0,74. L der Mittelsenkrechten 0,65 bis 0,74. H Voluten Unterrand bis inkl. Abakus 0,29. L Diagonale 0,91–1,04. Kannelur: Steg B 0,02. B Tal 0,075 bis 0,095. T 0,03. Palmette 0,06 (Verf. Autopsie 2014). Dm u 0,58–0,61 m (Lauter-Bufe 2014, 40); *Literatur*: Gardner 1892, 66. Taf. 16; Lauter-Bufe 2014, 40–41. 97–98. Taf. 52–55; Roux 1961, 420; Spyropoulos u. a. 1996, 278–282. 281 Abb. 23–26.

III.36 b: Antenkapitell Form 2a (ionisches Kymation – Cavetto). Erhaltungszustand gut, Profil teilweise jedoch stark beschädigt. Stammt nach Lauter-Bufe wahrscheinlich von einer Fensterarchitektur, die möglicherweise in den Exedren angebracht war (Lauter-Bufe 2014). Kalkstein. *AO*: Museum, Megalopolis (Inv. Nr. 344); *Datierung*: s. Denkmäler-Überblick; *Maße*: H 0,239. T 0,239. Br Schaft 0,753. H Profil 0,182. Br Kapitell 0,885, T Kapitell 0,37. Br Wandansatz 0,69 (Lauter-Bufe 2014); *Literatur*: (Lauter-Bufe 2014), 47–48. 99 Kat. Nr. 124. Taf. 59, 93a.

III.37 Antenkapitell, Messene (Messenien), Asklepiostempel, Abb. 268
Antenkapitell Form 1 (Kyma reversa – Cavetto). Drei der urspr. vier Antenkapitelle, fragmentarisch erhalten. Kalkstein. *AO*: Museum, Messene (Inv. Nr. Z. 04. 05. 97); *Datierung*: siehe Denkmäler-Überblick; *Maße*: Z. 04 B H Profil 0,215; Z. 05 H Profil 0,217; Z. 97 H Profil ges. gebrochen 0,153. H Cavetto mit Absatz 0,051. (Sioumpara 2011); *Literatur*: Sioumpara 2011, Abb. 94–96. 149 Abb. 89. 155 Abb. 94. 156 Abb. 95. 158 Abb. 96. Taf. 30.

III.38 Kapitelle, Messene (Messenien), Asklepieion, Oikos K, Abb. 269–272

III.38 a: Antenkapitell Form 3 (Kleinasiatisch-ionisch). Mindestens zwei von urspr. vier Antenkapitellen ist erhalten. Guter Erhaltungszustand, abgesehen von einigen Bestoßungen. Der Antenschaft endet in drei übereinander gestaffelten und jeweils leicht nach vorne versetzten Faszien. An den Schmalseiten sitz auf den unteren beiden Faszien je eine, an der Langseite zwei Rosetten. Diese sind jedoch stark abgerieben. Poros. *AO*: am Ort. (Autopsie Verf. 2014); *Datierung*: s. Denkmäler-Überblick; *Maße*: keine Angabe; *Literatur*: Chlepa 2001, mit 52–53 Abb. 44–46; Daux 1963, 776 Abb. 14.

III.38 b: Zweiseitiges Kapitell. Kanalis konkav mit schnurartigem Rand, Pulvinus als Kalyx, Abakus an Volutenseiten konkav (Autopsie Verf. 2014). Poros. *AO*: vor Ort und im Museum von Messene (Inv. Nr. 10.838); *Datierung*: zeitgleich mit Weststoa, 1. H. 2. Jh.? (zur Datierung der Stoai s. Denkmäler-Überblick); Kapitell zwischen 3. und 1. Jh. (Chlepa 2001, 55. 59. 64); *Maße*: H ges. mit Schaftansatz ca. 0,49. B ca. 0,85. H Voluten ca.0,20. T ca. 0,49 bzw. 0,56. H Perlstab ca. 0,018. H. Echinus 0,067. H Kanalis 0,065. H Abakus 0,042. Abstand Volutenaugen ca. 0,38 (abgegriffen aus Chlepa 2001, 51 Abb. 43); *Literatur*: Chlepa 2001, mit 50–51 Abb. 41–43; Daux 1963, 776 Abb. 12–13; Müth – Stümpel 2007, 160; Orlandos 1962–1963, 18.

III.39 Kapitell, Messene (Messenien), Brunnenhaus der Arsinoe, Abb. 273–274

III.39 a: Zweiseitiges Kapitell (Halbsäulenpfeiler). Teilweise stark bestoßen, Oberfläche verwittert. Pulvinus als Kalyx. Poros, Stuckreste *AO*: vor Ort; *Datierung*: s. Denkmäler-Überblick; *Maße*: H 0,325. Lagerfläche 0,56 (Reinholdt 2009, 75); *Literatur*: Reinholdt 2009, 73–74. 214–216 Kat.-Nr. 042–052. Taf. 10–11.

III.39 b: Zweiseitiges Kapitell (Vollsäule). Fragmentarischer Erhaltungszustand. Pulvinus als Kalyx. Poros, Stuckreste *AO*: vor Ort; *Datierung*: s. Denkmäler-Überblick; *Maße*: keine Angabe (fragmentarischer Erhaltungszustand); *Literatur*: Reinholdt 2009, 78 Abb. 109. 220 Kat.-Nr. 066. 068.

III.39 c: Antenkapitell mit Kopfprofil Form 2a. Der Antenpfeiler darunter läuft in einer einfachen Apophyge aus, über der sich ein Rundstab erhebt. *AO*: vor Ort? *Datierung*: s. Denkmäler-Überblick; *Maße*: vollständig gebrochen (erh. Maße: L 0,301. B 0,345. H 0,22. H Faszie/Apophyge 0,08. H Wulst 0,08. H Kehle 0,03; s. Reinholdt 2009, 221 Kat.-Nr. 113); *Literatur*: Reinholdt 2009, 76–77 mit Abb. 108. 221 Kat.-Nr. 113.

III.40 Kapitelle, Messene (Messenien), Nordstoa, Exedrae?

III.40 a: Kapitell der Viertelsäule. Teil einer Mischform (s. **III.40 c**. **III.40 d**). Voluten gekrümmt, Kanalis konkav mit stegartigem Rand, Abakuskanten gebogen, Abakusecken spitz? Pulvinus als Kalyx. Poros? mit Stucküberzug. *AO*: vor Ort. (Autopsie Verf. 2014); *Datierung*: s. Denkmäler-Überblick; *Maße*: keine Angaben; *Literatur*: siehe Denkmäler-Überblick.

III.40 b: Kapitell der Halbsäule. Voluten gekrümmt, Kanalis konkav mit stegartigem Rand, Abakuskanten gebogen, Abakusecken spitz? Pulvinus als Kalyx. Poros? mit Stucküberzug. *AO*: vor Ort. (Autopsie Verf. 2014); *Datierung*: siehe Denkmäler-Überblick; *Maße*: keine Angaben; *Literatur*: siehe Denkmäler-Überblick.

III.40 c: Pfeilerkapitell (Sofakapitell). Teil einer Mischform (s. **III.40 a**. **III.40 d**. *AO*: vor Ort. (Autopsie Verf. 2014); *Datierung*: siehe Denkmäler-Überblick; *Maße*: keine Angaben; *Literatur*: siehe Denkmäler-Überblick.

III.40 d: Pfeilerkapitell (Faszie die in Apophyge endet, darüber ein Wulst und ein Cavetto. Form 2a?). Teil einer Mischform (s. **III.40 c**. **III.40 a**). *AO*: vor Ort. (Autopsie Verf. 2014); *Datierung*: siehe Denkmäler-Überblick; *Maße*: keine Angaben; *Literatur*: siehe Denkmäler-Überblick.

III.41 Sofakapitell, Mistra (Lakonien), Abb. 275
Zwei anpassende Fragmente eines Pfeilerkapitells? *FO*: als Spolie verbaut in einem Brunnenhaus im heutigen Dorf Mistra. Rechteckiges Kapitell, unterer Teil rahmt mit einem umgekehrt Pi-förmigen Randprofil ein Bildfeld ein, das ein Anthemion ziert. Zwei plastisch ausgearbeitete Palmetten sowie drei Lotosblüten wechseln sich ab. Oben schließt das Stück mit einem Abakus ab. Die oberen Ecken sind gebrochen. Marmor. *AO*: keine Angabe; Fiechter 1918: "Feinste Arbeit" (211), Spricht Stück als Pfeilerkapitell an. Randprofil wird innen begleitet von sehr flachem, gesäumten Wulstband (211). Frontseite mit Lotos-Palmetten-Ornament verziert (212) (zwei Palmetten, drei Lotosblüten). Seite und Rückansicht sind nicht zugänglich (212). "Die Idee der Dekoration ist hier rein linear ohne die geringste Plastik ausgedrückt. Dadurch entfernt sich das Stück von den ähnlichen Ornamenten auf den Thronstücken 65ff. (ob. S. 154ff.) weit; *Datierung*: keine Angabe; *Maße*: B unten 0,58 (Fiechter 1918, 213 Abb. 57a); *Literatur*: Courtils 1983, 146; Fiechter 1918, 211–212. 211 Abb. 57. 213 Abb. 57, a.

III.42 Kapitell, Nemea (Korinthia), Oikos 9, Abb. 276–282
III.42 a: Eckkapitell (attisch-ionisch?) einer Ecksäule, vor Ecke eines Pfeilers vorgelagert. Echinus Kyma Reversa-Profil, hängende Verbindungsleiste, Voluten gekrümmt, Abakuskanten gebogen, einspringende Abakusecken? Kanalis konkav mit schnurartigem Kanalisrand, keine Palmetten, Augen separat eingesetzt jedoch nicht erhalten. Ritzlinien auf Unterlager erhalten. Kalkstein mit Stucküberzug. *AO*: Nemea Museum (A244. 4); *Datierung*: 4. V. 4. Jh. (vgl. Denkmäler-Überblick und Kapitel II.3.1 mit Anm. 20); *Maße*: H ges. 0,16. B gebrochen. 0,30. H Perlstab 0,017. H Echinus 0,029 (davon H KR 0,015. H Kehle 0,014). H Kanalis 0,056. H Abakus gebrochen ca. 0,02. Abstand Volutenaugen 0,21 (Autopsie Verf. 2014, s. Abb. 291–294); *Literatur*: Miller 1984, 185–186; Miller 1992, 127 Abb. 137a. 281 Abb. 436.

III.42 b: Kapitell einer Halbsäule, vor Pfeiler vorgelagert. Zweiseitig, Voluten auf einer Ebene, Kanalis konkav mit schnurartigem Rand, Abakus ist nicht erhalten, Echinus als Kyma reversa-Profil. Kalkstein mit Stucküberzug. Das Kapitell wird dem Oikos 9 zugeordnet, weist jedoch im Vergleich zu dem Eckkapitell **III.42 a** Unterschiede in der Ausarbeitung der einzelnen Details auf. *AO*: Museum Nemea (A132); *Datierung*: 4. V. 4. Jh. (s. Denkmäler-Überblick und Kapitel II.3.1 mit Anm. 20); *Maße*: H 0,21. B 0,29. T 0,38; *Literatur*: Miller 1978, Taf. 21, d. 74 Abb. 4. Miller 1992, 279 Abb. 431. Birge u. a. 1992, 279 Cat. 28.

III.43 Kapitell, Nemea (Korinthia), Zeustempel, Abb. 283–284
Volutenfragment. Kalkstein mit Stucküberzug. *AO*: Museum Nemea?; *Datierung*: s. Denkmäler-Überblick; *Maße*: keine Angaben; *Literatur*: Hill 1966, Abb. 42. Taf. 26.

III.44 Kapitell, Olympia (Elis), Gymnasion, Südhalle, Abb. 285
Zweiseitiges Kapitell; *Datierung*: nach **III.48**; *Maße*: keine Angaben; *Literatur*: Mallwitz 1972, 286 Abb. 236.

III.45 Kapitell, Olympia (Elis), sog. Kalksandstein-Architektur, Abb. 286
Zweiseitiges Kapitellfragment. Erhalten sind Teile der Volute, des Echinus, eine Palmette, sowie ein Teil des Abakus. Brandspuren. Kanalis konkav mit schnurartigem? Rand. Gefunden in augusteischer Schutthalde in Feststraße (in Planierschicht Anschüttung IIe). Zugehörigkeit noch nicht geklärt. Kalkstein (gelblichgrau) mit Stucküberzug. *AO*: Olympia, Depot; *Datierung*: zw. 338 und 330/20 (Herrmann 1996); zeitnah **III.48** und **III.46 a**; *Maße*: H Kanalis 0,085. H Echinus 0,078 (davon 0,026 H horizontal verlaufende Leiste als oberer Abschluss des Echinus). H Abakus 0,041 (Herrmann 1996); *Literatur*: Herrmann 1996, 130–131 mit Abb. 10. A. Mallwitz, Olympiaberichte XI, 1999, 264–269. 265 Abb. 167.

III.46 Kapitell, Olympia (Elis), Leonidaion, Abb. 287–291
III.46 a: Zweiseitiges Kapitell der Außenarchitektur. Voluten gerade, Kanalis konkav mit geknicktem Rand, Abakuskanten gerade, Abakusecken spitz, Abakusprofil Kyma reversa mit Absatz, Pulvinus mit zwei Tori-Paaren, Muschelkalk *AO*: am Ort, teilw. im Museum von Olympia; *Datierung*: s. Denkmäler-Überblick; *Maße*: H ges. mit Schaftansatz 0,31. H Rundstab 0,016. H Echinus 0,035. H Kanalis 0,088. H Kanalisrand 0,022. H Abakus 0,04. B Abakus 0,305. T Abakus 0,32. T Voluten 0,292. Abstand Volutenaugen 0,49 (Adler u. a. 1892b/1966); *Literatur*: Adler u. a. 1892b/1966, 86. Taf. 65; Mallwitz 1972, 248. 249 Abb. 197.

III.46 b: Kelchkapitell mit Schaftansatz (**II.39**). Mallwitz ordnet das Stück als Eckkapitell der Außenordnung des Leonidaions zu (Mallwitz 1988; Herrmann 1996). Muschelkalk. *AO*: Museum Olympia, Vorhof; *Datierung*: s. Denkmäler-Überblick; *Maße*: H ges. 0,42. H Rundstab 0,026. H KR 0,168. H Kopfprofil 0,039. H Abakus 0,95 (Adler u. a. 1892b/1966). B Abakus 0,80 (Mallwitz 1988; Herrmann 1996); *Literatur*: Adler u. a. 1892b/1966, 88. Taf. 64, 2, 3, 7; Herrmann 1996, 129; Mallwitz 1988, 124–128. Taf. 42,2.

III.47 Kapitelle, Olympia (Elis), Palästra, Raum VI und IX, Abb. 292–297
III.47 a: Raum VI: Zweiseitiges Kapitell. Voluten gerade, Abakuskanten gerade, Abakusecken spitz, Abakusprofil Kyma reversa und Absatz, Kanalis konkav mit stegartigem Rand, Pulvinus mit zweimal zwei Tori. Poros. *AO*: vor Ort, im Museum; *Datierung*: s. Denkmäler-Überblick; *Maße*: H Volutenpartie 0,214. T Kapitell 0,50. B Kapitell 0,612. H Abakus 0,048. B Abakus 0,50. T Abakus 0,565. Auskragung Abakusprofil 0,03. AVA 0,396. Abstand Volutenauge zu Unterkante der Volute 0,09. H Rundstab 0,019. H Kanalis 0,073. H Echinus ca. 0,048 (Adler u. a. 1892b/1966); *Literatur*: Adler u. a. 1892b/1966, 119 Taf. 74, 13; Mallwitz 1972, 280 Abb. 232 unten.

III.47 b: Raum IX: Zweiseitiges Kapitell. Voluten gerade, Abakuskanten gerade, Abakusecken spitz, Abakusprofil Kyma reversa und Absatz, Kanalis konkav mit geknicktem Rand, Pulvinus als Kalyx. Poros. *AO*: vor Ort, im Museum, Depot; *Datierung*: s. Denkmäler-Überblick; *Maße*: H Volutenpartie 0,214. T Kapitell 0,52. B Kapitell 0,604. H Abakus ca. 0,049. B Abakus 0,50. T Abakus ca. 0,553. AVA 0,392. Abstand Volutenauge zu Unterkante der Volute 0,088. H Rundstab 0,016. H Kanalis 0,0365. H Echinus ca. 0,035 (Adler u. a. 1892b/1966); *Literatur*: Adler u. a. 1892b/1966, 119. Taf. 74, 6–10; Mallwitz 1972, 280 Abb. 232 oben.

III.47 c: Exedra VI: Antenkapitell Form 1 (Kyma reversa, Kehle). Profile sind glatt. Poros mit marmorner Schicht überzogen, Farbreste. *AO*: keine Angabe; *Datierung*: s. Denkmäler-Überblick; *Maße*: H ges. mit Faszie 0,197. B Ante 0,505 (Adler u. a. 1892b/1966); *Literatur*: Adler u. a. 1892b/1966, 116. 119.

III.48 Kapitell, Olympia (Elis), Philippeion, Abb. 298–300
Zweiseitiges Kapitell. Voluten gerade, Abakuskanten gerade, Abakusecken spitzt, Kanalis leicht konkav mit schnurartigem Rand, Pulvinus mit vier Tori verziert. Poros. *AO*: vor Ort; *Datierung*: s. Denkmäler-Überblick; *Maße*: H ges. 0,29. T ges. 0,584. B ges. 0,835. H Abakus 0,042. B Abakus 0,68. T Abakus 0,69. Auskragung Abakusprofil 0,045. AVA 0,535. H Rundstab unterhalb des Kapitells 0,016. H Kanalis 0,071. H Echinus ges. 0,745 (davon H Flechtband 0,0225). (Kunze – Schleif 1944); *Literatur*: Kunze – Schleif 1944, Atlas Blatt 4; Mallwitz 1972, 129; Miller 1972, 197–201.

III.49 Kapitell, Olympia (Elis), Ptolemaierweihgeschenk, Abb. 301–303
Zweiseitiges Kapitell. Voluten gerade (oben leicht nach vorne gekippt), Abakuskanten gerade, Abakusprofil Kyma reversa mit Absatz, Abakusecken spitz, Kanalis konkav mit schnurartigem Rand, Pulvinus mit Balteus (Schuppenmuster) verziert. Marmor (Paros). *AO*: Olympia, Museum; *Datierung*: s. Denkmäler-Überblick; *Maße*: H ges. nicht erhalten. T ges. unten 0,847, oben 0,869. B ges. H Abakus 0,073. B Abakus 0,976. T Abakus 0,976. Auskragung Abakusprofil keine Angabe. AVA 0,851. H Rundstab unterhalb des Kapitells 0,0325. H Kanalis 0,165. H Echinus ges. 0,103 (Hoepfner 1971).(Hoepfner 1997a; Hoepfner 1971; Hoepfner 1971); *Literatur*: Hoepfner 1971, 20. Beil. 18.

III.50 Kapitell, Olympia (Elis), Zweisäulendenkmal, Abb. 304–306
Zweiseitiges Kapitell, nördlich der Palästra gefunden. Wahrscheinlich Teil eines Zweisäulendenkmales, Stifter oder verehrte Person sind jedoch nicht bekannt. Voluten gerade, Abakuskanten gerade, Abakusprofil als Kyma reversa (mit ionischem Kymation plastisch ausgestaltet), Abakusecken spitz, Kanalis konkav mit schnurartigem Rand, Balteus parataktisch gegliedert (vier Kehlen, getrennt durch doppelte Einschnürungen). Marmor *AO*: Museum Olympia; *Datierung*: 4./ 3. Jh. (Mallwitz 1972); zeitnah zu den Kapitellen vom Athenatempel in Priene sowie vom Maussolleion in Halikarnassos – wohl 2. H. 4. Jh.; *Maße*: B ges. 0,90 (Mallwitz 1972); *Literatur*: Adler u. a. 1892b/1966, 141–142. Taf. 89, 2–5. 90, 7a. b.

III.51 Kapitell, Olympia (Elis), Abb. 307
Eckkapitell. Zwei Voluten- und zwei Pulvinusseiten stoßen jeweils aneinander. Stück ist in schlechtem Erhaltungszustand, Oberfläche ist stark verwittert. Als Streufund unter den Bauteilen im Osten der Altis gefunden, die zum Großteil aus der „Herulermauer" stammten. Zugehörigkeit nicht geklärt. Herrmann schlägt die Vorhalle des Bouleuterions vor (Herrmann 1996). *AO*: Museum, Olympia (Inv. Nr. 760); *Datierung*: zählt nach Herrmann zu den frühesten ionischen Architekturen in Olympia (Herrmann 1996); *Maße*: Keine Angabe; *Literatur*: Herrmann 1996, 131 Abb. 12.

208 Katalog

III.52 Kapitell, Olympia (Elis), Abb. 308–309
Zweiseitiges Kapitell. Oberfläche stark verwittert. Voluten gerade. Echinus gebrochen, Pulvinus weist zwei ringförmige Aussparungen auf. Herrmann vermutet die Anbringung von toreutischem Schmuck (Herrmann 1996). Streufund, insg. sechs gleiche Kapitelle. Zugehörigkeit nicht gesichert. Herrmann schlägt Vorhalle des Bouleuterions vor (Herrmann 1996). Muschelkalk (lokal). *AO*: Museum, Olympia; *Datierung*: s. Denkmäler-Überblick (Bouleuterion, Vorhalle); *Maße*: H 0,31. B 0,63. T 0,39. oSdm ca. 0,39 (Herrmann 1996); *Literatur*: Herrmann 2003, 46–49 mit Abb. 52; Herrmann 1996, 127 mit Abb. 5. 6. 128.

III.53 Votivkapitell, Olympia (Elis), Abb. 310–311
Zweiseitiges Kapitell. FO: westlich der ersten nördlichen Innensäule des Heraions. Voluten gerade, Abakuskanten gerade, kein Abakusprofil, Abakusecken spitz, Kanalis flach mit schnurartigem Rand, Echinus setzt sich aus Kyma reversa und Cavetto zusammen, kein Schaftansatz, Pulvinus unverziert, Volutenaugen flach und aus einem Block mit Kapitell gearbeitet. Auf Oberlager Einlassungen für Weihgeschenk. Marmor. *AO*: Archäologisches Museum Olympia; *Datierung*: spätes 5. Jh. (Cooper 1996a), 4. Jh. (Mallwitz 1972, 103); *Maße*: H ges. ca. 0,247. T ges. 0,518. B ges. 0,522. Abakus: H 0,02. B 0,39. T 0,504. AVA 0,284. H Kanalis 0,126. H Echinus ca. 0,106. oSdm (Aussparung für Säuleneinlassung) 0,30 (Mallwitz 1972); *Literatur*: Cooper 1996a, 298; Kontoleon 1980, 364 Abb.1; Mallwitz 1972, 103–104 mit Abb. 83; Puchstein 1887, 31 mit Abb. 22; Riemann 1954, 313–314, 342; Roux 1961, 42. 43 Abb. 5. Taf. 90,4.

III.54 Votivkapitell, Olympia (Elis), Abb. 312–313
Zweiseitiges Kapitell. Voluten unten gebrochen, Oberfläche stark abgewaschen. Voluten gerade, kein Abakus, Kanalis konvex mit schnurartigem Rand auf einer Seite, konkav mit stegartigem Rand auf anderer Seite, Volutenaugen weisen Verzierung durch eine Wirbelrosette auf, Echinus mit ionischem Kymation-Profil und plastischer Eierstabverzierung, wird oben durch horizontale Leiste, unten durch einen Rundstab abgeschossen, Palmettenblätter, Pulvinus mit parataktischer Gliederung (vier Kehlungen, getrennt durch doppelte Einschnürungen). Unterlager mit 2 cm großer, kreisrunder Einlassung für Dübel. Kapitell wurde im Meer, in der Bucht von Agios Andreas (bei Katakolon, 13 km östlich von Pirgos) gefunden. Marmor. *AO*: außerhalb des Museums in Olympia; *Datierung*: kurz vor Wende 6./5. Jh. (Mallwitz 1980b); *Maße*: L 1,34. H nicht erhalten. T 0,61. oSdm 0,566 (Kontoleon 1980; Mallwitz 1980b); *Literatur*: Mallwitz 1981a, 36–37 mit Abb. 37; Mallwitz 1980b, 373–379. 372 Abb. 2; Michaud 1974, 618. 620 Abb. 96.

III.55 Antenkapitell, Olympia (Elis), Pelopion-Tor, Abb. 314
Mischform. Dorisches Kapitell einer Halbsäule kombiniert mit einem Antenkapitell der Form 2a (ionisches Kymation + Cavetto); *Datierung*: 5. Jh. (Paus. V, 13, 1; Dörpfeld u. a. 1935/ 1966, 37); Antenkapitell Anf. 4. Jh. (Ladstätter 2001, 150–151 mit Abb. 3); *Maße*: H ges. 0,407. T Antenschaft 0,335 H Antenschaft 0,757. H KR 0,037. H Kehle mit Absatz 0,047. H Abakus 0,154 (Adler u. a. 1896/ 1966, Taf. 42); *Literatur*: Adler u. a. 1892b/1966, 56–57. Taf. XLII; Dörpfeld u. a. 1935/ 1966, 36–37. 118–124; Mallwitz 1972, 134.

III.56 Antenkapitell, Olympia (Elis), Südhalle, Abb. 315
Mischform. Dorisches Kapitell einer Halbsäule kombiniert mit einem Antenkapitell der Form 1a (Kyma reversa + Cavetto); *Datierung*: 3./2. Jh. (Adler u. a. 1892b/1966); M 4. Jh. Errichtung, Reparatur im 3. Jh. n. Chr. (Mallwitz 1972); Antenkapitell M. 4. Jh. (Ladstätter 2001, 151); *Maße*: T ges. 0,975. T Ante 0,335. H ges. 0,4. H Abakus 0,155. H KR 0,04. H Cavetto 0,027 (Adler u. a. 1896/1966, Taf. 61, 2); *Literatur*: Adler u. a. 1892b/1966, 79–83 mit Abb. 38; Adler u. a. 1896/1966, Taf. 61, 2; s. auch Koenigs 1984, 40–41. 119 Taf. 47 Kat.-Nr. 79; Mallwitz 1972, 240–244.

III.57 Kapitell, Perachora (Korinthia), Brunnenhaus, Abb. 316–317

III.57 a: Diagonalkapitell. Eines von ursp. sechs Kapitellen erhalten, stark beschädigt. Lokaler Kalkstein mit Stucküberzug. *AO*: keine Angabe; *Datierung*: s. Denkmäler-Überblick; *Maße*: keine Angaben; *Literatur*: Tomlinson 1969, 211 Abb. 24. 213–214. Taf. 57 e–f.

III.57 b: Form 2a? Eines von urspr. zwei Antenkapitellen fragmentarisch erhalten. Lokaler Kalkstein mit Stucküberzug. *AO*: keine Angabe; *Datierung*: s. Denkmäler-Überblick; *Maße*: keine Angaben; *Literatur*: Tomlinson 1969, 215. Taf. 57, d.

III.58 Kapitell, Perachora (Korinthia), Stoa am Hafen, Abb. 318
Sonderform (Halbsäulenkapitell für Anbringung an Ecke konzipiert: eine Frontseite mit zwei Voluten, daneben halbe Polsterseite, gegenüber halbe Frontseite, an einer Ecke stoßen Voluten zusammen). Seit 1963 gilt das Kapitell als verschollen, Piet de Jong konnte es zuvor noch zeichnen, wahrscheinlich war es komplett erhalten. Kyma reversa-Gruppe. Voluten gebogen, Abakuskanten gebogen, Abakusecken spitz und einspringend, Pulvinus unverziert, Kanalis flach mit schnurartigem Rand, Echinus als Kyma reversa mit Kehle. Poros, verstuckt. *AO*: verschollen, restliche Fragmente: Athen, Nationalmuseum; *Datierung*: s. Denkmäler-Überblick; nach III.5, vor III.8, wohl 1. H. 4. Jh.; *Maße*: siehe Abb. 333; *Literatur*: Coulton 1964, 100–131 mit Abb. 7. Taf. 24, f. g.

III.59 Kapitell, Pheneos (Arkadien, heute Korinthia), sog. Brunnenhaus, Abb. 319–321
Zweiseitiges Kapitell. Zwei Kapitelle erhalten, teilweise gebrochen und stark bestoßen. Voluten gekrümmt, Abakuskanten gebogen, Abakusprofil Form 1b (KR, Absatz), Abakusecken spitz, Kanalis konkav mit stegartigem Rand. Kalkstein mit Stucküberzug. *AO*: Museum, Sikyon (Inv. Nr. A29. A31); *Datierung*: nach **III.36 a**. **III.28 a** und vor **III.13 b**. **III.13 a**, wohl Ende 4. Jh. (Autopsie Verf. 2014); *Maße*: H ges. ca. 0,24. B ges. ca. 0,53. T gebr. ca. 0,46. H Perlstab ca. 0,017. H Echinus gebr. ca. 0,05. H Kanalis ca. 0,054. H Abakus ca. 0,04. Abstand Volutenaugen ca. 0,344 (Autopsie Verf. 2014, s. Zeichnungen 334–335); *Literatur*: nicht publiziert.

III.60 Kapitell, Pheneos (Arkadien, heute Korinthia), Asklepieion, Abb. 322
Zweiseitiges Kapitell. Im Bereich des Asklepieions gefunden. Die vordere Volutenseite ist breiter als die hintere, die Abakuskanten an den Nebenseiten scheinen nicht parallel zu verlaufen. Voluten gekrümmt, Abakuskanten gebogen, Abakusprofil Form 1b (KR, Absatz), Abakusecken spitz, Kanalis flach mit schnurartigem Rand. Pulvinus ohne plastische Verzierung. Kalkstein mit Stucküberzug. *AO*: Museum Pheneos (Inv. Nr. A8); *Maße*: H ges. 0,31. B ges. 0,73. T 0,68. H Perlstab 0,016. H Echinus gebr. 0,96. H Kanalis 0,046. H Abakus 0,057. B Abakus 0,62. Abstand Volutenaugen 0,51; *Datierung*: ? *Literatur*: keine Angabe.

III.61 Kapitell, Pheneos (Arkadien, heute Korinthia), Abb. 323–324
Attisch-ionisches Eckkapitell? Mittig gebrochen, erhalten sind eine Volute, Teile des Echinus, Abakus und auf oberer Lagerfläche eine Dübeleinlassung. Zugehörigkeit nicht bekannt, möglicherweise Teil der ionischen Säulenstellung des Peristylhofs im Asklepieion. *FO*: als Spolie verbaut im Bereich des Peristyls gefunden. *AO*: Museum Pheneos (Inv. Nr. A201/ASKL); *Datierung*: ? *Maße*: siehe Abb. 341; *Literatur*: nicht publiziert.

III.62 Kapitell, Sikyon (Korinthia), Gymnasion
   III.62 a: Zweiseitiges Kapitell. Volutenaußenkanten gebrochen, Abakus bestoßen, Volutenaugen waren separat eingesetzt, fehlen. Als Spolie verbaut in Kirche gefunden, wird der Säulenstellung der unteren Terrasse im Gymnasion zugeordnet. Poros, verstuckt. *AO*: Museum Sikyon (Inv. Nr. MS2603); *Datierung*: s. Denkmäler-Überblick; *Maße*: keine Angabe; *Literatur*: Orlandos 1935, 116–122 mit Abb. 4.
   III.62 b: Antenkapitell. Form 2a (ionisches Kymation mit Cavetto und Absatz – die Profile sind nicht plastisch ausgearbeitet). Teil der Exedra im unteren Bereich des Gymnasions. Dient als Bekrönung der beiden Antenpfeiler, die eine doppelte Halbsäulenpfeilerstellung einrahmen. *AO*: in situ; *Datierung*: s. Denkmäler-Überblick; *Maße*: keine Angabe; *Literatur*: Lauter 1986, 129. Abb. 42. Taf. 12b.
   III.62 c: Mischform. Kapitell setzt sich zusammen aus einem dorischen Kapitell sowie einem Antenkapitell der Form 2a (s. **III.62 b**). Teil der Exedra im unteren Bereich des Gymnasions. Dient als Bekrönung einer doppelten Halbsäulenpfeilerstellung, die von zwei Anten rechts und links abgeschlossen wird. *AO*: in situ; *Datierung*: s. Denkmäler-Überblick; *Maße*: keine Angabe; *Literatur*: Lauter 1986, 129. Abb. 42. Taf. 12b.

III.63 Kapitell, Sikyon (Korinthia), Agora Südstoa?
Kapitell eines Fensterrahmens. *AO*: keine Angabe; *Datierung*: s. Denkmäler-Überblick; *Maße*: keine Angaben; *Literatur*: Orlandos 1953a, 213 ohne Abbildung.

III.64 Kapitell, Sikyon (Korinthia), Theater, Proskenion
Vierseitiges Kapitell. Gebrochen. Fossum hält es für möglich, dass das Kapitell als Pilasterbekrönung gedient hat (Fossum 1905). *AO*: keine Angaben; *Datierung*: keine Angaben; *Maße*: keine Angaben; *Literatur*: Fossum 1905, 269. Keine Abbildung.

III.65 Kapitell, Sikyon (Korinthia), Theater? Abb. 325
Vierseitiges Kapitell. Ansichtseite erhalten, Rest abgeschlagen. Wurde als Spolie verbaut im „Hof des P. Manika in Basilikó" von Fiechter entdeckt, der es dem Theater zuordnet. Fiechter berichtet von aufgemaltem Palmettenband zwischen den Voluten (Fiechter 1931). Die Bemalung ist heute nicht mehr erkennbar (Autopsie Verf. 2014). Der Kanalis ist mittig mit einer Kelchblüte verziert, die zwei Stielen zu entspringen scheint. Diese Stiele setzten oberhalb beider Voluten an und verlaufen entlang des Echinus bis zur Mitte, wo sie sich empor winden, eine Schleife bilden und dann rechts und links der Blüte auslaufen. *AO*: Museum Sikyon, Vorhof; *Datierung*: keine Angabe; *Maße*: keine Angabe; *Literatur*: Fiechter 1931, 29 Abb. 20 unten.

III.66 Kapitell, Sparta (Lakonien), Weihgeschenkträger, Abb. 326–327
Pfeilerkapitell. In der unteren Hälfte wird eine Lotosblüte rechts und links von zwei Voluten eingerahmt, die sich nach unten hin fortsetzten, jedoch gebrochen sind. Die Volutenzwickel innen sind mit Palmetten verziert. Der Bereich setzt sich durch eine Leiste von dem darüber liegenden Zungenblattfries ab. Oben schließt das Stück trapezförmig ab. An der Oberseite 1–2 cm tiefe Einlassungen mit Bleiresten für die Anbringung eines Weihgeschenkes? Marmor. *AO*: Museum Sparta (Inv. Nr. 737); *Datierung*: keine Angabe (Fiechter 1918, 219 vergleicht das Stück mit dem Antenkapitell des älteren Teils des Tempel G in Selinunt); *Maße*: H gebr. Volutenpartie ca. 0,105. Abschlussleiste: H 0,012. B 0,237. H Blattfries 0,052. Trapez: H 0,061. B oben 0,175. T ges. 0,166 (Fiechter 1918); *Literatur*: Fiechter 1918, 217 Abb. 69. 69a. 218 Abb. 70.

III.67 Sofakapitell, Sparta (Lakonien), Abb. 328–330
Sog. Herakles-Kapitell. Längsrechteckiges Stück, das an Oberseite sowie an rechter Seite gebrochen ist. Auf der Vorderseite ist eine Relief-Szene angebracht. Zu erkennen ist links ein nackter Mann, der sich in einem weiten Ausfallschritt nach rechts bewegt. Über die erhobenen Armen ist ein Mantel gelegt. Der Mann scheint ein Tier zu jagen, von dem nur noch die Hinterläufe, der Schwanz sowie ein Teil des Rumpfes zu erkennen sind. Der übrige Teil der Szene ist nicht erhalten. Die Szene wird links von einer Volute eingefasst, die in eine wulstartige Umrahmung übergeht. Diese findet sich auch am unteren Rand des Stückes wieder, wobei jedoch die linken untere Ecke fehlt. Das Unterlager zeigt eine Einlassung in Form eines Schwalbenschwanzes, die möglicherweise für die Anbringung der linken unteren Ecke gedient hat. Daneben ist ein rechteckiges Dübelloch eingelassen. Unterhalb der wulstartigen Umrahmung ist ein Perlstab zu erkennen. Marmor. *AO*: Museum Sparta (Inv. Nr. 655); *Datierung*: 6. Jh. (Schröder 1904); *Maße*: H 30. B 54,5. T 11–12. H Volute 9. B Perlen 2. Abstand Dübelloch zu vorderem Rand 4,5. Abstand der Klammer 5; *Literatur*: Fiechter 1918, 209 Abb. 53, 210 Abb. 55; Floren 1987, 218 Anm. 41; Förtsch 2001, 216 Anm. 1825. Abb. 336. 337; Haefner 1965, 171; Herfort-Koch 1986, 78, 134 KS 37; Langlotz, 137 Kat.Nr. 12 Taf. 86 a (Chisos); Mercklin 1962, 40 Kat.Nr. 102 Abb. 165; Schröder 1904, 21–49, 32 Abb.3. 33 Abb. 4. Taf. 2; Tod – Wace 1906, Abb. 71; Karagiōrga-Stathakopoulou 2005, 133.

III.68 Sofakapitell, Sparta (Lakonien), Abb. 331–332
Leicht bestoßen, linke Volute gebrochen, Metallstift in rechtem Volutenauge erhalten. Marmor. *FO*: Slavochori. *AO*: Museum Sparta (Inv. Nr. 763); *Datierung*: archaisch? (Fiechter 1918) *Maße*: L unten 0,60. (Fiechter 1918, 213 Abb. 56a); *Literatur*: Fiechter 1918, 209–211 mit Abb. 55–56. 213 Abb. 56a

III.69 Antenkapitell? Tegea (Arkadien), Athenatempel, Abb. 333–334
Nach Dugas handelt es sich um ein Pilasterkapitell in NO- oder SO-Ecke der Cella (Dugas – Berchmans 1924), nach Norman um ein Antenkapitell, das somit nicht an der dorischen Vorhalle angebracht gewesen sein können und möglicherweise auch Teil des Altars gewesen sein könne (Norman 1984). Antenkapitell Form 4 (attisch-ionisch): Faszie, Perlstab, Kyma reversa (mit lesbischem Kymation), Perlstab, plastisch ausgearbeitetes ionisches Kymation, Cavetto (Anthemion). Marmor. *AO*: vor Ort? *Datierung*: siehe Denkmäler-Überblick; *Maße*: H uF 0,141. H u Perlstab 0,018. H Kyma reversa 0,043. H o Perlstab 0,018. H iK 0,045. H Cavetto 0,054. (Dugas – Berchmans 1924); *Literatur*: Dugas – Berchmans 1924, Taf. 77. 88.

III.70 Sofakapitell, Tegea (Arkadien), Abb. 335
Abakusplatte sowie Volute rechts sind gebrochen. Starke Ähnlichkeit mit **III.71**. Marmor. *AO*: Tegea, Kirche „Ibrahim-Effendi"; *Datierung*: ? *Maße*: H 0,345. B 0,19. T 0,24 (Mendel 1901); *Literatur*: Mendel 1901, 265. 266 Abb. 11.

III.71 Sofakapitell, Tegea (Arkadien), Abb. 336–337
Sofakapitell mit Palmettenblatt im Relief. Starke Ähnlichkeit mit **III.70**. Marmor. *AO*: Museum Tegea (Inv. Nr. 283); *Datierung*: 510–500 (Karagiōrga-Stathakopoulou 2003); *Maße*: H 0,19. B oben 0,585. B unten 0,43. T 0,23 (Mendel 1901, 265); *Literatur*: Mendel 1901, 265. 266 Abb. 10; Fiechter 1918, 12 Abb. 58. 213 Abb. 58a; Karagiōrga-Stathakopoulou 2005, 137 Abb. 3; Karagiōrga-Stathakopoulou 2003, 148–149. Taf. 22.

III.72 Sofakapitell, Tegea (Arkadien)
Spolienfund im Haus Antonopoulos, auf der Straße von Tripolis nach Akhouria, auf Höhe der Kirche Palae Episkopi. Marmor. *(FO=AO)*; *Datierung*: ? *Maße*: H 0,325. B 0,685. T 0,235 (Mendel 1901); *Literatur*: Mendel 1901, 265–266 ohne Abbildung.

III.73 Sofakapitell, Tegea (Arkadien)
Spolienfund im Haus Zeïkos, neben dem Haus von Antonopoulos (s. **III.72**). Marmor. *(FO=AO)*; *Datierung*: ? *Maße*: H 0,156. B 0,43. T 0,145 (Mendel 1901); *Literatur*: Mendel 1901, 266 ohne Abbildung.

III.74 Sofakapitell, Tegea (Arkadien), Abb. 338
Beide Voluten gebrochen. Marmor. *AO*: Museum Tegea (Inv. Nr. 2962); *Datierung*: um Mitte 6. Jh. (Karagiōrga-Stathakopoulou 2003); *Maße*: L oben 0,62. L unten 0,53. T max. 0,255. H 0,245 (Karagiōrga-Stathakopoulou 2003); *Literatur*: Karagiōrga-Stathakopoulou 2005, 132–133. 137 Abb. 2; Karagiōrga-Stathakopoulou 2003, 146–147. Taf. 20b. c. 21.

III.75 Sofakapitell, Tegea (Arkadien), Abb. 339
Sofakapitell mit Reliefszene. Dargestellt ist ein nach links schwimmender Triton. Marmor. *AO*: Museum Tegea (Inv. Nr. 284); *Datierung*: 520–510 (Karagiōrga-Stathakopoulou 2005); *Maße*: L oben 0,625. L unten 0,44. T 0,24. H 30 (Karagiōrga-Stathakopoulou 2005); *Literatur*: Karagiōrga-Stathakopoulou 2005, 133–134. 137 Abb. 4; Karagiōrga-Stathakopoulou 2003, 149. Taf. 23.

III.76 Sofakapitell, Tegea (Arkadien), Grabnaiskos, Abb. 340
Sofakapitell dient als Bekrönung zweier Anten, die einen Grabnaiskos zieren. *AO*: Museum Tegea (Inv. Nr. 2295); *Datierung*: um 310 (Karagiōrga-Stathakopoulou 2005, 135.); *Literatur*: Karagiōrga-Stathakopoulou 2005, 134–135. 138 Abb. 5; Karagiōrga-Stathakopoulou 2003, Taf. 15–17.

III.77 Sofakapitell, Tegea (Arkadien), Abb. 341
Linke Seite gebrochen, rechte obere Ecke gebrochen, Abakus gebrochen, sonst guter Erhaltungszustand. Bildfeld mit Anthemion verziert, erhalten sind zwei plastisch ausgearbeitete Palmetten sowie eine Lotusblüte, eingerahmt von einer Zierleiste. Marmor. *AO*: Museum Tegea; *Datierung*: Anf. 3. Jh.; *Maße*: L gebr. 0,30. T gebr. 0,24. H gebr. 0,265 (Karagiōrga-Stathakopoulou 2003); *Literatur*: Karagiōrga-Stathakopoulou 2003, 151–152. Taf. 24; Karagiōrga-Stathakopoulou 2005, 138 Abb. 6.

III.78 Cavettokapitell, Tegea (Arkadien), Abb. 342
Cavettokapitell. Rechteckige Grundform, unterer Teil weist an Seiten ein ausladendes Cavetto-Profil auf, der obere Teil besteht aus einer einfachen Abakusplatte ohne Profil. *AO*: Tegea, Museum (Inv. Nr. 2963); *Datierung*: keine Angabe; *Maße*: keine Angabe; *Literatur*: Karagiōrga-Stathakopoulou 2003, Taf. 20a.

Teil IV: Gebälke

IV.1 Gebälk, Amyklai (Lakonien), Thronbau des Apollon, Abb. 345–346
Außen: Gesims? mit plastisch ausgearbeitetem Anthemion. Sieben Fragmente mit sich abwechselnden Lotos- und Palmettenblüten. Dreizehn Fragmente mit Lotosblüten, die im Wechsel mit und ohne Kelchblatt vorkommen. Der Anthemienfries wird oben und unten durch einen Rundstab begrenzt. Innen: Architrav, glatt, ohne Kopfprofil. Fünf Architravblöcke erhalten. Marmor. *AO*: Museum Sparta (Inv. Nr. 731); *Datierung*: s. Weitere Denkmäler; *Maße*: Fries: H 0,203. L 0,88 (Fiechter 1918, Taf. 13 Werkstück 65), Architrav: L 1,855. T 0,555–0,570. H 0,42 (Fiechter 1918, 149 Werkstück 44); *Literatur*: Fiechter 1918, 148–156 mit Abb. 28–35. Taf. 7, 44–46. 13. 14. Buschor – Massow 1927, Taf. 22; Stibbe – Post 1996, 51 Abb. 24.

IV.2 Gebälk, Bassai (Elis), Apollontempel, Cella, Abb. 347–348

IV.2 a: Architrav. Kopfprofil Form 1 Hohe untere Faszie, obere Faszie sehr schmales Band. *AO*: vor Ort in Lapidarium? (Inv.Nr. bei Cooper 1996a: Ai 7–11); *Datierung*: siehe Denkmäler-Überblick; *Maße*: oF 0,058. uF 0,483. H Kopfprofil 0,086 (Cooper 1992, Taf. 20,8); *Literatur*: Cooper 1996a, 192–193. 284–285; Cooper 1996b, INV. 45. 46. 47. 48; Cooper 1992, Taf. 43, 13. 60; Madigan 1992, 41–45. Taf. 36, b. c. e.

IV.2 b: Vertikales Friesprofil, plastisch, kein Kopfprofil. Marmor. *AO*: vor Ort in Lapidarium? (Inv.-Nr. bei Cooper: Fbi 1–24. Inv.-Nr.73–77); *Datierung*: siehe Denkmäler-Überblick.; *Maße*: H Fries 0,64 (Cooper 1992, Taf. 20,8); *Literatur*: Cooper 1996b, INV. 73–77; Cooper 1992, Taf. 60; Madigan 1992, insb. 38–50. mit Taf. 37, c. d.

IV.2 c: Geison. Kyma reversa leitet über zu Traufnase, vertikal verlaufender Geison-Faszie schließt mit einem Kopfprofil bestehend aus einem ionischen Kymation (bzw. hawksbeak nach Cooper) mit Cavetto darüber ab (s. Cooper 1996b, INV. 111 Gi3). Kalkstein. *AO*: vor Ort in Lapidarium? (Inv.-Nr. bei Cooper: Gi 1–45. Inv.-Nr.111–114); *Datierung*: siehe Denkmäler-Überblick; *Maße*: H Faszie 0,027. H iK/ hawksbeak 0,013. H Cavetto 0,027 (Cooper 1996a, 338); *Literatur*: Cooper 1996a, 334–338; Cooper 1992, Taf. 60; Cooper 1996b, INV. 111–114.

IV.3 Gebälk, Epidauros (Argolis), Theater, Paradostor, Abb. 349

Architrav-Fries-Blöcke sowie Geisonblöcke mit Zahnschnitt erhalten. Architrav mit drei Faszien und Kopfprofil Form 1a (Kyma reversa, Cavetto). Poros. *AO*: am Ort; *Datierung*: s. Denkmäler-Überblick; *Maße*: H Gebälk ges. 1,068. H Architrav 0,383. H Fries 0,33. H Zahnschnitt-Geison 0,355. uF 0,114. mF 0,102. oF 0,085 (Gerkan – Müller-Wiener 1961, Taf. 25); *Literatur*: Gerkan – Müller-Wiener 1961, 66. Taf. 25. 26.

IV.4 Gebälk, Epidauros (Argolis), Theater, Proskenion, Abb. 350

Mindestens neun Geisonblöcke mit Zahnschnitt erhalten, darunter zwei Blöcke der einspringenden Ecken (Architrav und Fries sind nicht erhalten). Zahnschnitt mit Kopfprofil b1 (Absatz, Kyma reversa). *AO*: am Ort; *Datierung*: s. Denkmäler-Überblick; *Maße*: H Zahn 0,77. B Zahn 0,041. B Via 0,026 (Gerkan – Müller-Wiener 1961, Taf. 20, 5.); *Literatur*: Gerkan – Müller-Wiener 1961, Taf. 20. 21.

IV.5 Gebälk, Epidauros (Argolis), Tholos, Innenordnung, Abb. 351–352

IV.5 a: Architrav, durch drei Faszien gegliedert mit Kopfprofil Form 1a (korinthische Ordnung).

IV.5 b: Fries, Kyma recta mit Kopfprofil Form 2b (korinthische Ordnung).

IV.5 c: Geison: plastisch ausgearbeiteter Hakenkreuzmäander mit Zwischenfeldern und Kopfprofil Form 1b (korinthische Ordnung). Alle aus Marmor. *AO*: vor Ort; *Datierung*: s. Gebäude-Überblick; *Maße*: HuF 0,115. HmF 0,105. HoF 0,92– 0,103. H Kopfprofil 0,118. H Fries 0,282. H Sima? 0,285 (Kabbadias 1891b, Taf. 5) – bei Roux weichen die Maße von Archichtrav und Fries leicht ab (Gesamthöhe 0,715, bei Kabbadias 0,728); *Literatur*: Defrasse – Lechat 1895, 107 mit Abb. Taf. 7; Kabbadias 1891b, Taf. 4,3. 5; Roux 1961, 141 Abb. 31.156–157. Taf.47.

IV.6 Gebälk, Epidauros (Argolis), Nordpropyläen, Abb. 353–355. Abb. 356–357.

IV.6 a: Mehrere Teile des Außengebälks erhalten (Architrav und Fries sind aus gesonderten Blöcken gearbeitet, jeweils an rückwärtiger Seite Gebälk der Innenordnung, Zahnschnitt und Geison sind aus einem zusätzlichen Block gearbeitet). Architrav mit drei Faszien und Kopfprofil 1a (Kyma reversa, Cavetto), Kyma recta-Fries mit Kopfprofil 2b (ionisches Kymation), Zahnschnitt mit Kopfprofil b1 (Absatz, Kyma reversa). An Rückseite Architrav mit zwei Faszien, Kopfprofil nicht erhalten, Apophygenfries mit Kopfprofil 2a (ionisches Kymation, Absatz), Geison mit Kopfprofil 1a (Kyma reversa, Cavetto). Hellgelber Poros mit Muscheleinschlüssen. *AO*: Museum, Epidauros; *Datierung*: s. Denkmäler-Überblick; *Maße*: Außengebälk: H Architrav 0,476. H Fries 0,442. uF ca. 0,132. mF ca. 0,12. oF ca. 0,11. Rückwärtiges Gebälk: H Architravblock (beinhaltet etwa zwei Drittel des Frieses) 0,176. H Fries-Geison-Block 0,37 (abgegriffen aus Roux 1961, 264 Abb. 71); *Literatur*: Roux 1961, 263–269. 266 Abb. 73; 264 Abb. 71. 265 Abb. 72.

IV.6 b: Mehrere Teile des Innengebälks erhalten. Architrav mit frei Faszien und Kopfprofil 1a (Kyma reversa, Cavetto), Apophygenfries mit Kopfprofil 2b (Perlstab, ionisches Kymation), Bukranien-Fries. An rückwärtiger Seite (zwischen den korinthischen Innensäulen und den Außenwänden) gleicher Gebälkaufbau wie unter **IV.6 a** beschrieben. *AO*: Epidauros, Museum; *Datierung*: siehe Denkmäler-Überblick; *Maße*: Architravblock H 0,52. T 0,325. H doppelter Fries-Block 0,708. uF ca. 0,165. mF ca. 0,10. oF 0,091. H Fries 0,182 (Roux 1961); *Literatur*: Roux 1961, 270–274. 270 Abb. 76. 271 Abb. 77.

IV.7 Gebälk, Epidauros (Argolis), Gymnasion, Propylon, Abb. 358

Architrav-Fries-Block. Eine Seite gebrochen, sonst guter Erhaltungszustand. Architrav mit drei Faszien und Kopfprofil 1a (Kyma reversa, Cavetto), Kalkstein. *AO*: keine Angabe (Inv. Nr.4331); *Datierung*: s. Denkmäler-Überblick; *Maße*: H ges.0,933. H Architrav 0,503. H Fries 0,43. B gebrochen 0,446 m. uF 0,138. mF 0,132 – 0,128; *Literatur*: Lambrinoudakis – Bouras o. J., 129–131. 130 Plan 60.

IV.8 Gebälk, Epidauros (Argolis), Tempel L, Abb. 359–361

IV.8 a: Vier Fragmente der Architrav-Fries-Blöcke vom Außengebälk erhalten. Poros. *AO*: keine Angabe. Architrav mit drei Faszien und Kopfprofil 1a (Kyma reversa, Cavetto), Kyma recta-Fries mit Kopfprofil 2b (Perlstab, ionisches Kymation); *Datierung*: s. Denkmäler-Überblick; *Maße*: H ges. 0,49. H Architav 0,265. H Fries 0,222. B 0,637. uF 0,07. mF 0,65. oF 0,65. (Roux 1961); *Literatur*: Roux 1961, 223–253. 235 Abb. 56; Taf. 68, 4. 421.

IV.8 b: Drei Fragmente des Gebälks in der Cella. Fries und Geison, beide mit Kopfprofil 1b (Kyma reversa). Poros. *AO*: keine Angabe; *Datierung*: s. Denkmäler-Überblick; *Maße*: H ges. 0,49. Fries uF 0,14. oF 0,055 (Roux 1961).
Literatur: Roux 1961, 236. 237 Abb. 57. Taf. 70, 3.

IV.9 Gebälk, Kleonai (Korinthia), Abb. 362
Hängeplattengeison. Guter Erhaltungszustand (Spuren des Glätteisens erkennbar), rechte Seite gebrochen, linke mit Anathyrose. Unterseite weist eine Stelenbettung? auf. Möglicherweise Bekrönung einer Grabterrasse. Standort wahrscheinlich bei S205. Kalkstein. *AO*: Fundort (Inv. Nr. A1/S201); *Datierung*: keine Angabe; *Maße*: keine Angabe; *Literatur*: nicht publiziert.

IV.10 Gebälk, Kleonai (Korinthia), Abb. 363–364
Fragment eines ionischen Geisons, mit Ansatz des Tympanons (linke Ecke). Erhalten ist unterhalb des Horizontalgeisons der Ansatz eines Zahnschnitts sowie ein Akroterlager auf der Oberseite. Nicht erhalten ist die linke Traufseite. Möglicherweise Teil einer Grabädikula. Kalkstein. *AO*: Fundort (Inv. Nr. A1/S258); *Datierung*: keine Angabe; *Maße*: s. Zeichnung; *Literatur*: nicht publiziert.

IV.11 Gebälk, Korinth (Korinthia), Untere Peirene-Quelle, Abb. 365–366
Architrav mit drei Faszien und Kopfprofil Form 1a. Friesprofil Kyma recta-Form mit Kopfprofil Form 2b. Zahnschnitt mit Kopfprofil b1. Alle Gebälke der sechs Kammern erhalten, in situ; *Datierung*: (siehe Denkmäler-Überblick); *Maße*: Kammer IV: uF ca. 0,03. mF ca. 0,031. oF ca. 0,023. H KR ca. 0,17. H Cavetto mit Faszie ca. 0,02. H Fries ca. 0,064. H Perlstab ca. 0,01. H iK ca. 0,18. H Zahnschnitt ca. 0,026. H Geison ca. 0,06. Die Gebälkmaße der sechs Kammern sind jeweils verschieden, je nach Höhe des Raumes, der direkt in den anstehenden Fels gehauen wurde (Hill 1964); *Literatur*: (Hill 1964), 41 Abb. 19. 42 Abb. 20. Taf. 8.

IV.12 Gebälk, Korinth (Korinthia), Asklepieion und Lernakomplex, Propylon der Lerna, Abb. 367–368
Architrav mit zwei Faszien und Kopfprofil Form 4. Apophygenfries mit Kopfprofil Form 6 mit Cavetto und ionischem Kymation. Zahnschnitt mit Kopfprofi Form b1). Gebälk aus einem Block gearbeitet. Gesteinsart nicht angegeben, mit Stucküberzug. *AO*: unbekannt; *Datierung*: siehe Denkmäler-Überblick; *Maße*: H ges. Block 0,365; T Block unten 0,44. uF? ca. 0,05. oF ca. 0,06. H Rundstab ca. 0,022. H Fries ca. 0,089. H iK ca. 0,017. H Zahnschnitt ca. 0,032. H Kopfprofil ca. 0,015. H Geison ca. 0,082 (abgegriffen aus (Roebuck 1951), 68 Abb. 19); *Literatur*: (Roebuck 1951), 68 Abb. 19. Taf. 16,5.

IV.13 Gebälk, Korinth (Korinthia), Abb. 369–370
Gebälkblock mit Architrav, Fries, Zahnschnitt und Geison sowie Ansatz eines Schräggeisons? Architrav mit hoher unterer Faszie und sehr schmaler oberer Faszie, Kopfprofil 1a. Kyma Recta Fries mit Kopfprofil 2b. Zahnschnitt mit Kopfprofil b1. Während Grabung 1933–34 im Bereich des Asklepieions und Lernakomplexes entdeckt, Zugehörigkeit nicht bestätigt. *AO*: gilt als vermisst. (Ask. Arch. 170); *Datierung*: ? *Maße*: H ges. 0,578. B ges. 1,235. T ges. 0,45 (Roebuck 1951, 149 Abb. 29); *Literatur*: Roebuck 1951, 150. 149 Abb. 29. Taf. 64.

IV.14 Architrav, Megalopolis (Arkadien), Philipps-Stoa, Abb. 371–373
Kopfprofil 3 (Viertelrund, Viertelkehle, Faszie). Drei Faszien. Fünf Fragmente des Architravs erhalten, als Spolien verbaut in der östlichen „Roman Stoa". Können nach Lauter-Bufe der ionischen Innenordnung der Philipps-Stoa zugeordnet werden (Lauter-Bufe 2014). Kalkstein. *AO*: in situ (Inv.-Nr. 290, 291, 292, 293, 294); *Datierung*: siehe Denkmäler-Überblick; *Maße*: H 0,475; L 2,065 bis 2,095; T o. 0,405 bis 0,44; T u. 0,395; H Bruchfläche Profil 0,075; oF 0,16–0,163. mF 0,135–0,14. uF 0,10–0,105); *Literatur*: Lauter-Bufe 2014, 28. 81–83. Taf. 40, 85, 86.

IV.15 Gebälk, Messene (Messenien), Asklepieion, Stoai, Abb. 374
Siebenundvierzig Architrav-Fries-Blöcke der korinthischen Ordnung erhalten, die meisten sind gebrochen. Fries und Architrav sind aus einem Block gearbeitet. Achtzehn Geison-Blöcke erhalten, aus Poros mit Stucküberzug, teilweise sind rote Farbreste erhalten. *AO*: vor Ort (Inv. Nr.: Architrav-Fries-Block, Vorderseite: E01–E47; Rückseite: A01–14; Geisonblöcke mit Zahnschnitt: G01. 05. 11. 12. 13. 15. 17. 14.16).

IV.15 a: Architrav außen: drei Faszien mit Kopfprofil 1b (Kyma reversa und Absatz).

IV.15 b: Fries außen: Apophygen-Fries? abwechselnd mit Bukranien und Phialen dekoriert, dazwischen hängen Girlanden, Kopfprofil 6.

IV.15 c: Architrav innen: drei Faszien, Kopfprofil 1b.

IV.15 d: Fries innen: Apophygen-Fries?, ohne plastische Verzierung.

IV.15 e: Geison mit Zahnschnitt: Zahnschnitt mit Kopfprofil Form 1; *Datierung*: s. Denkmäler-Überblick; *Maße*: H ges. 0,757, Rückseite H ges. 0,509. H Architrav 0,415. H Fries 0,343. Rückseite: 0,300 und 0,210. Vorder- und Rückseite zeigen unterschiedliche proportionale Verhältnisse (H Architrav:H Fries) zueinander. T beider Architav-Fries-Blöcke gesamt 0,578, T des vorderen Blocks unten 0,27. des rückwärtigen Blocks 0,309. Geison-Block H 0,292. L 1,2. B Zahn 0,068. B Via 0,031. HZ 0,99. uF 0,1. mF 0,118. oF0,138 (Maße alle im Schnitt. Hayashida u. a. 2013, 32–33. Tabelle 18. 19. 22. Taf. 24–30); *Literatur*: Hayashida u. a. 2013, 32– 36. Taf. 16–38. 81 c. d. 84–90; Themelis 2003, 62 Abb. 43.

IV.16 Gebälk, Messene (Messenien), Brunnenhaus der Arsinoe, Abb. 375–376

IV.16 a: Gebälk der Halbsäulenpfeiler-Stellung. Architrav mit zwei Faszien und Kopfprofil Form 1b (Kyma reversa und Absatz), Apophygenfries Kopfprofil nicht erhalten, Zahnschnitt mit Kopfprofil als Viertelkehle. Aus einem Block gearbeitet. Poros, Stuckreste. *AO*: vor Ort; *Datierung*: s. Denkmäler-Überblick; *Maße*: L Blöcke zw. 1,28–1,30. H Blöcke 0,45 (Reinholdt 2009, 74); *Literatur*: Reinholdt 2009, 74–75 mit Abb. 106–107, 216–218 Kat.-Nr. 053–035. Taf. 12. 13.

IV.16 b: Gebälk der Vollsäulen-Stellung. Poros, Stuckreste; *Datierung*: s. Denkmäler-Überblick; *Maße*: H Fries 0,45. H Zahnschnittgeison 0,20 (Reinholdt 2009, 80–81); *Literatur*: Reinholdt 2009, 80–81. 78 Abb. 109. 220 Kat.-Nr. 078. 117–118. Taf. 18.

IV.17 Gebälk, Messene (Messenien), tholosartiger Bau, Abb. 377
Monolithischer Gebälkblock eines Rundbaus. Architrav mit drei Faszien und Kopfprofil 1a (Kyma reversa als lesbisches Kymation plastisch ausgearbeitet und Cavetto), Kyma recta-Fries mit plastisch ausgearbeitetem Anthemion, Zahnschnitt. Marmor. *AO*: vor Ort wenige Meter südlich des Kriegsmonuments im Stadion; *Datierung*: s. Denkmäler-Überblick; *Maße*: Dm 1,75; *Literatur*: Müth – Stümpel 2007, 125; Prakt 1997, 96 mit Abb. 6 u. Taf 53b. Themelis 142 Abb.

IV.18 Architrav, Nemea (Korinthia), Zeustempel, Abb. 378–379
Drei Fragmente des Architravs der korinthischen Ordnung, darunter ein Eckarchitrav. Drei Faszien mit Kopfprofil Form 2a. *AO*: Museum Nemea?; *Datierung*: siehe Denkmäler-Überblick; *Maße*: Blocklänge 2,808 (an seitl. Säulenstellung), 2,22 (an Westende). H ges. 0,435. T ges. 0,643. uF 0,116. mF 0,109. oF 0,102. H Kopfprofil 0,111. (Hill 1966, 33–34); *Literatur*: Hill 1966, 33–34. Taf. 24, a–c.

IV.19 Gebälk, Olympia (Elis), Gymnasion, Tor, Abb. 380

IV.19 a: Außen (korinthische Ordnung): Architrav mit drei Faszie und Kopfprofil Form 1a. Fries vertikal (plastische Bukranien-Verzierung) mit Kopfprofil Form 1a. Zum Kopfprofil leitet ein schmales horizontal verlaufendes Band über. Zahnschnitt, ohne Kopfprofil. Geison mit Kopfprofil Form 2a ohne Rundstab? Muschelkalk.

IV.19 b: Innen (korinthische Ordnung): entspricht formal dem äußeren Gebälkaufbau, es fehlt jedoch die plastische Bukranien-Verzierung sowie der Zahnschnitt. *AO*: vor Ort; *Datierung*: s. Denkmäler-Überblick; *Maße*: außen: uF 0,11. mF 0,105. oF 0,80. H Kopfprofil 0,067. H Fries ges. 0,445 (davon H Kopfprofil 0,075. H Zahn 0,08. B Zahn ca. 0,06. B Via ca. 0,025. H Zahnschnitt-Geison-Block ges. 0,28. H Geison 0,115. H Geison Kopfprofil 0,05. innen: identisch mit den Maßen des Außengebälks (Adler u. a. 1892b/1966); *Literatur*: Adler u. a. 1892b/1966, Taf. 76, 6.

IV.20 Gebälk, Olympia (Elis), Leonidaion, Abb. 381
Architrav mit drei Faszien und Kopfprofil 2 (ionisches Kymation, Cavetto), Zahnschnitt mit Kopfprofil b1 und b2 (Absatz, Kyma reversa und Absatz, ionisches Kymation). Muschelkalk? *AO*: keine Angabe; *Datierung*: siehe Gebäude-Überblick; *Maße*: uF 0,045. mF 0,179. oF 0,161. B Zahn 0,072. H Zahn 0,095. B Via 0,036. (Adler u. a. 1892b/1966, Taf. 65); *Literatur*: Adler u. a. 1892b/1966, 86–87. Taf. 65.

IV.21 Gebälk, Olympia (Elis), Palästra, Abb. 382
Geisonblock mit Zahnschnitt. Im Bereich der Palästra gefunden, Zugehörigkeit gesichert, die exakte Zuordnung ist jedoch nicht bekannt. Poros. *AO*: keine Angabe; *Datierung*: s. Denkmäler-Überblick; *Maße*: B Zahn 0,07. H Zahn 0,09. B Via 0,013 (Adler u. a. 1892b/1966); *Literatur*: Adler u. a. 1892b/1966, 119–120.

IV.22 Gebälk, Olympia (Elis), Philippeion, Abb. 383
Gebälk der ionischen Außenordnung. Poros. *AO*: vor Ort.
  IV.22 a: Architrav mit zwei Faszien und Kopfprofil Form 1b (Kyma reversa, Absatz).
  IV.22 b: Apophygenfries mit Kopfprofil Form 6 (einfacher Absatz).
  IV.22 c: Zahnschnitt mit Kopfprofil Form b1 (Absatz, Kyma reversa).
Rückwärtiger Teil des Außengebälks:
  IV.22 d: Architrav mit zwei Faszien und Kopfprofil Form 1 mit Perlstab.
  IV.22 e: Geison, Kopfprofil nicht erhalten.
Datierung: s. Denkmäler-Überblick; *Maße*: H ges. Architrav-Fries-Block 0,815. uF 0,217. oF 0,222. H Kopfprofil 0,093. H Fries 0,282 (Kunze – Schleif 1944). Zahnschnitt: H Zahn 0,134 (Kunze – Schleif 1944). B Zahn 0,09. B Via 0,06 (Adler u. a. 1892b/1966). H Geison 0,165 (Adler u. a. 1892b/1966); *Literatur*: Kunze – Schleif 1944, 9–12. Taf. 8–9. Atlas Blatt 6–7.; Miller 1973, 202–210 mit Abb. 3 B. 4 A.
Gebälk der korinthischen Innenordnung. Poros. *AO*: vor Ort.
  IV.22 f: Planer Architrav mit schmalem horizontalem Band oben und Kopfprofil Form 1a (Kyma reversa, Cavetto) mit Perlstab.
  IV.22 g: Apophygenfries mit Kopfprofil Form 6 (einfacher Absatz).
  IV.22 h: Geison.
Datierung: s. Denkmäler-Überblick; *Maße*: H Architrav ges. 0,29. H Fries 0,131. uF 0,184. oF 0,028. H Geison 0,136 (Kunze – Schleif 1944); *Literatur*: Adler u. a. 1892b/1966, 130–132 mit Abb. 6; Adler u. a. 1892a/1966, Taf. 81; Kunze – Schleif 1944, 19. Taf. 14.

IV.23 Gebälk, Perachora (Korinthia), Brunnenhaus, Abb. 384
Ein Fragment des Architravs mit unterer Faszie erhalten. Drei Fragmente des Zahnschnitts mit Ansatz des Geison erhalten, aus einem Block gearbeitet, Höhe sicher rekonstruierbar. Lokaler Kalkstein mit Stucküberzug. *AO*: keine Angabe; *Datierung*: ? *Maße*: uF 0,08. H Z+G 0,252; *Literatur*: Tomlinson 1969, 211 Abb. 24. 214. Taf. 57, c.

IV.24 Gebälk, Pheneos (Arkadien, heute Korinthia), Abb. 385–387
Geisonblock eines Rundmonuments. Guter Erhaltungszustand, hinten gebrochen, Tiefe nicht erhalten. Vorderseite sorgfältig geglättet, ionisches Kymation als Kopfprofil. An übrigen Seiten Spuren des Glätteisens sichtbar. FO: als Spolie in einem Grab verbaut. *AO*: Pheneos, Asklepieion, Lapidarium (Inv. Nr. A174/ASKL); *Datierung*: keine Angabe; *Maße*: H ges. 0,26. B 0,73. T gebr. 0,66. H Profil 0,23 (Autopsie Verf. 2014; s. Abb. 403–405); *Literatur*: nicht publiziert.

IV.25 Architrav, Sikyon (Korinthia), Stoa? Abb. 388
Gebälkblock bestehend aus Architrav und Zahnschnitt. Nachweislich kein Fries. *AO*: Museum Sikyon (Inv. Nr. MS3412).
  IV.25 a: Architrav mit zwei Faszien und Kopfprofil Form 5.
  IV.25 b: Zahnschnitt mit Kopfprofil Form b2).
Datierung: s. Denkmäler-Überblick; *Maße*: keine Angaben; *Literatur*: Orlandos 1955, 390 mit Abb. 5.

IV.26 Gebälk, Sikyon (Korinthia), Theater, Abb. 389
Fragment eines ionischen Epistyls. Poros. *AO*: keine Angabe; *Datierung*: keine Angabe; *Maße*: L 1,35 (Fiechter 1931); *Literatur*: Fiechter 1931, 28. Keine Abbildung.

IV.27 Gebälk, Tegea (Arkadien), Athenatempel, Abb. 390–391

IV.27 a: Mehrere Blöcke der Epikranitis, darunter ein Eckblock. Aufbau Ornamentband von unten nach oben: Akanthusranke, Perlstab, plastisch verziertes ionisches Kymation, Faszie, Kyma reversa (mit lesbischem Kymation), Faszie. Marmor. *AO*: Museum Tegea.

IV.27 b: Ein Fragment des Architravs, mit plastisch ausgearbeitetem, oben gebrochenem Kopfprofil (Aufbau: Perlstab, ionisches Kymation, Perlstab, lesbisches Kymation); *Datierung*: siehe Denkmäler-Überblick; *Maße*: H Akanthus-Element 0,011. H Perlstab 0,025. H iK 0,086. H Faszie 0,085. H KR 0,034 (Dugas – Berchmans 1924, Taf. 79); *Literatur*: Dugas – Berchmans 1924, 52–53. 181 Abb. 3, 7. Taf. 31, 11 (Eckblock); Taf. 78 a–c. 79 (Block). 93.

Literaturverzeichnis

Adamesteanu 1975	D. Adamesteanu, Metaponto. Santuario di Apollo – Tempio D (tempio ionico) Rapporto preliminare (Roma 1975)
Adler u. a. 1892a/1966	F. Adler – R. Borrmann – W. Dörpfeld – F. Graeber – P. Graeff, Die Baudenkmäler von Olympia. Erster Tafelband (Taf. LXXIII–CXXXIII), Olympia II (Amsterdam 1892/1966)
Adler u. a. 1892b/1966	F. Adler – R. Borrmann – W. Dörpfeld – F. Graeber – P. Graef, Die Baudenkmäler von Olympia. Textband, Olympia II (Amsterdam 1892/1966)
Adler u. a. 1896/1966	F. Adler – R. Borrmann – W. Dörpfeld – F. Graeber – P. Graeff, Die Baudenkmäler von Olympia. Zweiter Tafelband (Taf. I–LXXII), Olympia II (Amsterdam 1896/1966)
Alevridis 2016	S. Alevridis, Il restauro del Tempio di Apollo a Bassae, in: Selinunte. Restauri dell'antico. Atti del convegno "Selinus 2011. Restauri dell'antico. Ricerche ed esperienze nel Mediterraneo di età greca" 20.–23. Okt. 2011 (Rom 2016) 267–278
Alzinger 1972	W. Alzinger, Von der Archaik zur Klassik. Zur Entwicklung des ionischen Kapitells in Kleinasien während des fünften Jahrhunderts v. Chr., ÖJh 1972–73, 1972, 169–211
Amandry u. a. 1953	P. Amandry – Y. Fomine – K. Tousloukof – R. Will, La Colonne des Naxiens. Et le Portique des Athéniens, FdD II, 6 (Paris 1953)
Amandry – Hansen 2010	P. Amandry – E. Hansen, Le temple d'Apollon du IVe siècle, FdD II, 14 (Athen 2010)
Andronikos u. a. 1961	M. Andronikos – C. Makaronas – N. K. Moutsopoulos, Το ανάκτορο της Βεργίνας., Αρχαιολογικόν Δελτίον. Δημοσιεύματα 1 (Athen 1961)
Arapogiannē 2002	X. Arapogiannē, Ο ναός του Επικουρίου Απόλλωνος Βασσών (Athen 2002)
Arapogianni 2009–2010	X. Arapogianni, Ancient Thouria, ArchRep 2009–2010, 50
Archibald u. a. 2012–2013	Z. Archibald – C. Morgan – D. Smith – M. Stamatopoulou – J. Bennet – M. Haysom – A. M. Ainian – R. Sweetman, Archaeology in Greece. Messene, ArchRep 2012–2013, 15–18
Aupert 1987	P. Aupert, Rapport sur les travaux de l'École Française d'Athènes en 1989. Argos. Les Thermes A, BCH 1987, 597–603
Aupert 1990	P. Aupert, Rapport sur les travaux de l'École Française d'Athènes en 1989. Argos. Les Thermes A, BCH 1990, 858–866
Bakalakis 1946	G. Bakalakis, Zum jonischen Eckkapitell, ÖJh 36, 1946, 54–61
Bakalakis 1969	G. Bakalakis, Πελοποννησιακοί ιονισμοί, EpistEpetThess 1969, 211–219
Bammer 1972	A. Bammer, Die Architektur des jüngeren Artemision von Ephesos (Wiesbaden 1972)

Bankel 1984a	H. Bankel, Das Fussmass des Parthenon, in: E. Berger (Hrsg.), Parthenon-Kongress Basel. Referate und Berichte I 4.-8. April 1982 (Mainz 1984)
Bankel 1984b	H. Bankel, Moduli an den Tempeln von Tegea und Stratos?, in: W. Hoepfner (Hrsg.), Bauplanung und Bautheorie der Antike, DiskAB 4 (Berlin 1984) 159–166
Bankel 1984c	H. Bankel, Moduli an den Tempeln von Tegea und Stratos? Grenzen der Fussmassbestimmung, AA 1984, 413–430
Barletta 1985	B. A. Barletta, An Ionic Porch at Gela, RM 1985, 9–17
Barletta 2001	B. A. Barletta, The Origins of the Greek Architectural Orders (Cambridge [u.a.] 2001)
Bauer 1973	H. Bauer (Hrsg.), Korinthische Kapitelle des 4. und 3. Jahrhunderts v. Chr., AM Beih. 3 (Berlin 1973)
Beloch 1922	K. J. Beloch, Griechische Geschichte 3, 1 (Berlin und Leipzig 1922)
Berger 1984	E. Berger, Zum Mass- und Proportionssystem des Parthenon - Ein Nachwort zur Diskussion des Bauentwurfes, in: E. Berger (Hrsg.), Parthenon-Kongress Basel. Referate und Berichte I 4.-8. April 1982 (Mainz 1984) 119–177
Berve u. a. 1961	H. Berve – G. Gruben – M. Hirmer, Griechische Tempel und Heiligtümer (München 1961)
Bingöl 1980	O. Bingöl, Das ionische Normalkapitell in hellenistischer und römischer Zeit in Kleinasien (Tübingen 1980)
Bingöl 2012	O. Bingöl, Neue Erkenntnisse am Tempel der Artemis Leukophryene in Magnesia, in: T. Schulz (Hrsg.), Dipteros und Pseudodipteros. Bauhistorische und archäologische Forschungen, Internationale Tagung, 13.11.–15.11.2009 an der Hochschule Regensburg, Byzas 12 (Istanbul 2012) 113–121
Birge u. a. 1992	D. E. Birge – L. H. Kraynak – S. G. Miller, Excavations at Nemea. Topographical and Architectural Studies: the Sacred Square, the Xenon, and the Bath (Berkeley 1992)
Birtachas 2008	P. Birtachas, Μεσσήνη. Το Ωδείο και το Ανατολικό Πρόπυλο του Ασκληπιείου (Athen 2008)
Blum – Plassart 1914	G. Blum – A. Plassart, Orchomène d'Arcadie. Fouilles de 1913. Topographie, architecture, sculpture, menus objets, BCH 1914, 71–88
Bommelaer 1991	J.-F. Bommelaer, Guide de Delphes. Le site, Sites et monuments 7 (Athènes 1991)
Bommelaer – Courtils 1994	J.-F. Bommelaer – J. Des Courtils, La salle hypostyle d'Argos (Paris 1994)
Börker 1975	C. Börker, Bukranion und Bukephalion, AA 1975, 244–250
Braunert – Petersen 1972	H. Braunert – T. Petersen, Megalopolis, Anspruch und Wirklichkeit, Chiron 1972, 57–90
Brockmann 1968	A. D. Brockmann, Die griechische Ante. Eine typologische Untersuchung (Marburg 1968)
Broneer 1935	O. T. Broneer, Excavations in Corinth, 1934, AJA 1935, 53–75
Broneer 1954	O. T. Broneer, The South Stoa and its Roman Successors (Princeton 1954)

Burford 1966	A. Burford, Notes on the Epidaurian Building Inscriptions, BSA 1966, 254–334
Burford 1969	A. Burford, The Greek Temple Builders at Epidauros. A Social and Economic Study of Building in the Asklepian Sanctuary During the Fourth and Early Third Centuries B.C., Liverpool monographs in archaeology and Oriental studies (Liverpool 1969)
Buschor – Massow 1927	E. Buschor – W. v. Massow, Vom Amyklaion, AM 1927, 1–85
Büsing 1970	H. Büsing, Die griechische Halbsäule (Wiesbaden 1970)
Büsing 2000	H. Büsing, Der Pseudoperipteros, in: T. Mattern – H. Wiegartz (Hrsg.), Munus. Festschrift für Hans Wiegartz (Münster 2000) 61–65
Charbonneaux – Gottlob 1925	J. Charbonneaux – K. Gottlob, Le sanctuaire d'Athèna Pronaia. La Tholos, FdD II, 4 (Paris 1925)
Chlepa 2001	Η.-Α. Chlepa, Μεσσήνη. Το Αρτεμίσιο και οι οίκοι της δυτικής πτέρυγας του Ασκληπιείου, Βιβλιοθήκη της Αθήναις Αρχαιολογικής Εταιρείας 211 (Athen 2001)
Cockerell 1860	C. R. Cockerell, The temples of Jupiter Panhellenius at Aegina, and of Apollo Epicurius at Bassae near Phigaleia in Arcadia (London 1860)
Cooper 1978	F. A. Cooper, The Temple of Apollo at Bassai. A Preliminary Study (New York 1978)
Cooper 1992	F. A. Cooper (Hrsg.), The Temple of Apollo Bassitas IV. Folio Drawings (Princeton, New Jersey 1992)
Cooper 1996a	F. A. Cooper (Hrsg.), The Temple of Apollo Bassitas I. The Architecture (Princeton, NJ 1996)
Cooper 1996b	F. A. Cooper (Hrsg.), The Temple of Apollo Bassitas III. The Architecture – Illustrations (Princeton, New Jersey 1996)
Coulton 1964	J. J. Coulton, The Stoa by the Harbour at Perachora, BSA 1964, 100–131
Coulton 1966	J. J. Coulton, The Treatment of Re-Entrant Angles, BSA 1966, 132–146
Coulton 1968	J. J. Coulton, The Stoa at the Amphiareion, Oropos, BSA 1968, 147–183
Coulton 1975	J. J. Coulton, Towards Understanding Greek Temple Designs: General Considerations, BSA 1975, 59–99
Coulton 1976	J. J. Coulton, The Architectural Development of the Greek Stoa (Oxford 1976)
Coulton 1977	J. J. Coulton, Greek Architects at Work (London 1977)
Coupel – Demargne 1969	P. Coupel – P. Demargne, Le monument des Néréides, FdX III (Paris 1969)
Courbin 1980	P. Courbin, L'oikos des Naxiens, Délos 33 (Paris 1980)
Courtils 1983	J. Des Courtils, Ionisme en Péloponnèse? À propos d'un anthémion archaïque de Thasos, BCH 1983, 133–148
Courtils 1992	J. Des Courtils, L'Architecture et l'histoire d'Argos dans la première moitié du Ve siècle avant J.-C., in: M. Piérart (Hrsg.), Polydipsion Argos. Argos de la fin des palais mycéniens à la constitution de l'État classique, Freiburg (Schweiz) 7.–9. Mai 1987, Bulletin de correspondance hellénique 22 (Athen 1992) 241–251

Curtius u. a. 1880	E. Curtius – F. Adler – G. Treu, Die Ausgrabungen zu Olympia IV. Übersicht der Arbeiten und Funde vom Winter und Frühjahr 1878–1879 (Berlin 1880)
Daux 1963	G. Daux, Messène, BCH 1963, 768–774
Daux 1967	G. Daux, Chronique des fouilles. Michalitsi, BCH 1967, 675–676
Daux – Hansen 1987	G. Daux – E. Hansen, Le trésor de Siphnos. Topographie et architecture: Divers, FdD II (Paris 1987)
Defrasse – Lechat 1895	A. Defrasse – H. Lechat, Epidaure. Restauration et description des principaux monuments du Sanctuaire d'Asclepios (Paris 1895)
Dekoulakou 1983a	I. Dekoulakou, Μαμουσιά Αιγιαλείας, Prakt 1983, 183
Dekoulakou 1983b	I. Dekoulakou, Μαμουσιά Αιγιαλείας, ADelt 1983, 120
Delbrück 1912	R. Delbrück, Hellenistische Bauten in Latium 2 (Strassburg 1912)
Delivorrias 2009	A. Delivorrias, The Throne of Apollo at the Amyklaion. Old Proposals, New Perspectives, in: W. G. Cavanagh – C. Gallou – M. Georgiadis (Hrsg.), Sparta and Laconia. From Prehistory to Pre-Modern: Proceedings of the Conference Held in Sparta, Organised by the British School at Athens, the University of Nottingham, the 5th Ephoreia of Prehistoric and Classical Antiquities and the 5th Ephoreia of Byzantine Antiquities, Sparta 17.–20. März 2005, British School at Athens studies 16 (London 2009) 133–135
Delivorrias 2012	A. Delivorrias, Λακωνία. Αμύκλες. Το ιερό του Απόλλωνος, in: A. G. Vlachopoulos (Hrsg.), Αρχαιολογία. Πελοπόννησος 1(Athen 2012) 540–543
Delorme 1960	J. Delorme, Gymnasion. Étude sur les monuments consacrés a l'éducation en Gréce; des origines à l'émpire romain, BEFAR 196 (Paris 1960)
Dinsmoor 1932–1933	W. B. Dinsmoor, The Temple of Apollo at Bassae, MetrMusSt 1932–1933, 204–227
Dinsmoor 1950	W. B. Dinsmoor, The Architecture of Ancient Greece. An Account of its Historic Development ³(London 1950)
Dinsmoor 1985	W. B. Dinsmoor, The architecture of ancient Greece. An account of its historic development ³(London 1985)
Dirschedl 2013	U. Dirschedl, Die Griechischen Säulenbasen, AF 28 (Wiesbaden 2013)
Dittenberger – Purgold 1966/1896	W. Dittenberger – K. Purgold, Die Inschriften von Olympia, Olympia 5 (Amsterdam 1966/1896)
Dörpfeld u. a. 1935/ 1966	W. Dörpfeld – F. Forbat – P. Goessler – H. Rüter – H. Schleif – F. Weege, Alt-Olympia. Untersuchungen und Ausgrabungen zur Geschichte des ältesten Heiligtums von Olympia und der älteren griechischen Kunst I (Berlin 1935/1966)
Drerup 1954	H. Drerup, Pytheos und Satyros. Die Kapitelle des Athenatempels von Priene und des Maussoleums von Halikarnass, JdI 69, 1954, 1–31
Drerup 1964	H. Drerup, Zum Artemistempel von Magnesia, Marburger Winckelmann-Programm 1964, 13–22
Dugas – Berchmans 1924	C. Dugas – J. Berchmans, Le sanctuaire d'Aléa Athéna à Tégée au 4e siècle (Paris 1924)

Durm 1880	J. W. Durm, Constructive und polychrome Details der griechischen Baukunst (Berlin 1880)
Dyggve u. a. 1934	E. Dyggve – F. Poulsen – K. Rhomaios, Das Heroon von Kalydon (1934)
Emme 2013	B. Emme, Peristyl und polis. The peristyle and the polis (Berlin 2013)
Faraklas 1972	N. Faraklas, Epidaurus. The Sanctuary of Asclepios, Keramos guides ²(Athens 1972)
Faustoferri 1993	A. Faustoferri, The Throne of Apollo at Amyklai. Its Significance and Chronology, in: O. Palagia – W. D. Coulson (Hrsg.), Sculpture from Arcadia and Laconia. Proceedings of an International Conference held at the American School of Classical Studies at Athens 10.–14. April 1992, Oxbow monograph 30 (Oxford 1993 1993) 156–166
Feller 2007	N. Feller, Hypostyle Saalbauten in der griechischen Architektur, Studien zur Geschichte Nordwest-Griechenlands 5 (München 2007)
Felten – Reinholdt 2001	F. Felten – C. Reinholdt, Das Brunnenhaus Arsinoe in Messene. Baubefund und Rekonstruktion, in: V. Mitsoupoulos-Leon (Hrsg.), Forschungen in der Peloponnes. Akten des Symposions anlässlich der Feier "100 Jahre Österreichisches Archäologisches Institut Athen" (Athen 2001) 307–323
Fiechter 1918	E. Fiechter, Amyklae. Der Thron des Apollon, JdI 33, 1918, 107–245
Fiechter 1931	E. Fiechter, Das Theater in Sikyon (Stuttgart 1931)
Floren 1987	J. Floren, 1. – Die griechische Plastik. Die geometrische und archaische Plastik (München 1987)
Förtsch 2001	R. Förtsch, Kunstverwendung und Kunstlegitimation im archaischen und frühklassischen Sparta (Mainz 2001)
Fossum 1905	A. Fossum, The Theatre at Sikyon, AJA 1905, 263–276
Frazer 1990	A. Frazer, The Propylon of Ptolemy II., Samothrace 10 (Princeton 1990)
Frickenhaus 1913	A. Frickenhaus, Kleonai, AA 1913, 114–116
Friese 2010	W. Friese, Den Göttern so nah. Architektur und Topographie griechischer Orakelheiligtümer (Stuttgart 2010)
Fuchs 2013	W. Fuchs, Untersuchungen zur Geschichte des Leonidaions in Olympia auf Grund des Ausgrabungsbefundes von 1954–1956, in: H. Kyrieleis (Hrsg.) 2000 bis 2005, OlBer 13 (Berlin 2013) 278–338
Furtwängler u. a. 1906	A. Furtwängler – E. R. Fiechter – H. Thiersch, Aegina. Das Heiligtum der Aphaia (München 1906)
Ganzert 1983	J. Ganzert, Zur Entwicklung lesbischer Kymationformen, JdI 1983, 123–202
Gardner 1892	E. A. Gardner, Excavations at Megalopolis, 1890/91, JHS Suppl. 1 (London 1892)
Gauer 1975	W. Gauer, Die Tongefässe aus den Brunnen unterm Stadion-Nordwall und im Südost-Gebiet, OF 8 (Berlin 1975)
Gerkan – Kunze 1958	A. von Gerkan – E. Kunze (Hrsg.), Bericht über die Ausgrabungen in Olympia. Winter 1953/1954 und 1954/1955, OlBer (Berlin 1958)
Gerkan – Müller-Wiener 1961	A. von Gerkan – W. Müller-Wiener, Das Theater von Epidauros (Stuttgart 1961)

Ginouvès 1959	R. Ginouvès, L'etablissement thermal de Gortys d'Arcadie, Études Péloponnésiennes 2 (Paris 1959)
Ginouvès 1998	R. Ginouvès, Dictionnaire méthodique de l'architecture grecque et romaine. III Espaces architecturaux, bâtiments et ensembles (Paris 1998)
Glaser 1983	F. Glaser, Antike Brunnenbauten (Krēnai) in Griechenland (Wien 1983)
Gneisz 1990	D. Gneisz, Das antike Rathaus. Das griechische Bouleterion und die frühromische Curia (Wien 1990)
Gogos 2011	S. Gogos, Das Theater von Epidauros (Wien 2011)
Goodyear 1912	W. H. Goodyear, Greek Refinements. Studies in Temperamental Architecture (London 1912)
Graeve 1970	V. von Graeve, Der Alexandersarkophag und seine Werkstatt, Istanbuler Forschungen 28 (Berlin 1970)
Grasshoff – Berndt 2011	G. Grasshoff – C. Berndt, Die Entasis der Säulen am Parthenon, in: eTopoi. Journal for ancient studies 1 (Berlin 2011) 45–68
Grieb 2012	V. Grieb, Bürger für die Große Stadt. Megalopolis die oliganthropia und die megale eremia, Migration und Bürgerrecht in der hellenistischen Welt 2012, 107–126
Griffin 1982	A. Griffin, Sikyon (Oxford 1982)
Gros 1976	P. Gros, Aurea templa. Recherches sur l'architecture religieuse de Rome à l'époque d'Auguste, Bibliothèque des Ecoles Françaises d'Athènes et de Rome 231 (Rome 1976)
Gros 1992	P. Gros, Vitruve de l'Architecture. Livre IV, Collection des universités de France 307 (Paris 1992)
Gros – Amy 1979	P. Gros – R. Amy, La maison Carrée de Nîmes (Paris 1979)
Gruben 1963	G. Gruben, Das archaische Didymaion, JdI 1963, 78–177
Gruben 1972	G. Gruben, Kykladische Architektur, MüJB 1972, 6–36
Gruben 1976	G. Gruben, Die Tempel der Griechen 2(Darmstadt 1976)
Gruben 1986	G. Gruben, Die Tempel der Griechen 4(München 1986)
Gruben 1996	G. Gruben, Griechische Un-Ordnungen, in: E.-L. Schwandner (Hrsg.), Säule und Gebälk. Zu Struktur und Wandlungsprozeß griechisch-römischer Architektur, DiskAB Bd. 6 (Mainz am Rhein 1996) 61–77
Gruben 2001	G. Gruben, Griechische Tempel und Heiligtümer (2001)
Grube 2007	G. Gruben, Klassische Bauforschung (München 2007)
Gruben – Kienast 2014	G. Gruben – H. J. Kienast, Der polykratische Tempel im Heraion von Samos, Samos 27 (Wiesbaden 2014)
Haefner 1965	U. Haefner, Das Kunstschaffen Lakoniens in archaischer Zeit (1965)
Hagn 2001	T. Hagn, Das Tycheion von Aigeira und daran anschließende Bauten, in: J.-Y. Marc – J.-C. Moretti (Hrsg.), Constructions publiques et programmes édilitaires en Grèce entre le IIe siècle av. J.-C. et le Ier siècle ap. J.-C. Actes du Colloque org. par l'École Française d'Athènes et le CNRS, Athen 14.–17. Mai 1995, BCH Suppl. 39 (Athènes 2001) 297–311
Hahland 1948/49	W. Hahland, Der iktinische Entwurf des Apollontempels von Bassae, JdI 1948/49, 14–39

Hamdy Bey – Reinach 1892	O. Hamdy Bey – T. Reinach, Une nécropole royale à Sidon. Fouilles de Hamdy Bey (Paris 1892)
Haselberger 1980	L. Haselberger, Werkzeichnungen am Jüngeren Didymeion, IstMitt 1980, 191–215
Haselberger 1983a	L. Haselberger, Bericht über die Arbeit am Jüngeren Apollontempel von Didyma, IstMitt 1983, 90–123
Haselberger 1983b	L. Haselberger, Die Bauzeichnungen des Apollontempels von Didyma, Architectura 1983, 13–26
Haselberger 1984	L. Haselberger, Die Werkzeichnung des Naiskos im Apollontempel von Didyma, in: W. Hoepfner (Hrsg.), Bauplanung und Bautheorie der Antike, DiskAB 4 (Berlin 1984) 111–119
Haselberger 1988–89	L. Haselberger, Die antiken Bauzeichnungen an den Tempelwänden des Apollon-Heiligtums in Didyma, NüBla 1988–89, 31–33
Haselberger 1991	L. Haselberger, Aspekte der Bauzeichnungen von Didyma, RA 1991, 99–113
Haselberger 1999	L. Haselberger, Old Issues, New Research, Latest Discoveries. Curvature and other Classical Refinements, in: L. Haselberger – H. Bankel (Hrsg.), Appearance and Essence. Refinements of Classical Architecture - Curvature. Proceedings of the Second Williams Symposium on Classical Architecture held at the University of Pennsylvania, Philadelphia 2.–4. April 1993, University Museum symposium series 10 (Philadelphia 1999) 1–68
Haselberger – Bankel 1999	L. Haselberger – H. Bankel (Hrsg.), Appearance and Essence. Refinements of Classical Architecture - Curvature. Proceedings of the Second Williams Symposium on Classical Architecture held at the University of Pennsylvania vom 2.–4. April 1993 Philadelphia, University Museum symposium series 10 (Philadelphia 1999)
Hayashida u. a. 2013	Y. Hayashida – R. Yoshitake – J. Ito – J. Yoneoka, Architectural Study of the Stoas of the Asklepieion at Ancient Messene (Fukuoka 2013)
Heiden 1995	J. Heiden, Die Tondächer von Olympia, OF 24 (Berlin 1995)
Heisel 1993	J. P. Heisel, Antike Bauzeichnungen (Darmstadt 1993)
Hellström – Thieme 1982	P. Hellström – T. Thieme, Labraunda I,3. The Temple of Zeus (Stockholm 1982)
Hennemeyer 2012	A. Hennemeyer, Merkmale des Pseudoperipteros und Pseudoperipteraler Ordnungen in der griechischen Architektur, in: T. Schulz (Hrsg.), Dipteros und Pseudodipteros. Bauhistorische und archäologische Forschungen, Internationale Tagung, 13.11.–15.11.2009 an der Hochschule Regensburg, Byzas 12 (Istanbul 2012) 233–251
Hennemeyer 2013	A. Hennemeyer, Athenaheiligtum von Priene. Die Nebenbauten - Altar Halle und Propylon - und die bauliche Entwicklung des Heiligtums, Archäologische Forschungen 27 (Wiesbaden 2013)
Herfort-Koch 1986	M. Herfort-Koch, Archaische Bronzeplastik Lakoniens (Münster 1986)
Herrmann 1972	H. V. Herrmann, Olympia. Heiligtum und Wettkampfstätte (München 1972)

Herrmann 1996	K. Herrmann, Anmerkungen zur Ionischen Architektur in der Peloponnes, in: E.-L. Schwandner (Hrsg.), Säule und Gebälk. Zu Struktur und Wandlungsprozeß griechisch-römischer Architektur, DiskAB Bd. 6 (Mainz am Rhein 1996) 124–132
Herrmann 2003	K. Herrmann, Bericht über die Arbeiten in Olympia in den Jahren 1982 bis 1999, in: H. Kyrieleis (Hrsg.), Bericht über die Ausgrabungen in Olympia. 1982 bis 1999, OlBer 12 (Berlin 2003) 1–65
Hill 1964	B. H. Hill, The Springs. Peirene, Sacred Spring, Glauke, Corinth. Results of Excavations Conducted by the American School of Classical Studies at Athens 1, 6 (Princeton, N.J 1964)
Hill 1966	B. H. Hill, Temple of Zeus at Nemea (Princeton, NJ 1966)
Himmelmann 1968	N. Himmelmann, Über einige gegenständliche Bedeutungsmöglichkeiten des frühgriechischen Ornaments. [vorgelegt in der Plenarsitzung am 20. April 1968], Abhandlungen der Geistes- und Sozialwissenschaftlichen Klasse / Akademie der Wissenschaften und der Literatur 1968,7 (Mainz 1968)
Hoepfner 1971	W. Hoepfner, Zwei Ptolemaierbauten. Das Ptolemaierweihgeschenk in Olympia und ein Bauvorhaben in Alexandria, AM Beiheft 1 (Berlin 1971)
Hoepfner 1984	W. Hoepfner (Hrsg.), Bauplanung und Bautheorie der Antike, DiskAB 4 (Berlin 1984)
Hoepfner 1997a	W. Hoepfner (Hrsg.), Kult und Kultbauten auf der Akropolis. Internationales Symposion vom 7.–9. Juli 1995 Berlin, Schriften des Seminars für Klassische Archäologie der Freien Universität Berlin (Berlin 1997)
Hoepfner 1997b	W. Hoepfner, Planänderungen am Tempel von Bassae, in: W. Hoepfner (Hrsg.), Kult und Kultbauten auf der Akropolis. Internationales Symposion, Berlin 7.–9. Juli 1995, Schriften des Seminars für Klassische Archäologie der Freien Universität Berlin (Berlin 1997a) 178–183
Hoepfner 2000	W. Hoepfner, Zur Tholos in Delphi, AA 2000, 99–107
Hoepfner 2013	W. Hoepfner, Halikarnassos und das Maussolleion (Mainz 2013)
Hoffelner 1999	K. Hoffelner, Das Apollon-Heiligtum (Mainz 1999)
Hofkes-Brukker – Mallwitz 1975	C. Hofkes-Brukker – A. Mallwitz (Hrsg.), Der Bassai-Fries in der ursprünglich geplanten Anordnung (München 1975)
Hogarth 1908	D. G. Hogarth, Excavations at Ephesus. The Archaic Artemisia (London 1908)
Holtfester 2001	U. Holtfester, Das ionische Anthemion. Eine typologische und ornamentgeschichtliche Untersuchung skulptierter ionischer Anthemien der griechischen Bauornamentik des 6. und 5. Jahrhunderts v. Chr., <https://repositorium.uni-muenster.de/document/miami/0552e35f-8ea2-4db5-b95a-b4eb7474b545/diss_holtfester.pdf> (12.04.2017)
Hornblower 1982	S. Hornblower, Mausolus (Oxford 1982)
Hornblower 1990	S. Hornblower, When was Megalopolis Founded?, BSA 1990, 71–77

Hueber 1999	F. Hueber, Ephesos: Optical Refinements in Roman Imperial Architecture and Urban Design of the East, in: L. Haselberger – H. Bankel (Hrsg.), Appearance and Essence. Refinements of Classical Architecture - Curvature. Proceedings of the Second Williams Symposium on Classical Architecture held at the University of Pennsylvania, Philadelphia 2.–4. April 1993, University Museum symposium series 10 (Philadelphia 1999) 211–223
Irmscher 2001	J. Irmscher, Die perikleischen Baukommissionen, in: V. Riedel (Hrsg.), Die Freiheit und die Künste. Modelle und Realitäten von der Antike bis zum 18. Jahrhundert, Schriften der Winckelmann-Gesellschaft 20 (Stendal 2001) 12–18
Jameson 1969	M. H. Jameson, Excavations at Porto Cheli and Vicinity, Preliminary Report, I: Halieis, 1962–1968, Hesperia 1969, 311–342
Jannoray – Ducoux 1953	J. Jannoray – H. Ducoux, Topographie et architecture: Divers. Le gymnase, FdD II (Paris 1953)
Jeppesen 1955	K. Jeppesen, Labraunda I,1. The Propylaea, Labraunda (Lund 1955)
Jost 1985	M. Jost, Sanctuaires et cultes d'Arcadie, Études Péloponnésiennes 9 (Paris 1985)
Kabbadias 1883	P. Kabbadias, Εκθεσισ περι των εν τω λέρω της Επιδαύρου ανασκαφων εν ετει 1882, Prakt 1882–83, 1883, 75–83
Kabbadias 1885	P. Kabbadias, Εκθεσισ περι των εν τω λέρω της Επιδαύρου ανασκαφων, Prakt 1884, 1885, 53–93
Kabbadias 1891a	P. Kabbadias, Fouilles d' Épidaure (Athens 1891)
Kabbadias 1891b	P. Kabbadias, Fouilles d'Épidaure (Athen 1891)
Kabbadias 1902	P. Kabbadias, Περί των εν Επιδαύρω ανασκαφών. Το Γυμνάσιον, Prakt 1901, 1902, 49–51
Kabbadias 1903	P. Kabbadias, Ανασκαφή εν Επιδαύρω. Το Στάδιο, Prakt 1902, 1903, 78–92; Taf. 1–4
Kabbadias 1905	P. Kabbadias, Το Αβατον, Prakt 1905, 63–89
Kabbadias 1906	P. Kabbadias, Περί τον Επιδαύρω ανασκαφών και εργασιών, Prakt 1905, 1906, 43–89
Kabbadias 1907	P. Kabbadias, Εν Επιδαύρω ανασκαφρών και εργασιών. 2. Ναός της Θέμιδος και ναός της Αφροδίτης, Prakt 1906, 1907, 104–115
Kalpaxēs 1986	T. E. Kalpaxēs, Hemiteles. Akzidentelle Unfertigkeit und „Bossen-Stil" in der griechischen Baukunst 1986
Kaltsas 1989	N. Kaltsas, Das antike Messene (Athen 1989)
Käppel 1989	L. Käppel, Das Theater von Epidauros, JdI 1989, 83–106
Karagiōrga 1995	T. G. Karagiōrga, Η συντήρηση του ναού του Απόλλωνος στις Βάσσες Φιγαλείας. Χρονικό μιας προσπάθειας (Athen 1995)
Karagiōrga-Stathakopoulou 2003	T. Karagiōrga-Stathakopoulou, Αρτεμιδος Φιλος, ADelt 1999, 2003, 115–154; Taf. 15–24
Karagiōrga-Stathakopoulou 2005	T. Karagiōrga-Stathakopoulou, Τα επίκρανα τησ Τεγέας, in: E. Østby (Hrsg.), Ancient Arcadia. Papers from the Third International Seminar on Ancient Arkadia, Held at the Norwegian Institute at Athens, 7–10 May 2002, Papers from the Norwegian Institute at Athens 8 (Athens 2005) 131–138

Karapanagiōtou – Phritzilas 2014	A. B. Karapanagiōtou – S. Phritzilas, Ορχομενός Αρκαδίας. Οδηγός του αρχαιολογικού χώρου (Tripolis 2014)
Kästner 2012	V. Kästner, Basis einer ionischen Säule Kat. 13/ 23, in: H.-J. Gehrke – W.-D. Heilmeyer – N. Kaltsas – G. E. Hatzi – S. Bocher (Hrsg.), Mythos Olympia. Kult und Spiele – Antike (München 2012) 536
Keil 1895	J. Keil, Die Rechnungen über den epidaurischen Tholosbau I–II, AM 1895, 20–115. 405–450
Kenner 1946	H. Kenner, Der Fries des Tempels von Bassae-Phigalia, Kunstdenkmäler 2 (Wien 1946)
Kirchhoff 1988	W. Kirchhoff, Die Entwicklung des ionischen Volutenkapitells im 6. Und 5. Jhd. Und seine Entstehung (Bonn 1988)
Kissas 2011	K. Kissas, Neue Forschungen in der antiken Stadt Pheneos/Peloponnes, Öjh 2011, 155–166
Kissas 2013a	K. Kissas (Hrsg.), Antike Korinthia (Athen 2013)
Kissas 2013b	K. Kissas, Τα αποτελέσματα των πρόσφατων ερευνών της Αρχαιολογικής Υπερεσίας, in: K. Kissas – W.-D. Niemeier (Hrsg.), The Corinthia and the Northeast Peloponnese. Topography and History from Prehistoric Times until the End of Antiquity. Proceedings of the International Conference Organized by the Directorate of Prehistoric and Classical Antiquities, the LZ' Ephorate of Prehistoric and Classical Antiquities, and the German Archaeological Institute, Athens, Loutraki 26.–29. März 2009, Athenaia 4 (München 2013) 437–444
Knackfuß – Wiegand 1941	H. Knackfuß – T. Wiegand, Didyma. Die Baubeschreibung I. II (Berlin 1941)
Knell 1968	H. Knell, Baumeister des Parthenon und des Apollontempels von Phigalia-Bassae?, JdI 83, 1968, 100–117
Koenigs 1979	W. Koenigs, Zum Entwurf dorischer Hallen, IstMitt 1979, 209–237
Koenigs 1984	W. Koenigs, Die Echohalle, OF 14 (Berlin 1984)
Koenigs 2015	W. Koenigs, Der Athenatempel von Priene, Priene 3 (Wiesbaden 2015)
Kolia 2002–2005	E. Kolia, Archaia Keryneia: Neoteres Ereynes, AAA 2002–2005, 129 (Anm. 6)
Kolonas 1999	L. Kolonas, Aigion Museum (Athen 1999)
Kontoleon (Hrsg.) 1980	N. M. Kontoleon (Hrsg.), Στήλη. Τόμος εις μνήμην Νικολάου Κοντολέοντος (Athen 1980)
Krauss u. a. 1939/1978	F. Krauss – R. Herbig – Krauss-Herbig, Der korinthisch-dorische Tempel am Forum von Paestum, Denkmäler antiker Architektur Bd. 7 (Berlin 1939/1978)
Krauss 1959	F. Krauss, Die Tempel von Paestum. 1. Der Athenatempel und die sogenannte Basilika. 1. Lfg. Der Athenatempel. Text und Tafeln 1959
Krischen 1938	F. Krischen, Die griechische Stadt. Wiederherstellungen (Berlin 1938)
Kugler 1835	F. T. Kugler, Über die Polychromie der griechischen Architektur und Sculptur und ihre Grenzen (Berlin 1835)
Kunze – Schleif (Hrsg.) 1944	E. Kunze – H. Schleif (Hrsg.), Das Philippeion, OF 1 (Berlin 1944)
Ladstätter 2001	G. Ladstätter, Der Artemistempel von Lousoi, in: V. Mitsopoulos-Leon (Hrsg.), Forschungen in der Peloponnes. Akten des Symposions anläß-

	lich der Feier „100 Jahre Österreichisches archäologisches Institut Athen", Athen 5.–7. März 1998, SoSchrÖAI 38 (Athen 2001) 143–153
Ladstätter – Andrianou (Hrsg.) 2010	S. Ladstätter – D. Andrianou (Hrsg.), Städtisches Wohnen im östlichen Mittelmeerraum 4. Jh. v. Chr. – 1. Jh. n. Chr. Akten des internationalen Kolloquiums vom 24.–27. Oktober 2007 an der Österreichischen Akademie der Wissenschaften, AF 18 (Wien 2010)
Lambrinoudakis 1988	V. Lambrinoudakis, The Propylon of the "Gymnasium" and the Tholos in the Asklepieion at Epidauros. Preservation and Partial Restoration Proposals (Athens 1988)
Lambrinoudakis 1996	V. Lambrinoudakis, Beobachtungen zur Genese der ionischen Gebälkformen, in: E.-L. Schwandner (Hrsg.), Säule und Gebälk. Zu Struktur und Wandlungsprozeß griechisch-römischer Architektur, DiskAB Bd. 6 (Mainz am Rhein 1996) 48–60
Lambrinoudakis – Bouras o. J.	V. Lambrinoudakis – C. U. Bouras, Η Στοά του Αβατου στο Ασκληπιείο της Επιδαύρου. Ομάδα Εργασίας για την Συντήρηση τον Μνημείων του Ασκληπιείου Επιδαύρου (o. J.)
Langlotz	E. Langlotz, Frühgriechische Bildhauerschulen (Nuernberg)
Lauter 1986	H. Lauter, Die Architektur des Hellenismus (Darmstadt 1986)
Lauter – Spyropoulos 1998	H. Lauter – T. Spyropoulos, Megalopolis. 3. Vorbericht 1996–1997, Archäologischer Anzeiger 1998, 415–451
Lauter-Bufe 2009	H. Lauter-Bufe, Das Heiligtum des Zeus Soter in Megalopolis (Mainz am Rhein 2009)
Lauter-Bufe 2014	H. Lauter-Bufe, Die Stoa Philippeios in Megalopolis (Mainz 2014)
Lauter-Bufe – Lauter 2011	H. Lauter-Bufe – H. Lauter, Die politischen Bauten von Megalopolis (Darmstadt 2011)
Lehmann u. a. 1982	P. W. Lehmann – D. Spittle – K. Lehmann, Samothrace. The Temenos, Samothrace 5 (Princeton, NJ 1982)
Leypold 2008	C. Leypold, Bankettgebäude in griechischen Heiligtümern (Wiesbaden 2008)
Liepmann 1970	U. Liepmann, Das Datierungsproblem und die Kompositionsgesetze am Fries des Apollotempels zu Bassae-Phigalia (Hannover 1970)
Llinas 1965	C. Llinas, Le portique coudé de Pérachora, BCH 1965, 484–497
Llinas 1989	C. Llinas, Chapiteaux en sofa: de Délos a Argos, in: R. Étienne (Hrsg.), Architecture et poésie dans le monde grec. Hommage à Georges Roux, Collection de la Maison de l'Orient Méditerranéen Série archéologique 10 (Paris 1989) 63–78
Lolos – Koskinas 2011	Y. A. Lolos – A. Koskinas, Land of Sikyon. Archaeology and History of a Greek City-State, Hesperia Suppl. 2011
Lolos – Koskinas 2011	Y. A. Lolos – A. Koskinas, Land of Sikyon. Archaeology and History of a Greek City-State, Hesperia Suppl. 2011
Mächler 2015	C. Mächler, Olympia. Das Leonidaion. Die Arbeiten der Jahre 2014 und 2015, in: Deutsches Archäologisches Institut, Zentrale (Hrsg.), e-Forschungsberichte 3 (2015) 42–46
Madigan (Hrsg.) 1992	B. C. Madigan (Hrsg.), The Temple of Apollo Bassitas II. The Sculpture (Princeton, New Jersey 1992)

Mallwitz 1962	A. Mallwitz, Cella und Adyton des Apollontempels in Bassai, AM 77, 1962, 140–177
Mallwitz 1972	A. Mallwitz, Olympia und seine Bauten (Darmstadt 1972)
Mallwitz 1975	A. Mallwitz, Zur Architektur des Apollon-Tempels in Bassai-Phigalia, in: C. Hofkes-Brukker – A. Mallwitz (Hrsg.), Der Bassai-Fries in der ursprünglich geplanten Anordnung (München 1975) 7–42
Mallwitz 1980a	A. Mallwitz, Die Funde aus Olympia. Ergebnisse hundertjähriger Ausgrabungstätigkeit (Athen 1980)
Mallwitz 1980b	A. Mallwitz, Kykladen und Olympia, Stēlē. Tómos eis mnēmēn Nikoláou Kondoléontos 1980, 361–379
Mallwitz 1980c	A. Mallwitz, Kykladen und Olympia, in: N. M. Kontoleon (Hrsg.), Στήλη. Τόμος εις μνήμην Νικολάου Κοντολέοντος (Athen 1980) 361–379
Mallwitz 1981a	A. Mallwitz, Die Arbeiten vom Frühjahr 1966 bis zum Ende 1976, in: A. Mallwitz (Hrsg.), X. Bericht über die Ausgrabungen in Olympia (Berlin 1981) 1–58
Mallwitz 1981b	A. Mallwitz, Neue Forschungen in Olympia. Theater und Hestiaheiligtum in der Altis, Gymnasium 1981, 97–122
Mallwitz 1988	A. Mallwitz, Eckprobleme der klassischen Architektur und das Leonidaion von Olympia, in: A. Delēborrias – Ē. Zerboudakē – V. K. Lamprinoudakēs – A. Lempesē – B. Petrakos (Hrsg.), Πρακτικά του XII. διεθνούς συνεδρίου κλασικής 4.–10. September 1983 (Athena 1988) 124–128
Mangoldt 2012	H. v. Mangoldt, Makedonische Grabarchitektur. Die Makedonischen Kammergräber und ihre Vorläufer (Tübingen 2012)
Martin 1944	R. Martin, Chapiteaux ionique de l'Asclépieion d'Athénes, BCH 68, 1944, 340–374
Martin 1951a	R. Martin, Recherches sur l'agora grècque, BEFAR 174 (Paris 1951)
Martin 1951b	R. Martin, Recherches sur l'Agora greque. Études d'histoire et d'architecture urbaines, BEFAR 174 (Paris 1951)
Martin 1972	R. Martin, Chapiteaux ioniques de Thasos, BCH 1972, 303–325
Martin 1973	R. Martin, Compléments à l'étude des chapiteaux ioniques de Délos, in: Ecole française d'Athènes (Hrsg.), Ètudes déliennes, BCH Suppl. 1 (1973) 371–398
Martin – Metzger 1949	R. Martin – H. Metzger, Recherches d'Architecture et de Topographie a l'Asclépiéion d'Athènes, BCH 1949, 316–350
Massow 1927	W. v. Massow, Vom Amyklaion, AM 1927, 1–85
Mattern 2001	T. Mattern, Gesims und Ornament. Zur stadtrömischen Architektur von der Republik bis Septimius Severus (Münster 2001)
Mattern 2012	T. Mattern, Ein ungewöhnlicher dorischer Bau in Theisoa, in: D. Sack (Hrsg.), Bericht über die 46. Tagung für Ausgrabungswissenschaft und Bauforschung (Stuttgart 2012) 103–109
Mattern 2015	T. Mattern, Das Herakles-Heiligtum. Architektur und Kult im Kontext, Kleonai 1 (Wiesbaden 2015)

McAllister u. a. 2005	M. H. McAllister – M. H. Jameson – J. A. Dengate – F. A. Cooper, Excavations at Ancient Halieis. The Fortifications and Adjacent Structures (Bloomington, Indianapolis 2005)
McCredie u. a. (Hrsg.) 1992	J. R. McCredie – S. M. Shaw – G. Roux (Hrsg.), The Rotunda of Arsinoe, Samothrace 7 (Princeton 1992)
Mendel 1901	G. Mendel, Fouilles de Tégée. Rapport sommaire sur la campagne de 1900–1901, BCH 1901, 241–281
Mercklin 1962	E. von Mercklin, Antike Figuralkapitelle (Berlin 1962)
Mertens 1979	D. Mertens, Der ionische Tempel von Metapont. Ein Zwischenbericht, RM 1979, 103–139
Mertens 1984a	D. Mertens, Der Tempel von Segesta und die dorische Tempelbaukunst des griechischen Westens in klassischer Zeit (Mainz 1984)
Mertens 1984b	D. Mertens, Zum Entwurf des Parthenon, in: E. Berger (Hrsg.), Parthenon-Kongress Basel. Referate und Berichte I 4.–8. April 1982 (Mainz 1984) 55–67
Mertens 1984c	D. Mertens, Zum klassischen Tempelentwurf, in: W. Hoepfner (Hrsg.), Bauplanung und Bautheorie der Antike, DiskAB 4 (Berlin 1984) 137–145
Mertens 1988	D. Mertens, Zur Entstehung der Entasis griechischer Säulen, in: H. Drerup – H. Büsing – F. Hiller (Hrsg.), Bathron. Beiträge zur Architektur und verwandten Künsten für Heinrich Drerup zu seinem 80. Geburtstag von seinen Schülern und Freunden (Saarbrücken 1988) 307–318
Mertens 1993	D. Mertens, Der alte Heratempel in Paestum und die archaische Baukunst in Unteritalien, Sonderschriften / Deutsches Archäologisches Institut Rom 9 (Mainz am Rhein 1993)
Mertens – Schützenberger 2006	D. Mertens – M. Schützenberger, Städte und Bauten der Westgriechen. Von der Kolonisationszeit bis zur Krise um 400 vor Christus (München 2006)
Michaud 1971	J.-P. Michaud, Chronique des fouilles en 1970. Porto-Chéli (Halieis), BCH 1971, 875–878
Michaud 1974	J.-P. Michaud, Chronique des fouilles et découvertes archéologiques en Grèce en 1973. Olympie, BCH 1974, 618–619
Michaud 1977	J.-P. Michaud, Le Temple en Calcaire, FdD II, 6 (Paris 1977)
Miles 1980	M. M. Miles, The date of the temple on the Ilissos river, Hesperia 1980, 309–325
Miller 1972	S. Miller, Hellenistic Macedonian Architecture. Its Style and Painted Ornamentation (Ann Arbor 1972)
Miller 1973	S. Miller, The Philippeion and Macedonian Hellenistic Architecture, AM 88 1973, 189–218
Miller 1977	S. G. Miller, Excavations at Nemea, 1976, Hesperia 1977, 1–26
Miller 1978	S. G. Miller, Excavations at Nemea, 1977, Hesperia 1978, 58–88
Miller 1984	S. G. Miller, Excavations at Nemea, 1983, Hesperia 1984, 171–192

Miller 1992	S. G. Miller, The Stadium at Nemea and the Nemean Games, in: W. D. Coulson (Hrsg.), Πρακτικά Συμποσίου Ολυμπιακών Αγώνων. Proceedings of an International Symposium on the Olympic Games, Athen 5.–9. September 1988 (Athen 1992) 81–86
Mitsopoulos-Leon – Glaser 1984	V. Mitsopoulos-Leon – F. Glaser, Lousoi 1983, ÖJh 1984, 133–154
Mitsopoulos-Leon – Glaser 1985	V. Mitsopoulos-Leon – F. Glaser, Ausgrabungen im Stadtgebiet von Lousoi, ÖJh 1985, 13–14
Müller-Wiener 1988	W. Müller-Wiener, Griechisches Bauwesen in der Antike (München 1988)
Müth – Stümpel 2007	S. Müth – H. Stümpel, Eigene Wege. Topographie und Stadtplan von Messene in spätklassisch-hellenistischer Zeit. (Freie Univ Rahden/Westf, Berlin 2007)
Napp 1933	A. E. Napp, Bukranion und Guirlande (Wertheim a.M., Heidelberg 1933)
Norman 1980	N. J. Norman, The "Ionic" Cella: A Preliminary Study of Fourth Century B.C. Temple Architecture (Ann Arbor 1980)
Norman 1984	N. J. Norman, The Temple of Athena Alea at Tegea, AJA 1984, 169–194
Ohnesorg 1996	A. Ohnesorg, Votiv- oder Architektursäule?, in: E.-L. Schwandner (Hrsg.), Säule und Gebälk. Zu Struktur und Wandlungsprozeß griechisch-römischer Architektur, DiskAB Bd. 6 (Mainz am Rhein 1996) 39–47
Orlandos 1917	A. K. Orlandos, Του εν Σουνίω ναού του Ποσειδώνος τοίχοι και οροφή, AEphem 1917, 213–226
Orlandos 1933	A. K. Orlandos, Ανασκαφή Σικυώνος, Prakt 1932, 1933, 63–76
Orlandos 1935	A. K. Orlandos, Ανασκαφή Σικυώνος, Prakt 1934, 1935, 116–122
Orlandos 1936	A. K. Orlandos, Ανασκαφή Σικυώνος, Prakt 1935, 1936, 73–83
Orlandos 1937	A. K. Orlandos, Ανασκαφή Σικυώνος, Prakt 1936, 1937, 86–94
Orlandos 1940	A. K. Orlandos, Ανασκαφή Σικυώνος, Prakt 1939, 1940, 100–102
Orlandos 1941	A. K. Orlandos, Ανασκαφή Σικυώνος, Prakt 1941, 56–60
Orlandos 1947	A. K. Orlandos, Ανασκαφή Σικυώνος, Prakt 1941–1944, 1947, 56–60
Orlandos 1952	A. K. Orlandos, Ανασκαφή Σικυώνος, Prakt 1951, 1952, 187–191
Orlandos 1953a	A. K. Orlandos, Sicyone, BCH 1953, 213
Orlandos 1953b	A. K. Orlandos, Ανασκαφή Σικυώνος, Prakt 1953, 184–190
Orlandos 1955	A. K. Orlandos, Ανασκαφή Σικυώνος, Prakt 1952, 1955, 387–395
Orlandos 1956	A. K. Orlandos, Ανασκαφή Σικυώνος, Prakt 1953, 1956, 184–190
Orlandos 1957	A. K. Orlandos, Ανασκαφή Μεσσήνης, Prakt 1957, 121–125. Taf. 53–58
Orlandos 1958	A. K. Orlandos, Ανασκαφή Μεσσήνης, Prakt 1958, 177–183. Taf. 177–183
Orlandos 1959	A. K. Orlandos, Ανασκαφή Μεσσήνης, Prakt 1959, 162–173. Taf. 136–145
Orlandos 1960	A. K. Orlandos, Ανασκαφή Μεσσήνης, Prakt 1960, 210–227. Taf. 162–169
Orlandos 1962–1963	A. K. Orlandos, Messene, ArchRep 1962–1963, 17–18

Orlandos 1962	A. K. Orlandos, Ανασκαφή Μεσσήνης, Prakt 1962, 99–112. Taf. 103–120
Orlandos 1963	A. K. Orlandos, Ανασκαφή Μεσσήνης, Prakt 1963, 122–129. Taf. 94–105
Orlandos 1967–68	A. K. Orlandos, Η Αρκαδική Αλίφειρα και τα μνημεία της, Πελοποννησιακαι ἀρχαιολογικαι ἐρευναι 1 (Athen 1967–68)
Orlandos 1969	A. K. Orlandos, Ανασκαφή Μεσσήνης, Prakt 1969, 98–120. Taf. 121–136
Østby (Hrsg.) 2014a	E. Østby (Hrsg.), Tegea I. Investigations in the Temple of Athena Alea 1991-94 (Athen 2014)
Østby (Hrsg.) 2014b	E. Østby (Hrsg.), Tegea II. Investigations in the Sanctuary of Athena Ales 1990-94 and 2004 (Athen 2014)
Pakkanen 1997	J. Pakkanen, Entasis in Fourth-Century B.C. Doric Buildings in the Peloponnese and at Delphi, BSA 1997, 323–344
Pakkanen 2005	J. Pakkanen, The Tempel of Athena Alea at Tegea. Revisiting Design-Unit Derivation from Building Measurements, in: E. Østby (Hrsg.), Ancient Arcadia. Papers from the Third International Seminar on Ancient Arkadia, Held at the Norwegian Institute at Athens, 7–10 May 2002, Papers from the Norwegian Institute at Athens 8 (Athens 2005) 167–183
Pariente – Touchais (Hrsg.) 1998	A. Pariente – G. Touchais (Hrsg.), Άργος και Αργολίδα. Τοπογραφία και πολεοδομία: πρακτικά διεθνούς συνεδρίου, Recherches franco-hellénique 3 (Athen/ Paris 1998)
Patrucco 1976	R. Patrucco, Lo stadio di Epidauro, Studi / Accademia Toscana di Scienze e Lettere "La Colombaria" 44 (Firenze 1976)
Pausanias – Meyer 1972	Pausanias – E. Meyer, Beschreibung Griechenlands (München 1972)
Payne – Bagenal 1940	H. Payne – H. Bagenal, Perachora. The Sanctuaries of Hera Akraia and Limenia. Excavations of the British School of Archaeology at Athens, 1930–1933 (Oxford 1940)
Pedersen 1994	P. Pedersen, The Ionian Renaissance and some Aspects of its Origin within the Field of Architecture and Planning, in: J. Isager (Hrsg.), Hekatomnid Caria and the Ionian Renaissance. Acts of the International Symposium at the Department of Greek and Roman Studies, Odense 28.–29. November 1991, Halicarnassian Studies 1 (Odense 1994) 11–32
Penrose 1851	F. C. Penrose, An Investigation of the Principles of Athenian Architecture. Or the Results of a Recent Survey Conducted Chiefly with Reference to the Optical Refinements Exhibited in the Constructions of the Ancient Buildings of Athens. Illustrated by Numerous Engravings (London 1851)
Petrakos 1968	B. C. Petrakos, Ο Ωρωπός και το ιερόν του Αμφιαράου, Vivliothēkē tēs en Athēnais Archaiologikēs Hetaireias 63 (Athen 1968)
Petrakou 2010	B. C. Petrakou, Θουρία, Ergon 2009, 2010, 33–41
Petrakou 2011	B. C. Petrakou, Θουρία, Ergon 2010, 2011, 20–23
Petrakou 2012a	B. C. Petrakou, Θουρία, Ergon 2011, 2012, 24–26
Petrakou 2012b	B. C. Petrakou, Μεσσηνη, Ergon 2011, 2012, 24–27

Petronōtēs 1972	A. Petronōtēs, Zum Problem der Bauzeichnungen bei den Griechen (Athen 1972)
Petsas 1966	P. M. Petsas, Ο τάφος τον Λευκαδίον, Βιβλιοθήκη της Αθήναις Αρχαιολογικής Εταιρείας 57 (Athen 1966)
Philadelpheus 1926	A. Philadelpheus, Note sur le Bouleutérion (?) de Sicyone, BCH 1926, 174–182
Plassart 1928	A. Plassart, Les sanctuaires et les cultes du Mont Cynthe, Délos 11 (Paris 1928)
Plommer – Salviat 1966	H. Plommer – F. Salviat, The Altar of Hera Akraia at Perachora, BSA 1966, 207–215
Pouilloux 1960	J. Pouilloux, La région nord du sanctuaire (de l'époque archaique à la fin du sanctuaire), FdD II, 7 (Paris 1960)
Prater 2004	A. Prater, Streit um Farbe. Die Wiederentdeckung der Polychromie in der griechischen Architektur und Plastik im 18. und 19. Jahrhundert, in: V. Brinkmann (Hrsg.), Bunte Götter. Die Farbigkeit antiker Skulptur, eine Ausstellung der Staatlichen Antikensammlungen und Glyptothek München in Zusammenarbeit mit der Ny Carlsberg Glyptotek Kopenhagen und den Vatikanischen Museen Rom, Glyptothek München 16. Dezember 2003 bis 29. Februar 2004, 15. Juni–5. September 2004 ^{2}(München 2004) 256–267
Prignitz 2014	S. Prignitz, Bauurkunden und Bauprogramm von Epidauros (400–350). Asklepiostempel, Tholos, Kultbild, Brunnenhaus (München 2014)
Protonotariou-Deilaki 1961/62	E. Protonotariou-Deilaki, Ἀνασκαφὴ Φενεοῦ, ADelt 1961/62, 57–61
Protonotariou-Deilaki 1965	E. Protonotariou-Deilaki, Ἀνασκαφὴ Φενεοῦ, ADelt 1965, 158–159
Protonotariou-Deilaki 2001	E. Protonotariou-Deilaki, Καταστροφές από Σεισμούς και Πλημμύρες στην Αρχαία Φενεό, in: Καλλίστευμα: Μελέτες προς τιμήν της Όλγας Τζάχου-Αλεξανδρή (Athen 2001) 433–438
Prückner 1992	H. Prückner, Ein Thron für Apollon, in: H. Froning – E. Simon (Hrsg.), Kotinos. Festschrift für Erika Simon (Mainz 1992) 123–130
Puchstein 1887	O. Puchstein, Das ionische Capitell, BWPr 47 (Berlin 1887)
Quatremère de Quincy 1815	A. C. Quatremère de Quincy, Le Jupiter Olympien. Ou l'art de la sculpture antique considéré sous un nouveau point de vue, ouvrage qui comprend un essai sur le gout de la sculpture polychrome, l'analyse explicative de la toreutique, et l'histoire de la statuaire en or et ivoire chez les Grecs et les Romains (Paris 1815)
Rakob – Heilmeyer 1973	F. Rakob – W.-D. Heilmeyer, Der Rundtempel am Tiber in Rom, Sonderschriften / Deutsches Archäologisches Institut Rom 2 (Mainz am Rhein 1973)
Reinholdt 2009	C. Reinholdt, Das Brunnenhaus der Arsinoë in Messene. Nutzarchitektur Repräsentationsbaukunst und Hydrotechnologie im Rahmen hellenistisch-römischer Wasserversorgung (Wien 2009)
Rhomaios 1914	K. Rhomaios, Τὰ ἐσωτερικὰ κιωωόκρανα τοῦ ναοῦ τῶν Βασσῶν, AEphem 1914, 8–70

Rhōmaios 1951	K. A. Rhōmaios, Ο μακεδονικός τάφος της Βεργίνας, Μακεδονική Βιβλιοθήκη 14 (Αθήναι 1951)
Rhōmiopoulou u. a. 2010	K. Rhōmiopoulou – B. Schmidt-Dounas – H. Mprekulakē, Das Palmettengrab in Lefkadia, AM Beih. 21 (Mainz 2010)
Richter, G. M. A. 1961	Richter, G. M. A., The archaic gravestones of Attica (London 1961)
Ridgway 1977	B. S. Ridgway, The archaic style in Greek sculpture (Princeton, N.J. 1977)
Riemann 1950	H. Riemann, Der peisistratidische Athenatempel, MdI 1950, 7–39
Riemann 1954	H. Riemann, Iktinos und der Tempel von Bassai, in: W. Müller (Hrsg.), Festschrift für Friedrich Zucker. Zum 70. Geburtstage (Berlin 1954) 299–340
Riethmüller 2005	J. W. Riethmüller, Asklepios. Heiligtümer und Kulte, Studien zu antiken Heiligtümern 2,2 (Heidelberg 2005)
Robinson 2011	B. A. Robinson, Histories of Peirene (Princeton, NJ 2011)
Roebuck 1951	C. A. Roebuck, The Asklepieion and Lerna. Based on the Excavations and Preliminary Studies of F. J. de Waele, Corinth. Results of Excavations Conducted by the American School of Classical Studies at Athens 14 (Princeton, NJ 1951)
Roesch 1984	P. Roesch, L'Amphiaraion d'Oropos, in: G. Roux (Hrsg.), Temples et sanctuaires. Séminaire de recherche 1981 - 1983, Travaux de la Maison de l'Orient 7 (Lyon 1984) 173–184
Roux 1953	G. Roux, Fouille de l'Agora. La salle hypostyle, BCH 1953, 244–248
Roux 1957	G. Roux, Argos, BCH 1957, 637–687
Roux 1958	G. Roux, Pausanias en Corinthie (Livres II, 1à 15), Annales de l'Universit'e de Lyon. Troisième séries. Lettres 31 (Paris 1958)
Roux 1961	G. Roux, L 'architecture de l'Argolide aux IVe et IIIe siecles avant J.-C (Paris 1961)
Roux 1992	G. Roux, Structure and Style of the Rotunda of Arsinoe, in: J. R. McCredie – S. M. Shaw – G. Roux (Hrsg.), The Rotunda of Arsinoe, Samothrace 7 (Princeton 1992) 92–230
Rumscheid 1994	F. Rumscheid, Untersuchungen zur kleinasiatischen Bauornamentik des Hellenismus, BeitrESkAr 14 (Mainz 1994)
Sallióra-Oikonomaku 2006	M. Sallióra-Oikonomaku, Sunion (Athen 2006)
Salmon 2008	F. Salmon, C. R. Cockerell and the discovery of entasis in the columns of the Parthenon, in: The persistence of the classical (2008) 106–123
Scahill 2009	D. Scahill, The Origins of the Corinthian Capital, in: P. Schultz (Hrsg.), Structure, Image, Ornament - Architectural Sculpture in the Greek World. Proceedings of an International Conference held at the American School of Classical Studies, Athen 27.–28. Nov. 2004 (Oxford 2009) 40–53
Scahill 2012	D. Scahill, The South Stoa at Corinth. Design, Construction and Function of the Greek Phase. Dissertation, <https://purehost.bath.ac.uk/ws/portalfiles/portal/187948931/UnivBath_PhD_2012_D_Scahill.pdf> (31.03.2019)

Schleif 1944a	H. Schleif, Das Philippeion. Baubeschreibung, in: E. Kunze – H. Schleif (Hrsg.), Das Philippeion, OF 1 (Berlin 1944) 3–23
Schleif 1944b	H. Schleif, Das Philippeion. Einleitung, in: E. Kunze – H. Schleif (Hrsg.), Das Philippeion, OF 1 (Berlin 1944) 1–2
Schleif – Eilmann 1944	H. Schleif – R. Eilmann, Die Palaestra, in: E. Kunze – H. Jantzen (Hrsg.), IV. Bericht über die Ausgrabungen in Olympia. 1940 und 1941, OlBer IV (Berlin 1944) 8–31
Schrammen u. a. 1906	J. Schrammen – W. Radt – E. Boehringer, Der große Altar. Der obere Markt, AvP III 1 (Berlin 1906)
Schröder 1904	B. Schröder, Archaische Skulpturen aus Lakonien und der Mania, AM 1904, 21–49
Schultz (Hrsg.) 2009	P. Schultz (Hrsg.), Structure, Image, Ornament - Architectural Sculpture in the Greek World. Proceedings of an International Conference held at the American School of Classical Studies vom 27.–28. Nov. 2004 Athen (Oxford 2009)
Schwandner 1988	E.-L. Schwandner, Archaische Spolien aus Tiryns. Ausgrabungen in Tiryns 1982–83, AA 1988, 269–284
Scranton 1946	R. Scranton, Interior Design of Greek Temples, AJA 1946, 39–51
Seiler 1986	F. Seiler, Die griechische Tholos. Untersuchungen zur Entwicklung, Typologie und Funktion kunstmäßiger Rundbauten (Mainz 1986)
Semper 1834	G. Semper, Vorläufige Bemerkungen über bemalte Architectur und Plastik bei den Alten (Altona 1834)
Shoe 1936	L. T. Shoe, Profiles of Greek Mouldings (Cambridge, Mass. 1936)
Shoe 1952	L. T. Shoe, Profiles of Western Greek Mouldings, Papers and monographs of the American Academy in Rome 14 (Rom 1952)
Shoe Meritt 1970	L. T. Shoe Meritt, The Stoa Poikile, Hesperia 1970, 233–264
Shoe Meritt 1993	L. T. Shoe Meritt, The Athenian Ionic capital, Eius virtutis studiosi. Classical and postclassical studies in memory of Frank Edward Brown, 1908–1988. [Symposium in memory of F.E. Brown, Rome – Washington 1989.] 1993, 315–325
Sinn 2003	U. Sinn, Das Poseidonheiligtum auf Kalaureia: ein archäologischer Befund zum antiken Asylwesen, in: M. Dreher (Hrsg.), Das antike Asyl: kultische Grundlagen, rechtliche Ausgestaltung und politische Funktion (Köln, Weimar & Wien 2003) 106–125
Sioumpara 2011	E. P. Sioumpara, Der Asklepios-Tempel von Messene auf der Peloponnes (München 2011)
Skalet – Charlautes 1975	C. H. Skalet – N. K. Charlautes, Ἀρχαια Σικυών καὶ Σικυώνια προσοπόγραφια (Athen 1975)
Skias 1908	A. N. Skias, Anaskaphai en Amyklais, Praktika 1907, 1908, 104–107
Spyropoulos u. a. 1996	T. G. Spyropoulos – H. Lauter – H. Lauter-Bufe, Megalopolis. 2. Vorbericht 1994–1995, AA 1996, 269–286
Stevens u. a. 1927	G. P. Stevens – L. D. Caskey – J. M. Paton, The Erechtheum (Cambridge 1927)
Stibbe 1989	C. M. Stibbe, Beobachtungen zur Topographie des antiken Sparta, BABesch 1989, 61–99

Stibbe – Post 1996	C. M. Stibbe – H. Post, Das andere Sparta, Kulturgeschichte der antiken Welt 65 (Mainz am Rhein 1996)
Stuart – Revett 1968	J. Stuart – N. Revett, The Antiquities of Athens (London 1968)
Svenson-Evers 1996	H. Svenson-Evers, Die griechischen Architekten archaischer und klassischer Zeit, Archäologische Studien 11 (Frankfurt am Main 1996)
Talbert – Bagnall 2000	Talbert, R. J. A. – R. S. Bagnall, Barrington Atlas of the Greek and Roman World (Princeton, N.J. 2000)
Themelis 1997	P. G. Themelis, Ανασκαφή Μεσσήνης, Prakt 1994, 1997, 69–99
Themelis 1999	P. G. Themelis, Αρχαία Μεσσήνη (Αθήνα 1999)
Themelis 2003	P. G. Themelis, Das antike Messene (Athen 2003)
Themelis 2010	P. G. Themelis, Αρχαία Μεσσήνη. Ιστορία, μνημεία, άνθρωποι (Athen 2010)
Theodoropoulou-Polychroniadis 2015	Z. Theodoropoulou-Polychroniadis, Sounion revisited. The sanctuaries of Poseidon and Athena at Sounion in Attica (Oxford 2015)
Thiersch 1913	H. Thiersch, Zum Problem des Tegeatempels, JdI 1913, 266–272
Tod – Wace 1906	M. N. Tod – A. J. B. Wace, A Catalogue of the Sparta Museum (Oxford 1906)
Tomlinson 1969	R. A. Tomlinson, Perachora: The Remains outside the Two Sanctuaries, BSA 1969, 155–258
Tomlinson 1983	R. A. Tomlinson, Epidauros (London 1983)
Townsend 2003	R. F. Townsend, The Philippeion and Fourth-Century Athenian Architecture, in: O. Palagia (Hrsg.), The Macedonians in Athens, 322–229 B.C. Proceedings of an International Conference Held at the University of Athens, May 24–26, 2001 (Oxford 2003) 93–101
Trunk 1991	M. Trunk, Römische Tempel in den Rhein- und westlichen Donauprovinzen. Ein Beitrag zur architekturgeschichtlichen Einordnung römischer Sakralbauten in Augst, Forschungen in Augst 14 (Augst 1991)
Tsountas 1890	C. Tsountas, Archaiologikēs Etairias, Praktika 1889, 1890, 22
Tsountas 1893	C. Tsountas, Anaskaphai en tō Amyklaiō, Praktika 1890, 1893, 36–37
Vallois 1923	R. Vallois, Les Portiques au sud du Hiéron. Le portique de Philippe, Exploration archéologique de Délos VII (Paris 1923)
Vallois 1966	R. Vallois, L' architecture hellénique et hellénistique à Délos jusqu'à l'éviction des Déliens (166 Av. J.-C.) II,1 (Paris 1966)
van de Löcht 2013	H. van de Löcht, Zum Bouleuterion von Olympia, in: H. Kyrieleis (Hrsg.). 2000 bis 2005, OlBer 13 (Berlin 2013) 228–277
Vlizos 2009	S. Vlizos, The Amyklaion Revisited. New Observations on a Laconian Sanctuary of Apollo, in: N. E. Kaltsas (Hrsg.), Athens-Sparta. Contributions to the Research on the History and Archaeology of the Two City-States: Proceedings of the International Conference in Conjunction with the Exhibition "Athens-Sparta" Organized in Collaboration with the Hellenic Ministry of Culture and the National Archaeological Museum, Athens, New York 21. April 2007 (New York, Athens 2009) 11–23
Vollgraff 1956	W. Vollgraff, Le sanctuaire d'Apollon Pythéen a Argos, Etudes Péloponnésiennes 1 (Paris 1956)
Wacker 1996	C. Wacker, Das Gymnasion in Olympia (Würzburg 1996)

Wagner – Schelling 1817	J. M. Wagner – F. W. J. Schelling, Bericht über die Aeginetischen Bildwerke im Besitz Seiner Kgl. Hoheit des Kronprinzen von Bayern. Mit kunstgeschichtlichen Anmerkungen (Stuttgart/ Tübingen 1817)
Wannagat 1995	D. Wannagat, Säule und Kontext. Piedestale und Teilkannelierung in der griechischen Architektur (München 1995)
Wegner 1966	M. Wegner, Schmuckbasen des antiken Rom, Orbis antiquus 22 (Münster 1966)
Weickert 1944	C. Weickert, West-Östliches, RM 1944, 214–219
Weickert 1950	C. Weickert, Studien zur Kunstgeschichte des 5. Jahrhunderts v. Chr., AbhBerlin 2 (Berlin 1950)
Wells 2003	B. Wells, Investigations in the sanctuary of Poseidon on Kalaureia, 1997–2001, OpAth 2003, 28
Wells 2005	B. Wells, The Kalaureia Excavation Project 2003, OpAth 2005, 127–215
Wells – Penttinen 2008	B. Wells – A. Penttinen, The Kalaureia Excavation Project: the 2004 and 2005 Seasons, OpAth 2008, 31–129
Welter 1941	G. Welter, Troizen und Kalaureia (Berlin 1941)
Wesenberg 1971	B. Wesenberg, Kapitelle und Basen. Beobachtungen zur Entstehung der griechischen Säulenformen, BJb Beih. 32 (Düsseldorf 1971)
Wesenberg 1983	B. Wesenberg, Beiträge zur Rekonstruktion griechischer Architektur nach literarischen Quellen, AM Beiheft 9, 1983
Wesenberg 1996	B. Wesenberg, Die Entstehung der griechischen Säulen- und Gebälkformen in der literarischen Überlieferung der Antike, in: E.-L. Schwandner (Hrsg.), Säule und Gebälk. Zu Struktur und Wandlungsprozeß griechisch-römischer Architektur, DiskAB Bd. 6 (Mainz am Rhein 1996) 1–15
Wesenberg 1999	B. Wesenberg, Die Theorie der Entasis, AA 1999, 481–492
Wide – Kjellberg 1895	S. Wide – L. Kjellberg, Ausgrabungen auf Kalaureia, AM 1895, 267–326
Williams 1980	C. K. Williams, Corinth Excavations, Hesperia 1980, 107–134
Williams 1995	H. Williams, Excavations at Ancient Stymphalos 1994, EchosCl 1995, 1–22
Williams – Fisher 1972	C. K. Williams – J. E. Fisher, Corinth 1971: Forum Area, Hesperia 1972, 169–171
Wilson Jones 2014	M. Wilson Jones, Origins of classical architecture. Temples, orders and gifts to the gods in ancient Greece (New Haven 2014)
Winter 1980	F. E. Winter, Tradition and Innovation in Doric Design, AJA 1980, 399–416
Winter 1987	F. E. Winter, Arkadian Notes I: Identification of the Agora Buildings at Orchomenos and Mantineia, EchosCl 1987, 235–246
Winter 2006	F. E. Winter, Studies in Hellenistic Architecture, Phoenix 42 (Toronto 2006)
Wittenburg 1978	A. Wittenburg, Griechische Baukommissionen des 5. und 4. Jahrhunderts (München 1978)

Yalouris 1979	N. Yalouris, Problems Relating to the Temple of Apollo Epikourios at Bassai, in: J. N. Coldstream (Hrsg.), Greece and Italy in the Classical World. Acta of the XI International Congress of Classical Archaeology, London 3.–9. Sept. 1978 (Scarborough 1979) 89–104

Abbildungen

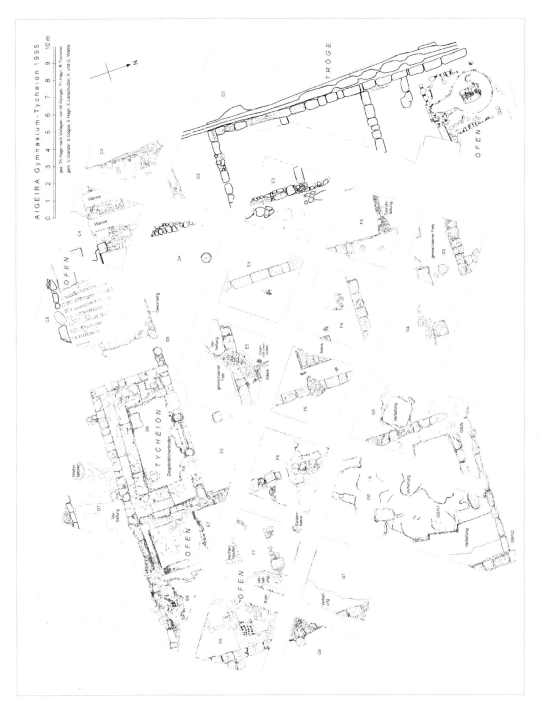

Abb. 1: Aigeira, Tycheion, Grundriss.

246

Abb. 2: Aigeira, Tycheion, Ansicht von Norden.

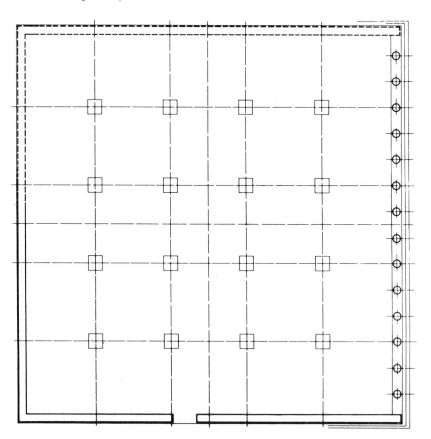

Abb. 3: Argos,
Hypostyler Saal.

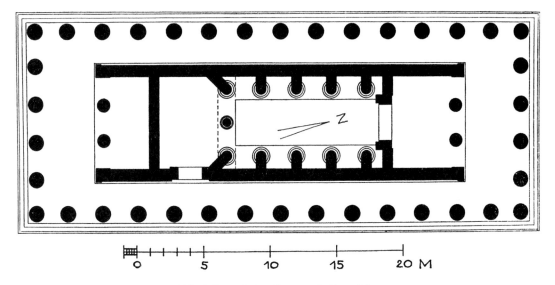

Abb. 4: Bassai, Apollotempel, Grundriss.

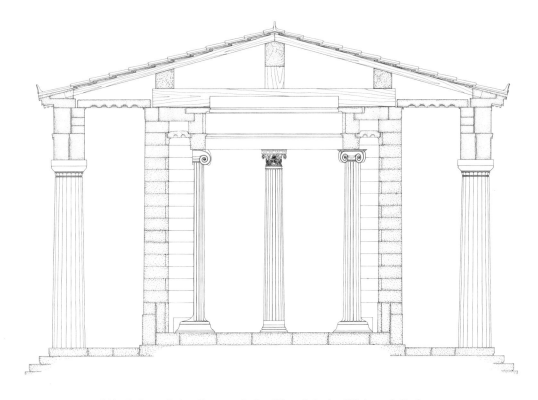

Abb. 5: Bassai, Apollotempel, Ost-West-Schnitt, Blick nach Süden.

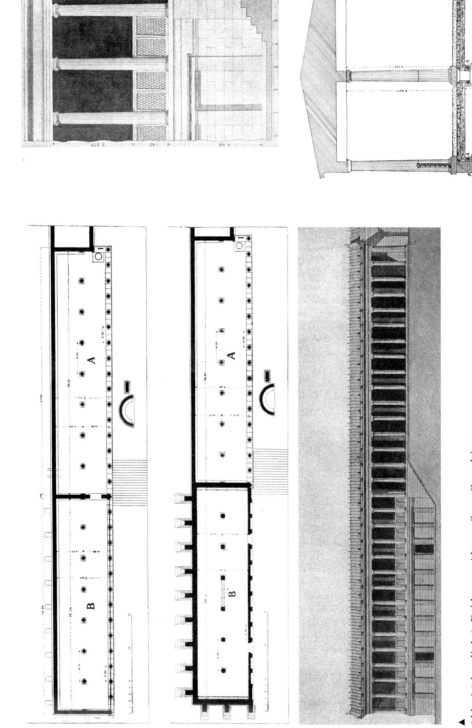

Abb. 6 (oben links): Epidauros, Abaton-Stoa, Grundriss;
Abb. 7 (unten links): Ansicht Südseite.

Abb. 8 (oben rechts): Ansicht Südseite, Detail;
Abb. 9 (unten rechts): Nord-Süd-Schnitt.

249

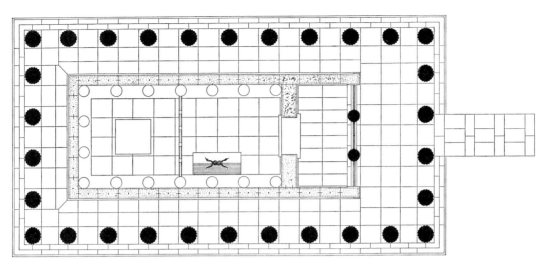

▲ Abb. 10: Epidauros, Asklepiostempel, rekonstruierter Grundriss.

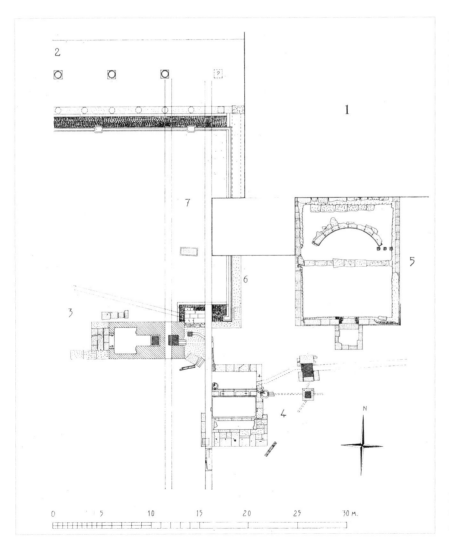

◄ Abb. 11 Epidauros, Nord-Ost-Portikus, Teil des Grundrisses

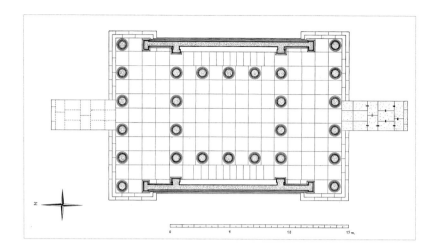

Abb. 12: Epidauros, Nordpropyläen, Grundriss.

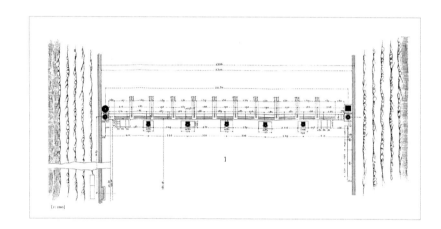

Abb. 13: Epidauros, Stadion Startvorrichtung, Grundriss.

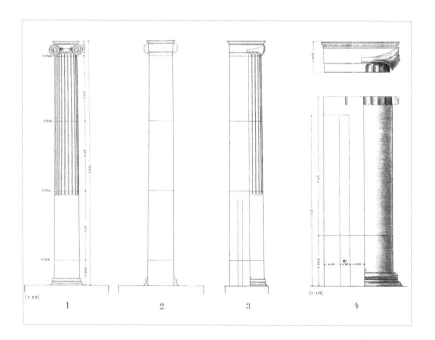

Abb. 14: Epidauros, Stadion Startvorrichtung, Aufriss.

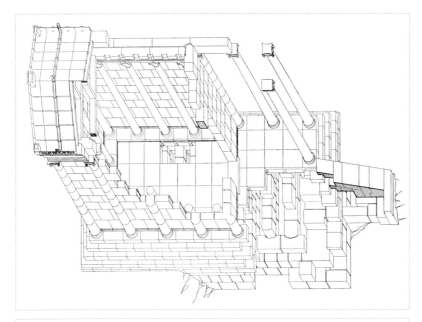

Abb. 15:
Epidauros, Tempel L,
Isometrie.

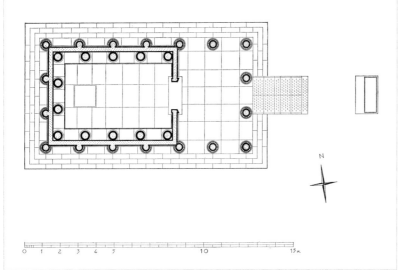

Abb. 16: Epidauros,
Tempel L, Grundriss.

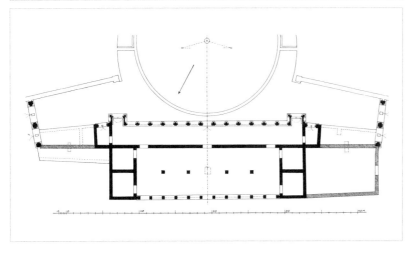

Abb. 17 Epidauros,
Theater (Proskenion und
Paradostore), rekonstruierter Grundriss Skene.

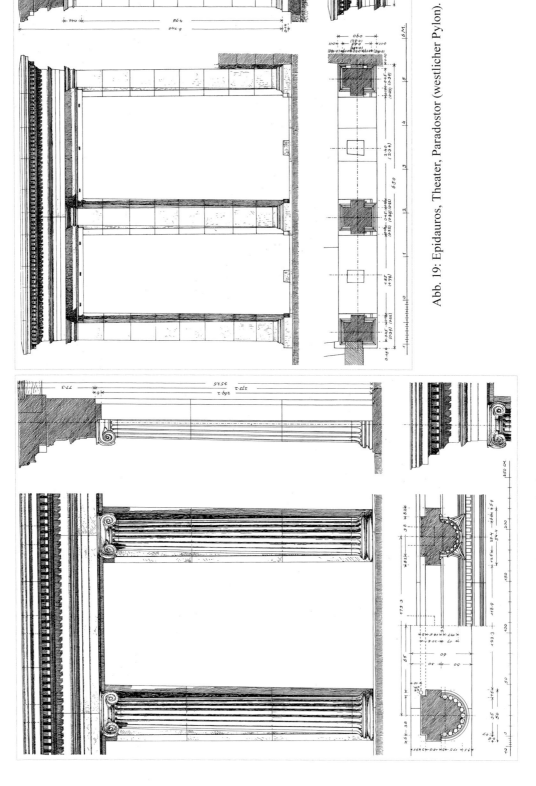

Abb. 19: Epidauros, Theater, Paradostor (westlicher Pylon).

Abb. 18: Epidauros, Theater, Proskenion.

253

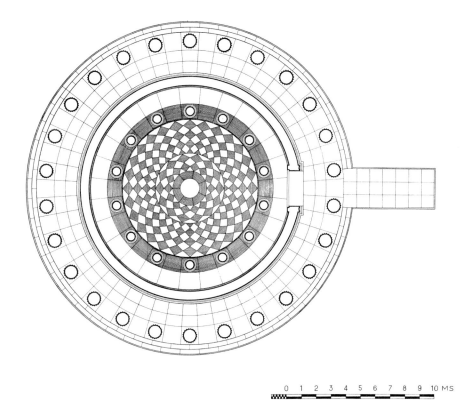

Abb. 20: Epidauros, Tholos, rekonstruierter Grundriss.

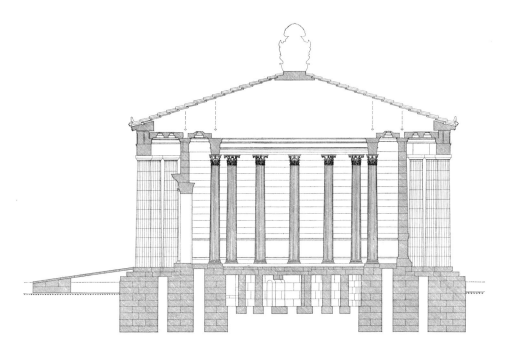

Abb. 21: Epidauros, Tholos, West-Ost-Schnitt, Blick nach Süden.

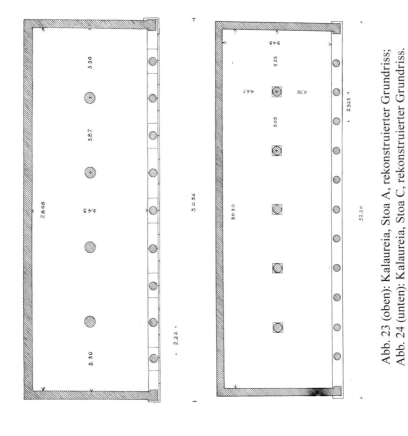

Abb. 23 (oben): Kalaureia, Stoa A, rekonstruierter Grundriss;
Abb. 24 (unten): Kalaureia, Stoa C, rekonstruierter Grundriss.

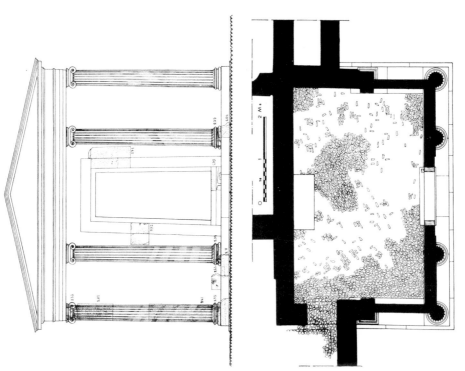

Abb. 22: Gortys, Therme (Propylon),
rekonstruierte Ansicht (oben) und Grundriss (unten).

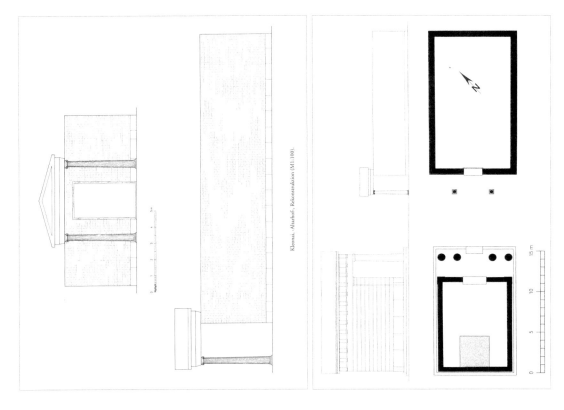

◄ Abb. 25: Keryneia, Grabmonument.

▲ Abb. 26 (rechts oben): Kleonai, Heraklestempel und Altarhof, Ansicht Südostseite und Grundriss;

Abb. 27 (rechts unten): Kleonai, Heraklestempel, Altarhof, rekonstruierte Ansicht von Südwesten und Südosten.

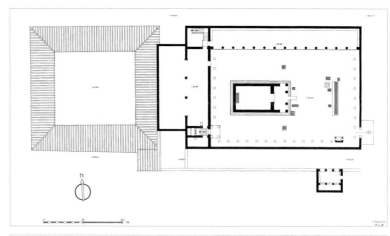

Abb. 28: Korinth, Asklepieion und Lernakomplex (Propylon und Brunnenhaus), Grundriss obere Ebene.

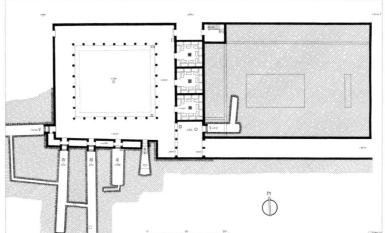

Abb. 29: Korinth, Asklepieion und Lernakomplex (Propylon und Brunnenhaus), Grundriss untere Ebene.

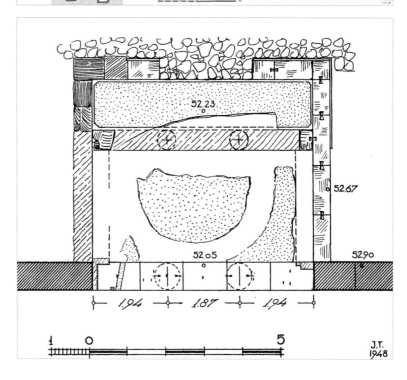

Abb. 30: Korinth, Asklepieion und Lernakomplex (Brunnenhaus), Grundriss.

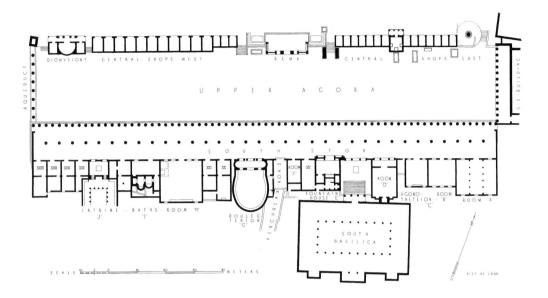

Abb. 31: Korinth, Agora, Südstoa, Grundriss (Zustand in spätrömischer Zeit).

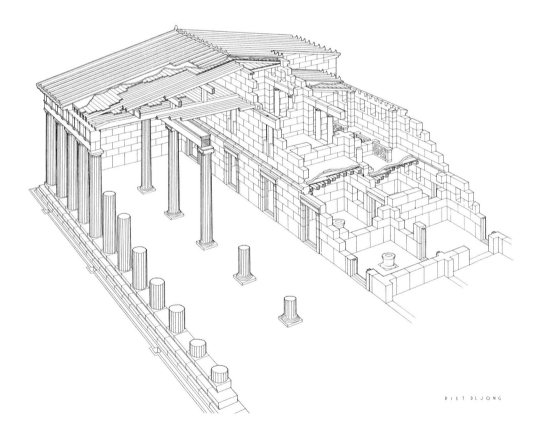

Abb. 32: Korinth, Agora, Südstoa, Isometrie (alter Rekonstruktionsvorschlag Broneer).

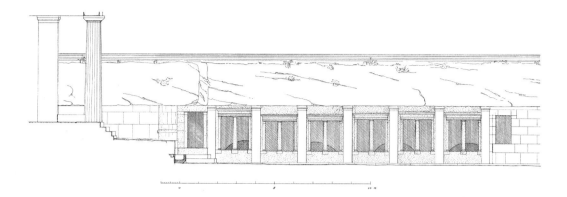

Abb. 33: Korinth, untere Peirene-Quelle, Ansicht von Südosten.

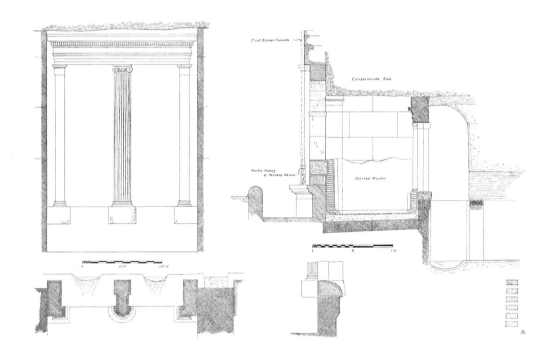

Abb. 34: Korinth, untere Peirene-Quelle, Grundriss.

259

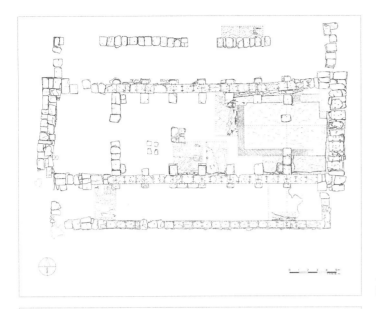

Abb. 35: Lousoi, Artemistempel, Steinplan.

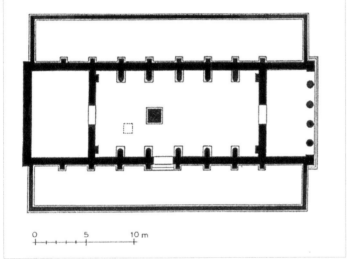

Abb. 36: Lousoi, Artemistempel.

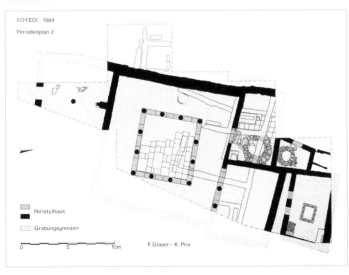

Abb. 37: Lousoi, Peristylhaus, Grundriss.

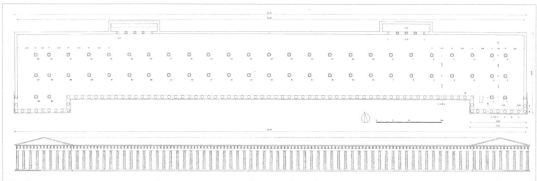

▶ Abb. 38: Megalopolis, Philipp-Stoa, Grundriss und Ansicht von Süden.

▶ Abb. 39: Megalopolis, Philipp-Stoa, Ansicht Ost-Risalit von Westen aus und Schnitt durch Halle.

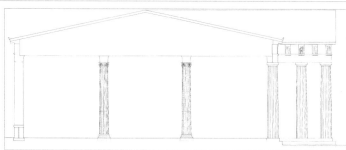

▶ Abb. 40: Megalopolis, Zeus Soter-Heiligtum, rekonstruierter Grundriss.

▼ Abb. 41 Megalopolis, Zeus Soter-Heiligtum, Inneres des Hofes mit Blick auf die prostyle Tempelfront.

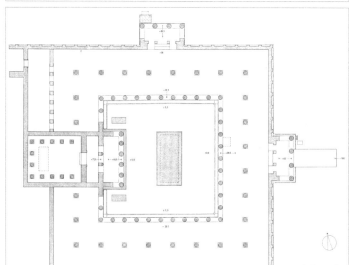

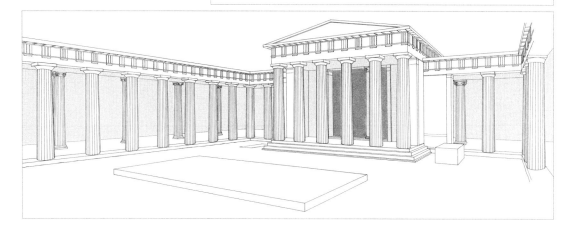

Abb. 42: Messene, Asklepieion Oikos K, Blickrichtung Süden.

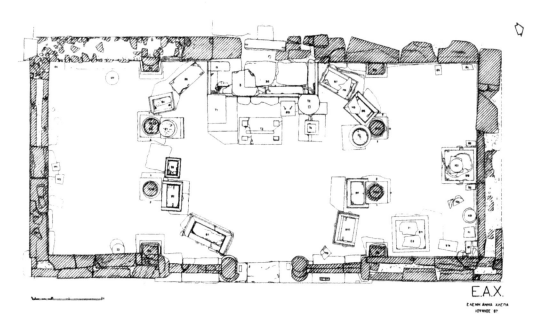

Abb. 43: Messene, Asklepieion Oikos K, Grundriss.

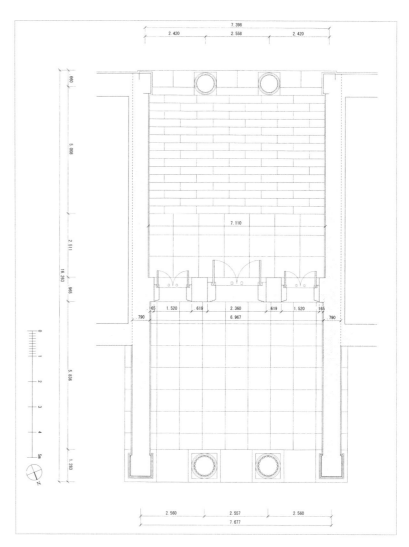

Abb. 44: Messene, Asklepieion Nordpropylon, rekonstruierter Grundriss.

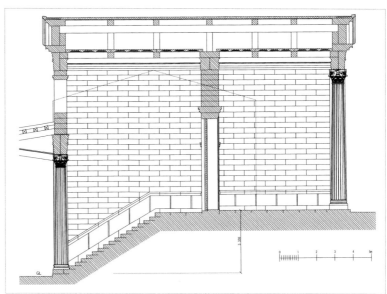

Abb. 45: Messene, Asklepieion Nordpropylon, Süd-Nord-Schnitt Blick nach Westen.

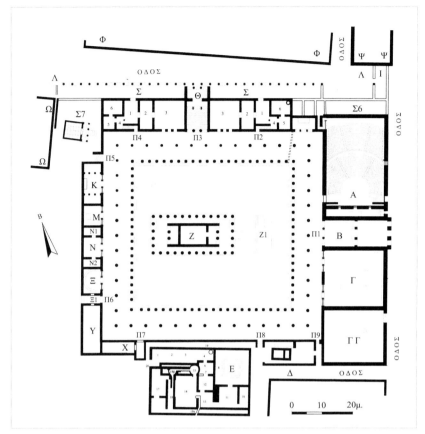

Abb. 46: Messene, Asklepieion-Komplex.

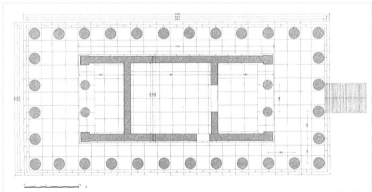

Abb. 47: Messene, Asklepiostempel, rekonstruierter Grundriss;

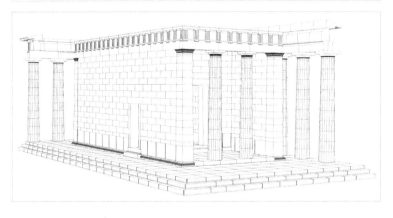

Abb. 48: Messene, Asklepiostempel, perspektivische Ansicht des Kernbaus, Rekonstruktion.

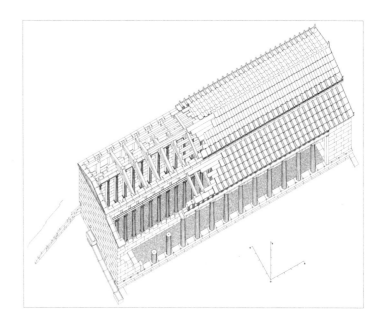

Abb. 49: Messene, Brunnenhaus der Arsinoë, axonometrische Rekonstruktion (Phase 1, Vorgängerbau).

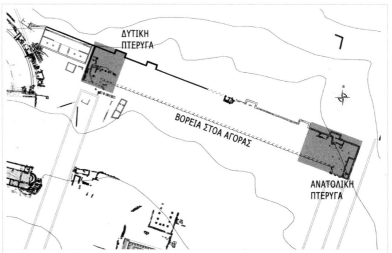

Abb. 50: Messene, Agora, Nordstoa, Grundriss.

Abb. 51: Messene, Agora, Norstoa, Ost-Risalit, Blick von oben Richtung Westen.

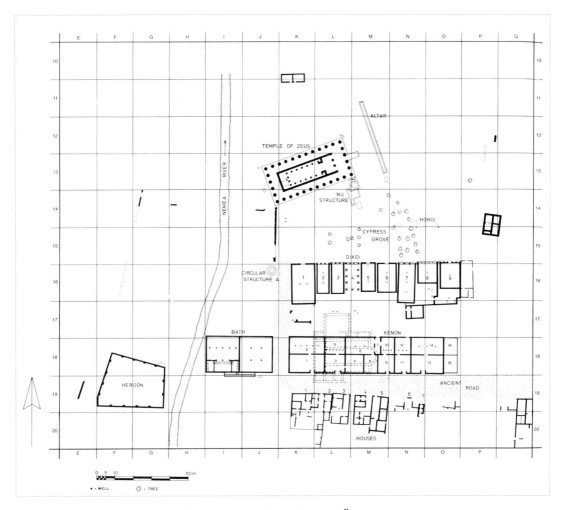

Abb. 52: Nemea, Zeusheiligtum, Überblick.

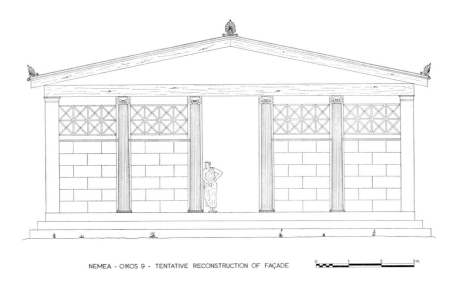

Abb. 53: Nemea, Oikos 9, rekonstruierte Frontansicht.

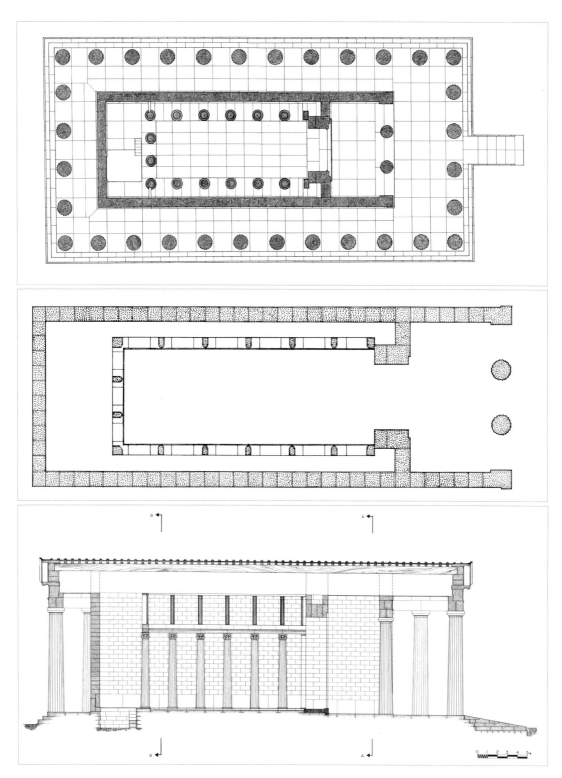

Abb. 54 (oben): Nemea, Zeustempel, Grundriss;
Abb. 55 (Mitte): Nemea, Zeustempel, Grundriss OG;
Abb. 56 (unten): Nemea, Zeustempel, West-Ost-Schnitt,
Blick nach Norden, Rekonstruktion.

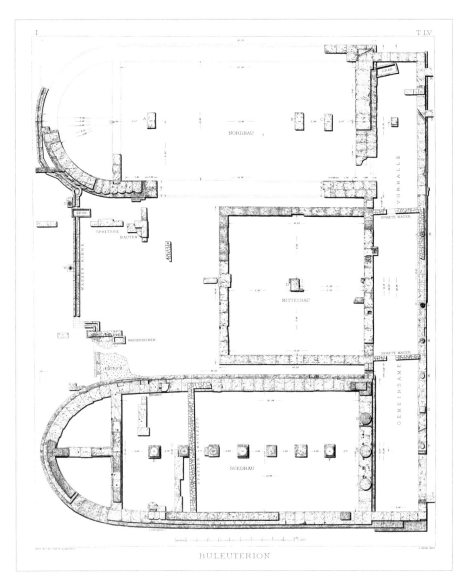

Abb. 57: Olympia, Bouleuterion Vorhalle, Steinplan.

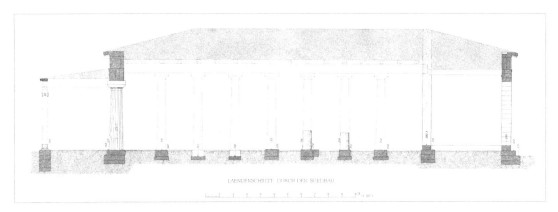

Abb. 58: Olympia, Bouleuterion Vorhalle, Ost-West-Schnitt durch den Südbau.

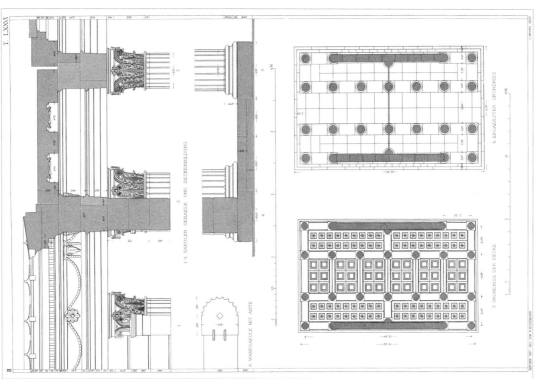

Abb. 60: Olympia, Gymnasion Tor.

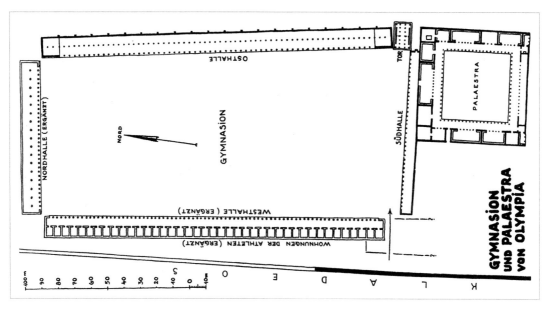

Abb. 59: Olympia, Gymnasion und Palestra.

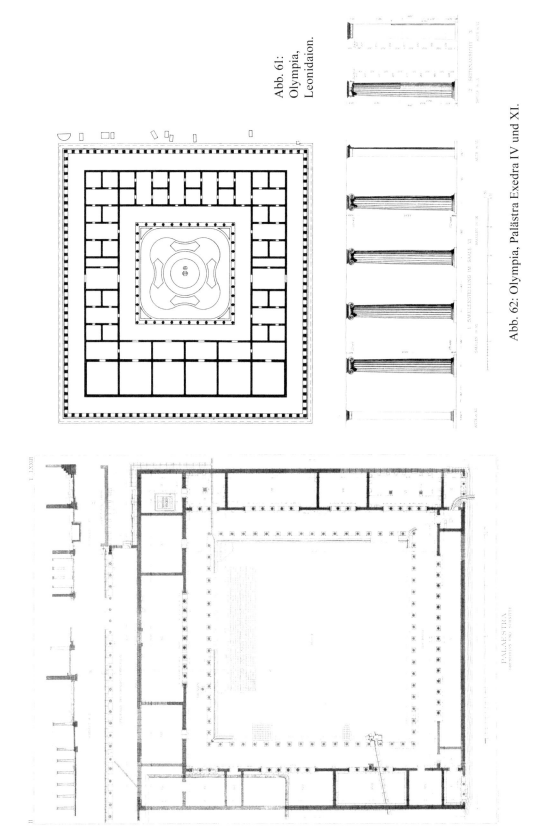

Abb. 61: Olympia, Leonidaion.

Abb. 62: Olympia, Palästra Exedra IV und XI.

Abb. 63: Olympia, Palästra Exedra VI, Aufriss.

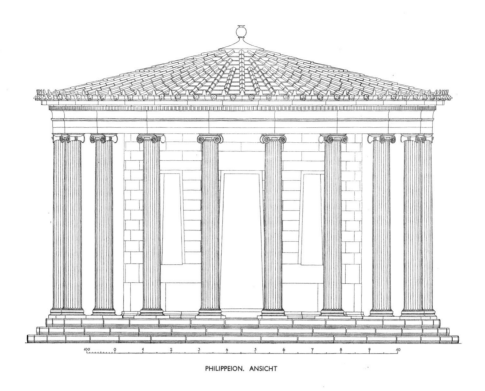

Abb. 64: Olympia, Philippeion, Nordansicht.

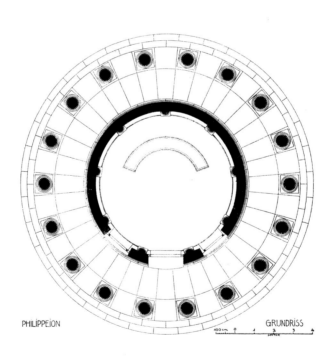

Abb. 65: Olympia, Philippeion, Grundriss.

Abb. 66: Olympia, Ptolemaierweihgeschenk.

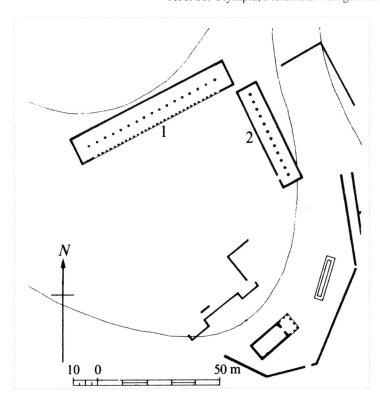

Abb. 67: Orchomenos, Agora, Nordstoa.

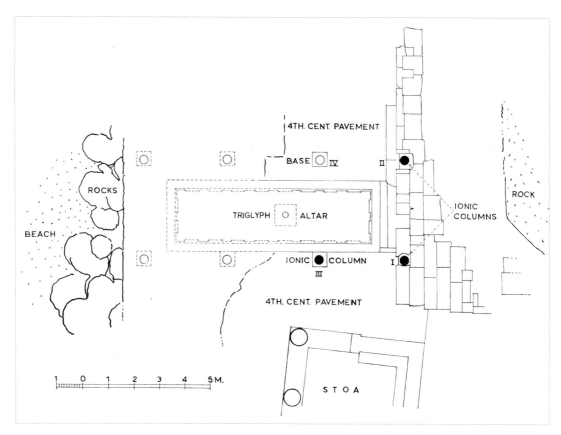

Abb. 68: Perachora, Baldachin Altar.

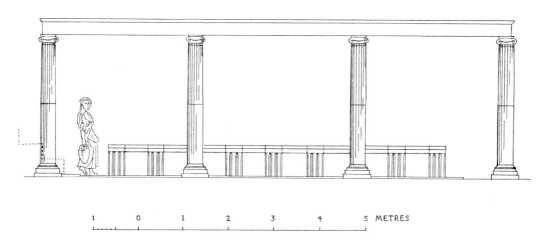

Abb. 69: Perachora, Baldachin Altar, rekonstruierte Ansicht.

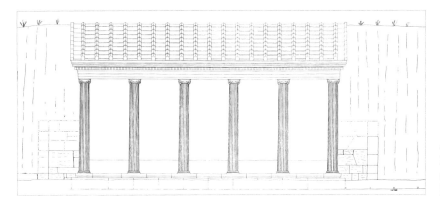

Abb. 70: Perachora, Brunnenhaus, rekonstruierte Ansicht, Blick von Osten.

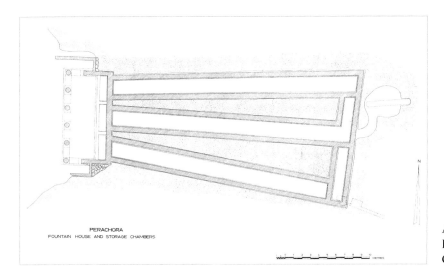

Abb. 71: Perachora, Brunnenhaus, Grundriss.

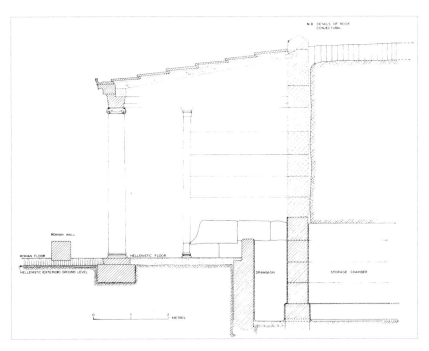

Abb. 72: Perachora, Brunnenhaus, Schnitt.

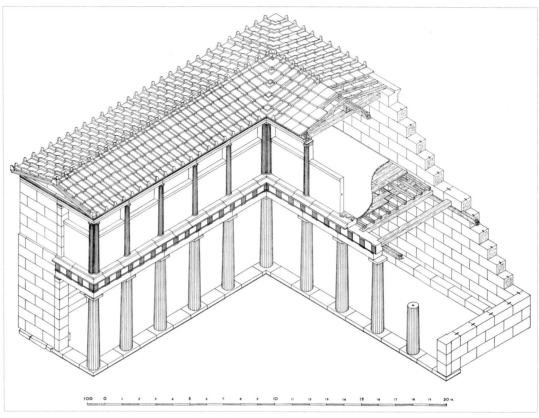

▲ Abb. 73: Perachora, Stoa am Hafen, Isometrie.

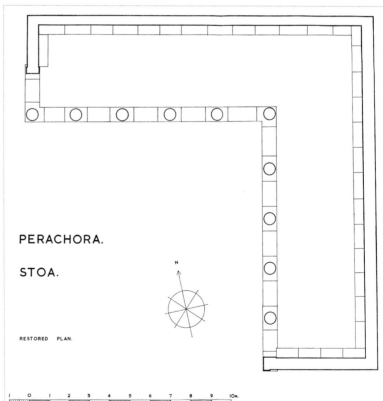

▶ Abb. 74: Perachora, Stoa am Hafen, rekonstruierter Grundriss.

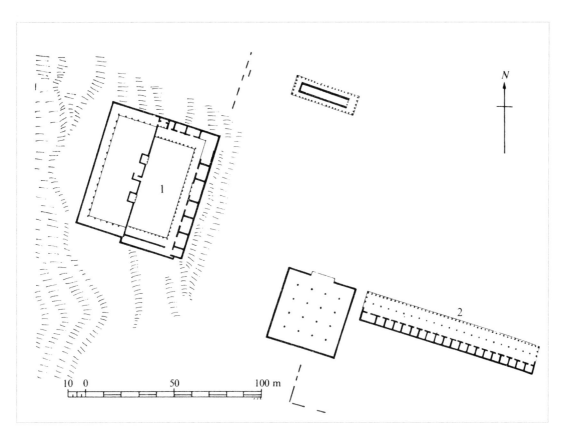

▲ Abb. 75: Sikyon, Agora, Überblick.

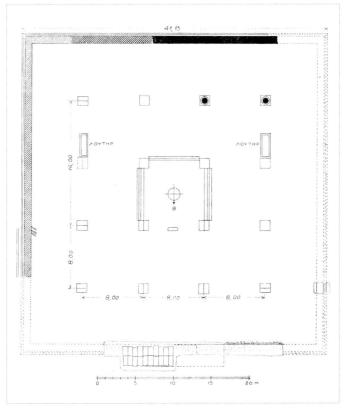

◄ Abb. 76: Sikyon, Bouleuterion, Grundriss.

275

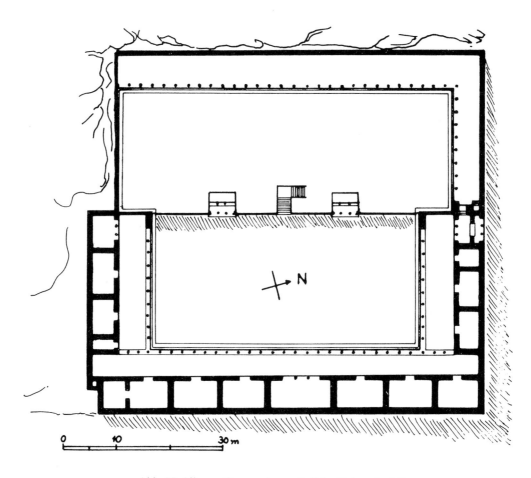

Abb. 77: Sikyon, Gymnasion, mögliche Rekonstruktion.

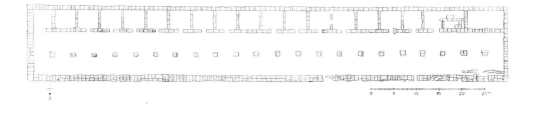

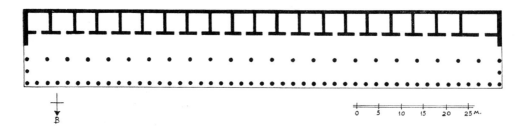

Abb. 78: Sikyon, Südstoa Agora, Steinplan und schematischer Grundriss.

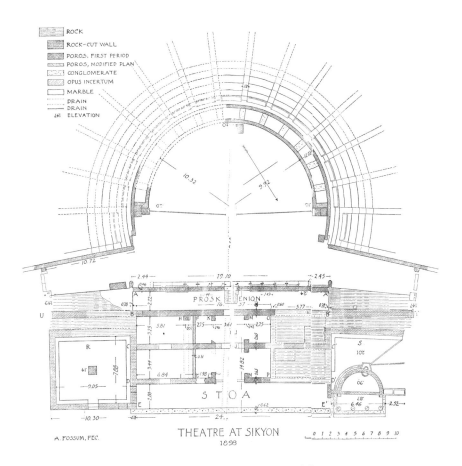

Abb. 79: Sikyon, Theater, Grundriss.

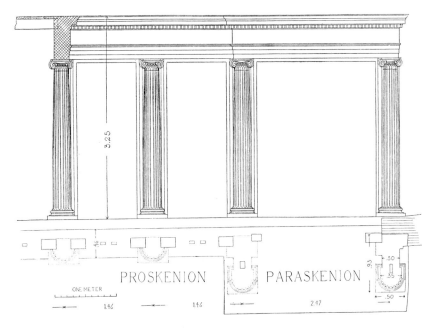

Abb. 80: Sikyon, Theater Proskenion, Grund- und Aufriss.

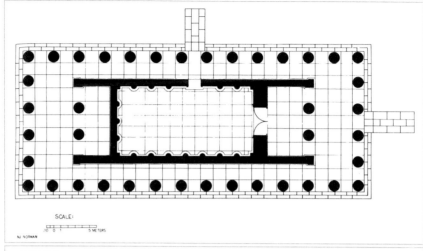

Abb. 81: Tegea, Athenatempel, rekonstruierter Grundriss.

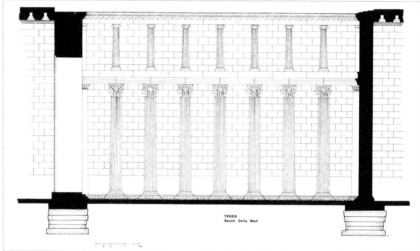

Abb. 82: Tegea, Athenatempel, rekonstruierter Längsschnitt durch Cella.

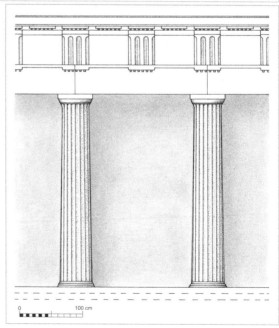

Abb. 83: Theisoa, dorischer Bau.

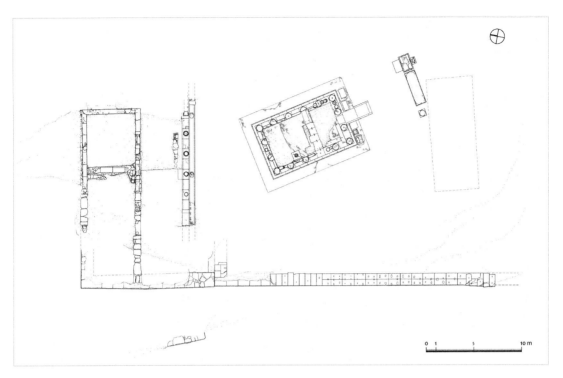

Abb. 84: Thouria, Gebäude B.

Abb. 85: Thouria, Gebäude B.

▲ Abb. 86: Aigeira – Tycheion (I.1).

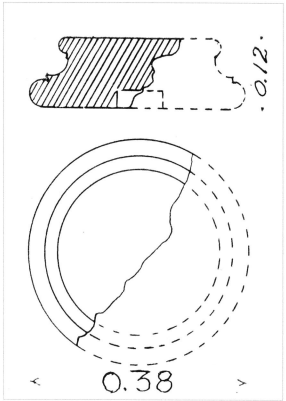

▶ Abb. 87 Alipheira (I.2).

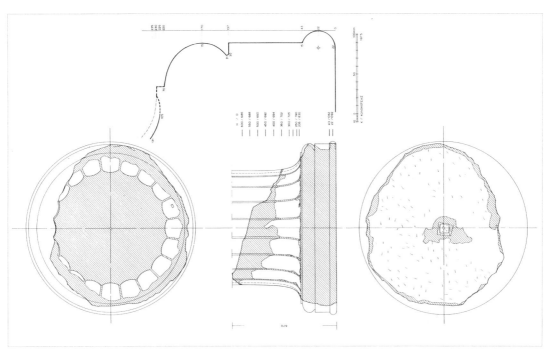

Abb. 89: Argos – Hypostyler Saal (I.4).

Abb. 88: Argos – Hypostyler Saal (I.4).

Abb. 90: Argos – Heiligtum des Apollon Pytheus/ Deiratiotis (I.5).

Abb. 91: Bassai
– Apollontempel,
Cella (I.7a).

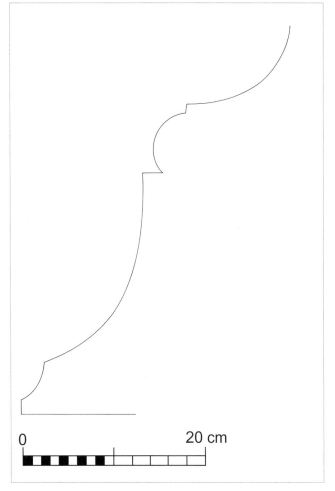

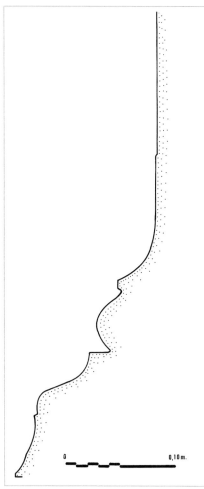

Abb. 92 (links): Bassai – Apollontempel, Cella (I.7a);

Abb. 93 (rechts): Bassai –
Apollontempel, Cella (I.7b).

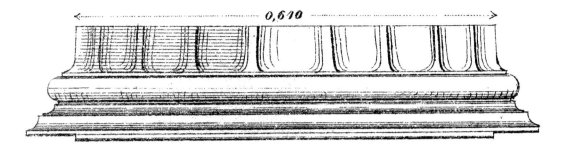

Abb. 94: Epidauros – Abaton-Stoa (I.8).

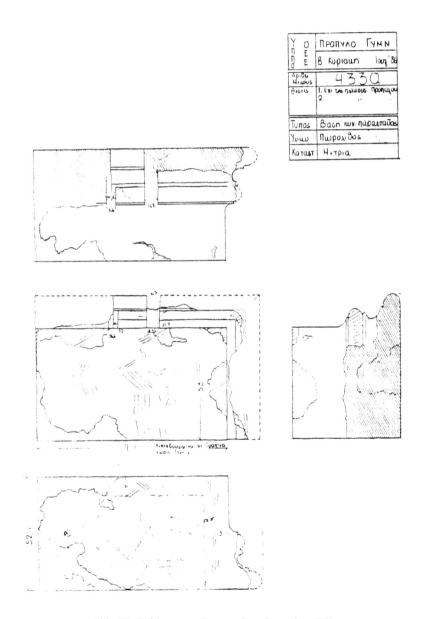

Abb. 95: Epidauros – Gymnasion, Propylon (I.9).

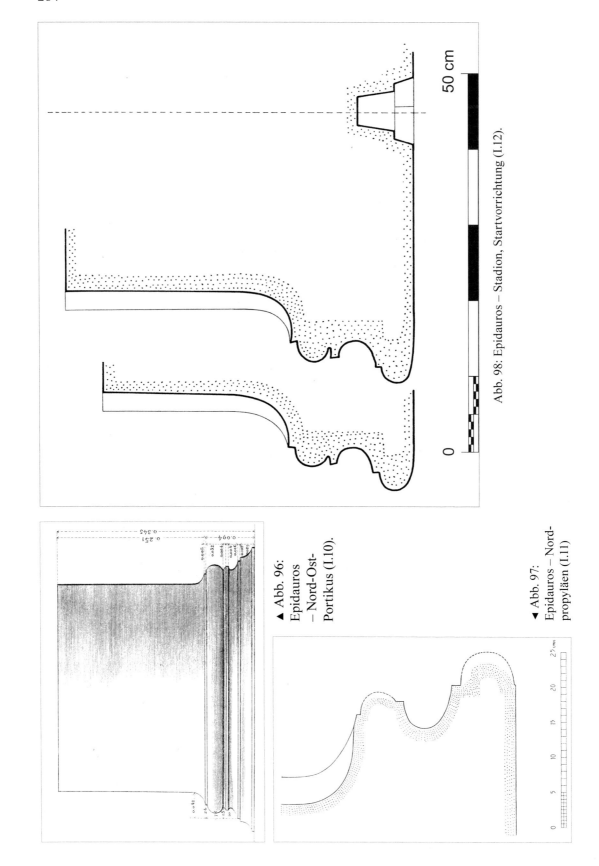

Abb. 98: Epidauros – Stadion, Startvorrichtung (I.12).

◄ Abb. 96: Epidauros – Nord-Ost-Portikus (I.10).

◄ Abb. 97: Epidauros – Nordpropyläen (I.11)

285

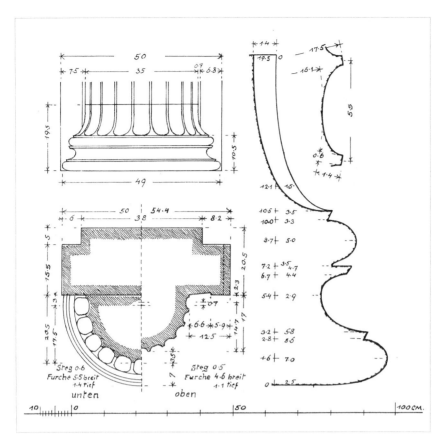

Abb. 99: Epidauros – Theater, Proskenion, Rekonstruktion (I.13).

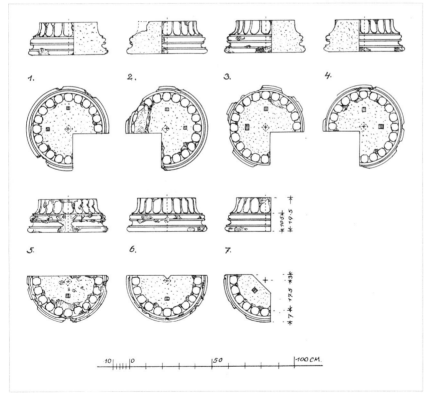

Abb. 100: Epidauros – Theater, Proskenion (I.13).

286

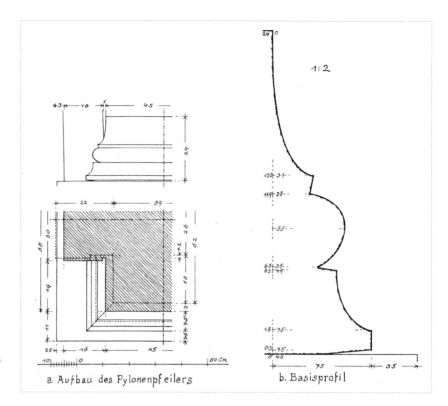

Abb. 101: Epidauros – Theater, Paradostor (I.14).

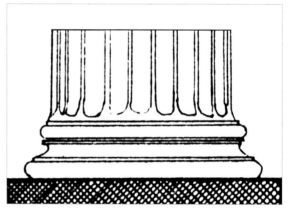

Abb. 102: Epidauros – Tholos (I.15).

Abb. 103: Epidauros – Tempel L (I.16).

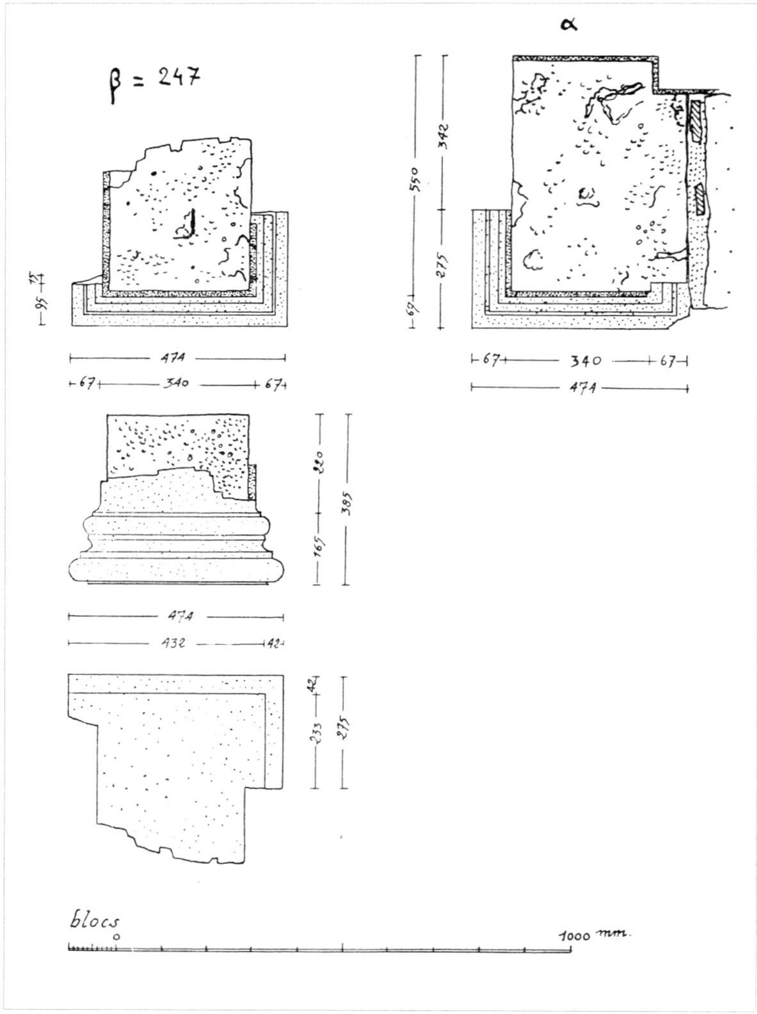

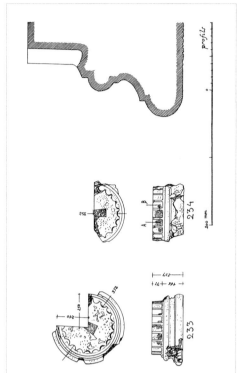

Abb. 105: Epidauros – Therme, Propylon (I.17b).

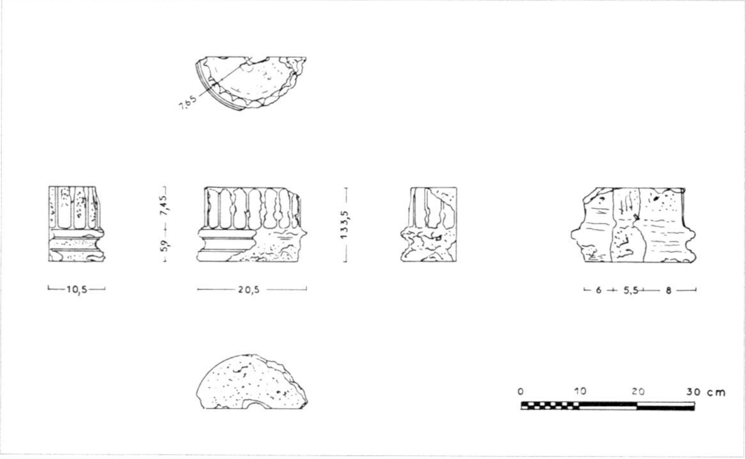

Abb. 106: Epidauros – Therme? (I.18).

Abb. 104: Epidauros – Therme, Propylon (I.17a).

287

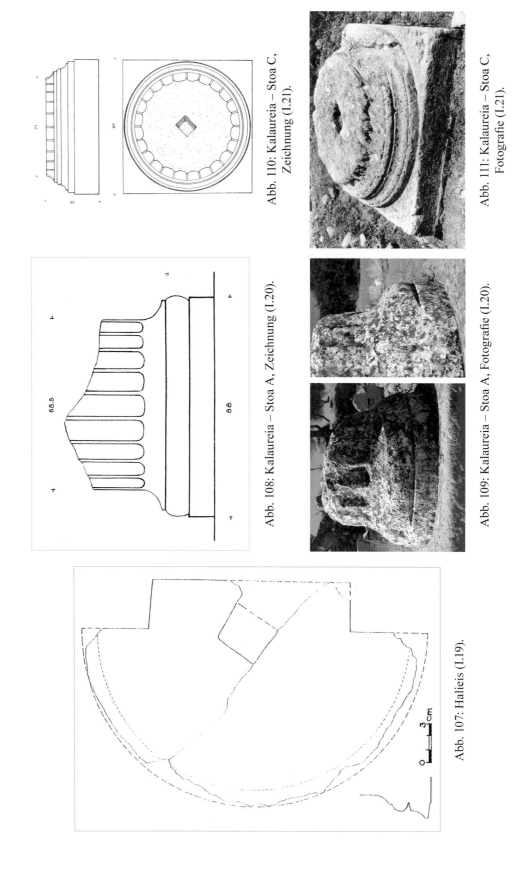

Abb. 110: Kalaureia – Stoa C, Zeichnung (I.21).

Abb. 111: Kalaureia – Stoa C, Fotografie (I.21).

Abb. 108: Kalaureia – Stoa A, Zeichnung (I.20).

Abb. 109: Kalaureia – Stoa A, Fotografie (I.20).

Abb. 107: Halieis (I.19).

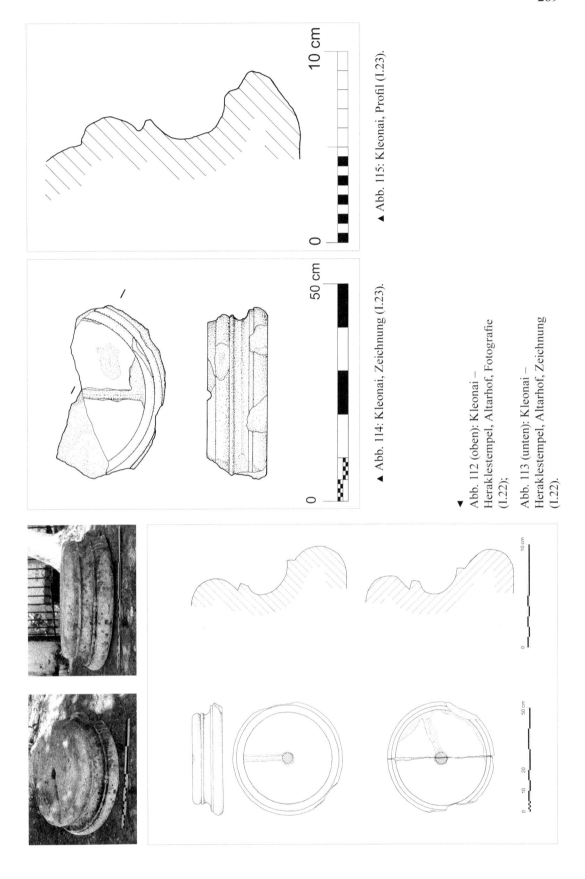

▲ Abb. 115: Kleonai, Profil (I.23).

▲ Abb. 114: Kleonai, Zeichnung (I.23).

▼ Abb. 112 (oben): Kleonai – Heraklestempel, Altarhof, Fotografie (I.22);

Abb. 113 (unten): Kleonai – Heraklestempel, Altarhof, Zeichnung (I.22).

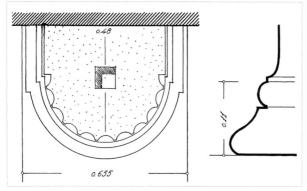

Abb. 116: Korinth – Asklepieion und Lernakomplex, Propylon der Lerna (I.24).

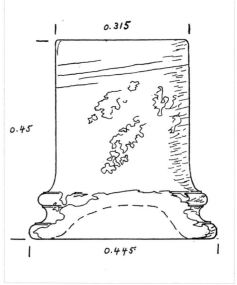

Abb. 117: Korinth (I.25).

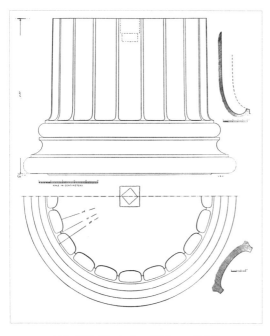

Abb. 118: Korinth – Südstoa (I.26).

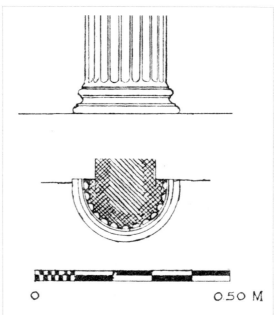

Abb. 119: Korinth – Untere Peirene-Quelle (I.27).

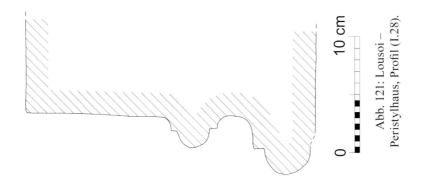

Abb. 121: Lousoi – Peristylhaus, Profil (I.28).

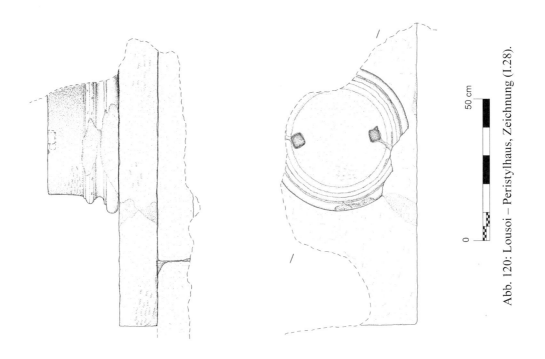

Abb. 120: Lousoi – Peristylhaus, Zeichnung (I.28).

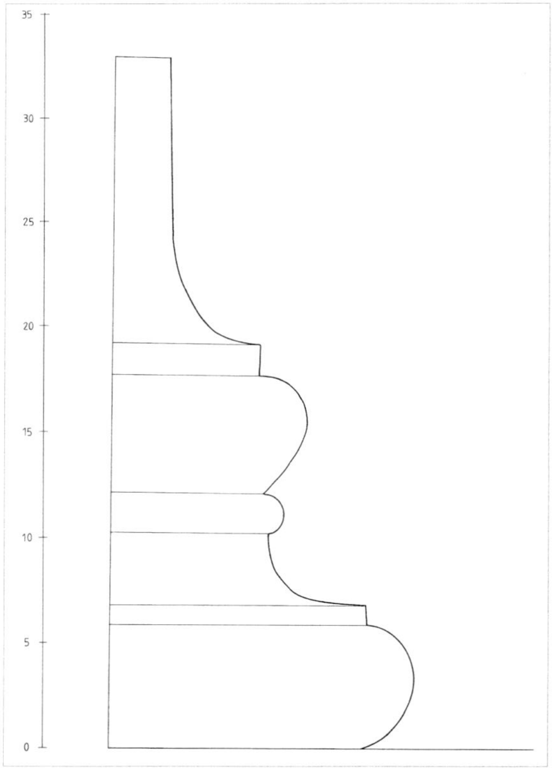

292

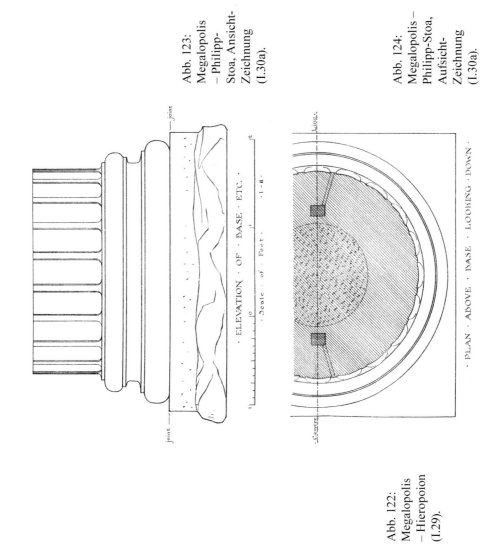

Abb. 123: Megalopolis – Philipp-Stoa, Ansicht-Zeichnung (I.30a).

Abb. 124: Megalopolis – Philipp-Stoa, Aufsicht-Zeichnung (I.30a).

Abb. 122: Megalopolis – Hieropoion (I.29).

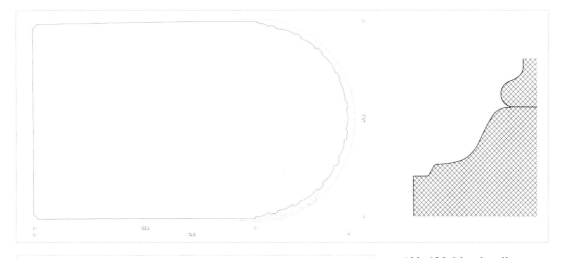

▲ Abb. 125: Megalopolis – Philipp-Stoa, Pfeilerhalbsäule, Schnitt und Profil (I.30b).

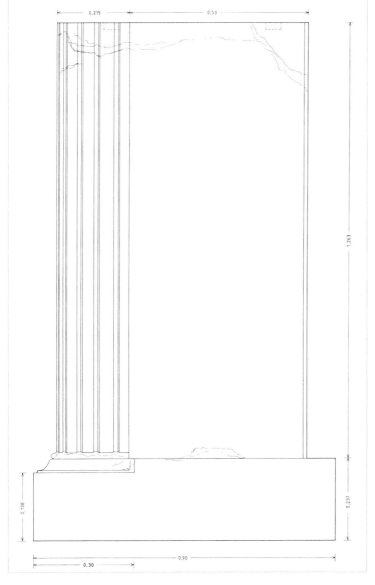

◄ Abb. 126: Megalopolis – Philipp-Stoa, Pfeilerhalbsäule, Ansicht (I.30b).

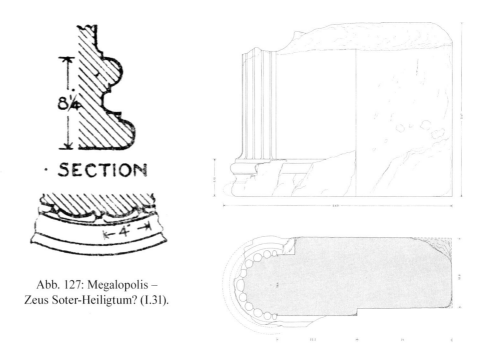

Abb. 127: Megalopolis – Zeus Soter-Heiligtum? (I.31).

Abb. 128: Megalopolis, Zeichnung (I.32).

Abb. 129: Megalopolis, Fotografie (I.32).

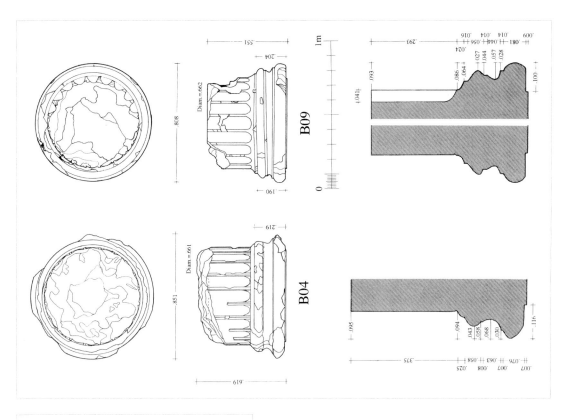

Abb. 131 Messene – Asklepieion, Stoai (1.34).

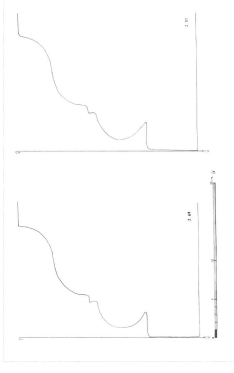

Abb. 130: Messene – Asklepiostempel, Antenbasis- und Toichobatprofil (1.33).

296

Abb. 132: Messene – Asklepieion, Bouleuterion (I.35).

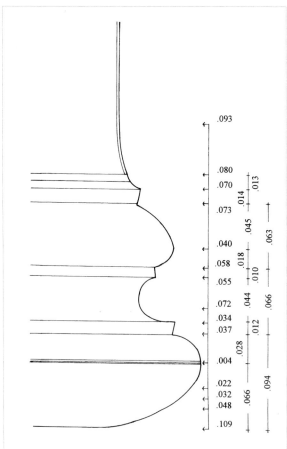

Abb. 133: Messene – Asklepieion, Nordpropylon, Zeichnung (I.36).

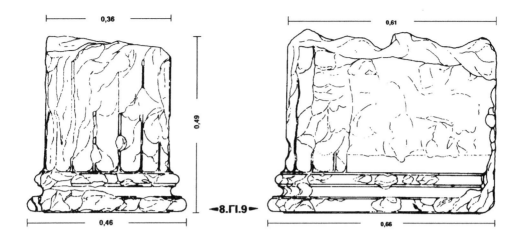

Abb. 134: Messene – Brunnenhaus der Arsinoe, Halbsäulenpfeiler (I.39a) der Arsinoe, Vollsäule (I.39).

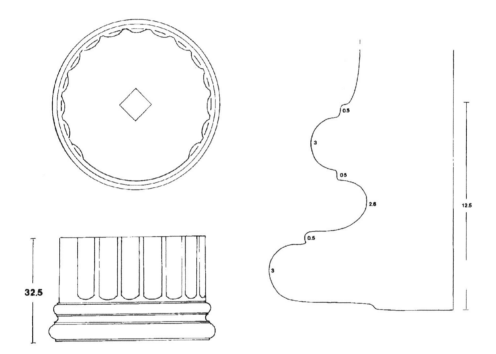

Abb. 135: Messene – Brunnenhaus der Arsinoe, Vollsäule (I.39).

Abb. 136: Messene – Brunnenhaus der Arsinoe, Vollsäule, Profil (I.39).

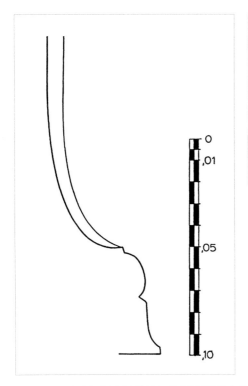

▲ Abb. 138: Nemea – Oikos 9, Fotografie (I.41).

◄ Abb. 137 Nemea – Oikos 9, Profil (I.41).

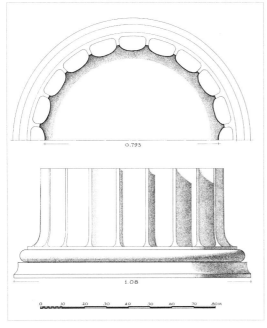

Abb. 139: Nemea – Zeustempel, Zeichnung (I.42).   Abb. 140: Nemea – Zeustempel, Fotografie (I.42).

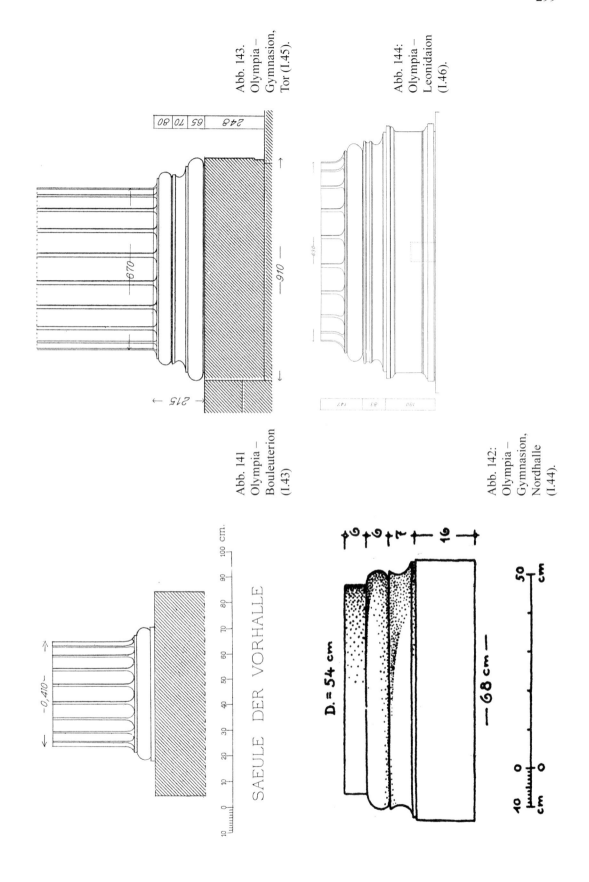

Abb. 141 Olympia – Bouleuterion (I.43)

Abb. 142: Olympia – Gymnasion, Nordhalle (I.44).

Abb. 143. Olympia – Gymnasion, Tor (I.45).

Abb. 144: Olympia – Leonidaion (I.46).

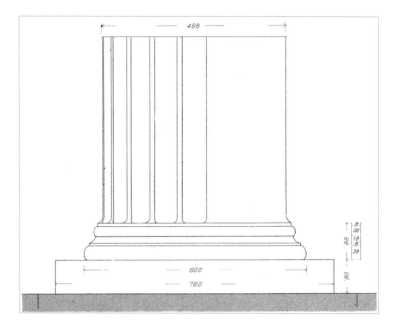

Abb. 145: Olympia – Palästra, Exedra VI (I.47).

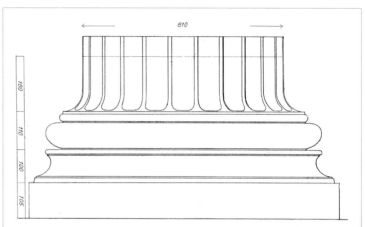

Abb. 146: Olympia – Philippeion (I.48).

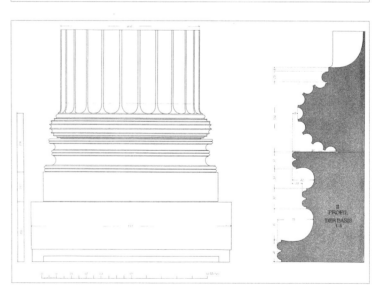

Abb. 147: Olympia – Ptolemaierweihgeschenk (I.49).

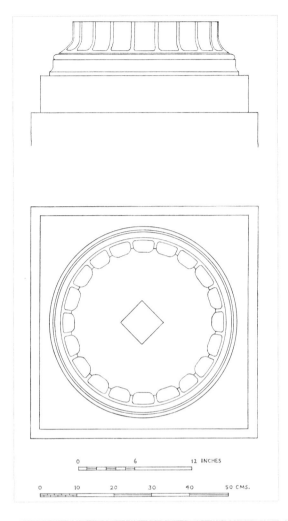

◄ Abb. 148: Perachora – Baldachinarchitektur, Zeichnung (I.51).

▲ Abb. 149: Perachora – Baldachinarchitektur, Fotografie (I.51).

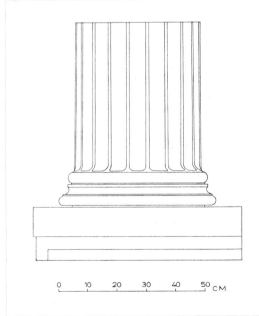

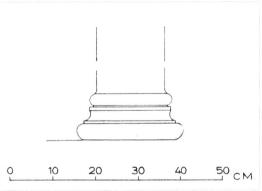

◄ Abb. 150: Perachora – Brunnenhaus (I.52a).

▲ Abb. 151: Perachora – Brunnenhaus, Antenbasis (I.52b).

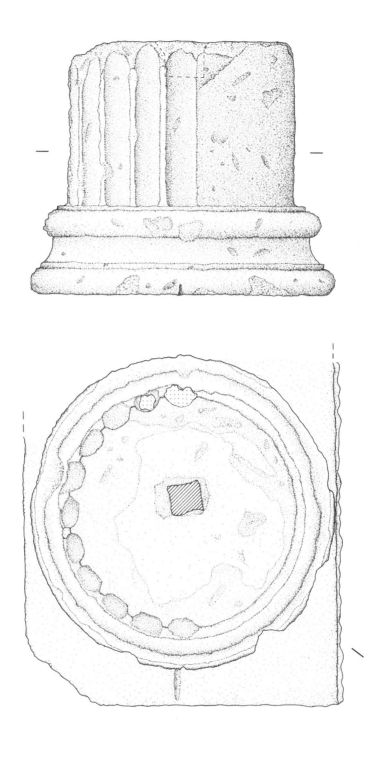

Abb. 152: Pheneos – Asklepieion, Zeichnung (I.53).

◄ Abb. 153: Pheneos – Asklepieion, Profil (I.53).

▲ Abb. 155: Sikyon – Theater, Proskenion (I.56).

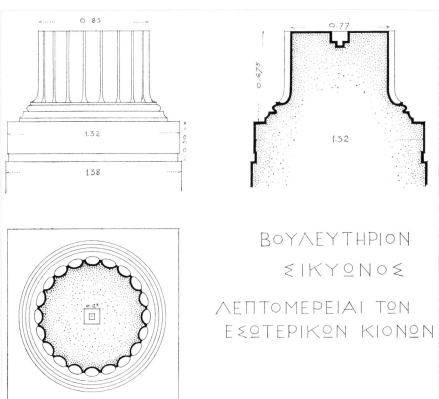

ΒΟΥΛΕΥΤΗΡΙΟΝ
ΣΙΚΥΩΝΟΣ

ΛΕΠΤΟΜΕΡΕΙΑΙ ΤΩΝ
ΕΣΩΤΕΡΙΚΩΝ ΚΙΟΝΩΝ

Abb. 154:
Sikyon –
Bouleuterion
(I.54)

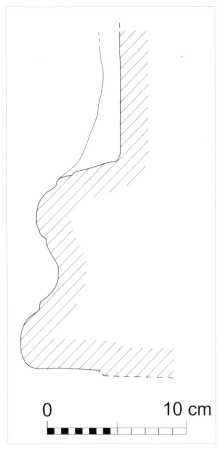

◄ Abb. 156: Stymphalos, Profil (I.57).

▲ Abb. 157: Stymphalos, Fotografie (I.57).

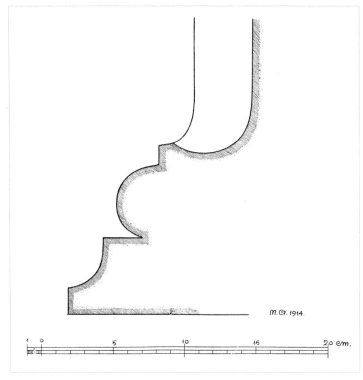

Abb. 158: Tegea – Athenatempel (I.58a).

305

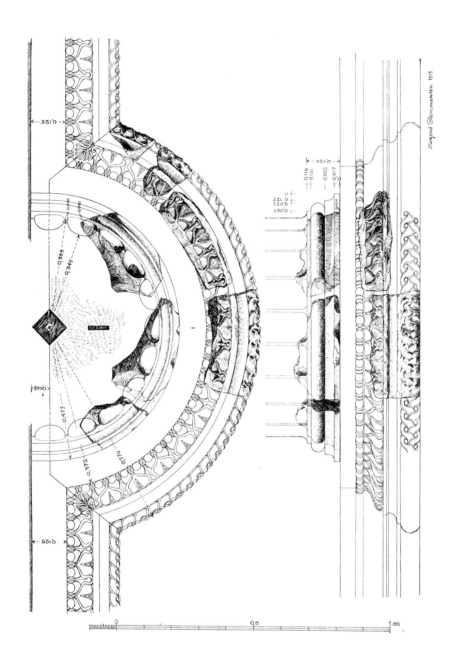

Abb. 159: Tegea – Athenatempel, Toichobat (1.58b).

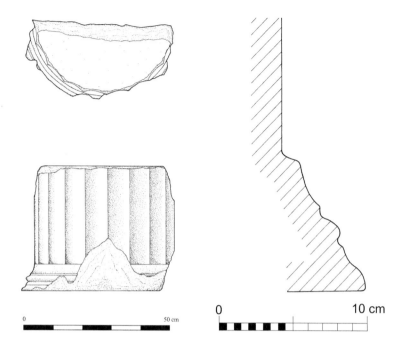

Abb. 160: Theisoa – sog. Kunstbau (I.59).

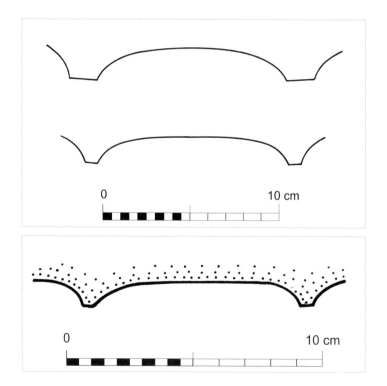

Abb. 161 (oben): Bassai – Apollontempel,
Cella, Kannelurprofil der Halbsäulen (II.3a);
Abb. 162 (unten): Bassai – Apollontempel,
Cella, Kannelurprofil der Vollsäule (II.3b)..

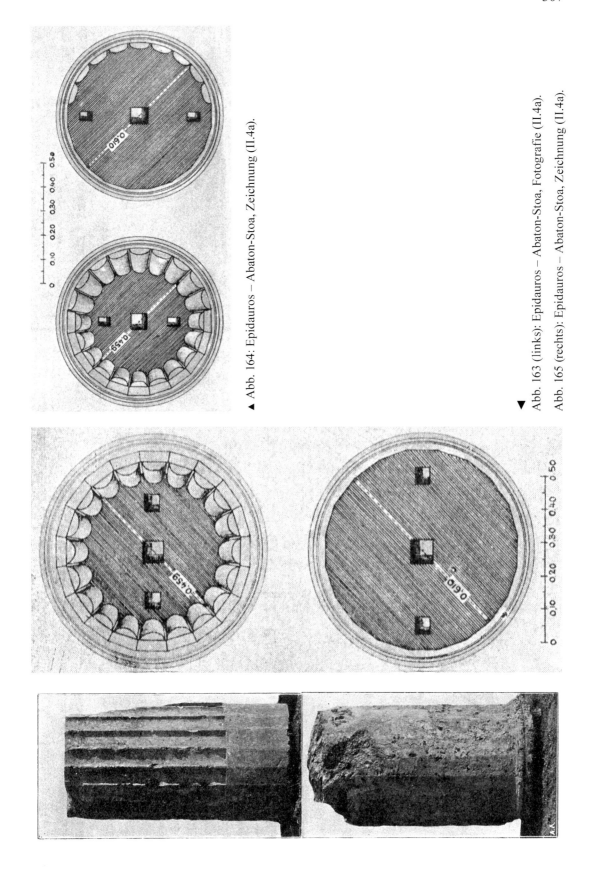

◄ Abb. 164: Epidauros – Abaton-Stoa, Zeichnung (II.4a).

▼ Abb. 163 (links): Epidauros – Abaton-Stoa, Fotografie (II.4a).
Abb. 165 (rechts): Epidauros – Abaton-Stoa, Zeichnung (II.4a).

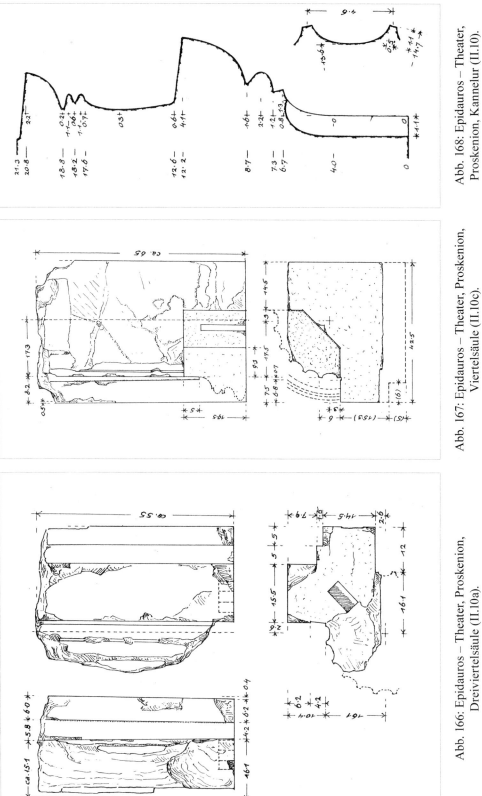

Abb. 168: Epidauros – Theater, Proskenion, Kannelur (II.10).

Abb. 167: Epidauros – Theater, Proskenion, Viertelsäule (II.10c).

Abb. 166: Epidauros – Theater, Proskenion, Dreiviertelsäule (II.10a).

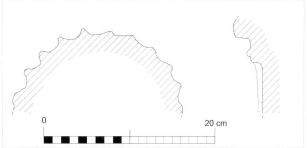
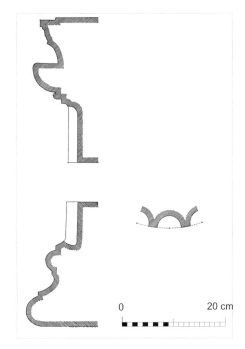

◄ Abb. 169: Gortys – Therme, Propylon (II.12).

▲ Abb. 170: Korinth – Untere Peirene-Quelle (II.21).

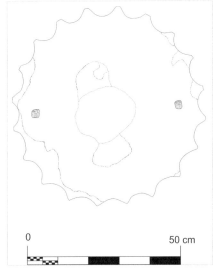

Abb. 171: Megalopolis – Philipp-Stoa, Zeichnung (II.25a).

Abb. 172: Megalopolis – Philipp-Stoa, Fotografie (II.25a).

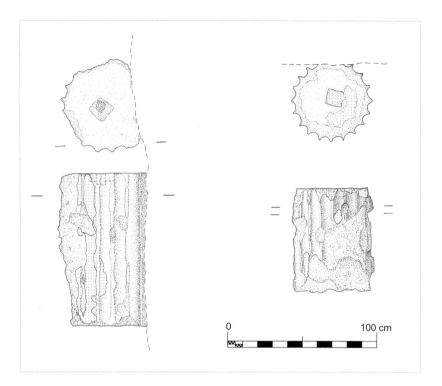

Abb. 173: Megalopolis – Philipp-Stoa, Zeichnung (links Inv. Nr. 203, rechts Inv. Nr. 201) (II.25b).

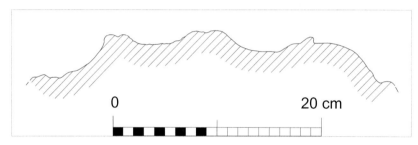

Abb. 174: Megalopolis – Philipp-Stoa, Profil (Inv. Nr. 203) (II.25b).

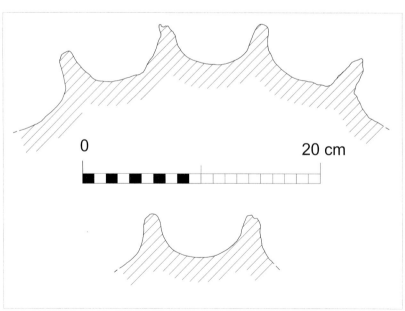

Abb. 175: Megalopolis – Philipp-Stoa, Profil (Inv. Nr. 201) (II.25b).

Abb. 176: Megalopolis – Zeus Soter-Heiligtum, Fotografie, oben BGK 144, unten BGK 143 (II.26a).

Abb. 177: Megalopolis – Zeus Soter-Heiligtum, Detail Säule BGK 144 (II.26).

Abb. 178: Megalopolis – Zeus Soter-Heiligtum, Fotografie oberes Auflager Säule BGK 144 (II.26).

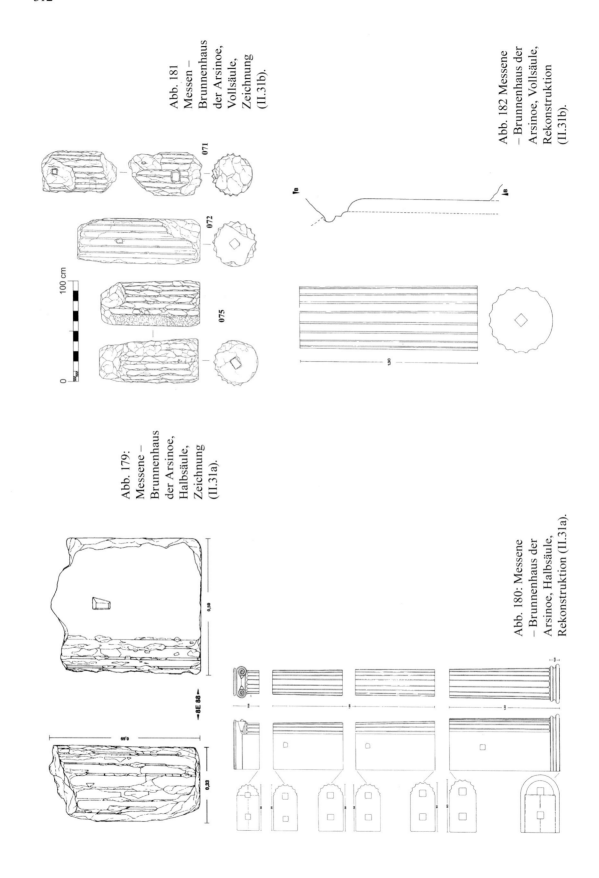

Abb. 179: Messene – Brunnenhaus der Arsinoe, Halbsäule, Zeichnung (II.31a).

Abb. 180: Messene – Brunnenhaus der Arsinoe, Halbsäule, Rekonstruktion (II.31a).

Abb. 181 Messene – Brunnenhaus der Arsinoe, Vollsäule, Zeichnung (II.31b).

Abb. 182 Messene – Brunnenhaus der Arsinoe, Vollsäule, Rekonstruktion (II.31b).

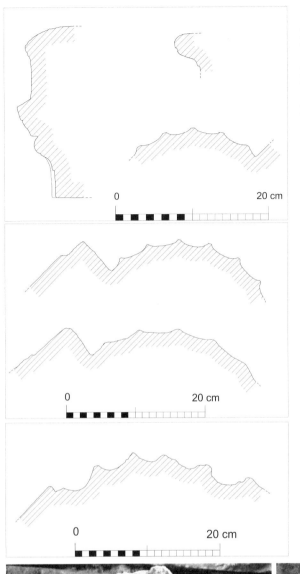

◄
Abb. 183 (oben): Nemea – Oikos 9, Ecksäule, Profile (II.33a).

Abb. 184 (Mitte): Nemea – Oikos 9, Halbsäule, Profile (II.33b).

Abb. 185 (unten): Nemea – Zeustempel, Viertelsäule, Profil (II.34a).

▼
Abb. 186 (links): Nemea – Zeustempel, Viertelsäule, Fotografie (II.34a).

Abb. 187 (rechts): Nemea – Zeustempel, Halbsäule, Fotografie (II.34b).

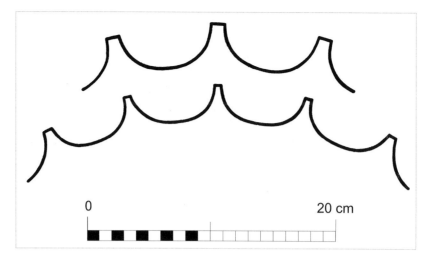

Abb. 188: Olympia – Philippeion, Vollsäule, Profile (II.41a).

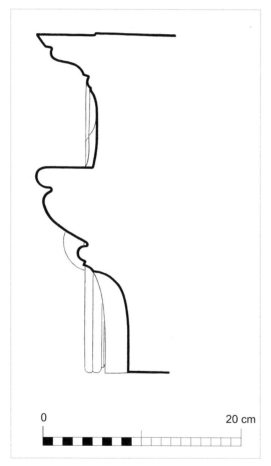

Abb. 189: Olympia – Philippeion, Vollsäule, Kannelurprofil oben (II.41a).

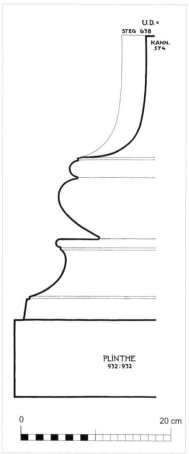

Abb. 190: Olympia – Philippeion, Vollsäule, Kannelurprofil unten (II.41a).

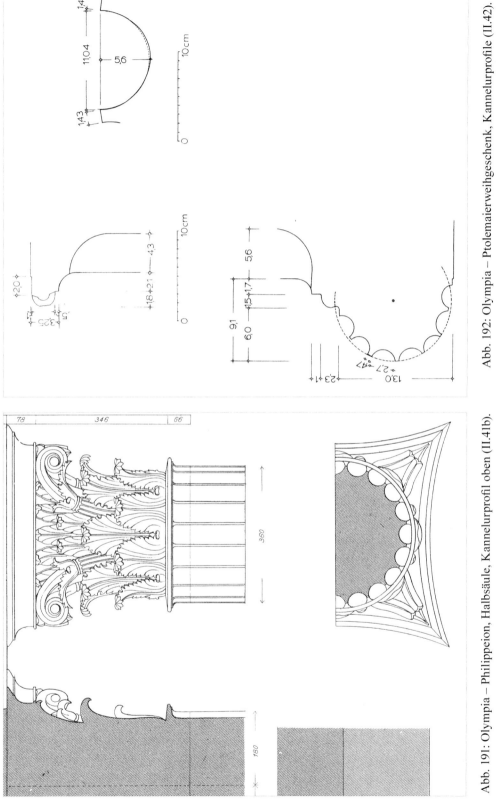

Abb. 192: Olympia – Ptolemaierweihgeschenk, Kannelurprofile (II.42).

Abb. 191: Olympia – Philippeion, Halbsäule, Kannelurprofil oben (II.41b).

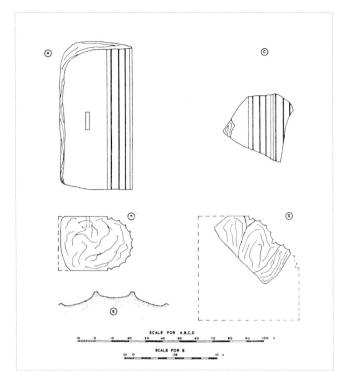

Abb. 193: Perachora – Stoa am Hafen (II.46).

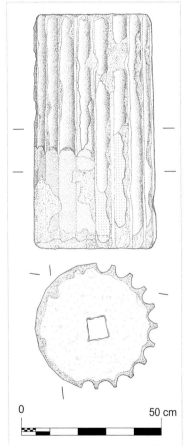

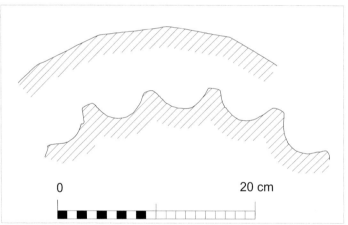

◄ Abb. 194: Pheneos – sog. Brunnenhaus, Zeichnung (II.47).

▲ Abb. 195: Pheneos – sog. Brunnenhaus, Profile (II.47).

Abb. 196: Stymphalos, Doppelhalbsäulenschaft,
Fotografie (II.51).

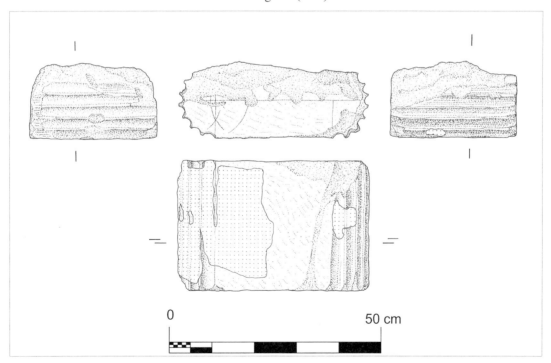

Abb. 197: Stymphalos, Doppelhalbsäulenschaft, Zeichnung (II.51).

Abb. 198: Stymphalos, Doppelhalbsäulenschaft, Profile (II.51).

Abb. 199: Stymphalos, Profil (II.52).

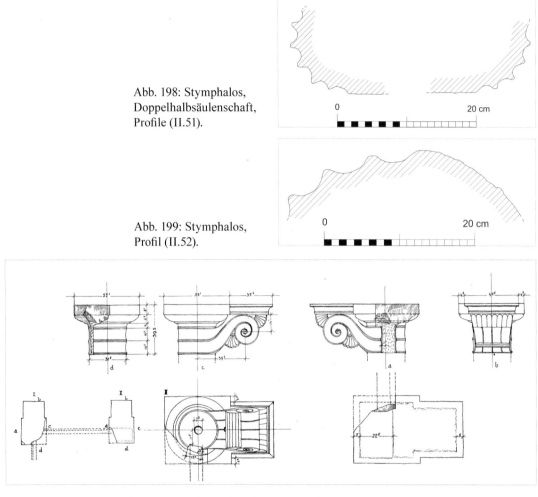

Abb. 200: Amyklai – Thronbau des Apollon, Zeichnung (III.1).

Abb. 201: Amyklai – Thronbau des Apollon, Fotografie (III.1).

319

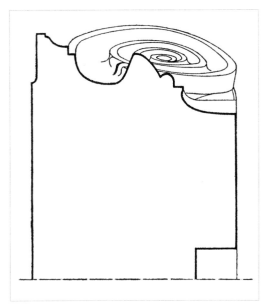

Abb. 203: Argos, Profil (III.2).

Abb. 204: Argos, Fotografie (III.2).

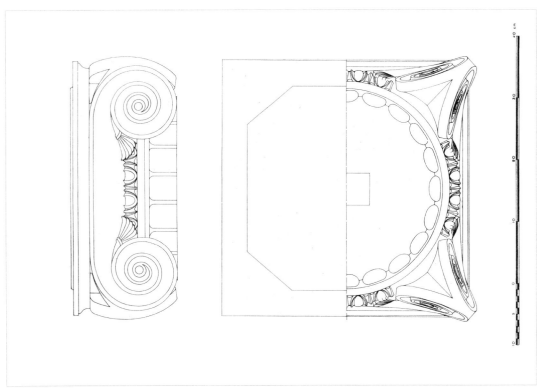

Abb. 202: Argos, Zeichnung (III.2).

Abb. 205: Argos, Fotografie (III.3).

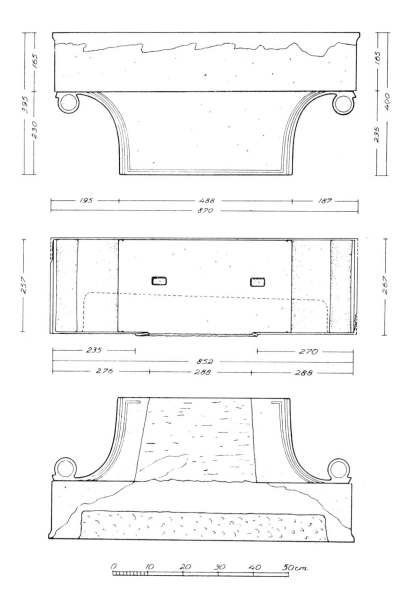

Abb. 206: Argos,
Sofakapitell,
Zeichnung (III.4).

Abb. 207: Bassai – Apollontempel, Cella, Kalksteinkapitell, Fotografie (III.5a).

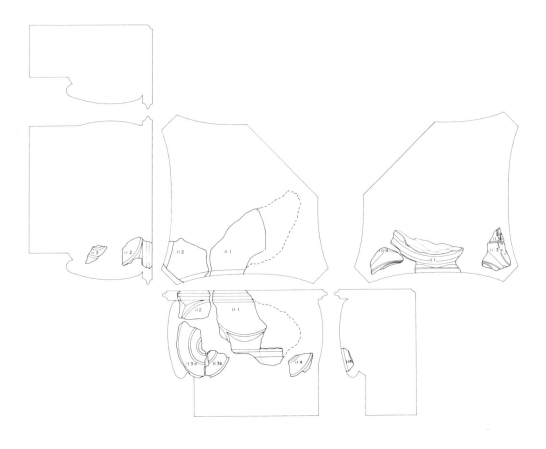

Abb. 208: Bassai – Apollontempel, Cella, Kalksteinkapitell, Zeichnung (III.5a).

Abb. 209: Bassai – Apollontempel, Marmorkapitell, Zeichnung (III.5b).

Abb. 210: Bassai – Apollontempel, Marmorkapitell, Fotografie (III.5b).

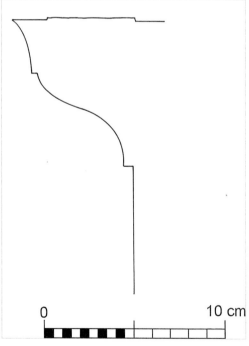

Abb. 211: Bassai – Apollontempel, Antenkapitell, Profil (III.5c).

323

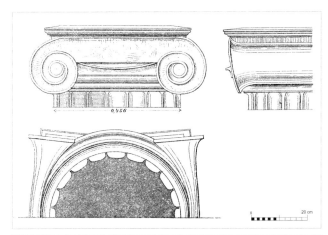

Abb. 212: Epidauros, Abaton-Stoa, Halbsäulenkapitell, Zeichnung (III.8c).

Abb. 213: Epidauros – Abaton-Stoa, Vierseitiges Kapitell, Fotografie, von vorne (III.8b).

Abb. 214: Epidauros – Abaton-Stoa, Vierseitiges Kapitell, Fotografie, von der Seite (III.8b).

Abb. 215: Epidauros – Abaton-Stoa, Vierseitiges Kapitell, Fotografie, von unten (III.8b).

Abb. 216:
Epidauros –
Abaton-Stoa,
Halbsäulenkapitell,
Fotografie (III.8c).

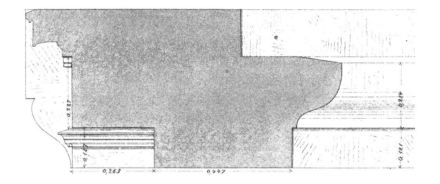

Abb. 217: Epidauros
– Abaton-Stoa,
Antenkapitell,
Zeichnung (III.8d).

Abb. 218:
Epidauros – Spolie
(III.9).

Abb. 220: Epidauros – Gymnasion? Halbsäulenpilasterkapitell, Fotografie (III.11).

Abb. 221: Epidauros – Nord-Ost-Portikus, Sofakapitell (III.12).

Abb. 219: Epidauros – Gymnasion, Propylon, Antenkapitell, Zeichnung (III.10b).

Abb. 222: Epidauros – Nordpropyläen, zweiseitiges Kapitell, Fotografie (III.13a).

Abb. 223: Epidauros – Nordpropyläen – vierseitiges Kapitell, Zeichnung (III.13b).

Abb. 224: Epidauros – Nordpropyläen, zweiseitiges Kapitell, Fotografie (III.13a).

Abb. 225: Epidauros – Nordpropyläen, Antenkapitell, Fotografie (III.13c).

327

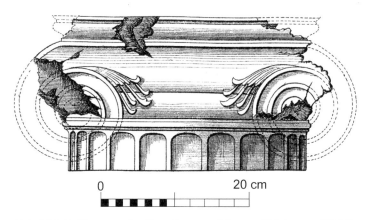

Abb. 226: Epidauros – Stadion, Startvorrichtung, Zeichnung (III.14).

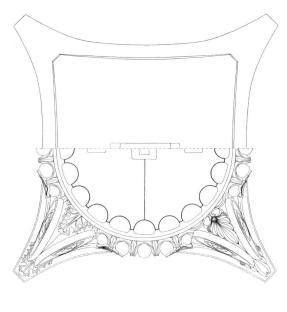

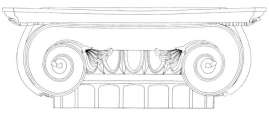

Abb. 227: Epidauros – Tempel L,
vierseitiges Kapitell, Zeichnung (III.15).

Abb. 228: Epidauros – Tempel L,
vierseitiges Kapitell, Fotografie (III.15).

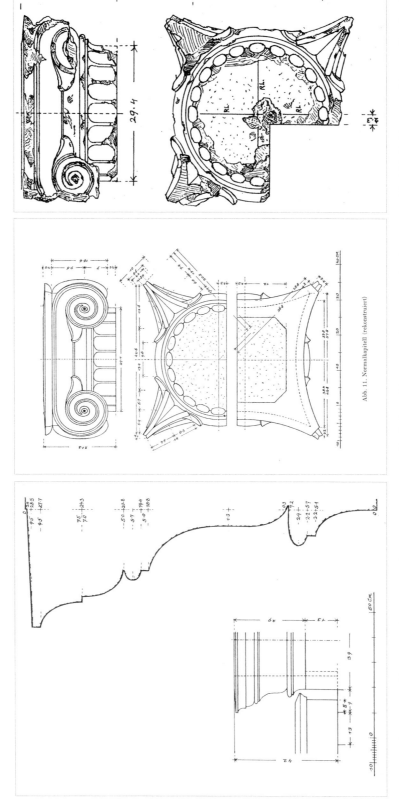

Abb. 231: Epidauros – Theater, Proskenion, vierseitiges Kapitell, Zeichnung (III.17).

Abb. 230: Epidauros – Theater, Proskenion, vierseitiges Kapitell, Rekonstruktion (III.17).

Abb. 229: Epidauros – Theater, Paradostor, Antenkapitell, Zeichnung (III.16).

Abb. 233: Epidauros, Zweiseitiges Kapitell, Fotografie (III.19).

Abb. 234: Epidauros – Votivkapitell, Fotografie von vorne (III.20).

Abb. 235: Epidauros – Votivkapitell, Fotografie von der Seite (III.20).

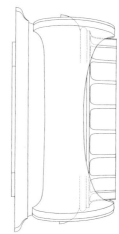

Abb. 232: Epidauros, Zweiseitiges Kapitell, Zeichnung (III.18).

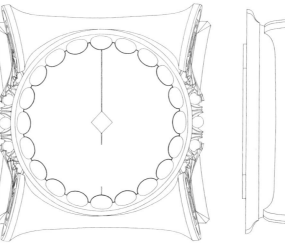

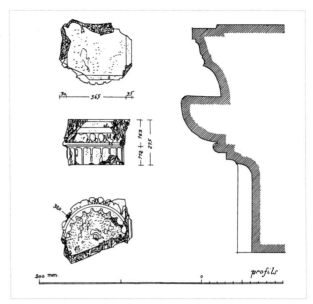

Abb. 236: Gortys – Therme, Propylon, Kapitell, Zeichnung (III.21).

Abb. 237: Gortys – Therme, Propylon, Kapitell, Fotografie (III.22).

Abb. 238: Halieis, Kapitell, Fotografie (III.23).

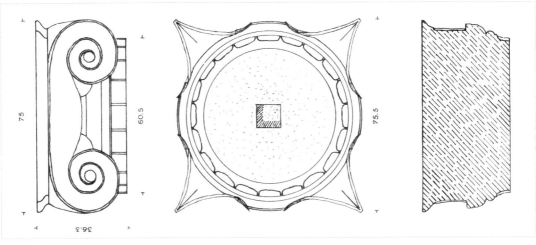

Abb. 241: Kalaureia – Stoa C, vierseitiges Kapitell, Zeichnung (III.24).

Abb. 239: Kalaureia – Stoa C, vierseitiges Kapitell, Fotografie von vorne (III.24).

Abb. 240: Kalaureia – Stoa C, vierseitiges Kapitell, Fotografie von unten (III.24).

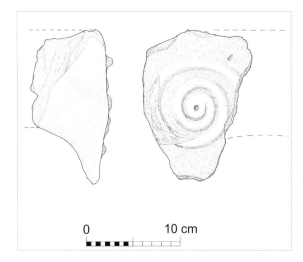

Abb. 242: Kleonai, Volutenfragment, Zeichnung (III.26).

Abb. 243: Kleonai, Volutenfragment, Fotografie (III.26).

Abb. 244: Kleonai, Fragment ionisches Kyma, Fotografie (III.27).

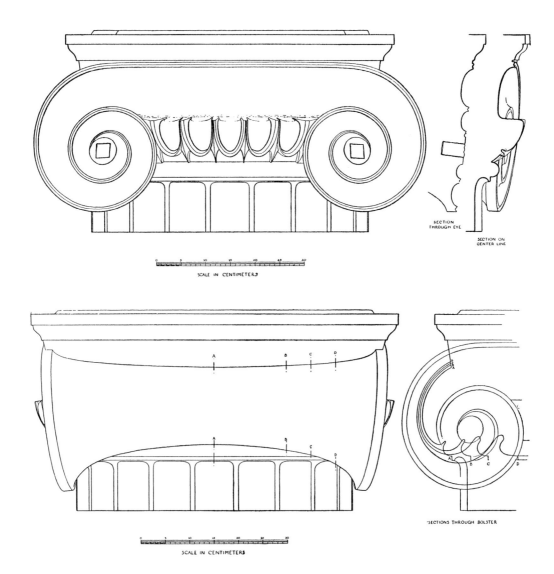

Abb. 245: Korinth – Südstoa, Kapitell, Zeichnung (III.28a).

334

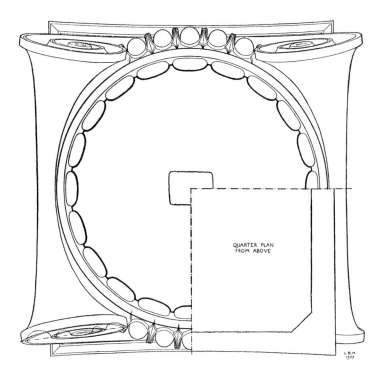

Abb. 246: Korinth – Südstoa, Kapitell, Zeichnung Unterseite (III.28a).

◄ Abb. 248 (oben) : Korinth – Südstoa, Kapitellfragment, Fotografie, von unten (III.28a).

▼ Abb. 249 (unten): Korinth – Südstoa, Kapitell, digitale 3D Rekonstruktion (III.28a).

▲ Abb. 247: Korinth – Südstoa, Kapitellfragment, Fotografie (III.28a).

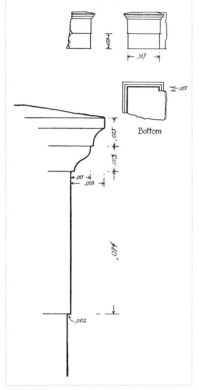
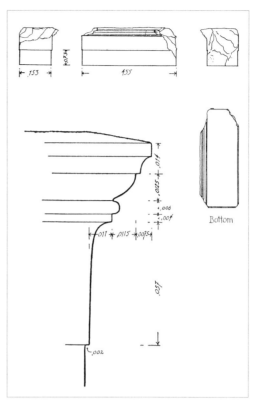

Abb. 250: Korinth – Südstoa,
Antenkapitell (III.28b)..

Abb. 251: Korinth – Südstoa,
Antenkapitell (III.28c).

Abb. 252: Korinth, Sofakapitell,
Fotografie, von vorne (III.29).

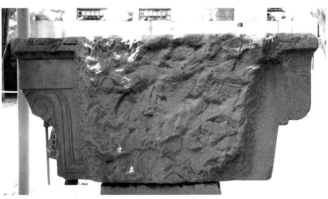

Abb. 253: Korinth, Sofakapitell,
Fotografie, von hinten (III.29).

Abb. 254: Korinth – Untere Peirene-Quelle, Pfeilerkapitell, Zeichnung (III.30a).

Abb. 255: Korinth – Untere Peirene-Quelle, Pfeilerkapitell, Fotografie (III.30a).

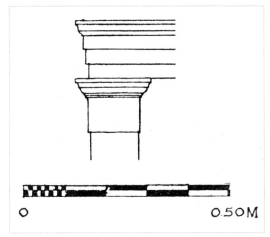

Abb. 256: Korinth – Untere Peirene-Quelle, Antenkapitell, Zeichnung (III.30b).

Abb. 257: Korinth – Untere Peirene-Quelle, Antenkapitell, Fotografie (III.30b).

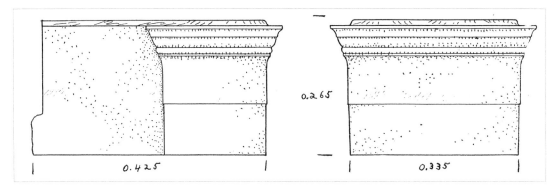

Abb. 258: Korinth, Antenkapitell, Zeichnung (III.31).

▲ Abb. 259: Ligourio, Kapitell eines Doppelhalbsäulenpfeilers, hier als Spolie (III.32).

▶ Abb. 260: Ligourio, Kapitell eines Doppelhalbsäulenpfeilers, hier als Spolie in einer Kirche verbaut (III.32).

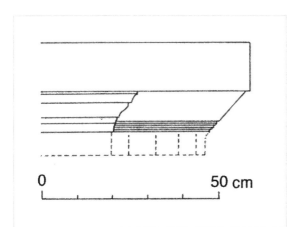

Abb. 261: Lousoi – Artemistempel, Antenkapitell (III.33).

Abb. 262: Keryneia – Heroon, Kapitell, Fotografie (III.34).

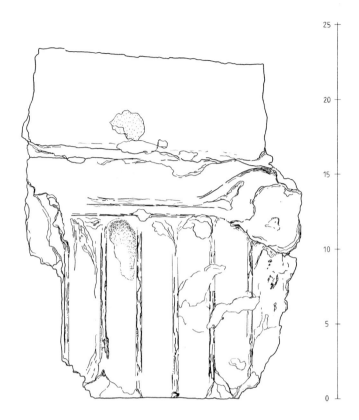

Abb. 263: Megalopolis – Bouleuterion, Kapitell, Zeichnung (III.35).

Abb. 264: Megalopolis – Bouleuterion, Kapitell, Fotografie (III.35).

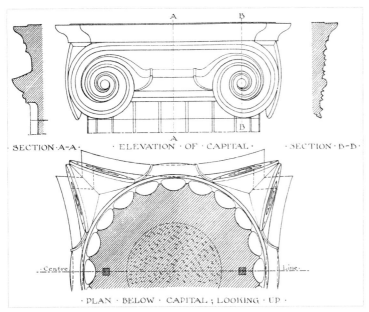

Abb. 265: Megalopolis – Philipp-Stoa, vierseitiges Kapitell, Zeichnung (III.36a).

Abb. 266: Megalopolis – Philipp-Stoa, vierseitiges Kapitell, Fotografie (III.36a).

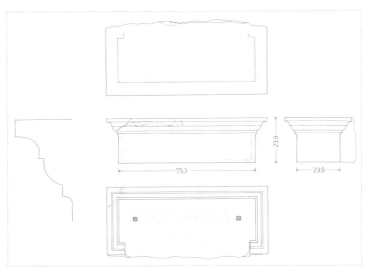

Abb. 267: Megalopolis – Philipp-Stoa, Antenkapitell, Zeichnung (III.36b).

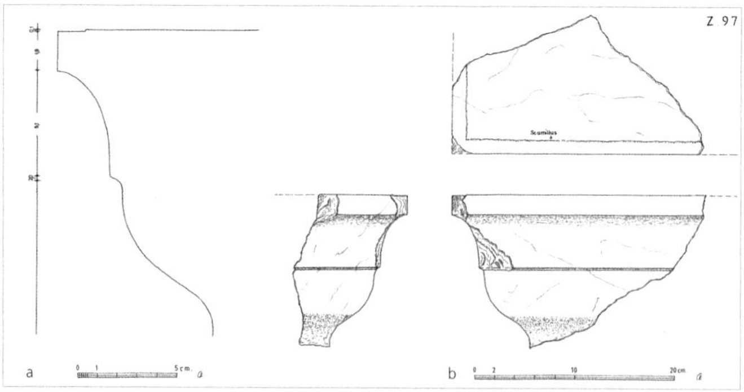

Abb. 268: Messene – Asklepiostempel, Antenkapitell, Zeichnung (III.37).

Abb. 269: Messene – Asklepieion, Oikos K, Antenkapitell, Fotografie, von vorne (III.38a).

Abb. 270: Messene – Asklepieion, Oikos K, Antenkapitell, Fotografie, von der Seite (III.38a).

341

Abb. 271: Messene – Asklepieion, Oikos K, Kapitell,
Fotografie, von vorne (III.38b).

Abb. 272: Messene – Asklepieion, Oikos K, Kapitell,
Fotografie, von der Seite (III.38b).

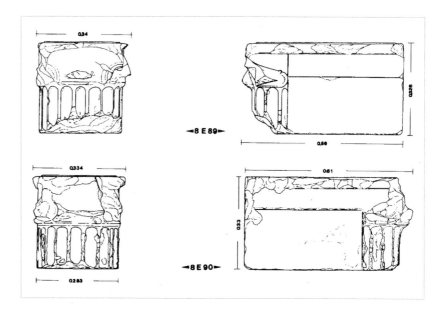

Abb. 273: Messene – Brunnenhaus der Arsinoe, Kapitell der Halbsäulenpfeiler, Zeichnung (III.39a).

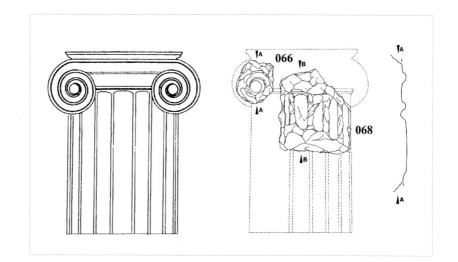

Abb. 274: Messene – Brunnenhaus der Arsinoe, Kapitell, Zeichnung (III.39b).

Abb. 275: Mistra, Sofakapitell, Zeichnung (III.41).

▲ Abb. 276: Nemea – Oikos 9, Eckkapitell, Profile (III.42a).

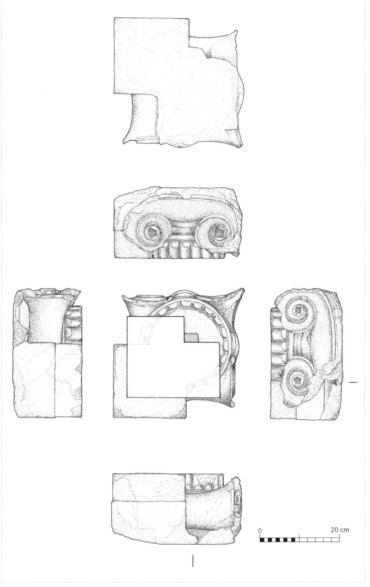

▶ Abb. 277: Nemea – Oikos 9 Eckkapitell, Zeichnung (III.42a).

Abb. 278: Nemea – Oikos 9, Eckkapitel, Fotografie, von der Seite (III.42a).

Abb. 279: Nemea – Oikos 9, Eckkapitel, Fotografie, von vorne (III.42a).

Abb. 280: Nemea – Oikos 9,
Kapitell der Halbsäulenpfeiler,
Fotografie, von vorne (III.42b).

Abb. 281: Nemea – Oikos 9,
Kapitell der Halbsäulenpfeiler,
Fotografie, von oben (III.42b).

Abb. 282: Nemea – Oikos 9,
Kapitell der Halbsäulenpfeiler,
Fotografie, von unten (III.42b).

Abb. 283: Nemea – Zeustempel, Volutenfragment,
Fotografie (III.43).

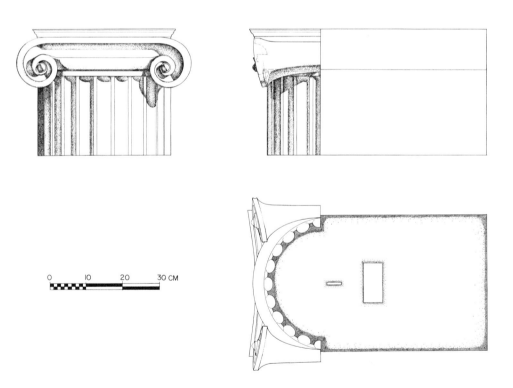

Abb. 284: Nemea – Zeustempel, Kapitell der Halbsäulenpfeiler, Rekonstruktion (III.43).

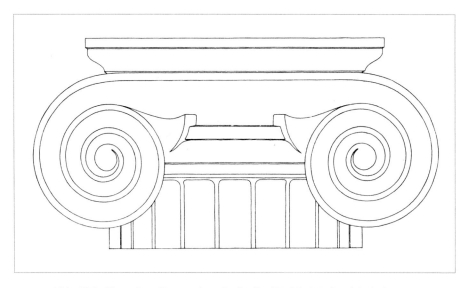

Abb. 285: Olympia – Gymnasion, Südhalle (III.44) (Maße nicht bekannt).

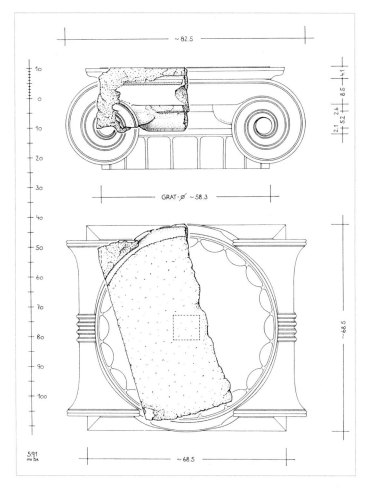

Abb. 286: Olympia – „Kalksandstein-Architektur", Kapitellfragment, Zeichnung (III.45).

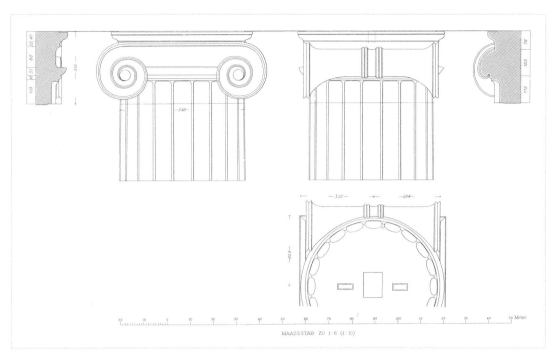

▲ Abb. 287 Olympia – Leonidaion, Kapitell, Zeichnung (III.46a).

◄ Abb. 288 Olympia – Leonidaion, Kapitell, Fotografie, von vorne (III.46a).

Abb. 289: Olympia – Leonidaion, Kapitell, Fotografie, von der Seite (III.46a).

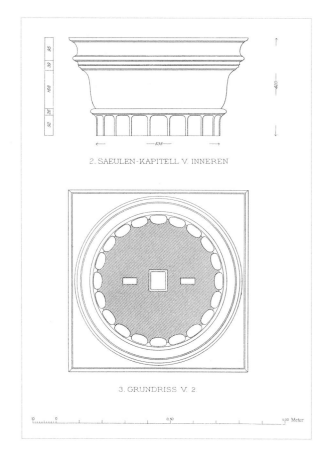

▶ Abb. 290: Olympia – Leonidaion, Kelchkapitell, Zeichnung (III.46b).

▼ Abb. 291: Olympia – Leonidaion, Kelchkapitell, Fotografie (III.46b).

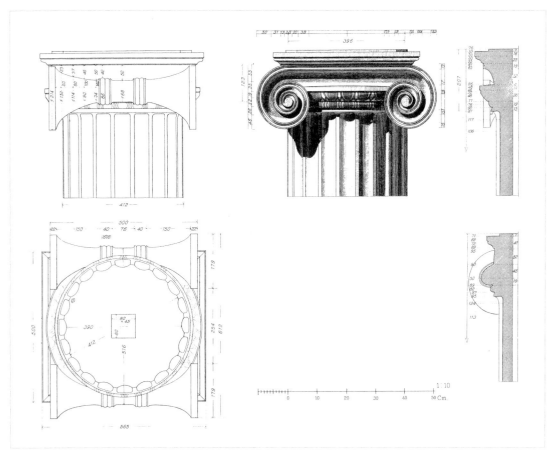

▲ Abb. 292: Olympia – Palästra, Raum VI, Kapitell, Zeichnung (III.47a).

◄ Abb. 293: Olympia – Palästra, Raum VI, Kapitell, Fotografie von vorne (III.47a)

Abb. 294: Olympia – Palästra, Raum VI, Kapitell, Fotografie von der Seite (III.47a).

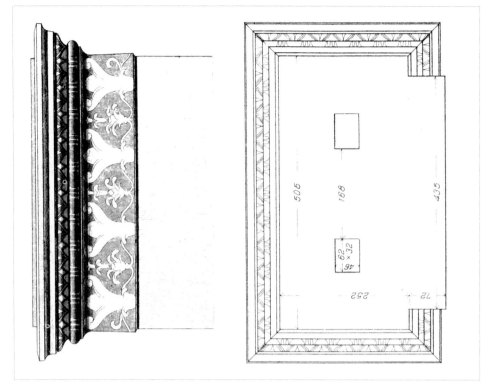

Abb. 297: Olympia – Palästra, Exedra VI, Antenkapitell, Zeichnung (III.47c).

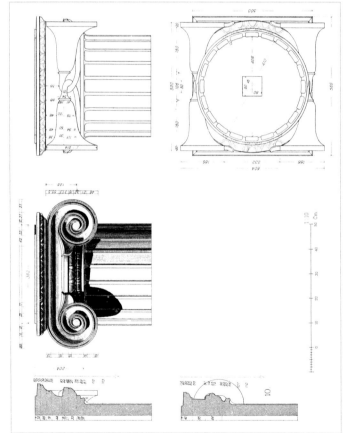

▲ Abb. 295: Olympia – Palästra, Raum IX, Kapitell, Zeichnung (III.47b).

◄ Abb. 296: Olympia – Palästra, Raum IX, Kapitell, Fotografie (III.47b).

351

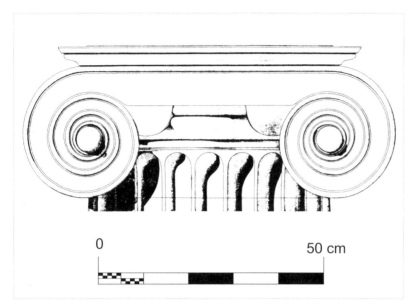

Abb. 298: Olympia – Philippeion, Kapitell, Zeichnung (III.48).

Abb. 299: Olympia – Philippeion, Kapitell, Fotografie von vorne (III.48).

Abb. 300: Olympia – Philippeion, Kapitell, Fotografie von der Seite (III.48).

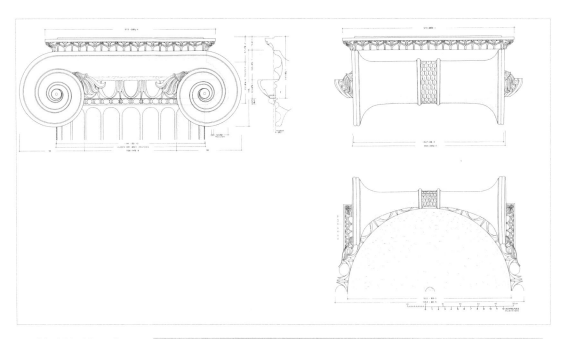

▲ Abb. 301: Olympia – Ptolemaierweihgeschenk, Kapitell, Zeichnung (III.49).

► Abb. 302: Olympia – Ptolemaierweihgeschenk, Kapitell, Fotografie von vorne (III.49).

Abb. 303: Olympia – Ptolemaierweihgeschenk, Kapitell, Fotografie von der Seite (III.49).

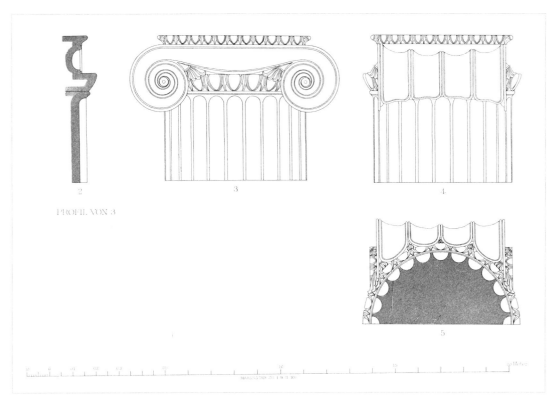

▲ Abb. 304: Olympia – Zweisäulendenkmal, Kapitell, Zeichnung (III.50).

◄ Abb. 305: Olympia – Zweisäulendenkmal, Kapitell, Fotografie von vorne (III.50).

Abb. 306: Olympia – Zweisäulendenkmal, Kapitell, Fotografie von der Seite (III.50).

354

Abb. 307: Olympia, Attisch-ionisches Eckkapitell, Fotografie (III.51).

Abb. 308: Olympia, Kapitell, Fotografie von vorne (III.52).

Abb. 309: Olympia, Kapitell, Fotografie von der Seite (III.52).

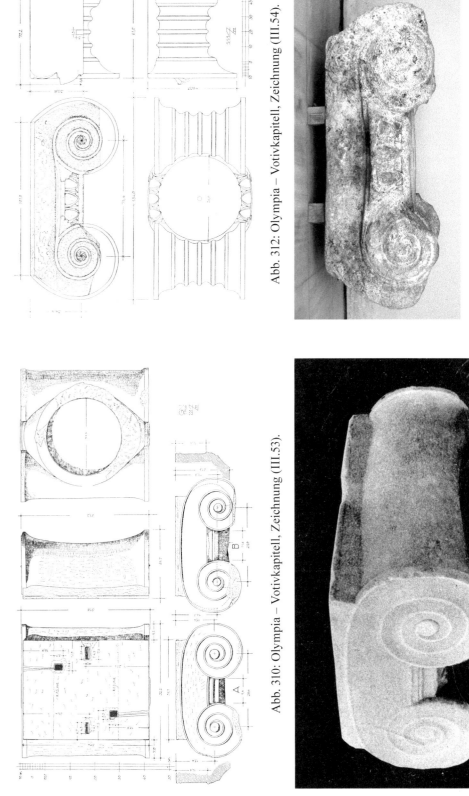

Abb. 312: Olympia – Votivkapitell, Zeichnung (III.54).

Abb. 313: Olympia – Votivkapitell, Fotografie (III.54).

Abb. 310: Olympia – Votivkapitell, Zeichnung (III.53).

Abb. 311: Olympia – Votivkapitell, Fotografie (III.53).

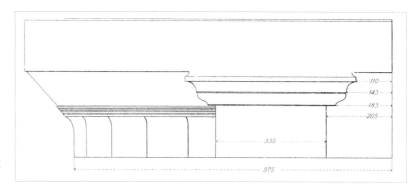

Abb. 314: Olympia – Pelopion-Tor, Antenkapitell, Zeichnung (III.55).

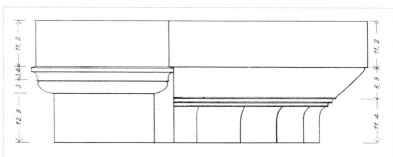

Abb. 315: Olympia – Südhalle, Antenkapitell, Zeichnung (III.56).

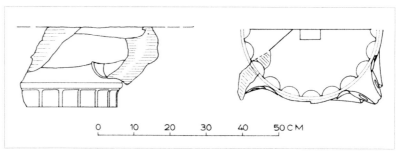

Abb. 316: Perachora – Brunnenhaus, Halbsäulenkapitell, Zeichnung (III.57a).

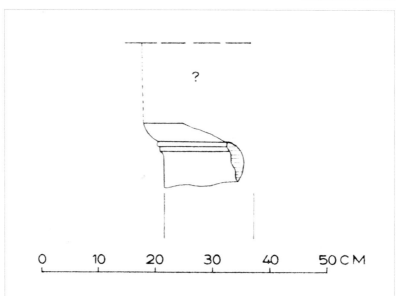

Abb. 317: Perachora – Brunnenhaus, Antenkapitell, Zeichnung (III.57b).

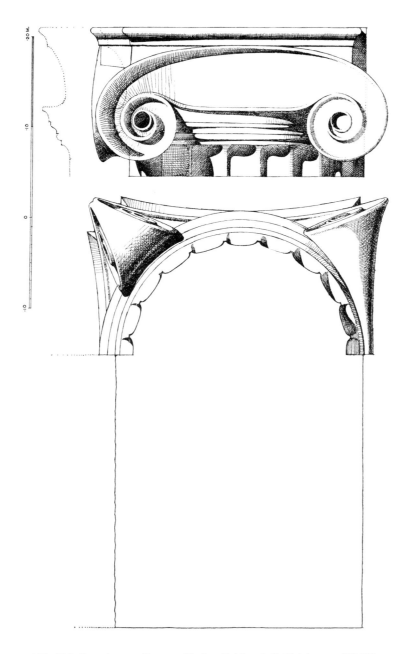

Abb. 318: Perachora – Stoa am Hafen, Eckkapitell, Zeichnung (III.58).

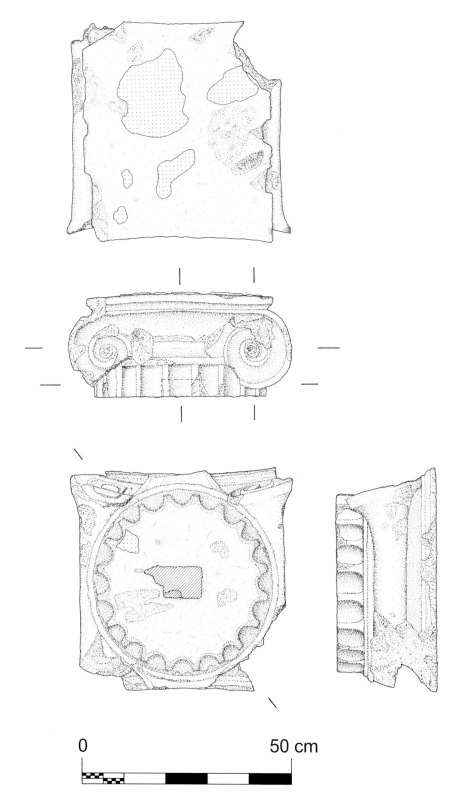

Abb. 319: Pheneos – sog. Brunnenhaus, Kapitell, Zeichnung (III.59).

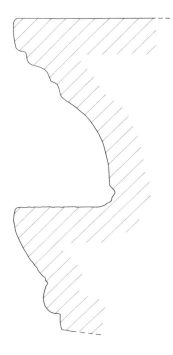

Abb. 320: Pheneos – sog. Brunnenhaus, Kapitell, Profilzeichnung (III.59).

Abb. 321: Pheneos – sog. Brunnenhaus, Kapitell, Fotografie (III.59).

360

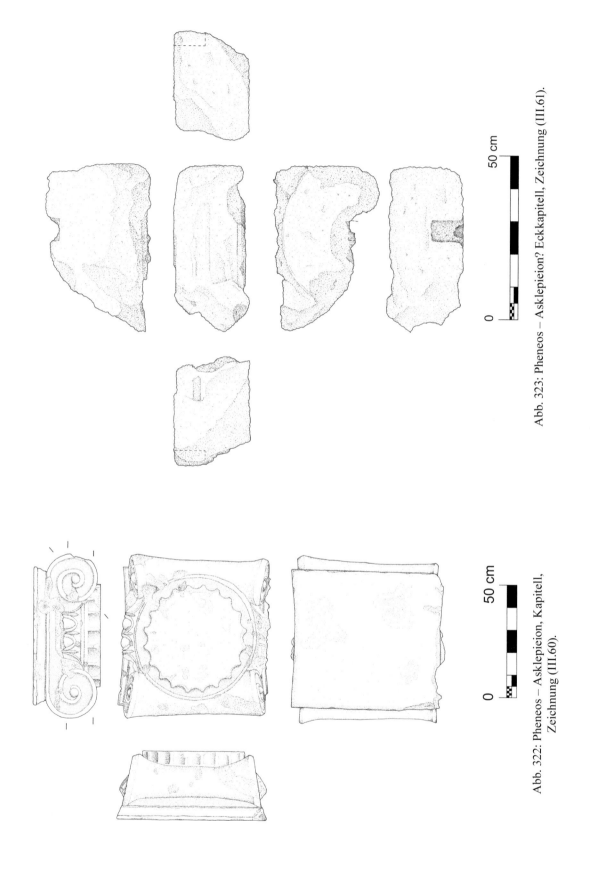

Abb. 323: Pheneos – Asklepieion? Eckkapitell, Zeichnung (III.61).

Abb. 322: Pheneos – Asklepieion, Kapitell, Zeichnung (III.60).

361

Abb. 324: Pheneos – Asklepieion? Eckkapitell, Fotografie (III.61).

Abb. 325: Sikyon – Theater, Vierseitiges Kapitell (III.65).

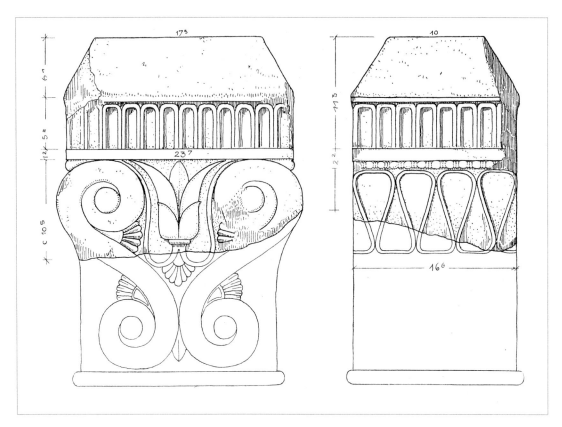

Abb. 326: Sparta – Weihgeschenkträger, Zeichnung (III.66).

Abb. 327: Sparta – Weihgeschenkträger, Fotografie (III.66).

Abb. 328: Sparta, Sofakapitell, Zeichnung (III.67).

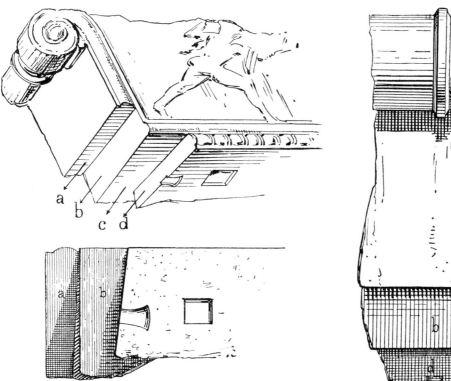

Abb. 329: Sparta, Sofakapitell, Zeichnung, Seitenansicht (III.67).

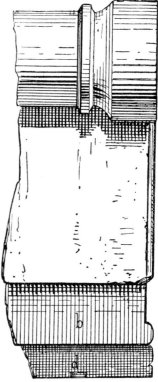

Abb. 330: Sparta, Sofakapitell, Fotografie (III.67).

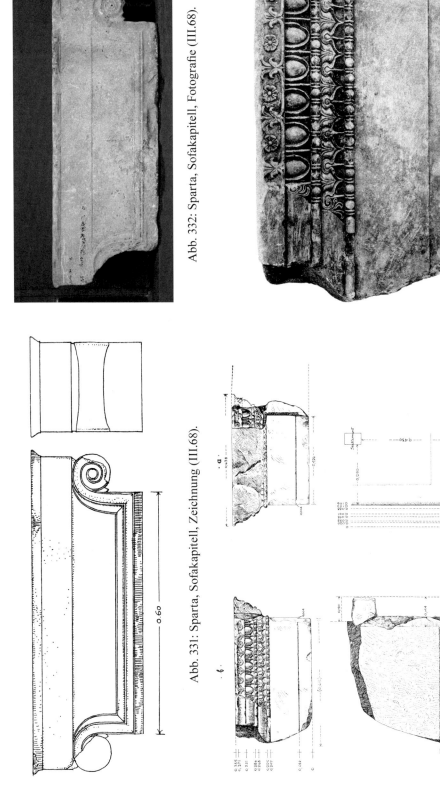

Abb. 332: Sparta, Sofakapitell, Fotografie (III.68).

Abb. 334: Tegea – Athenatempel, Antenkapitell, Fotografie (III.69).

Abb. 331: Sparta, Sofakapitell, Zeichnung (III.68).

Abb. 333: Tegea – Athenatempel, Antenkapitell, Zeichnung (III.69).

365

Abb. 335: Tegea, Sofakapitell, Zeichnung (III.70).

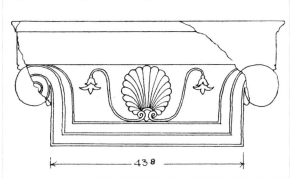

Abb. 336: Tegea, Sofakapitell, Zeichnung (III.71).

Abb. 337: Tegea, Sofakapitell, Fotografie (III.71).

Abb. 338: Tegea, Sofakapitell, Fotografie (III.74).

Abb. 339: Tegea, Sofakapitell, Fotografie (III.75).

366

Abb. 340: Tegea – Grabnaiskos, Antenkapitell, Fotografie (III.76).

Abb. 341: Tegea, Sofakapitell, Fotografie (III.77).

Abb. 342: Tegea, Cavettokapitell, Fotografie (III.78).

367

Abb. 343: Museum Pella, zweiseitiges Kapitell (Inv. Nr. T41), Fotografie von vorne.

Abb. 344: Museum Pella, zweiseitiges Kapitell (Inv. Nr. T41) Fotografie, Seitenansicht.

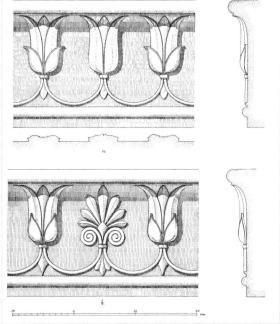

Abb. 345: Amyklai – Thronbau des Apollon, Zeichnung (IV.1).

Abb. 346: Amyklai – Thronbau des Apollon, Fotografie (IV.1).

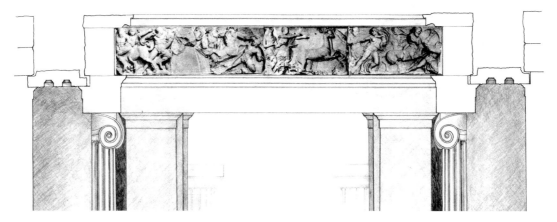

Abb. 347: Bassai – Apollontempel, Cella, Gebälk, Zeichnung (IV.2).

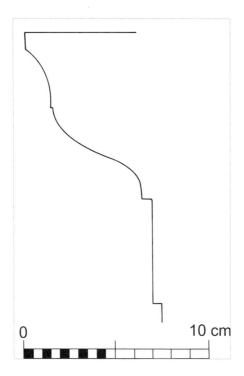

Abb. 348: Bassai – Apollontempel, Cella, Architrav-Kopfprofil (IV.2a).

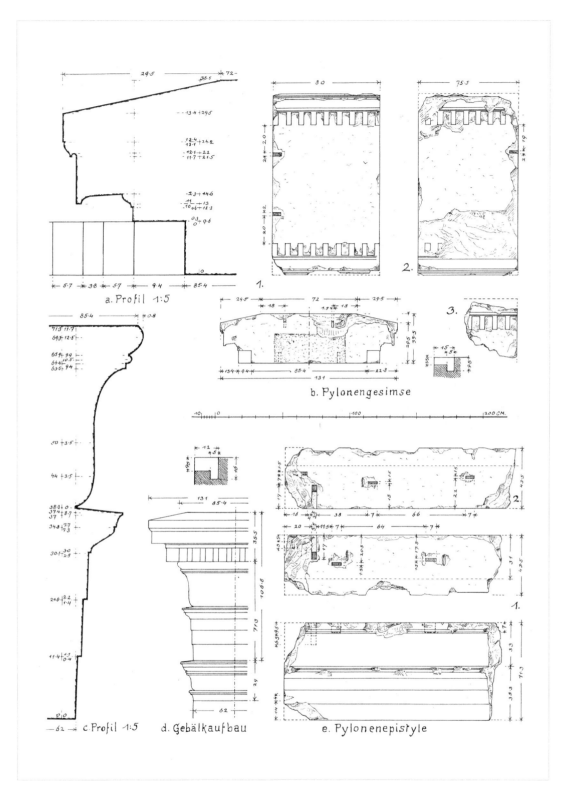

Abb. 349: Epidauros – Theater, Paradostor, Gebälk, Zeichnung (IV.3).

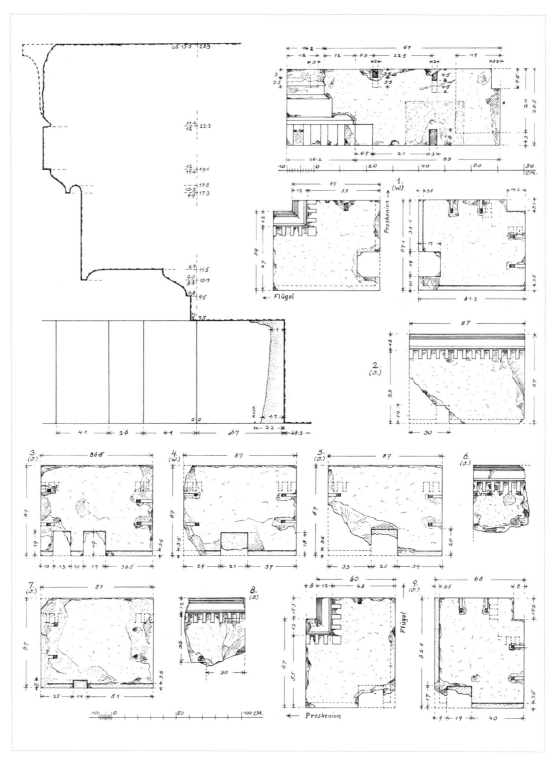

Abb. 350: Epidauros – Theater, Proskenion, Gebälk, Zeichnung (IV.4).

Abb. 352: Epidauros – Tholos, Innenordnung, Zeichnung (IV.5).

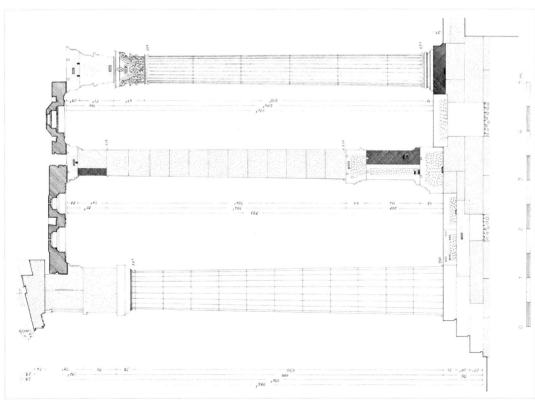

Abb. 351: Epidauros – Tholos, Gebälk der Innenordnung, Schnittzeichnung (IV.5).

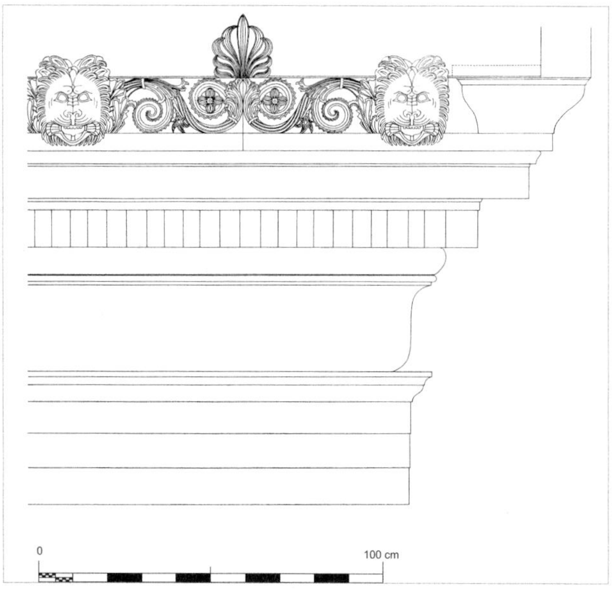

Abb. 353: Epidauros – Nordpropyläen, Außengebälk, Zeichnung (IV.6a).

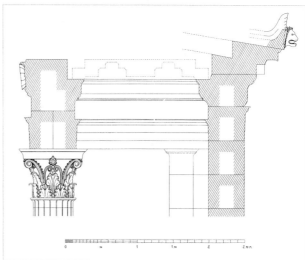

Abb. 354: Epidauros – Nordpropyläen, Gebälk, Zeichnung (IV.6a).

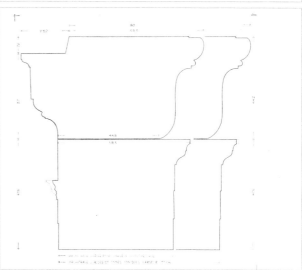

Abb. 355: Epidauros – Nordpropyläen, Gebälk, Detailzeichnung (IV.6a).

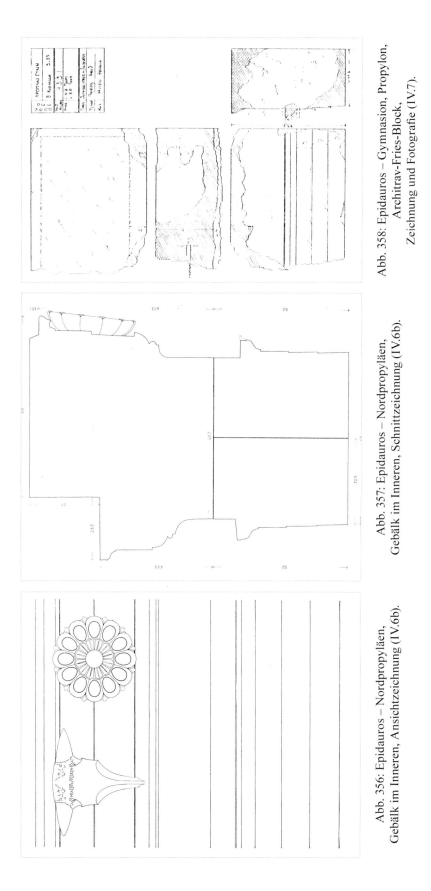

Abb. 358: Epidauros – Gymnasion, Propylon, Architrav-Fries-Block, Zeichnung und Fotografie (IV.7).

Abb. 357: Epidauros – Nordpropyläen, Gebälk im Inneren, Schnittzeichnung (IV.6b).

Abb. 356: Epidauros – Nordpropyläen, Gebälk im Inneren, Ansichtzeichnung (IV.6b).

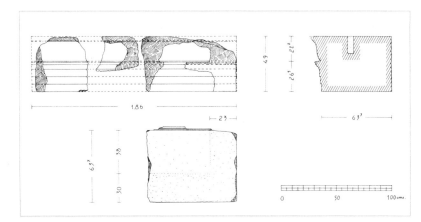

Abb. 359: Epidauros – Tempel L, Fragmente eines Architrav-Fries-Blockes, Zeichnung (IV.8a).

▶ Abb. 360: Epidauros – Tempel L, Fragment eines Architrav-Fries-Blockes, Fotografie (IV.8a).

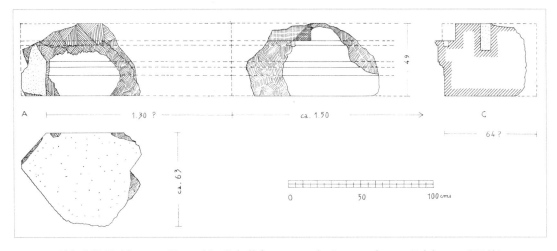

Abb. 361: Epidauros – Tempel L, Gebälkfragmente der Innenordnung, Zeichnung (IV.8b).

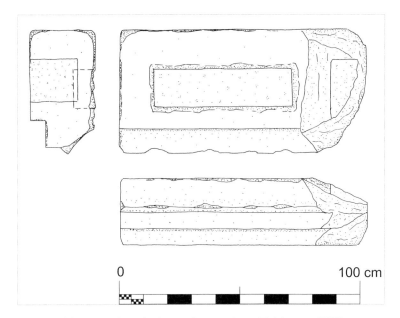

Abb. 362: Kleonai, Hängeplattengeison, Zeichnung (IV.9).

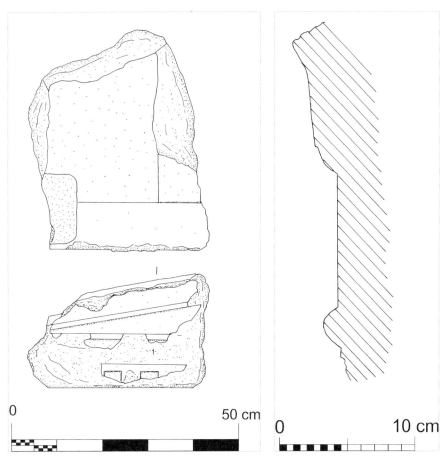

Abb. 363: Kleonai, ionisches Geison, Zeichnung (IV.10).

Abb. 364: Kleonai, ionisches Geison, Profilzeichnung (IV.10).

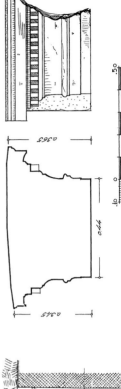

Abb. 367: Korinth – Asklepieion und Lernakomplex, Propylon der Lerna, Gebälkblock, Zeichnung (IV.12).

Abb. 368: Korinth – Asklepieion und Lernakomplex, Propylon der Lerna, Gebälkblock, Fotografie (IV.12).

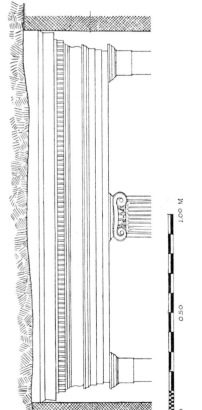

Abb. 365: Korinth – Untere Peirene-Quelle, Gebälk, Zeichnung (IV.11).

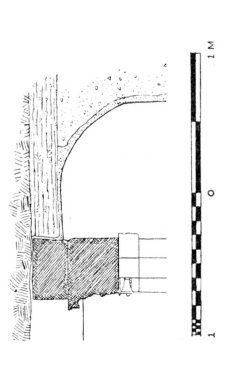

Abb. 366: Korinth – Untere Peirene-Quelle, Gebälk, Profilzeichnung (IV.11).

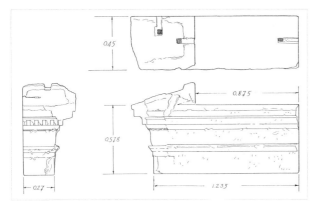

Abb. 369: Korinth, Gebälkblock, Zeichnung (IV.13).

Abb. 370: Korinth, Gebälkblock, Fotografie (IV.13).

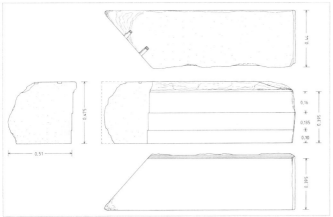

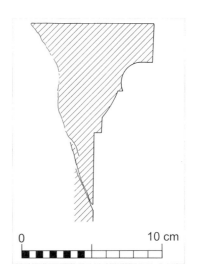

◀

Abb. 371 (oben): Megalopolis – Philipp-Stoa, Architrav der Innenordnung, Zeichnung (IV.14).

Abb. 373 (unten): Fotografie (IV.14).

▲ Abb. 372 (unten): Megalopolis – Philipp-Stoa, Architrav der Innenordnung, Kopfprofil (IV.14).

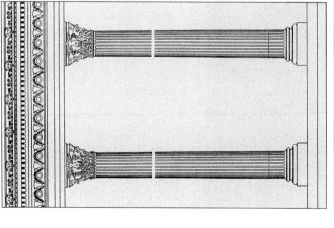
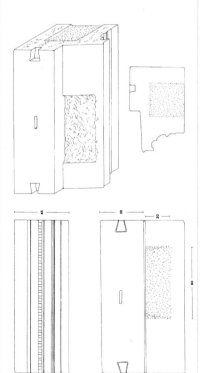

▼ Abb. 374: Messene – Asklepieion, Stoai, Innenordnung, Zeichnung (IV.15).

▼ Abb. 375: Messene – Brunnenhaus der Arsinoe, Gebälkblock der Halbsäulenpfeiler-Stellung, Zeichnung (IV.16).

▼ Abb. 376: Messene – Brunnenhaus der Arsinoe, Gebälkblock der Halbsäulenpfeiler-Stellung, Profilzeichnungen (IV.16).

▼ Abb. 377: Messene – Tholosartiger Bau, monolither Gebälkblock, Fotografie (IV.17).

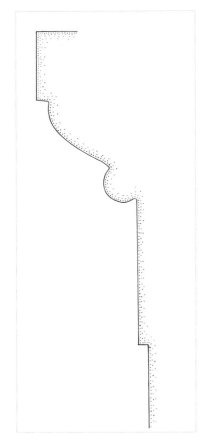

Abb. 378: Nemea – Zeustempel, Architrav, Zeichnugn (IV.18).

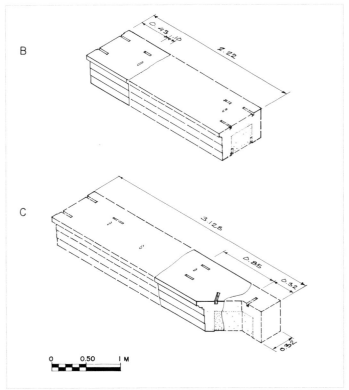

Abb. 379: Nemea – Zeustempel, Architrav, Zeichnugn Kopfprofil (IV.18).

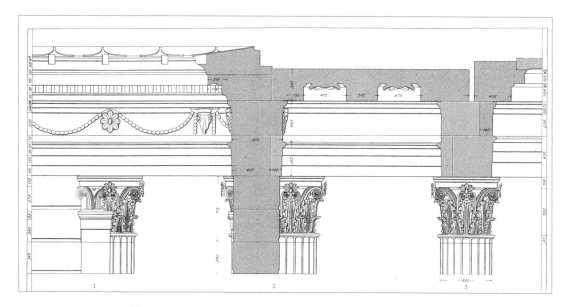

Abb. 380: Olympia – Gymnasion, Tor, Gebälk, Zeichnung (IV.19).

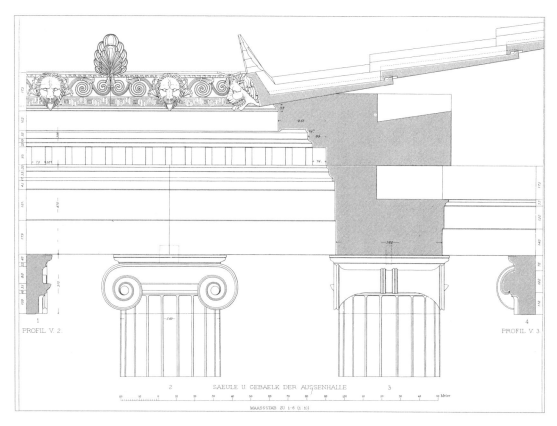

Abb. 381: Olympia – Leonidaion, Gebälk, Zeichnung (IV.20).

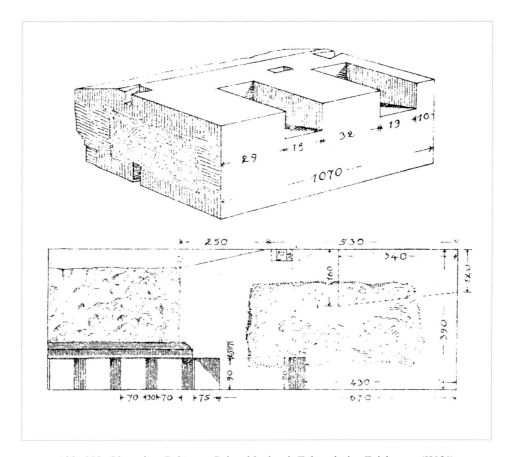

Abb. 382: Olympia – Palästra, Geisonblock mit Zahnschnitt, Zeichnung (IV.21).

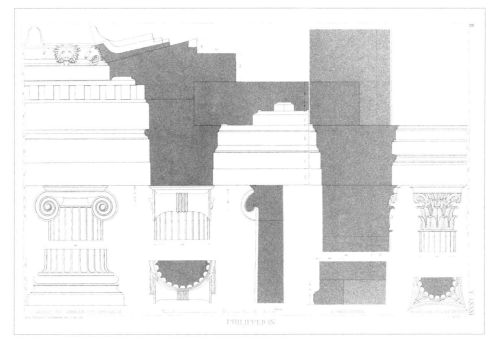

Abb. 383: Olympia – Philippeion, Gebälk, Zeichnung (IV.22 a–e und IV.22 f–h).

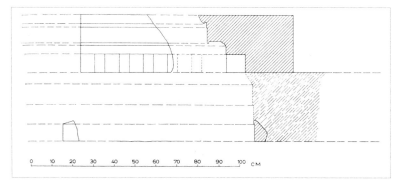

Abb. 384: Perachora – Brunnenhaus, Gebälk, Zeichnung (IV.23).

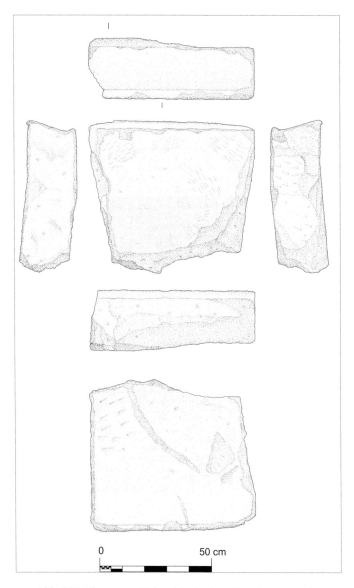

Abb. 385: Pheneos – Geisonblock eines Rundmonuments, Zeichnung (IV.24).

Abb. 386: Pheneos – Geisonblock eines Rundmonuments, Profilzeichnung (IV.24).

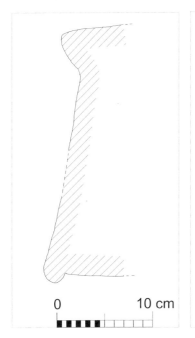
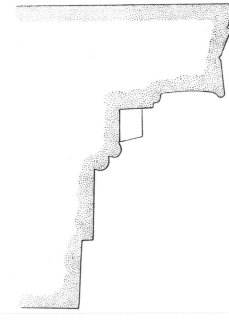

Abb. 387 (links): Pheneos – Geisonblock eines Rundmonuments, Fotografie (IV.24).

Abb. 388 (rechts): Sikyon – Stoa? Gebälkblock, Zeichnung (IV.25) (Maße nicht bekannt).

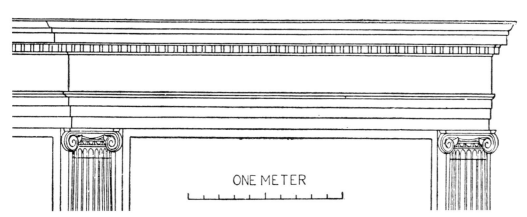

Abb. 389: Sikyon – Theater, Gebälk, Zeichnung (IV.26).

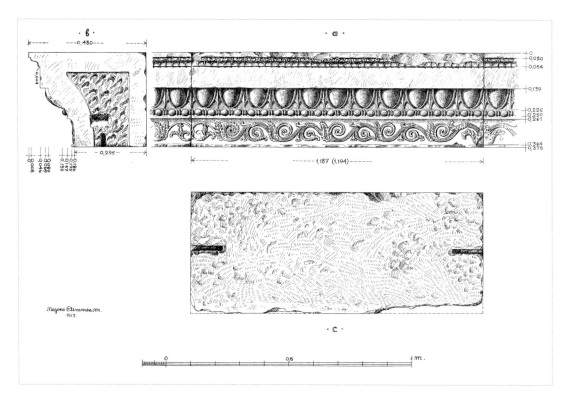

Abb. 390: Tegea – Athenatempel, Epikranitis, Zeichnung (IV.27).

Abb. 391: Tegea – Athenatempel, Epikranitis, Fotografie (IV.27).

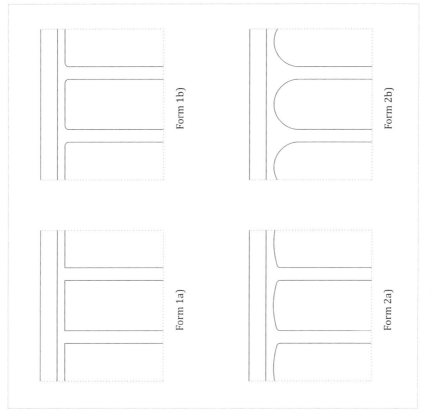

Abb. 393: Kannelurabschluss-Formen.

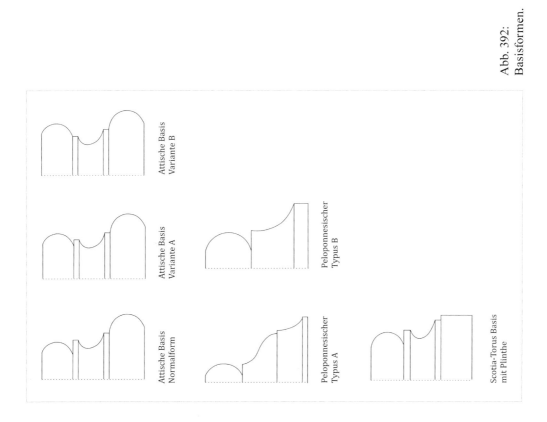

Abb. 392: Basisformen.

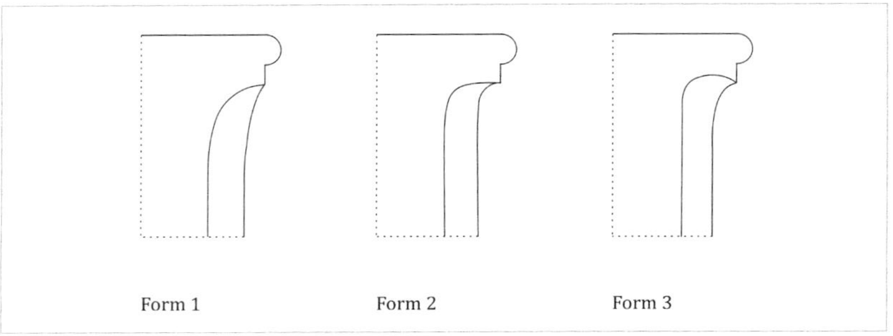

386

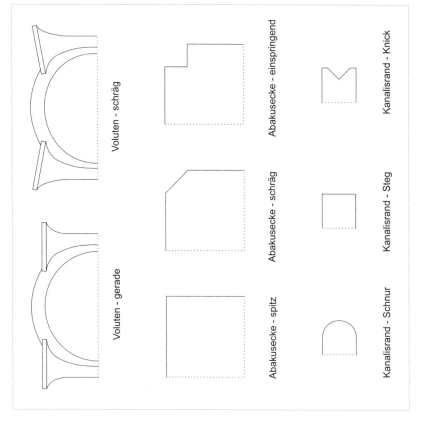

Abb. 395: Kapitell-Motive.

Abb. 394: Apophygen-Formen.

Abb. 397: Gebälk, Kopfprofile.

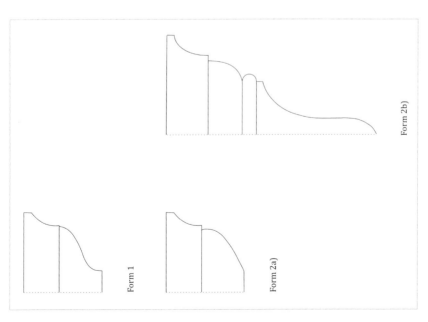

Abb. 396: Antenkapitelle, Profilform.

Abb. 398: Attische Basis – Normalform.

Abb. 399: Attische Basis – Variante A.

Abb. 400: Attische Basis – Variante B.

Abb. 401: Attische Basis – Abwandlung.

Abb. 402: Peloponnesischer Typus A.

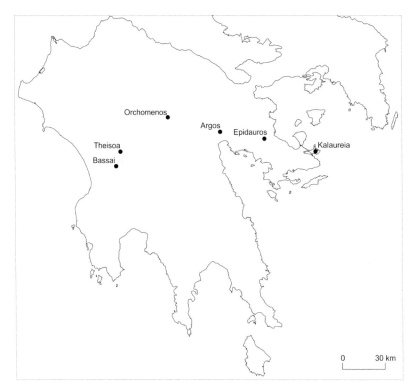

Abb. 403: Peloponnesischer Typus B und Abwandlung (nur Korinth).

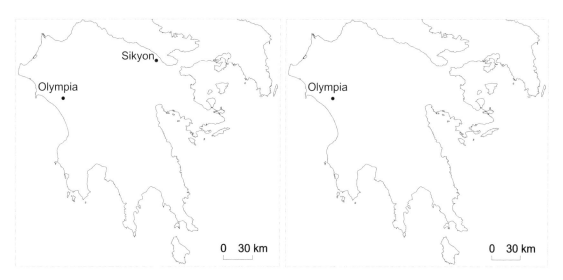

Abb. 404: Scotia-Torus Basis mit Plinthe.

Abb. 406: Ephesische Basis und Wulstbasis mit Plinthe.

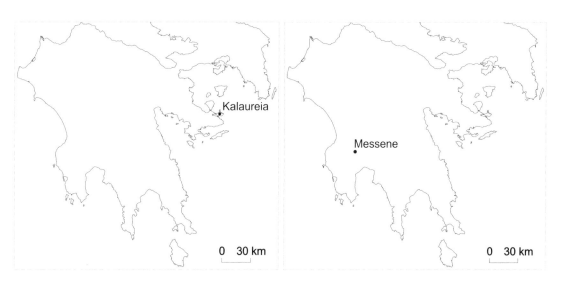

Abb. 405: Samische Basis.

Abb. 407: Sonderform „Markttempel".

Abb. 408: Kapitelle – gerade Voluten.

Abb. 409: Kapitelle – gebogene Voluten.

393

Abb. 410: Ionische Bauglieder – zweite Hälfte 5. Jh.

Abb. 411: Ionische Bauglieder – ca. erste Hälfte 4. Jh.

Abb. 412: Ionische Bauglieder – ca. 2. Hälfte 4. bis 2. Jh.

Index

Aigeira 7

Alipheira 8

Amyklai 2, 46, 69, 70, 72, 73, 97

Argos 2, 6, 9, 15, 17, 19, 20, 27, 32, 38, 41, 47, 48, 66, 67, 69, 98, 99, 100

Bassai 2, 5, 8, 9, 10, 13, 15, 17, 20, 22, 25, 26, 28, 29, 30, 32, 33, 34, 35, 36, 37, 39, 40, 41, 43, 51, 53, 55, 56, 59, 66, 76, 77, 78, 79, 80, 81, 82, 84, 87, 95, 99, 100, 101, 102, 103, 104, 110, 113

Elis 34, 36, 108

Epidauros 2, 5, 7, 8, 9, 12, 14, 15, 16, 17, 18, 19, 20, 24, 25, 26, 27, 28, 29, 31, 32, 33, 34, 36, 38, 39, 40, 41, 42, 43, 44, 45, 46, 49, 50, 52, 53, 54, 55, 56, 57, 59, 61, 62, 65, 66, 67, 68, 69, 70, 71, 72, 78, 79, 80, 82, 83, 84, 85, 86, 87, 91, 92, 95, 102, 103, 104, 107, 109, 110, 113

Gortys 7, 15, 17, 18, 19, 20, 27

Halieis 8, 27, 28, 34, 39, 76

Kalaureia 3, 5, 9, 12, 13, 15, 17, 18, 20, 27, 28, 29, 33, 34, 39, 41, 65, 66, 67, 69, 85, 87, 88, 99, 101, 102, 105, 108

Keryneia 2, 27, 28

Kleonai 6, 7, 54, 66, 67

Korinth 2, 5, 6, 7, 9, 15, 16, 17, 18, 19, 20, 22, 25, 27, 28, 38, 40, 41, 42, 43, 44, 46, 49, 50, 51, 52, 54, 55, 56, 57, 58, 59, 66, 67, 69, 70, 71, 72, 76, 88, 103, 107, 108, 109

Lousoi 7, 31, 76

Megalopolis 2, 5, 6, 7, 8, 9, 10, 15, 17, 18, 19, 20, 22, 24, 25, 26, 27, 28, 29, 33, 34, 39, 41, 44, 49, 50, 58, 59, 86, 87, 88, 89, 92, 106, 107, 108, 109, 110, 113

Messene 2, 7, 10, 13, 14, 15, 17, 18, 19, 20, 27, 28, 31, 38, 41, 42, 43, 44, 45, 49, 50, 52, 54, 55, 56, 57, 58, 59, 64, 65, 66, 67, 69, 70, 71, 107, 108, 110, 111, 112

Mistra 46, 98

Nemea 2, 8, 15, 16, 17, 18, 20, 22, 25, 27, 28, 30, 32, 33, 35, 36, 39, 41, 42, 49, 58, 76, 80, 81, 82, 84, 87, 91, 92, 104

Olympia 2, 5, 7, 8, 11, 13, 14, 15, 16, 17, 18, 19, 20, 21, 22, 24, 25, 26, 27, 28, 30, 31, 32, 33, 34, 36, 37, 38, 39, 41, 42, 43, 49, 50, 51, 52, 53, 54, 55, 56, 57, 58, 59, 60, 61, 62, 63, 64, 65, 66, 67, 68, 69, 71, 76, 84, 92, 93, 94, 96, 98, 99, 100, 101, 104, 106, 107, 109, 110, 113

Orchomenos 2, 9, 12, 15

Perachora 2, 4, 6, 8, 15, 16, 17, 18, 20, 26, 27, 28, 30, 33, 36, 39, 41, 42, 44, 54, 55, 57, 89, 90, 93, 95, 103, 105

Pheneos 8, 15, 16, 20, 22, 27, 28, 40, 41, 66, 67

Sikyon 5, 7, 8, 11, 15, 19, 20, 26, 28, 31, 36, 41, 42, 44, 50, 53, 54, 55, 56, 58, 59, 76, 100

Sparta 46, 47, 67, 68, 70, 97, 98, 105, 106, 107, 110

Stymphalos 7, 15, 18, 19, 20

Tegea 2, 5, 8, 15, 16, 17, 19, 22, 25, 45, 46, 47, 60, 61, 62, 65, 66, 67, 68, 69, 70, 76, 79, 80, 81, 84, 98, 103, 104, 105

Theisoa 9

Thouria 6

Philippika. Altertumswissenschaftliche Abhandlungen / Contributions to the Study of Ancient World Cultures

Herausgegeben von / Edited by Joachim Hengstl, Elizabeth Irwin, Andrea Jördens, Torsten Mattern, Robert Rollinger, Kai Ruffing und Orell Witthuhn

---

126: Claudia Deglau, Patrick Reinard (Hg.)

Aus dem Tempel und dem ewigen Genuß des Geistes verstoßen? Karl Marx und sein Einfluss auf die Altertums- und Geschichtswissenschaften

2019. Ca. 330 Seiten, gb
170x240 mm
ISBN 978-3-447-11098-3
⊙ E-Book: ISBN 978-3-447-19780-9
In Vorbereitung   je ca. € 72,– (D)

Der Einfluss von Karl Marx auf die Geschichts-, Geistes- und Altertumswissenschaften wurde bislang kaum berücksichtigt. Der von Patrick Reinardt und Claudia Deglau herausgegebene Band präsentiert nun erstmals elf Aufsätze, die sich mit verschiedenen Aspekten seines Einflusses auf die Erforschung der antiken Sozial- und Wirtschaftsgeschichte beschäftigen.

Mehrere Beiträge behandeln Marxens Wirkung auf einzelne Forscher wie R. von Pöhlmann, Arthur Rosenberg, Friedrich Vittinghoff, Oswald Spengler oder Walter Benjamin. In diesen biographisch motivierten Untersuchungen wird aufgezeigt, dass sich in der Reaktion der Historiker auf Marxens Theorie und Thesen sowohl kritische Zurückhaltung als auch positive Rezeption und Weiterentwicklung ausmachen lassen. Andere Beiträge fokussieren auf bestimmte Themenbereiche wie den Klassenbegriff, die antike Wirtschaft, Marxens Griechenbild, Marxens Rezeption in der chinesischen Altertumswissenschaft oder die Marxschen und marxistischen Interpretationen des Sklavenanführers Spartacus. Somit vereint der Band sowohl wissenschafts-, historiographie- als auch rezeptionsgeschichtliche Studien, die erstmals die Wirkung von Karl Marx auf die Forschung beleuchten und zu weiterer Forschung in diesem vernachlässigten Bereich einladen.

127: Daniele Foraboschi

Violenze Antiche

Testo pubblicato postumo a cura di Silvia Bussi

2018. X, 128 pages, 1 ill., 1 table, pb
170x240 mm
ISBN 978-3-447-11145-4
⊙ E-Book: ISBN 978-3-447-19811-0
each 48,– (D)

Is violence rooted at the core of the human psyche or is it an inevitable reaction to unbalanced and unjust social relations? This question engages increasingly detailed research and constitutes the cornerstone of Foraboschi's study. However, since the percentage of murders is high even among carnivore animals, the hypothesis forms that violence may be deeply rooted in the animal psyche. Killing is not merely the consequence of predation. One may kill in self-defence, in order to maintain demographic balance or the "carrying capacity" of a territory on which one's livelihood or residence depends. Social violence offers a different case. Oppressed people act in revolt in order to brake their chains and free themselves. The French Revolution is a topical, albeit contradictory example of this. According to the majority of philosopher violence and history are intrinsically bound. Should this state of things be overcome at a higher level of evolution or is this the ultimate, positive aspect of history?

In his study Foraboschi follows the trails of violence in the ancient world, shedding *inter alia* light on voluptousness, cannibalism, sacrifices, the female/male dialectics of violence as well as the dialectics of love and war, covering the 3rd century BC to the 4th entury AD. The book is written in Italian.

Philippika. Altertumswissenschaftliche Abhandlungen / Contributions to the Study of Ancient World Cultures

Herausgegeben von / Edited by Joachim Hengstl, Elizabeth Irwin, Andrea Jördens, Torsten Mattern, Robert Rollinger, Kai Ruffing und Orell Witthuhn

---

128: Ulrike Ehmig (Hg.)

Vergesellschaftete Schriften

Beiträge zum internationalen Workshop der Arbeitsgruppe 11 am SFB 933

2019. VIII, 246 Seiten, 41 Abb., 6 Tabellen, gb
170x240 mm
ISBN 978-3-447-11197-3
⊙E-Book: ISBN 978-3-447-19853-0   je € 68,– (D)

Über Zeiten und Kulturen hinweg trifft man auf „Vergesellschaftete Schriften". Zum einen kann es sich hierbei um ein Nebeneinander von Geschriebenem auf ein und demselben Artefakt handeln: zum Beispiel verschiedene Texte, die von Personen in diversen Sprachen und Handschriften über mehr oder minder lange Zeiträume neben- oder übereinander auf Mauern in Wallfahrtskontexten hinterlassen wurden. Zum anderen kann es sich um ein ganzes Ensemble schrifttragender Artefakte in einem gemeinsamen archäologischen Kontext handeln: zum Beispiel beschriftete Waren in einem römischen Handelsschiff oder die gemeinsam als Mumienkartonage verwendeten, ausgemusterten Dokumente aus dem Archiv eines ägyptischen Landgutes.

Der Band enthält zwölf Beiträge eines im März 2017 im Rahmen des Heidelberger Sonderforschungsbereichs 933 *Materiale Textkulturen* veranstalteten Workshops, in dem Fallbeispiele „Vergesellschafteter Schriften" vom Alten Orient, dem Klassischen China, der Griechisch-Römischen Epoche, dem Europäischen Mittelalter und der Frühen Neuzeit vorgestellt und erstmals systematisch diskutiert wurden. Eröffnet wird damit einerseits die Perspektive auf die Bandbreite des Phänomens. Andererseits sind die vorgelegten Beiträge Ausgangspunkt, auf einer allgemeineren, soziologischen Ebene, der der Begriff der Vergesellschaftung entlehnt ist, nach den Zufälligkeiten und Kausalitäten von Schriftvergesellschaftung zu fragen und Konzeptionen, mögliche Bedingungen ihrer Genese und ihre Intentionen zu erörtern.

129: Simon Thijs

Obsidibus imperatis

Formen der Geiselstellung und ihre Anwendung in der Römischen Republik

2019. XII, 262 Seiten, 2 Tabellen, gb
170x240 mm
ISBN 978-3-447-11162-1
⊙E-Book: ISBN 978-3-447-19831-8   je € 68,– (D)

Während Geiseln heute mit Verbrechen, Terrorismus und Entführungen in Verbindung gebracht werden, hatten sie bis zum 19. Jahrhundert eine andere Bedeutung. Geiseln wurden zwischen Staaten gestellt, die Verträge schlossen, zum Beispiel zur Beendigung oder Unterbrechung von Kriegen.

Diese Praxis existierte seit der Antike. Besonders römische Feldherren in republikanischer Zeit ließen sich Geiseln stellen. Auf den ersten Blick sollten sie für mehr Sicherheit sorgen. Es fällt jedoch auf, dass trotz Geiselstellungen die besiegten Völker häufig die damit verbundenen Absprachen und Verträge brachen.

Die Gründe, warum römische Amtsträger dennoch über Jahrhunderte auf Geiselstellungen nicht verzichteten, sind vielfältig. Sowohl der ursprüngliche Sicherheitsgedanke als auch die Anpassung an jeweilige Gegenüber, aber auch die symbolische Bedeutung von Geiseln in der Selbstdarstellung innerhalb Roms spielen eine Rolle. Besonders die Söhne von Königen wurden gerne in Triumphzügen und anderen Präsentationsformen der römischen Öffentlichkeit vorgeführt.

Welche Bedeutung Geiselstellungen bei der Expansion Roms über die Grenzen Italiens hinweg hatten und wie senatorische Familien sie zum eigenen Vorteil im Konkurrenzkampf um die höchsten Ämter und Ehrungen einsetzten, wird in *Obsidibus imperatis* von Simon Thijs erstmals ausführlich analysiert.